建设国家中心城市的战略构想

广州智库研究报告

STRATEGIC CONCEPTION
IN CONSTRUCTING NATIONAL CENTRAL CITY

Research Report of Guangzhou Think Tank

广州市社会科学规划领导小组办公室　编

社会科学文献出版社
SOCIAL SCIENCES ACADEMIC PRESS (CHINA)

编辑委员会名单

contents

目　录

发挥广州在珠三角创新示范区中的
引领作用研究

当前，世界范围内正在孕育新一轮科技革命和产业变革，全球科技创新呈现出新的发展态势和特征，国家间的竞争也转向以科技创新能力为核心的全面竞争。而西方多国正在进行的再工业化战略在本质上就是依托科技创新，致力于发展高精尖产业。因此，基于科技创新的社会生产力发展和劳动生产率提高，成为主导国家命运的决定性因素。世界各主要国家纷纷把创新提升到国家发展的战略核心层面进行部署，加紧出台重大规划和措施，而围绕科技创新展开竞逐，抢占创新潮流制高点，成为各主要国家的战略重心和政策焦点。党的十八大明确提出"科技创新是提高社会生产力和综合国力的战略支撑，必须摆在国家发展全局的核心位置"。强调要坚持走中国特色自主创新道路、实施创新驱动发展战略。广东是中国创新驱动发展的先行省，拥有深圳和珠三角两个国家自主创新示范区。建设珠三角国家自主创新示范区是加快创新型国家建设、推动经济走向创新驱动和实现内生增长战略转型的重要举措，同时，也有利于发挥珠三角创新体系优、创新能力强、创新环境好的独特优势，率先完善创新体制机制，在开放合作中加速集聚全球创新资源，形成国际前沿水平的科技创新能力，服务国家发展战略需要。

依据广州新型城市化的定位，广州是国家层面的国家中心城市，是珠三角层面的世界级城市群的核心城市，是广东省层面的省会城市、首善之区。如何充分发挥广州在创新示范区中的示范引领、辐射带动作用，以引导区域经济发展方式的转型，增强珠三角的科技创新能力并提高经济效率，实现经济的可持续发展，为创新驱动做出贡献是一个重要课题。广州作为珠三角创新示范区的核心，应该起到珠三角创新源头和体制机制先行先试区的引领作用，肩负着引领珠三角经济跨越式发展的重要使命，这不仅是广州中心城市的部署问题、政治任务，而且是广州自身发展的需要。本研究从珠三角创新示范区各城市创新优势与产业发展特征、广州与深圳经济增长模式与动力转换、世界城市群与中国创新示范区发展趋势与经验启示、广州"三大枢纽"定位再思考四个方面展开分析和阐述，并在此基础上构建广州在珠三角创新示范区的引领作用系统，旨在回答"引领什么"和"如何引领"的问题，最终提出发挥广州创新引领作用的对策建议。

一 珠三角创新示范区各城市创新优势与产业发展特征

（一）创新资源分布不均，广深两地优势明显

不同创新资源的地区分布存在差异，导致珠三角各市创新发展能力存在较大差距。在科研投入方面，深圳的企业研发投入强度最高，达 3.68%[①]，其次为佛山，达 2.46%。中山、珠海、东莞和惠州的企业研发投入强度则处于中等水平，有待进一步提高。江门1.68%、广州 1.16% 和肇庆 0.93% 的研发投入强度相对较低。广州研发机构的政府投入最大，为 54.64 亿元[②]，深圳第二，为 3.75 亿元，与广州差距较大。在高层次人才方面，深圳企业人才资源最为丰富，占珠三角企业研发人员的 35.2%。广州虽居第二但人才资源总量仍与深圳有较大差距，与排名第三的佛山较为接近，没有充分发挥广东作为全国经济强省的人才集聚优势。佛山和东莞的企业人才资源禀赋处于中等水平。珠三角过半的研发人才集中在深圳和广州，但近几年有扩散趋势，尤其是深圳，2014 年其研发人才数量同比下降了 5.72%。而珠三角其余地级市的企业研发人员数量均呈稳步增长趋势。在高等院校和科研机构方面，广州在珠三角的优势明显，拥有 80 所高等院校[③]（占珠三角的比例为 63%）、97 家科研机构[④]（占珠三角的比例为 57%）。珠海、深圳各拥有 10 家高等院校。惠州拥有 23 家科研机构。在创新平台方面，以科技企业孵化器和国家级技术转移示范机构为例。2013 年数据显示，全省共有国家级孵化器 35 家，均分布在珠三角地区。其中，广深两地分别有 13 家和 12 家，占总数的 71%。东莞和佛山分别拥有 4 家和 2 家，中山、江门、惠州和珠海各拥有 1 家。2013 年全省拥有国家级技术转移示范机构 19 家，广州有 9 家，深圳有 8 家，两地占全省的 89%。广深两地在平台资源上占据领先优势，珠三角其余各市创新平台还有较大发展空间。

（二）产业发展各具特色，广深两地整体领先，深圳创新产业优势显著

广州和深圳是珠三角经济发展的核心城市，但两市产业发展具有不同特征。近年来，广州依托国家经济中心城市、综合性门户城市和区域文化教育中心的优势，着力打造国际产业服务中心，产业结构更趋合理，三次产业结构为 1.42∶33.56∶65.02，以服务经济为主体的产业结构基本框架初步建立，全年服务业增加值增长 9.4%，比工业高1.6 个百分点。广州的产业发展处在由工业化高峰期向工业化后期加快迈进的阶段。深圳产业发展的科技创新动力持续增强，着力打造国际产业创新中心，高新技术企业数量遥遥领先于珠三角其他地级市，已完成初级传统工业向高新技术产业、受托加工到自主研发生产的转变，并实现了规模化、集群化的经营模式。战略性新兴产业引擎作用凸显，增加值达 5645.33 亿元，增长 14.1%，约占地区生产总值的 35.3%，电子商务等新

---

① 各市企业研发投入强度＝各市企业 R&D 经费内部支出/各市地区生产总值，数据来自 2015 年《广东省统计年鉴》。若无明确说明，本文数据为 2014 年数据。

② 数据来自 2015 年《广东省统计年鉴》中各市研究与开发机构的政府拨款项。

③ 数据来自广东省 2014 年各市国民经济和社会发展统计公报和 2015 年各市统计年鉴。

④ 数据来自 2015 年《广东省统计年鉴》。

兴业态蓬勃发展。全社会研发投入占地区生产总值的比重约为4.02%，占比与世界排名第二的韩国水平相当。全市高新技术产业增加值达5173.49亿元，增长11.2%，比规模以上工业增加值增速高2.8个百分点。珠三角各市的主导产业、高新技术企业数量及产业主要发展特点见表1。

表1 珠三角各市产业特征分析

珠三角各市	产业定位	主导产业	高新技术企业数量（家）	产业主要发展特点
广州	国际产业服务中心	汽车制造、石油化工、电子产品、金融、电子商务、现代物流、商贸会展	1662	以服务经济为主体、外向度高、由工业化高峰期向工业化后期加快迈进、产业集约化水平提升
深圳	国际产业创新中心	电子信息、金融、物流、文化、生物医药、新能源、新材料	6562	科技创新动力强、新兴业态蓬勃发展、融资环境宽松、制造业高端化、产业发展规模化和集群化
佛山	国际产业制造中心	装备制造、家电制造、陶瓷建材、精细化工、金属制品、纺织服装、通信电子、金融服务	618	民营经济富有活力、制造业为主导的实体经济坚固、内生式发展、企业根植性强、专业镇和产业园区为载体
东莞	国际产业制造中心	电子信息、电气机械、金融、旅游、纺织服装、物流	755	以外向型经济为主体、优势传统产业转型升级、大力发展第三产业、自主创新提升发展后劲
惠州	世界级石化产业基地	石油化工、电子信息、旅游、现代农业、纺织服装、制鞋、水泥、汽车及零部件	183	工业立市、发展外向型经济、现代产业发展迅速、创新能力持续提升、产业结构优化、产业转型升级加快
珠海	国家重大装备业中心	家电制造、电气机械、通信电子、通用航空制造、装备制造、旅游、现代渔业	346	坚持发展特色优势产业、规划建设"三高一特"现代产业体系、与港澳合作紧密、服务业势头良好
中山	国家级先进制造业基地	装备制造、电气机械、生物医药、电子信息、物流、文化	221	打造"一个枢纽，两个基地，三个试点"的产业布局、加快推进产城融合、专业镇发展革新、推进文化产业发展
江门	国家级先进制造业基地	交通运输装备制造业、电子信息、精细化工、新兴能源、现代服务业	173	接收珠三角产业转移、加快促进传统产业改造升级、先进制造业迅速崛起、战略性新兴产业加速发展
肇庆	传统产业转型升级集聚区和重大装备制造配套基地	金属加工、电子信息、生物医药、港口物流、旅游、现代农业	117	农业和农村经济发展后劲增强、新兴经营主体日益壮大、规模化经营水平提升、工业化程度提高

佛山和东莞是推动珠三角经济的两个副引擎，均依托制造业发展优势，着力打造国际产业制造中心。佛山民营工业产值占全市规模以上工业总产值的比重为69.6%，比2013年提高了3.7个百分点，对全市工业增长的贡献率为79.8%。佛山的先进装备制造业正引领产业转型向纵深推进，工业技改投入助推传统产业转型升级。固定资产投资占

地区生产总值的比重较低，为34%，内生增长能力较强，以本土企业为主体。佛山形成了以制造业为主导、以民营经济为主体、以专业镇与产业园区为载体的较有特色的产业体系。东莞顺应国内外经济环境，充分利用政策、区位和人文等优势，有效承接了中国港台地区和其他发达国家的产业转移，大力发展外源型经济。东莞的外贸出口增长全国领先，实际利用外资增长快。按美元计价，2014年，东莞进出口总额为1625.30亿美元，同比增长6.2%。其中，出口额为970.69亿美元，增长6.8%，增速高于全国和全省平均水平。东莞合同外资金额为43.15亿美元，增长6.8%，实际利用外资45.29亿美元，增长15.0%。第三产业逐渐取代第二产业，成为东莞经济增长的新引擎。

惠州、珠海、中山、江门和肇庆的产业发展水平有待提高。惠州坚持"工业立市"和外向型经济路线，现代产业发展迅速，产业结构不断优化，转型升级步伐较快，创新能力持续增强，在高技术制造业和先进制造业发展水平上优势明显。珠海合理利用地理位置优势，坚持发展特色优势海洋产业，规划建设高端制造业、高新技术产业、高端服务业、特色海洋经济和生态农业的"三高一特"现代产业体系，与港澳两地经济合作紧密，旅游、餐饮等服务业发展势头良好。中山致力于专业镇发展革新，合理突破"一镇一品"模式，规划壮大产业集群，整合全市资源着力打造"一个枢纽，两个基地，三个试点"的产业布局，加快推进产城融合，发展低碳经济，并依托深厚的文化底蕴及政府的支持，大力发展文化产业。江门经历了从农业经济向工业、服务业经济过渡的过程，是珠三角产业转移的主要目的地，传统产业改造升级加快，分类实施产业改造提升，以交通运输装备制造业为代表的先进制造业迅速崛起，战略性新兴产业加速发展，服务业不断壮大。肇庆发挥自身优势条件，构建"一核三带"的产业布局，积极接收广佛地区的辐射带动作用，努力将自身打造成珠三角地区的传统产业转型升级集聚区和重大装备制造配套基地。肇庆的突出特点是农业、农村经济发展后劲增强，新兴经营主体日益壮大，规模化经营水平提升。肇庆的城市工业化程度也逐渐提高，产业结构不断调整。

（三）形成三大创新能力梯队，深圳领先广州

基于创新资源、产业特点、高技术制造业增加值占规模以上工业比重、先进制造业增加值占规模以上工业比重以及新产品产值等维度，本研究将珠三角各市创新能力划分为三个梯队。

第一梯队是广州和深圳。广州和深圳均为创新强市。在创新资源方面，广州在高等院校数、科研机构数以及政府扶持方面更占优势，而深圳则在科研投入强度、科研人才以及对外经济合作方面更占优势。总体上，广深两市的创新资源实力相当。而在产业发展方面，深圳高技术制造业增加值占规模以上工业的比重为61.5%，先进制造业增加值占规模以上工业的比重为73%，发展程度均显著高于广州（12.3%和55%），同时，深圳新产品产值为6941.57亿元，是广州3001.72亿元的2.3倍，两市差距较大。深圳创新能力更强。第二梯队是佛山、东莞和惠州。佛山在研发投入和研发人员等创新资源方面排位靠前，新产品产值较高，为2727.39亿元，但高技术和先进制造业发展程度相对落后（增加值占规模以上工业的比重分别为6.9%和32%）；东莞在对外经济合作方面

有显著优势,其综合创新潜力较大,高技术和先进制造业增加值占规模以上工业的比重分别为33.4%和46%,新产品产值为2217.26亿元;惠州研究机构数量较多,现代产业发展水平高,高技术制造业增加值占规模以上工业的比重为41.7%,先进制造业增加值占规模以上工业的比重为63%。因此,在珠三角地区中,佛山、东莞和惠州三市的创新能力均处于中等水平。第三梯队是珠海、中山、肇庆和江门。此四市创新资源不足,高技术制造业、先进制造业和新产品发展相对滞后,产业发展水平有待提高,创新能力较弱,限制了区域创新驱动发展。因此,珠三角地区创新资源丰富,工业和经济发展程度高,但各市间创新资源分布不平衡,相互间创新能力差距大,不利于区域创新驱动的一体化发展,阻碍区域整体创新水平的提高。

二 广州与深圳经济增长模式与动力转换

经济增长方式按照增长动力来源可以划分为粗放增长方式和集约增长方式,前者主要是以生产要素投入和生产规模的扩张为动力的经济增长模式,后者主要依靠科技进步、劳动者素质提高和管理的改善,是以提高生产要素的利用效率为动力的经济增长模式。世界城市发展转型的一般规律表明,经济发展阶段从要素驱动、投资驱动进入创新驱动,创新是推动经济发展阶段更迭的重要动力引擎。在经济增长的不同阶段,由于经济增长的约束条件不同,突破约束瓶颈的动力源就会有所不同。随着经济增长的约束条件改变,经济增长的动力系统也随之更换。经济转型最根本的要求和任务就是更换经济增长的发动机。珠三角经济在经过三十多年的高速发展后,进入了转型发展的新时期,TFP的快速增长显示珠三角进入了由要素驱动向创新驱动转变的新阶段。以下从三大需求和TFP两方面展开分析。

(一) 基于三大需求分析广深经济增长

改革开放至今,广州与深圳经济在取得了巨大发展的同时经济增长速度在不断放缓,两者经济的增长速度,从20世纪90年代中期分别高达30%、40%的水平,缓慢下降,20世纪90年代末均保持在15%左右,而2013年分别为11.6%、10%。在生产总值的贡献因素中,消费、投资和出口作为拉动经济增长的"三驾马车",对经济增长的速度和质量有着重要影响。由图1可知,20世纪90年代初中期,广州资本形成总额对于生产总值的贡献领先于其他因素,这一时期经济增长主要依靠投资拉动;20世纪90年代中后期,货物和服务净流出呈现后来居上的趋势,成为经济增长的主要动力;21世纪初,由资本或商品和服务净流出推动经济发展已经不能成为经济发展的优势,在此阶段,最终需求成为拉动经济增长的主要因素。从近几年来看,资本形成总额的贡献率虽较高,但不能成为第一因素,货物和服务净流出的贡献率有下降趋势,依靠进出口刺激经济增长已十分困难。

相较于广州,历年来深圳三大需求对生产总值的贡献则表现得较为平滑。20世纪90年代,深圳地区生产总值的增长对资本形成总额、最终需求有着较大的依赖;21世纪初至今,最终需求贡献率依旧相对稳定,资本形成总额的贡献率则缓慢下降,货物和服务净流出通过不断增长来发挥其优势，从近几年可以看出，深圳经济增长主要依赖于货物和服务净流出，资本形成总额的贡献率在不断下降，最终需求的贡献率相对稳定（见图2）。

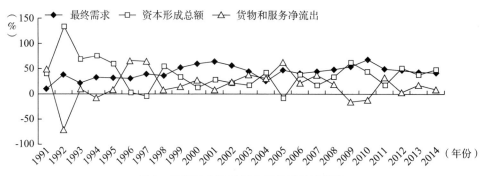

图1 广州三大需求对生产总值的贡献率

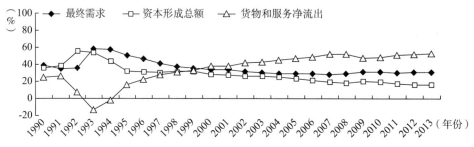

图2 深圳三大需求对生产总值的贡献率

作为经济的重要推动因素，广州、深圳三大需求的增长在以不同的方式变化。两者最终需求的增长速度相对稳定，且在最近五年内，都有上升的表现；对于固定资产投资额增长速度而言，1985年，两者增速分别为45.3%、75.8%，随后，两者固定资产投资额的增长表现出缓慢下降趋势，截至2013年分别为18.5%、9.5%；进出口增长速度受外部环境影响波动较大，广州、深圳两者进出口增速在近两年都出现回落，广州回落较大，到2013年，两者增长速度分别由1985年的48.5%、34.6%下降为1.5%、15.1%。总结上述经济运行整体情况可知以下几点。第一，广州经济的增长主要依靠资本和最终需求拉动，货物和服务净流出对经济增长的贡献率在不断下降，与此同时，广州固定资产投资额的增速虽缓慢减少但相对稳定，商品进出口增速波动较大，最近几年有较大回落。第二，深圳经济的增长主要依靠进出口推动，货物和服务净流出成为首要贡献力量，最终需求相对稳定、占比也较大，资本形成总额的贡献率则在缓慢下降。与此同时，进出口增速受环境影响波动较大，但仍保持较快增长，而固定资本投资额与最终需求增速呈现平稳态势。

当前，北京最终需求对生产总值的贡献占据绝对优势地位，比率超过60%，上海最终需求的贡献率也在逐年上升；资本形成总额对生产总值的贡献率，北京、上海都在下降，不足40%；进出口对生产总值的贡献率，全国平均水平在近几年有一定下降，北京、上海也在逐渐下降，现已不足5%。国际上其他发达国家，如在美国三大支出的规模占 GDP 的比重中，消费占据绝对主体地位，高达 70%，甚至在 2000 年接近 80%，其次为投资，最后为出口，且投资与出口两者趋于相同；而日本通过高投资率不断推动经济发展，最终消费需求占比持续增加，超过 60% 并接近 70%，其在经济发展中已经占据绝对地位。因此，依照投资、进出口以及最终需求的增长速度以及世界上发达国家的发展趋势和经验来看，广州、深圳将逐渐减少对进出口的依赖，通过高投资来促进经济发展，最后逐渐进入最终需求对经济有较大贡献的阶段，彼时经济主要靠消费来驱动，投资将逐渐减少并保持在一定水平。

（二）基于 TFP 视角分析广深经济增长

经济增长方式转变的本质是提高全要素生产率（TFP）对经济增长的贡献，因此 TFP 成为度量经济增长方式转变最常用的指标。本研究采用索洛余值法对广州和深圳进行全要素生产率增长率及其对经济增长贡献的测算，结果见表 2。

表 2　广州各阶段因素增长率以及贡献率平均值

年份	GY	GK	GL	GA	EK	EL	EA
1979～1990	13.70%	26.36%	2.23%	−2.94%	121.30%	7.14%	−28.44%
1991～2000	16.66%	27.38%	3.86%	−1.25%	96.07%	10.28%	−6.35%
2001～2010	13.66%	12.63%	3.67%	4.64%	55.88%	10.93%	33.18%
2005～2014	12.25%	13.60%	3.81%	2.59%	68.58%	12.47%	18.95%

注：GA、GY、GK、GL 则分别代表 TFP 增长率、总产出增长率、资本投入增长率、劳动投入增长率；EK、EL、EA 则分别为对应的贡献率，下文同。

资料来源：《广州市统计年鉴》。

改革开放后，广州生产总值增长率与资本投入增长率有着相同趋势，经济增长在逐步放缓，资本投入增长率也在下降，但下降的速度要快；劳动投入增长率则变化不大，基本处于 3% 的水平，而全要素生产率增长率则呈现上升趋势。在资本投入、劳动投入以及全要素生产率对经济增长的贡献中，资本投入保持绝对优势，贡献最大，劳动投入的贡献率则在 10 个百分点左右。全要素生产率对生产总值的贡献随着其不断增长发挥了显著作用，最高达到 33.18% 的水平。可见，广州经济的增长主要靠资本投入推动，劳动投入贡献并不大，全要素生产率的贡献有所增加。

由表 3 可知，深圳生产总值、资本投入率以及劳动投入都保持着一致趋势，改革开放后呈高速增长，生产总值、资本投入增长率高达 45.71%、67.70%，劳动投入增长率也处于 16% 以上。近几年三者投入都明显减少，而全要素生产率的增长率却在不断上升。在资本投入、劳动投入以及全要素生产率对经济增长的贡献中，资本投入贡献最大，经过改革开放后的高度贡献后，近几十年的贡献率在 60% 左右，劳动投入对深圳经济增长的贡献率虽然在下降，但仍在 15% 左右，全要素生产率份额持续快速增长使其对经济的贡献率越来越大，保持在 30% 的水平。总体来看，深圳也在从要素驱动转向创新驱动的过程中向着国际创新型城市不断迈进。

表 3　深圳各阶段因素增长率以及贡献率平均值

年份	GY	GK	GL	GA	EK	EL	EA
1980～1990	45.71%	67.70%	17.26%	-2.70%	92.07%	17.41%	-9.48%
1991～2000	23.45%	28.68%	16.17%	-0.44%	76.14%	25.30%	-1.44%
2001～2010	14.81%	13.95%	4.79%	4.35%	58.84%	12.88%	28.28%
2004～2013	12.92%	12.26%	5.39%	3.28%	59.62%	16.74%	23.63%

资料来源:《深圳市统计年鉴》。

对比总结可知,两者经济增长明显都依靠大量的资本投入,技术进步对经济增长的作用还不显著,经济增长模式均为资本要素驱动。近十几年来,广州资本贡献率平均处于 70%,深圳为 60%;在劳动投入的贡献中,劳动投入对深圳经济增长的贡献率要高于广州,广州劳动投入的贡献率很低,在 10% 左右,深圳为 15% 左右;在 TFP 的贡献中,广州 TFP 的贡献相对深圳则显得不足,深圳 TFP 贡献率近些年平均处于 30% 的水平,广州则平均为 20%,虽然以往全要素生产率对经济贡献的作用并不如资本突出,但两地的全要素生产率增长率都在不断上升。随着两地全要素生产率的贡献不断加大,经济增长也在逐渐由要素驱动向创新驱动转变。

进而将两者 TFP 增长率以及贡献率细化来看,近 15 年来,广州、深圳 TFP 的增长率均呈现下降趋势,由 21 世纪初的 5% 降至 1%,同时两者 TFP 的贡献率也处于不断下降的状态(见表 4 和表 5)。我国全要素生产率增速呈现下行趋势主要是因为劳动力转移的速度和人力资本改善速度减慢,投资率过高及产能过剩,以及创造性破坏的过程受到抑制。通过对广州、深圳两个城市基础设施投资增长率进行分析可知,近年来两市基础设施投资的增速要高于固定资本投资增速,在 2010 年达到 25%。面对经济下行压力,在经济动力转换的过程中,政府可能会沿用老思路以投资推动经济发展。因此,在从过去过度依赖自然资源、劳动力和资本投入的增加,转向依靠质量和效益提升的过程中,应不断通过技术创新、制度创新等全面持续地提高全要素生产率。

表 4　广州近 15 年来各因素增长率及贡献率平均值

年份	GY	GK	GL	GA	EK	EL	EA
2001～2005	13.80%	12.04%	2.99%	5.40%	52.44%	8.73%	38.82%
2006～2010	13.52%	13.22%	4.36%	3.87%	59.33%	13.13%	27.54%
2011～2014	10.50%	14.36%	2.51%	0.91%	82.88%	9.90%	7.22%

表 5　深圳近 15 年来各因素增长率及贡献率平均值

年份	GY	GK	GL	GA	EK	EL	EA
2001～2005	16.34%	15.87%	3.95%	5.04%	60.39%	9.13%	30.48%
2006～2010	13.27%	12.04%	5.64%	3.67%	57.30%	16.62%	26.08%
2011～2013	10.17%	10.51%	6.11%	1.34%	63.94%	22.37%	13.69%

而珠三角其他各市如珠海、佛山、惠州、东莞、中山、江门、肇庆，净出口对生产总值的贡献较小，贡献较大的是最终消费需求和固定资产投资额，且固定资产投资额的贡献率呈上升趋势。可见各城市仍旧沿用传统的经济发展方式，经济增长仍旧主要依靠投资驱动。但近年来，随着资源、环境以及发展成本的制约日益凸显，转型与升级成为提升经济发展层次与质量的关键环节。

三　世界城市群与中国创新示范区发展趋势与经验启示

在经济全球化和区域一体化的背景下，城市群逐渐成为各个国家参与国际竞争的主要空间载体。城市群是指以中心城市为核心，向周围辐射构成的城市集合区域。城市群的特点表现为以中心城市为核心，各城市之间经济紧密联系、产业分工合理、合作紧密，交通与社会生活、城市规划和基础设施建设相互影响。在当前世界的城市群体系中，美国和日本两个国家的城市群发展最为迅速、集聚能力最强，已经成为全球市场中的主要竞争力量。北京中关村国家自主创新示范区是我国第一个国家自主创新示范区，苏南则为首个以城市群为基本单元的国家自主创新示范区。本部分结合世界城市群标杆和国内自主创新示范区的发展特点及其优势，基于珠三角创新示范区及广州实践，讨论有助于珠三角创新示范区发展的经验启示。

（一）美国东北部大西洋沿岸城市群和日本太平洋沿岸城市群

以纽约为中心的美国东北部大西洋沿岸城市群是世界六大城市群之一。该城市群从波士顿到华盛顿，包括波士顿、纽约、费城、巴尔的摩、华盛顿几个大城市，共有40个城市（10万人以上的城市），是美国最大的生产基地和商贸中心，是世界最大的国际金融中心。以东京为中心的日本太平洋沿岸城市群，也是世界六大城市群之一，是由东京大都市圈、阪神大都市圈和名古屋大都市圈三大都市以及濑户内海沿岸和北九州地区集合而成的多核型城市群。其发展对珠三角创新示范区的启示如下。

重视发挥广州作为珠三角城市群中心城市的辐射带动作用，促进广州与周围城市的合理分工。在特定的范围内，中心城市具有增长极的作用，它的发展影响并带动城市群内的各城市，日本东京多功能于一体的性质，奠定了东京的核心地位，并成为整个日本发展的中心城市，同样，作为中心城市的广州，其核心地位更应该巩固，并辐射带动周围城市的发展。美国和日本城市群内的各城市均有合理的分工，城市群内的各城市应深化一体化的发展理念，树立协作、共赢的意识，组建城市经济协作网络，加强关联产业之间的合作，进行产业链的优化和市场群的互补，共同实现经济实力和城市群整体竞争力的提升。

优化产业结构，通过发展第三产业推动经济发展，发展现代服务业集群，加大研发投入，促进高新技术产业发展。广州2014年第三产业比重约为68.3%，与纽约（约90%）相比仍有很大差距，广州的金融服务业优势较弱，第三产业有很大的发展空间。广州目前已经逐步确立了服务业的主导地位，但是需要进一步促进现代服务业集群的发展，从而提升竞争力，为中心城市建设提供更多基础条件。纽约产业发展的成就在一定程度上应归功于将高技术的生产性服务业和制造业有机地结合在一起。目前，中心城市广州与深圳相比，在科研投入、科研人才、对外经济合作、新产品产值、高新技术企业数量、高技术制造业和先进制造业的发展程度方面均处于落后地位。因此，要奠定广州作为珠三角城市群中心城市的地位，就必须在未来的建设中加大投入，加强高新技术的研发以及使用，同时吸引和采用高端人才，推动城市功能进一步提升。

（二）北京中关村和苏南国家自主创新示范区

北京中关村是第一个国家自主创新示范区。中关村聚集以联想、百度为代表的高新技术企业近 2 万家，形成了下一代互联网、卫星应用、生物和健康、节能环保等 6 大优势产业集群，集成电路、新材料、高端装备与通用航空、新能源和新能源汽车 4 大潜力产业集群和高端发展的现代服务业，构建了"一区多园"的发展格局，成为首都跨行政区的高端产业功能区。根据 2015 年 1~11 月规模以上企业统计数据，示范区实现总收入 32792.1 亿元，同比增长 12.9%。与北京全市相比，2015 年 1~11 月示范区规模以上企业的工业总产值为 8147.6 亿元，占全市的比例超过 50%（51.7%）；示范区的专利申请量（44000 件）、专利授权量（28062 件）和有效发明专利（45236 件）占全市的比例均超过 30%，分别为 33%、33.5%、62.4%。苏南是首个以城市群为基本单元的国家自主创新示范。苏南地区制造业发达，企业规模优势明显，是全球重要的制造业基地。围绕产业高端化发展，高新技术产业产值大幅增长，占规模以上工业总产值的 50% 左右，形成了以光伏、集成电路、新型显示等为主体，具备国际竞争力的产业。企业创新主体地位突出，成立了 5000 多家高新技术企业，大中型工业企业中研发机构建有率超 90%。园区载体发达，共拥有 8 个国家级高新区和 5 个省级高新区，为国家级高新区最密集的地区。

珠江三角洲创新示范区应借鉴中关村、苏南高度重视人才利用及创新的经验。除了充分利用本土人才创新及引进之外，还应充分利用"珠江人才计划""扬帆计划"等重大人才工程，加快集聚海外创新人才，弥补高层次人才短缺的"短板"，打造珠三角国家创新示范区自己的人才工作品牌。抓好特色项目，推动新兴领域发展，为扶植企业发展，中关村园区启动了"十百千工程"和"瞪羚计划"两大项目。珠江三角洲创新示范区在建设中可以适当开展特色项目，促进相关行业的发展，做大做强相关企业。

同时，提高政策服务，发挥政府主导作用，激发企业活力，借鉴苏南城市群的园区经济特色，推动高新区创新发展。中关村自主创新示范区利用包括国家、地方和园内独有的大量政策扶植、引导、服务企业，为产业园快速发展打下坚实的基础。实际上，优惠的政策是吸引企业、解决企业问题、激发企业活力、促进企业发展的有效手段，通过制定相关政策，珠三角自主创新示范区的相关部门应在产业规划上发挥主导作用，推动新兴科技领域产业的迅速发展。实施高新区升级行动计划，制定高新区创新发展评价指标，引导高新区建设一批新型研发机构、科技企业孵化器、科技金融服务平台、知识产权服务机构等。推动高新区建设一批国家级和省级创新型产业集群。

四 广州"三大枢纽"定位再思考

广州"三大枢纽"、国家创新中心城市是广州城市定位的一级指标。创新驱动发展战略与广州的"三大战略枢纽"（以下简称"三大枢纽"）建设具有密切联系。广州要坚持价值创新引领，大力推动创新驱动发展，不断推进理论创新、制度创新、科技创新、文化创新等各方面创新，塑造更多依靠创新驱动、更多发挥先发优势的引领型发展，形成新的发展动力源和增长极。

（一）广州"三大枢纽"的基本判断和总体评价

1. 判断一：得益于区位优势与转型条件，广州已基本形成了与"三大枢纽"相匹配的城市发展规模与发展阶段

广州地理位置优越，是海上丝绸之路的起点之一，占地面积达 7434.4 平方公里，2015 年年底广州常住人口规模达到了 1270.08 万人，居中国第 6；2015 年广州全年生产总值为 16706.87 亿元，在 2015 年中国主要城市生产总值排行中，位居第 3。

2. 判断二：在"三大枢纽"建设层面，广州已打下坚实的基础，国际航运和航空枢纽的建设条件基本成熟

广州拥有初步发达的国际航运市场、强大的腹地经济和集装箱物流，具有完善的后方集疏运系统，与港澳地区合作交流密切，与国际诸多航空口岸和经济区有合作关系和贸易往来。目前，广州高新区、中新广州知识城、科学城、智慧城、琶洲互联网创新集聚区、生物岛、大学城、国际创新城、南沙明珠科技城连成一线，广州科技创新走廊已然成型。

3. 判断三：在"三大枢纽"建设层面，与服务经济相匹配的体制机制尚待建立和完善

2014 年广州三次产业结构调整为 1.42∶33.56∶65.02，其中服务业增加值超过 1 万亿元，标志着广州已经进入以服务经济为主的发展阶段。广州"三大枢纽"建设始终呼应城市功能提升、发展新业态的转型发展主线，依托国家创新中心城市建设"三大枢纽"，形成多中心、组团式、网络型的空间格局，建设网络城市，使城市综合功能和国家中心城市的地位不断增强，但与服务经济相匹配的体制机制仍有待建立与完善。

4. 判断四：未来影响"三大枢纽"建设路径的关键变量将转向科技创新与业态创新

在全球化与信息化交互作用背景下，随着广州开放度的不断提升，未来影响"三大枢纽"建设路径的关键变量将从以往传统的物质生产力，逐步转向信息生产力所决定的科技创新与业态创新变量，使得通往"三大枢纽"的道路既不能简单套用国际经验，也不能墨守成规，而要牢牢把握全球化与信息化发展的特点，顺势而为。

在国际航运枢纽建设方面，广州航运基础设施条件完备，集疏运体系渐趋完善，海运需求旺盛。广州港由黄埔、南沙、内港、新沙 4 大港区和珠江口锚地组成，拥有一批设施先进的大型集装箱、煤炭、粮食、石油和化工等专业化深水码头，以及华南地区最大的滚装船码头。港口的硬件条件达到世界先进港口的水平，码头操作运营效率居业界前列，已基本形成由水路、铁路和高速公路等多种运输方式组成的综合运输网络。但广

州的航运服务功能较弱，区域港口较多，融资渠道单一。航运服务设施分散，通关手续烦琐，信息服务较为滞后。珠江三角洲已形成世界级规模的港口群，拥有60多个运输港口，港口泊位的地理位置相对比较集中，区域内港口较多，竞争较为激烈。我国船舶年融资额的70%来自国外，航运融资渠道单一。

在国际航空枢纽建设方面，广州航空基础设施完备，建立了对外交通衔接网络。白云国际机场是全国三大机场之一。对外衔接道路轨道系统由高快速路、国道、省道以及轨道交通衔接。但机场与高铁枢纽联系不畅，区域辐射能力较弱。目前对外缺少连通广、速度快的高速铁路和城际轨道，与广州南站、广州北站等综合交通枢纽联系不够便捷，导致机场对周边区域交通辐射范围有限。珠三角面临着香港机场和深圳机场对于客源腹地的强大竞争压力。

在国际科技创新枢纽建设方面，创新区域规划完善，重大科技设施建设顺利，创新科技成果丰硕。2015年9月29日，以广州国家高新技术产业开发区为核心的珠三角国家自主创新示范区获得批复。广州高新区、中新广州知识城、科学城、民营科技园、智慧城、琶洲互联网创新集聚区、生物岛、大学城、国际创新城、南沙明珠科技城等正成为国际科技创新的孵化器。国家超级计算广州中心的建设和应用推广加快，天河二号超级计算机运算速度连续6次蝉联世界第一。然而同时，广州传统要素驱动效率下降，高端要素集聚力不强，资本市场融资难和土地资源约束趋紧，对高端人才的吸引力较弱。外部竞争激烈和内部吸引力不足是广州高端人才集聚能力不高的两大原因。创新要素投入不足，科技成果转化率不高。2014年广州规模以上工业企业研发经费内部支出占规模以上工业产值的比重为0.96%，低于深圳的2.2%、北京的1.2%和上海的1.9%。2014年广州专利申请量和专利授权量分别是46330件和28137件，专利申请量约为北京（138111件）的1/3，相当于上海、苏州、深圳的一半，处于明显落后状态。高新技术产业发展相对滞后，知名创新型企业偏少。2014年广州高新技术制造业在中国的区位商值为1.13，而广州高新技术制造业在广东的区位商值为0.54，即广州高新技术制造业的专业化程度仅略高于全国平均水平（大于1）而远低于广东平均水平（小于1）。2014年广州规模以上工业增加值中高新技术制造业的比重仅为11.85%，低于深圳（32.33%）、东莞（36.8%）及广东省（25.7%）。在2013年中国企业自主创新TOP100系列评价名单中，广州仅有17家企业上榜，低于北京的80家、上海的35家和深圳的31家。

（二）"创新驱动发展"与"三大枢纽"关系分析

广州"三大枢纽"建设与"创新驱动发展"之间有着长远且深刻的关系，主要体现在"创新驱动发展"与"三大枢纽"建设的互动关系上。因此，"创新驱动发展"为进一步明确城市发展转型目标，立足全球视野、集中有限资源、提高经济效率，加快"三大枢纽"建设步伐提供理论支撑与战略导航。

1. "三大枢纽"的建设就是在拓展城市空间布局的基础上，带动产业的发展

广州"十三五"规划提出的经济发展蓝图的基本主线是"实施创新驱动发展核心战略，加快形成新的发展动力源和增长极"。其中，增长极的作用与内涵，主要有四个方

面：一是技术的创新和扩散，二是资本的集中与输出，三是产生规模经济效益，四是形成经济辐射效应。中心城市就像一个"磁场"，因其规模、市场、人口效益能够向外放射出强大的磁力，吸引资本、技术、知识人才向其集聚，产生"极化效应"；同时中心城市又是一个"辐射源"，能引发"扩散效应"，将创新成果、关联产业、信息交通等扩散到腹地，成为引领区域乃至国家发展的"火车头"。而动力源是支撑经济增长的外在动力和内在动力，来源于科学的空间布局，来源于科技创新、产业转型升级，以及体制机制的改革创新。构建新的发展动力源和增长极，首先要拓展城市发展新空间，以新空间承载新产业。

2. "三大枢纽"既是"创新驱动发展"的主引擎，也是"创新驱动发展"的目标

从"创新驱动发展"与"三大枢纽"建设之间的互动关系来看，"三大枢纽"既是"创新驱动发展"的主引擎，也是"创新驱动发展"的目标，"三大枢纽"作为"黄金大三角"，不仅是城市的重大基础设施，而且是产业、人才、资本、技术等高端要素的强大吸附器和辐射源，能够集聚全球高端资源，更好地推动"创新驱动发展"战略的全面实施，助推国际创新中心城市的建设。此外，"创新驱动发展"战略是实施方法，也是"三大枢纽"的实现路径。同时，"创新驱动发展"又是挖掘广州城市转型动力的重大战略举措，而"三大枢纽"则体现了城市的综合功能，因此，"创新驱动发展"和"三大枢纽"建设是战略与功能的关系，两者统一于城市转型的过程之中。需要指出的是，"三大枢纽"并不是"创新驱动发展"的最终目标，而是阶段性目标，"三大枢纽"的阶段性侧重于经济功能实现，而"创新驱动发展"则是要把创新贯穿于经济社会发展的各个环节和全过程，着力推进包括知识创新、技术创新、组织创新、模式创新、区域创新和制度创新在内的一系列从发展理念到体制机制的重大转变，着力激发创新活力，营造创新环境，在创新中推动转型发展，使创新成为经济社会发展的主要驱动力，在一定程度上深化和丰富广州"三大枢纽"建设的目标内涵，推动"三大枢纽"建设向纵深发展。其中，创新驱动的核心是科技创新，我们要以国际科技创新枢纽建设为核心，推动创新驱动和发展新动力。

3. 国际科技创新枢纽居"三大枢纽"之首

围绕产业关联的内在属性和广州"三大枢纽"的相互联系，广州建设具有全球影响力的科技创新中心的功能选择，应强调以协同创新为载体，促进产业关联、产业融合和产业升级。国际航运枢纽和国际航空枢纽互联互通，成为一个综合的有机系统，充分发挥自身优势，打造全方位和多层次的"多式联运"体系。国际科技创新枢纽将两大战略枢纽集聚在一起，形成协同创新，产业关联度不断增强，产业融合的可能性和重要性不断提升。与此同时，国际科技创新枢纽又为其他两个枢纽的服务功能拓展营造环境、提供平台、奠定基础，因此在广州"三大枢纽"的排序上，国际科技创新枢纽应具有基础性地位和先导作用，以及具有基于创新的资源整合地位。广州要厘清"三大枢纽"的战略地位及其重要性，充分发挥"三大枢纽"的联动作用，结合"三大枢纽"与"创新驱动发展"战略的关系，推动广州的经济发展，助力广州国际中心城市的全面建设。

五 广州创新引领作用系统

为把珠三角打造成为开放创新的引领区、创新创业的集聚区、战略性新兴产业的先导区、科技体制改革的先行区，充分激发创新活力，高效配置珠三角内外创新资源，全面提升核心竞争力，把广州建设成为具有世界影响力的国际创新中心，广州需要引领珠三角区域经济的发展，打造珠三角经济增长的新增长极和引擎，为珠三角的创新提供源源不断的驱动力。在以上第一部分到第四部分的研究和讨论基础上，本部分基于如何发挥广州在珠三角创新示范区中的引领作用这一核心问题，构建了包括创新引领主体、创新引领内容、创新引领路径和创新引领空间四个维度的广州市创新引领作用系统。

维度一：创新引领主体维度。基于创新系统的理论，广州需要从企业、政府、高等院校、科研机构、各类中介机构这几大主体方面发挥其在创新示范区中的引领作用。企业是创新主体，创新离不开企业家和创业家。政府要营造创新生态环境，吸引创新人才，加强政策引导，促进体制机制变革，提供便利便捷的公共服务。高等院校和科研院所是知识创新、人才培养的基础，能为创新提供源源不断的新思想、新知识、新技术和新技能。各类中介机构能推进创新的供给方和需求方互相配合。创新引领系统要依靠这些创新主体来实现和发挥引领作用。

维度二：创新引领内容维度。创新引领内容包括创新型经济（创新企业和创新产业）、创新创业人才、创新型服务（平台创新、载体创新和金融创新）、创新型体制机制、协同创新和国际合作以及创新的社会生态环境六方面内容。内容维度是创新引领作用系统的核心，旨在回答"引领什么"的问题。

维度三：创新引领路径维度。针对不同的创新引领领域以及广州引领珠三角创新示范区具体的方法和途径，回答"如何引领"的问题。

维度四：创新引领空间维度。包含两方面内容，其一，广州在引领过程中自身如何开展创新，促进发展；其二，广州如何带动和整合深圳，引领、示范和辐射珠三角其他地区。

以下以引领内容维度，结合其他维度对广州创新引领作用系统展开具体分析。

（一）创新型经济是创新发展的主引擎

1. 打造国家级战略性新型产业策源地

创新驱动实现的载体是产业化。要真正推动珠三角自主创新示范区的建设，必须培育一批能带动经济发展方式转型的现代高新科技产业。广州要打造成为珠三角国家级战略性新兴产业策源地，辐射带动珠三角其他区域高新科技产业发展，通过优势产业和新兴产业的延伸，在珠三角形成较为完整的创新产业链，成为推进珠三角战略性新兴产业发展的排头兵，引领国家战略性新兴产业发展，抢占国际产业竞争制高点。广州应突出干细胞、移动互联网、集成电路、高端装备等产业。以智慧城市建设推动电子信息产业结构优化升级，大力发展电子商务、软件、云计算、物联网、互联网、高端电子、数字家庭等新兴产业，打造智能装备，催生一批新一代信息技术新模式、新业态。加强海洋科技攻关，在海洋生物制药、新能源开发、海洋工程装备制造等科技领域掌握一批核心关键技术，打造海洋经济热点。实施一批生物技术重大项目，提升广州高新区的个体化医疗与生物医药产业集群发展水平，打造生物与健康创新产业。广州要进一步发展先进制造业，完善制造业产业链，从制造环节向服务延伸，使加工制造向投资、品牌和生产性服务升级，提升技术水平，创新商业模式，发展新的业态。以推进企业信息化、社会信息化、政府信息化为着力点，推动移动互联网、云计算、大数据、物联网等与现代制造业结合，促进技术融合、产品融合、业务融合和产业衍生。广州还要在产业发展制度创新，尤其是模式探索、商业模式创新、疏通产业链条等方面发挥探索和示范作用，探索产业发展新模式。

在打造创新型产业的具体引领方式上，广州要重点突破关键和共性技术，推进创新成果应用示范，推进高新技术产业向传统产业渗透，通过自主科技创新改造提升制造业以及在产业布局上重点突破，打造特色产业，实现错位发展。

2. 重点培育科技型领军企业和科技型中小企业

创新型企业是创新经济的基本单位。广州要重点培育一批科技型领军企业，使它们在产业转型升级、自主创新、市场开拓等方面对区域经济发挥示范带动作用。高新技术企业的产生，必须以大量的科技型中小企业为基础。广州要培育引进大批科技型中小企业，要顺应大众创业、万众创新的新趋势，鼓励创办科技型中小企业。同时，要进一步推动传统企业对技术进行改造升级。

在具体引领方式上，广州要借助人才与资源的集中优势，培育高速成长的高新技术企业，支持企业加大对科技研发的投入，借助科技全球化的机遇，帮助企业实现技术标准的战略目标。支持企业对产业链中的关键领域、薄弱环节和共性问题等进行整体技术改造，推广共性适用技术，带动产业集聚发展。鼓励企业按照国内外先进标准改造提升现有产品，加快产品升级换代。同时，要打破发展新兴产业的路径依赖，紧密对接中国制造2025战略规划和"互联网＋"行动计划，对广州市的汽车、电子、石化、造船、纺织服装、食品饮料以及家具等传统优势制造业企业，进行智能化改造，实现从"制造"到"智造"的转型，推进信息化与工业化深度融合。要坚持市场化、专业化、多元化的思路，加快建设科技企业孵化器，鼓励科技型企业自己建设孵化器，大力开展内孵化和外孵化活动，构建完备的孵化器、加速器以及加速器网络。鼓励大型骨干企业设立研发机构。

（二）发挥广州教育基地和基础研究优势，建设创新创业人才的集聚地

创新人才是创新思想和知识的源泉。广州要发挥研究型大学的支撑和引领作用，支持重点、特色、优势学科建设，加强战略性新兴产业相关学科建设，依托市属高校开展创新创业人才培养，提高高层次创新人才和高技能人才培养能力与水平。推动创新创业人才快速集聚，将示范区建设成为国内创新创业最受保护、鼓励和支持，创新创业社会成本最低，获取创新创业资源效率最高，最吸引创新创业人才的地带。

在实现方式和路径方面，广州要加大高层次创新创业人才引育力度。落实"羊城高

层次创新创业人才支持计划"和"羊城创新创业领军人才支持计划",引进、培养、支持一批高层次创新创业领军人才（团队）。探索开展若干项"广东省大科学研究计划",鼓励和支持科学家参与国家和国际大科学计划,带动创新团队和领军人才迅速成长。加强人才引育载体建设。推进南沙新区、广州开发区、天河区3个高层次人才创新创业示范区建设,实行特殊政策、特殊机制、特优环境,探索具有示范意义和推广价值的人才政策体系。推进广州国际生物岛"千人计划"生物医药创新创业示范园区等一批人才集聚载体建设,探索建设有利于推动协同创新和创业发展的示范基地,为高层次人才在广州创新创业提供良好的载体。推进南沙"粤港澳人才合作示范区"建设,加强与港澳及国际知名高校、科研院所合作,开展学术交流和项目共建,全方位构建粤港澳创新要素集聚平台、产业合作平台、科技研发平台、人才配置平台和跨国人才开发平台等人才载体支撑体系,集中打造资讯科技园、南沙科创中心（产业孵化器）、粤港科技创新产业园等一批高水平的公共科技创业平台。发挥高新技术企业引才主体作用,鼓励企业加大引才、育才投入。鼓励和支持高新技术企业建立博士后流动站,以及企业中端人才创新团队的建立和创新人才层次提升培养。加大引才宣传力度,建立海内外引才联络机制,引导重点高新技术企业面向海内外引进人才、设置重要岗位。

（三）推进多元化、多层次的创新型服务体系建设

1. 加强高新区以创新平台为首的产业集群创新平台、公共服务创新平台和科技创新投融资平台建设

加强高新区创新平台建设,成为平台创新的引领者。广州以建设珠三角国家自主创新示范区为契机,以高新区和各类科技园区为核心载体,优化规划布局,加大统筹力度,推动创新资源开放合作、自由流动,通过创新要素集聚带动产业发展。特别要注意发挥高新区在创新引领中的领头羊作用。搭建产业集群创新平台,通过平台完成创新要素的集成、协同和整合,促进创新成果外溢,并逐渐商品化、产业化和国际化,催生现代产业集群,带动珠三角的产业变革。搭建以政府为主导的公共服务创新平台,使其成为宏观调控平台、管理服务平台和社会服务平台。搭建科技创新投融资平台,推动科技资源与金融资源无缝对接。

在实现方式和路径上,要利用南沙国家级新区的政策优势,重点建设广州南沙新区粤港澳创新创业基地、广州中科院工业技术研究院等重大创新平台。依托"天河二号"建设国家大数据研究中心,加快建设大数据技术平台。进一步推进广州中科院"一院四所"、中乌巴顿焊接研究院、中科院广州生物医药与健康研究院等开放型科技创新平台以及广州市119家科技企业孵化器的建设工作。建设科技成果转化服务平台。构建需求导向的应用研究、中试孵化、检验检测、知识产权、技术交易、专业咨询的全程技术转移服务体系。加强国家专利技术广州展示交易中心建设,支持中国技术交易所华南中心发展。通过创新基金、市场融资、招商嫁接、创业投资、风险投资等多种手段,推进政府引导创新投融资平台多元化。发展非银行金融机构,运用多种金融工具及衍生金融工具,建立投融资综合服务机构,发展众筹平台,推进广州股权交易中心和科技金融超市建设。

2. 构建科学合理的区域创新载体系统

通过高新区的先行先试，以一区多园、产业分工合作、要素有序流动等形式，加快广州高新技术产业开发区、广东自贸试验区南沙新区片区、中新广州知识城、琶洲互联网创新集聚区、民营科技园、智慧城、科学城、生物岛、大学城、国际创新城等创新载体建设。加快中科院生命与健康研究院、华南新药创制中心、军事医学科学院华南干细胞与再生医学研究中心等一批大型科研机构建设。加快广州北航新兴产业技术研究院、北京大学华南产业创新研究院、浙江大学华南技术研究院、清华珠三角研究院，以及以高校、科研院所为主体的国家医疗保健器具工程技术研究中心、呼吸疾病国家重点实验室、发光物理与化学国家重点实验室等研发中心及实验室等重大协同创新平台建设。建设科学合理的区域创新载体系统。国家、省、市、区四级联动，推进各类科技园区建设，明确各园区的功能定位和主攻方向，实现错位、协同发展。支持科技园区向省级、国家级方向发展。组建符合园区特点的创新型产业联盟。推动大学科技园、民营科技园、专业镇发展壮大。

3. 强化创新科技金融服务的支撑功能

建立科技金融支撑体系。促进科技和金融结合，建立科技资源与金融资源有效对接机制，营造科技、金融、产业一体化的生态环境，构建覆盖科技创新全链条的金融支撑体系。推进国家科技金融试点区建设。做好"广佛莞"促进科技和金融结合试点地区建设。加快建设广州科技金融服务中心。支持各区设立创业投资引导基金、天使投资引导基金和贷款风险补偿资金，推广科技保险工作，支持商业银行设立科技支行，鼓励科技企业发行中短期票据、融资租赁、资产重组和收购兼并业务，推动知识产权质押融资和股权质押融资等科技金融服务。支持番禺区建设广东省科技和金融结合试点区。积极推动科技型企业进入多层次资本市场融资发展。建立科技型企业上市后备资源库，形成科技企业上市梯队。建立健全科技企业上市扶持制度，支持非上市科技企业通过新三板和区域股权市场进行股权交易及融资发展。

（四）深化创新驱动的体制机制改革

创新型体制机制是创新经济的制度保障机制。要加强创新科研机构建设的体制机制。推动国有科研机构制度创新，鼓励民办科研机构发展，支持科学家领衔组建新型科研机构，提升原始创新能力。探索基础研究和前沿技术研发的组织模式，推动广州市科研机构创新能力进入世界前列。加快科技管理体制改革。加强市、区联动和部门协同，建立统筹协调的科技管理体制，完善重大科技创新与产业化任务的组织方式和协调机制，建立健全重大科技基础设施、科技资源的共享和运行制度。优化科技项目管理流程，完善科技经费管理制度，建立竞争性经费和稳定支持经费相协调的投入机制，优化基础研究、应用研究、试验发展和成果转化的经费投入结构。同时，进一步完善科技评价和奖励制度、民生科技发展机制、人才激励机制以及政策支持体系。

（五）推进开放、共享、包容的协同创新和国际合作

1. 将科教资源优势转化为协同创新的动能

把广州高校和科研院所丰富的科教优势带来的创新力量释放到企业和产业中。支持以企业为主体的产学研合作联盟，鼓励高等院校、科研机构与企业之间的人才双向交流。组建一批面向重大需求、多学科融合、多团队协同、多技术集成的协同创新中心，搭建协同创新交流平台。加快公共科技资源和信息资源开放共享，推动高校和科研院所向小微企业和创业者开放科研设施。鼓励大中型企业通过生产协作、开放平台、共享资源、开放标准等方式，带动上下游小微企业和创业者发展。支持开源社区、开发者社群、资源共享平台、捐赠平台、创业沙龙等各类互助平台发展。

2. 发挥地缘优势，推动港澳和国际合作

促进香港和澳门金融、商贸、信息、教育、人才、科研等优势与珠三角创新创业环境有机融合，努力拓展创新合作。加快发展科技服务业和信息服务业，探索技术和创新成果跨境转移转化机制。扩展广州参与国际科技合作的广度和深度。支持企业、高等院校和科研机构参与国际大科学计划和大科学工程，承担和组织国际重大科技合作项目。鼓励国外大学、科研机构、跨国公司等设立研发机构，搭建联合研究平台。鼓励本土科技企业参与全球竞争。重点推进中乌巴顿焊接研究院、广州国家现代服务业国际创新园、广州开发区中欧区域政策合作试点地区、广州开发区（含黄埔智能产业园）中高技术产业合作重点区域、广州中古生物医药领域合作、中英生物桥等重大国际合作项目建设。

（六）市场、法治和社会多维多措并举，优化创新生态环境

良好的创新生态环境是创新发展的支撑，是推进创新发展的基础。要培育、发展、创新创业文化，营造保护和促进创新的法治环境，加强知识产权保护力度，构建服务自主创新的金融支持环境以及创造宜居宜业环境。加强知识产权保护和科技成果转化等法治环境建设。要加强商标、专利等知识产权保护。充分发挥广州知识产权法院的作用，加快建设国家知识产权局专利审查协作广东中心，落实与新加坡国家知识产权局的合作协议，推进知识产权示范城市建设。以广州国家知识产权综合改革试验区为平台，加快建设广州知识产权交易中心、中新（广州）知识城知识产权服务集聚区，深化知识产权管理体制改革，建立统一高效的知识产权行政管理体制。探索建立知识产权银行、知识产权众筹等互联网金融模式，分技术领域建设若干知识产权交易平台。同时，要组织落实好与中国工程院、中国科协签署的战略框架合作协议，把"科交会"办成展示科技创新成果的"广交会"，吸引大批高端科技项目来广州产业化。要持续开展广州"中国创业导师行动"。新闻媒体要加大对创新人物和创新精神的宣传，在全社会培育创新意识，倡导创新精神。通过提升示范区载体功能，广泛集聚人流、物流、资金流、信息流，降低创业成本，提高创业成功率，使广州成为适宜创事业、办企业、聚产业的城区。

六　对策建议

（一）加强战略研究，制定顶层设计

充分发挥广州在珠三角创新示范区建设工作领导小组中的作用，领导和统筹珠三角创新示范区建设工作，建立健全工作机制，明确各市的职责和分工，加快推动珠三角创新示范区建设。强化示范区建设工作的统筹机制。引导珠三角各市在规划制定、重大基础设施建设、产业发展等方面联动合作，鼓励创新要素合力流动，形成资源共享、优势互补、错位发展的空间格局，以及基础研究、应用研究、产业化研究梯队推进、紧密衔接的时间格局。筹备成立广州市科技发展战略研究院。研究示范区发展的相关规划和政策，以及协调整合各类创新资源的措施，为示范区及广州市的发展规划、自主创新推进提供顶层设计、决策咨询和建议。定期召开地区协调会议，集中解决珠三角创新示范区建设过程中遇到的问题，明确各部门分阶段的工作重点和任务，及时调整推动示范区建设的政策措施。

（二）加大政策支持，完善政策支持体系

构建普惠型创新支持政策体系，加强金融支持和税收优惠力度。建立税收政策落实部门会商和专家评审制度，大力推动国家和省各项税收政策的落实，制定必要的实施细则，进一步扩大各项创新政策的覆盖面。开展针对创新型中小企业的税收政策宣传，提高创新型中小企业享受税收优惠政策的比例。通过财政贴息等方式，鼓励商业银行开展中小企业创新贷款服务。另外，将创新产业和创新型园区用地优先纳入土地利用总体规划和年度规划。优先保障创新技术能力建设、重点高技术产业化、战略性新兴产业发展项目用地，将重点创新项目纳入重点建设项目"绿色通道"，提高用地等的审批效率。

（三）突破重点领域，打造特色产业

重点突破关键和共性技术，发挥优势，突出特色，推进创新成果应用示范。培育能带动经济发展方式转型的现代高新科技产业，打造战略性新兴产业策源地，辐射带动珠三角其他地区高新科技产业发展，通过优势产业和新型产业的延伸，在珠三角形成较为完整的创新产业链。重点突出干细胞、移动互联网、集成电路、高端装备等产业，大力发展电子商务、软件、云计算、物联网、互联网、高端电子、数字家庭等新兴产业，加强海洋科技攻关，实施一批生物技术重大项目。另外，要进一步发展先进制造业，完善制造业产业链。以推进信息化为着力点，推进高新技术产业向传统产业渗透，促进技术融合、产品融合、业务融合和产业衍生，通过自主科技创新改造提升制造业，在产业布局上重点突破。

（四）鼓励企业做大做强，加快创新发展

一是尽快培育出一批高速成长的科技型领军企业。支持企业加大对科技研发的投入，对产业链中的关键领域、薄弱环节和共性问题等进行技术改造，鼓励企业与高校、科研机构共建研发机构，提升产业科技水平，积极开展应用研究、产品开发、技术转化、学术交流，提升企业自主创新能力和内生发展动力，促进高校和科研院所科研成果

转化和技术服务实现，加快产业科技创新和转型升级。另外，鼓励龙头企业兼并重组，引导国有企业开展产权制度改革，增强国有经济活力、控制力和影响力。二是培育引进大批科技型中小企业。要顺应大众创业、万众创新的新趋势，创办科技型中小企业。制定并出台政策鼓励科技人员创办企业，为科技型中小企业提供科技创新券，鼓励广州地区科技服务机构为珠三角地区科技型中小企业提供服务。

（五）加强人才集聚度，优化创新环境

加大高层次创新创业人才培育和引育力度，完善人才激励机制，优化创新创业人才发展环境。制定实施"羊城人才计划"，引进、培养、支持一批高层次创新创业领军人才（团队）。推进南沙新区、广州开发区、天河区3个高层次人才创新创业示范区建设。鼓励和支持高新技术企业建立博士后流动站，以及企业中端人才创新团队的建立和创新人才层次提升培养。健全技术要素参与分配的机制，完善和落实知识产权以及科技成果转化为股权、期权等政策。加快建设人才公共服务体系，健全科技人才流动机制。支持创新创业人才参与国际交流与合作，切实解决好创新创业人才医疗、失业、养老保险和配偶就业、子女上学以及住房等问题。

（六）完善创新载体建设，强化支撑功能

坚持市场化、专业化、多元化的创新载体建设，形成多层次的创新型服务体系，提升科技创新服务能力。落实促进科技创新企业孵化器发展系列政策，完善科技企业孵化器建设用地政策；制定支持新型研发机构建设与发展的政策。另外，完善高新区等配套服务，搭建产业集群创新平台、科技成果转化服务平台、多元化创新投融资平台，以及以政府为主导的公共服务平台。优化科技创新空间布局，重点发展科技创新走廊，通过高新区的先行先试，建设科学合理的区域创新载体系统。努力建设一批大型科研机构、产业创新研究院、国家重点实验室以及重大协同创新平台，为企业创新发展提供支持；推进科技园区建设，组建符合园区特点的创新型产业联盟，促进科技园区的发展壮大。

（七）深化体制机制改革，提供制度保障

第一，加快科技管理体制改革。创新驱动需要城市经济和社会方方面面的共同参与，广州要打破部门分割，加强市、区联动和部门协同，在政策制定和资源配置上加强配合，形成合力。建立财政投入稳定增长机制以强化财政投入对自主创新的导向作用，健全技术创新市场导向机制以发挥市场对各类创新要素配置的导向作用，完善科技人才评价和奖励制度以提高自主创新的积极性，建立支持科技创新成果产业化的投资新机制，促进科技创新成果资本化和产业化。第二，完善知识产权保护机制。全面推行国家企业知识产权管理规划，提升企业知识产权综合运用能力；完善知识产权运营、知识产权信息开发利用、战略咨询等知识产权服务体系建设；完善维权援助和举报投诉受理机制。

（八）实施协同创新，加强合作交流

组建一批面向重大需求、多学科融合、多团队协同、多技术集成的协同创新中心，搭建协同创新交流平台。加强战略性创新平台资源共享，推动高校和科研院所向小微企业和创业者开放科研设施。培育和发展一批具有行业和区域影响力的产业创新合作联

盟，支持联盟联合申报、承担创新重大专项，争取更多的创新资源。根据行业发展需求，通过产业协同创新重大专项的组织实施，加大组织力度，支持企业牵头、高校和科研院所合作承担项目，增强联合创新作用，促进成果转移转化。另外，加强与国际和国内在金融、贸易、信息、教育、人才、科研等方面的合作交流，努力拓展合作机会，通过共建研发机构、承担和组织国际重大科技合作项目、主办专业会议等方式，扩展广州参与国际合作交流的广度和深度，提高开放水平。

广州国家创新型城市发展研究中心成果

作者：丁焕峰　李　敏　刘小勇　宋艳玲

张　宁　张　姝　黎梓婷

从供给侧结构性改革视角加快广州国际性
综合交通枢纽建设

　　国际性综合交通枢纽是一个城市成为国际大都市及全球城市的重要标志。《中共广州市委关于制定国民经济和社会发展第十三个五年规划的建议》提出了"构建大交通综合枢纽"。《中华人民共和国国民经济和社会发展第十三个五年规划纲要》提出建设北京、上海和广州等国际性综合交通枢纽。从"大交通综合枢纽"到"国际性综合交通枢纽"，既是国家赋予广州"十三五"期间及未来发展的重大历史使命与期盼，也是推动广州由国家中心城市迈向全球城市的重大战略机遇，对广州在经济新常态下提升国家中心城市功能、发挥辐射带动作用、更好参与国际资源配置和竞合发展方面意义重大。

一　国际综合交通枢纽是迈向全球城市的重要标志

　　笔者认为，国际性综合交通枢纽是集多种国际化交通枢纽及配套设施于一体、交通网络内联外通、运输服务功能完善高效的城市。作为国际性综合交通枢纽，第一，有国际化的现代交通设施，包括国际一流的海港、空港、河港、铁路港（含高铁港）、公路港及配套设施、中转站。第二，有覆盖国际国内、互联互通的交通运输网络及集疏运体系，包括连接国内外主要城市及区域的海陆空交通运输网络，以及城市各种运输网络、枢纽站场之间的无缝衔接及一体化。第三，有国际化的综合交通运输服务功能，即客货到发、中转、配送、信息、管理服务等交通运输服务。第四，各种国际交通要素及交通运输服务机构云集，尤其是有国际知名的航空航运服务企业驻地发展，如国际性的航空公司、航运物流公司、铁路公司、交通建设企业等。

　　从区域、国家、全球中心城市发展的历史考察来看，许多城市是在综合交通枢纽或单一交通枢纽的基础上发展起来的，前者如纽约、洛杉矶、伦敦、东京、巴黎、法兰克福、香港、新加坡、上海等，后者如迪拜、拉斯维加斯、法兰克福等。城市因港（包括海港、空港、河港）、因路（铁路、公路）而兴衰。中心城市一般都是综合交通枢纽城市。国家中心城市几乎都是国家综合交通枢纽。全球城市基本都是集海陆空等枢纽于一体的国际性综合交通枢纽城市。可见，国际性综合交通枢纽往往成为衡量一个城市是不是全球城市的重要标志。尤其是在经济全球化、区域一体化、现代交通运输技术和信息网络技术发展的新背景下，国际性综合交通枢纽在推进城市参与全球资源配置、经济竞合分工和发展开放型经济中的作用越来越大,往往成为城市对外开放合作的重要载体和门户。

广州作为代表国家参与国际资源配置及经济分工合作的重要中心城市和国家重要的综合交通中心,国家提出及期待广州"十三五"及未来打造国际性综合交通枢纽,既是对广州改革开放以来综合交通枢纽建设取得的成就和承担综合交通中心功能的肯定,也是经济新常态背景下广州推进供给侧结构性改革,建设国际航空、航运枢纽、科技创新枢纽(三大战略枢纽),加强国际航运、物流、贸易中心和现代金融服务体系("三中心一体系")建设及强化中心城市辐射带动作用的重要举措,还是建设枢纽型网络城市、推进广州国家中心城市建设全面上水平、打造"一带一路"枢纽城市及迈向全球城市的战略载体。

二 内畅外通的国家综合交通枢纽优势

广州因港而兴,是千年不衰的港口城市。广州地处珠江入海口、面向南海、背靠泛珠三角,作为我国与亚洲、大洋洲、非洲、太平洋、印度洋等区域海陆空联系的大交通枢纽,优越的地理区位使其成为千年不衰的港口城市。新中国成立以来,广州加快了海港、河港、公路、铁路和机场建设,交通网络逐渐向全国延伸拓展,华南综合交通枢纽地位不断提升。改革开放尤其是 21 世纪以来,广州以建设新白云机场、南沙深水港、广州南站等国际化交通枢纽为抓手,不断拓展和加密面向国际的航运航空网络,拓展延伸覆盖区域及全国的高速公路、高速铁路、国内航空等综合交通网络,加快城际及市域的高快速公路、城际轨道、地铁、枢纽站场等交通网络及配套设施建设,促进海陆空、市内外、国内外等交通网络衔接,现代综合交通运输体系基本建成,综合交通环境日益完善,综合交通要素及机构不断集聚,交通运输服务效率全面提升,使得广州作为立足华南、服务全国、连接世界的国家综合交通枢纽功能日益强化,为广州聚集国内外资源、推动经济持续快速发展及建设成为国家中心城市提供了有力的支撑。

白云国际机场是我国第三大机场,2015 年国内外航线达 136 条,航班有 1000 多个,目的地有 207 个,旅客吞吐量达 5521 万人次,货邮吞吐量为 154 万吨,全国排名均居第 3 位,旅客吞吐量和货邮吞吐量分别居世界第 17 位和第 19 位,成为全国以及我国与东南亚、澳洲及太平洋、印度洋周边国家联系的重要航空枢纽。广州港集装箱班轮航线有 168 条,连通 100 多个国家和地区的 400 多个港口,货物和集装箱吞吐量分别达到 5.2 亿吨和 1762.5 万标箱,分别居世界第 6 位和第 7 位,国内均居第 4 位,成为全国以及我国与海上丝绸之路沿线国家联系的重要航运物流枢纽。广州是全国四大铁路枢纽之一、三大通信枢纽、互联网交换中心和互联网三大国际出口之一,是全国高速铁路枢纽、高速公路枢纽和珠江航运枢纽。同时拥有南方航空公司、广州港集团等国内外知名的航空航运企业。总之,广州内通外联、辐射影响国内外的综合交通枢纽优势,为广州在新的发展阶段建设互联世界的国际综合交通枢纽奠定了坚实的基础。

三 从供给侧结构性改革视角发力国际性综合交通枢纽建设

建设广州国际性综合交通枢纽已上升为国家战略。目前广州已是全国运输方式最齐备、网络发达、配套完善和服务较周全的综合性交通枢纽，基本能够满足广州及区域、国家经济社会发展的需要，具备在"十三五"时期建设国际性综合交通枢纽的坚实基础和天时地利条件。但与伦敦、纽约、芝加哥、新加坡、中国香港等国际性综合交通枢纽相比，广州还存在不少短板，如航空枢纽、航运枢纽、高铁枢纽等交通枢纽及配套设施的国际化水平不高，与国际城市连接的交通网络不够密集，各种交通运输方式衔接不够紧密，交通运输服务效率还不高，中转运输的旅客、货物比重还不高，对国际高端交通运输要素及机构的吸引力还不强等。从本质上看，目前广州综合交通枢纽存在的短板是交通枢纽供给侧存在结构性问题，核心是综合交通枢纽国际化及交通运输服务品质化不够高。为此，在经济新常态背景下推进广州国际性综合交通枢纽建设，必须站在全球视野、战略思维高度，以国际先进综合交通枢纽为标杆，从交通供给侧结构性改革视角用力拉长短板、拓展优势，全面提升综合交通运输供给服务水平和综合交通枢纽内外辐射能力，更好地支撑和引领广州枢纽型网络城市建设、辐射带动广东及全国经济社会发展。

第一，大力推进综合交通枢纽现代化和智能化。应以国际航运枢纽和国际航空枢纽建设为龙头，以信息化、智能化和绿色化发展为路径，加快白云国际机场后期、南沙港区后期、邮轮母港、商务机场、江海联运码头、广州北站、广州新东站、广州火车站（改造）等国际、区域综合交通枢纽工程和城际、市域换乘枢纽工程建设，优化广州市域东西南北中交通枢纽、站场等的布局，加强广州与国际国内、市域内外交通枢纽之间的衔接，完善提升各种交通运输及中转站场，优化提升各种交通枢纽的集疏运网络体系，形成服务全国、连接世界、辐射影响力强的国际化综合交通枢纽。

第二，加快推进综合交通网络国际化和一体化。应以"一带一路"沿线国家及城市为重点，建立或积极加入国际海港、空港城市联盟，大力拓展构建广州连接印度洋、太平洋周边及至非洲、欧洲、美洲等主要海空港城市的国际航运航空网络和立足泛珠三角、服务全国的区域航运航空网络，加快建设延伸广州至全省各地级市、泛珠三角省会城市、全国大城市及东南亚重要城市的高铁网络和广州至大珠三角城市及其市域内的轨道交通网络，加密广州互联互通国内外的交通运输网络，完善国内至国际、市内至区域及全国的交通中转衔接网络，强化广州各交通枢纽客运零距离换乘和货运无缝化衔接，形成四通八达、内外一体、便捷高效的国际化综合交通大网络。

第三，着力促进交通运输服务品质化。按照现代交通运输企业及客流、物流等的需要，实施"互联网＋交通"行动计划，促进大数据在广州交通运输领域的广泛应用，加强广州综合交通联程联运、智能管理、公共信息、海陆空协同联动等系统工程建设，大力发展智能交通、联程联运和交通运输新业态、新模式，促进传统交通服务转型升级，增加广州高品质、差异化、绿色化、定制化的现代交通运输服务有效供给，提升综合交通枢纽的服务水平和效率。

  第四，发展壮大国际化交通运输企业。应构建市场化、法治化、国际化的交通营商环境，积极降低广州交通运输企业营运成本，大力聚集国际高端交通要素资源及机构，发展壮大服务国内外的国际化交通运输服务企业，增强广州交通运输企业的国际竞争力。要积极支持南方航空公司、广州港集团等大型航空航运物流企业"走出去"，引导航空航运基地企业、航空航运企业与国内外航空航运基地及企业合作，拓展广州地区航空航运物流企业的发展空间和网络。建议政府统筹协调，联合广州地区及国内外的航空大企业，成立"广州航空公司"，壮大广州航运企业队伍，增强航空服务能力。同时，应深化广州交通运输管理服务制度改革，争取国家在交通运输领域改革创新的试点和政策的支持，形成协同发展、纵横联动、服务高效的国际化综合交通枢纽管理服务新机制。

广州国家中心城市研究基地成果

作者：杨再高

国际性综合交通枢纽发展战略和新趋势

　　未来全球竞争的核心是城市、城市群的竞争。拥有畅达全球的综合交通网络和多层次的交通系统是全球城市保持竞争力的共同特点，国际性综合交通枢纽往往成为衡量城市是否为全球城市的重要标志。国际性综合交通枢纽是交通枢纽的更高形态，其通达能力更加强大，是全球范围内交通的重要节点，综合交通枢纽更需要重视其综合服务功能，其内涵至少应包括硬件枢纽本身的功能和国际服务功能。国际性综合交通枢纽不仅是对区域交通的改善和服务功能的提升，而且是对城市空间布局的集聚和延伸，它更应该强调作为城市或区域的综合交通枢纽之上的国际融合功能，是城市融入全球化、参与全球竞合的重要策略和路径之一。本文对纽约、东京、伦敦、新加坡、法兰克福、上海等世界级城市的交通战略发展进行比较，分析国际性综合交通枢纽发展的新趋势，总结其对广州建设国际性综合交通枢纽的启示。

一　世界城市综合交通战略比较

（一）纽约：强调可持续、社会公平、绿色发展的基础设施改造和升级

　　《纽约规划——更绿色、更美好的纽约》旨在通过基础设施建设与环境改造促进城市可持续发展和提高居民生活质量。为了保持持续繁荣，纽约认为2030年的主要挑战包括人口增长、基础设施的老化与维护、保持经济竞争力、交通运输等10个需要解决的问题。该规划认为，发达的交通运输系统可以为纽约与世界、与周边区域的紧密联系提供保障，可以为城市带来持续繁荣。面向未来，纽约必须提供更多有利于可持续发展的交通选择，并确保交通运输网络的可靠性与质量（见表1）。这一交通发展目标涉及三大战略和14项策略。三大战略分别为：改善并拓展可持续性交通基础设施和选择方案；减少道路、桥梁及机场的拥堵；改善道路及公共交通系统的设施条件。14项策略包括公共交通、步行和自行车交通、货运交通、航空运输等，策略重心在于加强公共交通与步行和自行车交通服务，减少道路拥堵和尾气排放，并有效应对基础设施老化带来的问题。

表1　纽约城市交通战略要点

方向	措施	考核指标	现状	2030 年目标
三大战略	一是改善并拓展可持续性交通基础设施和选择方案； 二是减少道路、桥梁及机场的拥堵； 三是改善道路及公共交通系统的设施条件			
支持 MTA 全额资助资金计划	1. 期待政府的各个层面支持现代化和扩建纽约的交通系统；2. 在主要地铁线路上缓解交通拥堵；3. 在整个城市完善和扩大公交服务	可持续交通方式分担率（以曼哈顿 CBD 通勤交通计）	73.5%	明显上升
		进入曼哈顿核心区轨道交通容量（早上 8 点至 9 点）（人次）	627890	2040 年增加 20%
		公共交通客运增长率与小汽车交通增长率之差	-2.8%	达到正值
公交网络的扩展计划	1. 为应对日益增多的经西哈得逊河的乘客，制定区域交通战略；2. 研究未通地铁区域新线路和已有地铁区域的改进方案；3. 扩大和完善史泰登岛范围内的服务	公共交通总营运里程（万英里）	94.59	上升
扩大城市的自行车网络	1. 继续扩大城市的自行车道网络，特别是社区有限的自行车基础设施；2. 增加自行车在桥梁的通达性；3. 开展自行车共享计划	纽约市反向通勤自行车指数	437	2020 年达到 844
残疾人无障碍城市交通网络的扩展	1. 增加残疾人无障碍人行网络；2. 改善残疾人转乘巴士服务；3. 提供便利的、可靠的残疾人交通转乘模式			
使货车使用更绿色、更高效，在可能的情况下，发展铁路和水路货运	1. 鼓励水路和铁路货运向纽约地区项目如过海铁路隧道和布鲁克林海运码头转移；2. 减少货运卡车必须进入最后一英里"市场"的影响；3. 扩展肯尼迪国际机场的货运	铁路货运量份额	2.3%（2007 年）	增加 5%（2040 年）
发展港口网络		水路货运量份额	5%（2007 年）	增加 3%（2040 年）
扩大机场容量	加强与纽约、新泽西港口事务管理局、纽约州和联邦政府工作联系，提升飞行能力，提高该地区的机场设施和航站楼建设，尤其是拉瓜迪亚和肯尼迪机场			
在整个地区的三个主要机场间提供可靠、便捷、中转服务	多方商定提出更多的拉瓜迪亚机场过境选项			
加强城市道路、高架、公交车站建设	交通桥和公路建设恢复/重建计划；街道改造和重铺路面计划	处于良好维护状态的桥梁比例	41%	100%
		处于良好维护状态的道路比例	72%	100%
		处于良好维护状态的公交车站设施比例	72%	100%

（二）东京：以世界最好城市为目标的对外和对内交通网络建设

2014 年年底完成的《创造未来：东京都长期展望》提出了"世界第一城市"（The World's Best City）的宏伟目标。该规划也大多围绕 2020 年前后的发展目标和策略展开。在交通领域，东京重视基础设施改造更新，包括道路、港口、机场、地铁和自行车共享系统等，旨在建设世界交通最便利的城市。具体目标和措施如表 2 所示。

表 2　东京城市交通战略要点

战略	措施	目标
建设一个密集的海陆空交通网络	建设完善大都市区范围 3 个圈层城市快速路环线	交通拥堵将得到改善，人和货物得到自由的流动。同时在各种灾害中，保障交通的安全
	提高市中心和海滨区域的交通设施通达性	确保 2020 年奥运会的交通通畅，在奥运场馆区域确保运动员、机构、游客顺畅出行
	机场和港口的建设：提高港口吞吐量以及周边道路对物流的保障；加强机场在大东京范围的功能	国际乘客量的大幅增加和东京国家战略特区的设立将提高机场的地位，机场起降航班从 2014 年的 447000 次增加到 2020 年的 490000 次；集装箱吞吐量 2025 年达到 610 万 TEU
建设无缝、舒适的公交网络	建设符合全球城市定位的公交网络	建设安全舒适的公共空间（老年人、残疾人、儿童）、将电网向地下改造、建设无障碍人行道、建立水上交通网络和利用赛后景观线路
	建设与城市发展一致的一体化交通网络	在商业、商务、文化、观光区域区域，实现交通一体化，包括各种公共交通方式的无缝中转，机场的通达性和无障碍的环境。实现对 78 个日均客流量超过 10 万人的 JR 和地铁站台门的无障碍改造
	建设安全的自行车道	建设自行车道（2020 年达到 264 千米），建设自行车共享系统
	建设多语言标牌的交通设施	通过各种科技手段，如电子标牌，设置多语言交通设施

（三）伦敦：以改善所有伦敦人生活为目标的城市交通，成为解决世界城市交通问题的引领者

2010 年伦敦出台的《市长交通战略》（Mayor's Transport Strategy）是在 2005 年提出的"2025 长远交通规划"（Transport 2025：Transport Vision for a Growing World City）实施 5 年后的基础上，结合《伦敦规划》、《伦敦经济发展战略》以及人们对交通服务提出的更高要求而发布的一份法定战略文件，作为战略政策框架的一部分，其目标是促进伦敦未来 20 年经济和社会的发展。该文件表明了市长的交通愿景——伦敦的交通体系将超越世界所有的城市：为所有人和企业提供机遇，达到最高的环保标准，成为 21 世纪世界解决城市交通问题的引领者。同时阐述了伦敦交通局以及它的合作伙伴，包括伦敦各区将如何推动这一愿景实现。具体内容如表 3 所示。

表 3　伦敦交通战略规划要点

目标	挑战	预期效果	具体措施
支持经济发展和人口增长	支持人口和就业可持续增长	通过增加公共交通运力和减少出行需求来平衡出行的容量和需求	新建城铁项目 Crossrail；改善郊区和国家铁路的连接；对地铁和潜在的扩展进行重大升级；保持公交线路的不断修订更新；改善公共汽车、地铁、铁路和其他交通形式之间的中转；
	增强交通连通性	改善人们的通勤方式；推动货物和商务在商业市场自由流通，满足经济发展的需求	
	为人和货物建立一个快速有效的运输系统	改善交通流（延迟管理、提高出行时间的可靠性和弹性）；提高公共交通的可靠性；降低营运成本；使所有交通资产设备维持良好的维护保养状态；加强对泰晤士河的利用	
改善所有伦敦人的生活质量	改善旅途体验	提高公交用户满意度；提高道路使用者满意度（步行、开车、骑行）；减少公交的拥挤程度	促进内伦敦和外伦敦的战略性轨道交通中转，以促进更多轨道交通发展；用新的交通控制系统改善交通流量，更好地协调道路工程、意外事件和资产管理；为支持发展提供新的联通方式，包括铁路、道路和新的东泰晤士河 Crossing；充分利用水路客运和货运；提高交通网络的可获得性；对伦敦骑行进行改革；制订步行计划；创造更好、更具吸引力的街道；促进和鼓励新型、更清洁的技术应用于交通，如电动汽车；改进货运和维修管理；完善信息系统以帮助出行者规划行程；取消伦敦西部扩展区交通拥堵收费方案和保留伦敦中心区交通拥堵收费方案
	加强人造景观与自然环境的融合	加强街道景观建设；提高城市领域的感知；开展"更好街道"活动；保护自然环境	
	提高空气质量	减少地面交通的空气污染物排放，助力实现欧盟空气质量目标	
	减少噪声影响	提高认识和减少噪声影响	
	改善对健康的影响	提供更便利的自行车和步行设施	
改善所有伦敦人的安全状况	减少犯罪、对犯罪的恐惧感和反社会行为	降低犯罪率（提高个人安全意识）	
	增强道路安全	减少交通事故伤亡人数	
	增强公共交通安全	减少公共交通事故伤亡人数	
增加所有伦敦人平等的交通机会	提高连通性	提高公共交通的通达性；提高服务水平；加强再造，解决贫穷	
减少交通对气候的影响，增强气候恢复能力	减少 CO_2 排放	减少地面交通的 CO_2 排放，2025 年全伦敦范围下降 60%	
	适应气候变化		
支持伦敦奥运会和残运会及其传承	为 2012 年奥运会制订和实施一个可行和可持续发展的传承计划	加强奥运 5 个区域和整个伦敦的社会与经济的再造和融合；保存奥运交通设施；传承奥运交通习惯	

（四）新加坡：智能城市交通系统的全面构建

新加坡的智能交通系统（ITS）在提高乘客的旅行体验方面扮演了极其重要的角色。车辆不断增加，城市土地稀缺，不断变化的社会、经济和技术给新加坡的城市交通带来了新挑战。与此同时，这种变化也在交通技术应用和交通问题解决方案方面，给新加坡带来新的增长和突破机遇。新加坡智能通行策略规划 2030 是由新加坡陆路交通管理局（LTA）和新加坡智能交通协会（ITSS）联合发布的。这项规划整合了机构和业内人士的观点，为新加坡向更全面和更可持续的绿色交通发展铺平了道路。新加坡智能通行策略规划 2030 提出了发展策略，这对智能交通系统（ITS）的成功实践至关重要，同时还以系统、协调的方式对未来城市流动的关键领域进行了规划，以应对即将到来的挑战（见表4）。

表 4　新加坡智能交通规划要点

规划结构	具体内容	
一个愿景	构建一个相互沟通、相互联系的城市交通系统。这个愿景的目的是把新加坡塑造成一个高度融合、更加生动和更加包容的社会，让人们能在其中享受到更高品质的生活	
三大策略	实现创新和可持续的智能交通解决方案	
	开发和采用智能交通战略规划标准	
	各系统之间建立密切的合作关系和伙伴关系，共同创造	
四大主要领域	信息化	建立高质量的交通信息系统以满足多元化需求
	互动性	通过智能化互动增强出行者智能交通体验
	辅助性	致力于建立一个安全的道路系统
	绿色流动性	致力于建立一个可持续发展和环境友好的智能交通系统（ITS）

（五）法兰克福：以交通治理为核心理念的交通战略

法兰克福是德国第五个最大的城市，是德国和国际重要的商业枢纽，也是德国乃至欧洲重要的工业、金融和交通中心。法兰克福拥有德国最大的航空枢纽、铁路枢纽。法兰克福国际机场（FRA）已成为全球最重要的国际机场和航空运输枢纽之一，也是仅次于伦敦希思罗国际机场和巴黎夏尔·戴高乐国际机场的欧洲第三大机场。2012年法兰克福制定了《法兰克福城市发展报告》，其中的交通战略见表5。

表 5　法兰克福交通战略要点

三大核心思想	具体举措
一是避开交通；二是将交通流量转移到其他环境友好型交通方式；三是对于不能避开也不能转移的交通通过合约（市场）的方式减少流量	1. 侧重于不同交通方式的优缺点，促使不同交通部门相互合作； 2. 加强高质量的国际、国内、区域铁路网络连接； 3. 扩大当地的公共交通网络并将其连接到其他运输模式； 4. 加强路网建设，特别是从缓解交通的角度，形成重要交通干线； 5. 通过联网和扩大设施促进步行和自行车交通； 6. 通过管理停车位减少居民区流量； 7. 处理与流动性需求相兼容的交通方式，并使各阶层居民可以参与社会生活和城市生活

（六）上海：提高国际国内两个扇面的服务辐射能力，提升上海海港、空港、铁路等国际门户枢纽功能

为追求卓越的全球城市，《上海市城市总体规划（2015－2040）》（以下简称"上海2040"）从城市竞争力、可持续发展能力、城市魅力三个维度，分别提出了"建设一座繁荣创新之城""建设一座健康生态之城""建设一座幸福人文之城"的发展目标。在交通领域，未来上海将进一步提高国际、国内两个扇面的服务辐射能力，提升上海海港、空港、铁路等国际门户枢纽功能，强化上海作为国家交通枢纽的综合交通网络建设，实施公交优先战略，构建智慧友好的绿色交通系统，建立"枢纽型功能引领、网络化设施支撑、多方式紧密衔接"的交通网络，形成"安全、便捷、绿色、高效、经济"的综合交通体系（见表6）。

表6　上海2040交通战略要点

目标	实施途径	重要措施
提升国际枢纽功能	强化亚太航空门户枢纽地位	提升上海航空枢纽能级； 统筹区域航空机场群发展； 积极引导航空产业与城市协调发展
	推动国际海港枢纽服务升级	转变航运中心发展方式； 优化区域港口功能布局； 完善集疏运体系； 加快邮轮母港建设
	强化铁路枢纽辐射能力	完善铁路枢纽布局； 优化铁路对国际海空枢纽的支撑功能
完善大都市区交通体系	打造功能完善的对外交通系统	完善对外交通枢纽功能体系； 增强区域城际铁路的对外联系； 优化高速公路等骨干道路网络； 促进区域航运网络的一体化发展
	构建层次清晰的城市客运交通服务体系	重塑市域客运交通系统骨架； 提升主城区公共交通服务水平； 构建新城相对独立的交通体系
	发展多式联运的现代化物流系统	建立现代化物流发展模式； 完善公共物流枢纽分级体系； 构建货运专用通道系统
突出绿色交通发展策略	完善公交导向的低碳交通模式	推动公共交通出行方式多样化； 倡导公交导向的低碳发展模式
	提升慢行交通功能与品质	提高慢行网络的连续性和功能性； 营造友好的慢行交通环境
	完善差别化交通策略导向	严格管控主城区的交通需求； 适度调控郊区城镇的交通需求
	应对交通信息技术革新	构建交通应用交互平台； 为未来新型交通方式预留空间

二　世界城市交通发展新趋势

虽然世界级城市在其发展过程中形成的交通模式各异，但城市地位的提升和交通枢纽的发展过程呈现出相似的规律性。

（一）以综合交通枢纽建设提升世界城市功能

世界城市是全球城市网络中的核心城市，也是所在国家和区域的中心城市，拥有完善的外部和内部交通基础设施，发挥衔接国际、国内两个扇面高等级的枢纽门户功能。

航空、航运等对外交通枢纽是世界城市面向全球竞争的重要战略资源。伦敦、纽约、东京、法兰克福等世界城市在未来发展战略中，均将加强机场和港口的基础设施建设和智慧化改造，发展空港经济与航运服务，提高空港、海港的枢纽能级与辐射力，作为提升城市国际竞争力的重要手段，突出其在全球城市体系中的资源配置能力，将交通枢纽优势转化为社会经济发展优势，保持其在世界城市中的领先地位。同时，这些城市也注重完善区域综合交通运输网络，加强快速路和高速路建设，倡导用更绿色、更高效的方式发展铁路和水路货运，注重运用多种交通方式提供直接的中转服务，并在城市内部，建设符合世界城市定位，并使各类人群都能共享的无缝衔接、舒适方便的公共交通网络。

（二）以完善综合性城市交通体系促进交通枢纽创新发展

单一交通模式和服务的提升空间有限。综合交通枢纽城市交通体系效能的大幅提升在很大程度上有赖于整体的协调与完善。交通体系建设的参与方包括了公共交通管理和运营机构、其他交通运营机构、物流商、信息通信技术供应商、通信与支付供应商、互联网供应商、零售商和其他增值服务供应商以及非政府组织和学术咨询机构。政府和相关管理机构需要转变观念、开拓思路，以一体化的战略整合交通体系。将交通体系视为一个生态系统，它包含了不同维度和层次的多种要素，包括政府、机构、组织、个人，设施、车辆、道路、管理、服务、资金，公共交通、个人交通，汽车、地铁、自行车等方方面面。合理有效的资源配置，高效顺畅的协调沟通，不断更新的理念和技术应用是交通体系建立和可持续发展的关键。

（三）以"交通 – 空间"联动发展实现城市与交通的良性互动

交通的目的是为城市居民出行和物流提供服务，因此，交通发展要适应城市发展的需求，交通体系也应该与城市开发、空间结构相互协调，相互支持，共同发展。对城市空间发展趋势以及城市与交通发展的协调趋势进行研究，能对城市未来交通承载力的开发产生重要意义。

第一，大都市圈交通一体化管理。美、英等一些发达国家的交通管理体制，总体上由分散走向集中，即建立统一的大都市圈交通管理体制（见表7），形成畅通、安全、便捷的交通运输体系。在管理模式上，其普遍采用"统一管理、两个层面（决策层、执行层）、三大职能（管理、建设、执法）"的大交通管理模式，以从根本上解决体制性障碍，实现交通管理的集中统一。

表7　国外大都市圈交通管理体制

城市	管理机构	成员或组成部门	主要职责
纽约	纽约大都会交通委员会（NYMTC）	当地政府官员和交通与环境机构的负责人	1. 讨论各组成地区有关交通问题的观点； 2. 实施经过技术论证的决策； 3. 关注各组成地区规划方案的协调； 4. 对关键事项提供权威性的解释； 5. 继续实施公众参与计划； 6. 为决策者提供即时准确的数据和分析

续表

城市	管理机构	成员或组成部门	主要职责
巴黎	巴黎大区交通委员会（STIF）	包括国家、巴黎大区及下属几个省的代表，委员会成员由政府指派的人员和社会各界代表组成，其总经理由国家总理任命，属国家高级公务员	1. 制定票价政策； 2. 审批投资和运输频率； 3. 完成交通基础设施的招标工作； 4. 选择运营模式适用的法律框架； 5. 选择直接经营或特许经营的方式； 6. 选择使用的设备和运营路线

第二，重视大都市圈交通规划（突破行政区划界限），围绕铁路和轨道交通轴拓展。以区域交通廊道引导大都市圈空间布局。增强区域综合运输走廊的服务效率、能级和安全可靠性，对区域交通廊道采取差异化发展策略，培育或提升大都市圈廊道上的城镇和各类节点，强化区域廊道对空间发展的引导作用。

第三，以公共交通提升空间组织效能。完善由区域城际铁路、城市轨道、中运量公交等多种模式构成的公共交通系统，推进 TOD 发展模式。充分发挥公共交通复合廊道对城镇体系的支撑和引导作用，强化公共交通枢纽对核心城市、重要地区的集聚带动效应，突出以轨道交通站点为核心的土地复合利用，推进城市功能整合和布局优化，缩短居民出行距离，提高城市运行效率。

第四，交通设计创新与新城的良性互动关系。法国巴黎新区——拉德芳斯区的交通建设成为欧洲新城建设的楷模。拉德芳斯新区的建设，既完好地保存了古典主义的旧巴黎，又较好地体现了新巴黎的现代主义建筑理念，将交通工具全部转入地下，成为当今交通创新的成功尝试。

专栏：法国巴黎新区——拉德芳斯区的交通建设经验

拉德芳斯新区距巴黎中心区仅 5 公里，巴黎中心区的交通已接近饱和，新区规划的办公、商务、商业以及娱乐业体量巨大，新区一旦建成，势必面临巨大的交通压力。因此新区在进行交通系统规划时，大胆采用了人车完全分离的模式，建立了大面积的立体三层交通体系，将车流完全放在地下，为新区保留了充分的地面空间并保证了街面的完整性。该区建成后，公共交通十分发达，已经成为欧洲最大的公交换乘中心，RER（区域快铁）、高速地铁、地铁 1 号线、14 号高速公路、2 号地铁等在此交汇，国营铁路、地区快速铁路都在这里设站，此外，巴黎最大的公共汽车站，共有 18 条线，有 85% 的人乘坐公共交通上下班。在新区地下还设有大面积的停车场。地面的步行交通也四通八达，在该区域工作的商务人员和居民都通过便捷的地下交通直接进入地面各高层建筑。设计者采用高架交通、地面交通和地下交通三位一体的设计理念，改善了巴黎市区车满为患、道路两侧停满车辆的状况。如今，新区已经高楼林立，成为集办公、商务、购物、生活和休闲于一体的现代化城区，成为巴黎最大、最重要的商务和商业中心，也是欧洲最大的办公区。

（四）以科技引领为交通发展新导向

世界城市都在交通领域广泛运用大数据、互联网、实时监控等技术手段，以帮助交通管理者快速决策和引导交通使用者，科技应用成为交通企业提升竞争力、增加交通服务的智能化和便利化的重要途径。最终新科技，如移动互联网、VR、个人飞行器、无人驾驶和汽车共享等技术将改变交通模式。

1. 交通枢纽从服务功能竞争升级为科技竞争

世界城市交通枢纽体系建设的各个环节，包括航空公司、航运公司、港口、机场、高铁站、高速收费站、出租车公司、公交公司等都加快了科技的投入。交通从业者已经充分意识到行业间的竞争正从传统交通服务品质至上升级为客户出行体验至上，交通各行业唯有增加其产品和服务的科技含量方能满足客户的真实需求。占领科技在交通枢纽各业务流程中应用的制高点，将成为交通枢纽获得核心竞争力的关键。

2. 移动信息技术将重塑交通枢纽运输流程

移动信息技术是继互联网之后可以改变人类生活方式的又一大技术进步。随着移动信息技术的日益成熟和其在交通领域的高效应用不断得到印证，特别在交通电子客票实施后，旅客运输将被简化为：客运＝旅客双腿＋移动终端。各交通行业必将进行基于移动信息技术的交通运输流程改善和再造，在产品营销、客票销售、交通出行、旅客服务、行李运输、衍生服务等运输全流程提供完整的移动技术解决方案。这将成为交通枢纽城市获得核心竞争力的高效路径。

3. 大数据挖掘将指引交通枢纽模式创新

大数据挖掘将洞悉交通行业市场需求的细微变化，通过分析、设计、精准营销、个性化订制，最终推出满足某一细分市场需求的产品。这是未来交通行业企业在激烈的竞争中的出路。大数据在交通决策中的应用也是非常广泛的，如智能交通，根据GPS定位、3G通信、GIS地理信息系统等技术，结合对车辆的监控，实施公交车智能调度策略，提高了公交车的利用率，同时也在不断缓解城市道路的拥堵。就公交网络而言，传统的方式需要在投入大量人力进行OD调查和数据收集。而目前的一卡通，则让数据更为全面地展现在决策人员面前，流量数据全部可以被精确掌握，同时对车辆拥堵时间、拥堵路段的大数据进行分析后，公交车的线路调整、增加与减少换乘站的决策就会更加有依据。

（五）以精细化管理提升对内交通的通达性

交通通达性是国际性综合交通枢纽最重要的一个目标。从世界各大城市的交通发展经验来看，仅以交通基础设施的完善和扩容等"硬环境"手段难以应对城市呈几何数增长的交通压力。而交通管理等"软环境"的创新，特别是智能交通管理的广泛应用，将大大改善城市交通状况。伦敦、纽约、洛杉矶、巴黎等国际城市的实践经验表明，大城市的交通管理政策是一个涉及多方面的动态综合体，而非一个单独的综合性政策，因此上述城市的交通治理应该是一个全面和持续创新的过程。除构建完善庞大的综合交通体系外，这些国际城市的交通治理越来越关注交通的精细化管理创新。

末端交通：日本在城市末端交通等方面进行了细节管理创新。无论城市对外交通和城市内部快速交通如何发达，末端交通是影响出行可达性、便利性的最终要素。无论出行距离的长短，出行中的前后 1 ~ 3 公里往往需要通过末端交通来完成。末端交通包括步行、自行车以及地面公交等。末端交通的设计体现城市精细化管理的水平，以满足不同需求为导向的人性化设计是末端交通建设的关键和难点，对提高城市公交出行比例，形成城市低碳、和谐、绿色、高效的交通系统和城市的可持续发展具有重要的意义。

夜间交通：悉尼作为重要的全球城市，将提升城市的"夜间功能"作为城市未来重要的发展战略之一。全球城市的夜间功能能够充分体现城市自身的特色和软实力。悉尼在确立发展夜间经济的核心战略背景下，致力于提升城市夜间经济的连通性、多样性、创新性，其中一个重要的战略目标就是城市夜间交通的连通性战略。随着夜间活动的就业者、居民、游客数量增加，对夜间交通的需求也将增加。而具备一体化、良好通达性、清洁、安全与高频率特性的公共交通体系是夜间经济战略的重要支撑。其具体行动包括：一是制定城市夜间交通连通性战略；二是实现夜间公交服务数量倍增，规划夜间穿梭巴士线路；三是对悉尼夜间出租车全面规划整合，提升夜间出租车的可获得性；四是建设夜间悉尼网络端口及应用程序；五是制订商业活动、大事件、节日等夜间交通计划。

老年人和特殊人群交通：随着人口老龄化日益明显和加速，老年人出行对交通模式的影响也越来越受到各大世界城市的关注。各大城市中长期发展战略都会对老年人和特殊人群出行的交通模式提出具体的目标。老年人和特殊人群出行的需求日益增加，对城市交通工具、服务设施、交通管理和人性化设计提出了新的要求。伦敦、纽约等城市的公共交通都增加了老年人、残疾人上下车装置，公共汽车、地铁都实现了轮椅无障碍通行，车门打开后第一步台阶刚好与车站路面保持水平，且车内有专门的轮椅泊车区，还有方便老年人和残疾人乘坐的出租车。

（六）以功能改造赋予交通枢纽站新内涵

交通枢纽建筑是人类为超越自身速度所创造的一种平台。机场、火车站、地铁站这些平台的修建保障了各种先进交通工具的顺畅通行。它在某种程度上直接反映了一个城市和国家的综合实力。这种建筑具有庞大性、互联性、复杂性、时间延续性等特点，是一项复杂的系统工程。从发挥枢纽功能，逐步发展为地区核心城市命脉，交通枢纽站的重要地位越来越突出。随着人们对生活质量要求的提高，交通枢纽站增加了很多新的内涵，变得更具综合性。其建筑也普遍地成为地区、城市、国家的标志。随着社会进一步发展以及人们的行动方式和生活方式不断改变，交通枢纽站也将与之顺应，呈现出更加成熟、新颖、科技化的面貌。交通枢纽站除了发挥交通功能之外，还可以成为展示城市形象最直接的品牌，也可以成为城市的地标性建筑，甚至成为一个令世人瞩目的艺术作品，它是城市具有复合型功能和重要意义的公共空间。对外，它是城市的巨大雕塑；对内，它是充满结构美学的精神空间。

专栏：世界著名交通枢纽站设计和周边区域功能改造案例

新加坡樟宜国际机场：樟宜国际机场景观建设以热带风情元素为基础，配以各具特色的花园、小桥流水的设计，室内处处开满花朵。T3航站楼设有一个建在玻璃房子里的蝴蝶园，园内共有47种蝴蝶，整个像是一座热带花园。充满热带风情的绿化植物能让乘客在旅途中体验到回归大自然的舒适。本地文化宣传栏、古老的图腾印染游戏都能让乘客对新加坡和亚洲文化加深了解，增强归属感。萨夫迪建筑事务所和PWP景观设计事务所正在建造一个圆形的"空运中心"，即一个13.4万平方米的生态圆顶建筑，樟宜机场的中心非常简洁，所以当游客穿过室内景观时，会感受到其花园城市的魅力。根据萨夫迪建筑事务所介绍，这个玻璃圆顶建筑将是花园和步行通道的所在地，通过各种方式都可进入。其中心装置是一个"漩涡雨"，一个40米高的瀑布，水是圆顶上回收的雨水。购物区以及占有44万平方米的零售、酒店、餐厅和娱乐空间将环绕着花园的外部建造。整个结构由树状的柱子支撑，放置在花园的外缘，支撑着悬浮的屋顶。该项目于2014年年末开始建造，将于2018年对外开放。

纽约世易中心交通枢纽：纽约花费40亿美元在"9·11"袭击中倒塌的世贸中心旧址上建造了外形像白色大鸟的纽约世易中心交通枢纽。枢纽站替代坍塌的PATH铁路系统，连接纽约的11条地铁线路、Battery Park码头、世贸中心旧址、世贸中心1~4塔楼、世界金融中心和冬季花园。它自带2.4万平方米的购物中心，同时连接周边接近9万平方米的商业空间。

伦敦国王十字车站：国王十字站是英国铁路干线东海岸主干线的南端终点站。它的西侧紧靠着欧洲之星国际列车的终点站——圣潘可拉斯站。这两个车站在伦敦地铁网中共享国王十字圣潘可拉斯站。伦敦市中心的国王十字火车站位于查宁十字车站北面4公里、利物浦街车站西北4.5公里处，为英国规模最大的都市更新计划，其升级改造推动周边区域联动开发，大大提升了该区域的整体吸引力。国王十字车站和圣潘可拉斯车站接通后，成为英国最大的交通转运站，地铁、火车、欧洲之星在此交汇，每年乘客数量高达5700万人次。该枢纽区域改造的最大成功在于以下几点。一是通过引入文化功能极大地推动了该区域功能的多元化。文化功能的导入，推动了聚流能力提升，使拥有交通枢纽的过境流变成了截流，大大提高了该区域的商业商务价值。富有创意的多元化办公区域吸引了阿根特（Argent）、霍尔咨询工程事务所、创意中介公司Zone以及Google英国总部入驻。二是推动城市空间的社区化，在强调交通功能以及周边商业功能的同时，考虑居住功能，使工作空间和生活空间很好地融合，提升了整个区域的吸引力。三是引入大型文化机构，塑造文化新地标。国王十字车站在其与周边联动开发的过程中，引入伦敦中央圣马丁艺术与设计学院、大英图书馆和英国弗朗西斯·克里克研究所等文化及交通科研机构，使该交通枢纽周边区域成为伦敦新的重要文化地标区域。

巴黎雷阿勒车站：雷阿勒是巴黎的交通枢纽与"心脏"，每天有多达75万名乘客在夏特雷－雷阿勒（Chatelet－Les Halles）中转。具有悠久历史的雷阿勒经历了四次大规模全面重建和改造。进入21世纪，雷阿勒进行了一次历时5年的改造。这次改造旨在更好地整合多重城市要素，并向外与巴黎整座城市融合，由巴黎中心升级为"大巴黎"中心。改建方案从三个层次将不同要素融合为整体：在都市交通层面，作为巴黎绿地中心，雷阿勒需为换乘旅客提供良好的缓冲环境；在城市结构层面，改变雷阿勒与蓬皮杜中心、西侧卢浮宫、东侧巴士底区域、北侧塞纳河、南侧的林荫大道之间的离散状态，即创造内在呼应；在街区层面，打造一个居民和游客休闲娱乐的区域。新的"雷阿勒"除了继续承担交通枢纽的角色，还成为欧洲第二大购物商城，商城面积达90000平方米，商铺数量达到155家。同时，它还具备了更大的"回归"公共开放空间的可能性，商城容纳了6000平方米的大众文化服务中心，包括图书馆、音乐研修学院、青年书报亭等设施，为大众提供文娱场所。枢纽入口也由原来的9处增至13处，便于人群疏散。

（七）以绿色环保理念提升交通系统品质

交通系统品质提升是世界城市交通发展的趋势，关注交通系统的品质提升是交通系统发展成熟的标志。一方面，随着环保意识提升和能源危机临近，人们越来越关注绿色交通；另一方面，人们对出行品质的要求也在不断提高。构建舒适、便利、安全的交通系统，进而建设更加宜居、包容、安全和公平的城市，已经成为世界城市未来交通发展的重要目标。倡导步行与自行车出行成为一种健康的生活方式是城市公共交通体系的重要组成部分。此外，先进城市都十分重视步行者和骑行者的交通安全。纽约已经尝试将布鲁克林区威洛比大街（Willoughby Avenue）由机动车道路改为步行和自行车道路，并提出"更绿色，更美好的纽约"规划；伦敦和巴黎均大力推进公共自行车计划，改善步行和自行车交通条件；新加坡和中国香港则致力于提高交通系统的无缝衔接和舒适性，重视满足弱势群体的出行需求。

三 对广州建设国际性综合交通枢纽的启示

（一）努力实现交通系统跨越式大发展

从发展历史来看，世界级城市普遍经历了大都市初步形成、都市圈快速发展、都市圈繁荣稳定和世界级城市功能巩固提升四个阶段（见表8）。交通系统的发展与城市发展相互促进、密不可分。世界级城市形成和发展的过程同时也是大城市交通系统的发展过程。从发展阶段和特征来看，广州目前正处于从都市圈快速发展向都市圈繁荣稳定发展过渡的阶段。世界城市的交通模式正进入一个创新时代，世界交通体系正处于重构阶段，广州如果在发展中能够把握趋势，就能够实现从第二阶段向第四阶段的跨越式发展。

表 8   世界级城市交通系统发展阶段划分

城市发展阶段	交通发展阶段	城市发展特征	交通特征	交通战略
大都市初步形成	交通基础设施建设	社会经济高速发展，人口膨胀，城市空间蔓延	中心区交通需求快速增长，私人小汽车发展迅速	重视道路网络等交通设施建设
都市圈快速发展	交通战略探索形成	社会经济快速发展，人口、就业有序发展，城市形态向多中心转型	交通需求依然快速增长，通勤范围扩大 50~70 千米，私人小汽车保有量为 300~400 辆/千人	加强区域交通设施建设，推动城市空间结构调整（如巴黎 RER、日本新干线），建设多模式交通体系
都市圈繁荣稳定	交通战略成熟	社会经济稳定发展，人口、就业岗位缓慢增长，城市形态进入全球化发展阶段	市内交通需求平缓增长，私人小汽车保有量总体稳定（如伦敦），部分城市出现下降（如纽约）	区域交通需求上升，城市交通战略侧重于提高公共交通服务水平，交通与信息化时代融合
世界级城市功能巩固提升	交通系统品质提升	世界城市地位形成，注重发展高端商务和金融业	城市城际、州际等对外交流更加频繁	注重不同交通方式衔接，绿色交通逐渐成为潮流

（二）注重新型战略性交通系统发展目标

国外发达国家和地区的综合交通运输系统发展目标也在不断调整，已从四五十年前的注重基础设施建设转变为强调高效、节能、智能、多式联运、设施一体化、经济高效、环境友好的新型战略性交通运输体系建设（见图 1）。从近年来广州出台的交通规划看，广州目前还将重点放在基础设施和各种交通方式的有效衔接上。从长远来看，广州与其他发达地区综合交通运输体系发展目标和趋势应具有相似性。同时也应该看到中国城市的综合交通运输体系所处阶段有一定差异性，如城市空间结构、城市规模、人口密度、通勤方式等，交通运输体系也具有特异性。

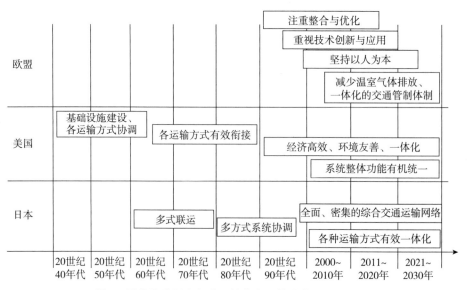

图 1   国外发达国家和地区综合交通战略发展目标变化

（三）结合城市功能拓展和用地开发，建设综合交通换乘枢纽站

国外发达城市在交通换乘枢纽的建设上考虑得非常细致。对于核心区域的大型综合交通枢纽，提倡将其从单一的枢纽建设模式转变为引导城市功能拓展的 TOD 发展模式，实现从交通枢纽向城市枢纽的转变；对于次中心的交通换乘枢纽，以各交通方式的无缝对接和一体化换乘等为理念，使土地利用更加集约、基础设施建设更加合理、换乘枢纽对周边地区的辐射和影响力更强；对于未开发地区的交通换乘枢纽，实施以公共交通为导向的 TOD 发展模式，在车站周围建设商业或办公中心，形成新的地区核心。另外，对已建成的换乘枢纽进行改造升级时应考虑与已有的设施相结合，并形成各具特色的换乘点，提升交通枢纽的特色与魅力。上海大都市圈核心城市的大型综合交通枢纽建设比较完善，如上海的虹桥综合枢纽不仅实现了区域内各种交通方式的整合与无缝换乘，而且带动了虹桥商务区的发展，具有国际先进水平。而次中心城市的换乘枢纽发展水平则参差不齐。杭州东站、苏州站等大型换乘枢纽建设规模大、等级高，但对周边地区的辐射和带动能力还比较欠缺；各城市建成区的换乘枢纽普遍功能比较单一，且缺乏特色，有些还是交通拥堵和社会秩序混乱的地点；另外，各交通枢纽间的联系仍不够紧密，如一些城市的高铁站和一般铁路站点间缺少接驳公交，给出行和换乘带来不便。为此，在广州的机场、高铁、地铁等各交通枢纽的规划建设中，我们不仅要注重大型枢纽建设和发展对广州自身的作用，而且要关注整个广佛大都市圈及珠三角城市群的交通换乘问题，形成交通换乘枢纽网络，使大都市圈在交通出行网络的构建上更加合理，衔接更加紧密，出行更加便捷。

（四）内部交通倡导以轨道交通为主的立体式公共交通体系

世界城市的交通模式并不是千篇一律的，而是与地区空间结构、城市特点、人口密度等因素紧密相关的。如东京是以轨道交通为主导的交通模式；而巴黎和伦敦是轨道交通和高速公路并重的交通模式。总体来看，倡导发展公共交通是所有特大城市交通发展的共同方向。广州在交通模式的选择上也必须考虑城市自身、广佛大都市圈以及珠三角城市群的特征。目前，我国正处于经济高速发展的时期，城市化进程仍未完成，广州还存在较大面积的未建成区。随着广州中心城市地位的不断提升，未来仍会有大量人口涌入该地区，都市圈的人口密度仍将不断上升，因此，在内部交通模式的选择上，广州应考虑以地铁、轻轨为主导，多种交通方式相互协调，建成一个集城市轨道交通、高速公路、常规公交、水运等系统于一体的立体公共交通网络。

（五）外部交通重视国际航空、航运枢纽建设

当前伦敦、巴黎、纽约、东京等第一梯队世界城市，中国香港、新加坡、迪拜、法兰克福、首尔、曼谷等第二梯队世界城市都是国际航空枢纽城市，它们已经占据了国际航空集聚和辐射优势地位，是全球客流、货流、资金流、信息流的重要节点。2014 年，广州在全球城市排名中位列第 66 位[1]，属于全球第三梯队，广州要在 21 世纪中叶迈向

---

① 引自科尼尔管理咨询公司（A. T. Kearney）发布的"2014 年全球城市指数"报告。

更高层级的世界城市，必须建设国际航空枢纽，构建中枢辐射型航线网络，强化自身在综合交通网络中的全球化功能，提升城市全球竞争力。

国际航运中心的功能从过去的主要货物功能发展到金融功能、市场功能、规则把控等领域的功能，这些功能相辅相成、共同构成航运中心的国际影响力和竞争力。伴随着航运中心的发展，与航运相关的金融、大宗商品交易等逐步发展起来。船公司、银行、保险、中介、船级、船舶经营、航运辅助服务等成为航运中心发展的主要内容。在此基础上，航运中心又拓展出信息功能、海事规则制定和把控等功能。海事信息、航运咨询研究、海事组织、海事标准及相应的航运创新成为航运中心重要的发展支撑。当下主要的国际航运中心大多具备复合功能，如纽约、伦敦、东京、中国香港、新加坡等，它们既是国际金融中心，也是重要的国际贸易和航运中心。广州建设国际航运中心必须着力于获取和提升洲际航运资源的配置能力。"具有洲际航运资源配置能力"，就是要求面向国际主要区域集聚货、船、企业、资金、各类航运服务、人才、信息、交易等航运要素与资源，打造"洲际供应链"，形成航运资源高度集聚、航运服务功能健全、航运市场交易活跃、国际物流服务高效的航运枢纽。

（六）注重人性化、多元化、品质化、区域一体化交通服务水平的提升

在交通基础设施持续增容的同时，国外发达城市还特别关注交通体系整体通达性和服务质量的提升。东京和伦敦一直致力于在交通方式的多样化方面改进，提升交通系统品质，使交通体系更具有人性化，进而建设更加宜居、包容、安全和公平的城市；伦敦通过更新地铁设施、管理路网、改善交通系统可达性等方式，使区域交通系统的整体运行效率得到提高。东京以举办 2020 年奥运会为契机在交通信息化建设和无障碍设施配套等方面不断改进，为市民和旅客出行提供了便利，提高了交通效率。广州在未来的道路交通体系规划建设中，除了要保持不断上升的交通设施供给水平，保证交通基础设施的持续增容之外，还要注重提供多层次、多元化的公共交通服务，推行区域差别化的公共交通发展战略。对于不同运营主体掌控的不同交通方式，应尽量加强联系，通过增加换乘站、采用一票制、共线运营等手段，提高交通体系服务水平，为使用者提供方便快捷的出行路径，以增加区域可达性，提高交通系统的服务品质和吸引力，促进区域一体化交通的建设和发展。

广州国家中心城市研究基地成果

作者：姚　阳

广州构建现代航运产业体系的战略选择研究

"十三五"及未来一段时间，以国际航运中心为抓手推动国家中心城市建设将是广州持续提升城市竞争力的重大战略。在此过程中，必然会面临如何依托产业传统优势推动产业航运化、发展现代航运产业等航运产业体系的构建问题。在当前的研究中，许多学者通过考察伦敦、新加坡、汉堡等国际知名航运中心，发现并总结了其航运产业体系的主要构成，为国内航运中心建设提供了重要的经验借鉴和实践启示。然而，不同航运中心的发展历史、基础和条件各异，应当如何根据自身发展现实选择适宜的航运产业仍然不得而知。鉴于此，广州建设国际航运中心的产业选择需要进行多角度、全方位思考和分析。

一 基于一般性产业选择理论的分析

（一）国际航运中心的产业选择原则

按照主导产业选择理论，一个地区重点产业的选择应主要考虑六方面因素。一是具有较强动态比较优势，即该产业的生产规模、劳动生产率、专门化水平、市场占有率等与其他产业相比具有相对优势。二是具有广泛而深入的投入产出关联效应，对其他产业的带动作用较大。三是产业发展前景广阔，市场需求较大，成长性较好。四是单位能耗、资源消耗强度较低，环境负效应较小。五是广州国际航运中心重点产业选择除了需要遵循一般性产业选择理论之外，还需要融入国际航运中心这一特色因素，即重点产业的选择必须在航运产业体系框架体系之下进行，以此突出具有国际航运中心特色的现代产业体系。六是为有利于现有产业体系和未来航运产业实现最大程度融合、互促发展，在构建广州国际航运中心现代产业体系时，必须根据两者之间的紧密关联程度合理设置主导性产业、战略性产业和支撑性产业，构建具有层次性的产业体系，以更好促进一般核心城市产业体系向国际航运中心城市产业体系持续转型升级。

（二）广州航运产业发展基础的评价

基于以上六大因素对广州产业体系进行分析，表1列出了广州当前重点发展的已经符合上述产业选择前四大因素的十大产业。将其放入国际航运中心航运产业体系的框架中，可以发现：商贸会展、金融保险、现代物流与航运产业高度关联，具备继续在国际航运中心中承担主导性产业的特征和能力。石油化工、重大装备与海洋产业具有较大关联，其部分产业可归入海洋产业进而成为广州国际航运中心的主导性产业或支撑性产业。新一代信息技术与航运电子商务、航运信息、航运咨询等战略性航运服务业具有较大关联。而汽车产业、新材料、新能源与节能环保也在一定程度上与航运产业具有关联性，可作为国际航运中心支撑性产业。

表 1　广州十大产业与航运产业关联性评价

广州当前重点产业			与国际航运中心产业的关联性		
产业	产业基础	发展潜力	关联产业	关联程度	选择类型
汽车产业	规模最大的支柱产业，2012 年汽车制造业产值达 2721 亿元	到 2016 年产值达 5000 亿元	临港工业、航运物流	★★	支撑性
石油化工	第二大支柱产业，2012 年实现工业总产值 2344 亿元，占全市规模以上工业总产值的 15.75%	到 2016 年工业总产值达到 3500 亿元	临港工业、海洋产业	★★★	支撑性
重大装备	2012 年实现工业总产值 3282 亿元	到 2016 年实现工业总产值 5000 亿元	临港工业、造船和海洋工程	★★★	支撑性
新一代信息技术	2012 年产业总体规模约 1500 亿元，在新型平板显示、下一代通信设备、电子商务、应用软件、移动互联网等领域具有比较优势	到 2016 年产业增加值达 640 亿元	航运电子商务、航运信息、航运咨询	★★★	战略性
生物	2012 年全市生物产业工业总产值约 1450 亿元，同比增长约 21%，实现增加值 367 亿元	到 2016 年实现增加值约 640 亿元	海洋生物	★★	战略性
新材料	2012 年工业总产值约 1400 亿元	到 2016 年实现工业总产值 2000 亿元	船舶制造	★★	支撑性
新能源与节能环保	2012 年实现增加值 193 亿元	到 2016 年实现增加值 400 亿元	临港工业	★★	支撑性
商贸会展	2012 年实现社会消费品零售总额 5977.27 亿元，仅次于上海、北京，位居全国第三	建成会展之都、购物天堂、网络商都、国内外贸易重要交易地、国际品牌重要集聚地和跨国商贸公司总部汇集地，到 2016 年实现社会消费品零售总额 8700 亿元	国际贸易	★★★★	主导性
金融保险	2012 年增加值达 971.27 亿元，占地区生产总值比重达 7.17%	到 2016 年增加值占地区生产总值的比重达到 8%	航运金融	★★★★	主导性
现代物流	2012 年增加值 1019.86 亿元，占地区生产总值的比重为 7.53%	到 2016 年增加值占地区生产总值的比重增加到 8.2%，港口集装箱吞吐量突破 2000 万标准箱	航运物流	★★★★	主导性

注：4 颗星为高度关联；3 颗星为较大关联；2 颗星为一般关联。

二 基于现代航运产业链体系的分析

（一）航运产业链构成与发展规律

航运产业链是航运产业内的企业之间、航运产业与相关产业的企业之间依据一定的供需联系、技术联系、投资联系而形成的相互关联、互为存在前提的关系网链。如图 1 所示，航运产业链由一条主链和两条辅链构成。主链主要包括贸易商、航运公司和码头企业三大关键节点，辅链主要包括船舶辅链和服务辅链，辅链对主链具有支撑和服务作用，其中船舶辅链作用于船舶配备阶段和船舶营运阶段，服务辅链则贯穿于主链的各个阶段。

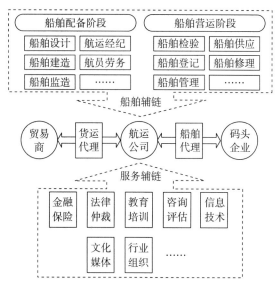

图 1 航运产业链构成

资料来源：金嘉晨、真虹：《航运产业链的内涵和基本构成》，《中国航海》2013 年第 3 期，第 126 ~ 129 页。

根据国际航运中心发展经验，一个区域航运产业链的发展水平早期是由主链决定的，但当航运产业链发展到一定程度时，服务辅链的发展水平决定了该区域航运产业链的发展潜力和区域影响力，是未来航运中心建设战略目标实现的关键。因此，在建设国际航运中心过程中，应该在确保航运产业主链稳步发展的基础上，大力发展服务辅链，协调好服务辅链与主链之间的关系，发挥服务辅链对航运产业链的带动作用。

（二）现代航运服务业产业链构成与发展规律

现代航运服务业是指通过以海运为核心的若干种运输方式完成"门到门"运输服务的整个产业链，包括托运人至港口、港口至收货人的陆路等运输服务，港口至港口的海上或内河/沿海运输服务以及与之相关的码头及其相关业务、货物运输代理、船舶代理等一系列综合性服务，具体如表 2 所示。

表 2　现代航运服务业产业链构成

行业分类	服务流程	附加值	服务功能	服务对象	构成要素	要素密集度
船舶运输	产业链中游		航运生产服务业	船舶服务	核心层（航运主业）	资本密集型
港口服务			港口生产服务业	船舶和货物服务		
船舶供应		中端服务业				
航运经纪						知识密集型
船舶检验			航运生产服务业	船舶服务		
船舶管理	产业链下游				辅助层（航运配套业）	
修造服务						
船员劳务						
代理服务		低端服务业		船舶和货物服务		劳动密集型
货运服务			港口生产服务业	货物服务		
航运融资						
航运保险						
航运信息			航运衍生服务业	港航企业服务	支持层（航运延伸业）	知识密集型
海事法律与仲裁	产业链上游	高端服务业				
航运教育与培训						
航运监管						

资料来源：董岗、马勇：《现代航运服务业分类比较及对上海的启示》，《水运管理》2013 年第 1 期，第 26～29 页。

现代航运服务业发展一般经历从低端到中端再到高端的转型升级过程。在国际航运中心建设过程中，应对不同的产业选择不同的发展策略。一是对货运服务、代理服务和船员劳务等低端和劳动密集型航运服务业实施规范管理的稳定策略，通过提高进入门槛、加强行业监督、促进行业合作联营缓解过度竞争。二是对船舶运输、港口服务和船舶供应等中端和资本密集型航运服务业实施协调发展的融合策略，综合考虑航运与城市经济、贸易、金融的协调发展，通过增加产业联系实现融合创新发展。三是对航运经纪、船舶检验、船舶管理、修造服务等中端和知识密集型航运服务业实施推动促进的完善策略，支持航运经纪公司发展，吸引船舶管理公司落户，通过改善服务质量提升核心竞争力。四是对航运融资、航运保险、航运信息、海事法律与仲裁、航运教育与培训、航运监管等高端和知识密集型航运服务业实施积极集聚的提升策略，通过增强航运实体服务功能发挥国际航运中心的辐射能力。

（三）广州航运产业的链式建构

根据航运产业链的构成和发展规律，位于主链上的国际贸易和航运物流必然会成为广州现代航运产业体系中的主导产业。而在航运服务产业链领域，立足于产业附加值和发展基础优势，可邀请航运专家、航运企业、航运主管部门、航运专业人士对广州现代航运产业链中的各产业打分，其中评价标准和评价结果分别如表3和图2所示。

表 3 广州现代航运服务业选择评分

分值	吸引力评估	可行性评估	分值	吸引力评估	可行性评估
（9，10]	非常强	非常高	（4，5]	一般	一般
（8，9]	很强	很高	（3，4]	差	低
（7，8]	较强	较高	（2，3]	较差	较低
（6，7]	强	高	（1，2]	很差	很低
（5，6]	平均水平	平均水平	（0，1]	非常差	非常低

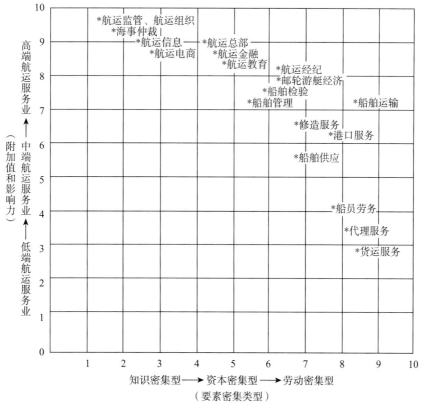

图 2 广州发展现代航运服务业评价与选择

评价结果显示，高端航运服务业因具有较大的附加值和影响力，其发展吸引力较高，但对属于后发类型的广州国家航运中心而言，其发展的难度也相对较大。相反，低端航运服务业在广州发展的基础较好，发展难度较小，但发展的吸引力相对不足。基于此，广州现代航运服务业发展的措施应该如下。一是培育发展高端航运服务业，即把航运总部、航运信息、航运电商、航运经纪、航运金融、邮轮游艇经济、航运教育作为现代航运产业体系中的战略新兴产业加以培育和扶持。二是壮大提升中端航运服务业能级，即把船舶运输、船舶管理、修造服务、船舶检验、船舶供应、港口服务等作为航运物流这一主导产业的重要组成部分进行壮大和提升。三是优化提升低端航运服务业，即通过规范和完善船员劳务、代理服务、货运服务等的市场秩序，促进其服务"上水平"，形成"国际范"。

三 基于国际航运中心产业经验的分析

（一）伦敦航运产业发展经验

伦敦航运产业体系是以航运市场交易为核心构建的。因此，伦敦也被称为市场交易型国际航运中心，其核心是证券买卖和场外交易，即主要通过发挥波罗的海航运交易所的航运市场、伦敦劳合社保险市场和证券市场的载体作用，以航运金融、航运经纪、权威性、知识创造等为核心，推动航运与金融、贸易、知识融合互促发展，推动伦敦成为世界航运业权威数据和市场报告的主要来源地、世界最大的航运保险中心、国际航运法律与仲裁服务中心、国际海事标准制定中心、国际航运教育服务中心（见表4）。

表4 伦敦航运服务产业核心构成

主要产业	发展情况
航运金融	提供船舶融资等金融服务的机构有6家专业银行、7家综合性银行、多家小型金融机构，航运融资占全球市场的15%，核保险占全球市场的20%，保赔保险占全球市场的62%，船舶租赁占全球市场的14%
航运教育	拥有卡斯商学院国际航运贸易和金融研究中心、格林威治大学的海事研究所、米歇尔塞克斯大学及南安普顿大学的海商法研究中心（所）等
航运组织	至少有15个官方和非官方的国际海事机构总部设在伦敦
船舶经纪	约有船舶经纪公司200家，油轮和二手船经纪占全球市场的50%，干散货船经纪占全球市场的30%～40%
航运总部	超过1750家航运服务公司在伦敦设有办事处，其中近80%直接在伦敦注册成立
航运咨询	具有丰富的航运信息咨询机构，如克拉克松海运咨询机构、劳氏海运信息集团、德鲁里航运咨询机构等
航运信息	波罗的海航运交易所发布的市场信息数据具有极强的权威性，在全世界范围内具有重要的影响
海事仲裁	拥有众多的海事法律仲裁机构，伦敦海事机构发布的法律法规和制定的市场规则对世界航运业都具有重大的影响

（二）新加坡航运产业发展经验

为避免与以伦敦为代表的老牌航运中心竞争在传统高端航运服务业领域的霸主地位，新加坡在发展航运服务业过程中独辟蹊径，其核心思路：一是以扩展产业边界的形式，以海洋研发为切入点，通过构建全球知识枢纽来推动航运企业的集聚，从而创造出具有鲜明知识经济驱动特性的发展模式；二是利用世界制造业中心东移的机遇，注重以先进的电子设备装备为主的港口航运服务项目，通过运用网络贸易平台、港口信息平台和自由贸易区信息平台集聚政府部门、物流企业、航运公司、金融与法律等服务机构的服务功能，促进航运服务业的发展及与其他产业的融合，以此推动航运服务企业的集聚。新加坡航运产业核心构成如表 5 所示。

表 5　新加坡航运产业核心构成

主要产业	发展情况
船舶修造	在包括超大型油轮、液化天然气运载船和客船在内的多种船舶及离岸工程等方面居于全球领先地位。钻井平台建造、浮式生产储油船（FPSO）和船舶改装占据全球 70% 的市场份额，位居世界前列
海洋知识	拥有领先的南洋理工大学海事研究中心、新加坡国立大学热带海事科学研究所、新加坡理工学院海事创新中心、生产力与创新局和新加坡教育部创办的海事与岸外技术创新中心、新加坡经济发展局创办的岸外研究与工程中心等
海洋产业	大力开发海洋交通运输技术、海洋环境探测技术、海洋油气开发技术、深潜技术、海洋资源与生物开发技术等，重点发展海洋环境和资源、船舶码头和港口作业、安全海事和通信、海上运输和物流、近海和海洋工程等
船舶经纪	拥有超过 100 家本地或外地船舶经纪公司在新加坡经营业务
航运金融	超过 30 家船舶保险公司在新加坡经营业务，60 多位专业保险经纪人提供船舶保险服务

（三）广州航运产业发展的路径选择

伦敦和新加坡为广州航运产业提供的极其重要的经验是在产业融合中寻求发展的切入点和创新点：一是在信息技术与航运产业融合中寻找航运电子商务、航运信息、航运咨询、航运经纪、港口服务等产业的发展机会；二是在服务业内部融合中寻求航运与金融、航运与物流、航运与贸易、航运与信息、航运与教育、航运与文化等的融合发展机会；三是在服务业与制造业融合中寻求船舶检验、船舶管理、修造服务、船舶租赁以及海洋经济等产业的发展机会；四是在制造业融合中寻求船舶设计、制造维修、船舶改装、临港工业等产业的发展机会。

四　基于国际航运中心代际更替的分析

（一）国际航运中心代际演进规律

国际航运中心先后经历了航运中转型、加工增值型、资源配置型三个不同的发展阶段，航运产业也从简单的货物集散、中转运输和船舶制造等基础层次向高端层次演进（见表 6）。未来，国际航运中心将向低碳智网型的第四代航运中心发展，节能、环保、智网、低碳的理念还将催生低碳金融、低碳航运、节能环保、贸易定价、流量经济、平台经济、航运信息、航运教育、航运知识、智慧港口服务等一系列新兴航运产业。

表6 国际航运中心代际演进及孕育产业

发展阶段	发展模式	孕育产业
第一代 （航运中转型）	为适应国际贸易的飞速增长，在世界范围内转运、储存、发货是其主要使命	货物集散、中转运输和船舶制造等基础型航运产业
第二代 （加工增值型）	能动地开发港口产业，努力实现在途及存储货物的加工增值，配之以集装箱化运输程度的提高及自由港税收的优惠等	船舶经营、船舶融资、航运法律、航运中介和代理等服务型航运产业
第三代 （资源配置型）	将集约开发"国际航运生产力"放在诸多功能的首位	航运信息、航运总部、航运咨询、航运专业出版、航运组织、海事仲裁、航运规则制定等智能型航运产业
第四代 （低碳智网型）	强调低碳发展、全球海空港智能网络、第四代港口、全球资源优化配置能力、全球航运服务	低碳金融、低碳航运、节能环保、贸易定价、流量经济、平台经济、航运信息、航运教育、航运知识、智慧港口服务等新兴航运产业

（二）广州国际航运中心发展阶段判断

根据国际航运中心代际演变规律，广州国际航运中心大致处于从加工增值型向资源配置型发展的阶段，其主要特征是对港口、保税区和自贸区等特殊功能区具有高度依赖性，航运产业中的智能型和高端型服务业还处于培育时期，航运服务业能级总体还比较低，全球航运资源配置能力还未真正形成。然而，在第四代国际航运中心的冲击下，广州国际航运中心发展不一定按照代际演变循规蹈矩发展，可以发挥自身商贸会展等现代服务业优势，通过"蓝海"战略抢抓机遇发展低碳金融、低碳航运、节能环保、贸易定价、流量经济、平台经济、智慧港口服务等新兴航运产业，并迅速形成优势，探寻不同于老牌国际航运中心的差异化、特色化航运发展道路。

五 广州现代航运产业体系的构建思路

综合以上四个维度的分析，可以得出广州国际航运中心现代航运体系的构建思路。

（一）发展壮大以国际商贸、航运物流、海洋产业和航运金融为重点的主导性产业

这四类产业在广州已经初步具备较大规模和相对优势，可望在近期内打造成为广州国际航运中心的核心动力。同时国际商贸和航运物流也位于航运产业链的主链上，航运金融和海洋产业也能在较大程度上实现航运、贸易、金融、工业、知识的融合。

（二）积极培育以航运总部、邮轮游艇、航运电商、专业航运服务为重点的战略性产业

这些产业是国际航运中心未来持续发展和增强全球航运资源配置能力的关键，是国际航运中心产业体系演进的趋势性产业。受所处发展阶段的制约，广州这些行业的基础优势并不明显，需要从长远发展的战略高度对其进行培养扶持。

（三）持续夯实以临港装备制造、临空装备制造、信息数据、海事教育、海洋文化等为重点的支撑性产业

进入第四代国际航运中心之后，海空港一体化、海港和空港形成"组合港"的趋势已经越来越明显，因此空港经济将成为国际航运中心产业体系的重要组成部分。因

此，临港装备制造和临空装备制造可以通过航运产业辅链成为现代航运产业体系的支撑性产业。信息数据、海事教育、海洋文化的发展可以极大地改善航运产业发展的信息获取、人才培养、文化氛围，这对现代国际航运中心的发展可以起到非常重要的支撑作用。

广州国家中心城市研究基地成果

作者：覃　剑

基于中长期视角的广州国际航运中心
经营管理模式与政策体系探讨

　　航运资源是国家和区域长久发展的战略资源，在历史上承载了人类文明的兴盛繁荣，在现在和未来，仍将是贯彻国家战略、带动区域发展、促进文明交流的重要通道。广州港是我国串联沿海、贯通内陆的重要大港之一，也是我国推动国际经贸文化交流的重要港口之一。当前，广州提出建设国际航运中心，并制定了《建设广州国际航运中心三年行动计划（2015—2017 年)》，契合了国家"一带一路"倡议，也是广州作为国家中心城市践行构建我国开放型经济新体制的有力举措。世界上知名国际航运中心的发展实践说明，自发的、缓慢的、碎片化的航运中心建设无法在全球竞争中赢得优势和主动，凡是全球实力雄厚的航运中心都离不开国家和区域政府的坚定支持、市场力量的高度集聚等，特别是后发优势、劣势都存在的港口的兴盛壮大更加离不开政府的因势利导和协调，相比国内外知名的航运中心，广州正处于这一阶段。对广州港的发展条件、综合环境等进行分析的文献已经较多，本文着重从中长期视角探讨如何建立更加有力、高效的政策体系，实现广州建设国际航运中心的赶超战略。

一　经营管理机制

（一）战略提升与组织领导

　　争取将广州国际航运中心建设上升为国家战略。中长期内，随着全球贸易进一步发展与我国在全球经济格局中地位的迅速提升，在我国沿海有可能形成北（天津）、中（上海）、南（广州）三大超级枢纽港与五大港口群（分别为环渤海地区、长江三角洲地区、东南沿海地区、珠江三角洲地区和西南沿海地区）。

　　根据英国劳氏船级协会、国防技术公司 QinetiQ 和斯特拉斯克莱德大学发布的《全球海运趋势 2030 年》报告预测，全球海运贸易量到 2030 年将增长 1 倍以上（约 190 亿～240 亿吨），主要是因为中国快速增长的大宗商品需求。而全球贸易量的约 90% 经海洋运输，我国航运业也将成为航运市场的主战场，国际航运中心的版图中将有更多的中国港口城市，而囿于港口条件、腹地市场、城市体量、综合环境等因素，我国极有可能形成"超级枢纽港 + 枢纽港 + 喂给港"的格局，上海、天津、广州最有可能成为枢纽港，极有可能沿长江流域、渤海湾、胶州湾、珠江流域、闽南台海形成若干枢纽港和众多的沿海沿江沿内河的喂给港。

尽管周边有深圳、香港两大国际性港口，但从长远来看，香港维系国际航运中心地位的制度创新空间已经有限，而周边深圳、广州等快速发展的竞争者正在大力加快制度环境优化与改革的进程，而在国际上，中国香港中转港模式、金融中心地位等都与新加坡、上海形成激烈竞争，后面两者的潜在优势和有利条件都高于香港，其国际航运中心的地位有可能进入下降通道。而深圳在腹地资源、空间条件、流域覆盖、港口条件、交通优势等领域稍逊于广州，且潜在的制度领先优势在缩小，通过努力，广州将具有更大的后发优势与潜在上升能力，极有可能超越港、深，成为我国南方第一大航运中心，在珠三角区域形成广州超级枢纽港，深圳、香港两大枢纽港格局。

广州应深入研究世界贸易格局走势和城市发展动向，在实现三年行动计划、打好硬件基础后，尽快争取将广州国际航运中心建设上升为国家战略。

（二）优化经营管理模式

努力推动地主港管理模式。为实现国际航运中心的长远目标，港口是核心要素和首要承载空间，应首先利用好已有港口资源，优先解决好经营管理模式，找准阻碍要素资源流动和集聚的关键因素，在此基础上，谋求更大发展。综合而言，港口管理模式主要有地主港模式（纽约—新泽西）、运营模式（波士顿）、私人企业经营管理模式（香港）、政府私人共同管理模式（日本）。从长远来看，地主港模式最具有可持续性，能够体现政府意志，同时有利于提升经营效率，尽管这一模式也在发生变化（特许经营、PPP、BOT 等优化模式不断呈现），但目前国内尚未完全引入。而在我国市场化改革深入推进过程中，为做强做大广州航运竞争力，有必要花大力气解决港口、岸线、码头、权属等历史遗留问题，为以后快速发展，形成地主港模式，提升政府监管、市场运营效率奠定基础。

（三）区域资源整合

拥有广阔的腹地市场是建设广州国际航运中心以及广州作为国家中心城市的关键优势之一。在长期的竞争中，特别是受新工业革命的影响，未来生产生活方式将发生极大变革，持续保持这一优势将至关重要。有必要以更加广阔的视野、气度，提升广州对区域腹地的辐射力和集聚力，航运中心的建设至少可以采取三种方式。

一是一港多城建设方式，即以广州为核心城市，拉动周边城市共同建设广州国际航运中心，对广州的航运航空资源、交通枢纽资源等共同享有，而周边区域的要素流动均以广州为中心。二是一城多港建设方式，即广州主动寻求与周边合作，加强对周边区域港口资源、流域资源、交通资源等的整合，特别要深化对珠江—西江流域港口资源的争取与整合，加强与海上丝绸之路沿线港口、城市的深度合作。三是多城多港建设方式，即联合周边区域和城市，对区域内的港口资源予以整合，集体享有，集体经营与分享，形成抱团集聚。从长远来看，三种方式都有利于强化广州航运的国际竞争力和巩固竞争版图。

二 综合性政策支持体系

（一）改革国际监管政策

2020～2030年，国际贸易规则极有可能发生实质性的变革，众多深层次国际和区域贸易协定有可能进入实质部署阶段，TPP、TIPP、PSA、亚太自贸区、欧盟等多双边经贸协定，正从货物贸易拓展至服务贸易，从税率优惠延伸至监管便利，从经贸合作、行业合作、部门合作拓宽至经济深度一体化，"关境"的约束性将显著减弱。在这一趋势下，港口作为国际经贸合作的首要窗口，未来缔约国之间极有可能出现大范围的监管便利化、一体化，申报互通、口岸互通、监管互认等将成为可能。而目前，中国已经签订的国际协约的深度和广度与欧美地区还有一定差距，标准相对灵活，在国际竞争中，有必要率先与个别区域试点开展高标准的国际贸易（如自贸区），广州应继续敢为人先、先行先试，争取国家支持，在监管政策方面进行大胆探索，可以围绕港澳台地区、东南亚沿线等区域以及与我国缔约贸易自由化规则的国家和地区率先开展监管规则的多向、双向一体化。

（二）优化航运税费结构与政策

低税率、市场化经营营利是国际航运发展的基本趋势。当前，我国及多个地区关于航运、港口、企业经营等方面的税收繁多、税率较高、规则与政策不透明，政府主导性的收费项目众多，政府干预港口定价的现象广泛存在，阻碍了市场发挥决定性作用。可以预见，随着国际航运市场的高度自由竞争、信息透明度的快速提升，全球港口服务收费减少、税收结构调整或种类减少、税率降低时代将很快到来。广州建设国际航运中心，应抓住这一趋势，在特定区域范围内，争取国家支持，优化航运税费结构与政策，以高度的市场化经营赢得可持续的高效发展，深度理顺各类税费流程环节与规则、提高信息与政策透明度，如实行船舶吨税、针对不同船型船龄设定不同的税收系数，利用税收调整运力结构，提高本区域（注册法人机构）船队竞争力，打造一流的、符合发展趋势的航运营商环境。

（三）优化口岸政策

口岸是提高航运通关效率和监管效能的重要环节。与新加坡、中国香港等区域相比，内陆的口岸服务环境依然较为落后、烦琐。鉴于广州港口岸服务环境现状，为加快实现建设广州国际航运中心的目标，亟须在中期内实现口岸环境的优化。一方面，推动口岸管理机构设置整合与功能优化。整合"一港两关"的矛盾现状，提升口岸效率与控制区域内部的恶性竞争。加速与协助推进口岸的信息化、智能化管理，如加快实现"一次申报、一次查验、一次放行"，取消船舶到港的联检等。另一方面，推进通关模式从"橄榄型"变为"哑铃型"。将海关、检验检疫等手续前置或后推，如实行船舶到港前的预申报、预审核、预审价，实行有关单据的事后集中递交、复核。改变通关程序，将货物的流动与口岸监管部门的档期审核加以分割。

（四）创建国家航运综合改革示范区

自由贸易试验区制度是我国从战略高度主动适应国际贸易规则变化的举措，试验期结束后，广州要加快复制和推广中国（广东）自贸区政策至广州国际航运中心建设范围内，并进一步努力创建国家航运综合改革示范区。一方面，要拓宽自贸区相关航运、金融、通关等贸易政策，将外资准入等投资政策率先复制到珠江—西江流域港口、空港等枢纽和节点区域，将其拓宽至广州区域内的金融集聚区、新业态集聚区。另一方面，要进一步挖潜自贸区政策。如在近中期内尽快全面实施启运港退税政策，并争取扩大启运港范围，促进中转业务的发展；允许中资公司拥有或控股拥有非五星旗船，开展外贸集装箱在国内沿海港口、珠江流域内河港口之间的沿海沿江捎带业务，以广州港口航运为纽带，扩展捎带运输工具范围至公路、铁路车辆。在中远期内实现与港澳及东南亚地区航运服务规则对接，以及在法律冲裁、人才认证、监管认证等领域的对接；探索在示范区内实现海关口岸等管理的属地化，建设专业化的口岸队伍，推动监管环节等的市场化服务外包等系列改革措施；探索改革税收结构等。

（五）创新航运金融制度

至 2030 年前后，金融服务实体经济的能力将持续强化，人民币国际化取得实质进展，人民币将成为重要的储备货币、结算货币，利率市场化改革基本完成，金融脱媒与金融创新加快加强，离岸金融等业务稳步发展。航运作为金融服务的重要领域，可以预见，航运金融也将快速发展和不断创新。广州作为区域性的金融中心，现代金融体系将不断健全、富有活力，可以争取率先试点，大力推动航运金融制度创新。如创新船舶融资方式，允许境外设立 SPV 进行船舶投融资，鼓励国内外航运企业在境外发行人民币债券。允许船舶证券化，成为投资理财的标的。允许境外合格投资者投资境内航运企业浮漂、债券及基金。允许设立航运碳债券、碳期货、碳基金，个人可参与航运碳交易。允许设立船舶私募基金，开展互联网船舶众筹模式。再如创新航运保险制度，鼓励推广运用保险自助机。积极支持在广州设立船东互保协会。允许开发无船承运保证金责任保险、海盗赎金保险等新品种。允许发展航运衍生品，允许开展航运知识产权和版权等资产证券化，允许巨灾保险产品、航运碳排放产品证券化等。允许珠江价格指数成为交易标的等。

（六）创新航运仲裁政策

随着我国仲裁制度逐步与国际接轨，仲裁的行政化色彩将逐步淡化。随着广州国际航运中心地位的提升，航运仲裁案例也将大幅提高，创新航运仲裁制度，也是大幅优化综合服务环境、提升国际地位的重要措施。在中长期内，应争取国家允许，探索与伦敦、新加坡等地的对接。如允许在广州率先设立临时仲裁，并推动机构仲裁成为更通行的争端解决方式。允许在南沙新区范围内设立国际航运仲裁机构，对接国际惯例，完善国际仲裁、商事调解机制和规则，提高仲裁专业化水平和国际化程度。完善公众参与法规、规章起草机制，允许委托国际第三方起草法规、规章、草案等。

（七）强化资金、人才支持政策

资本、人才始终是航运发展的关键推动要素，在任何阶段都是重要保障。关于资本、人才的政策已经较多，力度也逐年加大。但在中长期内，仍有较大创新空间。

一方面，强化航运资金支持的可持续性。如广州可联合周边腹地联合设立规模较大的广州国际航运中心发展基金。在航运产业细分领域，设立行业性发展基金。鼓励境内外符合条件的社会资本参与广州国际航运中心建设；支持企业、机构等组织建立航运航空发展基金，为航运航空业的持续发展提供投融资服务。另一方面，强化航运人才保障。一是培育本土的航运人才。大力发展海事高等教育、海事职业教育，可创设新的海事高校，或在已有高校中创办航运学院，或强化现有航运院校综合实力。二是引进国际化航运人才。为实现这一目标，需要推动人才政策创新。如实施更加便利的港澳台居民及外籍高层次人才出入境政策，制定广州范围内港澳及外籍高层次人才认定办法，率先推进穗港澳航运航空从业人员职业资格互认。对在广州从业的外籍航运高级管理人才，在项目申报、创新创业、公共服务保障等方面予以优待等。

广州国家中心城市研究基地成果

作者：葛志专

两区组合背景下（新）黄埔区城市更新问题研究报告

一　国外城市更新的理念及经验启示

（一）城市价值理念的变迁

二战后，西方城市发展理论经历了观念的变迁与城市内涵的不断演进，体现为以下一些城市理念的出现。

1. 制造业中心城市

福特制时期形成的制造业中心城市集中关注的是就业创造、资本形成与制造业发展，它们为城市带来稳定的就业与收入的同时，也产生了一些典型问题：如随着区域成本的升高，价值链低端的制造业模式遭遇收入增长的"天花板"；制造业污染降低区域环境质量；密集的过境货物交通降低城市宜居性；低技能人口集聚阻碍了城市转型升级等。空间宜居性降低最终断送了制造业城市的发展前景，使英美等老工业城市陷入增长乏力的困境。

2. 新经济时代的城市空间

新经济时代城市的空间特征体现为：商业与生活成本节约，公共设施密度大，可达性高，用地功能混合，具有交通选择多样性，以及具有审美吸引力。混合功能空间的理念日益取代制造业时期单一功能空间的理念。实现这样的空间不仅需要依靠物质性手段，而且需要依靠一系列弹性化的政策法规框架。经济发展、税收、土地利用规划、交通系统建设等政策可以相互结合，为吸引高级服务业和创意产业等新经济企业的政策目标服务。

3. 以人为本的城市

近几十年来，世界城市发展的一个趋势是，日益揭示出人是城市的主体。城市经济不仅是人所从事的经济活动之总和，而且是为人服务的。以具有专业技能的年轻人和稳定收入的家庭为吸引对象，城市成为吸引中产、创造中产、助青年人实现中产之梦的梦想家园，这是城市保持活力、富裕、安定及持续发展的重要途径。以人为本的城市建设最受关注的几个方面包括：宜居性、可步行性、公共空间及可交往性、安全性以及重视家庭价值。

4. 可持续发展的城市

从 20 世纪 60 年代起，可持续发展的理念日益成为世界共同的价值观。城市是资源与能源消耗的中心，也是环境污染的源头，由于人口的高度集聚，城市也成为自身污染的直接受害者。减少污染与能源消耗，成为城市形成吸引力甚至竞争力的重要策略。针对蔓延型城市导致的低效率、高能耗与污染问题，联合国人居计划署给出了五条规划原则：第一，充分的街道用地与有效率的街道网络；第二，高密度；第三，混合使用土地；第四，社会混合，在相同区域内应容纳不同收入人群居住；第五，放宽用地限制。

（二）城市研究领域关注的、值得中国城市借鉴的一些问题

1. 福特制与工业时期城市空间问题

福特制指产生于福特汽车公司的流水线式大机器生产模式，以高度分工和充分协作基础上的专业化、规模化与标准化为主要特征。福特制生产空间的特点就是以资本、利润为中心，人类生活的需要退居其次；而不同阶层之间的空间分离也是其主要特征。城市的优势资源被工业资本占据，市民的开放空间严重不足或质量不高，城市尺度过大，由此导致城市生活不活跃、形成单一功能区或单一阶层区、通勤距离过长、环境污染、贫富的空间分化等，使城市吸引力下降最终逐步走向衰落。中国工业化过程中大量出现的产业开发园区，与福特制城市空间有许多相似性。

2. 贫民窟问题

贫民窟问题是发展中国家与欠发达国家所特有的问题。在城市化高速发展中，由乡入城的移民或国际移民的收入过低，他们聚居在非法搭建的低质量高密度棚户中，基础设施缺乏，环境脏乱，其犯罪率及疾病风险高，由于道路质量过低交通形式没有选择，在一些极端密集无序的贫民窟只能步行。我国的城中村存在一些与之类似的问题，但程度没有印度加尔各答、印度尼西亚或非洲等地区严重。

3. 城市蔓延与郊区型城市问题

城市蔓延是以汽车为主的机动交通工具的通行为前提的城市空间的低密度扩张，以北美最为突出，在我国则以开发商推动的居住郊区化及政府主导的城市空间扩张为主要特征。我国城市的蔓延不同于欧洲的卫星城，它的主要特征是功能单一与密度过低，不能支持足够的服务业产生，缺乏必要的服务业配套与就近的工业机会，居民每日长距离往返于就业单位与住所之间，没有活跃的城市生活。

4. 城市隔离与不平等

城市隔离指城市中不同阶层或种族的人群居住在不同空间，缺乏交流及相互的服务机会。城市的隔离产生于阶层或种族优越感及排斥感，并在土地竞争过程中形成。在没有规划对多样性与社会混合性进行干预的情况下，市场机制不但不能自动阻止这种不同人群的空间隔离，反而会成为其助推机制。其带来的问题是城市的经济低效性与成本上升，并且社会机会长期不均等。这种隔离的低效率在西方社会普遍存在，在中国这种隔离则表现为开发商建设封闭的居住小区，只有通过规划干预才能打破这种隔离。

5. 内城问题

内城问题起源于西方国家，它与城市隔离具有相同的机制，城市中的较富裕阶层在不断追逐郊区大面积住宅、逃避低收入者迁入的心理下，越来越远地逃离城市中心。在此过程中，城市中心被低收入阶层乃至更低收入阶层占据，建筑失修，犯罪率飙升，社会经济问题积重难返，甚至在城市中心出现大面积废弃空城。在中国则体现为急速发展的大城市中的"旧城"问题。广州老城区也存在人口迁出、低收入外来工进驻、建筑破败的情况。

上述西方的城市问题在中国都或多或少地存在，而中国城市的一个突出特点是，发展中国家与发达国家城市出现过的问题在同一时期大量呈现，人口快速城市化与经济急速工业化交织，但是由于制度的优越性与财政资源的丰富性，解决这些问题也有更大的可能性。

（三）国内外城市更新的经验启示

综合研究具有可比性的国内外城市的更新改造经验，本文得到如下启示。

1. 城市更新需要在"规划引领"与"市场导向"间寻求平衡

城市的"三旧"改造目标应与城市空间规划相协调，并为城市产业发展提供适宜空间，为城市居民提供宜居环境。佛山南海的城市更新方案就是通过规划引领确立城市更新改造的目标。温哥华市在建设宜居城市过程中，独创了"温哥华主义"的规划理念，通过规划控制奠定了宜居城市温哥华的基本骨架，并成功抵制了北美盛行的城市平面扩展模式。但过分强调规划控制也会让私人资本望而却步。伦敦码头区在开发初期仅设计了一个宽泛的开发框架作为引导，通过淡化规划控制吸引了大量私人资本进入。

2. 城市更新服务与产业转型必须做到"宜居宜业"，吸引目标人群

伯明翰作为一个传统制造业中心能够跻身为欧洲工商业中心，首先得益于政府的"优二强三"战略，极大地促进了会展旅游业和商贸业发展；在城市中心布林德里地区的开发中，采用"混合使用"的开发理念，吸引了众多服务业部门入驻，在促进地产价值上升的同时解决了当地近 10 万人口的就业。柏林发展创意产业的案例揭示了，特定产业需要特定的发展环境支持，一个城市要发展什么样的产业就需要努力营造适宜这个产业的发展环境。柏林市政府通过提供低成本的住宅、投资建设文化基础设施，营造出浓郁的创意文化氛围，吸引了相关产业从业者迁居于此，这是促进该产业持续发展必不可少的人力资本累积过程。北美城市休斯敦以良好的气候与生活居住环境吸引人口聚集与产业迁入，通过良好的居住与配套环境，吸引了众多公司及创业者聚集于此，提供了大量的本地就业岗位，减少了通勤压力，使这座郊区新城充满活力。

3. 城市更新不能回避的"多元主体"利益协调机制

城市更新项目必然涉及多元主体的利益协调问题。印度达拉维的城市更新难以推进的案例显示，如果不能协调多元主体的利益诉求，城市更新项目几乎不可能推进。与此相反，巴塞罗那公共部门、土地使用者和开发商间的利益协调方式则比较有效：政府允

许在改造的土地上建设更高密度的建筑，而作为增加建设密度的补偿，土地所有者则需要将部分土地转让给政府，用于住房、公共空间建设和公共服务配套等。

在许多案例中，公共部门参与城市更新是以利益协调甚至利益输送者的身份，协调开发商与土地所有者之间的利益并向利益损失者提供必要的补偿。这种补偿既可以是政策补偿——如允许提高建筑密度，也可以是直接投资或补贴运营成本，因而会受到公共部门的预算约束，这可能是所有城市更新项目面临的最大挑战。

4. 新区开发须遵循"紧凑型城市"及"混合使用"的理念

对于开发区或新城区而言，其面临的主要问题是密度过低、功能单一，且与中心城区阻隔等，为避免城市蔓延且提高土地利用效率，应遵循"紧凑型城市"的开发理念。城市更新项目往往集中在老城区，这些老城区属于过密地区且采用"混合使用"的土地利用方式，但这些地区可能因规划滞后、建筑形态混乱、单体建筑功能单一而存在交通不畅等问题。对这类地区的更新改造，则需要有明确的规划引领，再开发项目应保留"混合使用"的土地利用方式，对单体建筑进行多功能开发，或通过建设城市综合体项目实现多功能开发与混合使用，并配合公交系统的导入规划等。

紧凑型城市是近年来国际社会倡导的一种可持续的城市空间形态，通过高密度的混合功能开发，建设适合步行的城市空间，降低对机动车的交通需求，实现能源环境效率的可持续发展。紧凑型城市政策的广泛应用，极大地推动了欧洲古老城市的内城区复兴。在美国，"紧凑型城市"理念是通过新城市主义主张的"精明增长"政策得以体现的。TOD（公共交通指向的开发）和TND（传统的邻里开发）的模式也是紧凑型城市理念的一种体现。

5. 以多样化的公共交通系统为特征的公交指向开发模式值得借鉴

公交指向开发是克服城市蔓延、提高空间利用效率的有效手段。好的公交设计方案，可以增强城市连通性，克服距离产生的时间成本，而中心城区的交通便利更有助于聚集与疏散人流，提升城市的集聚经济效益。一个城市更新项目，如能成功导入公交系统将有助于激活地方经济。

香港采用的是典型的公交导向开发模式，包括火车、地铁、公共汽车、小巴、渡轮、出租车、有轨电车等，多样化公交服务提供了90%以上的出行方式，不同交通形式之间的转换也非常便利。便利交通为大型城市综合体提供了人流聚集与疏散的保障，大型综合体既是商业中心也是交通枢纽。大型城市轨道交通在伦敦金丝雀码头的商业开发过程中也起了举足轻重作用，极大地缩短了码头到伦敦内城的时间，提升了码头的地产价值。轨道交通与地下商业空间的整合开发进一步释放了区域空间活力。库里蒂巴高效快捷的公交运营系统具有科学的线路设计、快捷便利的换乘站台，以及良好的运营管理模式，不仅提高了公交系统的使用效率，而且提供了较为稳定的运营利润，成为世界各国争相学习借鉴的成功案例。

6. "容积率"是有效的城市更新政策调控工具

建筑容积率是城市规划中被严格控制的指标，但世界范围内各个城市的建筑容积率差别非常大。提高容积率可以使难以平衡开发成本的项目变得有利可图，本质上是促进项目开发的有效手段，通过改变容积率协调项目主体间的利益关系已成为城市更新改造中的常用手法。合理的建筑设计与公交方案，可以解决高密度开发可能带来的建筑采光、集中出行与交通拥堵等问题。

香港城市建筑容积率一般为 7 ~ 14，有的区域为 18 ~ 20，但香港通过基座加塔楼的立体化开发模式，提供了更多的公共空间，而多样化的公交服务及人性化的换乘升降平台设计等为城市的流通性提供了充分保障。向高空发展的温哥华在提高建筑容积率的同时，没有降低城市的宜居性，而且温哥华政府把提高建筑容积率作为一种对开发商建设公共设施的政策激励。巴塞罗那政府在帕帕里诺区的更新项目中也把提高容积率作为一项对土地所有者同意开发的激励措施。

7. 城市更新应提升对城市新移民融入的包容性

好的城市对新移民有巨大的吸引力，这其中包括普通劳动者和技术人员，以及创意人士等，这些人作为城市新移民为城市发展带来劳动、技术、技能，以及多元文化和消费多样性等，是城市产业发展、经济扩容的重要支撑，城市新移民提供了城市发展的源动力。

柏林是一座包容性城市，它吸引创意人士聚集于此，并通过创意产业发展促进了城市复兴。加拿大合理的移民政策以及温哥华拥有的"全球最宜居城市"称号，为这座城市吸引了来自世界各地的移民，也为其带来了丰富的人力资本。孟买的达拉维以其特有的廉价土地和低生活成本、低工资水平形成了极大的成本优势，吸引了更多的新移民进入城市并提供源源不断的劳动力，不仅促进了当地生产体系的形成，而且在全球价值链中获得了竞争优势。底特律的衰退则从反面印证了，一座城市如果不能提供不同种群与阶层共处的包容环境，或对某些群体形成强烈的排斥，这座城市的吸引力就会不断下降，最终影响产业发展环境。

8. 创新城市管理模式与项目运营模式

城市规划方案的落实以及城市更新改造方案的实施，涉及诸多城市部门管理问题，不仅受部门利益制约，而且涉及多元主体的利益协调。如果项目实施时间较长，新旧政府换届会进一步增加项目的推进难度。许多国外城市更新案例中有关于"设立专门机构"促进城市更新的经验。

伦敦金丝雀码头改造，在项目初期就组建了直接隶属于中央政府的"伦敦码头区开发公司"（LDDC），凭借中央政府赋予的特权收购区内多种所有权的土地、水域，改善基础设施，为私人投资提供良好的条件，同时加强住房、教育、公共设施的改造。巴塞罗那则是通过成立"共识委员会"，在社区团体和各级政府之间寻找沟通桥梁，并确定城市改造利益相关者，在此基础上制定政策和商业流程，如为租赁房屋制定了保养政策，对改造过程中的居民安置和新房分配出台规定等。库里蒂巴提供了一个不受政府换届影响，可以长期一贯推进城市化方案的制度设计。

二 （新）黄埔区城市更新面临的问题与发展定位

2014年2月，广州市经国务院批复，决定撤销广州市黄埔区、萝岗区，在两区原有的行政架构基础上设立新的广州市黄埔区。（新）黄埔区将以城市更新改造为契机，实现全面转型升级。

（一）（新）黄埔区城市发展面临的现实问题

1. 人口城市化水平明显落后，分布不均，人口质量总体偏低

常住人口密度偏低，人口分布疏密不均。在广州市各区域中，（新）黄埔区的人口密度明显偏低。此外，人口分布疏密不均，原黄埔区人口密度约为原萝岗区的两倍左右。这一情况说明（新）黄埔区对人口的吸引力较弱，而以开发区为主体的原萝岗区对常住人口的聚集能力更低一些。尽管区内产业较为集中，能够提供大量制造业就业岗位，但城区其他条件不足以吸引人口在这里居住。人口的就业地与居住地分离，造成通勤成本高、上下班高峰期与市内主城区之间主干线的交通压力增大以及由此而来的交通污染问题。

常住人口中非农人口比重偏低。（新）黄埔区非农人口比重显著低于越秀、荔湾、海珠等老城区。尤其是经过多年发展，区内大型国有企业集中的原黄埔区非农人口比重仍偏低，说明原黄埔区内大型国有企业的发展未能充分融合城市其他要素，企业就像坐落在乡村的一块飞地，与原住民之间产生了某种程度的隔离，未能充分带动城市化的发展。非农人口的聚集会形成城市化的生产和生活方式，反过来城市的发展也会改变人口的基本结构。（新）黄埔区非农人口比重较高，说明还存在比较明显的城乡二元分割问题，还有很大一部分人口未能充分融入城市的生产和生活。

人口总体质量不高，基本符合以制造业为主的产业结构特征。高素质人口的分布趋势与城市经济活动和城市服务完善程度相关，特别是城市经济活动的形态，高端服务业对高素质人口的聚集能力最强，制造业吸引的主要是产业工人，农业和低端服务业吸引高素质人口的能力最弱。（新）黄埔区高学历人口比重处于各区的中间位置，原黄埔区和原萝岗区基本持平，符合其以制造业为主的产业结构特征。高素质人口的集中能促进城市产业环境的实质性改善，大量聚集的高素质人口为产业向更高形态转型升级提供了最主要的生产要素，没有足够的高素质人口，体现较高产业发展水平的高端服务业和高科技产业就发展不起来。（新）黄埔区要想实现产业结构的转型升级，必须致力于提高对高素质人口的吸引能力。

2. 生产方式城市化水平不高，土地利用效率偏低，投资依赖比较明显

经济总量高，但服务业比重明显偏低。广州市各区生产总值排名前三位的分别是天河区、（新）黄埔区、越秀区，但（新）黄埔区的产业结构与同排前三位的另外两区相差较大。天河区和越秀区的经济总量中，服务业比重均占到85%以上，越秀区高达97%，而合并后的（新）黄埔的服务业比重仅为27%（原萝岗区更低，只有25%），制造业依然是城区经济的支柱。

人均产出水平较高，但土地产出效率低，尚有很大空间。（新）黄埔区的人均地区生产总值水平在所有辖区中排第1，特别是原萝岗区的人均地区生产总值水平更是远远超出广州市的一般水平，原黄埔区的人均地区生产总值水平也仅次于越秀区和天河区。但是，从每平方公里的产出效率来看，（新）黄埔区远远低于越秀、天河、荔湾、海珠四区，大约相当于天河区的1/5、越秀区的1/13。与老城区土地资源已面临瓶颈相比，（新）黄埔区在土地资源使用效率方面尚有很大的可挖掘潜力。

经济增长主要由投资推动，区内投资强度相差悬殊。从2013年固定资产投资总额来看，原萝岗区排第3，原黄埔区排最末，重组后的（新）黄埔区居第2。从人均固定资产投资额来看，原萝岗区位居第1，原黄埔区居最末。如何从根本上改变经济的增长方式、平衡原来区内的投资规模和投资强度，是（新）黄埔区不得不重点考虑的问题。

3. 公共服务资源严重不足，消费水平低，成为制约居民生活质量的瓶颈

人均消费水平不足。（新）黄埔区人均社会消费品零售总额在合并后的九区中居第8位，仅高于南沙区，只有越秀区的1/3左右。人均消费水平较低，一方面反映出区内居民的可支配收入较低，另一方面间接说明区内商业流通环境较差、商业服务业水平低，区内经济是非内需推动增长的经济模式。因此，区内经济要升级，必须考虑如何切实提高区内居民的人均可支配收入水平，提高商贸流通水平与改善营商环境，推动区内经济增长向内需型增长转变，提升居民的物质文化生活水平。

公共卫生服务数量不足。从区内各类卫生机构床位数、万人拥有床位数来看，不管是原来两区，还是重组后的（新）黄埔区，公共卫生条件都比较落后，排在广州各区中的倒数位置。

公共教育机构不足，优质教育资源更加匮乏。从区内的普通中小学数量和每平方公里普通中小学数量来看，（新）黄埔区教育资源十分匮乏，排在各区的倒数位置。区内中小学校的分布非常分散，学生要走很远的距离、花费很多的时间才能到达学校。此外，从优质学校数量来看，情况更加严峻。

4. 产城矛盾与城产矛盾同时存在，城市隔离现象明显

原萝岗区是在开发区的基础上发展起来的，带有许多中国早期开发区发展的烙印，原黄埔区是在老工业区基础上发展起来的一个城区，这两个区的企业都以工业企业为主。随着城市的发展，单位土地的产值下降、人口消费不足、环境污染严重，已经成为制约城市更新的重要因素。城市工作区和生活区相互分割、距离较远，缺少公共活动和交流空间，缺乏对高素质人才的吸引力，难以发展新兴高科技产业。城市隔离的突出表现是城区与旧村的隔离，区内存在大量旧村落，其生产和生活方式并没有完全转化为城市化的生产和生活方式，城中村形成了自我封闭的生态系统，村民的收入水平低、生活环境恶劣，与城市生活形成一定隔离，阻碍了城市的进一步发展。

（二）（新）黄埔区城市更新改造的主要任务

1. 促进发展方式转变

广州开发区近年来经济增速不断下降，究其原因，主要有以下几点。一是典型的制

造业主导的产业结构，遭受市场需求普遍萎缩冲击。二是开发区企业已逐步由早期的投资阶段过渡到正常的生产经营阶段，新增投资逐步下降。三是开发区早期形成的生产能力老化，企业经济效率和土地产出效率下滑，部分园区企业存在生产设备和土地闲置。原黄埔区内生产能力逐步老化、重化工业主导的产业结构面临需求萎靡的情况，再加上重化工业面临日益严峻的环境约束，大型国有企业负担沉重、效益下降，其经济发展方式转型问题更为突出。

重组后的（新）黄埔区面临改变经济发展方式的重大命题。一是促进产业结构转型升级，改变工业化过程中形成的制造业主导的单一局面，创造有利于现代服务业成长的城市环境。二是扭转产业过度依赖投资增长的形势，依靠科技创新提升企业生产效率，提高产业内生增长动力。三是淘汰落后产能，改变陈旧生产设施对土地资源的低效利用情况。四是改变当前产业发展与区内居民日常生活相互隔离的现状，增加居民对区内主要经济活动的参与，加大城市经济活动与本地市场的结合程度。通过城区的科学规划、合理更新，极大地激发各项市场要素的活力，改善资源配置效率，推动实现经济发展方式的转型升级。

2. 提高土地利用效率

提高土地利用效率，为更高效率经济活动腾出空间，是（新）黄埔区进行城市更新改造最直接的动因和最迫切的命题。调研发现，生产能力老化低效，是原黄埔区和原萝岗区面临的共性问题，只是程度有别。原萝岗区主要表现为开发区早期工业用地内的部分企业存在闲置厂房和用地，生产活动不活跃，有的甚至趋于停滞。原黄埔区的问题则更为严重和复杂，大型国有企业占据了城区的中心地块和港口岸线等宝贵资源，生产活动活跃度低、环境污染问题严重、大企业小社区现象普遍存在，其中许多用地由中央直属企业占用，对城市形态影响很大但不受地方政府管理。近年来，广州市政府大力推进城市"三旧"改造，原黄埔区和原萝岗区的最重要任务之一就是改造旧厂，通过改造和重新规划利用旧厂区，改善产业的低效用地情况，为更高效率的新兴经济活动腾出空间。

3. 改善城区二元结构

（新）黄埔区覆盖的原萝岗区和原黄埔区不论是在经济状况还是在城市生活形态上都存在巨大差异，形成典型的二元型结构。在产业与经济活动方面，原萝岗区是广州市较年轻的产业区，制造业形态先进，经济成长迅速，地区生产总值年增长率长期领先于广州市其他城区（近两年有所下降），而原黄埔区是广州市最老旧的工业区和码头区，现有产业成长性差，经济增长率和财政收入长期在广州市各城区中排末位。在城区形态方面，原萝岗区绿化好，公共设施起点高，但公共服务和社区生活设施严重不足，居民市民化程度低，没有形成成熟的城市生活氛围，人流稀疏。原黄埔区的社区生活相对发达，但突出问题是大型国有企业主导城区发展，福特制形态突出，城区老旧杂乱、污染严重，公共设施水平较低，人流虽然相对密集但没有形成现代城市生活方式。重组后的（新）黄埔区势必面临发展不平衡的问题，亟须通过城区整体更新、统筹规划、合理布局，解决上述典型的二元形态，创造一个和谐发展的新城区。

4. 提升居民生活质量

好的城市是以满足人的需要为首要标准的。（新）黄埔区城市更新改造从根本上说要建设适合居民生存发展的生活空间，以高品质的城市生活回馈本地居民，吸引外来高素质人口，保持城市的新鲜活力。当前存在的主要问题，一是公共设施与公共服务数量严重不足，服务水平低下；二是交通便利度不足，城区空间尺度不合理，缺乏公共的市民生活空间；三是城市商业与服务业不发达，未达到现代城市应提供的商品和服务水准；四是城区文化生活匮乏，无法满足居民的精神生活需要。这些问题在原萝岗区具体体现为城区郊区化，无法吸引人口聚集；在原黄埔区则集中体现为城乡结合部形态。两者都具有福特制空间的本质特征，即城市是为产业而非人设计的，未能充分尊重人的需求。（新）黄埔区的城市更新改造必须摒弃这一模式，在城市规划建设、财政政策导向中更多地突出人的因素，注重提升居民生活质量，真正打造宜居型城区。

5. 创造现代城市空间

（新）黄埔区的城市更新改造应当充分参考先进城市的发展形态，尽量吸收现代生活元素，如充分考虑现代生活方式，设计综合立体的交通、商务、休闲空间，结合现代美学理念进行整体环境和建筑载体设计；在城市建设中加大信息基础设施投入，根据信息化时代城市生活方式的变化趋势来设计城市空间；注重创造可步行空间与市民公共生活空间；采用体现城市功能混合性的设计等。通过精心设计、统筹规划，创造一个产城融合、尊重人的需求、符合现代生活理念的空间典范。

（三）（新）黄埔区更新改造的城区定位

1. 集约高效与环境友善的创新驱动型城区典范

集约高效的指向是精细化、集约化、高产出、活力旺盛的城区经济活动。环境友善的指向是通过科学规划、合理建设形成尊重人的多元需求、极具吸引力的现代化城市生活空间。高效率的经济活动与高品质的城市生活相结合，将（新）黄埔区打造为广州乃至中国创新驱动型城区的典范。

2. 制造业与服务业融合发展的紧凑型空间

充分利用原黄埔区与原萝岗区制造业集聚所产生的对生产性服务业的潜在需求，进一步吸引生产性服务业。顺应当代制造业与服务业融合发展趋势，努力打造制造业与服务业融合发展与空间集中的紧凑型城市空间。

3. 兼容山水底色与文脉传承的现代化都市区

（新）黄埔区应更加重视生态与环境保护，城市更新也需要体现"望得见山水，留得住乡愁"的新型城镇化理念，建设优美人居环境，彰显区域山水底色的自然魅力。（新）黄埔区建设不应割裂城市发展的历史文脉，应处理好保护与更新的关系，充分挖掘"海上丝绸之路"与"黄埔军校"历史文化，在城区现代化建设进程中留下鲜明的历史印迹。

4. 港城一体、互生共荣的滨江都会区

黄埔区因港而兴，黄埔港区的自然演变也牵动着老城区的历史兴衰。（新）黄埔区需要突破原有的港城分割困局，重建港城依托发展，城因港而生、港因城而荣的"港成一体、互生共荣"的发展模式。通过港区更新改造与珠江岸线资源开发，努力打造一流商务活动场所及商业设施，为（新）黄埔区建设现代化都市区释放空间新活力。

5. 构建大广州"东西－南北轴线"的集散枢纽

全面提升区域交通枢纽地位、完善区域交通系统。不仅需要强化与广州中心城区东西向的联系，而且需要进一步加强南北轴线的建设，构建东部山水新城与南部滨海新城的连通轴，并将其作为大广州南北交通的辅轴。建立多样化的交通体系，加强不同交通方式的联通性建设。全面建设大广州南北轴线与东西轴线交汇点交通枢纽。

三　（新）黄埔区城市更新改造的空间战略、重点策略与开发模式

（一）（新）黄埔区城市更新改造的空间战略

1. 城市更新空间类型划分

根据《2013年萝岗区建设方案》《2013年黄埔区建设方案》《广州市"123"城市功能布局规划》等政策文件，结合汪洋副总理关于开发区"二次开发"的部署思路，本文将（新）黄埔区的城市更新划分为三大类型：产业集聚区更新、城市都会区更新和城市新区更新，并分别确定城市更新的方向。

2. 产业集聚区更新：转型升级、高端集聚、整合提质、创新驱动

（新）黄埔区的先进制造业集聚区包括西区、东区—云埔—广本—广石化、永和开发区、九龙工业园和生物岛五个区域。事实上，科学城中也有较多的制造业企业，因此，本研究中的产业集聚区还包括科学城组团。基于产业发展现状与发展目标，（新）黄埔区产业更新的基本策略是，"以高端资源集聚和现有产业整合为基本手段，以创新为根本动力，实现产业转型升级这一基本目标"。这一基本策略既着眼于原黄埔区产业发展的战略规划，又与广州开发区"二次创业"的导向相契合。其中，"转型升级"的指向是由以外向型发展为主向内外资并举转型，由以加工制造为主向注重自主创新转型，由以工业为主向发展服务业转型，拓展发展空间、完善产业链、增强产业创新活力。"高端集聚"的指向是通过集聚高端产业资源完善产业链，使越来越多的企业占据价值链的高端，增加产业的全球竞争力，培育本土领军企业。"整合提质"的指向是在对原黄埔区和原萝岗区实现行政区划调整的基础上，充分发挥一体化发展的产业整合效应和协同发展的巨大效力，推动（新）黄埔区的产业发展。在传统的制造业领域，原黄埔区在汽车制造业和石油化工制造业上，与广州开发区的汽车和化工产业有很大的互补性，有效整合将有助于产业链的完善，提升（新）黄埔区整体的产业竞争力。在新兴产业领域，原黄埔区近年来的发展较为迅速，如黄埔国家电子商务示范基地状元谷园区被确定为全国34个基地之一，是广东省（单列市深圳除外）唯一的首批"国家电子商务示范基地"，吸引了包括腾讯、亚马逊等电商总部项目入驻；以广州机械科学研究院智

能产业创新基地、东诚智能产业园和广州航海高等专科学校的科技中心为核心打造的智能产业园区有望通过发展智能机器人、智能交通、智能港口等项目，实现"黄埔制造"向"黄埔智造"的转变。电子商务和智能产业正是广州开发区发展较为薄弱且重点发展的产业，通过统一规划和资源整合，这些新兴产业将迎来更大的发展空间，在（新）黄埔区中发挥越来越大的影响力。"创新驱动"的指向是（新）黄埔区发展的基本战略，作为广州的产业发展基地之一，（新）黄埔区的产业发展当以创新驱动为最基本的动力，努力壮大创新主体，不断完善产业创新机制和制度环境，大力培育区域创新体系和产业核心竞争力，推动产业向高端化发展。

3. 城市都会区更新：港城共荣、光大文化、创新机制、协同推进

根据《广州市城市总体规划（2011—2020年）》，原黄埔区与开发区的东区和西区被划为城市都会区，因此城市都会区由生物岛、长洲岛、黄埔临港商务区、黄埔滨江新城、东区—云埔—广本—广石化先进制造业集聚区和开发区西区构成。这一空间功能的调整，意味着原黄埔区由城市边缘的临港重化工业区向现代航运综合服务中心和宜居城区的重大转型。城市都会区更新的基本策略是，"通过机制创新和整体协同推进，实现港城共同繁荣、地方文化发扬光大的发展目标"。"港城共荣"是指，原黄埔区因港而兴，也因港而衰，和谐港城关系的构建始终是区域发展的核心要素。未来新黄埔都会区的兴旺，仍然离不开港口支撑性作用的发挥，临港产业的发展仍然是新黄埔都会区发展的基石之一，临港产业的升级将为新黄埔都会区带来新的发展机遇，都市区更新应追求港城互融共生，相互促进；通过融合发展，共同提升区域价值。"光大文化"是指，在都会区更新中应充分体现、挖掘深厚多元的地方文化积累这一区域特色，依托区域文化发展旅游产业和创意产业是新黄埔都会区与临港产业并重的产业发展方向之一，不仅需要对地方文化进行深入挖掘、传承和发扬，而且需要进一步提升区域形象，完善发展环境，推动新黄埔都会区文化产业跃上一个新台阶。"创新机制"是指，作为广州市的老工业基地，原黄埔区积累下来的各种问题和矛盾比较集中和多样，其中许多涉及体制和机制建设问题。这些问题反映在城市更新上，直接造成原黄埔区近年来城市建设相对滞后和缓慢。破解这一难题的关键，是改革创新现有束缚城市更新的制度，调动各方积极性，合力推动新黄埔都会区的城市更新，创造多赢的局面。"协同推进"是指，受体制机制、政策约束和财政限制等现实因素的制约，新黄埔都会区的城市更新目前只能选择在点上突破，无法大面积展开，由此带来城市更新"碎片化"的问题，即个别项目的推进无法改变整体区域形象，无法提升区域价值，因此，加强整体规划、协同推进是十分必要的。

4. 城市新区更新：产城一体、宜居宜业、完善配套、加快集聚

（新）黄埔区将以科学城和中新广州知识城为主体构建新城区。城市新区更新的基本策略是，"通过完善公共设施配套，提高城市活力和吸引力，加快高端产业资源集聚和人口集聚，实现产城一体和宜居宜业的发展目标"。"产城一体"是指，将产城融合目标贯穿于（新）黄埔区城市更新中，根据《广州市"123"城市功能布局规划》，黄埔

新城区所在的广州东部山水新城将发挥都会区外围创新城和产业城的作用，主要承担交通枢纽、大宗物流、先进制造业以及会展、研发、教育、医疗等专项高端服务职能，其中西部组团和中部组团将形成以"创新服务＋宜居生活"为主导的功能组团。通过城市更新，最终形成"高端产业＋创新服务＋宜居生活"同步推进的局面。"宜居宜业"是指，根据《广州市城市总体规划（2011—2020 年）》，东部山水新城未来将成为国家级创新中心与高端产业聚集区、珠三角的休闲旅游示范区和广州东部宜居新城区，宜居宜业、环境优美将成为该区域的基本特征，保持山水底色是城市新区建设的基本前提之一，在城市更新中，坚持宜居宜业环境不被破坏的基本底线。"完善配套"是指，作为广州率先转型升级的战略性新区之一，新城区将完善综合配套、提升综合服务功能作为建设宜居新城的重点和增强城市活力的关键所在，只有完善人居公共服务配套设施，才能实现都会区功能、完成人口疏解承载区的重任，才能实现居住、就业与产业协调发展的目标。"加快集聚"是指，作为国家级创新中心与高端产业聚集区，加快高端产业资源集聚和人口集聚，在（新）黄埔区建设中应发挥现有的产业优势，大力推进公共服务设施和基础设施建设，不断完善宜居环境，增加区域竞争力。

（二）（新）黄埔区城市更新改造的重点策略

1. 打造（新）黄埔港现代临港商务区

作为广州城市"东进"的重要战略，（新）黄埔港现代临港商务区的建设遵循差异化和特色化发展原则，形成一个以"港口经济"和"港口文化"为主打的现代服务业新地标，打造广州"东部门户"。临港商务区规划为"1＋3"，即"一个核心区，三个延伸区"："一个核心区"，指鱼珠临港地块、护林路地块构成的临港商务区核心功能区；"三个延伸区"，指长洲城市游憩商业区（RBD）、临港商务区产业支撑区（即沿港口带的现代临港生产性服务业集聚区）、临港商务区服务配套区（即黄埔大沙地"回"形商圈）。与西部的白鹅潭商务区、中部的珠江新城（员村）CBD、南部的琶洲地区联动发展，成为广州承担港口及其相关商务活动的临港经济综合服务中心。

混合开发滨水空间。滨水空间不应该只由港口作业和私人开发，它所具有的生态价值、景观价值及其所承担的城市功能使滨水区成为城市公共开放空间的重要组成部分。其空间的混合使用不仅是指多功能的混合使用，而且包括多层面、多时间段及多活动层次的混合使用。因此在设计黄埔港口滨水区时应考虑充分利用水资源，打造滨水空间开发的多样性和空间层次的丰富性。

充分关注交通可达性。合理组织通向滨水的空间交通路径和视线通廊，营造通达、便利的慢行接驳环境，在区内鼓励慢行交通，尽可能减少港口货物运输对城区生活的负面影响。强化黄埔港原有的城区轴线，依据道路的作用将通往滨水区的路径分为交通轴线、历史轴线、市民轴线及文化轴线，城市活动围绕这几条轴线开展。结合绿地、水系、步行系统，加强滨水空间对黄埔港内部街区的渗透。提供美观和便利的步行通道。设计与海岸线平行连贯的海滨长廊。

工业区改造与城市功能相结合。工业区改造应超出其自身范畴，将其内部功能体系与城市职能体系连接起来，将传统的交通、休闲、娱乐等城市职能与地区经济发展、人文与环境保护等进行高度交叠，综合解决多种功能的需求问题。从区域层面上，与其他滨水功能区进行整体开发；从社区层面上，与周边社区实现功能互补的连锁整合；从码头工业区自身层面上，对各种可行性功能实现复合重整。新的黄埔港临港商务区包括：城区再造中心、文化集中地、生活居住区和商业休闲中心。

工业区改造与城市形态相结合。一是将公共空间和交通系统进行网络连接，使黄埔港新社区融入现存社区。二是通过道路、桥梁重构，重新建立黄埔港与市中心的联系。三是尽可能采用多样化的交通方式。通过快艇、轮渡、步行桥以及城市电车环线将人们从城市的任意地点送至滨海港区；鼓励采用步行、自行车、大众交通和水运交通等多样化的交通方式，减少对小汽车的使用需求，最大化利用现有的交通设施，同时利用上述设施开展如赛艇、舞蹈和节日庆祝等活动，营造码头区城市生活氛围。

临港商务区组团发展。将黄埔中心区具体分为五大组团：鱼珠临港航道商务组团、大沙东路城市综合服务组团、茅岗生态花园居住组团、大沙横沙文冲复合居住组团、长洲深井历史文化生态休闲组团。不同组团体现不同的经济活动与城市生活特色。

临港商务区的岸线发展。打造黄埔"黄金岸线"。借助产业转型升级和旧城改造的契机，将分布在珠江沿岸十多公里内的工厂、企业迁出，引入总部经济，与琶洲、员村、珠江新城一脉相承，由东向西依次形成临港商务旅游、国际会展和国际金融三个中心商务区，形成一条与珠江新城衔接贯通的景观带和临港商贸集聚带。以长洲岛和南海神庙为重点将黄埔区建设成港城一体、宜居宜业的临港商务中心和国家级近代革命历史文化旅游中心。加快旧城改造，发展智能产业。

2. 建设（新）黄埔创意产业基地

参照国际城市经验，可以将原黄埔区旧工业中的大量旧建筑改造成为创意产业基地、公共空间等新型建筑形态。

旧工业区的整体功能置换。对原黄埔旧工业区实施功能置换，置换后的产业空间变成创意活动空间（创意行为的承载场所）、展示交流空间（创意成果的展示平台）和休闲消费空间（创意产品的消费地点）。通过空间的分隔、合并和扩建，采用将原空间化整为零或者变零为整的手法进行空间重组，以形成适应新功能的空间组合和尺度关系。

新的公共空间和新型建筑形态。依据建筑的空间特性，把旧工业区内大跨型的旧建筑（重工业厂房、大型仓库和火车站等，具有高大空间、结构牢固、可塑性强等特点）改成新型公共空间（剧场、礼堂、商场、展厅、博物馆、美术馆等），或根据不同的需要形成变化多样的空间组合，通过空间重塑将其改造为住宅、餐厅、教室、办公楼等建筑。将旧工业区内常规型的旧建筑（如轻工业的多层厂房、多层仓库等）改造成对空间要求较小的新型建筑形态（餐厅、超市、住宅、办公楼、娱乐场所等）。旧工业区内特异型的旧建筑（如煤气储藏仓、储粮仓、冷却塔等），则适宜改造为形态各异的个性化建筑，如艺术中心、娱乐中心、剧场、各类工作室等，也可开发为城市标志性旅游景点。

旧厂房的工业景观改造。国内外城市对旧工业建筑的更新改造一般采取如下方式：

维持原建筑风貌、新老形式协调、新老形式对比等。根据实际条件，可以考虑将部分连片的旧厂房改造成人造公园，将原有的高架铁路与高架步行道与楼梯、台阶等相连，形成一个系统的高层景观平台；一系列净化的水渠、净水池、冷却池等可以组成最低层的水体景观；金属广场、熔渣公园、料仓花园等相对独立空间，则很方便被改造成相对独立的活动空间和植物花园空间，可以结合公园内的步行道路系统进行改造。

3. 借鉴成功案例，加快广州开发区产业升级

广州开发区经过多年的发展，一方面，用地资源日趋紧张，另一方面，部分低端制造业经济效率较低，亟待实现"二次开发"。开发区产业升级可以充分借鉴国内其他工业园区的升级案例。

深圳的"南山云谷"原为平山股份公司的旧厂房，过去以低端加工制造业为主。平山股份公司出资1600多万元对园区进行改造，与南山科技创业服务中心合作，引进一批云计算、互联网、新一代通信技术等新兴产业企业入驻，实现"园区 + 校区 + 社区"三区融合，园区产值从改造前（2010年）的8亿元提升到2012年的35亿元。

深圳"智恒产业园"原为大新股份公司的旧厂房，位于南头关口深南大道旁。园区占地面积约0.13平方公里，建筑面积约0.165平方公里，共30栋。目前已经成功转型为深圳市首家战略性新兴产业园区。产业园建成后将大力培育和发展生物医药、节能环保、新一代信息技术等战略性新兴产业。园区将于两年内完成改造，改造完成后园区将成为南山区产业集群化和规模化效应最大的产业园区之一。

青岛开发区北江路上的青岛云制造与云应用产业示范基地项目投入运营短短3个月，就开始实现盈利。该项目办公用房租用的是建成区内原青岛吾鲁拉玩具厂闲置已久的旧厂房。该厂区现已成为青岛开发区云制造与云应用产业基地，通过聚集高端人才，助力开发区人口结构、产业结构、经济结构的升级转型。青岛博云公司也通过"借壳生蛋"，让该区原有的一处老厂房实现了产业的"腾笼换鸟"，由于租用的是经过改造的旧厂房，大大缩短了运营周期，用了很短的时间就壮大起来。

佛山的顺德工业设计园是顺德区政府推出的首个工业设计外包服务产业化集群项目，地处顺德制造业核心区域。项目采取政府扶持、企业主导、市场化运营的方式，立足于为家电、家具、机械、服装、模具等顺德支柱产业提供工业设计服务。项目成功引入"设计之都"深圳，促使国家级工业设计园落户北滘镇，工业设计园的设计选择"现有厂房 + 改造提升"的模式，由高素质设计机构改造镇属企业的旧厂房，改造后价值得到极大提升，为"三旧"改造树立了良好的标杆。

广州开发区应盘活闲置的旧厂房，向建设高端制造业、中央商务区和发展现代服务业迈进。要充分利用相关政策，鼓励建成区内的工业企业进行"退二进三"改造，"腾笼换鸟"，按照一地一策、一企一议的原则，分类处置盘活闲置工业用地。鼓励企业把工业生产项目迁入工业园区，利用闲置旧厂房腾出土地，发展商贸物流、金融、酒店餐饮等第三产业，发展现代信息服务业，建设中央商务区。将已到期的土地纳入储备，对土地未到期但已停产或有意向退出中心城区的企业，制定好方案。对腾退的可改造利用

的工业旧厂房，制定切实可行的改造方案，将它们"变废为宝"，使其成为现代服务业项目的招商载体。在进行"腾笼换鸟"的过程中，可以通过资金扶持或补贴的形式实现闲置厂房再利用。

4. 广州开发区新业态产城融合提升发展

基于广州开发区"以高品质城市空间促进产业发展"的发展理念，借助（新）黄埔区成立机会，对广州开发区进行更新改造，将使广州开发区城市空间的培育路径更清晰化，实现广州开发区的再一次腾飞。针对服务体系、空间建设与特色彰显三个方面提出广州开发区更新改造的空间策略。

以多层次产业服务体系培育产业城区平台。围绕以互联网信息技术、创意设计、物联网技术、电子商务为主的产业发展需求，广州开发区可构建多层次服务体系，抓紧完善基础服务，着力发展专业化服务，并强化高端增值服务，培育产业城区平台。

有机更新培育创智型产业社区。针对广州开发区高度建成的空间现实，倡导渐进式、针灸式的有机更新模式。依据工业区用地信息系统，对工业区内用地构成进行清理，对具有更新潜力的空间选择适宜的更新模式（拆除重建、功能改变、综合整治），并建议优先选用功能改变和综合整治两种更新模式，避免大拆大建。

彰显空间国际化气质。吸引高素质人才需要创造优质的生活环境，以生态化、宜居性理念为核心，汇聚国际化高档物管中心、商务中心、名流聚集中心的国际化社区是其中的关键。此外，在交通支撑上强调国际先进的低碳交通理念，倡导建立地铁、公交、城市主快速路、慢行系统等相衔接的综合交通体系，打造快慢有序的"低碳交通示范社区"。

搭建公平灵活的开发实施机制。妥善选取"政企合作、企业间联合"两种实施推动模式。其中，一部分公益性公共设施（如教育设施）和基础设施的落实需要在以政府为主导实施方的同时，强化政企合作，即以保障公共目标实现为出发点，在充分尊重原有开发主体发展诉求和合法权益的基础上，协商谈判、合作解决部分实施难点；同时，由于临港商务区规划中存在多个具有开发实施、管理运营的市场主体，企业之间的合作开发将有利于区域规划项目的整体落实，减少实施难度，实施过程中需以签订合约的方式，建立企业之间的合作机制，明晰各方的权责利益。

5. 保护性地开发（新）黄埔区文化旅游片区

深度发掘老黄埔对外贸易史和历史文化遗产。黄埔港是海上丝绸之路的起点，在中国对外贸易史上具有极其重要的地位，建议充分挖掘历史文化遗迹和旅游资源，大力开发"（新）黄埔区海上丝绸之路文化旅游片区"。进一步优化和完善旅游产品；将南海神庙文化商贸综合旅游区保护性开发规划与广州东部滨江新城、珠江黄金岸线的规划成果对接；尽快编制南海神庙文物保护规划，结合文物保护规划编制旅游开发规划；串联周边旅游资源共同打造东部高端文化旅游产业聚集区。

着力打造"黄埔军校历史文化景区"。对黄埔军校旧址所在的长洲岛进行深度开发，以军校本部及其周边的孙中山故居、总理纪念碑等为历史文化景观中心，与以东翼的古炮台区、南边的济深公园复原区、西翼东征烈士墓园为代表的西区组成相应的旅游发展轴线，以扯旗山生态山林为景区大背景，包括军营区、村镇区、军工造船厂在内，总体上形成较完整的、有机的旅游风景区格局。根据现有用地特征、结构布置以及管理需求，全区拟划分"八区一带"，其中"一带"为北部滨水浏览带，"八区"包括军校本部主题景观区、山地原真纪念公园景区、海军基地景观观望区、古炮台遗址观光景区、工业文化遗产景观区、现代军事博览保留区、旅游集镇商业服务区以及旅游新区入口用地。

（三）（新）黄埔区更新改造的开发模式：多主体共同参与模式

目前，我国城市更新改造的模式可以按照改造主体和改造方式两种形式进行划分。按照改造主体的不同，可分为政府改造模式、市场改造模式和混合改造模式；按照改造方式的不同，可分为全盘重建型、局部调整型和重点控制型。在城市更新改造过程中，政府不论采取行政行为还是商业行为，最终都会产生治理上的困境，这是因为政府、企业、居民作为旧城改造的主要行动者，他们在追求各自利益的重复博弈中会产生负外部性。综合分析上述更新改造模式的优缺点，并充分研究（新）黄埔区城市更新改造中的矛盾焦点与现实条件，本文认为，（新）黄浦区应采取"多主体共同参与模式"。

这种模式应区分行动者的不同角色，以产权为纽带，以外部性成本内部化为基础，通过合约安排使政府、开发商和原住地居民组成利益共享、风险共担的共同体。具体构想是：在既定的旧城改造范围内，城市基础设施和公共服务设施由政府投入，不计入改造成本，旧房屋的拆除、重建及所增加的商业面积由开发商和原产权人按照一定的比例投入，而扣除对原产权人弃产的补偿和回购房的成本之外，通过出租商业面积而产生的利润，由原产权人与开发商按股分红。

在这样一个"利益共享、风险共担"的新模式运作下，（新）黄埔区改造不再是单一的政府或市场行为，而是一个兼顾公共利益和私人利益的社区集体行为。这一改造模式将有助于实现：将旧城改造的成本和收益在政府、投资者和原住地产权人之间内部化；产权人享有真正意义上的决策权；社区可持续发展。

广州国际商贸中心研究基地成果

作者：张　昱　刘　力　肖奎喜

李铁成　陈龙江　姜怀宇

崔文生　郑京淑

广州促进消费战略研究

把促进消费提高到战略性的地位，增强消费的地位，使消费成为拉动广州市经济持续增长的一个增长极。

一 广州消费现状和存在的问题

改革开放以来，随着经济的高速增长，广州消费一直保持快速增长的势头。根据中经网统计数据库的数据，1990年，广州社会消费品零售总额为124.29亿元，2010年上升至4242.60亿元，2010年比1990年增加了33.13倍；1993年，广州批发零售贸易业商品销售总额为1172.11亿元，2010年增加至15103.93亿元，2010年比1993年增加了11.89倍。

虽然改革开放以来广州消费取得了长足的进步，但是，广州消费依然存在一些突出的问题。

第一，广州居民消费率明显偏低。2010年，广州居民消费率为33.79%，美国居民消费率为70.85%，广州居民消费率尚不到美国的一半。广州居民消费率不仅低于欧美国家，甚至低于全国的平均水平。2009年广州居民消费率为30.47%，最终消费率为43.60%；2010年广州居民消费率为33.79%，最终消费率为47.50%。2009年，全国居民消费率为35.43%，最终消费率48.53%；2010年，全国居民消费率为34.94%，最终消费率为49.08%。广州的消费率略低于全国的水平，广州存在消费不足的现象。

第二，广州出现消费外流的现象。世界奢侈品协会在2011年13日发布的中国境外消费分析报告显示，在2011年的"十一"黄金周，中国人出境（包括港澳台地区）消费奢侈品累计约26亿欧元，约合人民币225.3亿元，相当于国内市场3个月的奢侈品消费总额。据世界奢侈品协会的分析报告，在黄金周短短7天内，内地游客在香港的消费额高达42亿港币，人均消费值为4000~8000元港币。尽管广州太古汇聚集了多个国际一线品牌，尽管广州和香港两地部分大品牌价格基本等同，但"十一"黄金周期间很多内地游客还是喜欢到香港购物。之所以出现大量消费人群外流的现象，主要原因有三个。一是广州距离香港不足300公里，从广州到香港非常方便，海陆空交通方式都可以选择。二是香港是自由港，所有外国商品都不缴纳进口税，导致香港很多商品比广州便宜。三是香港的商品款式和品牌数量依然具有绝对优势，导致消费人群大量的外流。

第三，广州不能吸引过往外地旅客消费。广州是华南地区的海陆空交通中心，具有发达的铁路、公路、飞机交通网络，也有重要的交通设施，如广州火车站、广州南站、白云国际机场等，是中国最重要的交通枢纽之一。广州邻近香港特别行政区和澳门特别行政区，是中国通往世界的南大门。中国进出口商品交易会（简称"广交会"）每年在广州举行，吸引了大量国内外客商来到广州，广州成为全国一个重要的进出口中心。虽然拥有这些得天独厚的优势，但是广州并不能有效地吸引大量过往旅客消费。广州火车站、广州南站、白云国际机场等的购物设施不够发达，跟新加坡、中国香港等地相比，购物功能不足，广州每年因此流失了不少商机。

第四，广州对周边地区消费的引领能力和辐射能力减弱。随着网络时代电子商务的悄然兴起和快速发展，近年来我国电子商务呈现爆发式增长。中国电子商务研究中心最新发布的《2012年度中国电子商务市场数据监测报告》显示，2009年中国电子商务市场交易规模仅为3.7万亿元，2012年快速增长至7.85万亿元，预计2014年达到13.4万亿元。2012年中国电子商务市场交易规模达7.85万亿元，同比增长30.83%。其中，B2B电子商务交易额达6.25万亿元，同比增长27%。网络零售市场交易规模达13205亿元，同比增长64.7%。2011年中国网络零售市场交易规模突破8000亿元，达8019亿元，同比增长56%。《2012年度中国电子商务市场数据监测报告》显示，2012年B2C网络零售市场（包括平台式与自主销售式）中，天猫商城排名第1，占52.1%；京东商城名列第2，占22.3%；苏宁易购位于第3位，达到3.6%；后续4~10位排名依次为：腾讯B2C（3.3%）、凡客诚品（2.7%）、亚马逊中国（2.3%）、库巴网（1.4%）、当当网（1.2%）、易迅网（0.6%）、新蛋中国（0.3%），无一家为广州企业。随着电子商务的高速发展，一方面，广州传统百货业（如广百、新大新、天河城百货等）的销售业绩受到很大的冲击，近年来广州传统百货业务销售份额的比重在下降；另一方面，电子商务对商贸业的发展显得越发重要，而广州则少有在全国领先的电子商务企业，这使广州对周边城市的引领能力和辐射能力减弱。

第五，当前广州缺乏居民消费的热点。《2011年广州市国民经济和社会发展统计公报》显示，2011年，广州的城市居民仅在家用汽车消费上有明显的增长，其他耐用消费品的消费或者接近零增长，或者负增长；广州的农村居民在空调器、电冰箱、移动电话、家用电脑方面的消费则出现明显的增长（见表1）。虽然广州的农村居民在耐用消费品方面的消费热点较多，但农村居民占广州人口的比例很低，对广州消费拉动作用有限；占广州人口绝大部分的城市居民，在耐用消费品方面缺少热点，导致广州消费出现疲软的态势。

表1 2011年广州城乡居民家庭平均每百户耐用消费品拥有量

项目	单位	绝对数	比上年增减（%）
一、城市			
彩色电视机	台	148	0
空调器	台	261	0
电冰箱	台	103	0
照相机	架	97	-4.9
移动电话	部	257	1.6
家用电脑	台	130	4
家用汽车	辆	26	23.8
组合音响	套	65	-7.1
洗衣机	台	103	2
二、农村			
彩色电视机	台	133	-1.6
空调器	台	151	16.8
电冰箱	台	98	3.3
照相机	架	36	-5.1
摩托车	辆	102	-7.4
移动电话	部	285	8.9
家用电脑	台	82	15.6
淋浴热水器	台	107	2.7
固定电话机	部	89	-8.6

资料来源：《2011年广州市国民经济和社会发展统计公报》，http://www.gzstats.gov.cn/tjgb/qstjgb/201203/t20120331_28370.htm。

为什么广州会出现消费不足的情况呢？消费不足的现象并非广州所独有，而是全国普遍存在的现象，其主要原因是相同的。第一，儒家文化提倡勤俭节约，儒家文化认为，节俭不仅是一种良好的生活习惯、一种美德，而且是获取成功的条件。在儒家文化的长期影响下，我国大多数老百姓生活比较节俭，尤其是年长者，不利于拉动我国的消费需求。第二，在养老、医疗、教育等社会保障不完善的情况下，居民为了应付未来的不确定性支出，养成了一种节俭消费的习惯，而且，这种消费习惯一旦养成，可能在短期内难以改变，即使社会保障体制得到进一步完善，节俭消费的习惯也可能会继续延续。第三，三十多年来形成的改革思维在老百姓心目中根深蒂固，改革意味着变化，变化意味着不确定，不确定就会固化老百姓的储蓄习惯，从而减少老百姓的消费。

与此相反，美国则是一个消费率很高的国家，美国之所以消费率高企，原因有三：第一，美国的社会保障体制完善，居民无须为了医疗、教育、养老等储蓄，消费没有后顾之忧；第二，美国的社会制度已经相当稳定，各种制度比较成熟，不像中国仍处于体制转轨和法律制度的剧烈变化之中，美国的未来不确定性小，美国公民的消费行为基本上不会受到制度政策变化不确定性的影响；第三，20世纪初期以来，美国建立了以享乐型和超前型消费为核心的消费文化。18～19世纪，节俭在美国消费文化中居核心地位，以节俭为核心的消费文化深受宗教文化的影响。清教主义宣扬"原罪说"，反对过分享受，要求信徒终身忏悔、克己劳作以洗刷天生原罪，强调通过个人的勤俭致富来拯救灵魂，接近上帝。20世纪初期，美国经济的不断发展为美国消费文化转型奠定了物质基础，那个时期美国广告大肆宣扬消费就是快乐，暗示超前消费、挥霍性消费的正当性和合理性，使享乐主义得到快速传播，享乐型和超前型消费逐步取代节俭型消费成为美国消费文化的核心。

二 广州促进消费的战略目标和战略意义

（一）战略目标

广州提升消费的战略目标，具体包括两个方面。

第一，通过广州国际商贸中心的打造，把广州流到外地的消费吸引回来，把周边地区的消费吸引到广州来，确立广州华南地区国际商贸中心的地位，大幅增加广州的消费需求。

第二，除了房地产消费之外，寻找广州的新消费热点，挖掘广州的消费潜力，促进广州本地居民的消费需求。

简言之，以打造国际商贸中心为核心，以消费与投资之间的协调发展为保障，以培育消费热点为辅助，积极地拉动广州的消费需求。

为了实现两个战略目标，本研究拟从供给层面、需求总量、需求结构三个方面来探讨促进广州消费的战略路径，具体如图1所示。

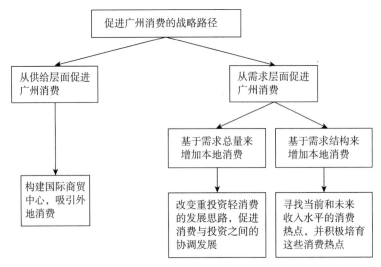

图1 促进广州消费的战略路径

（二）战略意义

提升广州消费，主要有以下两个方面的战略意义。

第一，有助于推动广州经济的转型和升级。促进广州消费的战略，一方面有利于广州经济的转型，即从投资和出口拉动的经济增长模式向消费和创新驱动型的经济增长模式转变[①]；另一方面有利于带动广州经济的升级，虽然改革开放以来广州商贸业保持高速增长，但是广州仍旧以中低端的商贸产业为主，高端商贸产业所占的比重偏低，建设国际商贸中心是促进广州消费的一个重要战略路径（见图1），通过国际商贸中心的建设，有利于推动广州第三产业甚至第二产业的升级，带动创新产业的发展，优化广州的产业结构。

第二，有利于在未来继续保持广州经济的高速增长。改革开放三十多年以来，广州经济保持了三十多年的高速增长，但是，这段时期广州经济增长属于粗放型经济增长，经济增长过度依赖投资规模的扩张而非生产效率的提高，并且在内部居民消费需求不足的情况下，投资生产的过剩产品依赖于外部需求，对外贸易额因此大幅增加。然而，粗放型经济增长遇到了困难：随着工资物价的上升，粗放型经济增长所倚仗的成本优势相对于其他发展中城市不断削弱；粗放型生产方式必然导致资源的过度开发和环境的不断污染，环境和资源的承受能力难以为继；粗放型经济增长方式使本地区被锁定于国际分工的低端环节，工资和利润微薄，内需不足，生产的过剩产品只能出口，而不断的投资和不断的出口必然遇到越来越多的贸易摩擦，出口增速面临下滑的风险。在未来，依靠粗放型经济增长方式将难以继续保持广州经济的高速增长，因此，转变经济增长方式势在必行。而消费数量的提高和消费结构的升级，有利于刺激广州的内部需求，改变以往过度依赖外部需求的状况；消费水平的提高，有利于减少对投资经济增长模式的过度依赖，促进消费与投资之间的协调发展，消费结构的升级，有利于增加对高质量和高技术产品的需求量，从需求方面来促进产业结构的升级。由此可见，促进消费有助于广州经济增长方式从粗放型向集约型转变，调节广州经济结构的失衡，未来可促进广州经济的可持续增长。

促进产业转型升级和继续保持经济高速增长是广州经济未来的主旋律，而提升广州消费的战略是实现以上两个目标的强大推动器，因此，提升广州消费战略具有重大的战略意义。

三　如何打造广州国际商贸中心——基于供给层面促进广州消费的战略路径

本文先将广州与其他国内一线城市、世界上其他国家的国际商贸中心进行比较，通

[①]　消费与创新是互相促进的，究其原因有两个方面。一方面，消费需求对创新有拉动作用。消费处于中低层次时，为适应消费需求，产品价格和质量也以中低层次为主，不利于质量和品牌的提升以及技术的创新；而当消费水平和层次提高时，产品价格和质量相应地上升，这样有利于质量和品牌的提升以及技术的创新。另一方面，创新对消费需求有促进作用。创新可以使一个国家或地区占据国际分工价值链的高端，进而在国际分工和国际贸易中得到更多的分配份额，有利于收入水平的提高，进而带动消费能力的提升。

过比较找出目前广州经济发展存在的差距，接着论证虽然广州存在差距，但是广州未来建设国际商贸中心仍然是可行的，最后探讨如何通过建设国际商贸中心来促进广州的消费。

（一）广州建设国际商贸中心的横向比较研究

国际商贸中心的内涵和特征包括：具备强大的国际消费功能；具备一流的商品服务流通功能；具备完备的国际商贸商务功能；具备丰富的会展功能；具备创新研发和信息功能；具备比较完善和发达的金融服务功能；具备独特的城市商贸文化。

广州作为华南地区的一线中心城市，不管是与世界其他国家及地区的国际商贸中心相比，还是与我国其他一线城市相比，仍存在一些差距。

1. 广州在与国内一线城市的比较中尚存差距

广州作为我国华南地区的中心城市，在经济、文化、社会的发展方面具有国内的比较优势，这种优势来源于广州的资本、人才、文化的沉淀，以及地理区位优势与政策扶持优势，各项优势促进了具有地区特色产业的形成与发展，特别是改革开放后，金融与商贸服务业取得快速发展。

第一，广州在城市地位、经济规模方面位于北京和上海之后。北京是全国的政治、文化和科教技术中心，是中国的首都，上海是全国的经济、金融和贸易中心，广州是中国的南大门，华南地区政治、经济、文化中心以及广东省的省会，广州的经济地位和政治地位弱于北京和上海。从经济规模来看，2010年，北京、上海、广州的地区生产总值分别为1238.7738亿元、1969.32亿元和896.2149亿元，分列全国前三名。根据最新的一线城市排名①可知，北京、上海（一个是政治文化中心，另一个是经济中心）为一线强，广州、深圳（南粤双雄，实力旗鼓相当，公认一线）为一线，天津（原本属于二线强，近几年被国家重视，发展极快，步入准一线）为准一线。

第二，广州的教育和科技水平比不过北京和上海。北京、上海、广州的高等学校数量分别为88所、66所和65所，普通中学学校数量分别为590所、716所和402所，小学学校数量分别为1020所、729所和801所（见表2）。

表2　2010年全国一线城市市辖区的学校数量

单位：所

城市名称	普通中学	小学	高等学校
北京	590	1020	88
天津	400	671	55
上海	716	729	66
广州	402	801	65

---

① 排名依据包括政治地位、经济实力、城市规模和区域辐射力。

续表

城市名称	普通中学	小学	高等学校
深圳	295	340	8
重庆	593	1654	54

资料来源：中经网统计数据库。

第三，广州的总部经济发展与北京、上海相比仍存在一定差距。2012 年 9 月 20 日，在浙江宁波举行的"第八届中国总部经济高层论坛"发布了 2012 年全国 35 个主要城市总部经济发展能力排行榜，北京（88.66）、上海（86.35）、深圳（75.81）和广州（74.27）四个城市，位居第一能级，杭州、天津、南京、成都、武汉、宁波分别排在第 5 位至第 10 位。

第四，广州服务业不仅在规模上不及北京和上海，而且高端服务业的比重偏低。一方面，广州市第三产业总量不如北京和上海。2011 年，广州第三产业（即广义上的服务业）增加值为 7461.9 亿元，北京和上海的第三产业增加值分别为 12363.1 亿元和 11142.9 亿元（见表 3）。另一方面，与北京、上海和深圳相比，广州服务业内部结构层次较低。广州服务业内部结构以交通运输、仓储和邮政业，批发和零售业，住宿和餐饮业为代表的劳动密集型服务业占较高比重，与现代产业紧密联系的信息传输、计算机服务和软件业，租赁和商务服务业，科学研究、技术服务和地质勘查业等技术、资本和知识密集型服务业总量相对偏低，2011 年高端服务业增加值比重为 56.88%，北京和上海则分别为 67.44% 和 56.35%。由此可见，无论从总量上来说，还是从结构上来说，广州服务业的发展都落后于北京和上海。

表 3　2011 年北上广深第三产业增加值的结构

单位：亿元，%

	广州		北京		上海		深圳	
	金额	比重	金额	比重	金额	比重	金额	比重
第三产业	7641.9	100	12363.1	100	11142.9	100	6155.7	100
交通运输、仓储和邮政业	827.0	10.82	809.0	6.54	868.3	7.79	437.5	7.11
信息传输、计算机服务和软件业	482.4	6.31	1493.4	12.08	784.8	7.04	510.9	8.30
批发和零售业	1594.8	20.87	2139.7	17.31	3041.0	27.29	1256.4	20.41
住宿和餐饮业	341.8	4.47	348.4	2.82	279.3	2.51	235.0	3.82
金融业	855.5	11.20	2215.4	17.92	2277.4	20.44	1563.6	25.40
房地产业	897.0	11.74	1074.9	8.69	1019.7	9.15	893.5	14.51
租赁和商务服务业	989.6	12.95	1162.1	9.40	912.6	8.19	334.7	5.44
科学研究、技术服务和地质勘查业	236.1	3.09	1135.5	9.18	447.0	4.01	183.3	2.98
水利、环境和公共设施管理业	65.6	0.86	86.3	0.70	53.4	0.48	53.9	0.88
居民服务和其他服务业	143.5	1.88	112.1	0.91	205.1	1.84	132.1	2.15

	广州		北京		上海		深圳	
	金额	比重	金额	比重	金额	比重	金额	比重
教育	391.9	5.13	605.9	4.90	437.1	3.92	141.3	2.30
卫生、社会保障和社会福利业	279.3	3.65	311.5	2.52	286.9	2.57	106.4	1.73
文化、体育和娱乐业	214.6	2.81	339.4	2.75	115.2	1.03	92.7	1.51
公共管理和社会组织	322.9	4.23	529.5	4.28	415.1	3.73	214.2	3.48
高端服务业	4346.4	56.88	8338.1	67.44	6280.7	56.35	3826.5	62.16

注：高端服务业是在工业化比较发达阶段产生、主要依托信息技术和现代管理理念发展起来的，以提供技术性、知识性和公共性服务为主，是处于服务业高端部分的服务业。这里统计的高端服务业包括与现代产业紧密联系的信息传输、计算机服务和软件业，金融业，房地产业，租赁和商务服务业，科学研究、技术服务和地质勘查业，教育，卫生、社会保障和社会福利业，文化、体育和娱乐业。

资料来源：根据广州、北京、上海统计局网站的数据整理得到。

第五，广州的旅游资源不够丰富，对外地游客有吸引力的旅游景点较少。从旅游接待人数、旅游业总收入和网民关注的旅游城市排名这三个指标来看，广州旅游资源不如北京和上海。首先，广州的旅游接待人数少于北京和上海。2013 年 6 月 5 日，中国旅游总评榜组委会发布了中国旅游百强城市排行榜，在该排行榜上，以 2012 年旅游接待人数这个指标来衡量，上海和北京分别居第 1 和第 2，广州排名第 4，天津和深圳分别排名第 7 和第 8（见表 4）。其次，广州旅游业总收入少于北京和上海。2012 年，北京旅游业增加值为 1336.2 亿元，同比增长 12.3%，旅游总收入为 3626.6 亿元，同比增长 12.8%；同年，上海旅游产业增加值为 1497.68 亿元，比上年增长 4.9%，占全市地区生产总值的比重为 7.5%；2012 年，广州旅游业总收入达到 1911 亿元，同比增长 17.19%，旅游业增加值为 812.59 亿元，同比增长 17.19%[①]。最后，广州在网民旅游关注度方面的排名比较靠后。2012 年年底，百度数据研究中心发布了《2012 中国旅游行业网络关注度指数研究报告》，在旅游城市关注度排名中，北京、杭州、成都、上海排前四名，北京遥遥领先，关注度达到 2.3 亿人次，杭州、成都、上海的关注度分别为 10000 万人次、8000 万人次和 8000 万人次，而广州仅列第 6 名，关注度为 7000 万人次（见图 2）。

表 4　2012 年度中国旅游百强城市排行榜

单位：万人次

排行名次	城市名称	2012 年度旅游接待人数	所在省份
1	上海	25894	上海
2	北京	23500	北京
3	重庆	19159	重庆
4	广州	14200	广东

① 北上广的旅游业总收入和旅游业增加值数据来源于各市的统计局网站。

续表

排行名次	城市名称	2012年度旅游接待人数	所在省份
5	武汉	14067	湖北
6	成都	12246	四川
7	天津	12200	天津
8	深圳	9104	广东
9	苏州	8946	江苏
10	杭州	8568	浙江

注：2012年度中国旅游百强城市排行榜由中国旅游总评榜组委会正式发布。

资料来源：中国旅游总评榜网，http://www.meijing001.com/index.php/Chengshi/index/id/45.html。

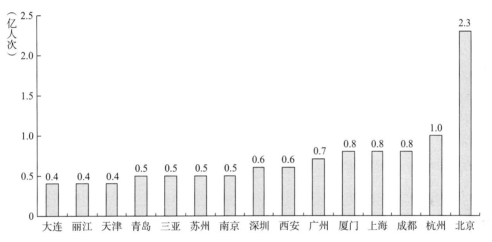

图2　2012年网民关注的旅游城市排名TOP15

资料来源：百度数据研究中心，http://wenku.baidu.com/view/599edab5960590c69ec376be.html。

　　第六，广州金融业发展程度与北京和上海存在相当大的差距。如表3所示，2011年广州金融业增加值占服务业比重仅为11.20%，与北京的17.92%、上海的20.44%和深圳的25.40%相比存在明显差距；2011年广州金融业增加值为855.5亿元，不但无法与上海（2277.4亿元）和北京（2215.4亿元）相比，在规模上仅为深圳（1563.6亿元）的50%左右。如表5所示，2012年北京和上海的中外资金融机构本外币存款余额分别为84837.30亿元和63555.25亿元，中外资金融机构本外币贷款余额分别为43189.50亿元和55732.05亿元，两者都是广州的2~3倍；深圳中外资金融机构本外币存款余额和贷款余额分别为29662.40亿元和21808.34亿元，与广州大致相当。

表5　2012年北上广深中外资金融机构本外币存款余额和贷款余额

单位：亿元

城市名称	金融机构本外币存款余额	金融机构本外币贷款余额
北京	84837.30	43189.50
上海	63555.25	55732.05

续表

城市名称	金融机构本外币存款余额	金融机构本外币贷款余额
广州	30186.57	19936.52
深圳	29662.40	21808.34

资料来源：2013 年各市统计年鉴。

被称为"中国脑库"的综合开发研究院（中国·深圳）课题组于 2013 年 7 月 24 日发布第 5 期"中国金融中心指数"（CDICFCI5）。在第 5 期 CDICFCI 评价中，综合竞争力排名前 10 的金融中心依次是上海、北京、深圳、广州、杭州、天津、南京、成都、重庆和大连。其中，上海、北京和深圳作为我国的全国性金融中心，不仅在综合实力上领先，而且在发展速度上保持着领先，核心地位更加突出，明显领先于其他城市；大连、天津、杭州、广州、武汉和成都分别在东北地区、北部沿海地区、东部沿海地区、南部沿海区域、中部地区和西部地区的区域金融中心中排名第 1。

第七，广州商贸业的整体发展水平仍不如北京和上海。根据表 6 可知，2011 年，广州的社会消费品零售总额为 5243.00 亿元，分别为北京和上海的 75.98% 和 76.94%；广州市限额以上批发零售贸易业商品销售总额为 18563.00 亿元，分别为北京和上海的41.06% 和 40.29%。

表 6　2011 年各市社会消费品零售总额及批发零售贸易业情况

单位：亿元，个

城市名称	限额以上批发零售贸易业商品销售总额	社会消费品零售总额	限额以上批发零售贸易企业数（法人数）
北京	45214.31	6900.32	8690
天津	18618.70	3395.06	4220
上海	46075.87	6814.80	6178
广州	18563.00	5243.00	3801
深圳	10279.83	3520.87	1769
重庆	7740.85	3487.81	3430

资料来源：国家统计局城市社会经济调查司编《中国城市统计年鉴（2012）》，中国统计出版社，2012。

虽然广州在经济规模、教育文化、总部经济、服务业、旅游资源、金融业和商贸业等方面相比北京和上海处于劣势的地位，但是广州也具有其他一线城市无法比拟的优势。

第一，珠三角改革开放早，并且邻近港澳，市场发育程度高，市场化意识强。其一，广东是中国改革开放的先行地区，在改革开放和现代化建设中一直走在全国前列。1979 年 4 月，邓小平赞同广东提出的试办对外加工出口区的设想，并将其定名为"出口特区"，希望广东"杀出一条血路来"。1980 年 5 月，中央接受广东的提议，把"出口特区"改名为含义更为丰富的"经济特区"。广东开放时间早，市场发育时间也早于其他省份，市场化程度高于国内大多数地区。其二，广州邻近港澳，与港澳同属于粤语语系，受港澳的影响较大。在港澳浓厚的市场氛围影响下，跟其他省份相比，广州市场发育程度较高，自由化程度较高。

第二，在北上广深这四个一线城市中，广州具有高效率低成本的竞争优势。一方面，广州的劳动生产率在一线城市中处于较高水平。根据表7可知，2011年，广州的人均地区生产总值为97588元，接近于1万元，略低于深圳（110421元），但是明显高于北京、上海、天津和重庆。另一方面，根据工资和房价的比较可知，广州的生产要素成本是比较低的。其一，2011年，广州的职工年平均工资为57473.59元，与天津（55636.33元）和深圳（55142.21元）大致相当，但明显低于北京（75834.61元）和上海（77031.27元）；其二，通过北上广深这四个一线城市的房价比较可知，广州的房价相对而言是最低的，广州土地的租金也是最低的。综上所述，与北京、上海和深圳相比，广州市具有效率高而成本低的优势，广州企业仍具有较强的竞争力。

表7　2011年中国一线城市人均地区生产总值和职工年平均工资

单位：元

城市名称	人均地区生产总值	职工年平均工资
北京	81658	75834.61
天津	85213	55636.33
上海	82560	77031.27
广州	97588	57473.59
深圳	110421	55142.21
重庆	34500	40041.99

资料来源：国家统计局城市社会经济调查司编《中国城市统计年鉴（2012）》，中国统计出版社，2012。

第三，相对而言，广州会展业的发展是比较好的。广东商学院经济流通所所长王先庆指出，在商贸中心的"会展、物流、电子商务、贸易、金融、采购、购物天堂、美食之都"八大中心里，广州只有"会展"和"采购"尚属成熟，但最关键的组成部分"购物天堂""美食之都"依然停留在规划层面。根据表8和表9可知，广州会展业发展与上海、北京大致相当，三者之间没有明显的差距。并且，广州拥有广交会这样的知名品牌，广交会是我国规模最大、档次最高、成交量最大的出口商品交易会，其成交额占全国出口贸易的1/3，被称为"中国第一展"。

表8　2012年北京、上海、广州一线会展城市举办展览会的情况

	北京	上海	广州
展览数量（场）	430	806	377
展览面积（万平方米）	562	1109	829

资料来源：商务部服务贸易和商贸服务业司调研组：《2012年中国会展业发展报告》，商务部服务贸易和商贸服务业司网站，http://fms.mofcom.gov.cn/article/tongjiziliao/201307/20130700198063.shtml。

表9 2012年展览数量前10位

	上海	浙江	广东	山东	江苏	重庆	北京	辽宁	河北	吉林
展览数量 （场）	806	711	618	609	550	521	430	314	253	238
展览面积 （万平方米）	1109	806	1364	787	520	441	562	376	222	224
场均展览面积 （万平方米/场）	1.38	1.13	2.21	1.29	0.95	0.85	1.31	1.20	0.88	0.94

资料来源：商务部服务贸易和商贸服务业司调研组：《2012年中国会展业发展报告》，商务部服务贸易和商贸服务业司网站，http：//fms.mofcom.gov.cn/article/tongjiziliao/201307/20130700198063.shtml。

2. 广州与传统国际商贸中心的差距明显

第一，虽然城市经济快速增长，但广州的经济总量及人均量尚存在明显的差距。从城市经济总量方面看，目前广州只是区域中心城市，尚未跨入世界级城市行列，与传统的国际商贸城市如巴黎、洛杉矶相比，仍存在较大的差距。大多数国际商贸中心的经济规模大于广州，2011年，广州地区生产总值为1588亿美元，而东京、纽约、伦敦、巴黎的地区生产总值分别为31395亿美元、27165亿美元、7303亿美元和6910亿美元，分别是广州的19.77倍、17.11倍、4.60倍和4.35倍（见表10）；香港的地区生产总值与广州比较接近，为广州的1.41倍[①]。若以人均量来衡量，东京、纽约和伦敦的人均地区生产总值分别是广州的6.84倍、11.20倍和7.78倍。

表10 2011年世界各城市地区生产总值排名前40位

单位：亿美元

排名	城市	地区生产总值	排名	城市	地区生产总值
1	东京（日本）	31395	12	波士顿（美国）	2958
2	纽约（美国）	27165	13	首尔（韩国）	2788
3	洛杉矶（美国）	18768	14	达拉斯（美国）	2734
4	伦敦（英国）	7303	15	京都（日本）	2675
5	巴黎（法国）	6910	16	布宜诺斯艾利斯（阿根廷）	2573
6	芝加哥（美国）	6899	17	横滨（日本）	2567
7	大阪（日本）	5518	18	上海（中国）	2536
8	墨西哥城（墨西哥）	4747	19	亚特兰大（美国）	2407
9	华盛顿（美国）	4037	20	休斯敦（美国）	2397
10	旧金山（美国）	3932	21	圣保罗（巴西）	2363
11	费城（美国）	3276	22	迈阿密（美国）	2311

---

① 目前世界上也有个别国际商贸中心的经济总量低于广州，例如，2011年，迪拜的地区生产总值为727亿美元，仅为广州的45.78%。

排名	城市	地区生产总值	排名	城市	地区生产总值
23	香港（中国）	2245	32	多伦多（加拿大）	1744
24	北京（中国）	2085	33	伯尔尼（瑞士）	1685
25	底特律（美国）	2071	34	名古屋（日本）	1621
26	蒙特利尔（加拿大）	1969	35	菲尼克斯（美国）	1591
27	西雅图（美国）	1897	36	广州（中国）	1588
28	莫斯科（俄罗斯）	1864	37	明尼阿波利斯（美国）	1566
29	温哥华（加拿大）	1831	38	巴塞罗那（西班牙）	1571
30	阿姆斯特丹（荷兰）	1771	39	北九州（日本）	1551
31	悉尼（澳大利亚）	1737	40	马德里（西班牙）	1527

资料来源：百度文库，http://wenku.baidu.com/view/e193823a5727a5e9856a61e0.html。

第二，地区商业缺乏特色优势。当前各个国际商贸中心都具有自己的特色。例如，香港汇聚了大量世界知名消费品牌，以对企业与消费者的低税收政策为特色；纽约以国际金融为核心竞争力，汇聚世界各大金融机构，以高收入、高消费为特点；伦敦不仅汇集了百余所大学、科研与文艺机构，而且其金融、商贸服务业也处于世界领先地位，体现了商业与知识的高度融合。通过比较可知，广州地区商业缺少自己的特色。当前广州多数消费链条较短、消费内容较单一、高档次消费较少、重复消费的吸引力较低，发展国际商贸缺乏持续性。

第三，服务业整体水平存在差距。国际商贸中心应具备完备的现代服务业体系，包括金融服务业、信息服务业、批发零售业、物流业及各种信息咨询业务。广州各服务产业均处于不同程度的落后状态，特别是高利润的金融业，广州当前聚集的国际知名银行、保险公司总部还不多，多数已进入广州的国际金融机构，其业务部门的等级不高。

第四，广州总部经济发展不足，但是处于上升的时期。财富中文网2013年9月发布2012年财富世界500强排行榜，中国上榜企业有79家，再次超越日本，上榜总数仅次于美国的132家。根据《财富》2012年500强企业分布看，北京汇集世界500强企业44家，上海5家，广州1家，深圳3家，台湾6家，香港4家。在"全球500强公司总部数目"这一指标排名上，广州不仅与纽约、东京、伦敦、中国香港等国际商贸中心差距明显，而且与北京、上海、台湾相比也存在不小的差距。

虽然中国的世界500强企业数量不如美国，但是两者之间的差距在逐步缩小，并且中国存在赶超美国的势头。通过近10年中美上榜公司数量的比较可知，美国公司在世界500强中的比重逐步下降，中国公司的比重逐步上升（见图3）。《财富》高级排行榜的编辑 L. Michael Cacace 曾预言，2014年中国上榜企业数量将达到100~110家。事实上，中国如果保持现在的速度，上榜公司每年增长20%，到2015年，中国或将赶超美国，成为世界500强排行榜上的第一大国。

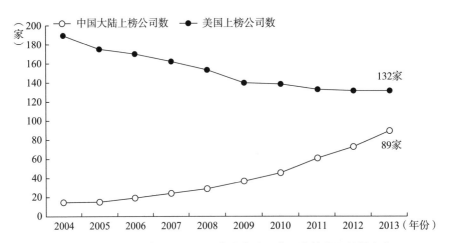

图 3 2004～2013 年世界 500 强中国大陆、美国上榜公司数量变化

资料来源：根据《财富》各年的统计数据整理得到。

第五，政府管制过多，市场发育程度有待提高。西方发达国家的国际商贸中心，都是市场经济体制相当完善的地区，在这些地区中，市场对资源配置起到基础性作用；而广州市场经济体制发育不够完善，政府的干预和管制过多，妨碍市场的公平竞争，不利于广州商贸业的健康和可持续发展。

（二）广州打造国际商贸中心的可行性分析

无论与世界上的国际商贸中心东京、纽约、中国香港等比较，还是与国内一线城市上海和北京等比较，广州总体上都不占优势，但是广州仍具有建设国际商贸中心的有利条件。

第一，广州拥有千年的历史和文化，同时享有"千年商都""天子南库"的美誉，是国务院颁布的全国第一批历史文化名城之一。

广州商都的历史源远流长，自秦汉起两千多年来，广州一直是对外贸易的重要港口，也是中国古代"海上丝绸之路"的发祥地。广州城市发展的历史，可以说是商贸发展的历史。悠久的商业历史、浓厚的商业氛围、发达的商贸文明，为广州在未来打造成国际商贸中心奠定了坚实的历史基础。

第二，广州的发展速度快，广州与世界上的著名国际商贸中心东京、纽约、中国香港等的差距在逐步缩小。

广州的经济发展、结构优化、开放程度的扩大成为推进商贸中心城市建设的基础与保障。改革开放以来，广州较快步入了发展市场经济的轨道，各项经济指标全面推进，地区生产总值从 1978 年的 43.0947 亿元增长至 2011 年的 12423.4390 亿元，人均地区生产总值从 1978 年的 907 元增加至 2011 年的 97588 元，三次产业产值稳步增长，三次产业结构比例不断优化，第一产业和第二产业的比重分别从 1978 年的 11.67% 和 58.59% 下降至 2011 年的 1.65% 和 36.84%，第三产业的比重从 1978 年的 29.74% 上升至 2011 年的 61.51%，逐步实现了由以第二产业为主导的工业型城市向以第三产业为主导的商贸服务型城市的过渡。在三次产业结构比例优化的同时，第三产业内部的结构比例也不断调整和升级，批发零售业、住宿餐饮业、金融业、信息服务业间的比例关系逐步满足了构建商贸型城市的需要。

随着地区经济总量向前推进，广州的内部市场逐渐成熟、扩大，从地区内消费增长状况看，广州人均社会消费品零售总额从1978年的371元增长至2011年的64700元。广州城乡消费近年来处于稳步增长阶段，地区内需带动了地区消费的稳步增长，有效促进了广州地区商业服务资源增加。

即使与经济增速相对较快的国际商贸中心香港相比，广州与香港之间的差距也在逐步缩小。1978年，广州的地区生产总值为25.60亿美元，香港的地区生产总值为182.97亿美元，广州仅为香港的13.99%；2011年，广州的地区生产总值为1922.69亿美元，香港的地区生产总值为2433.02亿美元，广州升至香港的79.02%。1978年，广州的人均地区生产总值为538.73美元，香港为3823美元，广州的人均地区生产总值仅为香港的14.09%；2011年，广州的人均地区生产总值增至15102.99美元，香港的人均地区生产总值上升至34161美元，广州为香港的44.21%[①]。随着广州与香港的差距日益缩小，广州成为国际商贸中心的可能性也在逐步增大。

第三，广州市和广东省政府的大力支持。东京、纽约、伦敦等城市国际商贸中心是由市场自发形成的，而广州国际商贸中心的建设是由政府和市场合力推动的。广州国际商贸中心的建设得到了市政府和省政府的大力支持，从而可以集中人力、物力、财力，在某些关键的领域进行重点突破，大大缩短了国际商贸中心的建设进程。2013年8月初出台的《关于扩大对外开放加快建设国际商贸中心的实施意见》，广州市政府提出要全力打造国际商贸中心，在市政府的大力支持下，广州国际商贸中心的建设有望进入加速发展的阶段。

第四，广州虽然经历三十多年的高速增长，但是仍有巨大的发展潜力。东京、纽约、伦敦和中国香港等都属于发达城市，这些老牌国际商贸中心进入了成熟阶段，增长潜力和增长空间比较有限，发展速度也比较缓慢。而广州属于新兴市场地区，不断推动经济转型升级，未来仍可以保持较长时期的高速经济增长，并且广州是华南地区的交通枢纽，往南连接珠三角、香港、澳门和东南亚地区，往北连接中国中部、环渤海经济圈和长三角地区，广州的经济上升空间依然巨大。

第五，虽然广州邻近香港，但是未来广州与香港双国际商贸中心可以共存。具体原因包括以下几点。首先，广州与香港之间既存在相互竞争的关系，也存在相互带动的关系。香港（国际商贸中心）与广州（拟建的国际商贸中心）之间存在两种关系。一是非此即彼的竞争关系。如果香港和广州差异性小，旅客选择去香港旅行和购物，可能就不会去广州；或者旅客去广州旅行和购物，可能就不会去香港。同样金额的消费，如果流向了香港，就不会流向广州；如果流向了广州，就不会流向香港。二是共同受益的相互

---

① 广州地区生产总值和人均地区生产总值数据来源于广州市统计局网站，香港地区生产总值和人均地区生产总值数据来源于联合国统计司网站。

带动关系。由于香港和广州距离近，去香港的旅客，可能还会去广州；同样去广州的旅客，可能还想去香港。香港和广州两个地方的共同吸引力，大于香港或广州各自的吸引力，因此到香港和广州旅行购物的人流会明显上升，这两个毗邻的国际商贸中心将产生相互带动的作用。其次，粤港澳合作的不断深化，对广州国际商贸中心的建设有促进作用。在全球经济一体化的趋势下，粤港澳之间的经贸交流和合作不断深入，甚至有可能构建"粤港澳特别合作区"，这将对广州建设国际商贸中心起到促进作用。最后，广州地处华南的交道枢纽中心，香港是中国大陆的南大门，两地具有不同的区位优势，区位优势不同导致两地发展商贸产业的结构和侧重点不同。虽然广州毗邻香港这个国际商贸中心，但是自改革开放以来广州商贸产业一直保持高速增长，这表明邻近香港国际商贸中心的地理位置并没有从根本上影响广州商贸产业的发展，也不会从根本上影响广州国际商贸中心建设。

（三）打造国际商贸中心以促进广州消费的增长

国际商贸中心应当具有以下几层含义。一是拥有世界上排名领先的商贸产业市场容量。因为国际商贸中心必须是商贸产业极度发达的中心城市，所以它必须具备商贸产业的巨大规模或者市场容量。二是具有对世界商贸发展的引领能力和辐射能力。如果一个城市的商贸产业数量很多或者规模很大，但是商贸发展的质量不尽如人意，商贸产业的发展水平落于人后，有数量但没质量，有总量但不领先，这种城市只能被称为地区商贸中心，难以被称为国际商贸中心。三是商贸的软硬件环境达到国际领先水平。如果一个城市的商贸硬件环境和软件环境没有达到世界领先水平，那么该城市的商贸产业也不可能达到世界领先水平。因为商贸产业的发展主要是由市场自发决定的，而市场的硬软件环境是商贸产业发展的决定性因素。四是在国际市场上具有一定的定价或议价能力。例如，纽约和伦敦在国际金融市场上具有定价能力，巴黎在国际服装市场上具有定价议价能力，东京在精品仪器上具有国际定价能力等。如果一个城市对国际市场的价格毫无影响，则说明其不具备引领能力和辐射能力，该城市不能被称为国际商贸中心。

打造国际商贸中心，是广州市促进消费的双轮驱动之一，也是广州后亚运和"十二五"的努力方向。国际购物天堂、国际采购中心、现代产业物流中心、国际商务会展中心和国际美食之都等，要把这些名称与广州联系在一起，广州该如何突破？

政府在国际商贸中心建设中的角色定位。政府在国际商贸中心的建设和发展中应当处于什么样的角色定位呢？政府首先要做的并不是越俎代庖，不按照市场规律行事，过度干预市场，盲目搞大开发铺大摊子，创造无效或低效的供给，造成资金和社会资源的浪费。建设国际商贸中心，政府的职责就是打造适合批发、零售、金融、会展、旅游、饮食、物流发展的市场环境，不仅包括基础设施、配套工程、政策用地、城市规划、环境保护、市容市貌等硬件环境，而且包括法制规范、市场监管、开放程度、文化底蕴、营商环境、税费规范等软环境。当软硬环境达到世界领先水平时，再配合中心城市的历史选择和交通枢纽的便捷程度，自然而然地形成商贸产业的注地效应和集聚效应，从而快速推动该城市商贸产业的发展；该城市商贸产业的快速发展，又使当地政府有更多的财力和更好的基础来进一步改善商贸产业的软硬环境，从而进一步促进商贸产业向更高层次发展。也就是说，政府打造软硬环境的"有形之手"和市场自发发展的"无形之手"相互促进，形成良性循环，最终促进本城市国际商贸中心建设的跳跃性发展。

1. 加快国际商贸中心的硬环境建设

国际商贸中心的硬环境建设，应当遵从"供给创造需求"的思路，把有限的资金用到刀刃上，一分资金能够撬动几分资金甚至几十分资金，通过国际商贸中心建设创造更多的有效需求，不能违背市场规律，盲目投资和建设容易造成资金和资源的低效利用。具体而言，硬环境建设可以从以下几个方面来推进。

(1) 通过统筹规划，打造广州旅游业的知名品牌，提升广州旅游业的竞争力

广州不像其他自然旅游资源丰富的城市，广州旅游业发展更多地依赖于其历史、人文和生态资源优势，广州旅游业发展可以考虑以下对策。第一，整合珠三角旅游资源，推动珠三角旅游资源一体化。广州旅游资源并不算丰富，光凭广州一个城市的力量，是难以与北京、上海等旅游资源丰富的一线城市相抗衡的。目前地方政府需要挖掘珠三角九个城市的旅游资源优势，精心设计旅游路线，可分为长线、中线和短线。长线从珠江口东岸到西岸，把九个城市串联起来。中线由三个以上的市对接，城市间相邻最好，隔开也可以。短线一般是一个城市的范围，或者相邻的两个城市。以珠三角旅游资源一体化为契机，共同打造"珠三角城际旅游大联动"品牌，实现珠三角各地市的客源互换，树立珠三角旅游整体形象，并将宣传面逐步辐射到泛珠三角乃至全国，吸引来自全国各地的游客前来观光旅游。第二，遵循产品特色化和精品化原则。广州虽然旅游景点众多，但除了长隆欢乐世界、长隆水上世界和香江野生动物园等少数旅游景点之外，其他旅游景点缺乏足够的吸引力，导致广州旅游业对外地游客的吸引力不足。广州只有打造更多精品化和特色化的旅游景点，才能增强对外地游客的吸引力，从而推动本地旅游业的发展。第三，培育一批以骨干旅行社为核心的具有国内、国际影响力的品牌旅行社。继续引导和支持不同行业、不同所有制的旅游企业改组、改造和重组，成立一些具有国际竞争能力的战略性企业集团；鼓励支持创办中外合资旅行社，吸引优质的国外品牌旅行社进驻广州，逐步实现广州旅行社行业在管理体制、服务标准、市场拓展等方面与国际接轨。第四，抓住"72 小时过境免签"的契机，推动广州入境游的发展。国务院批准广州白云国际机场 2013 年 6 月开始实行"72 小时过境免签"政策，按照"72 小时过境免签"政策规定，持有第三国机票和签证的外国人途经广州白云国际机场时，可免持中国签证在广东省内停留 72 小时。广州旅游部门应当抓住"72 小时过境免签"的契机，根据过境外国游客群体的特点，制定羊城经典游、主题公园游、休闲美食游、都市风情游等一日、两日、三日高端短线游产品，满足过境外国游客的各种需求，积极推动广州入境游的快速发展。第五，广州所举办的一系列活动（如旅游节、美食节等），应当与拉动本地消费有机地结合起来。广州的旅游节、美食节等，在举办时对拉动当地消费尤其是拉动外地消费的作用有限，这些活动应当与促进消费结合起来，进行更广泛的宣传与更准确的定位，增强这些活动的吸引力，使广州美食节和旅游节等成为吸引本地以及

外地旅游和消费的品牌活动。

（2）切实推进批发市场的改造升级，打造一批具有国内、国际影响力的龙头批发市场或者专业批发市场群

批发市场的商品集散功能是广州区域性商贸中心地位得以确立的重要基础，广州批发市场目前仍处于成长阶段，尚有很大的发展空间。这不仅得益于广州这个"千年商都"长期积累的商业氛围和市场资源，而且得益于广州是世界制造中心——珠江三角洲的经济中心、枢纽中心和集散中心。具体而言，可从几个方面大力促进广州批发市场的发展。

第一，尽快制定一个科学合理的批发市场发展规划和网点布局规划，将广州批发市场的网点数量、行业结构、网点规模和发展水平全面系统地规划出来，为政府进行宏观调控和企业发展提供依据，防止重复建设和过度竞争，使广州批发市场在政府引导下有序发展。

第二，进行市场功能创新，批发市场应具有交易集散功能、信息功能、主题会展功能、物流配送功能、加工包装功能、综合服务功能等。广州批发市场要尽快完善和拓宽自身的各种功能，尤其是借助广交会的影响大力发展会展功能，成为"永不落幕的广交会"。

第三，大力吸引有一定规模的批发企业和一级代理商、生产企业分销机构入场经营，利用这些现代批发组织带动整个市场组织化程度的提高。同时，要建立市场准入门槛和淘汰机制，清理不符合条件的商户或经营毫无起色的商户。

第四，积极引入诸如拍卖、招标、期货、电子商务、集中委托上市等现代交易方式，提高交易效率，降低交易成本。由于传统有形的批发市场受交易时空限制，其辐射面有限，广州批发市场必须在网络市场上下功夫，利用网络市场，分步实现商品的采购、交易、分销及结算过程的网络化、电子化，只有这样才能在国内同行业市场中脱颖而出，后来居上。

第五，采用现代营销手段提高市场知名度，杜绝假冒伪劣商品入场，大力引进名牌产品，尤其是国外名牌商品，提高商品经营档次，同时积极培育属于批发市场的品牌商品，或属于批发市场中经营商户的品牌商品，通过建设自己产品的品牌形象，来提升市场的品牌知名度，打造行业知名品牌。

第六，建立批发市场自己的行业协会组织，并真正起到政府与企业之间、企业与企业之间的桥梁和纽带作用。行业协会的主要职能是：协助政府部门制定促进批发市场发展的有关法规、政策和规划；主动向政府职能部门反映市场建设发展中存在的问题和对策建议；组织各种专业性博览会和订货会，统一策划宣传，提高广州批发市场整体辐射力；建立广州批发市场专业网站，打造广州批发市场公共信息、交易平台；推动广州同业批发市场联合起来，采取各种联盟形式，走共同发展之路等。

（3）积极发展高端商业和特色商业，打造国际购物天堂特色区

①大力发展现代高端零售业，提升其高端化、国际化水平

以大型现代高端商业载体为依托，广泛引进高端百货店、国内外知名品牌旗舰店、

专卖店和高端品牌商品；大力发展大卖场、连锁超市、专卖店、便利店、折扣店等新兴业态业种，以新兴业态业种改造传统商业，引导形成和发展新兴业态业种商业街，提高高端商业网点和品牌商品的比重，以提升零售商业的档次和水平。

②挖掘和发挥老字号企业的作用，加快培育广州特色商业的国际知名品牌

为加快广州国际商贸中心建设，打造国际购物天堂，有必要加强对传统文化的挖掘和保护，加快培育广州特色商业的国际知名品牌，引导具有自主知识产权、传承民族传统文化和技艺的老字号企业创新发展，发挥老字号企业在经济、社会和文化发展中的重要作用。

③结合广州"123"城市战略，打造新兴的核心商圈，优化广州商业的空间布局

2012年11月4日，广州市规划局首次公布"123"城市功能布局规划，提出"优化提升一个都会区、创新发展两个新城区、扩容提质三个副中心"的城市发展战略。广州老城区商业配套很完善，如天河区、越秀区和荔湾区，但是新兴地区的商业配套则很不完善，如增城区、番禺区、白云区、黄埔区等。紧紧围绕"123"城市规划，可以在一些新兴地区加大力度打造新兴核心商圈，以优化广州的商业空间布局。例如，东部包括信盈城、增城万达广场、东汇城、挂绿广场、泰富广场在内的增城商圈，南部包括奥园广场、荔园新天地、奥园养生广场、哈街、大润发广场在内的市桥南商圈，西部包括国昌新城市广场、金沙湾财富广场、永旺梦乐城、金沙·山海名门在内的金沙洲商圈，北部包括白云万达广场、五号停机坪、绿地广场在内的白云新城商圈。这些新兴核心商圈的打造，有利于提高这些地区居民购物的便利性，也有利于增加这些地区居民的消费意愿。

④依托交通枢纽，打造区域性购物中心，吸引外地旅客消费

以机场、会展中心、地铁南站、火车站等交道枢纽为载体，打造交通枢纽购物中心，增加过往旅客的消费。中国香港机场、新加坡机场等除了作为运输中心之外，其本身也是一个大型的购物中心。广州机场虽然也设了购物场所，但是对过往旅客的吸引力不足，如果建成一个购物中心，大力加强其对过往旅客的吸引力，有助于提高广州的消费，也有助于提升广州的城市形象。广州火车站作为广州的一个城市名片，一直给人脏乱差的印象，并且只有地下中低端商场这一个购物场所，对过往旅客购物的吸引力很弱，如果大力加以改造，有利于增加广州的消费和提升广州的城市形象。

（4）加快发展电子商务，建造广州国际商贸流通电子商务先行区

当前电子商务越来越流行，在一些商贸领域有取代传统商贸业成为主流商贸业的趋势。当前，广州电子商务业相对浙江、北京、上海等出现发展相对滞后的局面。打造广州国际商贸中心的地位，不但需要拥有发达的传统商贸业，而且需要拥有发达的电子商贸业。具体而言包括以下几个方面。

①加快电子商务所必需的信息化基础设施建设

在信息基础设施建设方面，广州市政府要积极参与，加大投资力度，合理引导资金投入，尽快建设新一代的高速信息传递骨干网络和宽带互联网，提高上网的速度，降低

上网的费用。要组织必要的技术攻关，购置必要的硬件设备，开发和引进相关软件，使广州市电子商务基础设施的建设能跟上世界的步伐。同时，要采取切实可行的措施，进一步鼓励企业加大信息化建设投资的力度，尽快实现企业内部资源的整合、内部信息管理的电子化，为推动全社会电子商务的发展打下坚实的基础。

②完善诚信体制，建立社会信用体系

电子商务的诚实守信，不仅是电子商务网站在其经济行为中需要遵循的原则，而且是电商交易各方参与者需要恪守的原则，如此才能保证电子商务健康有序发展。为了解决电子商务的信用问题，广州有必要采取积极措施逐步建立起与电子商务发展相适应的社会信用体系。广州市政府可以通过建立各种形式的电子商务信用认证中心和全市联网的信用等级数据库，对参与电子商务的每个用户进行信用等级的动态评价，并向其发放数字等级证书，增强电子商务交易的可靠性，解决目前电子商务的信用问题。

③依托批发市场构建网上专业采购平台，鼓励批发贸易商开展网上批发贸易业务

广州市政府可以利用电子商务进一步推动本地批发市场的发展，具体包括两个方面：一方面，依托有条件的批发市场或者交易中心，构建网上专业采购平台，促使这些批发市场或交易中心发展形成上下线相结合、一体化发展的现代综合采购平台，以整体提升市场的聚集和辐射影响力；另一方面，积极引导和支持批发商、分销商和批发市场商家，依托自主商品品牌，建设网上商城，发展 B2C 模式电子商务，或者借助 B2B 电子商务公共平台（如阿里巴巴、慧聪网等）开展网上批发贸易业务，扩大批发贸易规模和增强竞争力。

④引导和支持零售商家开展网上销售业务

积极引导和支持各类零售商家借助 C2C 电子商务公共平台（如淘宝网等）建设网店或网上商城，积极开展网上销售业务，形成实体店与虚拟店相结合的发展模式，扩大销售规模和增强竞争力。

⑤塑造更多的广州知名电子商务品牌

2012 年 1 月 6 日，一呼百应、梦芭莎、中经汇通、太平洋网络、唯品会、酷狗、环球市场等企业获得"广州市电子商务十佳企业"荣誉称号。虽然这些广州电子商务企业已经获得了良好的发展，然而，广州的电子商务十佳企业与全国知名电子商务企业京东商城、淘宝网、当当网等相比仍存在不小的差距。在相当多的商贸领域，电子商务有超过甚至取代传统商务的趋势，因此，广州市政府应当审时度势、抓住契机，投入更多的发展资金，制定更多的优惠政策，极力打造本地的知名电子商务企业品牌，促进本地电子商务的快速发展。

（5）在未来十年努力建设国际化区域金融中心，乃至全国性金融中心

北边有北京和上海两个全国性金融中心，南边邻近深圳全国性金融中心和香港国际金融中心，广州的金融业发展如何突破？2011 年《广州区域金融中心建设规划（2011 - 2020 年）》和《关于加快建设广州区域金融中心的实施意见（2011 - 2015 年）》出台，广州确立了"十年打造国际化区域金融中心"的定位。区域金融中心可以分成全球性区

域金融中心、全国性区域金融中心和省内区域金融中心①，广州的目标是未来打造成为全球性区域金融中心乃至全国性金融中心。为此，广州应从以下几个方面积极推进金融业的发展。

①发展多层次的金融市场体系，搭建广州全球性区域金融中心框架

2012年，广州市的存贷款余额为50123.09亿元，比上一年增长了13.42%，与深圳的存贷款余额51470.74亿元大致相当，这表明广州金融业增加值主要集中在传统的银行信贷业务上，在银行信贷业务发展方面与深圳基本没有差距。但是，广州的证券、保险、票据、租赁和期货等业务的规模较小，对广州金融业增加值的贡献比较有限，与深圳金融市场存在较大差距。除了2012年8月创立的广州股权交易中心和2012年9月成立的广州碳排放权交易所之外，广州还需要加大股票市场、银行间同业拆借市场、债券市场、外汇市场、期货市场、期权市场、票据市场和金融租赁市场等的建设力度，在未来着力打造更加完备的金融市场体系。

②优化金融生态环境，为广州金融业发展创造有利的外部条件

建设良好的金融生态环境，有利于降低信息不对称和交易成本，促进金融资源在全社会范围内更加有效地配置，从而促进广州经济发展。加快社会征信制度的建设，增强全社会的信用观念，完善信用体系建设，有效地防范各种不讲诚信的行为。加强保护金融权益的法制建设，解决金融维权案件审判难、执行难的问题，切实保护金融企业的正当权益。银行、税务、工商、审计、司法等部门要互相支持，疏通信息渠道，尽快建立起企事业单位、个人信用记录数据库，实现信用信息全社会的共享与运用，营造良好的金融生态环境，促进广州金融业和经济的协调快速发展。

③抓住十八届三中全会的历史契机，积极扶持广州民营银行业的发展

虽然民营银行营业网点少，受地域限制，吸收存款的能力比不过国有银行，但是，民营银行产权更为明晰，经营机制更为灵活，具有较高的金融服务效率和市场灵敏度，能够满足不断变化的市场发展需要，并且民营银行对本行业非常熟悉，特别在软信息的获取上，比国有银行有优势。基于民营银行的这些优势和特点，我们可以分析得到，未来最有可能爆发性增长的银行机构必然是民营银行，而非国有银行。广州要在金融业的发展上赶超深圳甚至北京和上海，应当抓住十八届三中全会放开民营资金进入银行业的发展契机，立即展开政策攻势，积极采取各种可能措施在广州设立和发展民营银行，迅速奠定广州民营银行在全国的领头羊地位。

④建立健全金融体制和完善金融监管

全球性区域金融中心的形成，需要遵循国际金融市场的规则，建立完善的法律体系；需要建立系统、严明、高效并符合国际惯例的金融及经济监督机制；需要建立灵活、高效的货币调控体系；需要建立充分、合理、公平竞争的商业银行体系和证券公司体系。金融体制和金融监管不完善成为制约广州金融业进一步发展的瓶颈，因此，广州

---

① 全球性区域金融中心与国际化区域金融中心的含义相同。

市政府除了引进更多的境内外金融机构、培养更多的国际化金融人才和构建更多的金融交易平台之外，还应当更加重视健全本市的金融制度和完善本地区的金融监管。

⑤打造包括香港中环、深圳前海和广州珠江金融城在内的全球超级金融大都会

深圳毗邻香港，但是深圳的金融业发展不但不慢，而且明显快于国内其他城市。也就是说，邻近香港国际金融中心和深圳全国性金融中心，并不会减弱广州金融业的发展速度，反而有可能对广州金融发展有利。广州可以与香港、深圳联合，打造包括香港（中环）、深圳（前海）和广州（珠江金融城）在内的全球超级金融大都会，从而在华南地区建造一艘具有世界影响力的超级金融航母。

（6）全力以赴推动会展业发展，加快建设国际商务会展中心城市

《珠江三角洲地区改革发展规划纲要（2008—2012年）》将广州定位为国家中心城市和综合性门户城市，明确提出广州要发展一批具有国际影响力的专业会展，打造世界一流品牌，为广州加快建设国际商务会展中心指明了方向。

①完善展馆相关的综合配套服务设施，提高展馆的服务水平

在大型展会期间，广州琶洲展馆周边的交通拥挤，停车位稀缺，酒店设施吃紧，就餐不方便，餐饮价格高，互联网设施不足，服务水平仍有待提高。如果前来参展的客商感觉不太方便，会影响广州会展业的参展质量和整体形象。因此，广州应当花大力气整治好国际展馆周边的基础设施和配套设施，建设好与国际展馆相关的交通、酒店、餐饮、停车场、互联网等设施，提高展会的服务质量，以吸引更多的国内国外会展落户广州，促进广州会展业的发展。

②打造品牌展会，培育龙头企业

广州会展业存在两个方面的不足：一是广州展会数量多，但是著名展会品牌的比例较少；二是广州的本土展览企业数量较少、规模档次较低、专业水平不高、竞争力较弱，无论是数量还是办展质量均有待提高。因此，广州市政府应从两个方面来提升广州会展业的层次：一是积极整合周边城市的资源，为区域经济合作、商品经贸交流提供平台，自觉摒弃一些规模小、档次低的展览，重点扶持一批基础良好、具有发展前景的展会品牌，不断扩大其规模效应和影响力，争取步入世界品牌展会的行列；二是集中广州会展业的现有优势，组建大型展览集团，并加强与国际著名展览公司的合作，引入国际知名展会品牌，增强广州会展业的国际竞争力。

③加强对会展市场的规范化管理

一是严把市场准入关。严格展览会名称核准和审批制定相关登记制度；设立展览业准入条件，建议所有展览公司的注册资金必须达到300万元；建立展览从业人员资格认证制。二是加强对展销会合同的监管。要制订展销会举办者与参展商的合同规范文本，减少和杜绝合同欺诈行为的发生，依法保护其知识产权。三是加强展销会现场的监管管理。现场巡查或驻场办公，对参展商品进行严格检查，禁止假冒商品入场展示、销售，处理消费者投诉，查处违法违纪行为。四是运用经济户口及企业信用管理手段，建立展销市场的长效监管机制。可将办展企业按其信用情况，分为若干等级，实行动态管理。

2. 推动国际商贸中心的软环境建设

广州的硬环境建设相对来讲还是比较好的，相对落后的反而是软环境方面的建设。为了打造国际商贸中心，广州必须加大力气促进广州软环境的建设，具体的措施包括以下几点。

（1）打造国际化和法制化的营商环境

推动营商和办事规则国际化，构建公平公正、诚实守信、高效透明、宽松有序的经营环境，在打造法制化、国际化的营商环境中先行一步，推动广州在全省率先基本形成法制化、国际化营商环境的制度框架，率先形成体制机制新优势，提升境外投资者对广州的归属感、认同感，增强广州吸引力和影响力。这一任务对于广州来说任重而道远，很多事情讲起来容易做起来很难，广州虽然有"千年商都"的称号，但是营商环境的法制化和国际化水平离世界上的国际商贸中心仍有不小的差距，为了在未来建成国际商贸中心，广州应当加大力度加快本市国际化和法制化营商环境的建设步伐。

（2）给予市场更多的自由度和开放度

市场环境越自由，越有利于市场的形成和发展；反过来，市场管制得越多，越会限制市场的发展。以迪拜为例，20世纪70～90年代，中东地区许多城市在石油开采和交易方面超过迪拜，这一时期的迪拜既不是富城，也不是名城。之后，在短短十余年间，迪拜异军突起，成长迅速，成为世界闻名的国际商贸中心。迪拜之所以取得跳跃式的发展成就，除了迪拜的决策者大胆地提出"定位高端，超常发展"的发展思路之外，迪拜极具吸引力的优惠政策是其成功的关键。国际商界已经公认，迪拜具有世界上最自由的营商环境。迪拜的各种营业税、增值税、所得税、消费税短期内几乎全免。世界各地的商品和货币可以自由地进出迪拜，许多商品的价格甚至低于原产地，被投资者和消费者称为购物天堂。虽然不能够照搬照套迪拜的模式，但是迪拜建设国际商贸中心的经验是值得广州借鉴的，广州虽然也具有类似迪拜的"定位高端，超常发展"的发展思路，但是广州国际商贸中心的建设进程明显慢于迪拜，其中一个重要的原因就是，在提升自由度和开放度方面，广州与北京、上海、深圳等其他一线城市并无实质的差别，更不用说与迪拜相比了，广州并不能形成"洼地"效应，也无法吸引大量的境内外商贸企业进驻。因此，广州要加快国际商贸中心的建设步伐，必须大力促进市场自由化和开放性，减少政府对市场过多的干预，努力打造最自由和最开放的营商环境。

（3）构建发达的网络体系

国际商贸中心需要有发达的互联网基础设施，包括互联网络平台（虚拟空间）和物联网络系统（物理空间）。互联网络平台指电子商务平台，可实现交易信息撮合和交易合约完成的功能。物联网络就是物流、配送系统，可以实现商品的流动和送达。

2013年3月20日，国内知名第三方电子商务研究机构——中国电子商务研究中心首度发布《2012年中国电子商务城市十强榜单》（见表11），北京以总分最高位居第1，上海、杭州、广州、深圳紧随其后。北京良好的政策环境、经济环境为电子商务的发展提供了坚实的基础，培育了如慧聪网、京东商城、当当网、亚马逊中国、凡客诚品等知名网络零售企业。作为"中国电子商务之都"的杭州，诞生了阿里巴巴、淘宝/天猫、网盛生意宝等国内外知名电商平台企业，其基础设施完善，政府扶持力度大，营造了较好的发展氛围。而广州虽然排在第4位，排名比较靠前，但是广州拥有的知名电子商务品牌偏少，与北京和杭州相比仍存在相当大的差距，在互联网对城市商贸发展日益重要的时代，为打造国际商贸中心，广州仍需加大力气发展电子商务，打造更多的知名企业，努力缩小与北京、上海、杭州等一线电子商务城市之间的差距。

表11 2012年中国电子商务城市十强榜单

城市	电子商务交易指数	网上市场吸引力指数	基础设施建设指数	零售业发展指数	创新指数	行业活力与垄断指数	总分
北京	19.3	18.7	19.2	19.4	18.2	19.8	114.6
上海	19.4	18.8	19.4	19.3	18.4	19.2	114.5
杭州	18.6	19.4	19.2	18.9	19.7	18.3	114.1
广州	19.5	19.0	19.1	19.1	18.2	19.0	113.9
深圳	18.2	17.6	19.5	19.1	18.1	18.5	111.0
南京	16.4	17.8	16.7	18.6	15.9	16.7	102.1
重庆	16.7	16.2	16.4	17.5	17.2	16.2	100.2
成都	15.9	16.6	16.8	17.9	15.3	15.7	98.2
厦门	14.4	15.3	14.6	16.8	14.5	15.3	90.9
宁波	14.8	15.9	14.4	15.6	14.9	14.7	90.3

资料来源：电子商务研究网，http://www.100ec.cn/。

（4）打造具有良好信用的消费环境

对假冒伪劣商品采取高压打击的态度，构建良好的消费环境。广州跟香港相比，劣势是信用环境和营商环境较差，但是广州也有优势，那就是广州是华南地区的交通枢纽，与其他城市的交流更加便利，如果把广州打造成类似于香港这样的国际商贸中心，不但可以拉动广州本地的消费，而且可以把广州周边地区或者国内其他省份的消费拉到广州，从而可以极大地拉动广州的消费。

四 如何保障消费与投资之间的协调发展——基于需求结构层面促进广州消费的战略路径

（一）消费和投资对经济增长的拉动作用同等重要

政府推动经济增长有两种方式：第一种是通过投资或引进外资来促进经济增长；第二种是促进消费增长，当消费增加时，投资和生产也会增加，最终拉动经济增长。以往推动经济增长时，地方政府更倾向于采用第一种方式，对第二种方式重视不足，从而引起消费与投资之间的结构性失衡，最终导致消费率不断下降。

（二）消费与投资之间结构性失衡的形成机制和不利后果

1. 消费与投资之间结构性失衡的形成机制

现有的地方经济增长模式以及与此相配套的制度设计是导致地方消费需求不足的根本原因。

第一，政府主导的投资驱动型经济增长模式导致广州居民消费不足。现有的地方经济增长模式可以概括为，在市场经济体制尚不完善的情况下，在财政分权和官员锦标赛制度的激励下，地方政府依靠其对资源配套的强大动员能力干预经济以促进当地经济增长。而现有的制度，例如，财政分权制度、官员锦标赛制度、不完善的市场经济体制、小市场大政府等，与这种地方经济增长模式是相适应的。这种地方经济增长模式以及与此相配套的制度设计，导致这种地方经济增长的驱动力量主要是投资，而非消费。大量的地方资源配置于投资而不是消费，导致投资消费之间的结构性失衡和地方消费需求不足。

第二，在政府主导的投资驱动型经济增长模式之下，地方政府强调其经济建设职能，忽视了公共服务职能，导致现行的社会保障制度体系不完善，从而增强了居民的预防性储蓄动机，降低了居民的消费需求。地方政府在经济建设方面的投资相对充裕，而在社会保障和公共服务方面的投资相对不足，究其原因，经济建设投资对拉动本地经济增长和增加地方财政收入起到直接的作用，并且其作用可以很快显现出来，地方政府有较多促进投资的激励机制；而社会保障和公共服务投资对于促进本地经济增长和增加地方财政收入只是间接的作用，并且其作用显现得比较缓慢，相对于投资而言，地方政府在公共服务和促进消费方面的激励机制不多。

第三，在财权与事权不匹配的情况下，地方政府为了获得足够的财政收入，有推动房价上涨的内在积极性，而房价上涨会进一步降低居民消费率。

2. 消费与投资之间结构性失衡的不利后果

第一，消费与投资之间的结构性失衡，导致内需不足，广州经济增长不得不过度依靠外需。而过度依靠外需，会产生越来越多的弊端：一是遭受越来越多的反倾销和反补贴；二是由于外贸顺差，央行增持了大量外汇储备，引起物价工资不断上涨，依靠廉价生产要素的传统劳动密集型产业的竞争力被削弱。

第二，投资与消费之间的结构性失衡，意味着生产与销售之间的结构性失衡，表明出现了大面积的生产过剩，制造业遭遇经营困境。

（三）保障消费与投资之间协调发展以促进广州消费的增长

在现有的制度框架之下，即在保持财政分权和官员锦标赛制度的情况下，广州应如何制定增加本地区消费需求的战略。基于地方消费需求不足的原因分析，我们可以知道，广州可以从转变经济增长方式、加强政府的公共服务职能、推动收入分配制度改革、完善社会保障制度等方面入手增加地方消费需求，从以前的投资主导型向投资和消费并重型转变，使消费和投资成为广州地方经济增长的重要驱动力量。

其一，地方政府要意识到，只有保持消费与投资之间的协调平衡发展，消费与投资才能相互促进，地方经济才能够可持续增长。如果消费与投资之间出现结构性失衡，地方经济的增长将会难以持续。例如，消费比重过低而投资比重过高，就会导致企业投资生产的产品和服务销售困难，产能出现普遍过剩的现象，经济增长难以持续；如果消费比重过高而投资比重过低，表明消费者的消费水平大于其收入水平，为了实现超出自身收入能力的消费水平，消费者会持续借债消费，最终导致债务危机，经济增长也会难以持续，甚至会爆发债务危机。由此可见，地方政府要意识到，投资对经济增长有重要的作用，消费也对经济增长有重要的作用。因此，地方政府应当像重视投资那样重视消费，在发展经济的过程中，不但要充分发挥投资的作用，而且要充分发挥消费的作用。

其二，由于当前广州的消费比重过低、投资比重过高，当地政府应当把资源更多地配置于促进消费方面，以提高消费的比重，促进消费与投资之间的协调发展。具体而言，地方政府可以采取如下切实可行的措施促进本地消费。

第一，要拉动内需必须在消费观念上大力提倡适度超前消费，打破"美国是由于有较好的社会保障才敢超前消费"的神话。树立消费是生产、投资的目的观念，提倡"钱花了才是自己的"消费观。积极主动开展消费类的贷款，以一部分人的超前消费带动社会的超前消费。

第二，加大社会保障制度的建设力度，减少居民的预防性储蓄余额。政府应当增加社会保障方面的投资，进一步完善与居民密切相关的住房、医疗、教育、养老等社会保障机制，推进基本公共服务均等化，减少居民的后顾之忧，从而增加居民消费。

第三，通过新城城市化带动广州的消费。老城区人口已经趋于饱和，但是新城区仍有巨大的发展空间，农业转移人口或二三线城市居民向广州的新城区转移，一方面有利于促进新城区的经济发展，另一方面必然会刺激这些新市民在住房、汽车、家电、文化娱乐、教育、医疗、商业零售、餐饮等方面的消费需求。

第四，对低收入人群发放"消费券""食品券"。同时对基本生活用品消费实行退税销售，凡是出口退税的日用消费品都可以对内实行退税销售，如采取家电下乡的做法。

第五，加快收入分配改革，切实保证居民收入增长速度。相关的研究表明，居民收入增长速度滞后于地区生产总值的增长速度，是导致居民消费率下降的重要原因，因此，要提高居民消费率，就要提高居民收入增长速度，使居民收入增长速度不低于地区生产总值的增长速度。

第六，调节收入分配差距，减少贫富差距，一方面适度降低垄断部门和垄断行业的工资和福利收入，另一方面适度增加低收入行业的工资和福利收入。另外，广州市政府应当完善工资分配制度，明确工资增长机制，实施收入倍增计划。

第七，采取措施抑制房价过快上涨。在贷款买房的情况下，房价越高，居民买房的首期付款比重越低，而贷款比重越高，为了偿还未来更高额度的贷款，居民必定会减少其他方面的消费数额，从而减少消费支出。因此，政府应当抑制房价过快上涨，以减少居民在住房方面的支出，增加居民在其他方面的消费。

五 如何培育广州消费热点——基于需求总量层面促进广州消费的战略路径

（一）广州消费结构的变化趋势和消费热点研判

改革开放以来，广州经济高速发展，人民生活水平大幅提高，城乡居民的消费结构发生了显著变化。

根据广州消费结构的变化趋势（见表12）可知，1999 ~ 2011 年，不同类型的消费品具有不同的变化趋势。首先，教育文化娱乐服务、交通和通信、衣着所占的比重总体呈现出持续上升的态势。这三类处于上升的态势，可以成为当前和未来广州的消费热点。除此之外，根据《广州市统计年鉴》的数据，2007 年服务支出所占的比重为 35.34%，2011 年升至 36.91%，其也是广州的消费热点。其次，食品、居住所占的比重总体呈下降趋势。对这两类应区别对待，食品所占的比重不断下降，说明食品并非当前和未来广州的消费热点。根据国家统计局住户调查办公室副主任王有捐的署名文章，我国现行统计的城镇居民居住支出包括：水电燃料费、住房装潢支出、维修用建筑材料支出、租赁房租、取暖费、物业管理费、维修服务费等，不包括购建房支出和自有住房虚拟租金。根据统计局的统计口径，虽然居民居住支出不会成为消费热点，但是购建房支出是当前和未来广州的消费热点。最后，家庭设备用品及服务、医疗保健、杂项商品和服务所占的比重则基本保持平稳。家庭设备用品及服务、杂项商品和服务不是广州的消费势点，而医疗保健需根据具体情况而定，在下文中会继续分析。

表 12　1999 ~ 2011 年广州消费结构的变化趋势

单位：%

年份	1999	2000	2001	2002	2003	2004	2005	2006	2007	2008	2009	2010	2011
食品	44.83	42.61	40.03	41.04	38.93	38.28	37.31	37.05	32.81	33.70	33.18	33.29	34.00
衣着	5.72	5.17	5.00	5.29	6.00	6.68	6.23	6.19	6.24	6.71	6.66	7.53	7.68
家庭设备用品及服务	7.97	7.16	7.29	7.00	6.98	5.54	5.16	5.11	5.77	6.73	7.12	7.09	6.80
医疗保健	4.12	3.92	4.87	5.56	6.30	6.09	5.79	5.94	5.95	5.90	6.08	5.43	4.67
交通和通信	7.98	9.11	9.59	11.11	12.14	13.16	17.22	17.14	18.52	15.48	14.59	15.92	16.84
教育文化娱乐服务	11.65	12.71	13.22	16.41	16.28	16.91	16.10	16.39	17.29	16.89	18.12	18.44	17.69
居住	13.69	13.00	13.43	9.19	10.10	9.70	8.85	8.82	9.91	9.42	9.30	7.88	7.42
杂项商品和服务	5.92	6.33	6.58	4.39	3.27	3.64	3.35	3.36	3.52	5.17	4.94	4.43	4.90

资料来源：根据各年的《广州统计年鉴》整理得到。

另外，根据 2012 年广州城乡居民家庭平均每百户耐用消费品拥有量的变化情况

（见表 13），城市居民只有家用汽车的消费快速增长，2012 年比 2011 年增长了 23.1%，家用汽车可能是广州的消费热点；而在家电产品和电子产品中，四种产品小幅增长，三种产品与上年持平，一种产品出现下降，这表明家电产品和电子产品难以成为当前及未来广州的消费热点。

表 13　2012 年广州城乡居民家庭平均每百户耐用消费品拥有量

项目	单位	绝对数	比上年增减（%）	项目	单位	绝对数	比上年增减（%）
一、城市				二、农村			
彩色电视机	台	144	-2.7	彩色电视机	台	135	1.6
空调器	台	267	2.3	空调器	台	157	4.0
电冰箱	台	103	0.0	电冰箱	台	99	0.6
照相机	架	100	3.1	照相机	架	38	5.0
移动电话	部	259	0.8	摩托车	辆	104	1.7
家用电脑	台	130	0.0	移动电话	部	293	2.6
家用汽车	辆	32	23.1	家用电脑	台	87	5.6
组合音响	套	66	1.5	淋浴热水器	台	109	1.6
洗衣机	台	103	0.0	固定电话机	部	92	3.4

资料来源：《2012 年广州市国民经济与社会发展统计公报》，广州统计信息网，http://www.gzstats.gov.cn/tjgb/。

（二）广州消费结构的国际比较和消费热点研判

1. 居民消费结构变化的一般规律

消费结构是指某项消费支出占总消费支出的比重。其中恩格尔系数是一个国际通用的极为重要的指标，即食品支出占消费支出的比重。根据国际粮农组织按恩格尔系数划分的富裕程度标准，人均 GDP1000 美元以下为小康阶段（恩格尔系数为 40%~50%）；1001~4000 美元和 4001~10000 美元为富裕阶段（恩格尔系数为 20%~40%）；10001~20000 美元和 20000 美元以上为高度富裕阶段（恩格尔系数低于 20%）。根据世界银行按不同人均收入水平（按购买力平价计算）划分的居民消费结构（见表 14），随着收入水平的提高，食品、衣着类在消费支出中的比重下降，居住、医疗保健、教育、交通通信等在消费支出中的比重上升。

表 14　按收入分组的消费结构（按购买力平价计算）

单位：%

组别	食品	衣着	居住	医疗保健	教育	交通通信	其他
1000 美元及以下	48	8	11	3	6	7	18
1001~4000 美元	38	9	10	6	7	9	21
4001~10000 美元	27	8	14	7	7	9	28

续表

组别	食品	衣着	居住	医疗保健	教育	交通通信	其他
10001～20000 美元	15	7	15	9	7	13	34
20000 美元及以上	11	5	18	12	8	12	33

资料来源：世界银行：《世界发展报告》，清华大学出版社。

根据联合国统计数据，人均 GDP 只要超过 9550 美元的地区即可称为高收入地区，一般而言，人均 10000 美元以上的消费结构首先体现为恩格尔系数下降，即吃饭消费占总消费比例大大下降，仅占总消费额的 30% 以下，其他的消费基本花在服装、房屋、旅游、教育等方面。

2. 广州经济发展水平和消费热点研判

2012 年广州人均地区生产总值达 16849.79 万美元，人均地区生产总值处于 10001～20000 美元这个组别（见表 15）。广州市政府 2012 年 12 日公布《广州市城市规划纲要》，预计 2020 年广州人均地区生产总值达到 20 万元人民币，基本达到当时中等发达国家水平。当未来广州人均收入水平从 10001～20000 美元向 20000 美元以上变化时，居住和医疗保健将呈现出快速增长的态势（见表 14），因此，居住和医疗保健可能成为广州当前及未来的消费热点。

根据表 14 第 5 行和表 12 最后 1 列的比较可知，2011 年广州的居住明显低于人均生产总值为 10001～20000 美元时的世界平均水平，居住类仍存在较大的发展空间，这表明居住成为广州当前及未来的消费热点。2011 年广州的其他类（包括家庭设备用品及服务、杂项商品和服务）所占的比重为 11.7%，而 10001～20000 美元对应的世界平均水平为 34%，广州的其他类消费比重明显低于世界平均水平，但是根据广州消费结构变化趋势（见表 12），这两类的消费一直比较平稳，增长幅度有限，并且发展空间不大，难以成为当前及未来广州的消费热点。

表 15　2012 年广州各区市地区生产总值和人均地区生产总值排名

地区生产总值排名	城市	2011 年地区生产总值（亿元）	2012 年地区生产总值（亿元）	2011 年常住人口（万人）	人均地区生产总值（元）	人均地区生产总值（美元）	人均地区生产总值排名
1	天河区	2138.73	2394.81	143.24	167188.63	26599.10	4
2	越秀区	1864.26	2121.48	115.73	183312.88	29164.41	3
3	萝岗区	1602.90	1869.24	37.37	500198.02	79579.67	1
4	番禺区	1235.78	1369.42	176.49	77591.93	12344.59	9
5	白云区	1058.70	1191.73	222.27	53616.32	8530.16	11
6	海珠区	872.12	1002.38	155.87	64308.72	10231.28	10
7	增城市	788.18	850.08	103.67	81998.65	13045.68	8
8	花都区	755.89	803.51	94.51	85018.52	13526.13	6

地区生产总值排名	城市	2011年地区生产总值（亿元）	2012年地区生产总值（亿元）	2011年常住人口（万人）	人均地区生产总值（元）	人均地区生产总值（美元）	人均地区生产总值排名
9	荔湾区	692.19	745.65	89.82	83016.03	13207.55	7
10	黄埔区	614.22	640.44	45.79	139864.60	22251.94	5
11	南沙区	571.06	605.98	25.99	233158.91	37094.73	2
12	从化市	223.81	256.32	59.34	43195.15	6872.19	12
	广州全市	12303.12	13551.21	1279.51	105909.37	16849.79	

注：南沙区未含新划入的大岗、榄核、东涌三镇。2014年，撤销黄埔区、萝岗区，设立新的黄埔区；撤销从化市、增城市，设立从化区、增城区。因表中数据为2011年和2012年，故仍以原名称表示。

资料来源：宜居城市研究室，www.elivecity.cn。

通过上述对广州消费结构的变化趋势以及广州所处发展阶段的分析，广州的消费热点大致可以包括以下几个方面。第一，居住类消费。随着城镇化的推进以及中心城市积聚效应的增强，每年有大量的大学毕业生留在一线城市工作，其他地区居民的迁入，导致每年对一线城市住房产生不少的刚性需求。并且，不少原来在城市居住的居民，有投资第二套房产的打算，因此，住房会成为较长一段期内广州的消费热点。第二，医疗保健、教育文化娱乐、旅游等服务类的消费。第三，交通和通信类，如汽车和电子产品的消费。

（三）培育广州消费热点以促进广州消费的增长

可以考虑从以下几个方面来培育广州的消费热点，促进广州的消费增长。

第一，鼓励和扩大住房消费。加大经济适用房开发建设规模，提高单个经济适用房开发项目规模和设施配套水平，重点开发中小户型，满足中低收入家庭住房需求。规范房地产市场，探索建立商品住宅开发土地招标拍卖最高限价制度，避免土地炒卖造成的商品房价格过高。规范房地产市场中介行为，简化操作手续。取消不合理收费，减轻买卖双方负担。整合房管、规划、统计、建设数据采集渠道，建立房地产市场预警机制和信息披露制度，为居民购房提供信息，为政府决策提供依据，同时规范开发商经营行为。

第二，扶持和拓展旅游消费。继续强化政府主导作用，不断加大旅游宣传和重点项目建设的引导性投入。丰富和优化旅游产品体系，拓展都市观光购物、节庆会展、商务、生态、红色、佛教、体育、工业、农业等专项旅游产品；积极开发和生产适销对路的旅游商品，大力发展旅游购物。加快建设旅游集散中心，增设市区至热点景区旅游客运专线，取消中心市区对大型旅游车辆的交通限制。

第三，进一步扩大教育消费。大力发展优质高中和高等教育，鼓励中外各类教育机构来广州合作办学，支持社会力量依托现有资源扩大办学规模。积极开展法律常识、妇幼保健、老年陪护、家庭生活、美术书法、美容美发、烹调营养、花卉栽培等内容丰富的社区服务和生活技能教育，满足广大居民不断增长和多样化的教育需求。

第四，大力推进医疗保健消费。进一步搞好全市医疗卫生规划，鼓励通过兼并、参股、控股和托管、连锁经营等方式重组医疗卫生资源，支持建立医疗服务集团，实现产业化经营。进一步做好医疗机构营利与非营利分类管理，在确保基本医疗的基础上，打破垄断，全面放开非基本医疗服务，满足多层次的医疗保健消费需求。积极发展社区卫生服务，加快全市社区卫生服务中心、服务站布局规划，鼓励开辟妇幼保健、老年医疗护理、康复保健、健康咨询、家庭医生等服务新领域，满足居民日益多样化的卫生保健需求。进一步规范医保定点药店，推进药品流通体制改革，鼓励"平价药房"发展，让群众用上价廉质优的放心药。鼓励开展健康咨询、陪护就医等多种形式的老年人健康服务，积极发展上门服务，支持民间投资设立养老保健院。

第五，积极引导汽车消费。满足高收入群体日益旺盛的汽车需求，积极引导和扩大家用汽车消费。进一步优化城市道路等交通基础设施建设，提高中心城区通行能力。加强对汽车售后服务、维修及加油（气）站的管理，规范和清理车辆使用中的保险费、路桥费、停泊费等各种收费，降低汽车使用成本。进一步规范汽车市场秩序，简化购车手续，归并税费，清理不合理收费。调整汽车消费信贷政策，鼓励银行和其他金融机构改善信贷服务，简化贷款购车手续，降低首付比例，延长还贷期，丰富信贷品种，建立规范的汽车信贷消费市场。探索开展经销商库存融资、用户分期付款等多种汽车信用消费形式。积极鼓励发展停车位，解决停车难的问题，今后凡新建大型商场、公共场所、交通枢纽及集中住宅区，必须配套建设大型停车设施。推行公车改革，既降低公务用车成本，又促进公务员购车消费。推行环保用车，实行不达标车辆强制报废和减排购车优惠政策。

六 广州促进消费的战略保障

增加广州消费是一项战略性措施，是一个系统工程，需要政府、企业、各界一起来解决，促进广州消费的战略保障包括以下几点。

（1）高度重视，把促进广州消费摆到最突出的战略位置

改革开放以来，广州靠出口和投资拉动经济增长取得了令人瞩目的成就，但是，随着投资边际效率递减作用以及国际贸易摩擦的不断增加，这种传统的经济增长模式发展后劲不足，广州未来经济增长的重心应当更多地转向拉动消费。因此，广州市政府应当高度重视促进当地消费，把促进消费放在与鼓励投资同等重要的位置上，运用双轮驱动来拉动内需，保证未来广州经济继续保持可持续的高速增长。

（2）加强广州消费的资金保障

第一，无论是通过建设国际商贸中心来促进广州消费，还是通过转变需求结构或培育消费热点来鼓励广州消费，都需要投入大量的资金，如果没有大量的资金投入，是没有办法实现促进消费的战略目标的。第二，除了加大政府资金投入之外，还应当引入外国资金、民营资金、港澳资金、银行资金等，多方面筹集资金推动广州国际商贸中心建设，以加快国际商贸中心的建设步伐。

（3）加强广州消费的政策保障

广州在国际商贸中心的建设方面不具有明显的突出优势，甚至与北京和上海相比处于相对劣势的地位，若无政策方面的支持，广州将难以建成国际商贸中心。国际商贸中心的建设，需要本地政府给予更多的政策支持，与此同时，广州还须争取中央的政策支持，争取把建设国际商贸中心上升到国家战略层面，如此建成国际商贸中心的可能性必然大大增加，国际商贸中心建设有利于吸引外地的消费。另外，刺激本地的消费也需要有广州市政府的刺激政策。住房、旅游、教育、医疗保健、汽车等方面很有可能是未来较长一段时期内广州的消费热点，这些消费热点的培育，除了市场规律的自发作用之外，还需要各种配套政策的支持，如此才能更加有效地增加这些方面的消费，进而带动其他方面的消费。

（4）加强广州消费的制度保障

政策具有一定的时效，不稳定性比较强，相比而言，制度具有长效的作用，稳定性较强。为了在较长时期内稳定地促进广州的消费，除了政策鼓励之外，还需要有制度创新和建设方面的支持。首先，政府应当转变职能，完成从建设型政府向服务型政府的转变，加强服务职能，减弱经济建设职能，这样可以促进投资与消费之间的平衡，引导更多的资源投入消费领域。其次，应当加大对社会保障的投入力度，大力完善社会保障制度。保障制度的完善与否，对居民消费有着举足轻重的作用，保障制度的完善，可以解决居民的后顾之忧，减少谨慎性预防动机，促进居民消费。综观世界消费率高企的国家和地区，无不建立了完善的保障制度，例如，欧美国家和地区完善的社会保障制度，极大地降低了储蓄率，提高了消费率。最后，加强诚信制度建设，加强假冒伪劣商品处罚制度的建设，可以考虑建立个人和企业诚信档案，把制造假冒伪劣商品的行为和其他不诚信的行为，录入个人和企业的诚信档案，终身跟随，加大对这些行为的处罚力度，这样无疑可以大大改善营商环境和消费环境，促进广州的消费。

（5）加大广州消费的舆论宣传支持

长期以来，我国老百姓深受传统儒家文化的影响，养成了勤俭节约的消费习惯，即使收入增加，也把收入增加的大部分用于投资房地产、买黄金、买股票或者储蓄等，用于消费的部分过少。为了提升消费，广州应当加大舆论宣传力度，转变人民的消费观念，改变人们过于谨慎保守的消费习惯，鼓励老百姓把更多的钱用于消费，形成适度消费和超前消费的社会氛围。

七　总结

综上所述，为了实现促进广州消费的战略目标，本文确定了"双轮驱动"的战略路径，具体而言包括以下几点。第一，从供给层面来看，广州需要从硬环境和软环境两个方面来构建国际商贸中心，通过国际商贸中心建设达到吸引外地消费的目的。在硬环境方面，广州需要打造旅游业的知名品牌，提升广州旅游业的竞争力；切实推进批发市场的改造升级，打造一批具有国内和国际影响力的龙头批发市场或者专业批发市场群；积极发展高端商业和特色商业，打造国际购物天堂特色区；加快发展电子商务，建造广州国际商贸流通电子商务先行区；提升广州金融业的整体层次，力争早日建成区域性金融中心；全力推动会展业发展，加快建设国际商务会展中心城市。在软环境方面，广州需要打造国际化和法制化的营商环境，提高市场的自由度和开放度，构建发达的网络体系，打造良好信用的消费环境。第二，从需求层面来看，可以从提高需求总量和调节需求结构两方面来促进广州的本地消费。从需求结构来看，政府主导的投资驱动型经济增长模式，导致政府偏好于集中资源进行投资，投资过度消费不足，投资与消费之间出现结构性失衡的现象。因此，为了提升广州的消费，广州市政府应当大力提倡适度超前消费的观念，加大社会保障制度的建设力度，对低收入人群发放"消费券"和"食品券"，加快收入分配改革以保证居民收入增长速度，调节收入分配差距以减少贫富差距，采取措施抑制房价过快上涨。从需求总量来看，通过横向比较和纵向比较可知，住房、旅游、教育、医疗保健和汽车是未来广州的消费热点。相应地，为了促进广州的消费，广州市政府可以鼓励和扩大住房消费，扶持和拓展旅游消费，进一步扩大教育消费，大力推进医疗保健消费和积极引导汽车消费。

广州国际商贸中心研究基地成果

作者：卢万青

广州南沙（自贸区）投资贸易便利化研究

一 研究背景

1. 广东自贸区建设是破局 21 世纪海上丝绸之路的重要举措

1978 年改革开放以来，中国政府在第一轮经济开放中取得重大成果，综合国力全面上升，开放水平显著提高，正在谋求进一步融入国际经济秩序。在此背景下，习近平总书记提出了具有重大战略意义的"一带一路"合作发展的愿景与倡议，国务院则明确提出"推进新一轮更高水平对外开放"的发展方向。本轮对外开放，包含了结构调整、提质增效、转变发展方式的经济内涵，更意味着要深度融入国际经济政治秩序、全面提升中国在国际经济政治秩序中的话语权和影响力。经济社会发展水平较高、开放水平较高的东南沿海地区理应承担更大的责任。为此，国家在 2015 年 3 月出台的《推动共建丝绸之路经济带和 21 世纪海上丝绸之路的愿景与行动》中，针对沿海和港澳台地区，提出了"以扩大开放倒逼深层次改革，创新开放型经济体制机制，加大科技创新力度，形成参与和引领国际合作竞争新优势，成为'一带一路'特别是 21 世纪海上丝绸之路建设的排头兵和主力军"的重大任务。

为了破局"一带一路"特别是 21 世纪海上丝绸之路建设，"推进新一轮更高水平对外开放"，中国政府在上海自由贸易试验区取得成效的基础上，2015 年又批设了广东、天津、福建三个自由贸易试验区，以此作为加快与提升对外开放水平的试点和引领。在《国务院关于印发中国（广东）自由贸易试验区总体方案的通知》中，国家明确提出"（广东）自贸试验区要当好改革开放排头兵、创新发展先行者，以制度创新为核心，贯彻'一带一路'建设等国家战略，在构建开放型经济新体制、探索粤港澳经济合作新模式、建设法治化营商环境等方面，率先挖掘改革潜力，破解改革难题"。因此，广东自贸区的改革与探索，必须置于国家"一带一路"的大背景下来进行总体设计。当前，陆上丝绸之路经济带以轨道交通建设实现互联互通为抓手，已经取得了良好的先期建设成效，而海上丝绸之路的建设则尚待实现突破性进展。因此，广东自贸区建设是国家为实现海上丝绸之路建设破局的重要举措，其实施对国家战略的成败具有重大意义。

2. 南沙将承担带动广州在中国新一轮改革开放中先行先试的重要使命

广州作为中国对外开放的窗口城市、中国南方地区重要的经济贸易中心、中国第一经济大省与外贸强省广东省的省会，曾经在引领改革开放、促进国内外生产要素集聚、整合珠三角及港澳地区的经济合作，以及辐射带动区域经济发展等方面发挥了无可替代的核心作用，是中国外向型经济发展的引领城市。然而，国际金融危机以后，国际投资贸易格局和多边投资贸易规则深刻调整、世界需求结构变化、经济发展方式转型、国内城市竞争加剧等，都对广州城市发展提出了新的要求与挑战。在新的历史背景下，广州要通过"新一轮更高水平对外开放"增强在华南地区乃至世界城市网络体系中的地位与辐射力，必须依托南沙——这一广东自贸区的主体组成部分，探索通过制度创新带动产业与市场升级、引领城市对外开放水平全面提升与不断深化，再通过扩大开放倒逼更深层次的改革，实现经济社会全面发展。

在广州的城市未来发展中，南沙不仅将成为新的经济增长点，而且将承担引领对外开放、带动全面改革的领头羊使命，发挥改革实验田、创新核反应堆的作用。因此，南沙的自贸区建设，一方面是国家战略的重要部署，另一方面则关系到广州在"对外开放新格局"中，能否焕发新的活力、在国家改革开放进程中保持领先地位、继续担当排头兵，对广州城市命运具有至关重要的意义。

3. 构建与国际接轨的投资贸易规则体系是"构建开放型经济新体制"的重要内容

在中国政府领导的第一轮改革开放中，以出口和招商引资双轮驱动的外向型经济模式取得了极大的成就，通过三十多年的发展，中国的经济实力和市场地位已经发生了明显变化。目前，中国经济总量已居世界第二位，成为第一大出口国、第二大进口国、第二大吸收外资国、第三大对外投资国、第一大外汇储备国，中国已具备更加主动地参与国际分工与合作、更积极地担负世界经济秩序责任的条件，中国必须完成由"外向型经济"向"开放型经济"的全面转变，而这首先要求在经济体制，特别是投资贸易规则上主动完成与国际规则的对接。

"构建开放型经济新体制"，旨在加快推进中国对世界政治经济秩序的融入、深化中国与世界其他经济体的合作，构建与国际通行规则接轨的投资贸易体系，推动投资贸易便利化，是"新一轮更高水平对外开放"的重要内容。《推动共建丝绸之路经济带和21世纪海上丝绸之路的愿景与行动》明确提出，"投资贸易合作是'一带一路'建设的重点内容。宜着力研究解决投资贸易便利化问题，消除投资和贸易壁垒，构建区域内和各国良好的营商环境，积极同沿线国家和地区共同商建自由贸易区，激发释放合作潜力，做大做好合作'蛋糕'"。因此，建立以投资贸易便利化为导向的开放型投资贸易规则体系，是广东自由贸易试验区建设的首要任务。根据《中国（广东）自由贸易试验区总体方案》关于广东自贸区区域布局的划分，南沙将"重点发展航运物流、特色金融、国际商贸、高端制造等产业，建设以生产性服务业为主导的现代产业新高地和具有世界先进水平的综合服务枢纽"，以此产业定位推进投资贸易便利化对南沙而言其重要性更加突出。

4. 以南沙为样本推进粤港澳深度合作示范区建设

《中国（广东）自由贸易试验区总体方案》中关于广东自贸区的战略定位，是"依托港澳、服务内地、面向世界，将自贸试验区建设成为粤港澳深度合作示范区、21世纪海上丝绸之路重要枢纽和全国新一轮改革开放先行地"。可见，粤港澳深度合作，是广东自由贸易试验区建设的重要特色。

作为国际金融中心和东南亚最重要的转口港之一，香港在中国第一轮改革开放中对广东外向型经济体系的成功起到了至关重要的作用，港澳是广东外贸进出口、吸收利用外资、承接国际产业转移的主要市场和来源地。由于历史的原因，在市场体系、规则环境、产业分工上，香港、澳门国际化程度远高于内地其他城市，其与国际经济体系深度融合，是广州全面对外开放最好的合作者。对于广州、广东而言，港澳仍将是其发展中最重要的因素，在新一轮更高水平对外开放中，广东自贸区的建设必须充分发挥港澳优势，以粤港澳深度合作作为全面对外开放的第一战略平台，而南沙则可成为推进粤港澳深度合作示范区的样本。

二 目标与基本框架

1. 定位与目标

根据国务院下发的《中国（广东）自由贸易试验区总体方案》，广东自贸区"经过三至五年改革试验，营造国际化、市场化、法治化营商环境，构建开放型经济新体制，实现粤港澳深度合作，形成国际经济合作竞争新优势，力争建成符合国际高标准的法制环境规范、投资贸易便利、辐射带动功能突出、监管安全高效的自由贸易园区"。广州南沙新区片区将"重点发展航运物流、特色金融、国际商贸、高端制造等产业，建设以生产性服务业为主导的现代产业新高地和具有世界先进水平的综合服务枢纽"。上述表述为南沙区投资贸易规则体系的建设指明了定位与目标。

2. 基本框架

第一，以扩大开放为导向建立投融资管理体制。以负面清单管理为核心，不断扩大产业开放领域，投资管理由"事前审批"向"注册制＋事中事后监管"转变，对内外资普遍实施国民待遇；试点人民币离岸中心，推进居民本外币账户分账管理、跨境投融资汇兑便利化、利率市场化，逐步实现资本账户开放；探索自贸区投融资管理体制向区外复制的途径。

第二，以贸易便利化为导向改进贸易监管体制。探索实施新型便利化通关模式；建立涵盖海关、检验检疫、外汇、边检、海事等在内的综合监管平台，加快建设与优化国际贸易单一窗口；探索建立适应跨境电子商务发展的新型通关、检验检疫、税收监管模式；探索研究第三方信息采集与结果采信的模式；推进智能化与网络技术在贸易监管程序中的广泛应用；实现区内货物联网监管与自由流转。

第三，以粤港澳深度合作为推手发展现代服务业。

第四，加快国际化、法制化营商环境建设。

三 以扩大开放为导向建立投融资管理体制

1. 不断简化的负面清单

负面清单管理模式，指的是一个国家在引进外资的过程中，对某些与国民待遇不符的管理措施，以清单形式公开列明，在一些实行对外资最惠国待遇的国家，有关这方面的要求也以清单形式公开列明。这种模式的好处是让外资企业可以对照这个清单实行自检，对其中不符合要求的部分事先进行整改，从而提高外资进入的效率。负面清单实际上是列出了投资领域的"黑名单"，没有被列入清单的外商投资领域将按照内外资一致的原则，由核准制改为备案制，最快四天就可拿到营业执照，这是行政管理制度改革中的一项重大突破。

（1）自贸区负面清单简化的经验

为对接国际通行规则，上海自贸区 2014 年推出了负面清单，将某些与国民待遇不符的管理措施，以清单形式公开列明。在清单之外，法无禁止皆可为。外商参照负面清单，可以很容易地选择自身可以投资的领域。

目前，上海以负面清单管理为核心的投资管理制度基本建立，修订出台 2014 版负面清单，将外商投资准入特别管理措施由 2013 版的 190 条减少到 139 条；深化商事登记制度改革，全年区内新增注册企业 11440 家，其中内资企业有 9383 家，注册资本达 3329 亿元；外商投资企业有 2057 家，合同外资达 118 亿美元。全年集聚总部经济企业 258 家，其中亚太营运商 22 家。年内全面实施第一批服务业六大领域 23 项开放措施。然而，有人认为，上海自贸区的"负面清单"涵盖的内容太多，对国内外企业的吸引力仍然不够。

广东自贸试验区横琴片区 2015 年将推出多项创新举措，涵盖国际化营商环境建设、粤港澳服务贸易自由化、金融创新、强化国际贸易功能集成等多个领域。珠海将出台"法制十条"推动横琴自贸片区的法治环境建设，横琴立法将有直通车。目前，珠海不适应横琴需要的地方性法规以及政府规章在横琴停止适用。另外，港澳资本准入负面清单、横琴促进澳门中小企业发展办法等推动粤港澳深度合作的举措也陆续出台。

天津自贸区的突破主要有两个途径，一个是进一步简化负面清单，另一个是进一步简化外资审批手续。负面清单进一步简化是天津自贸区的一大亮点，也是较上海自贸区相比的一大突破。上海自贸区的负面清单已经从最初的 190 条瘦身到 139 条，天津自贸区最后很可能只有几十条。

借鉴上海自贸区"负面清单管理"的创新举措，福建还将实施"审批清单 + 简化审批"的管理模式，出台审批清单和权力清单，对审批清单以外的外商投资企业实行简化审批，推进外资企业合同、章程格式化审批，进一步提速外商投资企业审批。

缩小"负面清单"的范围能促进贸易便利化，香港作为自由港，除了对个别物品，如枪械、动植物、危险药物、濒危物种、肉类和家禽等货物的进出口实行法律上的管制以外，其他所有物品，不论价格高低、贸易双方身份等都不受监管限制，使得香港的国际贸易享有非常自由和广泛的空间和制度环境。

（2）缩小南沙自贸区负面清单范围

南沙自贸区虽在探索"负面清单"和"准入前国民待遇"模式，但目前的"负面清单"偏谨慎，与《外商投资产业指导目录》相比，并无太大变化。南沙自贸区在未来可以借鉴香港的做法，根据经验制定一套完善合理的"负面清单"并不是一蹴而就的，它需要大量的前期可行性研究和实地调研，并在实施实践中逐渐将负面清单各领域的内容进行合理缩减。

与"负面清单"相配合的是"准入前国民待遇"，"负面清单"作为"准入前国民待遇"规则实施之后的首要风险屏障，是我国在经济开放的同时维护国家经济安全的体现。之前的投资管理办法是"准入后国民待遇"，主要适用于投资建立后的阶段，而"准入前国民待遇"将国民待遇延伸至投资前，其核心是给予外资准入权，并在监管和税收上对内外资一视同仁。中国已经成为吸引外商投资的大国，然而投资质量还有较大的提升空间，究其原因，与我国对外商投资管理的"重审批、轻管理"密不可分，而这次在特殊监管区内实施的一系列管理手段都表明今后我国的外资管理将更重视后期的监管，在市场准入阶段放松控制，无疑会吸引大量外资，从而激发企业内在活力。以后的外商投资管理应该着力于建立有效的约束机制，以向企业提供服务为目标，而非仅仅局限在管理上。

目前已经出台的负面清单主要是针对贸易方面的，南沙自贸区在以"扩大金融业对内对外开放"为总原则的金融改革背景下，为了促进试验区内金融功能的进一步深化拓展，相关部门可以尝试探索金融"负面清单"，在金融风险防范的前提下，为金融领域的发展和创新提供更加开放灵活的管理模式，其具体的操作细节和政策细则可以在各项金融功能发挥作用的实践中加以摸索。

2012年9月，粤港合作联席会议第十五次会议签署《粤港共同推动率先基本实现服务贸易自由化合作协议》，提出共同努力提早一年于2014年率先基本实现两地服务贸易自由化。但截至目前，粤港服务贸易自由化没有重大的推进政策出台。建议立即制定并实施广东对香港服务产业准入（在自贸区内）的"负面清单"，实现港资在广东的"国民待遇"，将此作为粤港服务贸易自由化的最高成果。

未来，条件成熟时，这一"负面清单"管理模式可以推广至东南亚、美欧等国家和地区，乃至所有WTO成员。

2. 事中事后监管

创新监管模式、促进贸易便利化，始终是自由贸易试验区探索试点的重要内容。政府监管覆盖事前、事中与事后监管全过程。事中事后监管，主要是指政府依据法律规定和行政法规的要求，在政府相关职能部门相互协调的基础上，对市场及其市场经营主体正在进行的或已结束的行为和活动进行整体性、全过程、多方位的监督和管理。其目的在于规范各种市场行为，维护市场基本秩序，创造良好的市场环境。

（1）上海自贸区事中事后监管的经验

上海自贸区自2013年9月29日正式挂牌以来，以制度创新为重点，突出与国际通行规则的衔接，按照市场经济和更加开放的要求，探索构建了以政府职能转变为核心的事中事后监管的基本制度。它们分别是：国家安全审查制度、反垄断审查制度、社会信用体系建设、企业年检改成企业年度信息公布制度、建立政府间各部门信息共享平台和统一监管执法体系、社会力量参与综合监管（中介机构和行业组织参与监管）的制度。

例如，企业由年检改为提交年报，政府将"重审批轻监管"转变为"宽准入严监管"，也就是说，企业由过去的向政府部门负责转变为向社会负责，以自己的信用做担保。

建立事中事后前导机制是提高事后监督有效性的重要途径。事后监督的有效性，最终应表现在监督结果的有效性上。要实现事后监督的有效性，一个重要的途径就是在科学的监督理念指导下拓展自身监督优势，在充分发挥内因作用的同时，通过搭建联系平台，建立多渠道的沟通协调机制，以提高监督信息的共享程度。促进各项规章制度的健全完善，营造良好的外部环境和制度文化氛围，并以此推动事后监督效能的不断提高。

第一，上海自贸区在事中事后监管中需要建立风险预警制度。转变观念，拓展思路和方法，定期或不定期地对事后监督过程中发现的各类风险进行判断识别、鉴定分类，逐一追根溯源，分析、研究产生问题的深层次原因，预测风险发生的可能性，做出风险监测预警，及时报告有关领导、反馈相关部门（单位），以强化事前事中的风险防范，实现事后监督由简单操作型向分析预警型的根本转变。

为实现上述目标，增强对监督数据挖掘和监督信息利用的力度，可考虑逐步建立风险分类预警制度，实行核算风险量化监测、分类预警、分别防控的办法，其内容是改变以往简单以差错率定性监督结果的模式，转向以差错和风险综合数值反映被监督部门内部会计控制状况。

第二，事中事后监管需要建立灵活的信息反馈机制。通过"反馈谈话"等形式，及时就较严重问题进行反馈和提醒。开辟新的事后监督信息反馈渠道，可借鉴纪检监察部门的相关做法，尝试建立"监督反馈谈话制度"，根据需要、按照一定程序，由事后监督中心负责人就监督过程中发现的较为严重的问题，向有关核算部门主要负责人反馈并提醒、督促落实纠正建议和整改措施，强化业务管理，防范运行风险。

第三，需要加强事中事后监管人才队伍建设。事中事后监管队伍建设，是政府职能转变过程中一个很大的挑战。原有的审批制度下积累的很多经验也可能不再有用。事后监管队伍必须具备应有的行业监管素质，因此在人才安排上需要严格把关。另外，对在岗监管人员需要适时开展有针对性的有效培训，不断提高监管能力和风险防范水平。但是现实的情况是事后监督人员的培训工作还需要进一步研究探索，如何有效地落实这一培训制度，也是提高事中事后监管效率的一个重要问题。

政府管理体制的改革是上海自贸区的核心工作。2014年，上海已经着手构建事中事后监管的基本制度，建立安全审查机制、反垄断审查机制、企业年度报告公示制度、信用管理体系、综合执法体系和部门监管信息共享机制，提高政府服务管理透明度。上海自贸区在监管制度上的改革和探索，将为其他地方政府职能转变提供良好的经验。

（2）南沙自贸区事中事后监管具体内容

建立广东（南沙）自由贸易试验区，首先需要加快转变政府职能，改革创新政府管理方式，按照国际化、法治化的要求，积极探索建立与国际高标准投资和贸易规则体系相适应的行政管理体系，推进政府管理由注重事先审批转为注重事中事后监管。

第一，建立安全审查制度。在监管方面，南沙自贸区需要建立涉及外资的国家安全审查工作机制。其重点是加强与"负面清单"管理模式和外商投资备案管理改革的衔接，在外资准入阶段协助国家有关部门进行安全审查，目的是防范扩大外资准入和开放后可能产生的风险，对外商投资风险起到"防火墙"的作用。目前，在国家发改委、商务部的指导下，已制定中国（南沙）自由贸易试验区外商投资安全审查管理办法，明确外资安全审查的范围、内容、工作机制和程序，为完善全国性的外商投资安全审查制度积累新经验，探索新途径。

第二，建立反垄断审查制度。反垄断审查是强化政府事中事后监管的重要举措之一。在自贸试验区层层推进反垄断审查工作，其重点是探索在经营者集中、垄断协议和滥用市场支配地位等方面参与反垄断审查的制度安排。目的在于通过对各类违背市场经济规则的垄断行为实施监管，维护市场秩序，营造一个有利于公平竞争的环境。

第三，完善社会信用体系。完善社会信用体系也是南沙自贸区加强事中事后监管的重要手段。其重点是依托已建成的广州市公共信用信息服务平台，积极推动自贸试验区子平台建设，完善与信用信息、信用产品广泛使用有关的一系列制度，强化企业自律和社会监督，形成"一处失信、处处受限"的社会信用环境。目前，自贸试验区子平台已完成归集查询、异议处理、数据目录管理等功能开发工作，同时探索开展事前诚信承诺、事中评估分类、事后联动奖惩的信用管理模式。

第四，建立企业年度报告公示和经营异常名录制度。重点是与注册资本认缴制等工商登记制度改革相配套，运用市场化、社会化方式对企业进行监管，落实企业主体责任，强化企业自律和社会监督。企业年检制改为年度报告公示制度后，企业通过市场主体信用信息公示系统向工商部门报送年度报告，并向社会公示，任何单位和个人均可查询。特定企业还须提交会计师事务所出具的年度审计报告。对未按规定期限公示年度报告的企业，工商行政管理机关在市场主体信用信息公示系统上将其载入经营异常名录，提醒其履行年度报告公示义务。同时，配合年报公示，工商部门出台了多个办法，体现了三个变化：监管方式从事前监管转向事中事后监管；责任主体由企业对政府负责转向对社会负责，体现了企业信用的重要性；监管格局由政府单独负责转向社会共治。

3. 投融资汇兑便利化

（1）投融资汇兑便利化经验借鉴

在探索投融资汇兑便利化方面，上海自贸区出台的《中国人民银行关于金融支持中国（上海）自由贸易试验区建设的意见》（以下简称《意见》）提到了五点"便利"，即促进企业跨境直接投资便利化、便利个人跨境投资、稳步开放资本市场、促进对外融资便利化、提供多样化风险对冲手段，《意见》规定区内机构可以提供便利的内容有："试验区企业跨境直接投资，可按上海市有关规定与前置核准脱钩，直接向银行办理所涉及的跨境收付、兑换业务。"此举不但有助于区内机构投融资便利化，而且有利于本外币的汇兑便利化，为资本项目的完全开放创造条件。区内企业的境外母公司可按国家有关法规在境内资本市场发行人民币债券；允许符合条件的区内企业按规定开展境外证券投资和境外衍生品投资业务；根据经营需要，注册在试验区内的中外资企业、非银行金融机构以及其他经济组织（以下简称"区内机构"）可按规定从境外融入本外币资金，这将大大降低企业的融资成本，还将使企业的资金投资有极大的自主性（除了不可用于投资有价证券、衍生品和委托贷款）。而完善全口径外债的宏观审慎管理制度，能有效防范外债风险。

对于个人跨境投资便利化，《意见》指出，"在区内就业并符合条件的个人可按规定开展包括证券投资在内的各类境外投资，个人在区内获得的合法所得可在完税后向外支付。区内个体工商户可根据业务需要向其境外经营主体提供跨境贷款，在区内就业并符合条件的境外个人可按规定在区内金融机构开立非居民个人境内投资专户，按规定开展包括证券投资在内的各类境内投资"。就是说允许试验区内个人以其在区内获得的收入在境外进行包括证券、期货投资在内的各种投资，意味着区内个人境外投资不再受 QDII（合格的境内投资者）限制，可自行进行。随着国内投资渠道的进一步开放，国内居民将有机会到中国香港、美国等世界重要的资本市场进行适合的金融工具投资。这些金融业务都是在资本项目开放的前提下进行的。

（2）加快南沙自贸区内的利率市场化

南沙自贸区应是"利率市场化"先行先试的试验田。笔者给出的政策建议是：利率市场化改革可以分两步走。

第一步是允许在自贸区内实行完全竞争，即所有的金融机构，包括民营机构和外资机构，在机构注册和业务上与国有金融机构享受同等待遇，反过来说，就是取消对国有银行的优惠政策。中外资银行的同台竞争将促进利率市场化的实现。对中资银行来说，将直面外资银行的竞争以及国内民营银行的竞争，也就是说在引入机会的同时引入了挑战。

第二步是在区域内实现存款定价的市场化。可行的思路是在区内首先试行存款保险制度，在存款保险制度运行后，允许区内银行发行大额可转让定期存单（简称"CD"）。

根据国际经验（如美国和日本），CD 成功扮演过辅助一国存款利率市场化转型的角色。此外 CD 不同的期限结构也有助于改善银行报表内资产负债风险管理，提高负债的平均期限，缓解传统银行和影子银行普遍存在的"短借长贷"期限错配问题。

如果在南沙自贸区首先开展 CD 试点，本文提出两条业务建议和一条金融监管建议。两条业务建议如下。

第一，开展与 CD 配套的二级市场建设，以支持短期货币市场的形成。

第二，允许自贸区内中小银行发行 CD，并尽量减少其发行成本，其结果是间接拓宽中小企业的融资渠道。

金融监管建议：在放开 CD 市场前应该有完整的前瞻性金融监管和风险控制设计。可实行的操作是：在开发 CD 业务前，先颁布 CD 业务的负面清单，明确扰乱市场的交易行为以及违反规定后的惩罚措施。对于开展 CD 业务的金融机构实行动态抽样监管，如有金融机构恶意交易影响金融市场稳定，南沙自贸区内的金融监管机构应实行与国外发达国家接轨的事后监管模式，按照负面清单，严惩不贷。

（3）加快南沙自贸区内的汇率市场化

现阶段我国实行的是有管制的浮动汇率制度，通过汇率管制分割境内外金融体系，为了保护我国出口企业的利益通过管制汇率价格来调控进出口。南沙自贸区设立后，将使中国进出口贸易的增幅扩大，区内的资本将实现自由流动，且区内区外隔离，这对于监管部门来说将是严峻的挑战，很明显，汇率机制的改革已是大势所趋。对外贸易的进一步开放必将要求人民币汇率管理制度进一步开放，我国自 2005 年 7 月 21 日将人民币汇率由单一盯住美元转变到以一篮子货币为标准，加快了人民币汇率市场化的进程。主要的改革思路是：将人民币逐步升值到位，再放开人民币汇率由市场供求决定，避免汇率突然放开所导致的一次性大幅升值给国家经济带来过大的震荡，同时逐步开放资本账户交易，实现人民币的完全自由兑换。在经过了 2008 年国际金融危机后，全球经济逐步复苏，而中国也应该主动寻求机会推进汇率市场化。南沙自贸区应该抓住区内金融开放先行先试这一契机，推进人民币汇率市场化形成机制的进一步完善。其一，要降低自贸区内央行对汇率中间价的干预程度，使中间价能更好地反映市场供求关系；其二，可以在自贸区内尝试进一步扩大人民币汇率浮动区间。

汇率市场化并未在南沙自贸区总体方案中直接提到，但这一改革方向是明确的。未来，南沙自贸区内要大规模开展人民币离岸业务，离岸业务肯定不会按照国家外汇交易中心的汇率来进行交易，区内金融机构须按照自己的成本来进行外汇报价，这样就必须实现汇率的市场化，在离岸业务开办过程中逐步形成反映市场供求的均衡汇率水平。

汇率市场化是与人民币自由兑换相适应的，也与自贸区内的自由贸易与自由投资活动相适应。如果两三年内人民币在区内实现自由兑换，那么汇率市场化将是必然的。除了货币价格的市场化，有关外汇额度的限制也将最终取消。这一过程要尽可能地减少政策管制，自贸区内不应过于强调人民币的使用、限制其他可兑换货币的使用，在币种选择上应高度自由，允许市场参与者自行选择。

汇率风险是自贸区金融改革中不可回避的一个问题。未来一段时间，众多企业将在南沙自贸区备案，境内外大量货币可能涌向自贸区，形成庞大的"资金堰塞湖"。自贸区的资金水位带来人民币升值压力，可能导致更大的资产泡沫。许多后发国家在经济发展到一定程度后，都曾尝试推进汇率市场化，但由于经验、能力与实力不足，致使改革进展迟缓，因而积聚了巨大的资产泡沫。一旦泡沫崩溃，就会引发金融危机，使实体经济遭受重创。所以，在南沙自贸区建设中，汇率市场化应尽可能快地改革到位，不要一点点放松管制，以避免给国际热钱更多时间，加大汇率升值压力和产生资产泡沫。

4. 推动资本账户的开放

（1）资本账户开放的内容

汇率市场化和资本项目开放，两者要相互衔接。中国应该先把汇率的形成机制改善好，然后再实现资本项目的自由化。汇率市场化做到位，有助于资本项目开放，减少套利空间。现在，中国还没有完全实现资本项目可兑换，将来必须实现。现在要先进行尝试，如果试验成功，才能以点到面，实现全面开放。

资本项目开放所带来的不确定性较大，必须有一个循序渐进的过程。一步到位难度大，系统性风险也大。按照IMF的统计，我国资本账户大部分项目已经实现基本可兑换或部分可兑换，不可兑换项目的占比仅为10%；但这些不可兑换项目涉及衍生品交易等领域，风险系数高，需谨慎对待。如果自贸区内资本项目开放过快，企业和金融机构的资金就能够非常自由地流入、流出自贸区。而我国汇率、利率尚未市场化，由于区内等同于境外，而区外等同于境内，资金成本存在差异，若自贸区内外之间的资金防火墙不够严密，那么本来只是一条门缝的开启，最终就可能演变为门户洞开。

就全国改革而言，资本项目开放要特别谨慎，最好安排在利率和汇率市场化到位之后。就南沙自贸区而言，资本项目在一线开放没有任何障碍，但在二线开放则要看准时机，把握好进度，做到收放有度。

资本账户开放与风险防范并不是对立的或相互排斥的，而是统一的和相互促进的。资本账户开放的程度越高，风险防范的意识就应该越强，防范风险的政策和措施就应该越有力。

第一，协调推进利率、汇率改革与资本账户开放。利率、汇率改革和资本账户开放没有固定顺序，应该协调推进，成熟一项，开放一项。

第二，优化资本账户各子项目的开放次序。基本原则是，对我国经济发展越有利的项目（如直接投资和企业及个人对外投资）越早开放，风险越大的项目（如短期外债）越晚开放。

第三，推进资本账户开放并不意味着对跨境资金流动、金融交易放松监管，而应根据国内外经济金融变化，实行灵活、有效的政策措施，包括采取临时性特别措施。资本账户开放要谨慎推进，相机决策，遇险即收。

（2）开放资本账户的建议

①以构建自贸区离岸人民币中心为突破口实践资本账户开放

构建离岸金融中心与资本账户开放紧密相关，是实践资本账户开放最优的战略选择。由于目前中国不具备完善的金融体系、成熟的调控机制和对抗外来资本冲击的干预能力，并且没有自由的市场环境相配套，依然存在外汇管制，资本项目也没有完全开放。

更多人民币跨境业务实践成为可能。结合中国资产证券化常规化运作，推动跨境人民币结算业务发展，扩大人民币在贸易、投资、保险等领域的使用，进而可以深入研究开展个人境外直接投资试点，还可积极配合开展民营资金进入金融业的政策研究，探索设立由民间资本发起的自担风险的民营银行和金融租赁公司、消费金融公司。

金融监管模式创新的试验田。该模式的特点是强化"交易"监管概念，而非"地理"监管。这样的监管模式本来就顺应了现代服务业虚拟化、去地域化、去物理化的发展大趋势。同时自贸试验区将是中资金融机构适应国际竞争环境的练兵场。

使人民币国际化真正起航。在离岸市场上离岸使人民币国际化真正起航。在离岸市场上离岸自由兑换将进一步优化境内人民币汇率形成机制。而资本在跨境的不断流动也自然地为资本在境内与境外市场最终自由流动铺平道路。此外只有在自由贸易区内率先实现资本项目开放，并逐步实现人民币可自由兑换，人民币国际化才能真正起航，彻底摆脱人民币国际化以来采取的"跨境贸易＋离岸金融"的模式。

②以务实稳健地加强金融基础建设为突破口实践资本账户开放

南沙自贸区的金融监管思路是立足于"负面清单"模式，因此，只有建立了完善的金融信息数据系统（以及分析系统），才能更好地动态监控区内金融机构的行为。监控不代表监视，因为只要区内金融机构严格遵守"负面清单"，金融监管机构无须（也无权利）对其实施任何干预或审查，在没有大的国际资本进出时完全由市场来决定其行为，但当出现大的金融动荡如金融危机时，相关金融监管部门将马上进行一定程度的有效干预，控制风险。此外平时的金融动态监控对商业犯罪、恶意金融交易、市场操纵、恐怖金融（包括洗黑钱）的证据收集也是有帮助的。

5. 自贸区对内渗透

（1）自贸区对内渗透的经验

自贸区的金融开放作为我国金融改革的一次大胆尝试，虽然常常会面临各式各样的风险，但其给国内外经济带来的影响是十分积极且重大的。上海自贸区是从如下几个方面来做好自贸区金融开放下资本流动风险防范的。

第一，合理有序地推进自贸区的金融开放工作。金融开放，要大胆、创新，但是不代表要盲目进行。所以，关于自贸区的金融开放，笔者认为应该合理有序进行，逐渐推进自贸区的金融开放工作，进而处理好各个开放项目之间的内部关系，这也是做好资本流动风险防范工作的重要手段之一，如以人民币跨境使用、资本项目开放和利率市场化的金融开放为例，三者的开放应该结合其自身项目内部关系，以及预期的开放目标有序地进行，最大程度地优化相关开放制度，降低风险。

第二，做好资本异常流动的监测、预警以及控制工作，杜绝资金大规模涌入的套利行为。自贸区应该建立一个综合性数据监控系统以及资本异常流动风险指标体系，对资金的实际流动进行可视化的实时监控，进而通过全面、系统的监控，及时发现资金的异常流动状况，做到第一时间发现风险、解决风险、消灭风险。同时，建立预警系统，通过对短期资金异常流动的模拟与计算，制定出多套预案，进而防患于未然。

第三，充分发挥自贸区自身的资金缓冲作用，从而进一步分解与消化资本流动风险。从某种意义上来讲，自贸区的金融开放势必会引起以自贸区为中心的资金流动，所以，自贸区本身就是一个大型的资金中转站与风险中心。因此，我们可以重复利用自贸区这一特点，将自贸区看作一个大型的资金缓冲区，根据自贸区资金流动的实际情况，判断本期资金的流动和可能存在的风险，并采取相关措施，在自贸区内就将风险分解与化解，从而减少其向国内的传导。

第四，做好自贸区资金流动的管制工作。在某种程度上，自贸区金融开放也就等于全国的金融开放，因为国际资本很容易通过自贸区流入国内，而如果此时缺乏有效的资本配备管理，那势必会产生巨大的金融风险。所以，在开放自贸区金融时，更应该处理好开放与管住之间的关系，适度地对资金流动进行管理，从而为自贸区建立自己的金融防火墙。

（2）监管机构提前构筑隔离墙，加强自贸区业务监控

第一，要加强自贸区金融业务的准入管理和监管体系建设。监管部门应将自贸区内金融机构纳入监管范围，明确其经营范围。同时，建立健全自贸区金融业务监管政策体系，使自贸区金融业务"有法可依"。

第二，严格把握自贸区金融业务的风险监管。包括完善自贸区银行业务的监管指标，在现有流动性监测指标的基础上合理设定资本充足率，确定自贸区业务的规模和质量控制范围；强化对自贸区银行业务的监测和报告制度，建立自贸区金融业务的信息披露机制，提高业务透明度，降低银行违规操作风险；在信息报告基础上建立风险预警机制。

第三，加强国际银行业的监管合作。自贸区金融业务的全球化属性决定了我国监管部门有必要大力促进与各国监管当局的信息共享，提高监管的协调性，加强与其他国家监管机构的往来，通过互相提供监管信息加大对自贸区银行业务的监管力度，减少恶性资本流动对金融体系的冲击。

（3）银行搭建自贸区业务体系，建立风险防控机制

第一，提高合规意识，确立自贸区业务经营管理和制度体系。自贸区金融业务有其特殊的经营模式和管理要求，要按照监管要求，建立相应的管理制度、业务流程和IT系统，提高合规经营意识。银行的自贸区业务是与境内业务并行的、相对独立的业务，需认真研究确定自贸区金融业务的经营管理模式和组织架构，单独制定完整的规章制度。

第二，严格遵循"了解你的客户"原则，防控信用风险。建立信用风险预警机制，通过境内外机构联动合作，借助国际信用评级机构、资信调查机构和信用保险机构，对客户进行定期核查，及时掌握客户履约能力、交易背景及信用风险情况的变化。

第三，建立有效的市场风险防范机制。银行应加强对利率、汇率市场化风险的识别和管理，通过适时调整内部资金定价政策、调整资产负债结构、建立汇率风险避险制度等措施，形成完善的风险监测和评估体系，建立定期报告制度，适当借助金融衍生工具规避市场风险，加强产品创新，提高风险管理的科学性。

第四，严格加强自由贸易账户管理。建立严格的自由贸易账户隔离制度，是我国银行探索自贸区金融业务的必要措施，对于确保银行整体业务的稳健经营、防范外部冲击有着重要意义。

第五，提高自贸区金融业务的办理水平。自贸区金融业务在操作层面的复杂性远超

过境内非自由贸易区的金融业务，要求银行加强对自贸区金融业务合规风险和操作风险的管理和监测，做到"了解你的业务"，做好尽职审查，提高内部经营管理水平及从业人员素质，科学设计业务流程和内控制度。

（4）企业明确经营目标，找准自贸区业务战略定位

第一，谨慎经营、稳健发展。在自贸区业务试点探索的初期，企业应采取谨慎经营的原则，严格控制境外投融资风险，切勿忽视风险、盲目扩张，片面追求自贸区业务带来的收益而忽略企业本身的风险承受能力。

第二，加强对自贸区金融各项政策制度的理解。目前我国仍处于自贸区金融业务发展的初级阶段，企业应充分掌握自贸区金融业务的各项政策制度，及时关注了解政策变化情况，严格遵守国家相关法律法规和政策制度，消除政策调整对自贸区业务的不利影响。

第三，立足实体经营，提高国际化经营水平。企业应利用自贸区金融业务开放引进全球资源，服务于实体经营发展。加快开拓海外市场和海外业务，提高国际化经营能力和水平。

四 以贸易便利化为导向改进贸易监管体制

目前，并没有对贸易便利化的标准定义。狭义地讲，贸易便利化是指对货物在港口间的物流支持，或者更快速地传递跨境贸易的相关文件等方面采取的更为便捷的措施。近年来，对它的定义扩展到了贸易业务的环境、海关和制度环境的透明度及专业化，以及顺应国际或区域规则的标准一致化。这些变化拓展了贸易便利化的方向，使之延伸到国内政策的制定和制度结构的改革。另外，网络信息技术正迅速地融入贸易领域，这意味着贸易便利化的定义中还应该包括科技概念。根据对贸易便利化的众多解释，世界银行将之定义为相关跨国因素和国内因素的结合。跨国因素包括口岸效率和海关管理，国内因素则包括国内的制度环境和能够促进电子商务应用的基础设施。

1. 通关便利化的措施和经验

发达国家在促进贸易便利化措施方面的优势在很大程度上得益于信息化技术的推广应用，通过虚拟网络支持实体贸易网络，促进政府机构、贸易团体和海关之间的信息共享，为各类贸易提供更为便利的交易条件。

（1）美国促进贸易便利化的政策措施

海关程序透明度。美国海关条例被记载于联邦条例法典中，有关条款的修订和海关操作规程的制定会及时发布在官方网站上或海关公告中，海关的官方网站上还设有论坛，以便及时得到公众的反馈。

无纸化贸易。美国海关采用了一套新的技术（虚拟专用网络）以取代现存的800个拨号上网服务机构；建立并完善一套帧中继网络，即贸易网，以收集与跨境贸易相关的数据，扩大电子管理，简化贸易过程，消除重复报告和改善海关服务，满足企业和公众的需求；建立一个自动化商业环境安全数据门户，以促进和便利海关、贸易团体和其他

相关政府机构之间的信息共享。

系统风险控制技术的应用。美国海关和边境防卫采用了一套风险管理方法。允许美国海关在贸易过程中鉴别风险等级并将风险排序，同时促进合法的贸易商品畅通无阻碍通关。

（2）新加坡促进贸易便利化的政策措施

一站式信息门户。新加坡海关网站与其他政府机构的网站进行了整合，从而为用户提供了一个一站式的信息门户。

充分利用电子技术。新加坡政府在1989年1月就开始启用一套电子文件传输的关务系统——贸易网络系统，该系统以具有一定标准格式的电子文件或单证，传输有关进出口贸易及货物运输的相关信息。新加坡充分利用技术进行海关程序的操作，绝大多数应用流程控制在10分钟之内。

货物监管便利。新加坡海关对输入其自由贸易区的货物仍保持监管状态，如这些货物需从原来存放的自由贸易区移至另一个自由贸易区，在移动前需获转运许可。海关人员会监督货物从一个自由贸易区移至另一个自由贸易区。如果货物要从自由贸易区运入新加坡课税区内，托运者需将发票、进口保关单、许可证、送货单等交海关核查批准。

开放、可行的申诉程序。新加坡制定了一套开放、可行的申诉程序，通过该程序，任何对海关机构估值判断有异议的人可以通过书面形式、当面交谈或电话等方式直接向海关署长提出质疑，如果还不满意可以向上一级法院提起申诉。

严格的廉政标准。新加坡海关制定了严格的廉政标准，并将其作为新加坡公共服务的核心价值，尤其强调其对公共服务的重要性。投资、资产、债务状况以及包括保障廉政在内的进出口独立审计情况都要通过定期简报、声明的形式发布。

（3）荷兰促进贸易便利化的政策措施

荷兰鹿特丹港地处莱茵河三角洲，腹地覆盖欧盟半数国家。鹿特丹港最大的特点是储、运、销一体化，通过保税仓库及货物分拨配送中心对货物进行再加工和储运，提高货物的附加值，然后通过多种运输方式把增值的货物送到各地。鹿特丹港是世界上最重要的货物集散地之一，其吞吐量在世界上一直名列前茅。鹿特丹港的区位优势是一个先天条件，但荷兰港口高度信息化的管理是一个重要的后天因素。

运用中央计算机系统。鹿特丹港对进口货物通常要求海运公司或船务代理公司在抵达港口前24小时内向海关递交有关货物的资料，这些资料以电子文件或电子单证的形式存储于海关的中央计算机系统，这样，除了鹿特丹海关人员可以得知有关进口货物的资料，其他国家的海关人员也能查询到。中央计算机系统的主要功能有：检查申报资料的正确性、关税与其他税费的计算等。计算机系统根据所获得进口货物的资料进行风险分析，以确定是否需要对进口货物进行开箱检查。

高效的物流系统。中央计算机系统将进口货物的风险用四种颜色灯来显示，其中橘色表示清查比对货物与相关文件；红色表示实体抽查检验货物；绿色表示以人工方式审查文件与清关；白色表示立即放行。在实际操作中，白色货物需要海关人员在相关文件上签名才可离港；绿色货物需要接受海关人员对相关文件做较为详细的分析，向托运人询问或要求其提供补充材料，确认没有疑问后才可离港。其他两种颜色表示该货物必须接受开箱检查以及人工清关程序。荷兰的进出口货物均必须经过 X – Ray 检查，正是这套高度信息化的海关程序，保证了鹿特丹港的高效率。

货物分类监管。荷兰高效的物流系统与其颇具特色的保税仓库系统分不开。荷兰把保税仓库分为 B 型、C 型、D 型和 E 型四种类型，分别采取不同的监管方式。B 型保税仓库主要用于满足企业自己在国际货物运输中的存储需要。海关对此类保税仓库主要通过仓储文件来进行监管，在货物进出仓库时再执行实体盘查，因此，此类保税仓库通常设在海关机构附近。C 型保税仓库的所有者通常不是货物的所有者，他们主要为客户提供服务。仓库所有者申请执照时必须详细说明仓库的设施与管理系统。经海关实地察勘符合标准后才可取得执照。D 型保税仓库的货物完税价值取决于该货物进入仓库时显示的价值，而其他仓库的货物完税价值则取决于该货物运出仓库时的价值。因此，D 型仓库的货物在办理清关手续时更快捷。E 型保税仓库并无固定的地址，其所有者可以自由地在荷兰境内运送货物，仓库所有者只需要每月向海关申报有关资料。只有维持高标准仓储记录与完备管理信息系统，并得到海关信任的大公司才能取得 D 型保税仓库的执照。

因为荷兰对保税仓库有分层次的严密监管控制机制，海关对保税仓库的实体核查工作相对就减少了，物流业者可不受海关过多干预而自由地将货物包装与运送，这使荷兰成为世界上物流效率最高的国家之一。

（4）迪拜促进贸易便利化的措施

为了进一步促进贸易便利化，迪拜自贸区推行一站式统一管理。在其港口内，海关、银行、邮电、交通运输、安全等相关行政服务部门实行统一管理、统一办公，取消了平行多头机构。在这里办理审批进出口手续、签证等，可在 24 小时内办妥；办理投资审批手续 7 天内即可审批，其高效便捷受到《金融时报》旗下《FDI》杂志"全球自贸区排名"的高度称赞。

2. 检验检疫、认证认可和质量标准

（1）检验检疫

①探索建立检验检疫负面清单管理

"探索建立负面清单管理模式"，是《中国（上海）自由贸易试验区总体方案》（以下简称《总体方案》）提出的上海自贸试验区制度创新最突出的亮点。南沙自贸区也要向上海自贸区学习。政府的监管理念由"正面清单"向"负面清单"转变，虽然初衷是用于投资准入领域，但这种"法无禁止即合法"的管理理念，已成为发达国家在包括经济管理领域在内的社会管理各个方面普遍运用的理念，与限定企业"只能做什么"的管理理念相比，这种管理理念无疑会让市场发挥更大的作用，降低政府监管的成本，有效解决资源错配、宏观调控边际效率下滑和审批腐败频发的问题。

②探索建立重点后移的监管模式

按照"一线放开、二线安全高效管住、区内自由的货物贸易兼顾制度"核心原则，结合检验检疫风险管理规范，进一步确定监管重点后移的特殊监管区检验检疫管理基本制度，即一线设定高风险货物的有限负面清单，大部分货物实施自动的通关模式；二线采用信用监管机制，依托信息化技术，根据质量风险程度实施分类检验检疫的高效监管模式。

在检验检疫行政审批方面，对非高风险的一线进口商品的行政审批事项，实施"企业合规承诺、先放后核、严格后续监管"的模式。这些行政审批事项可涉及免3C认证证明、电池备案、能效标识备案、特殊贸易类进口旧机电产品核查等。

③探索建立多部门协同执法机制

学习借鉴自贸试验区"协同执法监管"的理念，特殊监管区的检验检疫部门可以在以下几个方面的工作中积极推进口岸联动工作机制的建立。

加快推进特殊监管区公共信息化平台建设。主动争取地方政府的支持，协调海关、外管的多个口岸执法部门，共同构建企业、物流、信用和执法等数据共享的大数据平台。

积极推进特殊监管区公共信用采信机制的建设。一方面积极探索检验检疫信用管理系统与政府公共信用系统的对接；另一方面在特殊监管区积极探索征信信息多方采集、信用结果总额和评估的企业综合信用评价体系，积极采纳"信用负面清单管理"与统一公开发布的联动模式。

支持探索构建企业备案"一日受理机制"。依托公共信息化平台的统一申报端口建设，积极支持特殊监管区政府构建"一案多报"的新企业备案或审批、修改的受理机制，提高综合行政审批效率。

加速推进"三个一"口岸通关机制的完善。依托公共信息化平台，完善口岸执法部门一次查验的科学模式，解决推进"三个一"机制的关键瓶颈。

④缩短商品检验流程，让企业通关更便利

为了降低商品成本，福建自由贸易试验区的做法是，大幅加快保税港区的商品检验流程。"现在我们是人等货，不是以前的货等人，只要进口商品一入岸，我们商品检验检疫局的工作人员就在现场等候，马上就可以用实验室的设备对进口商品质量进行把关。"福州国检局在进口商品市场交易中心设立了实验室。这样一来，商品周转速度加快，也促使价格下降。

按照传统报关入区方式，原来生产急需的进口原材料要等报关、查验后才能放行，送往工厂；如今企业可享受"先进区、后报关"的模式，原材料可直接送到企业，满足工厂生产排期需求，极大地缩短通关流程，节约成本和时间。

厦门推广实施的上海自贸区优惠政策还有：特殊监管区内企业与境内区外企业、区内其他企业之间可分批次进出货物，可在规定期限内集中办理海关报关手续等。

（2）改进质量标准检验模式

在监管模式创新方面，自贸区分局将建立以企业质量自我声明、流通环节抽样检验、风险监测、质量申投诉处理、质量安全突发事件应对为主要内容的产品质量综合监管模式。构建基于风险的特种设备分类监管模式，推进以电梯制造单位为主的专业化、规模化电梯维保模式；推动市场化运作的基于物联网技术应用的电梯远程监测和电梯综合责任保险的全面试点；授权自贸区分局成立特种设备应急处置机构，提升电梯等特种设备事故调查处理能力和突发事件的应急处置能力。

①行政审批制度创新

在行政审批方面，自贸区分局将改革工业产品生产许可制度，对通过市场调节、企业自律能够保障产品质量安全的许可事项，转变审批方式，简化审批环节。同时，自贸区分局将受市局委托，直接受理产品质量检验机构资质审批，简化行政事务流程，提高审批效率。

建立以计量认证为基础的检验检测机构资格认定制度，推动政府相关部门在资格许可时直接采信计量认证结果，对除食品检验机构、机动车安检机构、司法鉴定机构等涉及公共安全、生态环境保护和直接关系人身健康、生命财产安全等领域以外的检验检测机构资质认定实行告知承诺制。

此外，自贸区分局还将取消中小企业计量检测保证能力评定等行政审批事项；对部分行政许可实行告知承诺制，先行在修理计量器具许可证签发"建立社会公正计量行（站）"等许可事项上试点。受理实施部分特种设备行政审批事项，包括特种设备生产（包括设计、制造、安装、改造、修理）单位的资格许可，办理特种设备使用登记和安装改造修理施工告知等。

②服务区内企业发展

在服务区内企业方面，自贸区分局将改革企业标准备案管理制度，对企业产品和服务标准建立并实施自我声明和主要质量指标信息公开制度，企业主动接受社会监督。

发挥组织机构代码作为统一社会信用代码的作用，收集、整理、分析企业质量数据，为消费预警、缺陷召回等工作提供决策依据，并逐步实现与外部监管信息的互通、交换和共享，为区内社会信用体系建设提供数据支持。进一步完善外商投资项目核准（备案）和企业设立的"一表申报，一口受理"机制，为企业提供便捷、高效服务。

3. 改变货物监管模式

随着大通关的进一步完善和细化，南沙自贸区需要实行"先进区、后报关"制度。其作用包括：因报关手续简化，物流效率提升；因物流周期缩短，货主和物流企业的物流成本降低，经营效益提升。

南沙自贸区需将传统"一票一报"申报方式改变为"多票一报"申报方式，允许企业货物分批次进出，海关报关手续可在规定期限内集中办理，从而扩大企业申报自主权，减少中间环节和代理费用，降低通关成本，提高通关效率。新模式使海关实施货物监管的难度加大，因而承担的责任更大；同时，新模式使政府管理职能转向服务型，符合当前国家转变政府职能的根本要求。虽然前移式的海关通关监管模式涉及环节较多，可能会对物流运输组织、货物贸易交接方式、保险理赔业务等产生影响，但随着该模式逐步推广，其综合效应将进一步凸显，红利将进一步释放。

南沙自贸区实行区内货物自行运输制度，允许符合条件的区内企业不使用海关监管车辆，这对降低企业物流成本具有积极意义，便于物流企业与货主等物流关系的构建，有利于提升区内物流效率。

可见，货物监管前移模式、通关作业随附单证简化制度、批量报关制度、集中纳税制度、智能化卡口验放管理制度以及区内货物自行运输制度等都是南沙自贸区开创大通关的具体措施，实质上是降低物流成本、提高通关效率和综合物流效率的细化措施。

4. 改善贸易监管体制

（1）建立高效的边境管理制度

南沙自贸区贸易便利化应以贸易便利化制度建设为核心，建立高效的边境管理制度，包括以下几个方面。

单一窗口合作机制。相关边境检查部门在主要国际港、空港、陆地边境的办公地点与海关办公地点联合安排检验工作，海关不可代替其他部门进行边境检验。

单一国家联系点制度。设立一国贸易法规和其他贸易便利化措施方面的唯一联系点，由商务部门、财政部门、海关口岸管理部门协调，联合建立一个跨部门的代理机构。

快捷通关制度。与风险评估和海关外部审计密切相关的另一个制度是对合规企业进行特殊程序安排，包括快捷通关制度的建设，这在很大程度上依赖于风险评估工作的规范程度和外部审计的技术能力。

提前放行制度。规定只要货物符合海关要求，并且交易企业提供计税所需基本信息，海关即可放行，将通关和放行分离。

海关复议制度。由专门的行政复议法院管辖，建立专门的海关复议机制，包括南沙地方复议会和国家复议委员会，从而更加高效和及时地处理存在争议的问题。

风险管理制度。风险管理在提高效率、便利海关执行以及实施其他贸易便利化措施方面具有重要作用，如实施提前审单和预归类的数据预存和处理制度，将放行与办理通关的货物分离，或将享受特殊待遇企业与其他企业进行分类管理。

（2）加强信息技术应用，建立人员培训机制

贸易便利化水平的不断提高需要以先进的信息技术为保障。在自贸区的基层部门以及口岸建设中，应加大技术应用力度，为海关通关和监管提供技术支持以提高工作效率。杜绝各种利用权力寻租的腐败行为，保证自贸区的贸易便利化政策措施得到有效执行。

（3）扩大服务业的对外开放，将贸易利益惠及生产者和消费者

在服务贸易出口方面，首先，应通过扩大开放，促进服务业管理体制、企业机制、组织形式以及服务品种的创新；其次，应促进先进服务技术的引进，带动服务业整体水平的提高；再次，应培育服务业比较优势，增强国际竞争力，减少服务贸易逆差；最后，应鼓励有条件的企业实施"走出去"战略，发展服务业的跨国公司。同时，有关部门应在金融、保险、外汇、财税、人才、法律、信息服务及出入境管理等方面，为企业开拓国际市场、扩大市场份额、提高国际竞争力创造必要条件。另外，应考虑贸易开放对不同产业的影响，立足于农业、工业和服务业的总体利益而不是单一部门的利益，从更开

放、更多元的视角综合评估南沙自贸区贸易开放的总体利益，从而更好地服务于国家产业发展战略。贸易利益应同时惠及生产者和消费者，生产者和消费者福利的增加也是国家经济社会发展的标志之一。

5. 智能化技术的广泛运用

（1）建立无纸贸易平台，提供贸易流通服务

无纸贸易的实施可推进技术和商业模式的创新，跨境无纸贸易过程中的电子数据交换是无纸贸易发展的最高阶段。无纸贸易的实现在很大程度上取决于跨境数据交换，因为跨境数据交换是无纸贸易实现的最直接方式。在不同经济体之间进行无纸贸易数据交换需要政府部门的协调和承认电子文件的法律效力。跨国界的协调、协商和一体化不仅涉及各部门的相互配合，而且需要无纸贸易网络增值服务供应商的相互协调和协作。无纸贸易的实施需要人力资源的投入、电信基础设施的投入和技术开发的投入，资源的投入是无纸贸易实施的基本保证。

南沙自贸区需要实现区域内的跨境信息共享，无论是国内的网络增值服务供应商、公共服务部门，还是国外的相关机构和国际组织，都应加强无纸贸易能力建设的经验交流，如技术、法律、社会和环境等。无纸贸易的实现依赖于不同部门间的数据交换，如不同商业机构之间、商业和公共服务机构之间以及政府和其他非商业公共服务部门之间等。由于这些机构各自业务文件的保存格式和方法各不相同，贸易相关文件的处理往往非常复杂和烦琐。南沙自贸区应为无纸贸易的发展指明方向，将单一窗口系统作为实现无纸贸易的基础，无纸贸易应由政府主推，强调私人和公共服务合作伙伴间的合作，进而提高效率并建立长期的无纸贸易发展机制，建立信息集成的无纸贸易平台，提供贸易流通、国际货物清关和港口管理整合等服务，建立国家单一窗口，促进单一窗口模式的实现。

（2）建立区域电子协同工程、制定电子贸易的流程规则

电子商务跨越工商、海关、保险、财税、银行等众多部门和不同地区。为保证电子商务的顺利实施，不同国家的商务活动，必须有严格的法律法规、统一标准和强有力的综合协调组织。电子商务作为现代商务的一项重要工具，具有跨越时间和空间的特点，提高了交易效率。国务院批准的《中国（广东）自由贸易试验区总体方案》中明确指出，广东自贸区的主要任务包括加快培育跨境电子商务服务功能，试点建立与之相适应的海关监管、检验检疫、退税、跨境支付、物流等支撑系统。

南沙跨境通国际贸易有限公司（以下简称"跨境通"）是首批在南沙自贸区注册的25家企业之一，其主营业务是跨境电子商务业务，也是南沙市第一家跨境电子商务平台。交通银行南沙市分行与香港分行联动，为东方网电子商务有限公司（跨境通的主要投资方）提供1亿元跨境人民币境外借款，用于满足该公司跨境电子商务平台运营的资金需求。跨境通在自贸区已完成了功能测试，目前处于试运行阶段，该业务是推动跨境电子商务中跨境人民币结算的具体举措。在自贸区的背景下，跨境通的上线将对海外代购业务和跨境电子商务行业产生很大影响。

南沙自贸区作为我国内陆经济特区，政策的特殊性会吸引越来越多的企业入驻，包括越来越多的跨境电子商务企业，这很可能会带来跨境网购、团购市场的活跃。2013年8月，国务院下发《关于实施支持跨境电子商务零售出口有关政策的意见》，明确要求从2013年10月1日起，先在已开展跨境贸易电子商务通关服务试点的南沙、重庆、杭州、宁波、郑州5个城市试行上述政策。

南沙自贸区应建立区域间的电子商务协同工程，建立一个开放、安全的第三方电子贸易服务平台，使国际采购、物流和电子金融服务实现通信互联，并促进贸易单证跨平台合作，包括以物流单证为核心的行业协同和以订单为核心的跨区域协同。在此基础上，进一步促进贸易单证的标准化，并在标准化基础上进行电子化。在业务保证上，制定一整套电子贸易规则与流程。在环境保障上，提供电子贸易的技术、安全、法律保证。由于信息网络技术的进一步发展，其在企业中的应用也发生了转移，从单纯的关注交易环节向关注网络环境下的商务主体（企业）和商务活动过程转移，而商务活动的全过程涉及诸多方面的协同运作，即整个供应链及其与相关环节的协同。因此，建立区域协同商务是电子商务的发展趋势，区域间的电子商务协同工程需要不同部门间的协调和信息整合，其中政府的投入和支持是关键因素。

（3）建立跨境电子商务海关监管体系

一是整合资源，形成信息共享平台。通过对国内外数据交换的监控，确保国际贸易环节的合法性，实现国际贸易协同平台的整合，建立起合作共赢的集中数据库和统一的数据交换出口。国际贸易平台的整合实际上就是要实现企业协同作业数据交换平台、政府监管数据交换平台、银行单证交换平台和物流单证交换平台的整合。

二是创新海关监管模式，推进跨境电子商务示范工程。跨境快件、邮件数量的快速增长对海关监管工作提出了新的挑战。南沙自贸区海关在现有综合监管体系下，应做好实际货物的监管查验，确保经济安全。依托电子商务口岸建设机制和平台优势，优化创新海关监管模式，通过工作试点制定跨境电子商务涉及的通关、结汇和退税等方面的管理办法及标准规范；扎实推进跨境电子商务示范过程，认定跨境电子商务示范企业，创建跨境电子商务示范基地，以公共服务的方式支撑和保障跨境电子商务市场规范、高效运行。

三是加强跨境电子商务的人才培养。跨境电子商务是一项复杂的系统工程，涉及计算机技术、网络管理、市场营销、法律等多项技术和各学科知识的融合，需要由了解多种技术、懂得商务和管理的复合型人才的通力合作来完成。应进一步强化有关人员的培训机制，提高人员工作效率及其应用先进技术与管理经验的能力，使之熟悉跨境电子商务的各种法律法规，提高职业道德水平和素质，保证跨境电子商务政策和措施得到有效贯彻和实施。南沙自贸区应不断积累资金、技术、知识等要素优势，提高在跨国生产网络中的地位，吸引来自全球的机构和精英，并通过政府和市场的双重作用，扩大跨境电子商务的规模。

五 以粤港澳深度合作为推手发展现代服务业

自贸区服务业的开放对区内提升产业能级，加快服务业发展，促进经济结构调整，加快经济转型有着重要的促进作用。要探索对港澳更深度的开放，进一步取消或放宽对港澳投资者的资质要求、股比限制、经营范围等准入限制，重点在金融服务、交通航运服务、商贸服务、科技服务、专业服务等领域取得突破。

1. 全力打造国际航运中心、发展航运服务

航运作为国际运输最常见的运输方式，是自贸区发展的重点。航运业在广东有悠久的发展历史，这一次借助建设自贸区的契机，要发挥粤港澳联动机制，对接货物运输规范和标准，开放发展各类航运服务如国际船舶运输、国际船舶管理、国际船员服务、国际航运经纪等，优化航运支持政策和管理。

（1）打造南沙国际航运中心的举措

发挥粤港澳联动机制。建立南沙试验区与粤港澳海空港联动机制，建设21世纪海上丝绸之路物流枢纽，探索具有国际竞争力的航运发展制度和协同运作模式。

货物运输规范、标准的对接。探索与港澳在货运代理和货物运输等方面的规范和标准对接，推动港澳国际航运高端产业向内地延伸和拓展。

开放发展各类航运服务。积极发展国际船舶运输、国际船舶管理、国际船员服务、国际航运经纪等产业，支持港澳投资国际远洋、国际航空运输服务，允许在自贸试验区试点国际和台港澳航空快件中转集拼业务。允许设立外商独资国际船舶管理企业，放宽在自贸试验区设立的中外合资、中外合作国际船舶企业的外资股比限制。允许外商以合资、合作形式从事国际船舶代理业务，外方持股比例放宽至51%，将外资经营国际船舶管理业务的许可权限下放给广东省。

在落实国际船舶登记制度相关配套政策基础上，自贸试验区海关特殊监管区域内中方投资人持有船公司的股权比例可低于50%。推动中转集拼业务发展，允许中资公司拥有或控股拥有的非五星旗船，试点开展外贸集装箱在国内沿海港口和自贸试验区内港口之间的沿海捎带业务。在自贸试验区内注册的内地资本邮轮企业所属"方便旗"邮轮，经批准可以从事两岸四地邮轮运输和其他国内运输。加快发展航运运价指数衍生品交易业务。

发展航运配套服务。促进航运金融发展，建设航运交易信息平台，发展航运电子商务、支付结算等业务，推进组建专业化地方法人航运保险机构，允许境内外保险公司和保险经纪公司等服务中介设立营业机构并开展航运保险业务，探索航运运价指数场外衍生品开发与交易业务。

优化对航运的行政管理。简化国际船舶运输经营许可程序，优化船舶营运、检验与登记业务流程，形成高效率的船舶登记制度。

（2）发展南沙航运的政策支持

发展南沙航运要加大航运信息、人力、财力以及文化等方面的政策支持。

一是加快发展航运运价指数衍生品交易业务，支持区内开展中国进口干散货、原油等大宗散货运价指数的编制和发布工作；制定船舶交易信息的统计报送制度，支持在区内建立船舶交易信息平台，提供船舶交易信息服务。

二是建立市场导向和政府推动相结合的航运发展股权基金，允许发起人设立股权基金公司，改变政府主导基金发起的现状；同时支持航运发展股权基金与有关拆船资金、特许航运经营权等政策结合使用，将重点放在运力结构调整、所有权与经营权分离、航运企业规模化与专业化发展等领域。

三是成立国际航运学院，着力打造国内领先、国际知名的航运金融教育品牌，构筑具有影响力的航运高端人才输出基地，建设国际化、开放型、服务型的高端航运人才培养基地。探索体制机制创新，加强与相关政策的配合，做实抓手，着力提升自贸区在国际航运规则和标准制定、市场规则、信息咨询服务等领域的能力和水平，提高国际市场影响力；吸引国内外航运组织、相关协会、服务机构和平台落户区内。

2. 开放培育特色金融服务：航运金融、融资租赁、贸易结算中心

自贸区各行各业的发展离不开金融服务的支撑，因此要注重对特色金融服务的开放和培育。航运业是资本密集型产业，为了配合其发展，需要完善相关的特色金融服务。南沙要开放对各类大型机械设备购买的融资租赁服务，把握好金融对外开放的契机，打造自贸区贸易结算中心。

（1）发展自贸区特色金融服务的国际经验

新加坡金融市场能为企业提供全面的融资服务。各国企业只要符合一定条件，就可以在新加坡交易所发行股票或债券。新加坡的融资租赁、项目融资市场也非常成熟，能为企业提供全方位的融资服务。新加坡金融市场针对不同类型的贸易企业有不同的融资业务模式，如石油类贸易公司采用背对背信用证融资模式，中小贸易公司在不同发展阶段可以分别采用初创期融资和成长期融资等各种贸易贷款。对于投资海外的企业，新加坡金融机构设计了保险加贷款的融资模式。这些个性化的金融服务对新加坡企业的经营发展起到了巨大的推动作用。

在香港可使用任何货币进行贸易结算。对外贸易企业能否自由选择结算货币，决定了贸易企业能否在贸易过程中灵活地规避外汇风险，减少风险敞口。香港对货币买卖和国际资金流动，包括外来投资者将股息或资金调回本国都无限制。香港拥有成熟、活跃的外汇市场，与海外金融中心保持着密切的联系，外汇交易每天 24 小时不间断进行。港币是可自由流通的货币，因而企业可以在香港银行开立多个货币账户，使用任何货币进行贸易结算。在外汇自由流通的政策下，香港能够吸引大量离岸资金流入，公司和金融机构在资金管理方面也有很大的灵活性。

香港贸易结算方式多样，结算途径自由。国际贸易结算的目的是结算买卖双方的债权债务关系。自由贸易区内是否能够提供完善的金融体系供企业自由选择和组合贸易结算途径，对入驻企业能否顺利开展对外经济贸易业务有着不言而喻的作用，而银行网点设置、业务水平等都会影响企业结算业务的效率和准确度。香港是世界上银行机构最密

集的城市之一，全球顶尖的金融机构汇聚于此，形成了巨大的金融网络，能满足各种结算方式的需求。此外，香港的人民币离岸业务也在迅速发展，人民币结算总额在不断攀升。

（2）南沙开放培育特色金融服务的举措

一是发展航运金融。促进航运金融发展，建设航运交易信息平台，发展航运电子商务、支付结算等业务，推进组建专业化地方法人航运保险机构，允许境内外保险公司和保险经纪公司等服务中介设立营业机构并开展航运保险业务。

要探索航运运价指数场外衍生品开发与交易业务，支持区内开展中国进口干散货、原油等大宗散货运价指数的编制和发布工作；制定船舶交易信息的统计报送制度，支持在区内建立船舶交易信息平台，提供船舶交易信息服务。

二是发展融资租赁业务。允许和支持各类融资租赁公司在试验区内设立项目子公司并开展境内外租赁服务。鼓励融资租赁业创新发展，扩大融资租赁资产范围。对注册在自贸试验区海关特殊监管区域内的融资租赁企业进出口飞机、船舶和海洋工程结构物等大型设备涉及跨关区的，在确保有效监管和执行现行相关税收政策前提下，按物流实际需要，实行海关异地委托监管。允许融资租赁公司在试验区内设立的单机、单船子公司不设最低注册资本限制，允许其兼营与主营业务有关的商业保理业务。

三是打造贸易结算中心。深化国际贸易结算中心试点，允许在区内建立面向国际的金融交易以及服务平台，提供登记、托管、交易和清算等服务，拓展专用账户的服务贸易跨境收付和融资功能。推动自贸试验区公共服务领域的支付服务向粤港澳三地银行业开放，允许自贸试验区内注册设立的、拟从事支付服务的港澳资非金融机构，在符合支付服务市场发展政策导向以及《非金融机构支付服务管理办法》规定资质条件的前提下，依法从事第三方支付业务。

金融机构根据有关扩大自贸区内人民币跨境使用的政策，为区内跨国公司办理经常项下跨境人民币集中收付业务，简化区内企业支付结算流程，提高支付结算效率；金融机构根据自贸区外汇管理的有关规定，为区内企业提供大宗商品衍生品交易的结售汇服务，为大宗商品企业利用国际市场开展风险管理提供新的渠道；金融机构可凭借区内机构和个人提交的收付指令，直接办理经常项下、直接投资的人民币结算业务，同时与包括互联网支付在内的机构合作，为跨境电子商务（货物贸易或服务贸易）提供人民币结算服务。

实行外汇资本金意愿结汇，自贸区内注册外商投资企业的外汇资本金可以突破原有的支付结汇制的限制实行意愿结汇，将外汇资本金全部结成人民币存入一个待支付的人民币账户中，待支付人民币账户中的资金由商业银行按照资本金使用管理要求进行监管。

3. 积极发展跨境电子商务

要创新粤港澳电子商务互动发展模式，按照公平竞争原则，积极发展跨境电子商务，完善相应的海关监管、检验检疫、退税、跨境支付、物流等支撑系统，加快推进跨境贸易电子商务配套平台建设。

（1）物流

发展城市电子商务配送、支持电子商务企业与第三方物流合作，建立快速补货和区域调拨系统，进一步为快递业健康发展创造良好环境，从而为电子商务体系的完善提供物流支撑。

（2）通关便利

通过先行先试，依托电子口岸建设机制和平台优势，实现外贸电子商务企业与口岸管理相关部门的业务协同与数据共享，解决制约跨境电子商务发展的瓶颈问题，优化通关监管模式，提高通关管理和服务水平。出境物流通关便利有利于优化贸易投资环境，促进区域内资本流动和增强区域外直接投资的吸引力。自贸区应设置电子或者其他方式的集中受理点，使贸易商找到提交货物通关放行所需法规要求的全部信息，实施便利出境货物通关放行的海关程序，确保货物通关和运输工具往来的高效便捷，便利区内区外货物间的跨境移动。

（3）商务电子化信息化

自贸区要实现信息化，建立自己的网站，并通过各种媒体发布有关的法律、法规、政策和重要信息，提升政策透明度。要精准定位，在制定好"游戏规则"后，做到真正的放权，让市场和企业自己来解决问题。注意加强有关政府网站的及时更新，努力将有关政策法规翻译为英文和其他语言，以方便贸易伙伴阅读和理解，同时应进一步提高与跨境电子商务相关的执法或行政处理过程的透明度，以保证跨境贸易环境的公平。

（4）构建跨境电商海关监管体系

整合资源，形成信息共享平台。通过对国内外数据交换的监控确保国际贸易环节的合法性，实现国际贸易协同平台的整合，建立起合作共赢的集中数据库和统一的数据交换出口。国际贸易平台的整合实际上就是要实现企业协同作业数据交换平台、政府监管数据交换平台、银行单证交换平台和物流单证交换平台4个平台的整合。创新海关监管模式，推进跨境电子商务示范工程。跨境电子商务的急速扩张和跨境快件、邮件数量的快速增长对海关的监管工作提出了新的挑战。应依托电子口岸建设机制和平台优势，优化创新海关监管模式，通过试点工作总结制定跨境电子商务涉及的通关、结汇和退税等方面的管理办法及标准规范，促进国家跨境电子商务发展。应扎实推进跨境电子商务示范过程，认定跨境电子商务示范企业，创建跨境电子商务示范基地，以公共服务的方式支撑和保障跨境电子商务市场规范、高效运行。

（5）吸引不同类型的跨境电商主体

吸引国外大型跨境电商企业，该模式的建设运营主体是亚马逊这类的世界级大型跨境电商企业。通过国际招商与持续意向互动合作，达到顺利导入的目的，依托的资源是中国乃至东南亚、东北亚的成熟跨境电商网络与业务量、自贸区的海空港与陆路接驳物流资源、保税监管物流中心服务、报关清关服务、国际商务服务等一系列配套资源。

吸引国内跨境电商企业与拓展跨境电商业务的国内大型企业落户，建设运营主体是淘宝这类的拓展跨境电商业务的国内大型电商企业，依托的资源是成熟的国内电商网络与客户资源、前海蛇口片区的海空港与陆路接驳物流资源、保税监管物流中心服务、报关清关服务、国际商务服务等一系列配套资源。

通过物流通关与国际商务服务平台导入跨境电商，由具备国内外物流运营经验与规模的企业，整合原有的国内外电商客户资源，利用自贸区的叠加优势，拓展服务项目，丰富服务内涵，创新服务流程，建设适合跨境电商运作的物流通关与国际商务服务平台，转型、吸引、承接国内外跨境电商全产业链运作。该模式的建设运营主体是诸如西部物流、招商保税物流的国际物流企业，依托的资源是粤港澳区域的海空港与陆路接驳物流资源、保税监管物流中心服务、报关清关服务、国际商务服务以及金融、保险、商检等一系列配套资源。

吸引国内外全球制造与流通企业开展跨境电商，建立广东自贸区跨境电商运营平台与区域总部，以自贸区为战略运营支点。进行全球制造与流通企业的自营电商网络运营，建设运营主体是华为、中兴这类的制造企业，以及积极拓展跨境电商业务的连锁零售企业。依托资源是成熟的全球供应链网络、供应商与客户资源、片区的跨境人民币、融资便利、国际海空港、保税监管物流中心服务、报关清关服务、国际商务服务等一系列配套资源。该模式的创新驱动是国内外全球制造与流通企业、跨境电商企业的盈利驱动以及中国或东亚布局。

4. 大力促进商务服务、科技服务、教育旅游及专业服务的开放

现代服务业多元化、个性化的特征非常明显，属于竞争性较强的垄断竞争行业，因此要给予企业自由活动空间以满足人们日益多样化的服务需求。尤其是创新类的现代金融服务、文化服务性产业和商务服务性产业等原先受到较多的管制，在自贸区的开放措施引导下将获得非常大的发展机会。从国际经验来看，在伦敦自贸区发展的过程中，与航运相关的中介服务、信息咨询、保险、金融、法律、行会、教育等相关行业和组织的发展提供了重要的力量。波罗的海交易所在航运交易中介领域具有领先地位，英国的海事相关法律体系也有了一定规模，伦敦的保险业和金融业也较为发达，尤为重要的是，伦敦聚集了众多优秀的航运、金融、保险相关人才和组织机构，它们是伦敦发展航运服务业的重要力量。在其他港口城市努力提升航运硬实力的时候，伦敦也加快提升航运软实力的步伐，全力打造高端服务型的国际航运中心。

（1）发展商务服务

开放发展如律师事务所、会计师事务所、税务事务所、报送报检、检验鉴定、认证、船舶和船员代理、公正、司法鉴定、信用服务、人才中介、维修、增值电信、建筑、工程设计等服务。

律师事务所。探索中国律师事务所与外国（含中国港澳台地区）律师事务所业务合作的方式和机制。允许在自贸区设立代表处的外国律师事务所与中国律师事务所以协议方式，相互派驻律师担任法律顾问。允许外国律师事务所与中国律师事务所在上海自贸区内实行联营。在互派法律顾问的合作中，中国律师在被派驻到外国律所驻上海（含自

贸试验区）代表机构担任法律顾问期间，可以中国律师身份向客户提供中国法律咨询服务和涉及适用中国法律的民商事诉讼、非诉讼法律事务的代理服务，可以分工协作方式与外国律所驻上海（含自贸试验区）代表机构合作办理跨境或国际法律事务，可以就重大复杂法律事务提请所在的中国律所与外国律所合作办理。外国律师在被派驻到中国律所或者分所担任外国法律顾问期间，除向接受派驻的中国律所或者分所提供外国法律信息、法律环境等方面的咨询服务外，可以外国律师身份向客户提供涉及外国法律适用的咨询和代理服务，可以分工协作方式与中国律所或者分所合作办理跨境或国际法律事务。在中外律所联营的合作中，中国律所与外国律所可以以联营的名义，接受当事人的委托或者其他律师事务所的委托，在各自获准从事律师执业业务范围内，以分工协作方式，办理中国以及外国法律事务，或者合作办理跨境和国际法律事务。

会计师事务所。支持本地会计师事务在自贸区设立分所，允许其使用含"XX自贸试验区"字样的分所名称。同时要注意完善自贸区分所的行政管理；发展人才中介服务，允许设立中外合资人才中介机构，外方合资者可以拥有不超过70%的股权；允许港澳服务提供者设立独资人才中介机构；发展工程设计服务，关于自贸区内为本地提供服务的外资工程设计（不包括工程勘察）企业，取消首次申请资质时对投资者的工程设计业绩要求；发展建筑服务，自贸区内的外商独资建筑企业承揽中外联合建设项目时，不受建设项目的中外方投资比例限制；发展增值电信，在保障网络信息安全的前提下，允许外资企业经营部分特定形式的增值电信业务，如涉及突破行政法规，须国务院批准同意；发展维修服务，试点开展境内外高技术、高附加值的维修业务；另外还要探索发展税务事务所、报送报检机构、检验鉴定机构、认证机构、公正机构、司法鉴定机构、信用服务机构服务。

（2）发展教育旅游文化服务

允许举办中外合作经营性教育培训机构，允许举办中外合作经营性职业技能培训机构。

在自由贸易试验区开放合资旅行社经营出境旅游，允许在试验区内注册的符合条件的中外合资旅行社，从事除台湾地区以外的出境旅游业务。

聚集本土文化行业企业，探索发展游戏机、游艺机销售及服务，允许外资企业从事游戏游艺设备的生产和销售，通过文化主管部门内容审查的游戏游艺设备可面向国内市场销售；发展演出经纪服务，取消外资演出经纪机构的股比限制，允许设立外商独资演出经纪机构；在娱乐场所的服务开放方面，允许设立外商独资的娱乐场所在自贸区内提供服务。

（3）发展科技服务

运用市场化机制推动科技成果转化，将"互联网＋"引入科技服务业，解决国内技术转移转化领域存在的问题，如信息不对称，技术供需脱节；缺乏有效的公共服务平台，要素整合不够；一些单位的体制机制让员工缺乏技术转化的动力；国际化程度不高，全球资源配置的能力偏弱。通过"互联网＋"技术转移转化平台集成各项碎片化技术，形为成套技术，从而提高科技成果转化的成功率。

（4）积极推进专业资格、认证检测互认

加强粤港澳产品检验检测技术和标准研究合作，逐步推进第三方结果采信，逐步扩大粤港澳计量服务互认范畴。

六　进一步优化营商环境，全面促进投资贸易便利化

满足建立国际高水平投资和贸易服务体系的需要，在维护现行税制公平、统一、规范的前提下，以培育功能为导向，完善相关法律政策；进一步优化行政管理体制，完善市场准入和监管机制，促进试验区内货物、服务等各类要素自由流动，营造良好的营商环境，推动服务业扩大开放和货物贸易深入发展，形成公开、透明的管理制度。

从国际来看，新加坡通过议会决议，颁布了专门的《自贸区法案》，对自由贸易园区的定位、管理体制、功能、运作模式以及政府优惠政策等进行了全面的说明与明确的规定，将投资者的权益纳入法律约束范围，这有助于保障自由贸易园区各项政策的顺利实行，保证其稳定性以及充分保障投资者的合法权益。

香港特区的法律制度比较健全，具有公平、公开、公正的经营环境。香港的自由港政策建立在高度成熟的市场法制基础之上。香港的条例和附属立法有1000多件，而经济法规约占总数的45%，这些法规构成了自由竞争"游戏规则"的基础。涉及投资和贸易的法规主要有：《公司条例》（香港法例第32章）、《商业登记条例》（香港法例第310章）、《进出口条例》（香港法例第60章）、《应课税品条例》（香港法例第109章）等。涉及金融行业的法规主要有：《银行业条例》《证券条例》等。涉及劳资的法规主要有《雇用条例》《劳资关系条例》等。涉及知识产权的法规主要有：《商标条例》《商标规则》《注册外观设计条例》《版权条例》等。严密的法规和条例，使在香港从事任何经济活动，都可以找到法律依据，并受到法律的监督。同时，随着经济的发展，香港对这些经济法规不断地进行补充、修改、完善。2012年7月，修改后的《公司条例》获得香港立法会通过，相关附例的立法随之展开。

1. 优化法制环境

自贸试验区需要暂时调整实施有关行政法规、国务院文件和经国务院批准的部门规章的部分规定的，按规定程序办理。通过地方立法，建立与试点要求相适应的自贸区管理制度。要支持自贸试验区在扩大投资领域开放、实施负面清单管理模式、创新投资管理体制等方面深化改革试点，完善自贸区法制环境。

（1）完善投资贸易规则体系

在扩大开放的制度建设上，大胆探索、先行先试，加快形成高标准投资贸易规则体系。在投资管理制度方面，完善准入前国民待遇加负面清单管理制度、商事等级制度、境外投资管理制度、工商一口受理制度；在贸易监管制度方面，围绕推动海关特殊监管区域转型升级的目标，创新海关和检验检疫监管模式，促进区内货物、服务等各类要素自由流动，提升贸易便利化水平，完善一线放开、二线安全高效管住的区内自由监管制

度，探索建立货物状态分配监管制度，探索建立国际贸易单一窗口管理制度。

打造高效且富有弹性的制度，包括海关管理制度、司法制度、社会保障制度等；在产业发展的选择上兼具针对性、战略性，通过税收优惠、政府补贴、发展基金等一系列最优惠的政策，吸引符合其区域发展战略需要的企业、组织进驻。

（2）完善立法、执法和监督体系

强化自贸试验区制度性和程序性法规规章建设，完善公众参与法规规章起草机制，探索委托第三方起草法规规章草案；完善对内对外开放的执法与司法建设，按照统一、公开、公平原则，试点开展对内对外开放的执法与司法建设，实现各类市场主体公平竞争；建立集中统一的综合行政执法体系，相对集中执法权，建设网上执法办案系统，建设联勤联动指挥平台；提高行政透明度，完善体现投资者参与、符合国际规则的信息公开机制；推进建立一体化的廉政监督新机制。

完善对自贸区的商事监督执法体系，建立专业化审理机制；建立行业信息跟踪、监管和归集的综合性评估机制，加强对试验区内企业在区外经营活动全过程的跟踪、管理和监督；建立集中统一的市场监管综合执法体系，在质量技术监督、食品药品监管、知识产权、工商、税务等管理领域，实现高效监管，积极鼓励社会力量参与市场监督；以商务诚信为核心，在追溯、监管、执法、处罚、先行赔付等方面强化全流程监管。

（3）建立社会力量与市场监督制度

设立社会参与委员会，由自由贸易区范围内的企业共同参与建立社会参与委员会；加强行业自律；发挥专业服务机构的作用；发挥工会组织的监督作用；探索设立法定机构，将专业性、技术性或社会参与性较强的公共管理和服务职能交由法定机构承担；建立行政咨询体系，成立由粤港澳专业人士组成的专业咨询委员会，为自贸试验区发展提供咨询。

（4）探索与自贸试验区相配套的税收政策

调整完善税收政策促进投资贸易便利化，充分发挥现有政策的支持促进作用。中国（上海）自由贸易试验区已经试点的税收政策原则上可在自贸试验区进行试点，其中促进贸易的选择性征收关税、其他相关进出口税收等政策可在自贸试验区内的海关特殊监管区域进行试点。自贸试验区内的海关特殊监管区域实施范围和税收政策适用范围维持不变。此外，在符合税制改革方向和国际惯例，以及不导致利润转移和税基侵蚀前提下，积极研究完善适应境外股权投资和离岸业务发展的税收政策。结合区内试点实施情况，在统筹评估政策成效基础上，研究实施启运港退税政策试点问题。符合条件的地区可按照政策规定申请实施境外旅客购物离境退税政策。

实施促进投资的税收政策。注册在试验区内的企业或个人股东，因非货币性资产对外投资等资产重组行为而产生的资产评估增值部分，可在不超过5年期限内，分期缴纳所得税。对试验区内企业以股份或出资比例等股权形式给予企业高端人才和紧缺人才的奖励，实行股权激励个人所得税分期纳税政策。

实施促进贸易的税收政策。将试验区内注册的融资租赁企业或金融租赁公司在试验区内设立的项目子公司纳入融资租赁出口退税试点范围。试验区内注册的国内租赁公司或租赁公司设立的项目子公司，经国家有关部门批准从境外购买空载重量在25吨以上并租赁给国内航空公司使用的飞机，享受相关进口环节增值税优惠政策。对设在试验区内的企业生产、加工并经"二线"销往内地的货物照章征收进口环节增值税、消费税。根据企业申请，试行对该内销货物按其对应进口料件或按实际报验状态征收关税的政策。在现行政策框架下，对试验区内生产企业和生产性服务业企业进口所需的机器、设备等货物予以免税，但生活性服务业等企业进口的货物以及法律、行政法规和相关规定明确不予免税的货物除外。完善启运港退税试点政策，适时研究扩大启运地、承运企业和运输工具等试点范围。

2. 创新行政管理

从完善自贸区行政管理的国际经验来看，美国自由贸易区的管理体制模式按层级结构可分为二层级型和三层级型，自由贸易区管理机构包括中央管理部门、地方管理部门。二层级型管理模式是指中央管理部门代表国家行使对自由贸易区宏观管理职权的同时，又直接领导、管理自由贸易区内部管理机构。三层级型管理模式是指中央管理部门行使对自由贸易区的宏观管理权，但并不直接管理自贸区，而是委托自贸区所在的地方政府管理。

美国对外贸易区委员会对全国FTZ的管理就属于二层级型的管理模式。这种管理模式的优势在于管理层次精简，有利于及时、准确地传递信息，便于中央管理部门及时掌握自贸区的运行情况，根据情况制定对策，而且管理成本相对较低。而三层级型的管理模式，虽然管理幅度小、监督严密，但信息传递较慢、中央与地方的政策容易发生冲突，且管理成本较高，不利于自贸区的高效运行。

中央管理体制可分为单一管理和共同管理两种模式。美国FTZ的管理属于前者，对外贸易区委员会作为专门管理对外贸易区的机构，对全国FTZ实行统一管理，具有专门性与权威性。而我国自贸区的管理属于后者，多个部门共同管理，容易导致各部门权责不明、政策冲突、沟通协调难度大、效率低下。

地方管理体制分为公司主导型和政府主导型。前者是指自贸区内不设立政府管理机构，而是在法律规定下，授权公司进行专门管理，由公司负责自贸区内的经营管理、开发建设以及部分行政管理事务。美国FTZ的内部管理体制就是允许公共机构和私人公司管理，并可根据市场的需要进行调节。而政府主导型则是政府派出专门机构，依法对自贸区进行管理。相比而言，公司主导型的管理体制行政成本较低，灵活性大，市场化程度高，可以避免官僚主义带来的各种弊端。

美国对外贸易区政府和市场管理相结合的双层管理体制既体现了政府的权威性和监督性，又充分引入市场机制，调动了各参与方的主观能动性，有利于公平竞争，形成互相促进的良好发展氛围。美国的社区治理采取的是"政府负责规划指导和资金扶持，社区组织负责具体实施"的运作方式。政府只负责宏观调控，在FTZ的运营上也不例外。

与上海的信息建设缺乏细节相比，新加坡是世界上信息化进程较深、电子商务技术发展较成熟的国家。新加坡早在 1980 年就连续制定了一系列与信息产业相关的国家级战略，其中就包括用于企业注册的"网上综合服务申请系统"和运用全国性电子数据交换系统（EDI）的贸易网络。为了吸引大量国外企业入驻，新加坡政府建立"网上综合服务申请系统"来简化企业注册程序，此系统运用后，执照的平均处理时间从 21 天缩短至 8 天，目前有 80% 的创业者可以在网上申请创业所需执照。新加坡贸易网是世界上第一个运用于国际贸易的 EDI（全国性电子数据交换系统）网络，系统业务范围涉及新加坡海关和税务等 35 个政府部门，与进口、出口（包括转口）贸易有关的申请、申报、审核、许可、管制等全部手续均通过贸易网完成。目前新加坡自贸区所有贸易中已有 95% 的进出口清关手续通过此系统完成。可见，新加坡三十多年来的信息化管理建设已取得显著成效，上海自贸区可以从中找到进一步发展的方向。

南沙要创新优化自贸区行政管理，简政放权，推进审批制向备案制的转化，提升企业运行效率，运用信息化电子化手段优化流程，简化企业办事手续，真正实现一站式服务。

（1）完善备案制

积极探索建立与国际高标准投资和贸易规则体系相适应的行政管理体系，推进政府管理由注重事前审批转为注重事中事后监管。对外商投资实行准入前国民待遇加负面清单管理模式，对外商投资准入特别管理措施（负面清单）之外的外商投资项目实行备案制（国务院规定对国内投资项目保留核准的除外），由广东省负责办理；根据全国人民代表大会常务委员会授权，将外商投资企业设立、变更及合同章程审批改为备案管理，由广东省负责办理，备案后按国家有关规定办理相关手续；工商登记与商事登记制度改革相衔接，逐步优化登记流程；深化投资管理体制改革，对实行备案制的企业投资项目，探索备案文件自动获准制。

（2）自贸区管理体制

由自贸区管委会负责自由贸易区的区域统筹管理；建立综合的执法体制；制定行政权利清单；实现政企共同管理，实行民主化的管理，设立区内企业和相关行业、组织共同参与治理的机制，由自由贸易区管理层与企业共同参与自贸区的管理；政府充当宏观管理和监督的角色，不负责自由贸易区区内运营；政府通过修订和完善法律法规服务于自由贸易区的参与者；政府为企业提供一站式的高效服务，包括：提供未来发展和投资的建议，协助企业挑选理想的投资场所，以及确定运营必备设施；帮助企业在本地和国际市场上获得合资机会，以及定期与企业沟通。以政府信誉做保障，同时实行企业化运作，为企业提供优质的服务。

（3）管理智能化

推进行政审批标准化、信息化建设，探索全程电子化登记和电子营业执照管理制度；创新投资服务促进机制，形成多部门共享的信息监测平台，做好对外直接投资统计和年检工作；对货物进出自由贸易区申请的提交及批准、信息统计、存货控制以及记录保持等采取计算机技术，以减少不必要的文书工作、简化海关手续。

外商要到自由贸易试验区投资。首先要将想投资的项目与负面清单进行对比。如果项目不在负面清单之列，就可以在网上填报信息。填报信息之后，区内的工商部门对企业名称予以核准登记，也就是看一下外商所要建立的这个企业是不是符合区内有关方面的规定，即不在负面清单之列，名称上是唯一的，不与其他的企业重复。如果没有任何问题，就进入受理阶段。外商投资企业可以到自由贸易区办事大厅的一个窗口递交申报资料。先由一个窗口来受理外商提交的材料，然后商务部门、工商部门、质检部门和税务部门，这四个部门在后台同时进行处理。

推进信息服务平台建设，通过扩大容量、拓展功能，以现有平台联网系统将更多部门和企业纳入其中，实现更广泛的信息共享和互联互通。推进货物"单证合一"试点。继续以信息化推动分类通关改革，提高进出口货物通关效率。加快推进报关无纸化、"提前申报"和"集中申报"预约通关等便利措施，进一步推进通关便利；推进公共信息服务平台建设，分别建设服务出口消费品、加工贸易转型升级以及家电与配套产业、建筑材料、玩具及儿童用品等领域的公共信息技术服务平台，为企业提供信息、评价、培训、检测认证和技术支持等全方位的技术服务。

（4）一站式服务

建立一口受理、综合审批和高效运作的服务模式，完善信息网络平台，建设市场准入统一平台和国际贸易单一窗口，实现不同部门的信息共享和协同管理。

贸易和运输企业是通过一点接入一个信息平台，一次性递交满足监管部门要求的标准化单证和电子信息。监管部门的处理状态是通过单一的平台反馈给申报人的。区内建立单一窗口的关键是要形成一个窗口，就是所谓单一窗口。建设一个模式，就是统一的标准和规范。建设一个平台，就是电子口岸。健全一个机制，即跨部门的共建机制。口岸管理相关单位实现信息互换、监管互任、执法互助。

（5）产品管理便利化

凡是进入自贸区的商品，无论是否需要缴纳关税，都可以无限期存放在自由贸易区内，还可以在区内进行展览；自由贸易区受海关监督，提供海关要求的安检程序，为自贸区内物品提供了安全保障而且不需要花费保险和保安的开支；自贸区内可进行质量控制检查，相对于产品进入国内后再进行质检，避免了对不合格产品的征税和管理；自贸区运营者需要对区内商品收据、加工和装运进行仔细核算，这种核算减少了公司不准确的接收、装运问题以及商品的浪费。

3. 市场准入与强化监管

（1）美国完善自贸区准入与监管的经验

美国对外贸易区的发展得益于美国当局根据具体情况制定的良好政策，还有政府、公共机构的经营管理，当然也离不开美国海关的科学监管制度。

一是监管理念。海关监管的重点在货物进入国内市场的关卡上，关于区内的日常管理则由经营者自主管理。尽管海关放松管理，但绝不姑息违法者，任何违法犯罪行为都要严厉处罚，如吊销营业执照，处以巨额罚款等。海关对对外贸易区监管的目的是为使用者提供服务。海关检查时，不能影响公司的正常运行。

二是审计核查制度。美国海关对对外贸易区货物的监管从原来的逐票逐单监管转变为通过审计核查方式实施监管，省去了比较烦琐的检查项目，简化了监管程序。转变了监管方式后，对外贸易区也不再需要常驻海关人员了。对外贸易区的经营者负监管责任，对区内货物的票据、样本、生产、安全及存储情况等进行具体监管。海关的审计工作由审计师完成，主要审查该区域最近几年的交易记录。海关有时也会临时抽查，现场核查区域内的货物，如发现清点货物与库存清单不符，检查人员可以责令运营商及时改正，确保及时解决发现的问题。审计检查和现场查验为两种独立共存、相互促进的海关监管方法，这样一来，大大减少了海关日常监管的工作量，节约了海关人力，同时提高了对外贸易区内货物进出的速度。与区外海关对进口集装箱货物3%~5%的直接现场查验率相比，对外贸易区的物流优势相对显著。

三是实行计算机监控。在监管过程中，美国对外贸易区海关强调计算机技术的使用，通过电脑对货物的进出区情况进行登记、核销，实施动态监管，把进出海关手续的复杂程度降到最低，从而提高了海关的行政管理效率。海关可以委托运营公司管理货物进出，而运营公司将货物进出清单送海关存档，这种自主管理的方式可以节省海关人力，减少工作量。

（2）南沙加强市场准入与强化监管的举措

要强化企业诚信体系建设，完善监管体系建设。

第一，健全社会诚信体系、企业诚信制度。开展信用调查和等级评价，完善企业信用、约束机制，实施守信激励和失信惩戒制度；建立信用信息记录共享与披露制度；建立信用信息和信用产品的使用制度；推动信用服务产业的发展。

第二，建立宽进严管的市场准入和监管制度。实施自贸试验区外商投资负面清单制度，减少和取消对外商投资准入的限制，重点扩大服务业和制造业对外开放，提高开放度和透明度。深化行业开放，暂停或者取消投资者的资质要求、股比限制、经营范围限制等准入限制措施。特别是在银行业，支持外资银行入区经营，支持民间资本进入区内银行业，鼓励跨境投融资服务，简化准入方式；应允许外资参与设立有限牌照银行，该制度在国际上已经成熟，把商业银行分为可吸收存款的全牌照银行和不可吸收存款的有限牌照银行，不同种类的银行业务范围不同，监管要求不同，可对其实行分类管理，提高监管效率。在自贸区内实行公平竞争，对区内所有机构在注册和业务上一视同仁，实行少干预、无补贴政策。

第三，实施企业年报公示、经营异常名录和严重违法企业名单制度。完善企业信用信息公示系统，实施企业年报公示、经营异常名录和严重违法企业名单制度。把过去的由政府各个部门对企业进行年检，改为由企业按照规范每年编写年度报告，并且对报告进行公示。一旦发现企业披露的年报不实，有失信行为，就对企业进行相应的制裁，并且将其列入经营异常名录。

第四，强化企业环境责任监管。根据高标准国际投资和贸易规则要求，强化企业责任，完善工资支付保障和集体协商制度，建立工作环境损害监督等制度，严格执行环境保护法规和标准，探索开展出口产品低碳认证。

第五，强化安全和反垄断监管审查。以切实维护国家安全和市场公平竞争为原则，加强各有关部门与政府的协同，提高维护经济社会安全的服务保障能力。一是要扩大安全审查范围和内容；二是要建立发现识别机制，依靠机制来发现安全隐患，然后对这些问题进行解决；三是要建立初步审查机制；四是要探索建立信息共享和定期巡查制度。自贸试验区应配合国务院有关部门严格实施经营者集中反垄断审查。一是要开展对经营者集中的反垄断审查；二是要开展垄断协议和垄断市场支配地位的反垄断审查。

4. 争端解决机制

要建立知识产权纠纷调解、援助、仲裁等多元化解决机制。针对不同类型的争端采用不同的解决机制；仲裁作为在贸易和投资领域中被各国和各国际性经济组织所普遍采用的争端解决方式，满足了纠纷解决措施便利化的要求，契合了自贸区纠纷的新特点，应当成为自贸区争端解决的首选方式。

（1）不同性质争端的解决机制

私人投资者之间发生的争端属于平等主体之间的商事纠纷。自贸试验区内企业发生商事纠纷的，可以向人民法院起诉，也可以按照约定，申请仲裁或商事调解；支持本市仲裁机构依据法律、法规和国际惯例，完善仲裁规则，提高自贸试验区商事纠纷仲裁专业水平和国际化程度；支持各类商事纠纷专业调解机构依照国际惯例，采取多样形式，解决自贸试验区商事纠纷。支持自贸区内商事纠纷通过仲裁与调解等方式解决，并鼓励仲裁或调解机构依据"国际惯例"提高争端解决的国际化程度。

外国投资者与东道国政府间发生的争端可以通过以下方式解决：磋商或谈判；东道国当地救济，包括利用东道国的行政救济（如行政复议）与司法救济（如行政诉讼）；提交依据《华盛顿公约》建立的国际投资争端解决中心（ICSID）仲裁解决；提交其他国际仲裁机构如国际商会仲裁院（ICC）仲裁解决；适用《联合国国际贸易法委员会仲裁规则》通过临时仲裁（或特设仲裁）等方式解决；利用东道国救济与国际仲裁的混合方式解决等。其中，通过国际仲裁途径解决此类纠纷通常都建立在投资者母国与东道国订立的双边投资协定（BITs）的基础上，是条约义务的要求。

（2）仲裁机制

仲裁作为在贸易和投资领域中被各国和各国际性经济组织所普遍采用的争端解决方式，具有自治、灵活、高效等优势，满足了国际化、法治化的自贸区营商环境对于纠纷解决措施便利化的要求，契合了自贸区纠纷的新特点，应当成为自贸区争端解决的首选方式。在完善仲裁机制中，应注意以下几点。

第一，创设若干机制，最大程度地尊重当事人意思自治。自贸区充分的投资、贸易自由取决于交易主体充分的意思自治。交易主体充分的意思自治需要法律的支持与保障。要建立仲裁规则，以规则的方式确立仲裁员开放名册制，允许当事人在仲裁员名册外选择仲裁员或首席（独任）仲裁员，规定在当事人同意的前提下合并仲裁和案外人加入仲裁的制度，确立仲裁当事人可以约定证据规则的仲裁证据制度，引入以当事人合意为前提的友好仲裁制度等。在司法审查方面，在基本原则中确立"尊重当事人意思自治原则"，在对适用上述仲裁规则的案件进行审查时将合并仲裁、案外人加入仲裁、友好仲裁等方面的审查重点放在当事人意思自治是否被尊重，即是否获得当事人书面同意的事项上，在其他具体条款中采取"不违反我国法律的相关规定，在司法审查时可予以认可"的表述。

第二，创新仲裁程序和执行机制，促进仲裁纠纷解决的高效与便捷。仲裁效率是仲裁自治追求的核心价值。仲裁规则的建立应充分借鉴国际商事仲裁的先进理念和成熟经验，创新和完善若干仲裁程序，以便高效、便捷、公正地解决商事纠纷。除上述基于仲裁自治所创新的合并仲裁、案外人加入仲裁、友好仲裁等程序外，仲裁规则还要创设紧急仲裁庭制度和小额争议程序等。紧急仲裁庭制度的确立是为了向当事人提供快捷的临时性救济，同时不影响仲裁庭对实体争议的审理及当事各方的其他程序权利。小额争议程序适用于争议金额不超过 10 万元人民币的国内争议案件，同时压缩当事人提交答辩和反请求的程序期限以及仲裁裁决做出的期限。同样，在司法审查方面也应有相应的规定、措施配合到位。

第三，创新若干机制，最大程度地实现仲裁纠纷解决的专业性。提高仲裁专业性的创新主要体现在仲裁员名册开放制和友好仲裁制度的引入等方面。自贸区纠纷具有专业性、国际性和前沿性等新特点。面对自贸区纠纷的新特点、新问题，允许当事人在仲裁员名册外选择具有这些前沿领域知识经验的仲裁员，无疑将大大提升仲裁本身的专业性。对于友好仲裁制度的引入，允许仲裁庭经双方当事人授权，依据公允善良原则或公平交易和诚实信用原则对争议实质问题做出具有约束力的裁决。由于部分争议可能存在法律适用冲突或无法可依的情形，这些法律适用存在困境的争议，可能并不适合严格依照现有法律规则进行决定，尤其是当事人可能并不希望严格依据法律决定，而是需要仲裁庭灵活调和双方当事人的需求，做出更为符合"个案公正"的仲裁裁决。同样地，相应的司法审查亦应以专业对接，如明确"建立司法审查专项合议庭"由庭长担任合议庭审判长，对涉"自贸区仲裁规则"案件实行专项审理。

第四，接轨国际通行规则，实现自贸区仲裁的国际化。仲裁规则的制定，应在对比国外或国际仲裁机构制度、引入国际通行做法的同时，在我国仲裁法律框架内进行完善或创新。如临时措施制度的创新规定临时措施的决定机构不仅包括法院而且包括仲裁庭和紧急仲裁庭，但前提是临时措施执行地所在国或地区法律规定的仲裁庭有权做出临时仲裁措施决定，规定临时措施的范围包括财产保全、证据保全、行为保全等。临时措施主体和范围的完善不仅符合国际惯例，而且有助于自贸区案件中当事人权利的保护。在司法审查方面，应明确"支持仲裁制度发展与创新原则"，对各项措施的执行等做明确具体的操作性规定。

广州国际商贸中心研究基地成果

作者：张　昱　肖奎喜

兄弟省市加强与发达国家和地区经济技术合作经验研究

在全球经济一体化的浪潮中，各省市依据自身的经济发展现状，在加强与发达国家和地区经济技术合作方面积累了很多可供借鉴的经验。鉴于上海、江苏、北京、浙江、山东、福建、湖北、湖南等省市或是主要以欧美等发达国家或地区为经贸合作对象，或是在外贸、外资及"走出去"工作方面具有独到经验，本文主要以上述省市为总结对象。

一 兄弟省市加强与发达国家和地区经济合作的经验

（一）以宏大战略引领对外经贸工作

1. 湖北的"开放先导"战略

在对外经济合作方面，湖北提出了"开放先导"战略。湖北认为，开放的水平决定发展水平，开放的空间决定发展空间。以开放为先导，说到底就是要把开放作为拓展发展空间、引爆发展能量、提升发展水平的导线和引擎，将全省导入冲破"内陆意识"束缚而走向全方位开放的轨道；将开放意识渗透到经济社会发展的各个领域，进而形成"既立足湖北发展湖北、又跳出湖北发展湖北"的新格局、大格局。

"开放先导"战略认为，改革开放是推动经济社会发展的根本动力。当前，从全球化发展进程看，开放的趋势不会逆转；从拉动经济增长的需求结构看，外需作用不可忽视；从市场经济的本质属性看，市场经济就是开放的经济；从创新驱动的路径看，创新驱动离不开开放；从培育和检验区域竞争力的标准看，开放是最重要的标准；从湖北的发展实际看，扩大开放是必然选择。一定要从战略和全局的高度，继续深化对扩大开放重要性的认识，进一步坚定实施"开放先导"战略的信心和决心。

在实践中，"开放先导"战略可以具体表现为：敢开放（敢不敢开放，要害在于思想）；真开放（就是要破除老观念，树立新理念）；先开放（谁先开放，谁就能赢得主动权。沿海地区得改革开放之先，率先实现了发展，现在轮到我们了）；全开放（就是全方位的开放、全面的开放，只有不断开放，才能有效汇聚全国乃至全世界的资金、技术、人才、市场等要素，为我所用）。

2. 湖南的"开放崛起"战略

湖南提出，要坚定不移地以开放促调整、促转型、促改革、促发展，坚持开放崛起，加快发展开放型经济。实施"开放崛起"战略，重点要抓好五方面工作。

一是加快外贸扩总量转方式，着力提高经济外向度。要着力培育市场主体，大力开拓出口市场，实施科技兴贸战略，大力发展加工贸易；要积极扩大进口，重点扩大能源资源、先进技术设备和关键零部件进口。

二是加快"引进来"和"走出去"，充分利用两种资源、两个市场。要提高招商引资规模和水平，大力引进人才、智力资源，深入实施"走出去"战略。

三是不断拓展开放空间，构建全方位多层次的对外开放新格局。要协调推进环长株潭城市群、大湘南承接产业转移示范区和大湘西武陵山经济协作区的对外开放，加快县域经济开放发展，提升园区开放开发水平。

四是构建开放型现代产业体系，提升全省产业竞争力。要大力承接产业转移，加强外资投向引导，扩大开放领域。

五是加强基础设施和开放平台建设，提高对外开放承载能力。要构建便捷、安全、高效的综合交通运输体系，加强信息基础设施建设、口岸配套设施建设、城市和园区公共服务体系建设、开放平台建设。

3. 上海四大中心建设目标与江苏的"四个转变"战略

近年来，上海提出了建设全球"国际经济中心、国际金融中心、国际贸易中心、国际航运中心"的宏伟目标，希望能"率先转变经济增长方式、率先提高自主创新能力、率先推进改革开放、率先构建社会主义和谐社会"。江苏正积极推进开放型经济"四个转变"：加快招商引资向招商选资转变；推动对外贸易由数量规模型向质量效益型转变；促进对外经济合作向"引进来"与"走出去"相结合转变；推动开发区建设向增创综合环境优势转变。

（二）大力发展跨境电子商务等外贸新业态

样本省市非常重视推动跨境电子商务等外贸新业态的发展。江苏电子商务采用线上线下的模式支持购物中心、连锁企业建立有实体支撑的网络交易平台，其开发的全国首套外汇检测服务系统，大大方便了跨境电子商务的结售汇。上海充分发挥自贸试验区的先试先行效应和溢出效应，通过"跨境通"电商平台，推出跨境贸易电子商务一般进口、保税进口通关模式，拓展保税进口模式试点范围，降低试点企业门槛，简化备案操作流程，吸引了大批企业参与跨境电商试点。目前已有包括亚马逊、1号店等大型电商在内的30家企业完成试点备案工作。浙江省杭州市根据地区和产业特点，开创了"创梦谷－外贸转型工厂"模式，通过 eBay、Amazon、全球速卖通等国外电子商务主流网站，帮助工厂承接跨境小业务和实现外贸企业的产品进入欧美国家主流市场。福建以"园区＋平台"模式发展跨境电子商务，形成了福州电子商务产业园、鲤城区泉州网商创业园区、丰泽区领 SHOW 天地电子商务基地、服装城纺织服装行业电子商务产业基地等一批产业园区。

(三) 办好办精标志性开放平台，以点撬面

1. 上海自贸试验区

2013 年 7 月，国务院通过了《中国（上海）自由贸易试验区总体方案》（以下简称《方案》），9 月 29 日，上海自贸区正式挂牌开张。上海自贸区建设是国家战略，是先行先试、深化改革、扩大开放的重大举措，意义深远。上海自贸区成为目前大陆综合开放层次最高的区域，其成立吸引了全国及全球的目光。上海自贸区出台了一系列重大政策，主要包括以下几点。

（1）国内首次探索建立负面清单（否定列表）管理模式

《方案》表述：借鉴国际通行规则，对外商投资试行准入前国民待遇，研究制订试验区外商投资与国民待遇等不符的负面清单，改革外商投资管理模式。对负面清单之外的领域，按照内外资一致的原则，将外商投资项目由核准制改为备案制（国务院规定对国内投资项目保留核准的除外），由上海市负责办理；将外商投资企业合同章程审批改为由上海市负责备案管理，备案后按国家有关规定办理相关手续；工商登记与商事登记制度改革相衔接，逐步优化登记流程；完善国家安全审查制度，在试验区内试点开展涉及外资的国家安全审查，构建安全高效的开放型经济体系。在总结试点经验的基础上，逐步形成与国际接轨的外商投资管理制度。

（2）探索资本项目可兑换、利率市场化、人民币国际化，金融开放迈出重大步伐

《方案》表述：在风险可控前提下，可在试验区内对人民币资本项目可兑换、金融市场利率市场化、人民币跨境使用等方面创造条件进行先行先试。在试验区内实现金融机构资产方价格实行市场化定价。探索面向国际的外汇管理改革试点，建立与自由贸易试验区相适应的外汇管理体制，全面实现贸易投资便利化。鼓励企业充分利用境内外两种资源、两个市场，实现跨境融资自由化。深化外债管理方式改革，促进跨境融资便利化。深化跨国公司总部外汇资金集中运营管理试点，促进跨国公司设立区域性或全球性资金管理中心。建立试验区金融改革创新与上海国际金融中心建设的联动机制。

2013 年 12 月，中国人民银行发布《金融支持上海自贸区建设的意见》（以下简称《意见》），为自贸区内企业和个人的跨境交易提供了进一步的便利。根据规定，在自贸区内就业并符合条件的个人，可开展包括证券投资在内的各类境外投资；注册在试验区内的外资企业，可进入上海地区的证券和期货交易场所，进行投资和交易。除个人外，对于中外机构的投融资便利化也有所扩大。根据《意见》，注册在试验区内的外资企业，可进入上海地区的证券和期货交易场所进行投资和交易，其境外母公司还可在境内资本市场发行人民币债券；中资企业则可以开展境外证券投资和境外衍生品投资业务，也可从境外融入本外币资金。

（3）深化行政管理体制改革，由事先审批转为注重事中、事后监管

《方案》表述：改革创新政府管理方式，按照国际化、法治化的要求，积极探索建立与国际高标准投资和贸易规则体系相适应的行政管理体系，推进政府管理由注重事先审批转为注重事中、事后监管。建立一口受理、综合审批和高效运作的服务模式，完善

信息网络平台，实现不同部门的协同管理机制。建立行业信息跟踪、监管和归集的综合性评估机制，加强对试验区内企业在区外经营活动全过程的跟踪、管理和监督。建立集中统一的市场监管综合执法体系，在质量技术监督、食品药品监管、知识产权、工商、税务等管理领域，实现高效监管，积极鼓励社会力量参与市场监督。提高行政透明度，完善体现投资者参与、符合国际规则的信息公开机制。完善投资者权益有效保障机制，实现各类投资主体的公平竞争，允许符合条件的外国投资者自由转移其投资收益。建立知识产权纠纷调解、援助等解决机制。

总体来看，上海自贸区将赋予企业国际化运营、贸易便利化、金融自由化等更大幅度的优惠政策，正式挂牌运营后会产生巨大的"虹吸"效应，吸引企业在自贸区投资；上海自贸区作为国内第一个自贸区，实施境内关外特殊政策，通关服务更加便利、快捷，将吸引更多进出口货物经由自贸区通关，促进当地贸易、物流、航运大发展。

2. 福建的平潭岛开发

平潭岛是祖国大陆对台开放的最前沿，代表了对台开放的最高水平。平潭岛有着开发开放的优越条件。一是离台湾最近，是祖国大陆距离台湾岛最近的地方，与台湾新竹港相距仅100多海里。二是交通条件优越，京、沪、台高速和京、沪高速都规划经过平潭岛。三是资源丰富，平潭岛有着丰富的风能资源、潮汐能资源、旅游资源等。

据介绍，平潭岛的开发开放战略定位是：政治上是两种体制的融合，经济上是闽台产业发展高度一体化。为实现上述战略定位，平潭岛开发开放着重从如何理顺管理体制入手，探索实行全新的管理模式。同时探索两岸共同开发的"五同"模式，即"共同规划、共同开发、共同经营、共同管理、互利共赢"。

2009年，在国务院指导下福建省设立了平潭综合实验区，2011年11月，国务院又正式批准《平潭综合实验区总体发展规划》，明确要求"设立平潭综合实验区，开展两岸区域合作综合实验，努力把平潭建设成为两岸同胞合作建设、先行先试、科学发展的共同家园"。福建提出，今后5年平潭综合实验区的主要目标是地区生产总值年均增长20%、全社会固定资产投资年均增长20%、初步形成与国际投资贸易通行规则相衔接的基本制度框架。

福建也推出了《平潭综合实验区外商投资准入特别管理措施（负面清单）》，提到不只要在内容上更为简洁，在开放力度上也要大得多。

专栏1：平潭岛金融业对台开放

在金融领域，对普通外资多有限制的几个行业，均对台湾服务提供者放开。如除台湾服务提供者外，限制投资银行、财务公司、信托公司、货币经纪公司（必须符合金融业的监管规定）；除台湾服务提供者外，限制投资保险公司（含集团公司，寿险公司外方投资比例不超过50%）、保险中介机构（含保险经纪、代理、公估公司）、保险资产管理公司；限制投资证券公司（台湾投资者可达51%，其他港澳及外资参股比例不超过49%）、证券投资基金管理公司（外方参股比例不超过49%）、证券投资咨询机构（仅限台湾、香港、澳门证券公司，台资参股比例不超过50%，港、澳参股比例不超过49%）、期货公司（仅限台湾、香港、澳门服务提供者，参股比例不超过49%）等。

除此之外，根据国务院批准的《平潭综合实验区总体发展规划》，平潭实施全岛放开政策，在通关模式、财税支持、投资准入、金融保险、对台合作、土地配套等方面赋予平潭综合实验区比经济特区更加特殊、更加优惠的政策，例如，对平潭符合条件的企业减按15%的税率征收企业所得税。

当前，平潭综合实验区的商业活动和外商投资呈现出稳步快速增长态势。据统计，2013年新批外资企业有62家，其中台资企业有53家；企业总数达到3785家，内、外资企业注册资本总额历史性跨越300亿元。自2013年12月至2014年5月，平潭综合实验区新增市场主体2387家，同比增长98.25%。

（四）依托省情探索各具特色的招商引资模式

1. 江苏：沿"引资—选资—引智"路径升级引资模式

改革开放早期，在对境外经济要素的利用方式上，主要是单向的招商引资，即把产业和资本"引进来"。引资模式主要是依靠生产要素的数量扩张推动发展，走的是"粗放型"发展道路，对土地、能源、原材料等基础性资源依赖较大。从产业结构来看，这种模式一般依靠引进外资，大力发展加工制造业，服务业比重较低，自有技术相对缺乏。例如，江苏笔记本电脑、数码相机虽占全球的2/5和1/7左右，但绝大多数是外国专利。

随着资源、环境等因素制约程度的日益增强，这种粗放型的发展模式难以满足可持续发展的要求。为此，外资利用必须由粗放型向集约型转变，从"成本优势"向"创新优势"转型，这样，才能对外资更好取舍，更好选择。

由此，江苏逐步改变利用外资策略，将千方百计吸引外资的做法转变为优选精选外资，推动外资利用从"量"到"质"的根本转变。着重鼓励外资投资研发中心、高新技术产业、先进制造业和节能环保产业；鼓励外商投资现代农业、现代服务业和服务外包产业；注重外资投向的产业关联效应，由原来单一向制造业倾斜，转为向上中下游的关联产业和农业、工业、服务业多元投资；在制造业投资方面，针对江苏产业结构高端制造业缺乏，产业链高端环节缺失的现状，重点引进一些大、高、新投资项目，重点培育一批旗舰式高端制造企业。

在新的发展阶段，在注重引资规模的同时，注重引智，将引智放在比引资更重要的地位，大力引进技术、管理和人才，大力引进研发机构，实现由引进资金向引进全要素的转变。从产业发展层次看，争取通过全要素引进，激发创新活力，改变"高端产品、低端环节"的状况。

2. 湖北：产业链招商与"六外"联动

产业链招商的重点是找准重点发展的战略性新兴产业进行"建链"，围绕现有产业链条的缺失环节进行"补链"，对现有优势产业链，从科技、金融、信息化提升以及品牌引领入手进行"强链"。通过有针对性的项目引进，推动产业、科技、信息化、文化、金融相融合，增强产业的核心竞争力，实现经济倍增，做大做优做强。

具体来说，"补链"就是要寻找产业链条中缺失的高附加值环节，紧抓"微笑曲线"两端的企业，将产业链延伸，做大规模，做优配套，以满足产业关联发展的需要。"补链"的主攻对象是：能够支撑起整个产业链的数家相关产业企业或在产业链中具重要地位的龙头企业。其在这些产业链的某些环节已拥有较强的优势，但尚未形成完整的产业链条。

"建链"就是对于在湖北已有一定项目，但尚未形成支柱产业，通过引进该产业中具有核心地位的龙头企业，并以之为基础，辐射、延伸，从而建立全新的产业链条，培育有竞争优势的战略性新兴产业集群，为湖北未来的发展积蓄动力。"建链"的主攻对象是：目前仍处于起步阶段，但市场前景广阔、发展潜力巨大，而湖北又有发展和承接优势的产业。

"强链"就是通过注入科技、信息化和品牌元素，促进现有产业不断精细化，提升现有企业的质量效益，将传统优势产业打造为具有竞争优势的产业集群。"强链"的主攻对象是：相关产业发展已相当成熟，不仅涌现出一定数量在全行业具有影响力的龙头企业，而且配套发达，产业链条相对完善，整个产业具有竞争力，但产业的技术和品牌未形成绝对领先优势，产业利润受硬性成本影响较大，后进地区容易赶超的产业。

相比传统招商方式，产业链招商比拼的不是土地、税收等政策的优惠，而是以产业链分析为基础，满足构建产业链的需要，寻找和弥补产业链的薄弱环节，确定目标企业或目标集群，有目的、有针对性地招商。

专栏 2：中国车都的产业链招商

武汉外引内联，精心打造"中国车都"。目前武汉已经引进了标致、雪铁龙公司、东风公司、本田、通用、雷诺等企业或品牌，建立了神龙汽车公司、东风本田汽车有限公司、上海通用汽车武汉基地、东风雷诺公司、东风电动车股份有限公司、三环集团、汉阳特种汽车制造公司、东风乘用车公司 8 家整车生产厂，280 多家汽车零部件厂家，乘用车年生产能力为 135 万辆。武汉成为继上海之后，第二个拥有两家总产量超过 300 万辆汽车企业的城市。

为什么全球汽车业巨头纷纷入驻武汉？其一，武汉有一条完整的汽车产业链。这条产业链以武汉为中心，包括从采矿、钢铁冶炼，到汽车整车制造及零部件生产的各个环节，目前是中国最完美的汽车产业链。武汉从技术研发到高级技工拥有丰富的人才优势，地矿、冶金、机械、汽车、电子、纺织、化工等各类专业性高等学校林立，每年培养大批各类毕业生供企业选择。

其二，武汉市政府提供支持措施及优惠政策。一是武汉市政府负责免费解决整车企业在武汉建立基地所需要的生产资质问题；二是武汉市政府工作专班负责完成整车企业在武汉建立基地所涉及的在国家发改委和工信部等部门的立项、审批等手续；三是武汉市政府在土地、财政、税收等方面给予企业最大的支持，包括提供最优惠的地价、增值税及企业所得税地方留成部分"五免五减半"的财政返还、配套完善的基础设施等；四是凡属省级财政以下的行政事业性收费实行零费率；五是成立项目专班，为项目的立项、报批、筹建等环节提供代办服务。

此外，湖北着力实施"六外"联动，开辟外经贸新局面。湖北提出，搞好"六外"联动，用好用足国家、省、市外贸发展的支持政策和促进资金，为外贸/外资企业打造宽松、健康的发展环境。

第一，以外资促进外贸出口。按照湖北产业政策的部署，引导外资投向、确定引资重点，着重加强对出口型三资企业的引资力度。不断拓宽利用外资渠道，形成多形式、全方位引资的新格局。

第二，以外经带动外贸出口。鼓励和支持有实力的企业集团及高技术企业等经济实体以各种方式组建海外企业；积极参加承揽国外承包工程，争取承揽从咨询、勘测、设计、施工、安装、经营到维护和技术支持服务的总承包工程项目，提高对外工程承包的经济效益。通过国际合作和援外项目带动机电产品、成套设备的出口，增强创汇能力。

第三，以外贸促外资、外经工作。不断扩大外贸出口，改善投资环境，加强对外交流，吸引更多外商投资湖北；通过外贸出口，培育一大批有实力的企业，积极开拓国际市场，参与国际分工，促进外经工作的发展。

此外，湖北还提出要完善外事工作、扩大吸收服务外包、强化外智引入，希望打造"六外"联动的大开放格局，推动引资、引技、引智有机结合。

3. 京沪：重视总部经济，吸引万商云集

截至 2013 年年底，世界 500 强企业中有 48 家的总部落户北京，数量居世界第一。北京首次超越拥有 47 家总部的东京，成为名副其实的世界 500 强企业"总部之都"。

目前，全市一级总部企业总数已超过 1200 家。2012 年，总部企业以占全市 0.4% 的单位数、25% 左右的就业人数，创造全市近一半的增加值，实现近六成的收入和税收。

2013 年，北京认定了 8 个总部经济集聚区、4 个总部经济发展新区和 6 个商务服务业集聚区，总部经济集聚区中总部企业数量占全市的 61%，商务服务业集聚区入驻企业超过 4500 家，北京外资跨国公司总部企业和研发机构数量达 714 家。

2013 年，北京市出台《关于加快总部企业在京发展的工作意见》，给予外资跨国公司地区总部、在京央企、市属国企和民营企业公平发展的市场主体地位。总部企业集聚成为北京经济发展的重要支撑。

据介绍，世界 500 强企业中，已经有近 280 家在京投资发展，它们中的 1/3 把地区总部设在这里，使北京向打造世界高端企业总部聚集之都迈进了一步。统计显示，在京设立地区总部的外资跨国公司中，80% 左右为投资性公司，20% 左右为管理型公司。在全市各区县中，朝阳区内地区级总部企业数量最多，接近 100 家。

上海也注重集聚国外大企业和地区总部，吸引世界 500 强企业和跨国公司在上海设立地区总部、事业部全球总部和各种功能性机构，吸引国内大企业总部、民营企业总部，培育大型跨国经营企业；集聚采用现代国际贸易运行新模式的企业，吸引国内外企业的营运中心、物流中心、分拨中心、销售中心、采购中心等集聚；集聚商品和服务技术含量高、附加值高的企业，吸引国内外企业产业链中高技术含量、高附加值的环节，汇聚研发中心、创意设计中心、增值服务中心、品牌培育中心和旗舰店；集聚国际国内贸易组织、贸易促进机构和行业组织，吸引国际贸易组织分支机构入驻并开展重要的商务活动，集聚国际国内贸易促进机构、行业组织以及检验检测、认证和评级机构。

4. 湖南："软硬环境"招商

在全国各地招商引资优惠政策透明度越来越高，差别几乎可以忽略不计的情况下，湖南省委、省政府把良好的营商、发展环境等软实力看成第一生产力，招商引资战略竞争的重点已经超越单纯拼政策的阶段，进入较量综合发展软实力的阶段。

第一，优化人文环境。大力弘扬"心忧天下、敢为人先"等湖湘文化优秀传统，在全社会营造创新、创业、创造的浓厚氛围，积极倡导发展实体经济。第二，优化政务环境。紧紧围绕建设服务政府、责任政府、法治政府和廉洁政府"四个政府"，进一步改进工作作风，真正提高各级政府公信力和执行力。第三，优化司法环境。坚持公正廉洁高效司法，维护市场主体的合法权益和良好的市场经济秩序，为开放型经济发展提供强有力的司法保障。第四，优化生活环境。大力发展购物、餐饮、家政等生活性服务业，满足湖南和外地来湘居民多样化的生活需求，让他们在湖南过得舒适、舒心。

另外，湖南也竭力完善招商引资的硬环境。例如，近年来，湖南把标准厂房建设作为承接产业转移的重要基础性工作，重点支持，强力推进。近三年每年标准厂房建设面积均超过 1000 万平方米，建设力度还在不断加大。

专栏 3：湖南的标准厂房建设

标准厂房在承接产业转移过程中发挥了很大作用。主要表现在以下方面：第一是快速投产；第二是减少资金投入；第三是免除办理各项手续的麻烦；第四是没有后顾之忧。很多企业落户湖南在很大程度上都是冲着标准厂房而来的。如欧姆龙 2009 年 5 月签署协议，7 月份就正式开工投产，就是得益于标准厂房建设。

从 2009 年起，郴州市财政连续 3 年每年安排 5000 万元，引导全市产业园区新建标准厂房，并将建设任务和指标以责任状形式下达给 11 个县（市、区）和 2 个市属园区。同时鼓励个人或法人以独资、合资、合作、参股等形式建设标准厂房。近 4 年共建成标准厂房 758 万平方米，承接沿海转移各类企业 1082 家，标准厂房出租率在 95% 以上。全市实际利用外资连续保持全省第二的地位。

5. 辽宁：不同地区差异化错位招商

辽宁的每个城市、园区都力求凸显各自的主题、特色、分工，实现特色招商，差异竞争。例如，沈阳招商主题概念是：沈阳"四大发展空间"。大连市则是：大连钻石港湾。本溪主题概念则是：中国北方药谷。

在园区招商方面，大连长兴岛临港工业区：重点进行船舶制造和海洋工程产业集群招商。丹东新区组团：重点进行仪器仪表、汽车及零部件产业集群招商。葫芦岛绥中滨海经济区：重点进行数字技术产业集群招商。盘锦化工产业园：重点进行精细化工产业集群招商。

6. 闽台合作中的产业层次提升

目前闽台产业对接还处于浅层次、低水平阶段，福建不断尝试提升两岸产业合作层次。未来的深化发展着力于拓展产业合作领域（由以制造业为主向金融、物流等现代服务业领域和战略性新兴产业拓展），升级产业合作层次（从以加工制造为主的低端合作上升到研发设计、市场营销、品牌共建及行业标准制定等的高层次合作，建构垂直与水平分工并重的海西对台产业分工合作体系），优化产业合作模式（引导台资与本地企业建立协作网络，鼓励互相参股，构建合作研发的激励机制，推动台资企业与本土企业集群网络的形成），以及推进产业双向投资合作。这些都对海西对台产业对接（转移）的建设提出了高要求，包括建立两岸产业深度合作促进机制，完善两岸产业合作的资本通道、技术通道、人才通道、市场通路，以及两岸经贸政策协调对接和信用经济环境的打造等。

（五）"负面清单"非禁即入，推动开放向纵深发展

1. 上海版负面清单

负面清单管理模式，是一种国际上广泛采用的投资准入管理制度，政府以清单方式明确列出禁止和限制企业投资经营的行业、领域、业务等，清单以外则非禁即入、充分开放，企业只要按法定程序注册登记即可开展投资经营活动。

我国原有的审批方式是正面清单管理，禁止类、限制类不能做，允许类、鼓励类的还需要批准。上海自贸区探索建立负面清单管理，动态管理经济项目，并加大了改革力度。未列入负面清单的外商投资一般项目，最快4天可拿到营业执照，缩短了审批周期；其备案主要由自贸试验区管理部门依托网络完成，简单快捷，极大地提高了投资的便利性。这是我国改革开放迈出的重大步伐，是新时代背景下继续深化对外开放的标志性措施。

2014年7月1日，上海市政府发布修订后的《中国（上海）自由贸易试验区外商投资准入特别管理措施（负面清单）》（2014版），新版负面清单共139条特别管理措施，较2013版减少了51条，缩短幅度为26.8%。2014版上海自贸区负面清单（节选）如表1所示。

表 1　2014 版上海自贸区负面清单（节选）

部门	领域	序号	特别管理措施	国民经济行业分类代码
J 金融业	J66 货币金融服务、J67 资本市场服务、J68 保险业、J69 其他金融业	105	投资银行业金融机构须符合现行规定	J66
		107	限制投资证券公司，外方参股比例不超过 49%，初设时业务范围限于股票（包括人民币普通股、外资股）和债券（包括政府债券、公司债券）的承销与保荐、外资股的经纪、债券（包括政府债券、公司债券）的经纪和自营，持续经营 2 年以上符合相关条件的，可申请扩大业务范围；限制投资证券投资基金管理公司，外方参股比例不超过 49%；限制投资证券投资咨询机构，仅限港澳证券公司，参股比例不超过 49%；限制投资期货公司，仅限港澳服务提供者，参股比例不超过 49%	J67
		108	投资融资租赁公司的外国投资者总资产不得低于 500 万美元；公司注册资本不低于 1000 万美元，高级管理人员应具有相应专业资质和不少于 3 年从业经验	J69
K 房地产业	K70 房地产业	109	限以项目公司形式投资高档宾馆、高档写字楼、国际会展中心	K701
		110	禁止投资别墅的建设、经营	K701
		111	限以项目公司形式投资房地产二级市场交易	K704
L 租赁和商务服务业	L72 商务服务业	112	投资设立投资性公司，注册资本不得低于 3000 万美元，外国投资者应为外国公司、企业或其他经济组织，申请前一年该投资者的资产总额不低于 4 亿美元，且该投资者在中国境内已设立投资企业，其实缴注册资本超过 1000 万美元，或该投资者在中国境内已设立 10 个以上投资企业，其实缴注册资本超过 3000 万美元	L721
		113	限制投资法律咨询，外国律师事务所限以设立代表处的形式提供法律服务	L722
		114	投资会计师事务所须合伙	L723
		115	限制投资市场调查（限于合资、合作）	L723
		116	禁止投资社会调查	L723
		117	除允许香港、澳门服务提供者设立独资人才中介机构外，其他国家或地区投资者只能设立中外合资人才中介机构，外资比例不超过 70%，最低注册资本为 12.5 万美元，外方投资者应当是从事 3 年以上人才中介服务的外国公司、企业和其他经济组织	L726
		118	投资从事出境旅游业务的旅行社限合资（不得从事赴台湾地区旅游业务）	L727
		119	投资武装守护押运服务的保安服务公司外方投资比例不得超过 49%	L728
		120	限制投资评级服务公司	L729

2. 福建版负面清单

2014 年 5 月 31 日，共包含 14 个行业门类、99 条特别管理措施的《平潭综合实验区外商投资准入特别管理措施（负面清单）》正式实施（见表 2）。这是自上海自贸区之后国内的第二份外商投资负面清单，是一种"非列入即开放"的"宽进"模式。

表 2 《平潭综合实验区外商投资准入特别管理措施（负面清单）》（节选）

F 批发和零售业	F51 批发业	F511 农、林、牧产品批发	限制投资粮食收购，限制投资粮食、棉花的批发、配送（涉及配额许可，需取得发改部门的核准）
		F512 食品、饮料及烟草制品批发	1. 限制投资植物油、食糖、烟草的批发、配送；2. 禁止投资盐的批发
		F514 文化、体育用品及器材批发	除台湾、香港、澳门服务提供者可以独资、合资、合作形式提供音像制品（含后电影产品）分销外，限制其他国家或地区投资者投资音像制品（除电影外）的分销（限于合作）
		F516 矿产品、建材及化工产品批发	限制投资原油、化肥、农药、农膜、成品油（含保税油）的批发、配送（涉及配额许可，需取得发改部门的核准）
		F518 贸易经纪与代理	禁止投资文物拍卖
	F52 零售业	F521 综合零售	限制投资粮食、植物油、食糖、烟草、棉花、原油、农药、农膜、化肥的零售、配送（设立超过 30 家分店、销售来自多个供应商的不同种类和品牌商品的连锁店由中方控股）（涉及配额许可，需取得发改部门的核准）
		F522 食品、饮料及烟草制品专门零售	
		F524 文化、体育用品及器材专门零售	1. 除同一台湾、香港、澳门服务提供者投资图书、报纸、期刊连锁经营外，其他国家或地区投资者投资图书、报纸、期刊连锁经营，连锁门店超过 30 家的，不允许控股；2. 除台湾、香港、澳门服务提供者可以独资、合资、合作形式提供音像制品（含后电影产品）分销外，限制其他国家或地区投资者投资音像制品（除电影外）的分销（限于合作）；3. 禁止投资文物商店（除台湾外）
		F526 汽车、摩托车、燃料及零配件专门零售	限制投资加油站（同一外国投资者设立超过 30 家分店、销售来自多个供应商的不同种类和品牌成品油的连锁加油站，由中方控股）建设、经营

3. 四川版负面清单

2014 年，成都充分发挥国家综合配套改革试验区先行先试的有利条件，在全国副省级城市率先开启了"负面清单"管理模式改革。3 个试点区：天府新区成都片区、成都高新区、龙泉驿区（经开区）公开发布了各自的第一份"负面清单"，共涉及外商投资、企业投资、区域发展、环境保护四大领域。

天府新区成都片区制定的外商投资准入负面清单共 120 项，包括禁止投资类 41 项、限制投资类 79 项；成都高新区的负面清单则结合高新区产业发展定位和要求，突出高新区区域特色，其"外商投资准入负面清单"共 69 项；龙泉驿区（经开区）的外商投资准入负面清单涉及 16 个行业、44 个领域，共 157 项。

与上海和平潭负面清单只针对外资不一样，四川还同时出台了对内资的负面清单，扩大对民企的市场开放。

（六）探索"走出去"模式，加快"走出去"步伐

1. 江苏、湖北的"驻在国营销中心"模式

江苏在这方面起步最早，自 1996 年开始在海外设点组建经贸网络，2002 年年初在省外经贸厅筹建海外发展办公室，全面负责海外工作的管理和协调，目前已在德国、英国、法国、瑞典、荷兰、中国香港、日本、新加坡、马来西亚、美国十个国家和地区设立了经贸代表机构，初步形成了"欧洲""亚洲"两个区域中心。

湖北企业（驻在国/地区）营销中心（以下简称"营销中心"）是以湖北省商务厅官方机构为背景，以多年来湖北在机电产品、高新科技产品和成套设备进出口方面建立的基础，集聚政策、人才、信息优势，通过营销中心，针对中国和驻在地区在资源、工业、信息、经贸等领域的交流合作事宜，广泛开展政策与信息搜集、整理工作，及时发布重要信息，为政府和部门决策、企业投资提供参考借鉴。进一步提高湖北与驻在地区深化经贸合作的及时性、有效性。

营销中心通过建立网络电子信息库，对整个驻在地区合作信息和商贸信息进行搜集、整理、评估和归档。掌握湖北企业对驻在地区投资项目以及驻在地区企业对湖北投资项目的进度，有效管理各项贸易投资信息，完善与企业的信息交流平台。

营销中心会定期在湖北和驻在地区企业中举办贸易、投资项目推介会及信息发布会。积极对各有关商会、行业组织、各大企业、引资合作机构等宣传政策与信息，利用当地各种媒体发布推广中心信息。定期举行介绍湖北各市（州）政治、经济、文化、科技和教育专题活动，针对重点行业邀请客商参观洽谈，促进双方企业签订贸易订单。

现在，湖北已经建立了美国、欧盟、南美、东盟、非洲五大营销中心，为大量鄂企"走出去"提供了强有力的支持。

专栏 4：湖北企业（美国）营销中心的运作模式

"湖北企业（美国）营销中心"项目实施总原则是"政府推动、企业主体、市场运作"。省商务厅策划并组织、推荐企业参加该项目。中国中东贸易促进中心（美国）投资控股公司按市场化原则建设该项目并负责项目具体运营工作，在国内通过湖北海兰达投资有限公司与湖北企业联络、沟通并提供产品采购、投融资咨询等工作；在美国亚特兰大建立服务商联合体，为湖北企业与美国及拉美企业提供商贸信息、法律、会计、投融资等方面的专业服务。

2. 浙江：集群式"走出去"

大量民间资本来源于同一地区，又共同流向国外特定区域或产业，企业之间纽带比较牢固，有利于提高"走出去"投资企业的境外存活率。集群式或抱团式"走出去"在发达地区的投资主要有两种模式。一种是由大型企业牵头建立合作区。浙江在这方面有较好的经验，其对"两反两保"的涉案产业进行重点推进，建立外园区，并通过集群式

开发，为对外投资的企业提供较为完善的基础设施和其他公共服务，促进境外投资企业更快地生存和发展。目前全省已经审批的境外经贸合作区有 8 个，其中国家级 4 个，居全国第一。这些合作区将浙江企业整合在一起，加快了浙江产业转移的步伐。例如，在俄罗斯乌苏里斯克建立的康吉工业园，2010 年吸引了温州地区的宏盛达、鑫尔泰、伊斯利等 14 家鞋厂和鑫吉彩印厂、吉信木材加工厂、利吉尔家具厂等企业入驻，开展生产经营活动。另一种是营销网络型集群式对外投资，即在境外建立品牌展示中心或中国商品城。浙江 2010 年在中国澳门和匈牙利分别建立了浙江品牌展示中心，其中入驻匈牙利浙江品牌展示中心的浙江企业就有 300 多家，共同推动浙江小商品"走出去"。

3. 建立多维政策支撑体系

各省市围绕五大政策领域，为企业境外投资保驾护航。

一是财政政策。例如，江苏每年设立总额达 2 亿元的省级外经贸发展专项引导资金，对一般境外投资项目、资源类境外投资项目、投资境外经贸合作区基础设施建设企业分别给予实际投资额的 1.5%、3%、10% 的补助；企业参加境外展会、展品运输费用最高可以享受全额补助。值得关注的是近期江苏正在筹划数十亿元规模的海外发展基金，用于支持境外投资项目。浙江对龙头骨干企业和中小企业分别制定了专门政策，对境外投资给予支持，例如，省政府批准启动《浙江省中小企业全球化绿卡计划》，通过政府资助及补贴的方式，选择支持 200 余家企业到海外设立"海外浙江工业园"（首选美国），促成 50 家企业境外上市；联动花旗银行调拨不少于 250 亿元人民币（每年 50 亿元，共 5 年）的资金，对入选企业提供资金支持。

二是税收政策。江苏规定在境外设立商品专业市场而带动的商品出口，对境外资源投资的设备、境外加工所使用的设备、零配件等半成品出口，享受出口退税政策；凡境外投资企业按所在国（地区）税法规定或政府规定获得的减免所得税，视同已交所得税予以抵免。浙江除落实双边税收协定进行税收抵免外，针对境外投资企业所引进的高端跨国人才以及长期派驻境外的高管，经批准，可给予个人所得税的返还，其住房货币补贴、安家费及科研经费等可列入成本核算。从单位和个人、货物和人员流动方面均给予了充分的考虑和实际的支持。

三是信贷政策。企业融资瓶颈是企业"走出去"的重要障碍。不少省市都有积极的探索。例如，浙江对境外投资前景较好的大企业、大项目，支持企业发行债券和融资券；发挥浙江民企资金充裕和国有龙头企业的投融资平台，鼓励设立境外合作担保机构；鼓励企业积极参与境外资本运作，通过境外上市获得资金支持，并投资海外，浙江民企境外上市蔚然成风。江苏与出口信用保险公司和进出口银行签署合作协议，为江苏境外投资企业提供政策性金融支持，对于符合国家产业导向和政策的投资行为，企业最低只需要项目投资额的 30% 的资本金，就可以获得进出口银行 70% 的配套融资。江苏还开展贴息贷款，例如，允许相关金融机构根据项目投资回收期确定境外投资专项贷款期限，贷款利率按照 3.51% 的出口卖方信贷利率执行，前期费用贷款利率在商业贷款基准利率基础上下浮 10%。对重点培育的本土跨国公司"走出去"项目，一年期以上贷款给予不超过 1.5% 的贴息。

四是保险政策。例如,江苏省财政对企业投保海外投资保险、担保等按实缴保费的 30% 给予资助。同时,开展外派劳务人员人身意外伤害保险统一投保试点工作。浙江对"走出去"企业投保出口信用保险,直接给予一定比例的补贴;对境外相关工作人员投保意外伤害险,给予最高不超过保费支出 50% 的资助。

五是外汇政策。例如,江苏取消境外投资外汇资金来源审查,境内机构可以使用自有外汇资金、符合规定的国内外贷款、人民币购汇或实物、无形资产等进行直接投资;境内机构境外直接投资所得利润也可留存境外用于其境外直接投资。

4. 实行重点跟踪,提供综合服务

山东实行"十百千"工程:总结推广 10 个各具特色的境外投资成功案例,形成项目样板;跟踪 100 个在建、在谈项目,做好对接,促其升级,形成项目主力;筛选 1000 家有条件、有潜力开展境外投资的企业,进行政策培训、定向辅导、投资促进,形成项目储备。对大项目实行分工责任制,建立重点大项目跟踪推进机制,重点帮助企业协调解决项目存在的难点和困难。实施对外承包"三个一批"工程。即对项目实施一批,签约一批,跟踪一批。江苏实施"5·20"计划,选择 20 多家重点境外投资企业、20 多个省级相关管理和服务部门、20 多个外国在华投资促进机构、20 多家世界 500 强跨国公司、20 多个副会长单位,加强彼此联系和沟通,整合各方资源,提供优质服务。江苏每年动态评选 5 个领域的跨国经营企业 50 强,即 10 家贸易流通型跨国经营企业,10 家资源寻求型跨国经营企业,10 家制造加工型跨国经营企业,10 家技术获取型跨国经营企业,10 家工程总承包型跨国经营企业。力争通过 5~10 年的努力,培育出一批具有国际竞争力的江苏跨国公司。对投资三个国家或地区、投资额 1 亿美元以上的企业给予重点支持。

山东发挥毗邻日韩的地缘优势,深度开发日韩服务贸易市场。上海通过改革创新释放制度红利,利用自贸区制度优势,将企业对外投资的管理由核准制改为备案制,并进一步优化境外投资流程,探索开展股权投资企业境外投资等多种境外投资模式试点,私募股权投资基金弘毅投资已通过自贸区跨境投资平台完成了对外投资项目,与苏宁电器共同收购 PPTV,仅 5 天时间即完成过去需要几个月的审批流程;上海近期还开通"海外投资瞭望台"官方微博,搭建境外投资服务促进平台,通过多渠道实现融资、保险、法律、咨询、会计、信息等配套服务功能,进一步推动境外投资活动。浙江建立省市县三级境外经贸纠纷和突发事件应急处理机制,保护境外投资企业和外派人员的正当权益。江苏于 2013 年,创建"江苏省海外投资发展服务网",加快境外服务支持网络建设,更好地服务境外投资工作。

(七)搭建众多的经贸合作平台,建设平台抓手

1. 江苏的开发区建设

以开发区促进对外开放,是江苏发展的重要特点和经验。目前,江苏国家级和省级开发区有 125 个,其中国家级开发区 12 个,省级开发区 113 个,全省每个县(市)都有开发区。江苏开发区的建设规模、发展速度和质量水平位居全国前列——以不到全省2%的土地面积，创造了占全省约1/3的生产总值和1/3的财政收入；开发区累计批准外商投资企业占全省的50.1%；累计实际利用外资占全省的75.8%。目前，外商在江苏投资的高新技术企业90%以上设在开发区。江苏4个国家级高新区实现的经济总量，约占全国53个高新区的1/5。

专栏5：江苏昆山开发区、苏州工业园区

昆山开发区作为全国唯一一个白手起家、自费创办的国家级经济技术开发区，累计引进欧美、日韩、中国港澳台等45个国家和地区客商投资的近2000个项目，合同外资178亿美元，其中台资占比近50%，是全国最知名的台资高地。加上区内近年来围绕产业链上下游集聚的10000多家内资企业，昆山开发区已经成为全国企业最密集和单位面积投入产出比最高的地区之一，并形成了功能强大的全球IT制造业基地。

苏州工业园区是中国和新加坡政府最大的经济合作项目，国际科技园、生物纳米园、创意产业园等各类科技载体总面积达200万平方米，各类风险投资、创业担保、产业基金等资金规模超过100亿元。目前共引进各类研发机构80余家，集聚软件和IC设计企业100余家。无锡高新区建立了创意产业园和十大专业园区等创新载体，总面积达50万平方米，吸引了35家外资研发中心入驻。

苏州工业园建立了"全过程、全天候、全方位"的亲商服务体系。一是建立以"一站式服务"为核心的公共服务平台；二是创新建立更符合发展实际的新型海关监管体系；三是建立"无处不在、无微不至"的亲商服务机制，定期主动上门帮助解决企业发展中遇到的困难。

通过创造一流的投资环境，苏州工业园区开发建设以来，累计批准设立外商投资企业突破3000家，实际利用外资134亿美元，其中投资上亿元的项目达89个，76家世界500强企业入区投资。

江苏开发区也在不断升级之中。早期，在经济发展水平较低，制造业水平和比重较低的阶段，开发区的发展重点在增长，因此，产业转移、产业聚集是有效的方式。在这种方式下，开放型经济的重点在于通过引进外资利用其他国家资源，而技术进步则主要是加工代工型和技术模仿型的。在开发区配置的环节更可能是高新技术产业的劳动密集型环节。目前，内外部环境变化已经使依靠产业转移实现开发区发展的方式难以为继——真正的高新技术产业是难以通过转移的方式建立的，因此，开发区发展的重点应转向"集聚要素、培育产业"，集聚创新要素，培育新兴产业是江苏开发区未来转型方向之一。

2. 上海的十大贸易平台建设

上海非常注重贸易和投资促进平台建设，以这些平台为重要抓手，显著提升上海国际贸易中心建设的服务功能和国际化水平。

上海建设的贸易和投资促进平台主要包括：建设国家级会展设施平台，提高会展业发展水平；建设国际贸易和海外营销促进平台，构建全球贸易网络枢纽节点；建设中国技术进出口促进平台，加快服务贸易发展；打造电子商务平台，建设国家电子商务示范城市；构建大宗商品交易平台，增强市场体系价格发现功能；打造服务业集聚区平台，大力发展和贸易相关的服务业；建设近悦远来的购物和消费平台，推动上海"购物天堂"建设；构建内外贸一体化平台，提高贸易主体市场竞争力；建设财经信息国际信息港平台，促进财经信息服务业发展；建设国际贸易机构集聚平台，形成贸易中心枢纽功能。

3. 北京的服务贸易：京交会

北京比肩广交会搭建最高端服务贸易交易平台：京交会。按照"货物贸易广交会，服务贸易京交会"的要求，北京力求举全市之力办好历年中国（北京）国际服务贸易交易会（简称"京交会"），力争在提升国际化水平、扩大展会规模和交易规模、引进国际著名展会和整合国内展会资源、拓展新兴领域和塑造品牌形象上取得突破，促进首都服务业创新发展。逐步提高北京在国际服务贸易价格、标准、规则制定上的话语权，推动北京成为有国际影响力的服务贸易市场中心。

4. 闽台经贸合作平台

福建搭建了众多的闽台、国际经贸合作平台，如中国国际投资贸易洽谈会，已连续举办十二届，此外还有海峡两岸商品交易会、海西论坛、海峡两岸花卉博览会、海峡两岸纺织服装博览会、旅博会、林博会、台交会、艺博会等重大经贸活动平台，成效明显。

未来福建要继续完善已有的平台，并建立更多、更有效的平台，发挥这些平台在海峡两岸经济合作中的地位与作用。

5. 湖南的园区建设

近年来，园区已成为国际跨国公司和省外企业登陆湖南的首选之地，是湖南招商引资的重要平台。2007～2012年，全省省级及以上开发区和省级工业集中区共计新批外资项目1108个，年均增长6.6%；实际到位外资106.50亿美元，年均增长28.8%，占同期全省引进外资总额的34.9%。其中，2012年全省省级及以上开发区和省级工业集中区实际到位外资35.12亿美元，占同期全省引进外资总额的48.2%（见表3）。

表3　2007～2012年湖南省级及以上开发区和省级工业集中区招商引资情况

指标名称	计量单位	2007年	2012年	比2007年增长（%）	2007～2012年	年均增长（%）
新批外商直接投资项目	个	194	267	37.6	1108	6.6
实际到位外商直接投资	亿美元	9.90	35.12	254.7	106.50	28.8
实施省外境内合作项目	个	836	1581	89.1	6628	13.6

截至2013年6月底，湖南引进世界500强企业达128家。其中，国（境）外500强

87 家，国内世界 500 强 41 家，这些企业基本落户在园区。

湖南计划加快构建开发园区体系。制定促进产业园区体系建设的政策措施，加大对园区的规划指导和政策扶持。提升长沙、株洲、湘潭、衡阳、益阳高新区，长沙、岳阳、常德、宁乡经开区，郴州出口加工区等开发园区的发展水平。支持符合条件的省级开发园区升级为国家级开发园区。对市县基础条件好、发展前景广、带动能力强的园区，通过审批其发展规划，将其确定为省级工业集中区，纳入省级以上开发园区统一管理，落实省级园区优惠政策。2011～2015 年，对入区项目，除国家规定的收费外，免收各种行政事业性费用。引导和支持各类园区立足自身优势，突出重点，形成特色。

（八）推动区域合作，缩小区域开放差距

1. 江苏的省内沿海开发与跨省合作

江苏开放型经济的发展存在明显的不平衡性，南北经济呈明显的梯次分布。苏南地区利用外资比重在 67% 左右，苏中、苏北地区开放步伐相对缓慢，外资、外贸总量远远落后于苏南地区。

江苏提出"沿海地区开发开放"规划，沿海地区跨越苏南、苏北，一体化开发有利于缩小地区差距。国务院通过的《江苏沿海地区发展规划》提出了江苏沿海地区的战略定位：立足沿海，依托长三角，服务中西部，面向东北亚，将江苏沿海地区建设成为"我国东部地区重要的经济增长极和辐射带动能力强的新亚欧大陆桥东方桥头堡"。瞄准这一战略定位，江苏沿海正着力"建设我国重要的交通枢纽，沿海新型工业基地，重要的土地后备开发区，生态环境优美、人民生活富足的宜居区"。

在沿海开发中，苏南地区重点发展高端制造业、现代服务业和服务外包产业，不断提升在国际分工和合作中的地位；苏中、苏北地区不断扩大开放步伐，有序引导外资北上，避免地区之间招商引资的过度竞争；在扩大苏中、苏北地区利用外资规模的基础上，充分发挥其比较优势、后发优势和潜在优势。

此外，江苏积极融入长三角一体化，充分利用上海开放溢出效应。江苏开放型经济新一轮发展围绕上海加快国际经济、金融、贸易、航运中心建设，主动承接新一轮辐射带动，积极推进江苏的服务业开放，做好重大项目建设的配套服务，推动产业相互融合和错位发展。加快跨区域合作开发，重点推动沿海地区与上海的交流合作。优化综合环境，以基础设施的统一规划、统筹建设为重点，继续深化交通、科技、环保、信息化、诚信体系、涉外服务等领域的合作；建立台苏工业园区、沪苏工业园区、苏浙工业园区等，使"三极一带多节点"临海工业带与长三角接轨，形成中国东部最为活跃的经济增长带。

对外方面，江苏积极参与丝绸之路经济带建设，开拓对外开放新局面。丝绸之路经济带，东连充满活力的亚太地区，西系发达的欧洲经济圈，沿线国家经济互补性强。江苏作为丝绸之路经济带东面的重要省份，与丝绸之路沿线国家地缘相近、人文相通，在交通、金融、能源、通信、农业、旅游等方面具有很强的互补性。共同建设丝绸之路经

济带，有助于江苏与丝绸之路沿线国家在战略能源、经济贸易、科技创新、生态环境、人文交流等领域实现全方位协作。

江苏定位为丝绸之路经济带中的"东方桥头堡"。长江流域经济带与丝绸之路经济带中国段，加上中国沿海经济带构成了我国生产力"π"形布局，江苏就处于这三大生产力交汇的节点上。同时，丝绸之路经济带的干线走向以新亚欧大陆桥为主轴，江苏拥有大陆桥沿线地区最经济便捷的出海大通道，这实际上就赋予了江苏在丝绸之路经济带中的"东方桥头堡"地位，为江苏深度参与全球分工，开拓对外开放新局面创造了良好的条件。

2. 湖北的开放区位布局

湖北对外经贸区位布局有清晰、明确、务实的界定，引导外经贸发展。这些布局包括：

——中部地区外贸主导产业的密集区。全省现代装备制造和高新技术产业、优质农产品加工业等外贸主导产业不断发展，产品附加值不断增加，产业竞争力不断增强，外贸主导产业发展水平在中部地区中保持领先。

——中部地区外贸体制机制创新的先行区。大胆探索，先行先试，不断创新外贸体制机制，力争在土地利用、投融资、商检通关、财税、人才使用、收入分配等外贸关键环节和重点领域取得重大突破，着力推进"两型"外贸产业发展，加快转变外贸发展方式；进一步优化外贸服务，转变政府职能，精简机构，简化办事程序，提高办事效率，加快商检通关，使湖北成为中部地区外贸体制机制创新和全国"两型"外贸产业发展的先行区。

——中部地区外贸物流中心区。充分发挥湖北作为全国综合交通运输枢纽的优势，加快发展外贸物流业，推动服务贸易发展，打造中部地区外贸物流中心区。

——中部地区外贸和谐发展的示范区。促进全省外贸进出口基本平衡，注重货物贸易与服务贸易，内外贸，外贸与外资、外经协调发展，推进集约节约利用，加强环境保护，构建和谐的劳资关系，促进资源可持续利用以及人与自然、人与社会协调发展，在中部地区发挥引领和示范作用。

3. 湖南的开放区位布局

湖南外经区域发展也不平衡：长株潭地区集聚了湖南大部分的 FDI 和进出口贸易。2012 年进口贸易、出口贸易、FDI 最高的城市均是长沙，分别是 35.19 亿美元、51.74 亿美元和 29.77 亿美元，最低地区是张家界、怀化和湘西。最高地区的三项指标分别是最低地区的 1.318 倍、3.52 倍和 2.51 倍。要充分发挥各区域的比较优势，促进区域 FDI 和进出口贸易快速平衡发展。

在对策方面，湖南提出：加快长株潭城市群开放开发，长株潭"两型社会"试验区要率先扩大开放，成为全省扩大开放的先导区、示范区，依托国家级高新区、经开区和产业转移承接基地，努力打造具有国际竞争力的装备制造业基地、重要的机电产品出口基地、战略性新兴产业基地和具有国际影响的文化创意中心。加快发展临港、临空经济，将岳阳临港区打造成长江中游的重要国际港口、物流中心和国家级保税港区，发挥其在湖南对外开放中的桥头堡作用；加快黄花国际机场开放建设步伐，争取开通更多的航线和航班，加快发展航空货运；争取将金霞保税物流中心升级为长株潭综合保税区。充分发挥大湘南区位优势，重点对接粤港澳地区、北部湾经济合作区和中国－东盟自由贸易区，争取成为国家级承接产业转移示范区。加快大湘西地区开放开发，培育壮大旅游、生物医药、食品加工、生态农业、省际边贸物流等具有特色优势的开放型经济，主动融入武陵山经济协作区开放发展。

4. 福建的海西经济区建设

2009 年 5 月，《国务院关于支持福建省加快建设海峡西岸经济区的若干意见》出台，提出将海峡西区建设成为科学发展的先行区、两岸人民交流合作的先行区、东南亚地区先进制造基地、自然和文化旅游中心，服务周边地区新的开发、开放。海西发展进入一个强力务实推进的新阶段。

当前，海峡西岸经济区正在成为承接台湾产业转移的重要承接地和国内外客商投资兴业的热土。福建作为中央惠台政策的试验区和先行地，成为开展两岸文化、教育、科技以及人员交往交流的前沿平台，成为两岸产业对接和经贸合作的连接点。

目前，已有 60 多个（家）国家部委、央属企事业单位就海峡西岸经济区签订协议和备忘录，从规划布局、项目安排、政策措施等方面进行部署和安排。福建沿海地区一批重大项目和大批中小项目的开工竣工，将为加快发展、缩小差距奠定坚实基础。

5. 辽宁的沿海经济带建设

辽宁以打造东北地区对外开放的重要平台和经济社会发展的先行区域为引领，进一步提升大连核心地位，强化大连—营口—盘锦主轴，壮大盘锦—锦州—葫芦岛渤海翼和大连—丹东黄海翼，加快实现沿海经济带"一核、一轴、两翼"的空间布局，高水平推进沿海经济带开发建设，缩小区域差距，建设全国对外开放的新高地。基本建成大连东北亚国际航运中心。争取在长兴岛设立面向东北亚（日、韩、俄）的自由贸易试验区，争取在营口设立保税港区。加快 10 个新港区建设，抓好绥中、荣兴、龙栖湾、海洋红 4 个亿吨大港建设，形成布局合理、分工明确的现代港口群。依托 42 个重点产业园区，实施大连长兴岛临港工业区等一批重大项目，提升先进装备制造业、原材料工业及配套产业、现代服务业的核心竞争力，建成特色鲜明、具有国际竞争力的产业集聚区。依托沿海丰富的生态、海洋、岛屿、温泉等避暑度假旅游资源，大力发展滨海旅游业。

（九）针对工作重点出台专项扶助计划

1. 湖北："1515 工程"和"结构提升计划"

2010 年，湖北开启农产品出口"1515 工程"，即到"十二五"末期，培育 5 家出口额过亿美元、10 家出口额过 5000 万美元、50 家出口额过千万美元的农产品企业，实现农产品出口翻一番。对列入"1515 工程"的出口企业在政策性资金、项目安排上给予重点扶持。

当前，湖北为进一步发挥农产品出口的比较优势，对食用菌、水产品、蜂产品、柑橘罐头、蔬菜、蛋制品、活猪等具备优势的出口农产品，在产业升级、质量安全管理、龙头企业培育、境外营销、基地建设等方面给予重点扶持，鼓励农产品出口企业建立质量可追溯体系，提升出口农产品的质量和档次。

"结构提升计划"，则是依托湖北装备制造、汽车、造船、电子等优势产业，外引内联，培育一批上规模、上层次的机电、高新出口龙头企业和企业集群，打造高端制造业出口基地，力争"十二五"末期湖北机电产品出口达到 140 亿美元，年均增幅超过20%，占全省外贸出口的 60%。

2. 北京的服务贸易发展

2010 年，北京通信服务、电影音像、保险服务、建筑服务出口分别占全国的 70.39%、62.60%、47.61%、41.17%，进口分别占全国的 79.15%、75.47%、53.32%、54.22%，成为全国相关领域服务贸易进出口的重要窗口。首都对外贸易服务辐射全国作用明显。北京货物贸易和服务贸易分别占全球的 0.99% 和 1.13%。

为了加快新兴服务贸易发展，北京不断完善服务贸易发展促进政策，逐步建立针对不同行业的支持政策，加快服务贸易公共服务平台建设，促进文化、教育、体育、医疗保健等新兴服务贸易发展，带动服务产业向国际一流水平提升。进一步优化服务贸易出口结构，实现服务贸易的跨越式发展。

围绕"规模化、高端化和国际化"发展方向，引导和鼓励服务外包向价值链高端升级。充分利用国际、国内相关展会平台，支持企业开拓国际市场。加强服务外包示范区公共服务平台建设，引导中关村海淀园、昌平生命科学园、商务中心区（CBD）、北京经济技术开发区、大兴生物医药基地、密云呼叫产业基地 6 个服务外包示范区突出特色，促进产业聚集，努力把北京打造成为全球服务外包高端业务最佳国内着陆点和交易中心。促进高端服务业在中关村国家自主创新示范区聚集，支持服务外包国际化发展。

3. 辽宁：出口基地和龙头企业扶持计划

辽宁依托产业集群，希望通过政策扶持，在全省培育产业特色鲜明、示范效应明显、带动和辐射能力强的出口基地。重点培育工业品出口基地 127 个、农产品出口基地53 个、服务外包和现代物流出口基地 14 个。到"十二五"期末，每个工业品出口基地年出口额在 5 亿美元以上，每个农产品出口基地出口额在 2 亿美元以上，每个服务外包和现代物流园区出口额在 10 亿美元以上。

重点抓好 134 家出口超 5000 万美元的骨干企业，通过重点扶持、派联络员指导等方法，打造全省出口龙头企业。到"十二五"期末，打造年进出口额 50 亿美元以上的企业 10 家（工业生产企业 9 家、流通企业 1 家）；打造年进出口额 20 亿美元以上的企业20 家（工业生产企业 16 家、流通企业 4 家）；打造年进出口额 10 亿美元以上的企业 50家（工业生产企业 44 家、流通企业 6 家）；打造年出口额 1 亿美元以上的农产品出口企业 10 家。

4. 四川："万企出国门"活动

"万企出国门"活动以"活力川企、商行世界"为主题，按照"政府推动、企业主导、中介组织"的原则，采用参展与推介、考察与对接、设点与投资、国内与境外、现场洽谈与跨境电商相结合等方式，全方位、宽领域、多层次形成千军万马出国门、闯世界、拓市场的局面，提高四川特色产品在国际市场的份额，扩大四川企业和品牌在国际市场的影响力。

（十）目标顶天，工作立地：任务逐年分解，责任落实到人

1. 上海的四大中心建设任务年度分工

近年来，上海将四大中心建设任务逐年分解，稳步推进。在国际贸易中心建设方面：2012 年，上海制定出台了推进国际贸易中心建设条例，商务部与上海的部市合作机制进一步深化。一批展示交易中心、国别商品中心以及技术标准服务中心建成运营或正式开业。在商品销售总额和社会消费品零售总额保持稳步增长的同时，完成电子商务交易额 7815 亿元，比上年增长 41.9%：上海关区进出口总额达到 8013.1 亿美元，占全国的 1/5。服务贸易继续保持较快增长，跨境人民币结算额突破 4800 亿美元。

以 2012 年上海建设国际贸易中心的任务为例，11 项大任务，39 项小任务，全部分解到位，落实到具体单位。如第二大项任务"二、建设国际贸易和海外营销促进平台，构建全球贸易网络枢纽节点"的分解如表 4 所示。

表 4 2012 年上海建设国际贸易中心的任务分解（节选）

任务大项	任务小项	责任单位
建设国际贸易和海外营销促进平台，构建全球贸易网络枢纽节点	建设国家级产品设计与贸易促进中心，吸引全球设计资源，帮助出口产品进入国际中高端市场	杨浦区政府会同市商务委
	积极推进在浦东试验建立自由贸易园区	综合保税区管委会会同市发展改革委、市商务委、浦东新区政府、上海海关、上海出入境检验检疫局、国家外汇管理局上海市分局
	在外高桥国际贸易示范区试行离岸贸易试点	综合保税区管委会会同人民银行上海市分行、国家外汇管理局上海市分局、市商务委
	在外高桥国际贸易示范区建设进口枢纽基地	市商务委会同综合保税区管委会
	建设国别商品中心，搭建高档消费品进口展示交易平台	长宁区政府会同虹桥商务区管委会
	拓展海外营销网络，在海外建立贸易促进和投资服务海外营销网点	市商务委会同上海外国投资促进中心、市贸促会

2. 湖北重要产品的出口发展目标与分工

湖北对重点产品出口目标、承担地区、责任单位有明确的要求，责任分解如表 5 所示。

表5 湖北"十二五"期间部分重要出口产品的目标与分工布局

	发展方向	出口目标	布局
汽车产品	支持汽车企业加快培育研发能力和发展自主品牌,积极拓展国际市场,提高整车的出口比例,努力实现出口市场的多元化	争取到2015年全省汽车及零部件年出口值达到15亿美元	大力推进东风有限公司襄樊轿车和轻型车基地、十堰中重型商用重车基地建设,加强十堰、荆州等地汽车零部件产业基地建设,提高配套能力,积极融入跨国公司全球采购体系
纺织服装产品	通过整合资源、调整布局,提高各类纺织服装基地的集中化与专业化水平;大力实施精品名牌战略,提高全省纺织服装业的国际地位	争取到2015年全省纺织服装年出口值达到20亿美元	在武汉、黄石、黄冈、仙桃、襄樊、孝感等地,建成一批具有国际先进装备水平和国际竞争能力的大型棉纺织服装出口企业集团;在宜昌、襄樊、荆州等地,着力提高化纤生产规模化、差别化水平,增强纤维产品的出口竞争力;在武汉、襄樊、荆州、咸宁、仙桃等地,大力发展纯棉防缩免烫、精毛纺、高档色织、高档苎麻、高新功能性纤维等面料系列,提高服装面料、辅料的出口创汇能力;依托黄石、黄冈、武汉纺织服装走廊,大力实施精品名牌战略,着力打造和提升一批服装品牌,将鄂东建成全国重要的服装生产和出口基地
电子信息产品	大力调整产品结构,促进电子信息产品不断升级,扩大湖北电子信息产品的国际比较优势,争取提高电子信息产品的出口份额	争取到2015年全省电子信息产品年出口值达到40亿美元	加强武汉国家光电子产业基地建设,把武汉建成世界光纤光缆研发生产与出口基地之一。加快武汉软件产业基地、武汉国家汽车电子产业化基地、"光谷"激光产业园建设
钢铁工业	积极调整出口战略,控制和减少低附加值产品出口,发展和增加高附加值产品出口。重点提高镀锌板、镀锡板、彩涂板、钢构件、钢帘线等钢材深加工产品的出口比例	钢材深加工制品出口达到300万吨,使湖北成为中部地区钢铁产品出口规模最大、品质最优、效益最好的省份	以武钢等重点企业为龙头,以武汉、黄石为核心,加快全省钢铁基地建设

3. 江浙:"走出去"工作目标落地

浙江"十二五"期间,争取实现对外直接投资和国外经济合作两个"翻一番",累计分别实现100亿美元和200亿美元。为此,要重点支持100个境外投资合作示范项目,培育100家以上具有一定竞争力的跨国公司,着力打造10个传统产业在境外的集聚发展平台。

江苏明确2015年省级境外产业集聚区数量要达到5家,要培育50家以上具有一定国际竞争力的本土跨国公司等。江苏还建立"走出去"工作目标责任制,将"走出去"各项指标纳入各级外经贸指标考核体系。

4. 构建三大体系,提高工作效率

一些东部省市着力完善招商前、中、后三大服务体系:投资审批时的一条龙服务体系、企业建设过程中的全方位服务体系、企业开工后的经常性服务体系。

上海很早就充分用"3(包括金桥、张江和外高桥保税区三个开发区)+1(浦东郊区园区办公室)"平台,减少审批环节,方便投资者办事,采取招商引资"一门式"

服务，覆盖招商引资的全过程。山东组建了"马上办"办公室和"经济110"办公室等，及时解决企业诉求，推进项目建设。江苏苏州招商投资项目均由一个部门审批，如遇会签项目，外经贸局盖章后无须有关部门领导签字，而由有关部门责任处室盖章放行，加快审批进度。同时，江苏省在搭建经常性服务体系的过程中，将日常服务与开展专项服务相结合、专业机构服务与部门服务相结合，在专业机构为外商提供全方位、全过程服务的基础上，每年抽调干部开展"走进外企"诚信服务月活动，集中走访重点投资企业，面对面征求外商的意见、建议和投诉，进行分类梳理，落实责任，集中解决。

二 兄弟省市对外经济技术合作的特点

（一）对外贸易的主要特点

1. 提高企业国际化水平，进一步开拓国际市场

实施出口品牌战略、建立出口示范区、提升展会国际化水平、建立境外营销网络，是各省市提升企业国际化水平的主要举措。江苏的传统优势产业纺织服装业，以"品牌江苏、时尚江苏"为主题，打造了众多品牌产品，从而以品牌为武器，打开并强势占领了国外市场。山东着力打造境外自主品牌展会，2014年将陆续在日本举办中国山东进出口商品展（日本）、在尼日利亚举办山东出口商品展，在匈牙利举办中国（山东）机电产品中东欧展览会等。浙江在境外重点地区设立"浙江名牌产品贸易（展示）中心"等营销机构，成为浙江制造品牌推广重要工作的载体。发展跨境电子商务，为中小企业开拓巴西、俄罗斯、印度等新兴市场提供良好机遇。

2. 服务贸易增长强劲，渐成外贸新增长点

近年来，各省市纷纷扩大服务贸易，特别是加快金融、中介等现代服务贸易领域的对外开放进程。上海服务贸易中传统服务贸易仍居主体地位，但新兴服务贸易增长加快。2012年，运输、旅游作为上海传统服务贸易最主要的项目，进出口合计占全市的比重为66.2%。而计算机和信息服务和咨询等新兴服务贸易进出口总额占全市的比重为24.9%，增长加快。服务外包成为山东服务贸易发展新增长点。截至2013年年底，山东累计登记服务外包企业1802家，日本和美国作为其服务外包离岸业务主要来源地，执行额均突破7亿美元，其中对美服务外包业务发展势头迅猛，增长204.2%。

3. 欧盟、美日等传统市场仍是对外贸易发展主要区域

欧盟、美国、日本等作为对外贸易发展的传统市场，进出口均呈现稳定增长态势，拉动作用明显。2014年第1季度，上海对欧盟、美国、日本进出口额分别为3336.2亿美元、2658.9亿美元、1914.4亿美元，分别增长8.4%、0.3%、3.5%，三大市场合计占同期进出口总值的49.4%。东盟、非洲、巴西、俄罗斯等作为对外贸易的新兴市场，增速明显趋缓，贡献率低。2014年上半年，江苏对非洲、巴西、南非和俄罗斯进出口分别下降了8.7%、1.8%、30.1%和3.0%。同期，浙江对东盟、俄罗斯、巴西和印度的出口增长率也均呈现下降趋势，其合计出口额对全省出口额增长的贡献率仅为17.1%，

与上年相比回落了10.7个百分点。

4. 民营企业活力不断增强

对外贸易发展中，贸易主体日趋内生化，外商投资企业的主导地位不断下降，国内民营企业活力不断增强。江苏民营企业保持了强劲的增长势头，进出口总额占全省的比重由2008年的14.7%上升为2013年的29.8%，而外商投资企业进出口总额占全省的比重则由2008年的73.5%下降至2013年的61.6%。

（二）利用外资的主要特点

1. 招商主体日益市场化，中介机构发挥重要作用

各省市招商引资逐步由原来的政府大包大揽逐步向市场化转变。各地主动加强与金融企业、咨询公司、行业协会、律师事务所、会计师事务所或跨国公司在华办事机构等国内外投资促进中介机构的联系，充分利用其掌握信息多、接触客商广、投资方向准等优势，同时出台政策，增强运作规范性并不断调动中介组织积极性，招商效果较好。在上海拓米咨询公司介绍下，日本扇兴物流首期投资5000万美元的项目落户，日本三井物产为开发区带来了艾克树脂、日写精密模具、极东汽车等技术层次高的项目；通过众达律师事务所介绍，美国著名家具制造商子公司万福阁落户开发区。另外，上海将投资促进和招商活动剥离出去，转由中介机构承担，批准设立了上海市外国投资促进中心，成为专门从事招商引资的机构，连接起外国投资者和上海各市区县政府、开发区和各类企业。中介招商已经成为浙江昆山招商引资的新途径，一批档次高、投资大的高质量项目落户昆山开发区。

2. 招商方式不断创新，引资渠道更趋多元化

各省市不断创新招商引资方式，网络招商、文化招商、以商招商、驻点招商等新型方式不断涌现，招商引资渠道日益多元化，大大提高了招商引资的成功率。例如，浙江利用在外浙商多的优势，采用亲情招商，实施鼓励和吸引在外浙商回乡投资的"浙商回归工程"。江苏通过文化旅游搭台招商，无锡以日本民众广为传唱的《无锡旅情》作为对外招商引资宣传主题，在日本掀起无锡热，世界500强中的25家日企已在无锡创办60多家公司，日本八大商社中有4家在无锡落户，无锡成为在日本本土都不常见的日资大公司高密度投资区。陕西发挥资源优势，进行资源招商，由于满足了半导体行业对能源需求高的要求，成功吸引了一期投资70亿美元的三星电子项目落户西安。

3. 加强产业规划引导，通过龙头带动进行产业链和产业集群招商

一方面，加大对骨干龙头项目、核心配套项目的定向招商力度；另一方面，围绕龙头项目，坚持缺什么引什么的原则，有针对性地引进配套项目，积极为优势产业引进配套企业。江苏强调开发区超特色化发展，因此，先集中主要力量引进跨国公司龙头项目，然后配套引进相关产业、上下游协作厂家，形成根植性。如江苏南京制定了汽车、电子信息、化工、医药等五大产业发展战略，每个产业都以重大项目为抓手，每个开发区重点发展一两类产业，集中力量攻关基地型、龙头型项目，电子园区以LG电子PDP

项目为重点，化工园区以争取 100 万吨乙烯项目为龙头，汽车工业园区以福特汽车项目为核心。专门成立攻关领导小组，市领导亲自挂帅。以汽车产业为主的南京江宁开发区，现已成功引进了美国福特、意大利菲亚特、南汽跃进、日本森田等一批汽车制造企业，生产能力将达到 100 万辆，产值将超过 1000 亿元。这些全球大型汽车生产跨国公司落户南京，引起大批跨国公司汽车零部件企业落户集聚发展。重庆以惠普为龙头，引进了宏碁、思科、微软、爱立信、富士通、加拿大丰业银行等世界 500 强企业，成为亚洲最大的笔记本电脑生产基地、西部金融中心和重要票据结算中心。浙江结合发展战略，精心策划包装推出一批针对世界 500 强企业发展需求的招商项目，吸引其投资浙江主导产业和重点项目。

4. 完善招商队伍建设，建立绩效考核机制

各地高度重视投资促进机构和专业招商队伍建设。浙江和江苏在全省各地都建有招商服务中心、投资促进中心等机构，并配备精干人员分国别和地区负责与当地工商组织、行业协会和跨国公司建立联系、捕捉招商项目信息、协办境外大型招商活动、境外办展等工作。通过这些中心在重点引资地区直接设立招商代表处或与当地投资顾问机构建立招商代理或委托关系，形成外资信息网络和快速反应机制。注重引进和培育招商人才，通过公开招录和选调等形式，把有本领、有事业心、会办事的精兵强将充实到招商队伍。通过选派优秀招商人员进院校深造、出国培训等方式，着力强化一支高素质人才队伍。中西部地区面对自身较落后的投资环境，将任务层层分解找突破口。如河南投资额 50 亿元以上的重点项目由省委、省政府主要领导主抓；20 亿元以上的由项目所在地党政一把手负责；10 亿元以上的由省开放办负责。而重庆按市直部门职能分工，国资委负责跨国企业集团、工信部门负责信息产业、土地部门负责境外房地产、金融部门负责境外上市和募集资金、外侨办负责港澳企业招商。

5. 调整招商重点地区，增强招商针对性

浙江除吸引港澳台地区外，重点加强对美国、欧盟、日本等国家和地区有先进技术和管理经验的实体企业投资。山东紧盯日韩台，以半岛八市为主体，建立 "8＋8＋8"（半岛城市群 8 市＋韩国京畿道 8 市＋日本关西地区 8 市）中日韩新的城市经贸合作交流，开展造船、汽车及配套、化工、电子等行业招商。山东专门化的招商组已发展十年以上，由各个职能部门分派专业人员组成，每个团队只针对某一特定领域，团队中既有懂项目的人员也有外语人才，如山东赴韩国开展造船类项目招商，派出的团队中就有造船领域专家。江苏的招商战略重心为 "主攻日韩、拓展欧美"，几个重点招商城市每月都在日韩举办高层发展论坛、投资恳谈会、产业推介会等不同规模和形式的招商活动，积极争取和迎接日韩产业转移，努力建设日资高地和韩资版块。同时，强化德日定向招商，专门成立对德国和日本招商引资工作小组。多年来还在美国、英国、日本、德国、法国、新加坡等发达国家和地区部署了专业招商代表，持续为所在国家和地区及其周边国家和地区投资江苏提供服务。

（三）"走出去"的主要特点

1. 民营企业成为"走出去"的主力军，但大型骨干企业尤其是国企发挥了重要的龙头示范作用

民营企业因为其对市场的敏锐嗅觉、决策的灵活性等，成为各省市"走出去"的主力，这已经是不争的事实。2010 年之后，浙江民营企业境外投资中方投资额已经超过总额的 90%，境外投资项目已经遍及 140 多个国家和地区，吉利、万华、华立等一批著名民企都通过境外投资成为国际化企业。截至 2012 年年底，江苏全省民营企业对外投资项目累计达 1808 个，中方协议投资额为 91.6 亿美元，均约占全省的 2/3，主体地位明显。早期以国有企业"走出去"为主导的山东，从 2011 年开始民营企业境外投资占比首次突破 50%，2013 年山东共核准民营企业境外设立企业（机构）354 家，中方投资 35.2 亿美元，分别占全省的 79.9% 和 78.0%。大型骨干企业的辐射和带动作用不容忽视，尤其是在集群式或抱团"走出去"的时候更是发挥了桥头堡的作用。山东国有企业纷纷"走出去"，带动了一大批企业境外投资。

2. 参股并购或间接上市成为企业快速融入发达地区的重要途径

对于发展中国家投资，往往采取建厂设加工基地的绿地投资方式，但主要省市对发达地区投资则常常采取参股、并购或买壳上市等方式，以便顺利进入当地市场并实现资源的整合提升，短期内实现企业的国际化。2013 年上半年，浙江企业海外并购项目达 28 个，单个项目的平均规模同比提升了 138%，其中有六成集中在欧美等发达国家和地区；2014 年上半年，在江苏备案的境外投资项目中，收购项目约占项目总数的 53.3%，收购规模约占全省中方投资额的 80.9%。主要省市不乏此类投资案例。山东兖矿集团先后在澳大利亚实施 7 次投资运作，并购澳思达煤矿、菲利克斯等公司，收购铝土矿资源有限公司 BRL 8.5% 的股权，2012 年 6 月兖煤澳洲公司与格罗斯特公司合并上市，成为澳大利亚最大的独立煤炭上市公司，煤炭产量居澳洲第 6 位，成为我国唯一一家拥有境内外四地上市平台的大型跨国企业。更值得一提的是，河南双汇集团以 71 亿美元大手笔成功收购了世界上最大的肉制品加工企业美国史密斯公司，一跃成为全球性的肉类加工企业，快速实现了经营全球化。上海申贝集团收购有百年历史的德国缝纫机械设备巨头百福公司和掌握 3D 自动缝纫技术的 KSL 公司，从而跃居全球自动缝制设备行业第 1 位；从事小家电制造的奔腾集团，投资数千万美元收购高尔夫球具行业的世界顶尖品牌。

3. 基于经济互补性，对不同发达地区的合作方式和合作领域各有侧重

兄弟省市对非发达地区的投资主要为资源开采型和境外投资设厂的加工生产型，而对发达地区的投资则逐步转向高新技术产业及现代服务业等新兴领域。其中，对澳加的投资主要集中于矿产资源等战略性资产领域的并购，对欧美则主要集中于品牌、技术以及营销渠道的建设，对俄罗斯则主要表现为建立境外工业园，对日韩除了电子领域的收购合并外，主要表现为零售领域和服务领域的合作。

例如，山东重工 2009 年并购法国博杜安发动机公司，填补企业 16 升以上高速发动机的空白，2012 年、2013 年又分别收购了全球最大的豪华游艇制造企业意大利法拉帝

70%的股权和德国凯傲集团25%的股权及其下属林德液压公司70%的控股权，打破了高端液压核心技术长期被国外垄断的局面，推动山东工程机械产业向价值链高端拓展。浙江吉利2009年并购了全球第二大汽车变速箱厂美国DSI公司；万向集团并购专业开发生产锂离子电池和能量存储系统的美国A123公司，2014年上半年又并购了美国电动汽车制造商菲斯科；传统电表制造企业华立收购飞利浦CDMA核心技术部门；宁波兴瑞电子有限公司收购日本马谷光学株式会社，获得马谷光学强大的研发实力和研发生产蓝光电器精密零部件、光学镜头独有的技术；尚德公司并购日本光伏制造商MSK等。江苏苏宁云商在先后成功并购日本乐购仕、丸悦等连锁企业的基础上，又成功收购PPLive Corporation（开曼）股权项目，从而拥有了在线电视媒体客户端，加快向"店商＋电商＋零售服务商"发展模式转型。苏宁电器控股日本乐购仕（LAOX）株式会社后，引入其运营模式，实施双品牌运作。

目前，不少省市在俄罗斯和其他发达地区建立境外工业园，例如，浙江康奈集团和黑龙江吉信集团累计出资20亿元，联合开发的远东康吉工业园（位于俄罗斯乌苏斯克市），是中国企业建设的第一个境外工业园。山东在俄建立中俄托木斯克工贸合作区，在匈牙利建立商贸物流合作园区和齐鲁工业园等。

4. 政府设立领导协调专门机构，民间互助服务组织应运而生

主要省市政府都建立了专门的协调机构，加强指导和服务，同时值得关注的是，在一些"走出去"的大省，近年来对外投资力度和步伐明显加快，官方和民间相关服务机构纷纷成立。山东早在2002年就成立了省实施"走出去"战略协调领导小组，由分管副省长任组长，并率先在全国设立境外企业协会，强化对境外投资企业的服务。国际化程度更高的上海，早在1987年就成立了处理海外紧急事件与救援的机构，并于2011年改革后正式挂牌为上海市海外救援服务中心，这是全国唯一一个海外救援机构，为上海市商务委的直属事业单位，负责"走出去"企业和外派人员境外紧急救助、突发事件处置、境外风险防范、安全保障、权益保护和促进对外投资合作等公益性服务工作；上海15家企业和专业服务机构还共同发起成立了"上海走出去企业战略合作联盟"，推动企业间分享经验、共享资源、加强合作、抱团出海。浙江6家公司倡议发起省境外投资企业协会，致力于帮助浙江广大中小企业收集各类项目投资信息、与国外各地政府进行沟通、提供抵御风险的专项服务等。

三　兄弟省市经验对广东开展对外经济技术合作的启示

（一）深化行政管理体制改革，创造外商良好营商环境

不断提高职能部门工作效率，创造外资良好营商环境，一直是外资/外贸企业的诉求。在原外经贸厅一项"外贸企业转型升级对策"课题调查（2012）中，将外资/外贸企业对提高职能部门（工商、海关、税务等）工作效率的调查结果依据里克特五分法划分，结果显示，选择完全符合者占66.67%，有点符合者占20.16%，二者合计86.83%（见图1）。

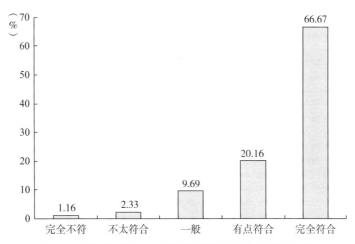

图1　外资/外贸企业对提高职能部门工作效率的选择

因此，需要进一步深化行政管理体制改革。改现行的行政审批制为登记注册制，采取各种措施，简化审批程序，提高办事效率，提高审批过程的透明度，为投资者提供优质高效的服务。要继续推进制度创新和体制创新，优化政府管理体制和政府运作程序，提高法规政策的透明度，增强服务意识，加快电子政务建设，简化办事程序，提高政府的行政效率。同时，要健全贸易投资促进机制，协商解决贸易投资中出现的问题，切实降低外资服务企业在粤的经营成本。

（二）大力推动跨境电子商务发展

跨境贸易电子商务解除了传统国际贸易所具有的地理因素限制，极大地促进了贸易发展。传统外贸模式，中国商品到海外消费者手上，至少要跨越5个渠道：国内工厂—国内贸易商—目的国进口商—目的国分销商—目的国零售商。而通过跨境网上购物平台，供应链大幅缩短，国内商家能够直接面对海外消费者，国内消费者也能直接面对海外商家。

跨境贸易电子商务省去了传统跨境贸易的很多中间环节，降低了从事跨境贸易的门槛，使国际贸易变得简化、透明，同时节约了交易成本，缩短了运营周期，为广大企业提供了直接面向国外市场的营销渠道。

近年来，中国的出口增速逐渐趋缓，但同期中国跨境电子商务发展强劲，成为国际贸易的新方式和新手段，对于实现我国外贸转型升级有重要且深远的意义。国家发改委的数据显示，2011年跨境电子商务交易额达到1.6万亿元，同比增长33%；2012年跨境交易额为2万亿元（广交会一年的成交额约为七八百亿美元），同比增长超过25%，增速远高于外贸增速。仅在浙江小商品交易中心义乌市，跨境电子商务卖家就有23万家，2012年，它们在阿里巴巴速卖通的交易额增长400%，在敦煌网上的交易额增长45%。

目前，东部沿海省市纷纷出台了促进跨境电子商务发展的政策，并建立了中国（杭州）跨境贸易电子商务产业园、义务跨境电子商务园区、福州电子商务产业园等产业园作为发展载体。2013 年福建、浙江和江苏分别以 76.1%、56.1% 和 52.0% 的增速成为发展较快的跨境出口中心。

广东迫切需要从建立电子商务出口海关监管模式、出口检验、支持企业正常收结汇、鼓励银行和支付机构为跨境电商提供支付服务、电商出口退税、建立电商出口信用体系等方面给予跨境电商支持，促进跨境电商大发展。

（三）更大力度集聚国际技术人才等高级生产要素

如果说过去的经济全球化在要素结构上，是以引进资本、机器设备、技术为焦点，那么新一轮经济全球化将以人力资本创新为焦点；在工作抓手上，前者的重点是资本引进，后者则以建设各种软性的创新平台和创新环境为主；在政府政策上，前者主要是针对物质资本的引进实施各种优惠政策，后者则是针对人力资本创新进行物质、精神和文化的鼓励和诱导。为此，要把引进和培育高端人才作为实施新一轮经济全球化战略的主要手段。

适应广东开放型经济转型升级的需要，重点引进世界一流水平、对促进新兴产业发展有重大影响并能带来重大经济效益和社会效益的科研创新团队，引进担任重大科技项目的首席科学家、重大工程项目首席工程技术专家、管理专家，引进新能源、新材料、生物技术和医药、节能环保、软件和服务外包、物联网等新兴产业领域的国际顶尖人才。

（四）推进"532"工程，优化面向发达国家/地区的外资主体结构

明确目标市场，突出 5 国（日美德法英）、3 地（中国港澳台）、2 市（京沪）等发达国家和地区，瞄准世界 500 强企业等跨国公司，重点引导其将关键技术、关键设备、生产能力向广东转移。吸引世界 500 强、国际财团在广东设立总部、地区总部、研发中心、营运中心、外包中心、采购中心、培训中心和财务管理中心。制定鼓励跨国公司设立地区总部的相关办法，创新管理和服务机制，在用地、外汇、资金管理、人才引进等方面为跨国公司设立总部提供便利。巩固和服务好现有的跨国公司投资项目，发挥其示范宣传作用。

（五）立即出台广东版负面清单，实现对港资彻底开放

自 2000 年以后，全球 60% 以上的地区性自由贸易协议放弃了"肯定列表"方式，转向更为透明和开放的"否定列表"方式。目前，国际上已有 70 多个国家采用"准入前国民待遇和负面清单"管理模式。在 2014 年举行的第五轮中美战略与经济对话上，我国同意以"准入前国民待遇加负面清单"为基础与美国进行投资协定谈判。

更重要的是，上海自贸区 2013 年已经出台了上海版的负面清单，拔得头筹；福建《平潭综合实验区外商投资准入特别管理措施（负面清单）》已正式实施，四川天府新区也公布了《天府新区成都直管区内资、外商投资准入特别管理措施（负面清单）（2014年）》，二者又抢占了先机。建议广东立即面向条件最具备的港资推出广东版负面清单，对港资企业进一步开放市场，非禁即入。

2012 年 9 月，粤港合作联席会议第十五次会议签署《粤港共同推动率先基本实现服务贸易自由化合作协议》，提出共同努力提早一年于2014年率先基本实现两地服务贸易自由化。但截至当前，粤港服务贸易自由化没有重大的推进政策出台。建议立即制定并实施广东对香港服务贸易准入的负面清单，实现港资在广东的"国民待遇"，并将其作为粤港服务贸易自由化的最高成果。

具体可把产业分为非敏感、较敏感和最敏感三大类，第一，对于非敏感的服务行业如货代、物流、运输、会展、贸易、旅游、研发机构、品牌设计、市场调研、广告推广、环保顾问咨询以及管理咨询等，可以率先考虑放弃目前CEPA肯定列表中商业存在的HKSS认证，取消政府审批制，试行"负面清单"。第二，对于电信等最敏感的产业，可以暂缓否定列表的实施。第三，对于介乎其中的产业，可以考虑在实施"负面清单"的过程中，保留必需的规范措施，但必须扩大开放业务范围和透明化其限制性与歧视性措施，且使其限制与歧视逐步最小化。

未来条件成熟时，这一负面清单管理模式可以推广至美欧等发达国家和地区，乃至所有WTO成员。

（六）争取第二个自贸园区落户广东，全面升级海关特殊监管区域

上海自贸区使上海形成巨大的虹吸效应，带来经济繁荣。比较广东已有开放区域和上海自贸区可见，两者从定位、目标到功能都有一定差异，前海开放的深度、广度都不如上海自贸区（见表6）。广东迫切需要新的支点撬动开放深入。

表6 上海自贸区与前海合作区的比较

项目	上海自贸区	前海合作区
定位	中国（上海）自由贸易试验区	深港现代服务业合作区
依托腹地	长三角经济群 108765亿元	珠三角经济群 47850亿元
功能	1. 人民币自由港；2. 经济转型升级区；3. 中国经济改革试验田	1. 现代服务业体制机制创新区；2. 现代服务业发展聚集区；3. 香港与内地紧密合作先导区；4. 珠三角地区产业升级引领区
目标	具有国际水准的投资贸易便利、货币兑换自由，监管高效便捷，法制环境规范的自由贸易试验区，更好地为全国服务	建成基础设施完备、国际一流的现代服务业合作区，成为亚太地区重要的生产性服务业中心，世界服务贸易重要基地

当前，各省市都在为自贸园区落地展开激烈争夺。例如，江苏提出："以各类开发区为主阵地，复制推广上海自贸区先进经验，申请获批新的自由贸易区争取政策红利，实现战略性新兴产业、现代服务业、服务外包等相配套的产业环境的不断完善与发展。"天津、浙江、福建、重庆、陕西等均有类似诉求。广东应竭力争取全国第二个自贸园区落户广东，退一步，应确保广东在第二批自贸园区中有位置。

作为对外开放的窗口和前沿，广东已有的海关特殊监管区域，应该全面升级。具体可以从以下几个方面入手对港资彻底开放，推动粤港一体化深化；贸易便利化；由事先审批改为事中、事后监管；提高行政效能等。完善监管区域管理体制，进一步理顺管理

与开发、条线与属地、区内与区外等各方面的关系，推进"一站式"服务，为各类企业提供便捷高效的政务服务。

（七）凝练粤商"走出去"模式，培育粤商跨国公司

外商在华投资为粤商企业（潮汕商帮、客家商帮、广府商帮、在粤国企）"走出去"提供了许多值得借鉴的经验。比如，中国香港投资者在珠三角的"前店后场"模式、中国台湾 IT"代工"产业整体搬迁登陆模式、日本边际产业"雁阵"转移模式、新加坡园区合作模式、韩国差异化竞争投资模式、德国技术转让相对宽松模式、美国垄断优势投资模式等。

当前，江苏提出以调整优化中长期区位及产业选择、创建"集群式""走出去"新模式为重点，着力培育江苏企业"走出去"的新优势。湖北则正在探索"属地（湖北）+国外营销中心+走出去企业"的"营销中心带动"模式，鄂籍企业可以依托湖北设在各国的营销中心，获取商机、法律、展会等各方面的支持。

粤商企业具有一定的共性，加快探索、提炼粤商"走出去"的成功模式，然后将其复制推广，对于提高粤商"走出去"成功率、培育粤商跨国公司具有重要的意义。

（八）推动"跨珠"合作，引领泛珠三角开放"鸥式"腾飞

以港澳为眼、珠三角为心脏、港珠（泛珠地区）合作为支点、闽粤对台开放为右翼、环北部湾四省（云桂粤琼）对东盟开放为左翼、"赣川湘贵"内陆开放崛起为依托，对北承接我国中部长江经济带，对南承接"海上丝绸之路"经济带，构建全方位、立体式、多层次，对内、对港、对台、对旧（传统美欧发达国家）、对新（新兴市场国家等）大开放、全开放的宏伟格局，推进泛珠开放一体化，缩小区域开放差距，实现全区域"鸥式"腾飞。

政策方面，包括优先向泛珠转移内资、外资产能，优先向泛珠开放市场，推动港澳与泛珠省份的深入合作（粤港服务贸易自由化政策适用泛珠省份），与泛珠省份合作建设开放园区，提供人才、技术、信息等方面的支持等。

广州国际商贸中心研究基地成果

作者：张　昱　周骏宇

互联网与中国新闻业的重构

过去十余年，互联网正在深刻改变乃至重塑着中国新闻业。以新浪、腾讯等为代表的商业门户网站，以东方网、南方网等为代表的重点新闻网站，以及以人民网、南都网为代表的媒体新闻网站，已经成为主流媒体版图中的重要组成。传统报业面临越来越严峻的生存危机，而网络新闻业无论是用户规模还是媒体市值都相当可观。从整体的用户规模来看，根据 CNNIC 第 36 次报告，截至 2015 年 6 月，中国网民规模达到 6.68 亿人，中国网民的人均每周上网时长达 25.6 小时，网络新闻的用户规模达到 5.54 亿人，也就是有 5.54 亿人通过互联网获取新闻；从媒体市值来看，截至 2015 年 6 月 15 日，腾讯的市值已高达 11480 亿元，网易高达 1184.9 亿元。伴随互联网用户规模的扩大和互联网产业的蓬勃发展，从产业结构、管理制度到生产方式，互联网正在改变着中国新闻业的深层结构和整体生态。本报告试图从新闻业的结构（Structure）、行动者（Agency）的生产实践、传媒的公共性（Publicity）三个维度来总结和探讨互联网对中国新闻业的影响。

一 中国新闻业市场和权力结构的双重变化

新闻业的结构，包括用户结构、产业结构、产权结构和管制结构等不同维度，主要体现在市场和权力两个层次。互联网的应用和普及，使中国新闻业在结构层面发生了根本性变化。

（一）互联网用户增长改变受众结构

受众结构的变化直接表现为传统媒体受众减少、网络用户规模增长，尤其是年轻人越来越趋向于"不看报纸、少看电视"，更加依赖通过手机、Pad 等终端随时随地地上网，移动网民规模日益扩大。中国互联网络信息中心（CNNIC）第 36 次报告显示，手机网民规模达 5.94 亿人，较 2014 年 12 月增加 3679 万人，网民中使用手机上网的人群占比由 2014 年年底的 85.8％ 提升至 88.9％。随着移动互联网技术的日趋完善、手机终端的大屏化以及手机应用体验的不断提升，手机作为网民主要上网终端的趋势越来越明显。

为满足新型受众的移动化阅读需求，各大媒体纷纷发力移动互联网，推出大量新闻 APP。根据人民网研究院 2013 年 1 月对国内 1486 份报纸的统计，推出新闻 APP 的媒体有 170 家，占报纸总数的 11.4％。2015 年，在澎湃新闻的引领下，传统新闻媒体更是掀起了新一轮建设新闻客户端的高潮，并读、无界、上游、封面、猛犸、九派、南方＋等纷纷亮相，据清华大学教授沈阳发布的《未来媒体趋势报告》统计，110家官方媒体中60%已拥有自己的客户端。

（二）互联网产业收入改造产业结构

从传媒产业的市场结构来看，互联网已经远超报业，成为第一大传媒产业。2014年，互联网业务（包括网络加移动增值）规模占传媒产业总体市场的47.2%，几乎占据了传媒产业的半壁江山，而传统报业的市场份额已经下降到5.1%。

自2012～2013年传统报业出现"拐点"以来，在互联网行业的猛烈冲击下，传统报业持续衰退，2014年更是呈现"断崖式"下滑局面。清华大学发布的《2015中国传媒产业发展大趋势》显示，2014年全国报纸印刷用纸量约为270万吨，比2013年减少了近25%，事实上报纸发行量下降了25%。作为传统报业收入主要来源的广告市场，也连续四年负增长，2014年的下降幅度达到15%，2015年报业广告则普遍下降20%以上，个别报纸降幅甚至高达30%。与传统报业广告市场的惨淡相比，2014年网络广告的收入规模则超过了1500亿元，增长了40%。

（三）互联网产权突破改变股权结构

改革开放以来，我国媒体实行"事业单位，企业化运作"的双轨制，产权结构比较单一，始终坚持国家控股。进入2000年以后，政府加快了传统新闻业融资政策、产权结构的改革步伐，允许报业集团上市进入股票市场，如2004年12月《北京青年报》在香港上市，但仍规定非国有股权不得超过49%，以保持国家的控股地位。此后，尽管粤传媒（广州日报报业集团）、新华传媒（解放日报报业集团）等陆续在国内上市，但报业集团的产权结构始终由国家主导。

但是，以腾讯、网易、新浪、搜狐为代表的IT企业，其创业资本主要来源是海外基金，加上在美国纳斯达克等海外资本市场整体上市，这些商业新闻网站的产权结构实质上已经突破了中国新闻业必须"国有"的传统。以腾讯为例，南非的两家外资集团MIH和ABSA分别占有34.27%和6.32%的股权，以马化腾为首的创业团队拥有剩余股权。考虑到商业新闻网站在当下中国新闻业中举足轻重的地位与影响，从某种程度上看，中国新闻业的"事业单位"性质已被彻底改变，形成了传统媒体坚持国有、网络媒体国有与私有并存的全新格局。

（四）互联网管制体系改变权力结构

过去，报刊和广电的准入门槛和行政管理归口于国家新闻出版总署、国家广电总局，而互联网业务的牌照多年来主要由国务院新闻办管理，而整体的舆论导向皆由宣传部门主导。如今，互联网新闻业务的归口管理已经从国务院新闻办转至2011年成立的国家互联网信息管理办公室。而且，随着网络成为舆论调控和管理的"重中之重"，2013年国信办与国新办正式分家，成为互联网的主要监管机构。加之，国家新闻出版总署和国家广电总局已合并为国家新闻出版广电总局。从总体上看，网络新闻业的监管呈现出集中化、升级化特征。

　　具体到新闻审查的机制，互联网新闻业与传统新闻业最主要的不同有三点。一是监管主体的"联动性"更强。由国家互联网信息管理办公室主导，公安部、工业和信息化部等参与协同治理，过去网络新闻业"多龙治水"的局面得以根本性改观。二是管理权限更加集中。过去"互联网的管理规则虽然出自北京，但是每个省都有自己的管制规定，甚至每个城市都有自己的地方性自治条例，结果不同的地方存在着很大的政策、法规、服务和价格的变异"。现在，由于主流的商业网站和媒体网站主要集中在北京、上海和广州等大城市，尤其在北京，网络新闻的监管呈现"属地化"特征，其监管效率更高。三是"事先审查"和"自我审查"的强化。过去，传统媒体采取的是审看制、追错制，而网络媒体采取的是过滤制、纠错制，主要体现在：建立防火墙，将脸书、推特等一些国外网站内容屏蔽在国内网络媒体之外；采用关键词过滤技术，将一些涉及敏感话题的关键词和谐掉，使受众无法搜索到与该关键词相关的内容；及时有效地纠错，将出现问题的违法或敏感内容尽快删除，甚至全部从网络上清除干净。据称，我国的互联网管制在5～30分钟可以将接近30%的"违规内容"删除，接近90%的"违规内容"在发表后的24小时内会被删除。从总体上看，过滤制提高了新闻发布事先审查的效率，纠错制一方面能快速消除网络上负面、敏感信息的不良影响，另一方面给新闻网站在敏感话题上"打擦边球"提供了一定的机会。

二　传统新闻业的生产变革与网络新闻业的实践特点

　　有学者指出：以往对网络新闻的研究缺乏历史性视角，对于网络新闻业的研究需要超越新闻编辑室和新闻业的层面引入新的研究视角以便更好地理解"谁生产了网络新闻，生产是如何发生的，以及怎样的故事在这样的动力机制下被生产出来"。下面，本报告试图引入一定的历史性视角，对传统生产方式与互联网时代生产方式进行简要对比，总结传统新闻业的生产变革和网络新闻业的实践特点。

（一）传统新闻业的生产变革

　　在互联网的冲击和影响下，传统媒体利用门户网站、论坛、博客、微博等互联网技术平台对其已经形成的新闻实践"惯习"进行再造，通过流程重构、机制调整和形态融合等方式进行显著的生产变革，主要体现在以下五个方面。

　　1. 生产主体：从专业化到社会化

　　从行动者的角度来说，由于采集新闻信息的成本较高，传统的新闻生产是由新闻组织机构雇用的职业新闻从业者（记者、编辑）进行的，是一种专业化、组织化的生产行为。而在"人人皆是记者"的互联网时代，理论上任何人都可以介入新闻生产领域，通过个人微博、微信等发布自己目击甚至调查的新闻。当下，"公民新闻"主要有三种形态：一是目击新闻，即重大事件目击者快速发布现场照片和滚动播报所见所闻；二是网络爆料，以知名爆料人周筱赟为代表，通过匿名消息源对公权力机构或官员进行网络舆论监督；三是社会动员，即普通公众为了激发网络情感、形成网络舆论而进行的"网络抗争"，其主要目的在于发起环保、维权等社会运动，加上传统媒体对用户生产内容

（UGC）的吸纳和整合，越来越多的公众有机会参与原先专业化的新闻生产过程，这在很大程度上推动了新闻业从专业化、组织化生产到社会化生产的转变。新闻生产不再是一个专业组织的封闭生产形态或者机制过程，而是公众共同参与、协同生产的活动，新闻业的把关人逐渐以开放合作、广泛参与的方式进行新闻生产活动。

2. 生产机构：从封闭性到透明性

传统的新闻生产过程是相对不透明的，新闻生产被置于后台，很少有机会为公众所见。但在互联网语境下，新闻线索的发现、与信源的联系、阶段性报道的发布，使得新闻把关的控制过程更加开放、直接地呈现在公众面前。在这种新闻生产"可视化"的新生态中，受众既可以了解新闻生产的过程，也可以频繁地参与互动。由此带来传统媒体组织透明性的提升，主要体现在"向公众说明"和"邀公众参与"两个层面，"透明意味着在新闻报道中植入一种新的意识，说明新闻是如何获得的以及为什么要用这种方式表达"。比如，新闻行业的争议性话题会在微博等网络平台上被激烈讨论，可以强化公众对新闻伦理和规范的认知；调查记者利用微博等进行采访突破，尤其当遭遇地方政府和官员阻挠时进行的滚动直播和在线动员，拉近了职业新闻人跟受众之间的距离；大量媒体人开设实名微博，利用微博等新媒体手段来生产新闻、转载和发表报道等，这些都大大增强了新闻机构的透明性。

3. 生产频率：从周期型到循环型

在互联网语境下，传统的截稿时间不复存在，24 小时滚动循环成为常态。比如，传统媒体在报道地震等突发性事件时，利用微博等 24 小时不断滚动发布地震救灾进展，并对已经刊发的纸质报道内容进行补充修改，突破了截稿时间的限制。为了保证 24 小时滚动循环生产的运行，媒体机构必须在组织制度上做出相应调整，采用新的生产流程和考评机制。以《人民日报》的微博运营为例，人民日报社将微博作为"独立的媒体"来运作，微博的发起、筹备、运营统一交由《人民日报》编辑采访的总枢纽——新闻协调部负责，打破部门限制，人民日报社的全体编辑、记者包括评论员都要参与到微博内容的生产当中。生产频率从周期型到循环型的转变，使得针对重大事件的"直播"成为一种常态，而与之相对应，新闻从业者的工作强度与工作压力也会显著提升。

4. 生产资源：信息源结构的多元

传统的新闻生产，在信息源的筛选过程中，新闻记者主要靠日积月累的人际关系网从信息源那里获取新闻线索，而且对不同类型新闻线索的依赖和习惯背后是新闻作为社会建构的"框架"，是社会权力结构的"再现"。正如塔奇曼所言，"新闻从业者更倾向于选择体制内的信息源，而不是普通人提供的信息"，这造成了政府部门官员、专家、精英人士更多地成为记者的信息源，出现在新闻报道中。遇到特殊情况，新闻记者则依赖于"深喉"等线人的报料，如水门事件。而互联网新闻业的兴起，至少从两个层面改变了传统的消息源权力结构。一是机构消息源具有更大的话语权和设置议题的能力，比如，大量的政务微博（薄熙来案中济南中院的直播）、企业微博（农夫山泉和《京华时报》事件中的企业微博）；二是普通草根的声音在网络新闻中占据明显位置，更多地被传统媒体的报道所吸纳。

5. 生产压力：网络民意的影响扩大

过去，控制新闻的力量主要来自政府权力、商业利益和专业主义，受众的兴趣和需要主要通过市场化的商业驱动来发挥作用。如今，由于公众舆论在传统媒体的话语空间中很难生成，因此，互联网已经成为中国社会舆论场的核心平台，中国的网络舆论已经呈现"微博化生存"的态势。

由此网络民意对新闻生产的影响力大大增强：一方面，传统媒体的调查报道借助互联网迅猛传播，激发的网络民意和社会影响对公权力机关会造成监督压力，从而形成网络舆论监督和传统媒体批评报道的合力，有利于推动国家和社会治理；另一方面，职业新闻人可以边报道边进行微博直播、实时掌握网络民意。而整体上，相对民粹化、非理性、群体极化的网络民意对记者的价值判断和报道立场会产生负面影响。总结来看，网络民意对新闻生产的影响是利弊共存的。

（二）网络新闻业的实践特点

互联网时代新闻生产方式的特点不仅表现在传统媒体利用门户网站、论坛、博客、微博等互联网技术平台产生新的特点，而且表现在以新浪、腾讯为代表的商业网站自身新闻生产所呈现的新特点。

1. 从记者主导转向编辑主导

传统新闻生产的主体行动者是记者，记者主要负责现场采访和快速写稿，稿件编辑虽然可以进行进一步的审核、编辑和排版，但稿件的关键部分受制于记者的供稿。但是在互联网时代，根据《互联网新闻信息服务管理规定》的相关条例，新浪、腾讯等商业网站只有新闻的编辑和刊载权，而没有原创新闻采访权，因而其生产主体主要是编辑。目前，网络新闻多数是非原创的，供稿来源主要还是传统媒体，编辑为吸引网民点击或扩大稿件影响，往往需要对标题做深加工。由此，传统新闻报道中记者主导的高成本原创被编辑主导的"复制/改编＋聚合（草根新闻）＋少数原创"所取代，记者在场的线下观察（Offline Research）被编辑不在场的在线观察（Online Research）所取代。网络编辑对新闻的选择、整合和挖掘决定了新闻产品的质量，以及能否吸引更多的受众，编辑的素质高低越来越多地决定了网络新闻的传播效果。

2. 从作为产品的新闻到作为过程的新闻

传统的新闻生产机制由记者主导，记者严格遵循截稿和发稿周期，在规定时间内集中采集、合成和分发。新闻报道是社会化的产品，由编辑部主导，以中心化的机制一天一次刊发，实现一对多的单向传播。同时，新闻作为产品，衡量其优劣的标准主要是专业品质。网络新闻则不同，依托海量、开放的发稿平台和聚合空间，商业网站的传稿和发稿不再有严格的截稿时间，可以实现每周 7 天、每天 24 小时的滚动发布和即时更新，制作和发布的新闻专题也可以根据新闻事件的动态进展而不断更新和补充，作为过程的新闻可以只有开始、永不结束。此外，基于相对平等和开放的公众参与，网络新闻具有内在的"去中心化"偏向，其传播和扩散由链接促发，是一个不断整合、加工和添加的动态过程。

3. 新闻生产的偏向由硬变软

传统新闻生产的新闻内容以整体、深度、一次性、文本性的方式呈现，在新闻形态上强调事实至上，在新闻价值上崇尚由快至深，不断逼近真相的努力和公众利益至上的价值观使其对"硬新闻"的社会意义更加看重。对于网络新闻生产来说，其对用户需求的满足、对技术表达的注重、对点击量的追求，使其在新闻形态上更加重视视觉至上而非事实至上。由于娱乐化、碎片化、视觉化的文本，最适合通过移动互联网的载体和工具进行发布和传播，也最容易在短时间内形成爆炸式、病毒式的传播效果，所以商业网站的新闻内容逐渐趋向速度而非深度，强调体验而非质量。

从总体上看，随着网络新闻的日益规模化和主流化，软性新闻业（Soft Journalism）开始兴起，具体体现在从传统的提供公众需要的（Needed）转向提供公众想要的（Wanted），从硬/软兼顾的公共利益偏向转向逐渐偏软的用户兴趣偏向，从读者口碑驱动的质量至上评估转向用户点击率驱动的影响至上标准，其背后是商业主义的强化和专业主义的弱化。

三 社会控制的新趋势与传媒公共性的变化

探讨互联网对中国新闻业的整体影响，归根结底要回到关于新闻业的两个核心问题：自主性和公共性。前者强调的是新闻生产的独立性，即互联网能否为中国新闻业"赋权"，创造更大的报道空间和传播自由；后者追求的是在转型社会的中国，新闻业能否在更大程度上承担公共责任，以更好的公共性来服务和推动国家和社会发展。总体上，从社会控制的新趋势和互联网新闻业的公共性角度看，值得关注的变化和趋势主要有三点。

（一）过度的商业控制导致专业伦理的失范

20 世纪 80 年代开始的传媒市场化，在很长一段时间内对中国媒体的"自主性"发挥着"解放性"的积极作用，在将媒体拉向市场的过程中更加注重为受众服务，并通过调查报道和深度时评等实践舆论监督、进行公民启蒙和推动社会进步。但过去十余年，市场化的负面效应在都市报、电视娱乐节目等方面呈现出利益至上、过度煽情等商业主义的问题，市场化所发挥的"压制性"的消极作用，正在逐步体现出来，同时越来越集中地体现在网络新闻实践中。因此，对过度市场化的反思正在成为审视网络新闻业的重要命题。如有学者指出："媒体的市场化进程培育了一种新型的媒介—受众关系，使得媒体更倾向于对受众的市场需求做出回应。媒体的改革使得中国的新闻业从意识形态到专业主义都发生了历史性的变迁，从毛泽东时代的政党—媒体模式转变到改革开放时代的市场—受众模式……互联网更是加快了这一模式的转变进程。"

从新闻生产的自主性来看，互联网行业对传统媒体的冲击，促使传统媒体在转型和自救过程中，越来越多地采取"事业部制"、实施整合营销等理念和做法，从而导致编辑部门和经营部门之间的"防火墙"崩塌，由此，对新闻生产的专业原则和独立性产生极大损害。而以商业网站为代表的网络新闻编辑部，尽管在吸纳用户生产内容（UGC）和探索原创新闻报道上做出了一些专业主义的努力，但整体上，受"市场导向新闻业"的公司文化驱动，其新闻生产的专业性和自主性整体上均比较弱。而且，这些商业公司运营新闻网站的目的在于直接盈利或服务于公司的品牌和利益，而非通过披露真相来满足公众利益，因此资本力量主导下的商业控制会对编辑部产生更加严苛的约束，甚至会导致新闻网站实际上扮演着商业公司"公关部"的角色。

此外，新闻寻租、"有偿不闻"等伦理缺失也是网络新闻业中存在的让人痛心疾首的现象。据媒体报道，不少商业网站的财经频道通过对准备首次公开募股的企业进行报道，抓住和放大企业存在的问题，通过敲诈勒索获取高额广告费或"封口费"；一些商业新闻网站内部存在"大客户保护名单"，只要大企业每年在网站上投放一定额度的广告，网站就可以协助这些大企业屏蔽负面新闻，这种"有偿不闻"的做法也是对公众知情权的极大损害；一些侵犯公民隐私权、名誉权的新闻或"爆料"，在网络上被广泛地传播，而相关的把关机制却形同虚设……这些专业伦理缺失的现象，在当下和未来的网络新闻业中可能会愈演愈烈。

（二）行政控制的内化导致自我把关的强化

一方面，传统的行政管理和权力控制，无论是对传统媒体还是对网络媒体的影响都在不断加大。随着互联网监管力度的强化和管制结构的调整，对网络新闻的监管和舆论治理正在走向"行政化"和"法制化"。另一方面，外部行政控制的强化，以及以关键词过滤和审查技术的升级，导致网络新闻生产过程中"自我把关"现象也越来越严重。

笔者对网络新闻从业者的一项调查显示，在对"新闻网站编辑记者应当主动淡化不利于政府的信息"这一行为的态度上，受访者的得分均值为3.07分，倾向于较为肯定。可见，网络新闻从业者对行政控制的压力感知比较强烈，外部政治控制容易内化，致使其在新闻生产过程中主动规避风险。另外一项研究也表明，即便是比较善于突破的调查记者群体，在强有力的权力管控和组织规范之下，进行调查性报道生产时也存在自我审查的情况，调查记者主要通过使用微博等互联网技术提升新闻生产效率，进行新闻突破、社会动员乃至职业抗争只是非常规情境下的极少数偶发事件而已。

（三）网络舆论的极化导致公共空间的弱化

传统媒体时代，受众对媒体的直接影响相对较弱，由民意造成的社会压力往往在极端事件中才会产生，常规新闻生产中记者和编辑部受到民意的影响并不大也不直接。而进入互联网时代，以论坛、博客、微博为主的平台为网民提供了空前活跃的表达空间，由此也容易针对热点事件形成汹涌的网络舆论。不过，当下的网络舆论场呈现出一些明显的缺陷，比如，敏感言论的有效管制，导致不同阶层、不同群体对公共事务的意见无法充分表达，致使网络舆论对真实民意的体现有所不足；公民社会的不成熟以及狭隘民族主义和民粹主义的局部失控，导致网络舆论的情绪化和非理性倾向明显；微博等技术平台碎片化、爆炸式传播的特点和效能，导致事实和观点发生割裂、难以在网络上形成真正持久的深入对话，因而也难以形成理性的社会共识；由于"结构性怨恨"和"普遍不信任"的社会心理机制，网络舆论很容易走上"群体极化"甚至"对抗性"文化的道路。

尽管财新网等少数专业性的网络平台，尝试在每条新闻下方将本站跟帖、新浪微博和腾讯微博等不同渠道的评论"抓取"到一起，试图建立一种基于事实表达观点的互动机制和表现形态，但这种通过提供准确事实、汇聚不同渠道言论的方式推动理性网络空间形塑的努力，总体上仍然非常稀缺，其作用也相对较小。鉴于网络舆论的分化、舆论的割裂、舆论的极化等特点，很难真正从理性、积极的方向持续推动中国新闻业的进步和发展，相反，可能会使作为传媒的互联网变成更加弱化的公共空间。

四 结论与探讨

以往的研究表明，中国新闻专业主义从未像西方新闻业那样"已经形成了阐述这些专业特征和理念的一套话语，并且有相对独立于商业和政治利益的专业规范机制"，新闻专业主义在中国是未完成的进行时。当下，在互联网重塑中国新闻业的整体语境中，本已局部化、碎片化呈现的专业主义又面临新的重构可能，其中既包含着有利于新闻专业主义建构的因素，也包含着不利于新闻专业主义建构的因素。从行动者如何影响结构的角度来看，无论是传统媒体利用互联网平台进行新闻生产实践，还是商业网站自身的新闻生产，以记者编辑为代表的职业新闻人和以草根新闻为代表的普通公众之间的合作、博弈都直接影响着新闻专业主义的建构。

第一，新闻专业主义的准确、客观、公正原则，主要是针对职业新闻人而言的。网络新闻生产实践中，职业新闻人面临两方面的挑战。一是"职业新闻人已经不再满足于传统的把关人角色而是利用博客、微博等互联网技术工具试图超越它"，在传统媒体利用互联网进行的新闻生产实践中，职业新闻人的"参与者"角色在不断强化。在大量公共事件中，记者利用微博进行的在线报道和网络动员，增强了其直接参与事件的概率和风险，由此对其"记录者"的专业角色造成偏差。令人担忧的是，这种"参与者"的角色使职业新闻人自身的情感和情绪很容易被表达出来。这种将自我置于新闻的中心舞台，将情绪裹挟在新闻报道中的倾向，容易产生如石扉客所概括的"社运型"记者现象。二是在商业新闻网站的新闻生产中，作为职业新闻人的网站编辑，过度迎合公众对视觉、娱乐、煽情新闻的偏好，生产和推送过度碎片化、娱乐化的软新闻，造成网络新闻"标题党"现象盛行，使商业主义驱动的生产机制成为主流，而新闻专业主义则更加缺失。

第二，普通公众在网络新闻业的专业主义建构中扮演的角色是双重的，他们既是职业新闻人建构新闻专业主义的有效助力，也以一种去"专业化"话语挑战着职业新闻人对传统专业主义规范的坚守和对自我作为职业权威的捍卫。一方面，普通公众已经更加广泛地参与到新闻生产实践中。他们的参与扩大了新闻报道的空间，丰富了新闻报道的内容，也改变了传统的消息源权力结构，有助于职业新闻人摆脱对体制内信息源的依赖。另一方面，新闻作为"一种诠释现实的权力实践"，在传统媒体时代，原有的新闻场域是由组织内的新闻专业人士主导确立的，而在互联网语境下，这种诠释现实的权力实践和话语权威正面临普通公众发起的严峻挑战，比如，技术赋权使新闻生产工具资料社会化、全民化，专业人士面临场域内新入者，即普通公众的激烈竞争；过去，新闻从业者依靠专门训练获得知识和技能以及通过与大众绝缘的方式获得专业资本，如今在以改编、复制和聚合为主的网络生产模式之下，传统新闻专业的核心能力被边缘化；大众不仅能够通过市场对新闻造成间接影响，而且可以通过公共舆论参与新闻生产，职业新闻从业者新闻场域内的专业资本在缩小；此外，网络民意汇聚形成的"去专业化"话语要求新闻业体现与普通公众的联系，既要代表公众、反映底层人民的疾苦，又要参与社会行动、帮助底层人民解决实际问题。于是，大量的网络传播实践都采取了情感宣泄、反讽戏谑、悲情化、标签化等话语方式，这种易走向极端化的"去专业化"话语，不仅与新闻专业主义所要求的"客观性"格格不入，而且专业话语和"去专业化"话语之间也很难形成理性对话的空间。

回到社会控制新趋势和传媒公共性的关系，大体可以这样总结互联网对中国新闻业的结构性影响：其一，政治权力的强势介入和有效监管，未能给互联网新闻业带来比传统媒体更大的报道空间和独立性；其二，市场驱动的利益短视和逐利倾向，导致互联网新闻业很难在商业网站确立专业主义的价值规范和品质追求，整体上的煽情主义、商业主义影响了网络新闻的品质和水准；其三，互联网技术的传播赋权和信息突破，给少数公民和机构带来了提升知情权和表达权的机会，但非理性的网络舆论可能会对新闻生产的自主性造成负面影响，"去专业化"的话语也会使职业新闻人的自我认同感趋于弱化。

综上所述，在互联网的影响下，中国新闻业面临着"双重尴尬"：一方面，在传统媒体时代，专业主义的启蒙和共识尚未形成；另一方面，在互联网时代，碎片和局部的新闻专业主义又面临新的重构，而在新的重构过程中消解与促进、挑战与机遇并存。未来中国新闻业的走向，需要媒体管理者在宏观政策上有更积极的改革，机构所有者在组织制度架构中有更合理的设计，以及新闻从业者在生产实践中有更专业的追求和更理性的自觉。

广州大数据与公共传播研究基地成果

作者：张志安　吴　涛

及时响应、全面覆盖、疏导情绪、防范行动

——运用互联网法律服务 防范化解社会风险

在推动网络法治化进程中，政府当前面临的主要挑战有：基层政府公信力不强且维稳压力大，疲于应付此起彼伏的舆情事件；网民缺乏足够的法律素养，维权过程中过于依赖行政手段和社会动员方式，而非法律途径；法律资源配置不合理，公共法律服务不能有效解决社会矛盾。基于互联网"共享共治"的思路，为更好地化解社会风险，基层政府的社会治理需要统筹网上网下两种资源：既需要建章立制，自上而下地进行管理；也需要整合社会资源，通过高质量的服务来有效引导网民。目前正在逐渐兴起、快速发展的互联网法律服务平台，就是值得关注和运用的重要社会资源。此类平台多由具有律师和互联网行业背景的人士创办，基于移动互联网产品和平台，整合全国性的法律服务资源，实现普通网民需求和专业律师服务的有效对接，且具有覆盖广、人性化、响应快、门槛低等特点，对疏导网民情绪、引导公众理性维权、化解基层社会风险具有积极作用。本报告将简要考察当前网络空间治理中存在的法律问题，然后分析互联网法律服务化解社会风险的主要优势和功能，最后针对如何引入这一资源，以法治思维推进舆情研判和风险治理提出对策建议。

一 当前网络空间治理中存在的法律问题

2014年2月28日，习近平总书记在中央网络安全和信息化领导小组第一次会议上强调，"把握好网上舆论引导的时、度、效，使网络空间清朗起来"。网络舆论的汹涌往往与现实矛盾的处理不力紧密相关，从法律角度对其问题进行剖析是依法治理的前提。

1. "社会与法"相关的冲突议题是网络舆情事件中的主要类型

2014年司法事件舆情热度虽有所下降，但公安、纪检监察、司法仍是舆情压力的主要承担者，近一半的舆情压力指向这些机构，它们面对的压力远高于其他职能部门。中国人民大学和人民网等发布的系列网络舆情报告显示，近几年网络舆情事件中有超过40%的事件属于"社会与法"领域。2013年司法案件引发的舆论热点猛增，占当年20个热点舆情事件的半数以上。李某某强奸案、曾成杰被执行死刑、沈阳摊贩夏俊峰案都使司法公正成为社会关注的网络议题。

值得重视的是，网络事件也常伴随和引发线下行动。一项针对2001~2012年182个

重要网络事件的量化统计表明，"有关司法公正、官民矛盾、环境问题等主题的网络事件最容易引发线下行动的出现，征地也具有一定的预测作用"。而这些议题也与互联网法律服务处理的上访、群体性事件高发议题非常符合。

从事件主体来看，如果利益相关者是农民、城市居民和其他弱势群体，则会增加线下行动爆发的可能性。如果利益相关者是官员、学生与知识分子群体等，其爆发线下行动的可能性较低。弱势群体倾向于采取线下行动的一个重要原因，正是其自身法律素养较为薄弱，又容易被传统律所忽视甚至抛弃，他们常常是"以法抗争"而非"依法抗争"，因为对法律的理解和运用不到位，矛盾冲突难以避免。

2. 网络舆论存在"法律问题道德化、道德问题情绪化"的情感偏向

在涉法舆论被高度关注的同时，网络舆论集中表现出两种倾向。其一是"法律问题道德化"，即舆论不是从基本的法律原则和证据事实角度，而是从道德审判角度讨论问题。简单划分"正义"与"非正义"、"强者"与"弱者"的边界，甚至以舆论审判强压司法判定。"邓玉娇案""药家鑫案"就是明证。其二是"道德问题情绪化"，网络事件特别容易因道德评判而引发悲情、愤怒、恐惧、厌恶、恶搞等强烈情绪，并成为推动事件发展的核心动力。有研究表明，在互联网上，网民"情绪"和"直觉推理"的传染性要大大强于理性，并在无意识层面上持续对网民舆论产生影响。

造成这些倾向的社会原因包括：当事人的法律权益被侵害，无法有效解决；网民的法律素养参差不齐；部分媒体专业性不足导致事实核实不到位、法律评论有失公允；公权力部门操作不当或沟通不畅，公信力被习惯性质疑；缺乏独立第三方的专业解读等。

3. 部分律师成为网络意见领袖，发挥积极功能的同时，容易出现泛政治化或功利化取向

律师群体是微博上活跃的网络群体之一。截至 2012 年年底，已有 4000 多名律师开设新浪认证微博。2013 年年底，人民网统计的 300 名网络意见领袖中，有 37 名来自法学学科类。律师微博中影响最大的是@徐昕和@袁裕来律师微博，粉丝数分别为 2500 多万人和 1800 多万人，@迟凤生、@陈有西、@周泽、@李庄、@兰和等律师微博也具有较高知名度。应该说，律师微博对于推进法治建设发挥了一些积极作用，提高了典型案件的社会关注度，在一定程度上有助于保障个案公正和普及法律知识。

但由于律师言论涉及司法特殊议题，个人表达缺乏行业和相关机构的把关，不恰当的微博发表也可能对司法公正、社会稳定产生一些消极影响，比如，解读偏差——律师并非专事微博法律咨询，对一些案件缺乏本地化、持续、具体的研究，表达可能比较零散且不够准确，引起误导；泛政治化——某些律师习惯性地将具体案例抽象到民主、自由、官民矛盾、左右政治之争等层面，不利于案件解决，甚至会强化撕裂社会情绪；功利化——部分律师通过新媒体平台泄露当事人隐私、私自发布案情、贬损同行，试图左右舆论以获取个人名利。李某某案背后就有 7 名律师因此受处分，新媒体环境下的律师表达伦理问题也引发热议。

尽管一些律师的网络表达在舆论场中能发挥一定的积极作用，但以突发事件为中

心、远程化的隔空讨论并不能实际解决各类法律问题，还需要整合资源，面向网民提供更有针对性的专业法律服务。要实现网络舆论理性化和网络空间法治化，既需要各方达成一个基本共识，愿意通过法律途径而非"舆论审判"的方式来解决问题；也需要在公检法部门和律师的科学引导下，提高网民运用法律解决问题的能力和效率。从近期可操作的层面来说，需要可以打通线上线下隔阂，即时、有效满足网民法律需求的技术平台和运营模式。互联网法律服务为解决这一问题提供了新的思路。

二 互联网法律服务参与化解社会风险的主要优势和功能

传统法律服务主要包括法人内部法律业务、律师事务所承担的法律业务和公共部门提供的公共法律服务。但是在民众权利意识勃兴、移动互联网急速发展的今天，这种模式无法完全满足民众日益增长的法律服务需求。

目前，互联网法律服务行业的总体特征是运用"互联网思维"，重视用户体验、关注供需对接和开发长尾效应。主要代表有致力于推动"智慧普法"的民办非企业"法律王"平台、盈科律师事务所"律云"线上平台和针对创业企业的法律服务电商"绿狗"等。其中，从服务的大众化和公益性来看，"法律王"平台的模式与网络空间、社会风险治理的需求最具有对应性。本报告以其为案例来说明互联网法律服务参与化解社会风险的主要优势和功能。

1. 参与化解社会风险的三大优势：覆盖面广、调配合理、响应快速

优势一，社会覆盖面广，面向普通公众提供个性化的法律服务。

原有律所业务，注重诉讼业务和代理金额高的非诉讼业务（如建筑、房地产、金融类），律师对无法转化为案源的普通法律咨询会"选择性忽略"，甚至刻意引导咨询者"小事大办"以增加收益。换句话说，支付能力低且法律需求相对简单的公众可能会被排除在律所之外。公众在转向论坛、贴吧、微博发求助帖的过程中，其诉求往往不能得到及时回应，潜沉涌动的法律诉求成为网络舆论空间的定时炸弹。

与律所相比，公共法律服务多提供静态的、被动式的、重广度的普法宣传。民众需要花费大量时间、精力才能从普法材料中筛选出自己需要的部分，即使有按人群划分的普法服务，也难以满足同一人群的不同法律需求。免费的法律援助则只能针对经济困难或特殊案件人给予无偿法律服务，其申办程序复杂且服务案件类型非常局限。而"法律王"平台不以发展案源为目的，将线上法律服务与案件代理业务分割开来，避免了对诉求简单的公众不公平对待。2013～2014 年，"法律王"平台共接到来自全国的 212 万人次咨询，最近半年平均每天处理咨询 2000 条左右。2015 年 3 月其配套法律服务 APP "律兜"面世，提供了更低价、全面的线上服务功能。原则上，网民具有可用法律来分析和处理的任何问题，都可以选择自己善用的网络渠道接受服务。

优势二，打破地域局限，整合全国范围内的律师来积极参与公共法律服务。

过去国内律师地域分配不均的问题突出，欠发达地区律师紧缺，公众不能充分享受律师服务，而很多发达地区的年轻优秀律师案源不足，大量时间被闲置，其实很多问题

完全可以通过调动异地律师资源来解决。截至 2015 年 1 月底，"法律王"平台整合了全国范围内的签约执业律师 10238 人，遍布 30 个省份。他们进入平台前要经过统一的能力测试，其专业能力比原有公共法律服务从业者高很多。

另外，传统公共法律服务中心虽然免费，但值班律师只需要完成司法部门指派的公益任务，所获补贴很低且没有严格考核，因而他们的责任心和投入度不强。有时律师为了在半天时间内完成所有咨询，只简单回应公众提问，容易产生敷衍和误导公众等问题，也无法持续跟踪公众需求。而"法律王"平台建立了严格的考核激励机制，有效调动了律师的积极性：律师运用空余时间服务客户，在提高专业能力的同时，三成以上律师可获得每月 2000 元以上的额外收入，用户评价排行和专业能力测试高的律师会获得奖励和案源。

简言之，互联网技术解决了律师资源不均和激励不足的问题，因此，律师们提供公共服务时会更加尽职尽责。

优势三，即时性响应公众需求，尽早疏导情绪和化解矛盾。

研究表明，接入法律服务的操作难度、经济成本和时间花费是影响网民是否采取法律手段的重要影响因素。通过互联网法律服务，网民不用再苦等论坛回复或刻意渲染夸大自身需求，可以随时获取专业律师的一对一服务。他们通过淘宝店、网站、电话接入平台后，专业人员会对其诉求进行法律分类，匹配相关执业律师，只需要支付几元钱，网民就可以在 5 分钟内开始律师咨询。有需要的话，网民还可以律所收费 1/5 甚至 1/10 的价格，获得包月和专案服务。相比律所，网民获得了更平等、贴心、低收费的法律服务。网民不用出门，就可以通过跟专业律师讨论，尽快获得法律上的解释，其情绪也可以得到宣泄和抚慰，从而降低采取非理性行为的可能性。

2. 参与化解社会风险的两大功能：化解社会冲突、提升网民素养

首先是协助处理多起有关上访和群体性事件，降低地方社会风险。在接受互联网法律服务的过程中，很多网民在律师的帮助下理清了所涉及事件的关系性质，纠正了其理解和运用法规的偏差，从而采用合理维权方式。以"法律王"为例，2013~2014 年，共受理上访客户相关需求 3211 件，包括一些对政府和司法部门怀有不满的老上访户。经过法律服务，有 982 起案件（占 30.6%）的当事人理性放弃上访行为，平台还间接推动1874 起（占 58.4%）案件采取法律程序。回访结果显示，用户较为信任和理解律师的专业建议，七成以上上访案件可以通过沟通或法律渠道，在 3~6 个月的时间顺利得以解决。

另一项数据显示，平台受理多人集体维权等群体性事件的客户需求 109 件。从处理效果来看，其中有 85 件（占 78%）当事群体在律师的利弊分析下，主动放弃或者中止大规模群体性行为，转而通过正当法律途径进行维权。例如，有人因为对政府职能或法律更新情况不了解，试图通过"自焚""医闹"等违法方式维权，后经律师咨询，迅速放弃了聚众闹事行为。还有 11 件（占 10%）是通过法律服务介入，双方达成一致协议予以顺利处理的，一般解决周期在 1 个月左右。

互联网法律服务不仅帮助网民解决具体的法律诉求，而且对网民的整体法律意识和行为方式产生了良性影响。数据显示，体验过良好法律服务的公民再次面对问题时，会主动寻求法律帮助，"回头客"不少。"法律王"平台上44.71%的用户咨询过两个法律问题，还有19.88%的用户咨询了三个及以上的法律问题。网民对法律效能的认可度有很大提升。在使用服务之后，将法律作为首要解决纠纷手段的人从22.6%提高到66.7%，很少考虑使用法律手段的人从原来的38.2%下降到2.1%。而且，优质的法律服务使网民对律师群体的态度发生显著改变。使用法律服务前对律师印象较好的用户仅有22.4%，使用法律服务后此比例升至94.6%。很多用户还因为自己的问题被成功解决，而义务、主动地推介法律服务，劝导和协助其他人接受法律咨询。由此看来，引导有需求的公众通过互联网法律渠道解决问题，公众成功"用法"的经历将更有效地强化公众的法律意识，使他们成为乐于"普法"的人群。

三 对策建议：以法治思维推进舆情研判和风险治理

网络法治化和社会风险治理，是一项长期而复杂的工作，若能进一步以开放兼容的思维，吸收互联网法律服务平台的优势资源和成功经验，一定能获得更大的突破和进步。

1. 在舆情研判方面，打通互联网法律服务数据库与网络舆情数据库，建立更加全面、及时的舆情信息研判平台

网络管理部门可以借助互联网法律服务平台上的专业律师资源，针对涉法网络舆论，进行系统搜集、分类梳理、分级研判，将其作为网络管理的重要决策依据。涉法网络舆论往往与公众真实且亟待解决的法律诉求有关，但如果尚未形成全国性热点，或者不属于特定组织舆情搜集范围，就很容易被媒体和现有舆情分析机构所忽略，成为酝酿社会风险的温床。厦门公交车纵火案中的陈水总，跑了多个部门办理社保未果，也曾上访并在微博上自称草民"求条活路"，但无人问津。老百姓具体而微的诉求得不到及时倾听和解决，就会"小事拖大，大事拖炸"。

建议通过合作调研，对网上涉法议题、民众诉求、传播倾向等指标进行综合把握，提出法律解决和舆论沟通的基本思路，为网络舆论引导提供专业的法律参考。同时，可选择天涯、猫扑、新浪微博等重点平台，邀请律师或法律服务平台以第三方身份，对其中一些比较急迫的、重大的、持续时间较长、可能造成较大影响的舆论诉求进行公开回应，引导线上法律诉求在线下获得合理解决。

同时，网络管理部门可以联合最高法、国务院法制办或省市级司法部门，运用各大互联网法律服务平台上的自有数据，展开对网民法律咨询需求状况及其解决方案的深度研究，从而提高网络法制普及和管理的针对性和有效性。

中山大学互联网与国家治理研究中心2015年1月发布的数据显示：自2014年以来，网民对电话咨询的需求有所下降，而在线咨询的需求增长为原来的3倍，更多"宅男宅女"愿意通过网络文字或语音咨询的方式解决问题；纠纷类咨询排名前5的是家庭婚姻

（21%）、财产权利（17%）、债务债权（15%）、劳动人事（14%）和刑事案件（9%）；在网络法律咨询人群中，18～35岁的占60%，35～50岁的占34%，公司职员占46%，企业主占31%，公务员和事业单位员工占14%。不断收集这些关于咨询方式偏好、咨询议题和人群特征的信息，可逐步形成网民法律需求的总体"图谱"和人群"画像"，有助于提高网络普法的效率。

2. 在情绪疏导方面，建立基层政府与法律服务平台的长效合作机制，借助第三方资源来理性引导舆论

根据本报告对各地网络舆情事件的研究，群情激愤的背后往往具有三个基本要素。一是存在一个之前未被关注且富有争议的法律议题。如2013年曾成杰被执行死刑，其女"泣血"哀求被广泛同情时，各方对经济犯罪是否适用死刑以及死刑执行前后的程序问题众说纷纭。二是存在对利益相关方基本法律关系的模糊认知。如2013年山东平度纵火案被媒体定性为"征地纠纷"，即征地过程中村民与村委会负责人之间的"利益纠纷"。但实际上早在2006年涉案的一百多亩地已完成征地。三是存在对基层政府和公检法部门职能范围及其行为合法性的争议。如很多案件中出现民众不信服警方的调查，继而发生警察抢尸冲突。

涉事主体各执一词，当地政府及司法部门公信力不高，媒体记者也容易因法律知识有限，传播时限压力大等原因，对事实判定不准，最终导致官方和媒体的舆论引导效果不佳。此时，律师等第三方专业人士的参与便显得尤为重要。2009年上海莲花河畔景苑在建商品房倒塌引发了业主、开发商和镇政府的一些矛盾，区政府第一时间引入律师团队，并用了几个月的时间以论坛讨论和面谈的方式反复协商，取得了比较好的效果。基层政府与互联网法律平台长效合作，能更为快捷、全面地引入律师资源，既为媒体提供专门的即时性法律解读，也为当事各方提供低费用、随时随地的法律支持，从而更快化解舆情事件疑点，并使利益纠纷得到规范处理、各方情绪得以宣泄和疏导。

3. 在知识传播方面，加大时政新闻尤其是社会新闻传播过程中的法律解读，运用移动互联网平台提升网民法律素养

从长远看，要进一步提高网民的法律知识储备，培养其法治思维，促成各方理性对话，还需要长时间的积累。目前网民接触信息多通过主流新闻网站、微信公众号及移动客户端（如腾讯新闻、网易新闻、头条新闻、ZAKER等），特别是时政新闻和社会新闻中会有大量跟帖和评论。如果推动这些平台与互联网法律服务平台对接，通过话题设置、投票竞猜、在线访谈等方式，持续地推出具有法律视角、形式活泼、易于理解的网络评论，实时对事件进行法律解读，就可以潜移默化地提升网民的法律素养，培养公众基于法律来对话思考的能力。

当前网上一批"公知"大V相对低调的同时，具有专业背景的中V开始发挥较大作用，网络评论和舆论引导的"专业化"是大势所趋。以食品安全话题为例，果壳网、知乎、南方周末"健言"栏目、国家食品安全风险评估中心等平台的专家，在很多事件和争议中频频发言，在科普和提升公众理性方面做了很多工作。新闻事件中的法律解读

也可以参考相关方式，运用移动互联网平台发挥有效普法功能。

4. 在基层治理方面，优先选择条件成熟或舆情多发地区进行试点，探索社会治理和法律服务的互动模式

网络法治化落实到基层，就是区域和社区治理的法治化。可以选取一些城市、基层县乡或社区作为试点，以当地网络管理和司法部门为核心开展相关工作。第一，网络管理部门及时收集网络涉法舆情，联合当地司法部门，同时借助互联网平台律师资源来回应和处理问题。第二，司法部门可购买一定的公共服务，为社区工作人员免费提供法律服务 APP 账户，保障其在工作中随时获得法律支持；司法部门通过电话、网络和社区媒体等方式，收集本地和社区民众的法律诉求，联合互联网法律平台来对接处理。第三，互联网法律平台第一时间根据本地咨询状况提供舆情预警报告，对本区域近期可能发生的矛盾纠纷进行预警，并提供合法解决方案；律师进驻社区论坛和微信群，参与各种法律诉求的讨论和处理。多管齐下，构筑一个从法律需求搜集、法律话题探讨，到法律问题解决的常规化机制，通过网络平台架构基层风险治理机制。

广州大数据与公共传播研究基地成果
作者：张　洁　张志安　全为铠

自由贸易区的"南沙经验"

现代自由贸易区诞生于 1992 年的《北美自由贸易协定》，其中的负面清单（Negative List）条款，亦成为当今中国四大在建自由贸易试验区的核心制度。正因如此，部分人误以为：对于一个社会主义市场经济体，自由贸易区是新生事物，是洋为中用的产物。那么，这种西方国家发明的特色制度，是不是更适用于资本主义国家，"南橘北枳"会不会出现？其实，这种杞人忧天的顾虑，不仅没有意识到中央为自由贸易区赋予的重大战略意义，而且是对社会主义市场经济史无知的体现。早在 1963 年，社会主义国家前南斯拉夫就开始建设专属社会主义市场经济的自由关税区和自由工业区。20 世纪 80 年代，自由关税区在前南斯拉夫已有 11 个之多。与此同期，其他社会主义国家，如罗马尼亚、匈牙利、波兰、保加利亚，亦建有"自由港"等概念的自由贸易区，总数接近 20 个。至于负面清单，更可视为社会主义市场经济的"原创制度"。因为早在 1988 年，中国政府就开创性地设计出一个针对内资的"负面清单"制度，即 1988 年《私营企业暂行条例》。要建好自由贸易区，就要有"制度自信"；要有"制度自信"，就要总结"中国经验"。广州南沙自由贸易试验区研究基地试图为广州南沙自由贸易区归纳出以下三个维度的经验启示，为第三批自由贸易区申报提供经验素材与实践指导。

一　创新投资管理模式，为 2018 年全面实施负面清单先行先试

2015 年 12 月生效的《国务院关于实行市场准入负面清单制度的意见》（国发〔2015〕55 号）提出："从 2018 年起正式实行全国统一的市场准入负面清单制度。"也就是说，2015 年 4 月才在自由贸易区正式施行的负面清单制度将在不到三年后向全国推广。为此，广州南沙自贸区进行了大量的先行先试的制度探索。自贸区挂牌以来，南沙自贸区全面实施关于市场准入的负面清单管理制度，大力改革原有的行政管理模式，对内外资项目统一实施负面清单管理制度，投资项目备案事项实现了统一网上全程办理，极大地提升了广州南沙新区片区投资便利化水平，使园区内的在位企业和潜在进入企业的投资效率得到了显著提升。为深化行政审批制度改革，南沙自贸区运用信息化、数字化、网络化技术，建设覆盖全区、联通各领域的数据收集、分析、运用信息共享平台，着力打造智慧型负面清单运行平台。具体来看，企业登记采用"一照一码"，设立电子营业执照改革试点，建立"一口受理"高效服务平台，试行"一颗印章管审批""一支

综合执法队伍管全部",建设南沙自贸区物联网服务中心,推进自贸试验区巡回审判改革试点,组建广州国际仲裁院南沙分院,建立南沙行政咨询委员会等工作已经全面展开。挂牌以来,南沙自贸区的商事登记改革全面推开,率先在全市范围内推行了"一口受理"的新模式,建立了企业登记"一口受理"的政务系统,设立了并联审批的机制,实行了"一照一码"和"电子营业执照"等标志性改革,实现"七证联发",企业进行注册登记在 1 个工作日内就可以拿到营业执照;建立了全区统一的市场监管信息平台,逐步形成了"各司其职、联动监管、全面共享、信息公开"的监管信息化局面,初步形成了宽进严管的工作机制;试行电子税务系统,南沙地税在全省率先发出首张地税电子税务登记证,60% 以上业务实现全流程网上办理,实行"先办理后监管"改革,实现90% 以上税费业务即时办结,设立了国地税 24 小时联合自助办税服务区,推行移动终端"微服务",为纳税人提供微信、网站和电话等预约办理涉税业务渠道,实现微信纳税申报功能和全程无纸化管理;在全国首创了政府以购买服务方式帮助进出口企业支付查验费,对查验没有问题的集装箱,免除企业吊装、移位、仓储等费用,此类费用由政府财政负担。据统计,南沙区开展广州市第五轮行政审批制度改革工作时,对行政审批事项进行清理,共取消行政审批 67 项、备案 43 项,决定转移、调整行政审批 15 项、备案 7 项,行政审批事项删减 37.6%。在 2015 年广州各区的上半年生产总值统计中,南沙区在自贸区战略的带动下,以 14.1% 的生产总值增速排名全市各区第 1,是唯一增速达到两位数的行政区。

二 创新贸易监督模式,贸易自由与行政监督并行有序

在贸易监督领域,南沙自贸区提出构建符合国际惯例、适应高水平对外开放的规则体系和制度框架,建设国际贸易"单一窗口",建立涵盖海关、检验检疫、外汇、边检、海事等管理部门的综合管理服务平台。加快电子口岸平台建设,推进便利化通关模式与"单一窗口"的衔接、融合。争取国家相关部门支持,在国际贸易"单一窗口"中使用统一的数据、技术和接口标准。借鉴国际知名自由贸易园区管理运营经验,开展口岸综合监管方案研究,探索以"单一平台"实现国际贸易"单一窗口"。目前,南沙开发检验检疫"智检口岸"平台、实施海关快速验放机制工作已经全面推开。自挂牌以来,南沙自贸区有序推进"单一窗口"的建设工作,首期的"货物进出口申报、运输工具申报、跨境贸易电子商务、信息查询"等四个子系统已经开发完成,现在南沙口岸全面试点运作;通过实施海关快速验放机制,凭借监管流程再造和信息系统手段,使海关查验作业的时间由平均需要 2 小时,减少为不到 10 分钟,通关时效提高 50% 以上;实施检验检疫"智检口岸"业务监管系统,通过流程优化和系统再造,实现了报检业务互联网24 小时申报,市场采购业务办结率由原来的平均需要 2 ~ 3 天,缩短为 16 分钟,产品合格率提升了 24%,查验率降低了 90%;广州海关先行先试粤港陆空跨境联运中心管理模式——"超级中国干线项目"已试运行,探索开展"入仓自行理货"业务,在南沙自贸试验区建立粤港陆空跨境联运中心,推动形成粤港澳通关服务合作新模式。

三 乘借金融创新的东风，助推经济发展

随着《中国人民银行、发展改革委、财政部、商务部、港澳办、台办、银监会、证监会、保监会、外汇局关于支持广州南沙新区深化粤港澳台金融合作和探索金融改革创新的意见》《推进中国（广东）自由贸易试验区广州南沙新区、珠海横琴新区片区外汇管理改革试点实施细则》《广东南沙、横琴新区跨境人民币贷款业务试点管理暂行办法》等重大金融创新制度的出台，广州南沙自贸区的经济与社会发展得到了力度更大、范围更广、渠道更多的金融支持。围绕一系列核心制度，南沙自贸区还提出在跨境人民币业务创新、促进投融资及汇兑便利化、深化粤港澳金融合作、打造全国性和区域性重大金融平台等方面先行先试，建设人民币离岸业务在岸结算交易中心，构建以人民币结算为主的大宗商品和碳要素交易平台，探索金融产品交易的负面清单管理措施，巩固和提升粤港澳区域在人民币国际化中的战略地位，构建与国际规则接轨的金融服务体系。《中国（广东）自由贸易试验区广州南沙新区片区建设实施方案》提出开展包括内外融资租赁统一管理体制改革试点、推动成立广州航运交易有限公司、组建专业化地方法人航运保险机构、设立南沙航运产业基金及船舶产业基金、研究设立以碳排放为首个品种的创新型期货交易所、开展贵金属（黄金除外）跨境现货交易试点、开展外商投资股权投资企业试点（QELP）及合格境内投资者境外投资试点（QDIE）等工作。据统计，南沙已集聚 215 家金融和类金融机构，2015 年新增珠江金融租赁有限公司、渤海租赁 SPV 单机公司、越秀融资租赁有限公司、广州航运交易有限公司等 100 家企业。

广州南沙自由贸易试验区研究基地成果

作者：杜金岷　陈　林

着眼区域产业协同发展
构建广东自贸试验区南沙片区产业新体系

自中国（广东）自由贸易试验区广州南沙新区片区（以下简称"广东自贸试验区南沙片区"或"南沙片区"）获批之日起，它就肩负着建设现代产业新高地的重要使命。根据《中国（广东）自由贸易试验区广州南沙新区片区建设实施方案》（穗南自贸管〔2015〕1号）的阐述，这一使命意味着要以引领广州乃至广东产业未来发展方向为目标，完善产业发展规划，引领产业高端化发展，提升区域产业核心竞争力，打造成为珠三角产业转型升级新平台。

广东自贸试验区南沙片区自2015年4月21日挂牌以来，坚持以制度创新为核心，不断探索体制机制创新，投资贸易便利化水平和金融开放创新程度日益提高，以此带动产业往高端高质高效方向转型升级。从发展环境角度看，在"十三五"期间，广东自贸试验区南沙片区构建产业新体系将面临更复杂的形势。一方面，国际经济格局在深刻调整，低速增长态势仍将延续，贸易保护主义仍在升温，加之受发达国家加快"制造业回归"和发展中国家加快承接国际产业转移影响，南沙片区推进汽车、船舶、重大装备等先进制造业发展将面临发达国家和其他发展中国家"双向挤压"的严峻挑战。另一方面，国内经济发展进入新常态，经济下行压力加大引发的矛盾风险进一步凸显，南沙片区迫切需要着眼区域协同，通过构建产业新体系推动发展方式转变，实现"换挡不失速、量增质更优"的双重目标。

在区域产业协同发展和参与全球中高端产业竞争中，南沙片区具有生态环境、体制机制、交通区位、科技资源等多方面的优势，同时面临着转型升级、吸纳投资、吸引人才、加强区域合作等多重机遇。通过深度对接珠三角尤其是周边地区，南沙片区将充当大珠三角产业链加速再配置的引擎，并在提升大珠三角作为中国面向世界的国际贸易门户功能中扮演重要角色。

一　促进区域产业协同发展的总体思路

南沙片区地处珠江出海口，距香港、澳门分别仅约40海里，是大珠江三角洲地理几何中心，其城市空间、产业发展与周边的番禺区、中山市、东莞市、珠海市呈连绵共生态势，协同发展的自然条件得天独厚。近年来，珠三角各级政府、民间对一体化发展和产业协作达成广泛共识，交流日益密切，发展思路、机制逐步对接。南沙片区应抓住这一机遇，加强内外联动，推动形成分工合理、优势互补的区域产业协同发展格局。

指导思想：坚持以新型城市化带动新型工业化、信息化、市场化、国际化，以国际化提升城市化、工业化、信息化、市场化，主动接轨并与周边地区错位竞争、共赢发展，加快构筑集约有序的城市空间、绿色高效的交通网络、安全健康的生态环境和城乡一体的发展格局，带动形成低碳可持续的区域产业结构。按照"主导产业配套、新兴产业共建、一般产业互补"的思路，南沙片区应在与周边城市产业联动、错位发展中，构建制造与创造相互促进，制造业与服务业相互配套，工业化与信息化相互融合，科技、文化、人才互为支撑，以创新性、知识性、开放性、融合性、集聚性、可持续性为主要特征的现代产业新体系。

基本原则：第一，理念创新。树立区域经济一体化和开放竞合发展的新理念，打破行政区划界限，摒弃封闭排斥心理，以理念创新推动思路创新和工作接轨。遵循市场经济规律，形成市场主导、政府推动、企业主体、社会参与的区域合作机制，发挥政府的引导、协调和服务功能，发挥企业的主体作用和社会中介组织的助力作用，以企业合作促产业合作，以产业合作促区域合作。坚持体制机制创新，打破现有利益格局，建立利益协调和保障机制，破除行政和市场壁垒，构建统一开放、竞争有序、充满活力的市场环境，为产业布局一体化提供制度保障。第二，统筹兼顾。坚持局部利益服从整体利益、短期利益服从长远利益，统筹协调南沙片区与周边城市、存量与增量、供给与需求，推进区域产业全面协调可持续发展。重点加强发展规划、交通设施、产业协作、市场体系、体制机制等重点领域、重点项目的对接和合作。第三，融合发展。着眼共同需求，尊重各方意愿，坚持资源整合与开放共享，加强产业横向错位融合、纵向分工协作，带动珠三角地区制造业与服务业、信息化与工业化、农业与非农产业相融合，实现整体区域产业协同发展和竞争力明显提升。

二　加强高端服务业区域合作

建设区域金融中心南沙板块。借助南沙片区具有"先行先试"政策的优势，以离岸结算、海洋保险、期货交易、科技金融、航运金融等特色金融业为发展重点，将南沙片区的核心湾区打造为特色金融服务功能区，建设与港澳、广深互动互补的区域金融中心南沙板块。具体而言，要研究制定港澳保险机构进入南沙片区的政策，在南沙片区开展自保公司、相互制保险公司等新型保险公司试点，大力发展再保险、航运保险、货运保险和信用保险等业务；支持符合条件的港澳和国际大型金融机构在南沙片区设立法人机构、分支机构；拓展跨境贸易人民币结算业务，开展探索资本项目可兑换的先行试验，进一步扩大人民币跨境使用。要与广州中心城区、佛山千灯湖金融高新服务区、东莞和中山两市中心城区、珠海横琴新区的十字门中央商务区开展金融业发展协作，不断完善珠三角金融综合服务体系。引导和支持珠三角加工贸易、物流仓储、电子商务等各类大型企业在南沙片区设立财务中心、结算中心。

建设华南购物天堂和会展强区。充分利用好南沙片区周边腹地资源，运用信息技术和连锁经营、贸易合作、资源整合等现代经营方式改造提升传统商贸业，加快现代商贸业发展步伐，将南沙片区发展为高端商贸集聚区，与周边区域携手打造华南购物天堂。要赋予南沙片区疏解广州中心城区人口和产业发展压力、承接城市新增功能、转变经济发展方式的重要使命，尤其突出商务商贸、教育及行政办公等城市综合服务功能，将南沙片区打造为广州市未来重要的城市副中心。南沙片区商贸业要着力向西北拓展，与番禺市桥商业中心区、广州南站商贸物流区、万博－长隆－汉溪经济区实现连片发展，共同打造广州未来新的都会级商业中心。发挥南沙片区区位优势、土地优势和广州"千年商都"的营商优势，重点打造时尚消费、装备、游艇、海洋等专业会展品牌。在南沙片区引进港澳先进的市场营销经验，发展集国际会展、休闲娱乐、文化活动等综合功能于一体的海洋会展中心，并在此基础上积极推广海洋主题商业街区、国际海洋商品展销中心等新型商业服务功能。走合作化之路，在差异定位的基础上，加强与广州、珠海、东莞等地的营销策划合作，实施联合办展，融入珠三角区域会展城市群。充分利用广交会的国际影响力与知名度，促进会展业实现多元化、高级化和现代化，借此获取国内外商业信息，提供服务、创造商机，并利用其产业链效应带动南沙片区运输业、电信业、广告业、餐饮业、旅游业、咨询业等行业发展。

建设国际物流枢纽。在支持香港企业在南沙片区发展高价值货物存货管理及区域分销中心的同时，发挥广州港南沙港区综合优势，建设完善大型物流基地，重点发展口岸物流和产业物流。吸引港澳和国际知名物流企业在南沙片区开展国际货运代理、内外贸物流、物流信息处理和咨询服务，创新物流合作模式，联手打造国际物流产业链，建设现代物流示范基地。依托南沙保税港区，构建完善的保税物流体系，重点发展保税仓储与国际中转、配送、采购、展示等保税物流业务。加快发展南沙临港产业物流，推进先进制造业和进出口商品贸易国际物流基地建设，以物联网技术应用为重点，推进物流系统的自动化、系统化、网络化，建设智慧物流系统。依托周边区域各大型产业集聚区，发展产业基地型物流。多点式布局物流园区或物流中心，最终形成与产业基地发展相适应的物流服务网络布局。根据行业特点和需要，合理布局分拨物流配送中心，积极发展跨区域分拨配送。

三　加强先进制造业区域合作

建设国际汽车产业基地。争取在南沙片区布局新能源汽车重大项目和科研基地，与广州、中山联合建设重要的新能源汽车公共技术创新、检测和试验平台。加速推进混合动力汽车、纯电动汽车等新能源汽车关键系统的研发和零部件制造，大力培育研发、采购、市场营销、汽车金融、售后服务等汽车服务业。针对省内本土汽车零部件企业主要为汽车二级和三级供应商，不少企业主要为日资一级供应商供货，或者面向售后市场的现状，促使南沙片区本地企业在汽车二级和三级市场上有所突破。引导周边地区与汽车工业相关的化工、机械、电子等工业领域的生产企业在不锈钢材、铝合金、五金、电子电器、化工涂料等行业，积极融入汽车行业的配套体系和供应网络，提高产品水平和技术能力，同时进一步增强南沙片区汽配产业的综合配套能力。大力发展汽车服务业，全面延伸汽配产业的利润链条。利用南沙港和周边虎门港、中山港和发达的公路交通网络，大力促进汽车销售、维修、租赁、物流、会展、金融、保险等汽车服务产业的发展。

建设现代化海洋工程装备制造基地和海洋开发综合服务与保障基地。稳步推进中船龙穴造船基地和广州重大装备制造基地（大岗）建设，推动它们与东莞麻涌造船基地、中山火炬开发区、珠海高栏港经济区开展技术创新、市场开拓等多领域的合作。以高技术、高附加值系列船型为方向，重点发展船舶制造、船舶修理、船用设备和配套产品、船舶技术研发及售后服务产业。大力发展大型港口作业机械、深水航道建设工程机械等重型机械装备和海洋资源勘探、海上石油钻井平台等海洋工程装备。

建设国家重大成套技术和装备产业基地。与周边地区联合实施高新技术、关键技术和基础研究相结合的战略部署，加强高端装备科技创新体系的顶层设计，联合申请和建设高端装备国家重点实验室、国家海洋科学研究中心等一批国家级和省级海洋科技创新平台。全面推进与中国科学院及中山大学、香港科技大学等高校的合作，建设南方海洋高技术装备科技创新基地。提高配套能力和水平，与周边区域形成总装、配套、加工与合作的产业链。充分利用周边区域产业基础优势，积极引导、组织机械、电子、冶金等行业参与高端装备配套产品开发，支持高端装备设备的技术引进、消化吸收和自主创新，提高关键配套产品的技术水平和档次。

建设新型电子信息产业基地。依托广州信息产业国家高技术产业基地和国家软件产业基地，重点吸引国内外物联网、互联网、电子信息等企业总部及分支机构落户。以物联网核心芯片、智能设备、信息集成服务为重点，壮大物联网、云计算等新兴产业，推动物联网技术广泛应用；积极发展电子产品关键部件等高端制造业，建设新型电子信息产业基地。

四　加强幸福导向型产业区域合作

围绕人的感受培育幸福导向型产业体系，以满足新时期南沙片区和周边区域人民群众对健康、便捷、智慧、创意、文化、娱乐、休闲、绿色等的新需求为切入点，以体制机制创新为突破口，以产业应用示范为牵引，以产业集聚区和示范区建设为依托，以技术创新公共服务平台为保障，重点培育以健康卫生、智慧生活、文化娱乐、休闲旅游等产业为主体的幸福导向型产业体系。

建设港澳的"后花园"。发挥山、水、田、城、海、岛等旅游资源要素齐全的优势，背靠综合实力强大的广州中心城区，以邮轮旅游、游艇和直升机旅游、海岛和海洋文化旅游等为发展重点，发展成为国内外著名滨海及港口旅游目的地。利用将来建成的邮轮、游艇及直升机等休闲交通方式，串联粤港澳精华旅游景点，为港澳居民提供旅游通关、交通、支付等便利措施，简化经港澳进入广东的外国游客的入境手续。加强与广州主城区及港澳的交通对接，强化南沙片区旅游活动组织能力；加强邮轮、游艇等高端滨海旅游线路产品开发，打造世界重要邮轮航线的著名节点。创新海岛开发模式，开展相关海岛旅游线路的旅游活动；建设海洋科普馆等海洋文化旅游产品，联合发展南沙海洋文化产业。

建设华南国际化教育培训基地。加强粤港澳合作，营造有利于科技创新及智慧人才集聚创业和居住的海滨生态宜居示范区，构建完善的科技创新及智慧人才创业服务体系和两种制度人才交流的平台，成为汇聚世界智慧人才的高地。积极推动港澳地区高校、职业教育培训机构与内地院校、企业和机构合作，为珠三角产业转型升级培养管理、技术人才，并为英联邦国家、葡语系国家提供高水平职业培训服务。

建设高端健康医疗城。按照建设 CEPA 先行先试综合示范区和产业高端化、功能国际化、穗港澳创新合作的发展理念，在南沙片区打造集医疗、康复、养生保健、健康旅游等为一体的高端医疗服务区。依托优越的地理区位、优美的生态环境、丰富的体育和旅游设施优势，吸引港澳乃至国际医学研究、治疗、康复、养生保健等机构和企业落户，兴办特色医院、疗养中心等各类健康服务机构，合作发展医疗旅游，满足珠三角和周边国家、地区对高端医疗服务的需求。

广州南沙自由贸易试验区研究基地成果

作者：顾乃华

广州进入全球金融中心指数方阵的关键问题

全球金融中心指数（GFCI）是对全球范围内各大金融中心竞争力的专业评价系统，其在范围相对宽泛的指标体系中形成了独到的测评原则和方法。能够纳入 GFCI 方阵，是一个城市金融中心建设成效的标识，是其金融核心竞争力特别是国际竞争力受到全球金融界的广泛认同的体现，对于跨国金融机构选址具有显著宣示价值。

全球金融中心指数第 20 期于 2016 年 9 月发布。作为切身体验广州金融中心城市建设的金融研究工作者，笔者对于广州挤入全球金融中心指数方阵充满热切期待。

一　全球金融中心指数：概念与评价规则

从区域概念来看，金融中心是发挥金融活动枢纽作用的中心城市；从功能意义界定，金融中心是深度与广度兼具的金融市场，辅之以高效的支付清算系统及对周边地区具有辐射影响力的枢纽城市，是各类金融机构总部的所在地，是金融高端人才的聚集区。其特征体现在两个维度：一是金融资源聚集维度，内部呈现为金融市场的深度和广度，外部呈现为金融聚集程度；二是辐射力维度，即其金融服务对于周边区域的影响力。两个维度的合成，构成一个金融中心的金融资源配置能力。

据全球金融中心信息网介绍，全球金融中心指数的评价基于两方面的独立数据，即特征性指标和国际金融服务专业人士的网络问卷调查结果，对入围的金融中心（城市）进行分类、评分和排名。特征性指标可归纳为涵盖面广泛的五类竞争力指标，即人才、商业环境、市场发展程度、基础设施以及上述四个领域的总体竞争力。一个金融中心有关上述特征性指标的数据，来源于外部的公开评价，即对国际金融服务专业人士的网络问卷调查。受访者被要求对他们熟悉的金融中心进行评分，同时回答一系列有关他们对金融中心竞争力看法的问题。GFCI 通过一个指标评价模型对全部特征性指标和网络问卷调查结果进行统计分析和计算，最终得到金融中心城市的 GFCI 得分和排名。

由此判断，一个金融中心是否能够挤入全球金融中心指数方阵，除了要看是否具备过硬的特征性指标统计数据（硬金融），更为重要的是接受问卷调查的国际金融服务专业人士对于该城市金融辐射能力的主观认知。24 个月内，有 200 位以上本国以外的金融专业人士自愿参与评价（提名），是一个金融中心进入全球金融中心指数评价范围的门槛条件。

为此，我们需要思考的是，到底什么原因致使广州至今游离于 GFCI 方阵之外，也就是说，广州金融发展还有哪些方面存在不足？政府相关部门该如何应对？

二 广州区域金融中心建设的举措和成效

近年来，广州为建设区域金融中心不懈努力，取得了骄人的成绩。在全国各大城市中，广州的金融体量，特别是硬金融综合实力以及子行业状况强劲，非大连和青岛等城市所能攀比。

2007 年举办的"广州金融发展论坛"，发起了关于广州建设金融中心城市的大讨论，市委、市政府时任领导黎子流、张广宁等，分别在《南方金融》《广东经济》等期刊发表署名文章，亲自吹响广州建设金融中心城市的号角；广州市金融办、广东省内各高校以及研究机构纷纷撰文，把主题讨论推向高潮。这轮大讨论确立了广州建设金融中心的理念，影响深远。

2008 年，国务院批复《珠江三角洲地区改革发展规划纲要（2008～2020）》，明确提出了广州建设区域金融中心的任务，从国家层面上赋予广州更加广泛参与国际金融合作与竞争的重大历史使命；2011 年，《广州区域金融中心建设规划（2011～2020）》再次强调广州国际化区域金融中心定位，并为广州金融各行业发展提供了分类目标指引；2013 年 11 月，广州市委、市政府发布《关于全面建设广州区域金融中心的决定》，极大地提振了广州建设金融中心城市的信心。

珠江新城的金融总部经济圈建设，特别是广州国际金融中心（IFC）的落成并全面开业等，增强了广州领先全国的金融基础设施优势。而广州国际金融城建设的实践推进，更是超越了"区域中心"定位，表现出了广州建设国际金融中心的气魄。

创办于 2012 年的中国（广州）国际金融交易·博览会五年砥砺，谱写华章，积极发挥平台作用，其国际影响力逐步彰显，已经成为广州向全球推介其区域金融中心建设的展示平台和亮丽名片。

始于 2014 年的"广州金融发布"，是广州为推进区域金融中心建设重点打造的权威金融信息发布平台，通过集中发布包括金融工作谋划、广州金融市场运行、广州市场交易平台的发展、广州金融功能区的建设、广州金融发展环境的优化等各类重要数据、重要工作进展情况和重大事项，向全国金融界发出"广州的声音"。

总体而言，在推进区域金融中心建设、推动（地方）金融创新以及确立现代金融服务体系等方面，广州取得了重大进展。2015 年金融增加值为 1629 亿元，排在分行业增速首位，占地区生产总值的比重达 9%。中国（广州）国际金融交易·博览会、广州股权交易中心、广州碳排放交易所、广州金融资产交易中心、广州民间金融街、广州国际金融城、南沙现代金融服务区、广州金融创新服务区、增城农村金融改革创新综合试验区等一批金融重大发展平台建设取得成效，科技金融、航运金融、商贸金融、普惠金融等蓬勃发展，金融服务实体经济和民生发展的能力和水平不断增强，金融服务的辐射力和影响力不断提升。而广州强大的经济实力则是区域金融中心城市建设的强力支撑。

三 位居中国金融中心指数前列的广州，为什么未能进入全球金融中心指数方阵

中国金融中心指数（CDI·CFCI）创建于 2009 年，至今已连续发布七期。中国金融中心指数的评价指标体系主要覆盖金融产业绩效、金融机构实力、金融市场规模和金融生态环境四个方面，其以统计数据为依据，对经济实力达到一定规模（2007 年，地区生产总值在 1400 亿元以上）的 24 个省会城市和计划单列市进行金融竞争力评价。广州的分值与排在前位的京、沪、深相比依然存在较大差距，但在中国金融中心指数榜单上，已连续七期稳居第四，归属第一方队；而大连和青岛这两个已跻身全球金融中心指数方阵的城市，在中国金融中心指数中，始终未能挤进前十。

在全球金融中心指数榜单上的中国城市阵容中，北京和上海逐渐成为全球关注的金融中心焦点，前者在金融决策和监管、金融信息、金融服务和人才集聚等方面独具天时优势，后者在金融市场（证券市场、银行间同业拆借市场、期货市场及黄金市场等）、金融创新、金融机构和金融人才战略聚集等方面夯实了核心竞争力基础。深圳有特殊区位、开放力度大以及金融服务的便利性强等优势，在多层次资本市场、与境外合作、放松金融管制、拓展金融衍生品等方面，确立了其金融中心的基本架构。大连和青岛，从其金融机构的广度和深度（青岛 221 家，大连 741 家，广州 1500 余家）、金融产业增加值（青岛 588 亿元，大连 683 亿元，广州 1629 亿元）等金融体量来看，与广州不在同一量级上，远不及广州，但大连和青岛分别以具有国际辐射力的大连商品交易所和青岛市财富管理中心，赢得了国际金融服务专业人士的青睐。

中国金融中心指数与全球金融中心指数的差异，在于评价方式中有关特征性指标数据采集渠道的安排不同：前者完全采用客观数据，以各城市公布的最新年鉴数据为基础，结合各金融监管机构和金融机构公布的统计数据；而后者使用两个方面的独立数据，即特征性指标和面向国际金融服务专业人士的网络问卷调查结果。从数据支撑的评价维度来讲，中国金融中心指数偏好于金融资源集聚程度，而全球金融中心指数则更偏好于金融中心的国际影响力，而这种国际影响力要折射到国际金融服务专业人士对于该金融中心城市的认知层面。

因此，一个金融中心城市建设专注于具有较强国际影响力的金融交易平台，对于提升该城市金融产业整体品质而言，远比金融机构增加和金融总量扩张更加重要，因为前者更能形成区域辐射效应。大连和青岛能够进入全球金融中心指数方阵，主要在于其特色金融品种凸显了其国际影响力，从而强化了国际金融服务专业人士的认知。

四 广州迈向全球金融中心指数方阵的关键问题

第一，广州金融产业全链条尚未完善。"为产业金融服务的高端节点"，比如评级、咨询、法律、会计以及审计等行业发展相对缓慢，反过来成为制约广州金融业高端化发展的因素；金融地标性拳头产品虽已取得创新性突破，但其国际辐射效应尚待凸显。中

国（广州）国际金融交易·博览会等金融城市名片，作为能够提领广州金融整体产业品质的金融发展宣传平台，其面向国际金融服务专业人士的宣示功能尚未充分施展；何况，中国（广州）国际金融交易·博览会存在一个硬伤，它并非具有核心金融功能的金融交易平台，只是一个金融宣传平台；广州股权交易中心、碳排放交易所等的同质性强，并不具有独特的金融地标价值。民间金融界、航运金融等尚待形成自我特色。另外，政府服务与监管体系满足不了行业整体发展需求，也成为金融中心城市建设的短板。

第二，高端金融人才战略的竞争力相对较弱。高端金融人才群体是提升城市金融产业国际影响能力的主体，全球金融中心发展的关键点在于其内在的核心竞争力的培育和发展，人才要素是核心竞争力的重中之重。广州在金融高端人才战略上依然处于弱势地位。高端金融人才在区域选择上依然是京、沪、深，即便是沪深高企的生活成本，也没有对高端金融人才形成阻隔。

第三，存在区位格局的"灯下黑"现象。广州金融业对于周边地区特别是国际区域的辐射效应，受到了香港和深圳两个全球金融中心城市的影响，可能会使国际金融服务专业人士在问卷调查为广州打分时遇到视野盲点。

以上问题可以从下面几个方面予以解释。

一是广州金融业发展的战略定位有点"低调"，导致有关金融业发展的战略实施方案及其落实进程遭到了思维方式的禁锢。2011年《关于加快建设广州区域金融中心的实施意见》中的"区域"概念，被确定为"联通港澳，面向东南亚"的国际范畴，但在战略实施方案中，则被限定在"带动全省、辐射华南"的狭隘思维中。从后续的媒体报道中可以明显地感觉到这一点。大连的定位是东北亚国际金融中心城市，名称表示了其辐射的国际范畴。

二是广州区域金融中心的建设面铺得太宽，目标太散，核心定位不突出，未能叠加成为取得创新与突破并产生辐射竞争力的金融城市名片。中国（广州）国际金融交易·博览会终归是宣传工具，但是可宣传对象缺少"广州创造"的标签。

三是广州的学习意识相对淡漠。曾经的广州，经济体量和金融体量都很大，居于经济发展的全国排头兵位置。其潜意识中，"先生"意识逐渐浓烈，"学生"意愿不够饱满，对金融中心城市建设的知识和智慧未能足够重视。例如，中国金融中心指数从第4期开始，以"进入××城市"为专题，宣传该城市的金融中心建设成效，第4期成都、第5期大连、第6期武汉、第7期深圳，而广州依然保持低调。特别值得一提的是，深圳是2015年全球金融中心指数的宣传城市。

五 广州迈入全球金融中心指数方阵当务之急的策略

影响广州进入全球金融中心指数方阵的原因是多维度的，问题的解决也不可能是一蹴而就的。

就广州建设区域金融中心城市的长期战略而言，市委、市政府构成广州金融中心城市建设的第一推动力，但须转变"重硬轻软"的思想，在注重金融规模、机构数量、利润增长等硬特征指标以及金融基础设施的同时，更加强调金融企业的制度环境（比如准入登记效率）的改善，更加注重改善商业环境方面的建设，注重对高端金融人才所关注的生活质量、幸福感、教育需求、法律和人文环境等软指数的提升。广州市委任学锋书记提出"完善现代金融服务体系"，正是基于完善广州金融产业整体链条这一急迫需求的高度认知结果，其中打造具有国际影响力的国际金融交易平台至关重要。当然，广州打造金融产业全链条中的亮点、完善现代金融服务体系是一个长期的过程，对于全球金融中心指数方阵而言非常关键。基于此，我们不建议放弃坚持八年且已取得成效的广州建设区域金融中心的战略目标，全球金融中心指数是金融业整体品质的反映，其本身就是金融产业链条完善的标识。

对于近期的战术和策略，提出如下几点建议。

第一，设置专项课题，专门研究全球金融中心指数、新华－道琼斯国际金融中心发展指数（IFCD INDEX）以及中国金融中心指数等，分解几大金融中心评价系统的指标体系结构，深层对照并剖析广州金融业的发展状况，知己知彼，把握方向，提高广州市金融业"十三五"发展规划的针对性、完整性和特色性。

第二，进一步提升中国（广州）国际金融交易·博览会的国际影响力。通过各种渠道，邀请国际金融服务专业人士参与进来，让亚洲乃至全球的金融专业人士对广州金融中心城市建设的绩效有着更强烈的感知。

第三，举办全球性金融中心建设高端论坛。社会网络分析是全球金融中心指数城市方阵非常重要的影响因素。有必要广开渠道，了解全球金融中心指数第 20 期的数据采集进展情况。建议广州承接该期指数发布会（论坛）。承办发布会（论坛），相当于广州在中国（广州）国际金融交易·博览会之外，确立了向全球金融服务专业人士宣示广州金融中心城市建设绩效的新渠道，必将进一步强化广州金融的国际辐射力度。

第四，强化学习意识。以全球金融中心指数（评价指标体系）为参考，转变理念和态度，开阔战略视野，全方位梳理广州金融业发展战略和战术；借助制定全球金融中心指数方阵的跃升目标和路径的契机，检验广州金融业发展的短板乃至缺项，有针对性地制定补短板的专项政策，矫正行业发展的合力方向，推动行业结构优化。

广州区域金融政策研究基地成果

作者：李华民　刘芬华　吴　非

深化供给侧改革　促进卫生服务均等化

2009 年启动新医改，其阶段性目标是"有效减轻居民就医费用负担，切实缓解'看病难、看病贵'问题"。然而，近期媒体报道和各种研究报告表明，新医改并没有缓解"看病难"问题，反而"越改越难"。那么，新医改在缓解老百姓"看病难"方面真的失败了吗？运用 2009~2013 年广州市的数据，笔者研究发现事实并非完全如此。证据表明，新医改对卫生服务提供在人口分布上的公平有一定改善，对个别体系效率有一定提高，相应对"看病难"起到了一定的改善作用，但没有改善地理分布上的公平，整体体系效率反倒下降，暂时不能有效缓解"看病难"的状况。

一　基本情况

本研究发现，自 2003 年起广州市各级政府对卫生领域逐步开始增加投入，2009 年以来的新医改更是进行规模空前的投入。数据显示，2009~2013 年，广州市卫生财政支出由 480158 万元增加至 868958 万元，环比增长率为 10.36%。同期地方财政支出也呈逐年增长的趋势，卫生财政支出占地方财政支出的比重维持在 5.25%~6.26%。通过选取关键指标测算，广州医疗卫生服务体系变化不均衡，医疗卫生服务资源配置和服务提供仍不公平且好转趋势并不明显，特别是在地理分布上；在医疗服务上的整个医疗卫生服务体系宏观效率呈现下降趋势；各子系统的微观效率变化各异，公立或私营医院呈现医疗服务效率提升，而城乡基层服务体系则大都呈现医疗服务效率下降、公共卫生服务效率提高。总之，新医改政策不但没有明显改善医疗卫生服务提供的公平性，而且显著降低了整体的效率。这与改革者的初衷和公众的期望似乎背道而驰。

二　问题及原因分析

在政府卫生投入不足的问题得到初步解决后，提高医疗卫生服务提供的公平与效率就成为万众瞩目的焦点。虽然广州市政府卫生投入绝对数量在逐年增加，远高于同期全市生产总值增长速度，但也暴露出很多问题。对于广州市这类卫生资源相对集中的城市，公立医院规模过快扩张，部分医院单位规模过大，存在追求床位规模、竞相购置大型设备等粗放式发展的问题，导致医疗费用的不合理增长，挤压了基层医疗卫生机构与非公立医院的发展空间。当前阻碍广州市医疗卫生服务体系有效运作的主要矛盾是公立医疗机构的垄断和功能定位混乱；患者的弱势地位和自由盲目就医；政府的职能不清，责任不明；药品生产流通秩序混乱和医疗保障制度的不协调改革。

本研究表明，富裕并不是卫生公平的充分条件。从改革开放前的实践来看，富裕也不是必要条件。实现卫生公平，关键在于坚持平等的价值理念，平等地分配医疗卫生资源，使人人享有卫生保健落到实处。新医改必然伴随利益再分配，而相关公正程序也会使原先利益格局中强势方的主导性、控制力面临挑战，但是将公平、效率的平衡融入医疗卫生资源配置的制度设计，不仅是为了实现利益再分配，而且是为了在公正程序和制衡机制基础上实现利益共生、利益共享。因此可为新医改的可持续发展提供这样一种思路：建立各方有效互动与制衡机制，借以公正的程序进行保障，最终实现医疗卫生服务体系资源配置的公平与效率相平衡的可持续发展。

三　政策建议

本研究认为，只有在遵循价值规律的基础上，打破公立机构垄断，矫正一些不合理的现有政策，实行以市场为基础、以政府为主导的医生自由执业制度，并建立相应的利益补偿机制，界定政府职能，改革现有行政管理体制，促成医疗、医保、医药三医联动的良性协调改革，才能同时解决好卫生资源配置的公平与效率问题。目前，新医改已进入一个新的阶段，改革的复杂性、关联性越来越突出。在下一步的新医改改革议程中，广州市应该把提高医疗卫生服务提供的公平与效率作为供给侧改革的核心工作。供给侧改革涉及提高公平与效率，需要一套复杂的治理机制。虽然本研究并不能直接说明影响医疗卫生服务提供的公平与效率的机制是什么，但是可以尝试根据投入产出变量提出一些建议。

第一，构建协同发展医疗卫生服务体系。一是加强区域卫生规划，优化医疗资源的布局，在控制总量、优化存量的基础上，明确省市区各级各类医疗机构功能定位，制定诊疗技术方案和病种指引。二是通过托管、医联体、对口支援等形式促进不同级别公立医院合作。以协同服务为核心、以医疗技术为支撑、以利益共享为纽带、以支付方式为杠杆，推行紧密型医疗联合体，推动优质资源优化整合、纵向流动、下沉基层。三是引导卫生服务要素的流动和共享，提高医疗资源的利用效率。推进公立医院大型设备对社会开放。推进医生区域注册制，使人力资源成本能够在不同的医疗机构间自由流动，从而推动建立多层次的医疗卫生服务体系。

第二，强化供给侧生产要素供给。一是进一步加强公共财政支持力度。广州市应增加医疗卫生财政投入占公共财政支出的比例及人均医疗卫生财政投入经费；探索建立更为合理的医疗卫生财政绩效考核机制，将财政经费投入迫切需要改善的地区、设施和人力资源方面，切实提高基层医疗卫生机构诊疗水平和公共卫生服务能力，使医疗卫生财政经费产生的健康效益最大化。二是进一步提高卫生人力资源的质量。加强全科医生规范化培训，稳步提高基层人才素质。三是尽快建立符合卫生行业特点的薪酬制度和基层医务人员晋升制度。提高基层医疗机构人员的能力和待遇，吸引更多患者到基层就医，特别是糖尿病、高血压等常见病、慢性病患者。将临聘人员支出纳入财政预算，建立临聘人员同工同酬机制，逐步缩小编制内外人员福利差异，使临聘人员能够安心留在基层工作。

第三，建立完善重心下移、资源下沉的体制机制。一是尽快启动城市公立医院综合改革。作为全国三大区域医疗中心之一，广州市城市公立医院综合改革动力明显不足，推进力度不大。要尽快同步推进城市公立医院改革，让占大头的医疗资源真正加入医改大潮，与基层综改协同推进。二是加快推进分级诊疗制度建设。建立基层首诊、双向转诊、分级诊疗的服务体系是集约节约医疗卫生资源的必然途径。随着广州基层医疗卫生能力不断提升，医保筹资水平不断提高，构建分级诊疗体系已经具备了一定的外部条件，必须下决心加快推进。

第四，加快医疗卫生服务体系技术创新。一是推动区域内医疗信息互通。将全部在穗的省属医院、部属医院、部队医院、市属医院、区属医院及基层医疗机构接入广州市区域卫生信息平台，促进信息"互联互通"，推动医疗卫生信息共享。二是运用互联网思维打造智慧医疗，大力扶持"互联网＋医疗"发展模式，利用云计算、物联网、移动互联网以及传感技术，线上主动提供就医信息，线下重构就诊流程，改善患者就医体验。充分利用现代信息网络技术，有效地解决医疗卫生服务提供的公平与效率问题。

第五，真正放开社会办医。一是在规划上为举办民营医疗机构留出足够发展空间，在政策上鼓励社会资本举办中医、康复、护理、肿瘤、儿童、精神卫生、老年病和慢性病等专科医疗机构，并在税费、投融资、用地保障等方面提供优惠政策，加快形成投资主体多元化、投资方式多样化的办医体制。二是公开办事指南，建立与监察系统对接的审批信息系统，做到审批流程公开、透明，为社会资本投资办医提供便捷条件。三是建立健全政府购买社会服务机制，由政府负责保障的健康服务类公共产品可通过购买服务的方式提供，逐步增加政府采购的类别和数量。

广州社会保障研究中心成果

作者：岳经纶　王春晓

彭宅文　彭浩然

加快推进来穗人员参加"两委"选举，提升社区自治能力

近年来，为有效推进以人为核心的新型城镇化建设，广州市政府在加快居民户籍改革方面做出了积极探索。这些创新政策不但有效缓解了市区户籍管理与公民权利之间的矛盾，而且为国家户籍改革带来了良好的示范作用。但值得注意的是，随着新生代来穗人员的学历文化水平不断提高，他们对社区民主建设的有关政治诉求愈发明显。针对此情况，应该加快推进来穗人员在广州参加城乡社区的"两委"选举来提升社区自治能力。

一 推进来穗人员参加城乡社区"两委"选举的必要性

根据相关规定，非户籍人口参加"两委"选举是具有法律支持和依据的[①]，但在实际操作中面临着诸多困难。作为非户籍人口较多的中心城市，广州在新一轮改革中可以考虑率先消除政治参与中的户籍壁垒，为探索非户籍人口履行政治权利提供改革经验。首先，推进来穗人员参加城乡社区"两委"选举是建设中国特色社会主义民主政治的必然要求，扩大基层治理等方式将有利于完善中国特色的社会主义民主建设；其次，推进来穗人员参加城乡社区"两委"选举是城市治理体系和治理能力现代化的内在要求，通过制度创新将有效提升城市综合治理能力；最后，推进来穗人员参与城乡选举是切实保障来穗人员政治权利的必然选择，通过选举创新等办法将有效体现人民当家做主的施政理念。

二 来穗人员参加广州城乡社区"两委"选举的基本情况

（一）来穗人员参加城乡社区党支部委员会选举情况

调查发现，来穗人员在城乡社区中担任支部委员的比例较低。担任支部委员的来穗人员中的大多数是退休后随子女进入社区的，个别在农村社区担任支部委员的来穗人

---

① 《中国共产党章程》（以下简称《党章》）、《中华人民共和国村民委员会组织法》（以下简称《村民委员会组织法》）和《中华人民共和国城市居民委员会组织法》（以下简称《居民委员会组织法》）都为非户籍人口参加基层"两委"选举开了口子。

员，一般是原来的村民或其子女，这部分个体仍居住在本社区，而且组织关系也在本社区，但因不在本社区工作已将户籍迁出本社区。而来穗人员较多的地方所设立的流动党委，实质上是来穗人员原籍地党委的派出机构，其自身并不享有本地党支部的选举权。

（二）来穗人员参加村（居）委会①选举情况

2014年，广州市有9235名非本市户籍的人员参加了居委会换届选举，其中116名非本市户籍人员当选为社区居委会成员，占当选社区居委会成员总数的1.1%；2166名非本村户籍人员参加了村委会换届选举，其中41名非本村户籍人员②当选为村委会成员，占当选村委会成员总数的0.9%。目前全市实现政经分离的"村改居"③社区居委会有311个，尚在进行"政经分离"④试点的村委会有91个。在已实现"政经分离"的社区中，仍然有经联社的股东或成员担任本村（居）委会的委员。经联社虽然不参与本村（居）委会的日常事务，但仍对其成员提供一定的经济补贴，所以即使实现了"经社分离"的社区，经联社和居委会仍有千丝万缕的关系。

三 目前来穗人员低比例参加城乡社区"两委"选举的原因

（一）党组织关系和党籍管理制度的制约

根据《党章》的有关规定，在党组织关系还没有转入常住地村（居）党组织的情况下，非户籍党员不能参与当地"两委"选举。但在转移关系过程中，非户籍党员要面临较高的门槛。走访发现，部分地区规定非户籍党员需在本社区有自有产权住房才能转入其社区，这些条件限制了非户籍党员在当地参选。另外，由于广州实行城乡社区党支部体制，社区党支部对社区内的"两新"党组织不具有管辖权，"两新"党组织统一由镇街党（工）委管理。因此非户籍党员即便把组织关系转移到现常住社区的"两新"党组

---

① 目前广州市村（居）民委员会基本上分为以下四种类型。一是纯城市社区的居民委员会。二是"村改居"后已经完全实现"政经分离"的居民委员会，其大体情况与第一种类型的社区居委会无太大差异。三是"村改居"后未实现"政经分离"的居民委员会，集体经济组织未与"两委"相分离，"两委"成员仍在集体经济组织中任职，集体经济组织为居（原为村）民委员会提供经济支持。四是纯农村社区的村民委员会。调研显示，很多未实现"政经分离"的"村改居"社区，虽然名称上已将村民委员会改为居民委员会，但是在居（原为村）民委员会选举上仍沿用《中华人民共和国村民委员会组织法》的相关规定，同时在这些社区中"两委"仍未与集体经济组织脱离，功能事务上仍有交叉。

② 这里的非本村户籍人员是指本市但非本村户籍人员，这41名非本村户籍人员能够当选为村民委员会成员，是因为这些人原来户籍在该地，只是早期由于各种原因将户口迁出。事实上，座谈会代表解释说，真正意义上的非本市户籍人口，无一例当选。

③ "村改居"指村民委员会改为居民委员会，农村村民户口相应改为城镇居民户口，也就是所谓的"农转非"。当农村不再以农业生产为主，至少有2/3的农民不再从事农业劳动，不再以农产品收入为来源，就可以满足"村改居"的条件。

④ "政经分离"是指村（居）党组织发挥领导核心作用，负责总揽全局、协调各方，领导和支持自治组织行使职权；村（居）民委员会负责社区公共服务、社会管理、村民自治，其领导成员逐步实行在常住人口中选举；集体经济组织承担本级集体"三资"（资金、资产、资源）经营管理事务，接受上级主管部门监管。实行"村改居"的，集体经济组织与自治组织相分离，其领导成员由具有选举资格的股份合作经济组织成员选举产生。村三套班子各负其责、各司其职。

织，也不能参加当地的选举。

（二）农村管理制度的限制

根据《村民委员会组织法》等法律的规定，来穗人员参加村民委员会选举，除了满足"年满十八周岁"以及"没有被剥夺政治权利"以外，还需要同时具备以下四个条件：在本村居住一年以上；本人自愿申请参选；提供未参加或不参加户籍所在地村（居）委会选举的书面证明；经村民会议或者村民代表会议同意。

在上述条件中，来穗人员最难满足第四条。主要原因在于农村生产中存在的政经不分离情况影响了村民对来穗人员参选的支持。长期以来，农村居民为了避免农村集体资源落入非本村村民手中，本地户籍人口往往不同意来穗人员参加村委会的选举。最为明显的例子是，从2011年起，广州开始推行来穗人员参加村委会选举工作，但至今尚无一名非本市户籍人员成功参与村委会选举。

（三）有关法律法规的制定存在一定局限性

由于《居民委员会组织法》对除"在本居民委员会工作的非本居住区的本市居民"以外的非户籍人员参选居委会的资格并没有做出明确的规定，目前政府只能参照《村民委员会组织法》中的有关规定制定非户籍人口参选居委会的条件①。按照规定，来穗人员参选村委会和居委会的条件是一样的，这实际上抬高了来穗人员参选居委会的门槛。

（四）基层干部的宣传力度有限，同时来穗人员自身参与意愿不强

来穗人员规模大、流动性强等特点加大了基层干部的工作。因此在实际操作中，选举委员会往往只针对户籍人口进行宣传。另外，大部分来穗人员忙于生计，把选举权等政治权利放在次要地位。特别是居住在城乡结合部、村的来穗人员，他们更多的是关心工资收入以及子女教育、社会保障等民生诉求，对参与城乡社区"两委"选举的意愿并不强烈。

四 推进来穗人员参加城乡社区"两委"选举的政策建议

（一）消除户籍壁垒，创新来穗人员政治参与城乡"两委"选举新模式

推进来穗人员参加常住地城乡社区"两委"选举，政府需打破长期以来把户籍作为获得参选资格的标准，寻找一套新标准作为来穗人员参加登记选举的根据。借鉴国际经验，本报告认为，以居住时间作为来穗人员获得参选资格的标准比较可行。在具体操作中，可以借助公安部门或流动人口管理部门的来穗人员管理系统，允许办理了居住证并达到一定居住年限的来穗人员参选登记。这种规定与宪法和选举法的规定并不抵触，因为这种居住年限的规定仅针对非本地户籍人口的参选登记，如果这些人回到原户籍地参选，则不受居住时间的限制。

（二）理顺体制机制，加快改革非户籍党员参选城乡社区党组织规定

一是降低党组织关系转入门槛，允许非户籍党员将组织关系转入常住地城乡社区党

---

① 在参选社区连续居住满一年；提供三年内未参加户籍地村（居）委会选举的证明。

组织。二是改革"两新"组织党建体制，加快推行区域化党组织建设。三是分类规范来穗人员候选人当选的职位职数。在纯城市社区和已经实现政经分离的"村改居"社区，来穗人员可以当选党支部书记，不必对来穗人员在社区党组织的任职职位、任职职数进行限制；但在农村和未实现政经分离"村改居"社区，来穗人员候选人的任职职位、任职职数应进行适当限制，明确规定党支部书记由户籍人口担任，特别优秀的来穗人员可当选为党支部副书记，一般可当选为支部委员；支部委员的职数一般应保证户籍人口占多数。但是在纯粹由来穗人员组成的社区，职位设置、职数分配可不受上述规定的限制，甚至党支部委员可100%由来穗人员担任。

（三）细分社区类型，分类推进来穗人员参加村（居）委会选举

对于已经达到政经分离标准的"村改居"社区，应执行纯城市社区来穗人员参加居委会选举政策。对于没有达到政经分离标准的"村改居"社区，应加快推进政经分离，在完成政经分离后再推进来穗人员参加居委会选举。而在纯农村社区则可以先探索来穗人员参加社区协商，实施民主决策、民主管理、民主监督，为以后推进来穗人员参加村委会选举创造条件。同时鼓励少数已经实现政经分离且有条件的村开展来穗人员参加村委会选举的试点。

（四）规范参选条件，明确来穗人员参选村（居）委会的要求

一是明确村（居）委会的参选资格，设立城乡统一的非户籍人口参选资格条件。在参选资格审批方面，城乡社区应有所区别：对于纯城市社区和已经政经分离的"村改居"社区，申请经社区选举委员会审核后，即可纳入参选登记范围；对于纯农村社区和尚未政经分离参照《村民委员会组织法》执行的"村改居"社区，申请经村（居）民会议或村（居）民代表会议同意后，方可纳入参选登记范围，同时要求来穗人员开具本人三年内未参加户口所在地村（居）委会选举的证明。

二是创新村（居）委会的参选登记方式。采取自动登记与自愿登记、网络登记与手工登记相结合的登记模式。建立全市乃至全国统一的村（居）委会换届选举网络登记平台，实现选举的动态化、常态化登记，仅凭身份证号码就可知悉来穗人员的姓名、年龄、户口所在地、现居住地、居住年限、工作单位等基本信息，有效解决选举权认定等问题。

（五）设置当选条件，明确村（居）委会非户籍候选人的要求

一是明确候选人资格条件。候选人除必须具备基本参选资格条件外，还应具备以下条件：第一，在参选地拥有合法固定居所，标准为拥有自有产权住房并确保在此地居住，或者已在本地租房并承诺当选后能够居住三年以上；第二，已经在常住地办理居住证并连续居住两年以上；第三，持有户籍所在地的村（居）民选举委员会或村（居）委会出具的本人三年内未在户籍所在地进行参选登记的证明；第四，持有连续两年以上在常住地交缴社保的凭证。

二是分类调整职数的分配。充分考虑人口结构和来穗人员分布格局的差别，对于来穗人员占本村（居）常住总人口的比例超过10%（含10%）的社区，可安排一名来穗人员担任村（居）委会成员；来穗人员占本村（居）常住总人口的比例在 10%～50%（含 50%）的社区，可安排两名来穗人员担任村（居）委会成员；来穗人员占本村（居）常住总人口比例超过 50% 的社区，可安排三名来穗人员担任村（居）委会成员。鉴于很多城乡社区户籍人口与来穗人员严重倒挂，不建议按照来穗人员与户籍人口的比例来等比分配村（居）委会成员职数。但是在纯粹由来穗人员组成的社区，职数分配不受上述条件的限制，甚至村（居）委会成员可 100% 由来穗人员担任。

三是对在农村和未实现政经分离"村改居"社区，为确保户籍人口涉及集体经济的合法权益，应以适当的方式对来穗人员候选人的任职职位进行限制。

广州社会保障研究中心成果

作者：邓智平　岳经纶　范　昕

继续深化医保领域改革，
扩大医保制度整合红利

我国社会基本医疗保险体系存在着"碎片化"的特征，不同户籍、不同身份的人群被分别纳入城镇职工医疗保险、城镇居民医疗保险以及新型农村合作医疗三个不同的医疗保险制度。这三种医保制度在筹资方式、待遇水平以及管理方式上都存在差别，导致了我国城乡居民医疗服务利用水平差距较大。因此，构建一个城乡一体化的社会医疗保险制度对于提高居民的健康水平，缩小城乡公共卫生服务差距等均有着重要的意义。为此，2009年7月，卫生部等五部门联合下发《关于巩固和发展新型农村合作医疗制度的意见》，明确指出要做好三项医保制度在政策制度及经办服务等方面的整合。2012年，党的十八大报告提出健全全民医保体系，要求对城居保和新农合进行有效整合。随后国务院颁布《"十二五"期间深化医药卫生体制改革规划暨实施方案》，指出要完善医保管理体制，加速建成城乡一体化的基本医保管理体制。2013年3月，《国务院机构改革和职能转变方案》提出，整合城居保、城职保以及新农合职责，由一个部门承担。广州市积极响应中央的要求，推动城乡居民医疗保险制度的整合，于2014年出台《广州市城乡居民社会医疗保险试行办法》，并自2015年1月1日起对城镇居民医疗保险和新型农村合作医疗进行整合。本报告利用南沙区参保居民就医数据，分析广州市医保整合政策实施1年后的实际成效，并提出进一步完善医保政策的相关建议，供决策时参考。

一 广州市医保整合情况

在实施城乡居民医疗保险制度整合前，广州市在白云、花都、番禺、南沙、萝岗（2014年已撤销）、增城以及从化七个区实施了新农合制度，并实行区级统筹。根据《广州市城乡居民社会医疗保险试行办法》的相关规定，广州市于2015年1月1日起对由人社部门管理的城镇居民医疗保险和由卫生部门管理的新型农村合作医疗进行整合，整合后的城乡居民医保由人力资源和社会保障局主管，实行市级统筹，统一政策，统一管理，基金统收统支。整合后的城乡居民医保缴费标准和待遇标准如下。

第一，缴费标准。根据《广州市城乡居民社会医疗保险试行办法》相关规定，2015年城乡居民医保缴费标准如下。

其一，全市（不含增城及从化）城乡居民医保个人缴费标准（含大中专院校学生）

为每人 152 元，各级政府资助标准均为每人 366 元。

其二，增城城乡居民医保个人缴费标准（大中专院校学生除外）为每人 122 元，从化为每人 91 元。

第二，待遇标准。根据相关规定，参保人员在选定的定点医疗机构发生的普通门诊及住院医疗支出，其医疗保险补偿比例如表 1、表 2 所示。

表 1　广州市医保整合后普通门诊待遇标准

人员类别	统筹基金支付比例（%）		年度最高支付限额（元/人）
	基层选定医疗机构	其他选定医疗机构和指定专科医疗机构	
未成年人	80	40（直接就医）	1000
		50（经基层医院转诊）	
其他居民	60	—	600

表 2　广州市医保整合前后住院补偿比例比较

单位：%

原医保类型	机构等级	整合前	整合后	变化
新型农村合作医疗	一级	85	85	0
	二级	70	75	5
	三级	50	65	15
城镇居民医疗保险	一级	80	85	5
	二级	70	75	5
	三级	60	65	5

注：整合后的数据为未成年人及在校学生的补偿比例，其他城乡居民在一级、二级、三级医疗机构住院的补偿比例分别为 85%、70%、55%。总体来说，农村居民在三级医疗机构补偿待遇的提升幅度远大于城镇居民。

二　广州市医保整合的成效与问题

本报告采用 2014 年和 2015 年南沙区城乡参保居民的门诊及住院抽样数据，使用双重差分模型（Difference–In–Difference），对此次城乡居民医保整合政策的效果进行分析。研究发现，广州市城乡居民医保制度的整合在一定程度上提升了城乡居民的医疗服务利用水平，提高了城乡居民医疗服务的公平性。尽管如此，农村居民在医疗服务利用上依然与城镇居民存在较大差距。具体发现如下。

第一，医保整合政策的实施，使农村居民的医疗服务利用水平有所提高，城乡医疗服务利用的不公平性得到了一定程度的遏制。就具体数据而言，整合政策使农村居民2015 年总医疗费用比 2014 年提高了 35.4%，住院和门诊费用分别提升了 27.7% 和30.4%。同时，农村居民的门诊及住院频次均有明显的提升。

第二，城乡居民的医疗服务利用水平差距依然较大。无论是在医疗费用还是在就医频次上，农村居民均远低于城镇居民。就医疗费用而言，农村参保居民在总医疗费用上比城镇居民低54.9%，而住院和门诊医疗费用均比城镇居民低35%左右。其原因可能在于城乡经济发展水平以及医疗卫生资源空间分布上的差异。一方面，农村居民的可支配收入普遍低于城镇居民，因此农村居民用于医疗保健的支出会比较低；另一方面，由于医疗卫生资源集中在城镇地区，农村居民获取医疗卫生服务的成本相对较高，这也会影响其对医疗服务的利用。

第三，城乡居民获取医疗服务的自付比例仍然较高，看病就医的压力依然较大。2014年城乡居民一年内医疗费用支出的自付比例均低于50%，而这个比例在2015年上升到了52%。尽管如此，实际的报销比例依然低于政策报销比例。医保整合使农村居民的自付比例相对于2014年下降了8.8%，但仍然稍高于城镇居民。同时，整合政策带来的医疗费用及就医频次的上升，使农村居民的自付比例上升了25.7%。

第四，慢性病因素对参保人的医疗服务利用水平影响较大。慢性病患者的总医疗费用相比非慢性病患者高出1.41倍，门诊就诊频次高出7.364次。除此之外，慢性病患者的住院频次也高于其他参保人。这一方面可能是因为慢性病患者需要定期复诊，另一方面可能是因为慢性病可能会带来一些并发症，从而导致住院的次数有所增加。

三　政策建议

提升城乡居民的医疗服务利用水平是城乡居民医疗保险整合的出发点之一。广州市此次的城乡居民医保整合在一定程度上解决了这一公平性问题，促进了农村居民医疗卫生费用和就诊次数提升。然而，由于经济能力及医疗资源空间分布等方面的差异，农村居民在医疗服务利用上依然与城镇居民存在较大差距。基于此，本报告提出以下建议，以期促进广州市社会基本医疗保险制度的进一步完善与发展。

第一，推动基层医疗卫生服务体系建设，加快实现基本公共卫生服务的均等化。城乡居民医保整合提高了农村居民的医疗服务利用水平，但城乡居民与城镇居民相比依然存在较大的差距。这既与城乡居民的收入水平差异有关，也与城乡医疗服务资源的分布不均衡有关。因而，需要基于共享发展的理念，推动基层医疗卫生服务体系的建设，尤其是乡镇地区的医疗卫生服务体系建设。一方面，通过加大培训和人才引进力度，增加乡镇卫生院的专业卫生人员数量，优化人力资源结构；另一方面，通过组建专业团队，在农村地区加大对儿童、老人等重点人群的干预，加强对常见慢性病的监测与指导，提高农村居民的疾病预防和保健意识。同时，探索建立乡镇医疗机构与三级医疗机构的长期合作机制，在农村地区开设门诊部，增加农村地区的医疗机构密度，减少农村居民就医的时间成本。

第二，优化医疗保险政策，提高实际报销比例。目前，城乡居民参保人看病就医的实际报销比例在50%左右，远远低于政策报销比例（65%~85%）。这和目前医疗保险政策的相关规定与城乡参保居民的实际需求没有完全吻合有一定关系。这种情况的存在可能会抑制经济条件相对较差的农村居民的医疗服务需求。因此，有关部门需要关注城乡居民疾病谱的改变，科学地对医保政策的相关规定进行优化，从而达到提高实际报销比例、减轻居民就医负担的目的。例如，可以有针对性地扩大对儿童和老人等重点人群的报销范围，使医疗保险能够惠及最需要保障的人群。此外，考虑到部分慢性病及特殊病种的患者一年内的门诊就诊次数较多，而目前的报销额度难以满足患者的需求，因此，需要科学制定特殊病种的补偿比例，并且适当提高门诊慢性病和门诊特定项目患者的年度报销额度。

第三，提高医保基金的安全性和稳定性。由于社会基本医疗保险福利刚性的存在，城乡医保整合后在筹资水平变化不大的情况下提高了城乡居民的医保待遇水平，因此必然会增加医疗保险费用的支出。从回归分析的结果来看，医保整合政策的实施使农村居民总医疗费用中的基金支出增加了42.2%，且自付比例下降了8.8%。这无疑会对医保基金的稳定性和可持续性带来一定的影响，有必要提高医保基金的安全性和稳定性，保障医疗保险制度的可持续发展。一方面，需要加大财政投入，合理分配医疗资源。既需要填补所需资金与筹资金额之间的差距，保持年度医保基金收支平衡，又需要加大对农村地区的医疗卫生服务投入，促进农村居民的医疗服务利用。另一方面，需要对医疗保险支付制度进行改革，强化医保管理机构的谈判和监控功能，寻求医保管理机构和医疗机构之间的共赢合作机制。医保支付方式改革要以有效控制医疗费用上涨以及促使医疗机构提高其服务质量和效率为目标。

第四，着手启动城镇职工医保和城乡居民医保的整合工作。我国目前大部分地区的医疗保险制度由城职保、城居保以及新农合组成，户籍以及身份的分割使不同的社会成员在缴费和待遇水平上存在较大的差距，造成了城乡居民在医疗服务利用上的不公平。因而构建一个城乡一体化的社会医疗保险制度成为实现公共服务均等化的题中应有之义。广州市城乡居民医疗保险的整合向建立全民统一的社会医疗保险制度迈出了重要的一步，下一步则要在城乡居民医保逐步成熟的基础上实现城职保和城居保的整合。其一，需要探索出一个统一的缴费机制，使每一个参保人可以根据其经济能力缴纳医疗保险费用。以目前实现三保合一的地区为例，城镇职工可以其工资收入为基数按一定比例缴纳医保费用，而非职工居民则可以本市职工平均收入为基数按一定比例缴纳医保费用。政府对非职工居民的补贴应高于城镇职工，因为只有当不同参保人的总体筹资水平大体相当时，才能实现医保基金的整合，从而建立起统一的社会医疗保险制度。其二，需要实现社会成员医疗保险待遇的统一，消除户籍和身份分割带来的医疗服务利用水平的不公。

第五，继续深化医保领域改革。一是加强与供给侧相互联动促进，解决单一领域改革与整体改革不协同和脱节的问题。如尽快实现医疗机构信息化建设与医保信息系统统筹对接，解决参保人医疗费用即时结算，提升医保部门监管医疗行为的作用。二是争取中央、省财政提高对广州市从化、增城、南沙等农村地区医保筹资的转移支付比例，提高城乡居民医保财政补助和个人缴费水平。三是改革支付方式。由于目前执行产生医疗费用医保才予支付的机制，供方为了争取医保资金，缺乏费用控制的动力。建议建立

"结余归己、超支垫支、转诊扣减"的激励机制，引导和激励医疗机构主动控费。同时，必须尽快推行按病种付费、按人头付费、按病种分值付费等复合式付费方式，否则整合红利会进一步被供方消耗掉。

广州社会保障研究中心成果

作者：岳经纶　张家业

彭浩然　彭宅文

首推公众福利态度调查，
助力社会政策供给侧改革

我国经济走向新常态，如何在这一过程中完善社会保障制度、发展社会政策是一个需要大力研究的重要问题。面对经济新常态，中共中央提出"宏观政策要稳住、微观政策要放活，社会政策要托底"的政策原则，在经济领域积极推进供给侧改革，在社会领域积极进行精准扶贫，不断改善和发展民生。无论是进行社会政策托底，还是实现精准扶贫，都需要辨识和理解人民的福利需要。只有这样，才能有效推进社会政策领域的供给侧改革。国际经验表明，进行公众福利态度调查是了解公民福利需要的重要途径。在经济步入新常态的当下，科学地进行公民福利态度调查，不仅可以了解公众的福利需要，了解公众对政府福利责任的期望，而且有助于促进社会政策领域的供给侧改革，进而更好地发挥社会政策的托底功能。

在此背景下，中山大学广州社会保障研究中心设立课题组开展"广州公众福利态度调查"。从 2016 年 5～7 月，课题组在广州市 11 个区进行问卷调查，围绕广州市的贫困认知、税收与民生支出、社会保险覆盖面和缴费水平以及社会融合四大议题，针对 18 岁以上广州居民，共发放问卷 2359 份，回收有效问卷 2204 份，有效样本率达 93.4%。

调查有五大发现，包括主观贫困认知与客观贫困统计差距大，公众对贫困问题有理性认识；公众税负感知较强，医疗教育支出呼声高；调查受众参保率低于统计数据，缴费负担与缴费年限引关注；来穗人员社会经济融合感提升，本地居民融合感良好；广州 11 区公众福利态度有差异，施政重点需调整。造成公众福利态度特征的源头在于五个方面：基于户籍身份的福利差异需缩小；福利需求识别精准化待加强；福利供给公平性待提高；福利需求结构分化需重视；公众福利需求增长待关注。据此，课题组提出四大建议：扩大民生决策公众参与，缩小福利供需差异程度；精准识别公众福利需求，高效供给基层福利资源；扭转低水平广覆盖思路，转向共享发展理念；重视社会公平正义问题，提升来穗人员福利水平。

一 广州公众福利态度的五大特征

1. 主观贫困认知与客观贫困统计差距大，公众对贫困问题有理性认识

在被问到"您认为目前广州人有多少人生活在贫困之中"，受访者平均认为有 23%

的人生活在贫困之中。这一主观贫困认知远高于绝对贫困人口数据。我国以绝对贫困为标准划定贫困线，并主要测量农村地区贫困人口。根据 2015 年的统计数据，以 2300 元/年（2010 年不变价）为贫困线，我国农村贫困人口为 5575 万人，占全国人口的 4.1%。在广东省，按居民年人均可支配收入低于 4000 元（2014 年不变价）的标准，全省有 70.8 万户、176.5 万人为相对贫困人口，占广东省户籍人口的 2%。广州市没有对农村贫困人口进行普查，但根据广州市民政局的统计，截至 2015 年 7 月底，低保（含城乡）人员有 36447 户、75497 人，低收入人员（含城乡）有 7170 户、19915 人，加上政府供养人员（900 人）及城镇三无人员，约为 9.3 万人，占广州市户籍人口的 1.1%。广州调查受众主观感知与官方统计数据出现了较大差异的原因是，无论是贫困线还是低保线都是以绝对贫困为衡量标准，因而仅覆盖了极端贫困的群体，而民众对于贫困的主观感知带有很强的相对贫困取向。这也意味着，不仅需要消除绝对贫困，而且需要不断改善相对弱势群体的生活水平，降低贫富差距，改善民众对于相对贫困的主观感知。对于出现贫穷的原因，大多数人认为"缺乏必要的技能和教育"是最主要的原因。对于如何消除贫困，受访者展现出积极的工作精神，认为改善穷人的生活水平是政府和穷人双方的责任，并且反对依赖福利政策来"养懒人"，而且 44% 受访者对脱贫问题有着乐观预期。

2. 公众税负感知较强，医疗教育支出呼声高

对于当前广州的税收，包括个人所得税和企业所得税，60% 的受访者认为税收偏高。医疗保障和公共教育是民众呼声最高的两个领域（分别有 92.2% 和 90.3% 的居民希望加大投入）。但是对比近年来广州市的民生支出数据，2014~2015 年，增长最快的是基本医疗保险支出，其次是城乡居民低保，政府在这两个方面较好地回应了民众需求。然而，广受关注的基本公共教育的支出却呈现下降的趋势，2014 年的教育支出比上一年度少了将近 9.5%。而呼声最小的住房保障的支出也在减少。

3. 调查受众参保率低于统计数据，缴费负担与缴费年限引关注

调查中 76.6% 的受访者参与了社会保险，广州本地人社保参与率为 81.5%，外地人的参保率为 67.3%。对比广州市人社局 2015 年发布的最新数据，广州市户籍人口的社保覆盖率为 96.6%，与调查数据有一定的差距。此外，参加职工社保的占 75.2%，参加广州城乡居民保险的占 15.1%；在老家参加城镇职工社会保险的受访者占 1.7%，参加城乡居民社会保险项目的受访者占 6.0%。而且 55.2% 的受访者认为社保缴费水平过高，并且认为个人比企业承担了更高的缴费负担。实际上，广州养老保险单位费率为 14%，在全国省会城市和副省级城市中是最低的，即便是居民养老保险和居民医疗保险的个人缴费（8%）也是比较低的。这说明政策普及宣传亟待加强。关于如何解决养老保险基金收不抵支问题，33.6% 的受访者赞同延长最低缴费年限，16.6% 的受访者支持延迟退休，16.3% 的受访者支持提高缴费水平。

4. 来穗人员社会经济融合感提升，本地居民融合感良好

2016 年 1 月广州出台《广州市来穗人员融合行动计划（2016－2020 年）》取得初步成效。对比 2012 年和 2016 年两轮调查发现，来穗人员社会经济融合感有所提高，但是

心理融合感略有下降；整体而言，来穗人员社会经济融合感比心理融合感略差。而且，对比持广州本地户口和持外地户口的受访者，后者的社会融合感较弱。就地区差异而言，比较白云、海珠、番禺、天河四个区两年外来务工者的社会融合感，除天河区有所上升之外，其他三个区均有所下降。

5. 广州 11 区公众福利态度有差异，施政重点需调整

调查发现，天河区公众的税负感最强烈，南沙番禺其次，从化区公众税负感最低。而且各区公众对不同民生支出的呼声也有差异。白云区公众对医疗支出的呼声最高，93.3%的当地受访者要求追加基本医疗保障支出，从化、越秀、南沙、花都紧随其后，均有超过92%的受访者要求提高医疗支出。对于教育支出最为敏感的当属海珠区公众。超过94%的海珠区受访者认为应当提高基本公共教育支出，荔湾和天河紧随其后，均有92%左右的受访者要求提高教育支出。相对而言，白云区公众对教育的呼声最弱，仅有85%的当地受访者认为应该提高教育支出。对于低保支出，呼声最强烈的是从化区、天河区和越秀区的公众，均有超过90%的受访者认为应该提高城乡居民低保支出，对此呼声最弱的是荔湾区。养老支出呼声最高的当属从化和花都，均有90%以上的受访者认为应该提高此项支出，荔湾对此的呼声同样最弱。对于住房支出，呼声最高的是越秀区，86.6%的受访者认为应该提高当地基本住房保障支出，天河、从化紧随其后，对此呼声最弱的是增城公众，仅有74.8%的受访者认为应当提高该项支出。就来穗人员社会融合感而言，花都区和白云区融合感最差，其次是海珠区，融合感最高为从化区。

二 广州公众福利态度特征的源头分析

1. 基于户籍身份的福利差异需缩小

广州市有大量的外来人口，人口倒挂现象比较突出。广州市贯彻国家户籍制度改革和居住证制度，无疑有助于落实外来人口权益。但也要认识到制度本身具有一定的局限性。一方面，政府出于财政压力，不可能在短时间内将数量庞大的外来人口全部纳入制度覆盖范围；另一方面，有相当一部分公众由于社保缴纳年限不足、社保缴纳意愿不强等原因，不能或者不愿意办理居住证。加之目前居住证制度还处于施行初期，只有持证者才可以享有六项基本的公共服务和七项便利，大部分外来人口还未切实享受到与之相关的权益，与户籍相关的福利差异仍然客观存在，需要政府在福利供给均等化方面进一步跟进。

2. 福利需求识别精准化待加强

不同市辖区受地理空间分布、人群聚集特征、经济社会发展程度等影响，导致居民在社会支出、税收、社会融合等方面的态度出现分化，需要政府精准识别和及时回应，实现福利供给的精准化。例如，在社会支出方面，受地理位置的影响，天河区和越秀区等中心城区受访者对基本住房保障的诉求强烈，萝岗和从化等副中心城区受访者则在社会养老服务方面的诉求相对强烈。而在税收方面，经济社会发展程度较高或经济社会发展迅速地区受访者的税收偏高感强烈，如天河区和南沙区。另外，在社会融合方面，各

区受访者因各区发展定位、产业结构、政策变迁等不同而具有不同程度的社会排斥感。特别是在经济崛起但未及时制定和落实配套社会政策的地区，公众的社会排斥感尤为强烈，如花都区和白云区。

3. 福利供给公平性待提高

不论是在分配领域，还是在整个经济社会发展层面，公平原则都是社会政策制定与执行不可或缺的基本原则。这也正是衡量社会政策是否有效发挥托底功能的重要标准。从这一点来看，广州市仍然需要进一步发挥社会政策作用，解决好公众普遍认为的广州收入差距过大问题，满足公众对"消除老百姓之间的较大不平等"的诉求。同时，通过保证所有人在衣食住、教育和健康等方面的基本需要得到满足，凸显社会福利供给的公平原则。

4. 福利需求结构分化需重视

以调查中有关后物质主义价值观的问题为例，"维持社会稳定"和"控制物价上升"得到了 59.4% 的受访者的支持，同时也有 39.4% 的受访者支持"让老百姓在重大决策上有更多发言权"和"保障大家发表意见看法的权利"，二者比例约为 1.5∶1。按照著名政治文化研究学者罗纳德·英格尔哈特（Ronald Inglehart）的观点：物质主义价值观强调经济增长和社会秩序，后物质主义价值观则偏向于自我表现和生活质量。从这一理论视角和上述调查结果来看，广州相当一部分公众不再单纯追求传统的物质价值，已从热衷于较低的通货膨胀和稳定的社会秩序转向生活质量、公民权、自我表现等后物质主义价值，表明广州进入了物质主义价值观和后物质主义价值观共存时期。在这一特殊时期，不仅要关注公众的安全需要和生存需要，而且要注重公众更高层次的福利需求，促使社会民生政策适应公众多层次的福利需求。

5. 公众福利需求增长待关注

公众福利要满足公众对普惠性福利供给的要求，更重要的是要解决好福利供给过程中公众的相对剥夺感问题。如问及有关对贫困的认知问题时，受访者中有 23% 的人认为自己生活在贫困之中，28% 的受访者认为广州市贫困问题达到了严重和非常严重状态。如果从政府确定的贫困线和社会救助人数比例来看，显然这一数据"不合理"。但这也恰恰说明了公众对贫困的认知与政府确立的贫困标准出现了分歧。在公众的价值观视角下，贫困不是政府所定义的绝对贫困，而是与同类群体、不同人群比较下的相对贫困。政府要清醒地认识到公众相对贫困观下的福利需求与政府绝对贫困观下的福利供给之间的断裂，将其纳入公共政策议题。

三 回应公众福利需求的政策建议

1. 扩大民生决策公众参与，缩小福利供需差异程度

参与不足导致公众的福利需求与政府的政策供给差异大。公众普遍希望政府更多地介入改善民生福利，但同时也需要理性地认识到政府在改善民生福利过程中只应该承担有限责任。例如，公众认为政府在救助穷人方面支出不够，期望政府加大对穷人的社会

救助。不过，公众也认同改善穷人的生活水平是政府和穷人双方的责任。与为了确保劳动力市场的灵活性政府应更少介入的观点相反，公众期望政府更多地介入提高最低工资标准、推动工资集体协商。由上可知，在改善民生福利过程中，公众一方面希望政府发挥兜底功能，另一方面希望政府能够扮演好监督者、协调者的角色，加强对市场和社会力量的监督，引导二者有序参与民生工程建设。

2. 精准识别公众福利需求，高效供给基层福利资源

社会政策应充分重视公众的民生福利需要。实际上，只有全面了解公众实际的福利需要，政府、市场和社会等福利供给主体才能实现精准化和高效化的福利供给。近年来，我国政府加大了社会福利的供给，但过于注重福利资源的输送，忽视了公众实际的福利诉求，以及公众个体和群体之间福利诉求的差异性。因此，未来政府的社会福利治理，应强化基于需要的社会福利治理，在考虑和了解公众福利态度的基础上实现更加合理的社会福利制度建设，更加高效和精准地输送社会福利资源。

3. 扭转低水平广覆盖思路，转向共享发展理念

公众在城乡居民低保、基本医疗保障、基本公共教育、基本住房保障、社会养老服务五个领域的期待水平高，预示着未来政府应注重加快社会福利建设由"低水平、广覆盖"向"共享发展"理念转变，真正做到让老百姓难有所助、病有所医、学有所教、住有所居、老有所养。同时，在这一过程中，政府部门应充分重视培育和发展社会力量，注重政府、市场和社会三元主体共同增进社会福利供给。

4. 重视社会公平正义问题，提升来穗人员福利水平

整体而言，广州社会融入基础较好，本地人和外来打工者之间社会排斥程度低，在进一步推进居住证制度和《广州市来穗人员融合行动计划（2016－2020年）》等政策方面具有较好的民意基础。因此，建议在促进本地人与外来打工者社会融合方面更加注重社会公平正义，确保二者都有大体相等的机会进入社会福利资源体系，同时根据其需要进行公平的分配，特别要保证二者在享受基本公共服务和使用公共产品方面具有同等的权利。

广州社会保障研究中心成果

作者：岳经纶　庄文嘉　朱　琳

彭宅文　陈永杰

"马路天使"的生存与发展状况及其对策:
基于广州市环卫工人的调查

每天清晨,当人们还沉浸在朦胧睡意中,环卫工人已经踏着晨露上岗了,并用自己的辛勤劳动迎来了城市的黎明,守护着城市的大街小巷,承担着城市的环境保护和美容建设重任,他们被誉为城市的"美容师""马路天使"。他们时顶烈日,时斗风雨,以"宁肯一人累,换来城市美,赢得万人洁"的精神,默默地奉献在城市的每一个角落,全社会尊重和关爱我们的"天使",就是尊重和关爱我们的"家园"。

党的十八大报告指出,加强社会建设,必须以保障和改善民生为重点。要多谋民生之利,多解民生之忧,努力让人民过上更好的生活。然而,在城市化进程中,环卫工人的生存发展状况如何?他们享有的福利待遇如何?怎样才能让他们体面地工作、尊严地生活?带着对这些问题的思考,笔者选择具有独特性和代表性的广州市作为调研点,深入一线,开展为期3个多月的实地调查研究。本次调查,共向环卫工人发放调查问卷600份,回收597份,回收率达99.5%。

调查发现,环卫体制改革存在环卫工人权益保障困难、环卫工人幸福感偏低等深层次问题。通过分析讨论,笔者建议推进"人文关怀"工程建设,提升环卫工人的幸福感;推进"素质教育"工程建设,提升环卫工人的使命感;推进"公共服务"工程建设,提升环卫工人的归属感。

一 环卫工人生存与发展状况

针对近期广州市某区发生的环卫工人不满薪酬过低而停工的事件,广州市主要领导回应称,将对存在问题予以改进,包括考虑在招投中对环卫工人权益做出约定。广州市现约有33800名环卫工人,这3万多名城市"美容师"是广州市获得一系列城市荣誉称号的大功臣。

在我国城市化进程加快,环卫体制改革逐渐推进,人们对城市环境卫生质量要求越来越高之际,工作在第一线的环卫工人的重要性日益突出。然而他们的生存与发展问题不容乐观,他们虽被赋予城市"美容师"的称号,却没有获得与之对应的尊重。

(一)环卫工人年龄偏高且文化程度偏低

在调查的样本中,17~29岁和60岁以上的环卫工人分别占调查样本总数的0.8%和

1.2%；51～59 岁占 8.1%；45～50 岁和 30～44 岁这两个年龄段分别占 38.2% 和 51.8%。

环卫工人文化程度普遍偏低且安全意识薄弱，初中文化水平的受访者只占 56%，相当多的受访者没有完成 9 年义务教育。由于他们的文化程度偏低，加上安全意识薄弱，交通事故和风险事件在他们身上频发。

（二）环卫工人女性偏多且多为外籍人口

环卫工作的特性决定了从事环卫职业的人多是女性。从调查统计情况来看，男性所占的比例为 39.6%，而女性所占比例高达 60.4%。

调查发现，在广州市环卫工人中有 87% 是非广州市农村户口，有 4% 是非广州市城镇户口。而拥有广州市本地农村户口和城镇户口的人数所占比例则分别为 6% 和 3%，且多为体制内人员，属于管理阶层。

（三）环卫工人收入偏低且住房偏贵

无论是三九寒冬还是三伏酷暑，无论是刮风还是下雨，环卫工人都要工作在城市的大街小巷，以保持城市街道干净整洁。然而，他们拿到的薪水却与其辛勤付出形成了鲜明的反差。广州市调查报告指出，资金投入不到位成为目前环卫工作存在的三个不到位之一，十多年来招标都是价低者得，政府出了钱但这钱是否被用到了环卫工身上无从知晓，说明环卫制度不到位，环卫管理不到位。

本文调查发现，76.4% 的环卫工人每月的实际工资（包括加班、夏季的高温补贴费或重要节日慰问金）主要集中在 1500～1900 元。以如此低的工资在广州市生活是比较困难的。环卫工人的工资为多少才能适应城市生活，通过行人对环卫工人工资看法的调查可知，有 61.19% 的行人认为环卫工人的工资应该高于 2000 元，其中 2000～2500 元占 33.3%，2500～3000 元占 18.27%，3000 元以上占 9.62%。

居住条件差是环卫工人面临的一个普遍问题。由于环卫工人 80% 以上来自外地，因此，87.6% 的环卫工人需要租用房子。为节省开支，他们只能选择一些环境条件差、地理位置差、卫生条件差、安全系数低的便宜房子，有的房子低矮简陋、室内不通风、面积较小、煤气灶台在床边。

关于环卫工人现阶段所面临的困难，有 93.7% 的环卫工人收入太少，生活艰苦；有 75.4% 的环卫工人目前存在住房困难的问题；72.0% 从事该行业后得不到别人的尊重，受到歧视、排挤的困扰；61.8% 的环卫工人在工作过程中面临着缺乏安全保障的问题；47.6% 的环卫工人因远离家乡与亲人而感到孤独；而 20.1% 的环卫工人表示受主客观条件限制，当前找不到其他更好的工作（见图 1）。

（四）环卫工人工作时间偏长且休闲时间无为

通过调查了解到，99.8% 的受访者表示他们每天的工作时间为 8 小时以上；仅有 0.2% 的受访者反映工作时间低于 8 小时。

调查结果显示，环卫工人的休闲时间安排情况是，86.4% 选择照料家庭；13.4% 选择看电视或跟朋友聊天等简单的娱乐消遣活动；21.1% 做兼职；仅 0.6% 的环卫工人会利用休闲时间进行学习进修（见图 2）。

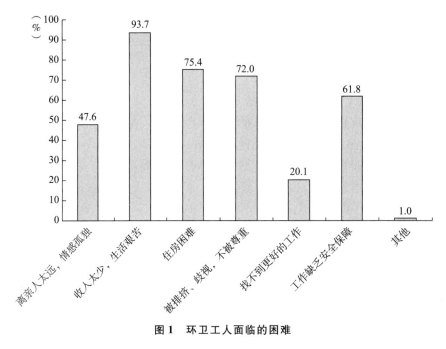

图1　环卫工人面临的困难

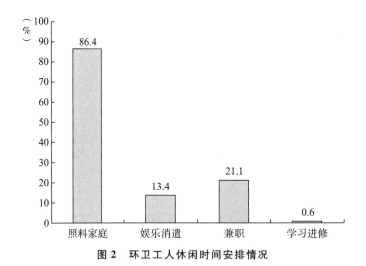

图2　环卫工人休闲时间安排情况

调查显示，83.9%的受访者从未参加城市的娱乐活动；12.0%的受访者表示较少参加；3.3%的受访者表示偶尔参加；经常参加的仅占0.8%。

二　环卫工人的发展需求

环卫工人的发展需求是笔者调查的重点，职业认同感、城镇归属感是环卫工人发展的前提条件。认同感和归属感越强，他们融入城镇的价值越大。因此，他们对文化知识的渴求越来越强烈，专业水平提升、融城素质提升成为他们的迫切需求。

（一）提升认同感是环卫工人的期望

在难以被城市接纳、收入微薄、生活质量偏低、居住条件极差等因素的综合困扰下，环卫工人会失去对社会及自身发展的向往，这些都会影响整个环卫事业的持续健康发展。

第一，环卫工人期望提升职业认同感。环卫工人保洁在城市的一线，工作辛苦，劳动时间长，收入偏低，更重要的是无法享受与城市居民同等的权利，且受歧视的程度有增无减。调查发现，37.2%的环卫工人表示选择这份职业的主要原因在于自身条件限制，很难从事其他工作；23.7%的环卫工人则是因为这份职业能为其提供社保；只有3.8%的环卫工人是出于喜欢这份工作，认为其有意义才选择的。需要说明的是，多达39.5%的环卫工人表示想从事其他工作，不愿继续当环卫工人。

第二，环卫工人期望提升社会认同感。调查显示，74.1%的环卫工人认为社会公众对其不尊重、排斥和歧视；63.5%的环卫工人认为自己与工作所在地城市居民之间的相处情况一般甚至对其不满意；74.8%的环卫工人则表示自己与上司或领导之间的相处情况一般甚至对其不满意；88.3%的环卫工人对政府对环卫工人的关注或支持力度表示一般甚至不满意。

第三，环卫工人期望提升自我认同感。自我认同是职业认同和社会认同的基础。环卫工人如果建立良好的自我认同，就可以设计好自己的职业发展规划，产生职业认同，进而有助于其个体成长，增强社会认同。而目前环卫工人普遍缺乏自我认同，使其职业认同与社会认同不能同步发展，阻碍了他们适应并融入城市的进程。调查发现，62.8%的环卫工人认为自己的社会地位较低或者很低。

受传统价值观念的误导，人们对环卫工人的认识仍存在较大的偏差。一是人们对环卫工人的工作认识有偏差。一些人仍然把环卫工人的工作当成简单、低级、单一的工作，忽视了环卫工人工作所创造的社会价值，甚至出现了对环卫工人劳动成果不尊重、肆意践踏其劳动成果的不文明行为。其实，今天的环卫工人除了日常维持街道清洁外，还肩负着城市管理、维稳、文化宣传、垃圾分类知识普及等全新的工作使命，他们的工作不再像以往那样单一，环卫工人的工作已呈现出复杂化和繁重性的特征。二是人们对环卫工人的身份认识有偏差。许多人仍然将环卫工人的身份与其工作中的某些浅层特征进行简单的对等划一或固化，以一种不平等的心态将环卫工人归类为肮脏、卑微、低贱的"次等社会人群"。其实，身穿"城管保洁"字眼的环卫工人，已成为城市文明的名片。

（二）加强社会保障是环卫工人的期盼

社会保障包括社会保险、社会福利、社会救济、社会互助、优抚安置等内容，它是促进社会公平、改善民生的重要保证。环卫工人从事的是高风险职业，在社会保障方面应予以倾斜，特别应在医疗保险、工伤保险、工资福利和住房等问题上，给予一定的政策支持。调查显示，有10.9%的环卫工人表示用人单位没有为他们购买养老保险，11.7%的环卫工人表示没有为其购买医疗保险，而高达75.2%的环卫工人表示用人单位没有为其购买失业保险以及 39.5% 的环卫工人表示用人单位没有为其购买工伤保险。

我国《劳动法》明确规定，社会保险分为养老保险、工伤保险、医疗保险、失业保险和生育保险，全体劳动者依法享有社会保险这一基本权利。然而，在环卫体制改革之后，许多竞标上来的企业在承包管理过程中，为获取更多的利润，纷纷减少社会保障这部分资金的支出，以牺牲环卫工人的利益为手段来谋求企业的盈利。许多环卫工人表示他们的福利存在明显的"缩水"。例如，重要节日慰问品或慰问金的发放中存在以次充好或不按时发放等问题。调查还发现，一些承包企业利用许多环卫工人对劳动保障制度的认识不足这一缺陷，不依法为劳动者购买完整的社会保险，仅为环卫工人购买某一项保险，一些承包企业甚至用低额的意外保险代替原本属于社会保险范畴的工伤保险，更有甚者没有为环卫工人购买任何保险。

（三）健全管理制度是环卫工人的期待

2009 年，广州市容环境卫生局被撤销，环卫领域有关职责被划入新组建的城市管理委员会。这标志着广州市环卫系统由事业单位管理方式转为市场化管理方式。但有些环卫工人仍属于城管部门直属区街环卫保洁所。也就是说，广州市的环卫管理包括两大类，一类是此前的事业管理方式，由保洁所或保洁队组成，另一类是市场化管理方式，将市政环保业务外包给保洁公司，后者所占比例较高。于是，出现两种管理制度，一是事业管理制度，其环卫工人享有的工资、福利都比较好，提供住房，过节有奖金，生活有保障；二是企业管理制度，存在随意降低工资、加大劳动强度等问题，这背后体现了企业竞标环卫项目之下的逐利本能。正如广州市总工会 2012 年 9 月发布的报告所称，环卫工作市场化后，其承包管理由公司竞标，竞标结果必然是价低者得，每个企业都尽力压低自己的劳动成本以增强竞争力。

环卫管理制度重点在于就业管理、工作质量管理和人本管理等方面。在访谈过程中笔者了解到，绝大部分的环卫工人是通过亲属、同乡介绍进入环卫行业的，只有极少的人知道如何通过正规的招聘程序进入该行业。这说明当前环卫管理制度中的就业和招聘程序不规范。这种"同乡带同乡"的不规范上岗方式存在两方面缺陷。一方面，这种"同乡带同乡"的上岗方式有着用人程序过于简单和偏向形式化的缺点。在当前用人紧张的环卫行业中，用人单位急于用人而仅凭介绍人的一面之辞便匆匆任用新人，缺乏对新聘人员的整体认识，环卫工人随意上岗、离岗或不按程序离职的现象越来越频繁。另一方面，这种上岗方式长期发展下去将使招聘渠道过于单一，使环卫队伍中出现越来越多、越来越大的由同乡搭档或亲属组成的团体，一旦出现问题，容易发生群体性事件。

在人性化管理方面，一线环卫工人反映，用人单位在管理过程中未意识到精神激励的作用。环卫行业的管理层人员很少主动与环卫工人进行沟通，这就阻碍了他们之间正常的对话，更不用谈环卫行业管理层对他们的工作进行必要的认可与鼓励，导致管理层和一线环卫工人之间缺乏必要的相互了解，难以建立相互信赖的关系。

因此，环卫工人期待增强管理力度，提高环卫工作质量，使保洁工作制度化、规范化，更好地为一线工人服务，创造优质的用工环境，健全管理制度。

三 创新环卫工人服务与管理之对策

环卫工人需要融入城镇，充分显现他们的价值追求。为了实现他们的价值，需要政府和社会给予更多的人文关怀，提升融城素质，提供公共服务，保障环卫工人顺利融入城镇。

（一）推进"人文关怀"工程建设，提升环卫工人的幸福感

党的十七大报告第一次提出"注重人文关怀和心理疏导"新理念，从此拉近了执政党与人民群众的距离。人文关怀和心理疏导体现了党的管理工作的创新，体现了党对人民的关怀、社会对人民的关爱。环卫工人作为社会大家庭中的一个群体，同样需要人文关怀。应当通过人文关怀，激发环卫工人的主动性、积极性和创造性。

第一，构建环卫工人融入城镇的"组织关怀机制"。实践证明，培育环卫工人的社会组织，对于提升公共服务水平具有重要的现实意义。发挥社会组织的枢纽作用，积极培育发展、扶持孵化环卫工人群体的社会组织，提供专项服务，满足环卫工人多层次的需求。通过社团式参与，打破固有的以户籍、乡土、宗亲为标志的社交沟通模式，为培养融入当地的观念提供基础。

探索环卫工人党建新路。逐步探索出一条"流动有序、管理有章、异地有家、本地有党"的环卫工人党建工作新路子。及时解决环卫工人入党难的问题，使环卫工人中的优秀分子"流动不流失"，环卫工人工作在哪里，党组织就建立到哪里。以劳务输入地和环卫工人工作点为依托，及时建立健全党的组织，确保把每名环卫工人纳入党组织教育管理的视线之内。具体做到以下两点。一是加快在服务环卫工人的社会组织和环卫工人集中的社区、工业园区、企业建立党群组织和党员服务中心，做好党员信息采集工作，将环卫工人中的党员全部纳入当地党组织管理。二是加强环卫工人流动党支部建设和流动党员教育、管理和服务工作。

组建环卫工人新型工会。由于环卫工人流动性大，就业市场十分灵活，因此，组建工会的形式也必须灵活。

组建和完善劳务市场工会。随着企事业单位改革的不断深入，劳动力派遣逐渐成为一种新的劳动力使用和管理的用工模式，组建劳务市场工会就显得十分重要。

组建和完善社区工会。环卫工人生活在社区，建立社区工会，解决一些零散的环卫工人入会难的问题。

组建和完善环卫工人行业协会。充分发挥协会的桥梁作用，协会会员有本地人和外地人，实行会员从"环卫工人"中来到"环卫工人"中去的路径，增强环卫工人自我服务的能力。环卫工人行业协会作为行业性非营利社团组织，要发挥好它的监督职能。一是要号召所有参与投标的环卫企业加入协会，使环卫行业协会在对环卫企业的运转情况、管理制度有更深入的了解的同时参与到行业的重大决策中。二是要完善环卫市场准入制度。要结合行业特点制定行规行约，开展环卫行业自律和行业管理，规范环卫市场行为，引导环卫行业朝着市场规范化的方向发展。

第二，构建环卫工人融入城镇的"激励关怀机制"。需求层次理论认为，人的需求是多层次的，即从生理的需求、安全的需求、社交的需求到被尊重的需求和自我实现的需求。在不同时期，需求总是呈动态变化趋势，大致是从低到高、从外部向内部来逐步满足。因此，满足环卫工人的需求，必须采取激励机制。激励机制通过一套理性化的制度来反映激励主体与激励客体的相互作用。环卫工人激励机制，也称环卫工人激励制度。

工作激励。工作激励是指通过对环卫工人分配恰当的工作岗位，满足环卫工人自我实现和尊重的需要，从而激发环卫工人工作热情和工作积极性的一种科学方法。分配工作任务时要考虑员工的专长和特点，发挥其潜能，对工作中的优秀事迹要借助栏目宣传、专题讲座教育等形式予以表彰和宣传，鼓励他们学习模仿，为行业营造积极向上的工作氛围。

愿景激励。通过推行融入城镇愿景目标，使每个环卫工人既有预期目标又有现实压力，使其产生融入城镇的强烈动力，并努力创造条件。

示范激励。通过业内先进单位和优秀员工的行为示范、敬业精神来正面影响环卫工人。

尊重激励。尊重环卫工人的价值取向和独立人格，借助节日特别是环卫工人节等契机，积极营造节日氛围，同时配合宣传教育工作，号召全社会关爱环卫工人，让他们有体面劳动，有尊严生活。

参与激励。政府与企业领导者要充分尊重、信任环卫工人，让他们在不同程度上参与管理，提出合理化的工作与生活建议，从而提高环卫工人的主人翁参与意识。通过民主参与、政治参与和服务参与，形成环卫工人对城镇的认同感和归属感，以进一步满足他们被尊重和自我实现的需要，激发环卫工人的积极性和创造性。

物质激励。对做出突出贡献的环卫工人给予一定的奖金、生活用品、生活福利、保险，甚至住房奖励。

荣誉激励。荣誉激励就是把物质激励与形象激励有机地结合起来。对表现突出的环卫工人在全社会进行公开表彰，如会议表彰、发荣誉证书、上光荣榜、进行家访慰问、组织浏览观光、疗养、外出培训进修，从而营造尊重环卫工人贡献的社会氛围，让其感受到在城镇实现自身价值的荣誉感，体会到城镇人文精神的感染力和包容度。

（二）推进"素质教育"工程建设，提升环卫工人的使命感

随着城市化的深入发展，对环卫工人的工作要求会越来越严格，如今的环卫工人不仅是城市保洁者，而且是维护城市文明的使者。因此，必须强化对环卫工人的知识技能培训，提升环卫队伍的整体素质。一方面，要强化对环卫工人的职业技能培训。一是在培训内容上，应注重课程的实用性。要在安全知识教育、岗位技能提升和危机应急处理等多方面对环卫工人进行培训。二是在培训方式上，应注重形式的创新性。可根据环卫工人知识文化水平、年龄分设培训课程，利用电化教学、现场模拟示范等方式进行培训，力求达到培训的最优效果。此外，在对环卫工人进行职业技能培训中，用人单位必须做到落实岗前培训，注重职业定期培训，加强对环卫工人的培训考核，确保环卫工人掌握相应的工作技能和方法。另一方面，要加强对环卫工人的知识教育。一是要通过宣讲会、座谈会等多种形式就环卫行业、环卫体制改革的情况对环卫工人进行宣传教育，使环卫工人加深对环卫管理的了解。二是要对环卫工人进行法律知识教育。要教育环卫工人合法维权以及掌握道路交通安全法律法规，从而使环卫工人的人身安全和利益诉求得到更好的保障。

（三）推进"公共服务"工程建设，提升环卫工人的归属感

广州市的公共服务随着经济的发展而不断增强，特别是环卫服务市场化改革过程中，出现了非常值得关注的"双向化"公共服务现象，即基层政府将之前外包给清洁公司的环卫服务收回重新由区街直接提供。一方面环卫工人为社区居民提供保洁服务，另一方面，社区服务中心向环卫工人提供各种需求服务，从而出现了"双接纳"的服务趋势。

第一，构建环卫工人融入城镇的"公共服务机制"。环卫工人融入城镇的关键在于构建"公共服务机制"，"公共服务机制"是推进环卫工人向"新市民"转变的重要机制。目前，一些城区的公共服务仍难以覆盖到环卫工人身上。以城市最低生活保障为主的社会救助服务，以经济适用房和廉租房实物或租金补贴为主的政府补贴性住房安排，以教育资源为主的政府公办学校平等就学的机会等，在人口流动加速的背景下，流入地城镇的公共资源与公共服务不匹配问题比较突出，难以向新迁入的环卫工人提供基本公共服务。因此，有必要构建环卫工人融入城镇的"公共服务机制"。一是构建环卫工人平等享受公共卫生服务机制。加快环卫工人的医疗、疾病预防监测等问题的解决。二是构建环卫工人子女接受教育机制。三是构建环卫工人养老、医疗等社会保障机制。

第二，开展社会工作服务，助推环卫工人融入社区进程。广州市政府正在通过购买公共服务方式，让社会工作机构的服务领域覆盖到环卫工人这一群体，充分发挥社会工作机构的社会服务职能，综合运用社会工作的专业知识、方法和技能，开展针对环卫工人的心理疏导、行为矫治、关系调适、困难救助、权益维护等服务工作。一是建立"环卫工人之家"，为环卫工人开展社区活动、个案辅导以及小组工作，提供专业的服务，积极帮助环卫工人解决心理和生活问题。二是设立"趣味学堂"，为环卫工人开设如手工学堂、文化技能培训班、棋艺康乐社等可供环卫工人自行选择的活动场所，从而丰富环卫工人的文化生活，促进其身心健康发展。

此外，志愿者服务机构作为社会公益性的组织，对协助城市管理所起的重要作用越来越明显。因此，可以建立一支针对环卫工人的服务团队，引导社会公众支持环卫事业及关心帮助环卫工人。志愿者服务团队可以通过定期开展志愿服务活动，如在街道举行"每周小扫除、每月大扫除"活动，积极引导社会公众参与到志愿保洁服务中，让社会公众体验环卫工人工作的艰辛。通过志愿服务队伍带头倡导，在环卫工人节期间发动志愿者置换环卫工人进行城市道路保洁，在开展志愿服务活动过程中宣传和呼吁社会公众关爱环卫工人、尊重环卫工人的劳动成果，从而转变社会公众对环卫工人传统的社会刻板印象，提升环卫工人的社会形象，让环卫工人更好地融入城市社会。

广州市社会工作研究中心成果

作者：谢建社

构建保障公共权力规范运行的安全平台

——广州新型城市化发展中"廉洁城市"建设的实践观照

转型升级，以"新型城镇化"为龙头，大力推进新型城镇化、工业化、信息化和农业现代化"四化合一"的同步发展，是当代中国正在上演的重头大戏。与此相适应，历来作为中国改革开放"前沿阵地"和"试验地"的广州，从顺应广大人民群众对幸福生活新期待的根本要求和新形势下全面提升党和政府领导城市工作能力的现实需要出发，明确提出了"推进新型城市化发展"的重大战略，力求开拓一条集约高效、区域统筹、普惠民众的特大城市科学发展转型之路。同时，鉴于城市转型升级新阶段腐败现象频发易发、城市问题愈发复杂多样的严峻形势，广州积极"先行先试"，把解决确保公共权力行使合乎规范与尺度（即处于"安全"状态）这一转型升级过程中城市管理的热点难点问题，放在突出位置。积极开展"走新型城市化发展道路，建设廉洁广州"的创新实践，通过强化城市管理者"民之所望即为廉洁城市建设之所向、来源于人民的权力更好地服务于人民"的世界观、价值观和权力观，全面打造广州廉洁城市建设的立体平台，精心构建广州廉洁城市建设的科技平台，着力激活广州廉洁城市建设的互动平台，落实广州廉洁城市建设的重点任务，深化广州廉洁城市建设的基本内涵，消除新型城市化发展中的腐败阻碍因素，提升新形势下广州城市发展的质量与水平。

一 注重科学顶层设计，全面打造广州廉洁城市建设的立体平台

立体平台是指包含多层次的、多方面的、全覆盖的廉洁城市建设态势。廉洁城市建设的任务实质上就是要通过打造保障公共权力规范运行的立体网络平台，促使廉洁渗透内化到城市每一领域的建设过程中。为此，广州市委、市政府高度注重开展科学顶层设计工作，努力创新"制度＋技术＋文化"三位一体的"廉洁广州"建设机制，着重加强政治、市场、文化与社会四大领域反腐倡廉工作部署，并强调要让廉洁成为广州政治活动的基本准则、经济活动的普遍规则、文化名城的重要特色及社会各界自觉追求的目标。

（一）把握新型城市化发展契机，凸显广州廉洁城市建设根本价值取向

公共权力的"失范"和"失控"，是腐败滋生和蔓延的根本症结；如何与时俱进构建保障公共权力规范运行的安全平台，是我国当前面临的严峻挑战和现实难题。如果说，公共权力是在执政党领导下以政府为核心的国家机关和依照法律规定履行公共职

能、提供公共服务的部门拥有及行使的权力，那么"廉洁城市"则要求城市凸显廉洁建设的核心追求，构建权力制衡、制度规范、监督常态、赏罚分明的发展局面。广州在廉洁城市建设中始终注重把握保障公共权力规范运行的根本价值取向，明确提出了"走新型城市化发展道路，建设廉洁广州"，力争到2020年，努力实现消极腐败现象得到有效遏制、法规制度基本完备、权力运行规范有序、廉洁诚信观念深入人心、城市廉洁程度不断提升的目标，初步树立起与新型城市化发展要求相适应、与国家中心城市地位相匹配、与人民群众愿望相呼应的廉洁广州形象。因此，广州廉洁城市建设与新型城市化发展是相辅相成的。推进新型城市化发展的过程，实际上就是走廉洁之路、建廉洁之城、提升廉洁指数的过程；全面建设廉洁城市，方能促使新型城市化发展更与时俱进、更顺应民心、更可持续。

（二）强化党政引领功能，推进广州廉洁政治建设

防治腐败，最为崇高的目标是实现廉洁政治，最为核心的追求是确保公共权力规范运行，最为关键的环节是落实对公共权力运行的有效监督和制约。广州在廉洁城市建设中始终坚持发挥党政引领功能，以推进制度建设防治腐败为重心，把积极推进以"高效廉洁政府、廉洁公正司法、权力监督制约、查处腐败行为"为要点的廉洁政治建设放在首位。广州市委、市政府明确指出，要着眼于加强社会主义民主政治建设，以规范权力运行为核心，着力营造权力配置科学合理、权力监督制约到位、权力运行阳光透明、党员干部廉洁自律、民主法治公平公正的良好政务环境。为确定具有广州特色的廉洁城市建设基本路径，广州制定颁布了具有基本纲领性质的《关于走新型城市化发展道路建设廉洁广州的决定》；为确保廉洁城市建设工作具体落实到位，广州制定了以控权为切入点的《廉洁广州建设测评指标体系》；为引导公共权力阳光规范运行，广州制定了与职权清理、权力公开、监督检查配套的《广州市规范行政权力公开运行工作总体方案》，全面清权、依法确权、科学配权、压缩限权、公开示权、监督制权。同时，广州坚持"老虎""苍蝇"一起打，2013年上半年共立案73件、查处县处级以上领导干部73人，比2012年同期分别上升102.8%和97.3%。目前，广州市纪委正研究制定中国城市清廉指数广州标准，推进农村廉情预警工作制度建设，探索防止利益冲突制度，开展制度廉洁性评估等体制机制建设，力求在推动反腐倡廉源头治理、过程监督、后果惩治机制建设的过程中夯实公共权力规范运行平台的基础。

（三）丰富内在思想机理，奠定广州廉洁文化基石

内在机理，指事物内部各要素的内在运作方式与运行规则秩序。廉洁文化作为廉洁城市建设之魂，其发展传播有利于维系发展城市内部"廉洁"的内在思想机理，从而奠定廉洁城市建设的文化基石。为此，广州借助大众传媒、教研机构等各类载体大力推进城市廉洁文化建设，启动廉洁文化引领工程。明确提出广州要力争到2020年形成与新型城市化相适应、与世界文化名城相融合、与廉洁广州建设相统一的具有广州特色的廉洁文化建设体系。同时，紧扣"加强思想道德建设，保持党的纯洁性"的建设主题，坚持在全市各个层面广泛开展纪律教育学习月和"羊城廉政大学堂""清廉羊城"等具有广

州特色的系列宣传教育活动。2013 年，广州更是把作风建设作为反腐倡廉建设的着力点、夯实党执政基础的切入点，与"廉洁广州"长期建设任务同部署同落实同督办，连出整风肃纪、控权防风、长效机制"三大硬招"，剑指作风顽疾，为"廉洁广州"建设上台阶汇聚正能量。长期以来，广州不断深化革命优良传统教育、廉洁文化教育、廉政研究、反腐倡廉培训及警示教育和影视制作六大"廉政文化基地"建设，扎实开展廉洁文化"六进"活动，以此助推廉洁文化扎根机关、企业、学校、社会、农村和家庭。并在全国城市首创《廉洁广州导报》、广州大学学报《廉政论坛》（2012 年被教育部列入全国名牌栏目建设工程）等品牌，以及广州日报《廉政清风》栏目、大洋网《廉政在线》频道、广州广播台《廉政前哨》和《廉政启示》等作为城市廉洁文化理论研究、宣传教育的载体，有力促进了"敬廉崇洁"，廉洁文化沁入民心。

（四）整顿经济发展环境，健全广州廉洁市场机制

市场作为经济发展平台，其环境的优劣在很大程度上决定着城市经济发展的快慢、经济竞争力的强弱。广州在廉洁城市建设中，以健全市场监管和市场信用体系为保障，着力营造市场规范有序、资源配置高效、行业廉洁从业、企业诚信经营的良好市场环境。一方面，健全公共资源交易市场运行机制，结合广州实际，按照"管办分离、集中交易、规范运行、加强监管、统筹推进"的基本原则和"一委一中心"的组织架构，成立广州市公共资源交易工作委员会；通过对多个交易、采购、招投标中心和交易项目等进行有机整合，新组建广州公共资源交易中心。并针对该中心所包括的多个交易、采购的各个环节进行廉洁风险点排查，有针对性地提出防控措施。目前，广州公共资源交易中心正按照统一交易平台、统一发布信息、统一交易规则、统一评标专家库、统一监督管理的"五统一"要求，努力打造具有广州特色的公开透明、规范有序、廉洁高效的品牌。另一方面，广州力求通过"三打两建（打击欺行霸市、打击制假售假、打击商业贿赂，建设社会信用体系、建设市场监管体系）"，为规范公共权力运行提供充足的物质保障。这在实践中突出表现为：贯彻落实《廉洁广州建设测评指标体系》中建设廉洁诚信市场的要求，突出推进食品行业、窗口行业和公共场所相关单位的自查自纠工作，并组建以道德模范、市民代表和志愿者代表为主要成员的行风评议团，高度关注诚信缺失和公德失范问题，对腐败分子"露头即打"，集中治理群众强烈反映的突出问题。广州还不断探索行政审批制度高效改革之路，颁布《广州市政府第五轮行政审批制度改革工作方案》，迄今已减少 30% 以上的市级行政审批和公共服务审批事项。出台《广州市企业投资基本建设项目审批制度改革试行方案》，加快推进以备案制为主的企业投资管理体制改革，以"大幅减少审批事项、大幅缩短审批时限、大幅减免审批费用"为目标，降低市场准入成本。以精简环节、转移职能、规划指导、信息共享为具体做法，最大限度消除制约项目前期审批工作进展的体制障碍，并加快完善实时在线监察行政审批效能的具体举措。

（五）营造共建共享氛围，开发广州廉洁社会潜力

着眼于加强社会建设、创新社会管理，以促进民生幸福为根本，推动反腐倡廉建设向社会领域拓展，着力形成全民参与、全面覆盖的反腐倡廉建设格局，是广州廉洁社会建设的基本目标。为此，广州多管齐下，努力提高公众参与反腐倡廉的自主性与积极性，挖掘强有力的反腐倡廉社会潜力。公共服务领域与民生息息相关，广州市以此为突破口，制定了《广州市 2013 年度推进公共服务廉洁化实施意见》，围绕为民务实清廉主题，在市卫生局、市教育局等与民生密切相关的 10 个重点部门，查找廉洁服务问题，增强廉洁服务意识，健全廉洁服务制度，整治廉洁服务问题，营造廉洁服务氛围。与此同时，广州坚持党委领导、政府引领、干部率先、社会参与，充分调动各方面的积极性。从 2013 年开始，在全市开展廉洁广州年度人物推荐、评选和表彰活动，发动市民群众，发现、挖掘、宣扬身边涌现的廉洁好人与好事，推动形成学习、尊崇廉洁行为的文化理念和关爱、争当好人模范的积极向上的良好风气。同年，广州还启动"廉洁使者行动"，搭建了解群众意愿、收集群众呼声、反映群众诉求、维护群众权益的载体与平台，充分发挥"廉洁使者"来自不同领域、具备不同特色的优势，加快构建"全程透明、全面开放、全员互动"的廉洁广州建设模式。此外，广州市天河区等开展了"清风沁企"活动，大力发展"天河路商会"，通过完善和落实行业公约、行为规范和服务标准等方式，引导企业和社会组织将廉洁文化纳入组织文化建设，实现清廉、互信、共赢。

二　发挥智慧城市优势，精心构建广州廉洁城市建设的科技平台

提升反腐倡廉的智能化水平，以保障公共权力的规范运行，是廉洁城市建设的必然发展趋势。广州新型城市化发展中"智慧广州"的建设，为广州廉洁城市建设的顺利开展提供了有力技术支撑。2012 年，以广州市纪委监察局预防腐败局正式启动反腐倡廉智能化管理平台为契机，广州深化源头治腐，把科技反腐放在更加重要的位置，探索建立"制度＋科技"的预防腐败工作模式，加快形成有效制约公共权力的不敢腐、不能腐、不易腐机制。

（一）整合业务数据资源，巧构电子政务信息网络

近年来，广州不断在全市开拓网上办事大厅及网上行政执法数据库，建设集行政审批、行政处罚等为一体的全市综合行政执法数据库，实现政府审批、服务事项网上办理和行政执法全业务、全流程的电子化和网络化。全面推进跨部门、跨层级的政务信息资源电子化并共享化，以利于实现各部门业务直接协同办理和深度合作利用政务信息资源，消除各部门间的资源共享障碍，从而为落实全方位的廉政风险防控奠定基础。广州特别注重强化对市、区（县级市）两级行政执法业务系统资源的协调力度，利用市级统一的业务系统和集中的数据平台加强对区（县级市）属各单位各类数据资源的整合力度，实现市、区执法业务流程的规范和统一，促进依法行政、执法协同和信息共享，避免重复建设和资源浪费。同时，广州推动社区管理和公共服务信息化建设，建设全市统一、集行政管理、社会事务、家庭服务、党务政务公开于一体的社区服务管理信息平台，为加强基层廉情预警管理，实现电子监察全覆盖提供保障。广州市电子政务中心还抓住创先争优活动惠民的核心，将政府门户网站打造成一个智能化公共服务平台，为市

民提供教育、婚育、就业等八大民生热点服务，同时为农民、困难群众和弱势群体等 10 类服务对象开通了服务绿色通道，切实提高了公共服务对弱势群体的到达率。政务信息电子化的普及，有利于实现对信息资源的科学管理和拓宽政务信息的运用范围，从而为开展廉政风险实时防控提供便利。

（二）提升预警纠查水平，完善廉政风险防控体系

权力的产生与行使过程中必然伴随着风险的存在，而风险的产生往往是腐败滋生的"病源"。广州在推进廉政风险防控工作中，注重顶层设计，着力构建全面覆盖、规范建设、科技防控、强化监督、机制长效的廉政风险防控体系。2010 年，广州市纪委监察局颁发《关于加强廉政风险预警防范机制建设的意见》，以此为起点，广州在既有的电子政务模式基础上，进一步明确工作目标，界定廉政风险点，加大查处腐败力度，切实改善廉政风险的防控效果。据悉，2012 年广州全年合计排查风险点 41103 个，制定防控措施 48227 条。其中，"廉政风险信息收集—分析评估—风险预警—跟踪处理"四位一体的廉政风险"防控网"的构建，以全方位的智能化监察切实化解了"三公经费"管理等存在的诸多廉政风险。广州市科信局利用信息化手段共查找归纳 113 个岗位各环节的风险点 459 个，并与市监察局联动，在线实时监控评委的行为。此外，广州建设工程交易中心致力于建设智能化风险防控集成系统，凭借智能系统的"留痕"功能加强监察预警，杜绝工程腐败；广州市白云区则从防控流程、防控重点、制度设计等环节切入，努力实现权力监督的制度化转变、防控工作的动态化精细化转变，进而推动"有情的人脑管理"向"无情的电脑管理"转变。

（三）科技助力高效管理，创新智能监控公权私用

广州在新型城市化发展中，充分发展并利用科学技术，高度强调加强对权力运行过程的全程高效管理，不断提升预防腐败手段的科技化、专业化水平。在实践中，广州以将实时监控、全程监督落实到位为基本要求，建设融廉政风险防控、电子监察、网络反腐、纪检监督案件管理系统为一体的反腐倡廉智能化平台。特别是在防止公车私用方面取得了明显成效。为有效避免公共资源私人化，2011 年 5 月，广州开始运用"制度＋科技"手段监管公车，综合运用北斗卫星定位技术、RFID 射频识别技术、互联网技术、GIS 地理信息处理技术等，研发了公务用车使用监督管理系统平台，对公务用车使用人以及车辆进行实时轨迹跟踪、历史轨迹查询、行驶里程统计、超范围报警、无卡行驶提示等。不仅实现了对公车使用的实时监控，而且解决了以往"不知谁在用车""不知车在哪里""节假日用车不规范"等难题。以 2012 年年底 8491 辆车为基数，按照各单位定期上报公示的里程数据，2012 年全市公车月平均行驶里程较未安装系统前月均行驶里程下降了 27.04％，初步统计，一年就节省了 4200 万元。广州不仅采用定位技术对公车使用情况进行监控，而且加大监督检查力度，定期或不定期地对公车使用、管理情况进行核查，核对各单位上报的数据，并在广州市纪委每月举行的新闻发布会上公布全市查实违规用车及整改情况。此外，为防止法庭庭审过程腐败，广州市南沙区于 2010 年建立"电子法庭"，系统集语音、数字、图像处理于一

体，以智能化实时监控案件审理，实现了对法庭运行过程进行全面实时监控的创新。广州廉洁城市智能化建设，优化了行政电子监察设计并促进其广泛覆盖，有利于打造"无缝隙覆盖""操作留痕"的监控系统。

三　拓展取信于民路径，着力激活广州廉洁城市建设的互动平台

当前，政府与社会之间的关系正发生巨大的转变，社会主导的民主型社会正迅速成长。随着权利意识的提升，公众对特权、腐败、不公正现象的容忍度也在不断降低。广州积极回应时代发展的要求，围绕规范用权核心，从增强社会反腐力度出发，坚定不移地打造廉洁广州政民互动平台，维护并彰显公众的民主权利，拓展取信于民的路径。

（一）推行阳光透明政务，创新"廉洁广州"信息沟通制度

政务信息公开体现着民主、依法执政能力和水平。推动城市政府信息公开化、透明化对于破除公共权力运行的信息封闭状态、规范公共管理行为、提高政务活动的公信力、城市管理者权威形象的塑造发挥着愈来愈大的影响。为此，广州首创市政府领导定期新闻发布会制度，并制定《广州市政府定期新闻发布实施办法》，明确每月举行一次市政府领导新闻发布会，由市长、副市长每月轮流担任主发布人，就分管工作、热点敏感问题以及现场观众记者的提问进行分析解答。这既是推进政务公开的一大进步，也是政府社会责任意识增强的表现，有利于加强政民沟通互动，避免彼此之间产生不必要的隔阂；有利于切实做到问政于民、问需于民、问计于民；有利于及时发现问题并制定公平公正的对策。广州还特别注重从"三公公开"与"财产公示"入手推进阳光透明政务建设。不断加大对"三公"经费的监督力度，2012 年年底，广州公开了 2011 年的财政决算和"三公"经费决算。较之以往的"三公"信息网络公开，此次"三公"信息公开更突出地体现了公开时间统一化、账单格式规范化、信息内容细致化等特点，不仅"晒"得更为规范，而且"晒"得更为细致。此外，广州率先推动领导干部家庭财产公示制度的落实，将南沙区作为制度试点的地区。目前，南沙约 300 名副处级以上干部需要进行财产状况、婚姻变化状况等重大事项的申报，广州市纪委拟按照 15% 的比例对其申报情况进行抽查核实，并制定了以加大问责力度为核心的《广州市南沙领导干部重大事项申报不当处理办法》，这在全国当属首创。

（二）加强近民亲民交流，促进廉情在线网络互动

目前，互联网已成为政府与公众之间促进互动、增进情感的重要平台。在创新型智慧发展范式的推动下，广州在廉洁城市建设过程中积极拓宽网络参政议政平台，力求最大限度地调动公众对城市政务的关注度与参与度，真正做到在民主的基础上实现权利对权力的制约；力求切实做到体察民需而后行权，规范行权而后利民，从而推动政府决策科学化、民主化。为此，广州下大气力完善政民网络互动机制。天河区作为广州廉洁城市建设的先行先试地，充分利用社区特色，率先在车陂街自主打造"车陂廉线"廉情在线网络平台，开设了全市首个由街道层面开发的网络信息平台，开创性地把廉洁城市建设工作延伸到网络世界，鼓励引导公众积极参与廉洁广州建设、感知政府为民服务的宗

旨，从而提升公众对党和政府的信任度。其中，"家园问政"版块融咨询、诉求和建言献策为一体，并且开启了视频对话，使网络问政更加畅通高效，为广大公众提供了更为广阔的参政渠道。为铲除不良作风赖以生存的土壤，广州着力抓住监督、公开和测评等环节，强化民意反馈、社会评价和舆论约束。其中一个颇具影响力的创新品牌，就是利用广播电视新闻媒体开设《行风面对面》节目，市直单位一把手上线与群众面对面交流。以"聚焦社会热点，关注百姓话题，沟通各界观点，探索解决之道"为宗旨和追求，打造领导干部回应市民需要、及时改进工作的平台。自2012年以来，该栏目共解决群众反映的切身利益问题820个。目前，广州市各级纪委正相继开通官方微博，强化政府与社会的双向交流；并充分利用广州纪检监察网、广州纠风网、百姓热线栏目等网络政民互动平台，进一步健全反腐倡廉网络举报、舆情监测研判和调查处理机制。广州市还聘任650名社会人士，组成"廉洁广州"人民观察员队伍，以第三方身份收集社会公众对作风建设的评价。

（三）深化惠民利民服务，实施信访纠风民心工程

为进一步杜绝群众身边腐败问题的滋生，让公共权力更好地服务于民，广州2012年特别启动并扎实推进了信访纠风民心工程，集中于百日内核实办结2011年年初至2012年年中的120个信访积案，妥善处理公众反映的问题，以实现公众对廉洁公正的期望。120个信访积案充分揭示了广州在转型升级背景下的复杂形势，其中党员干部执法不公、基层干部吃拿卡要和收受财物等一系列情况集中反映了公共权力滥化、异化等问题。广州信访纠风民心工程坚持以"以人为本"为核心指导，以切实消除发生在公众身边的重大腐败问题为重要指向，致力于改善民生、提升公众日常生活公平感和幸福感以及增强公众对党和政府工作的满意度。同时，信访纠风工程还着重强调对处理信访案件时限的规定，大大提升了信访工作的实效性。与此相配合，广州已全面启动纪检监察"阳光信访、数字信访、标准信访"工程，构建智能化、数字化、信息化和标准化工作网络。在阳光信访方面，进一步拓宽和畅通信访举报受理渠道，定期向社会通报典型案件办理情况，建立廉洁广州建设人民观察员参与信访问题协调处理机制。在数字信访方面，构建全市信访举报处置"四级三到"信息网络，实现信访举报工作信息从市纪委到各基层部门联网覆盖，并且开发手机短信举报系统和网络视频接访系统。在标准信访方面，引入ISO9001质量管理理念，对信访举报工作进行规范化、标准化管理。

四 结语

广州在新型城市化发展中深化廉洁城市建设的实践表明，新型城市化的发展使"廉洁之城"建设成为必然。廉洁城市建设最终要努力实现构建保障公共权力规范运行安全平台的根本价值目标；廉洁城市建设当前应以强力推进"制度+技术+文化"三位一体机制的形成为基本实践追求；廉洁城市建设在广州的明显特色，或者说个性特征，就是从"国情""省情""市情"出发，尤其注重充分发挥"智慧城市"建设的现实优势，通过努力凸显"技术创新"来推动"制度创新"和"文化创新"；技术创新对当下撬动

"廉洁广州"建设中的制度建设和文化建设起到了关键作用。只要秉承保障公共权力规范运行的科学理念，将民生幸福视为最高追求，整合政民力量，削减权力异化空间，切实做到把公共权力关进制度的笼子里，就能有效促进我国廉洁城市的健康成长。

广州廉政建设研究基地成果

作者：卢汉桥　郑　洁　方雪贤　肖晓珊

张水如　吴嘉雯　黄志明

广州市分级诊疗制度实施现况调研报告

2007 年，国家卫生部推出"双向转诊、分级诊疗"制度，并以此作为缓解我国目前看病难的一项重要举措。2009 年，《中共中央国务院关于深化医药卫生体制改革的意见》提出，建立城市医院与社区卫生服务机构的分工协作机制，引导一般诊疗下沉到基层，逐步实现社区首诊、分级诊疗和双向转诊，整合城市卫生资源，进一步完善医疗服务体系。2012 年，国务院《"十二五"期间深化医药卫生体制改革规划暨实施方案》也再次明确提出要"提高基层医疗卫生机构服务能力，建立健全分级诊疗、双向转诊制度，积极推进基层首诊负责制试点"。

2014 年 6 月广州市通过了《关于进一步加强和改进基层医疗卫生工作的意见》"1＋3"政策文件，文件明确广州市将逐步推行"基层首诊""双向转诊"制度，规定分级诊疗规范，以医保政策为引导，建立健全分级诊疗机制和双向转诊制度，推动基本医疗卫生服务向基层下沉。

一 广州市分级诊疗制度实施现况

课题组抽取了部分医院和社区卫生服务机构的医护人员及社区居民，就他们对分级诊疗制度的知晓情况、赞同情况、实际转诊实施情况展开调查。调查结果显示：医护人员对分级诊疗制度的知晓率较高，尤其是基层医疗机构的医护人员对此项制度的知晓率最高，而社区居民对此项制度的知晓率较低；双方对分级诊疗制度的赞同率均较高，表明对国家实施此项制度的意愿较为强烈；居民有双向转诊就医经历的人数并不多，医院与社区之间的双向转诊实施情况并不理想，存在一定的困难，陷入转诊率低、"转上容易转下难"的困境。

调研结果表明：广州市分级诊疗制度的实施现状并不理想，存在居民对其知晓程度低、双向转诊实施难、社区技术水平低等困难。

二 广州市居民社区首诊意愿

调研显示，广州市居民社区首诊的意愿较高，特别是年龄偏大、学历较低、常住地为农村、收入水平较低以及新型农村合作医疗参保的人群更愿意到社区就诊，但仍有部分居民对此持反对或观望态度；多数居民反对国家强制实施社区首诊（患病必须先去社区就诊，没有社区医生的转诊单不能去大医院就诊）；离家近、就诊方便、候诊时间短和收费合理是居民选择到社区卫生服务机构就诊的主要原因；而常规设备不足、医务人员业务技术水平低、管理方式落后，工作效率不高，医护人员作风懒散是居民不愿意选择到社区卫生服务机构就诊的主要原因。

调研发现，广州市居民社区首诊意愿较高，这一结果表明广州市实施分级诊疗制度已经具备良好的群众基础。但此项制度需要逐步推进，目前尚不能强行实施，否则将造成居民的不满与抵制。

三　广州市分级诊疗制度推进过程中的阻碍因素

2012 年医改衡量区域分级诊疗成效的"基层医疗机构门急诊量占比"指标显示，广州市仅为 29% 左右，远低于深圳（66%）和东莞（50%），广州市分级诊疗制度的实施成效并不理想。

（一）政策宣传不到位

调研中发现，广州市社区居民对分级诊疗制度的知晓率相较于国内部分地区而言较低，仅为 32.3%。多数社区并没有对分级诊疗制度及其相关政策进行宣传。虽然医护人员对该项政策的知晓率较高，但仅限于自身了解，并没有在诊疗过程中对患者进行宣传。多数居民没有获知该项制度的信息渠道，这无疑是分级诊疗制度推进过程中的一个重要阻碍因素。加大宣传的力度和广度，提高居民对分级诊疗制度的知晓程度，对分级诊疗制度的推行具有重要意义。

（二）社区卫生服务机构自身建设不到位

对居民选择到社区卫生服务机构就诊的原因调查显示，前四位依次为离家近、就诊方便、候诊时间短和收费合理，体现出现代居民"时间就是金钱"的生活观；而不愿意的居民认为社区卫生服务机构存在常规设备不足、医务人员业务技术水平低下及管理方式落后等问题，表现出对社区卫生服务机构设施设备及人才的不信任。社区卫生服务机构在自身建设方面存在以下问题：卫生人力存在"二低一高"的现象，即低学历、低职称、高年龄；卫生人力总量不足，岗位构成不合理。按我国每万名居民配置 2～3 名全科医生的标准，多数社区卫生服务机构人力数量不足，管理岗位设置数量偏少，专业技术岗位和工勤技能岗位在岗人数低于设置标准，空位现象突出；常规设备不足，部分社区卫生服务机构的仪器设备过于简陋，无法开展疾病诊治所需的常规检查，难以实现社区"六位一体"的功能。

人员与设备两方面的欠缺使社区卫生服务机构当前尚不能满足居民的医疗需求，成为居民不愿意选择到社区卫生服务机构就诊的主要原因。在其不具备完善功能的情况下推进分级诊疗制度无疑会加重政府的财政负担和人民群众的医疗成本。

（三）"就医惯性"心理影响就医行为

通过对部分社区居民的深度访谈，笔者发现居民的就医行为在很大程度上受长期以来形成的"就医惯性"心理影响，多数居民存在对大医院的"传统迷信"。我国居民一直享有自由选择医疗服务方的权利，而过去几十年的医疗卫生体制、政策均造就了无论大病小病都选择去大医院的就医行为。于是，出现了居民在抱怨"看病贵，看病难"的同时向大型综合性医院集中，而基层医疗机构在一次次降价之后仍然门庭冷落的情况。

转变就医观念，将是推进分级诊疗制度实施的一个关键环节。

（四）医院与社区间的双向转诊实施困难

多数医护人员对分级诊疗制度知晓并赞同，但实际工作中很少实施双向转诊。转诊程序缺乏规范的可操作性，公众知晓度低，双向转诊渠道不畅、合作单位间缺乏有效沟通等问题，是目前双向转诊在具体实施过程中的制约因素。

建立有效的激励机制，让参与双向转诊的医院和社区的医护人员以及患者都能从中受益，是推行双向转诊制度取得成功的关键之一。

四 完善广州市分级诊疗制度的政策建议

（一）多渠道开展政策宣传，逐步改变居民就医习惯

第一，建立多渠道宣传机制，确保宣传到位。综合运用主流媒体、印发宣传资料、增设宣传专栏等多种形式，同步发挥微博、论坛等网络新媒体作用，对分级诊疗制度进行全方位的宣传报道。让分级诊疗制度零距离贴近老百姓，引导群众形成主动到基层就诊的良好就医习惯。

第二，深入解读分级诊疗制度，让医院和社区的管理人员及全体医护人员认识完善分级诊疗制度的重要性及自身的责任。通过开办分级诊疗制度解读讲座，发放"分级诊疗服务主题宣传手册"等方式，宣传分级诊疗制度的含义、好处、报销政策以及转诊流程等。确保医护人员对该政策有正确的认识，并能在工作中主动开展转诊工作。

第三，通过丰富多样的宣传手段，让居民逐步了解并接受分级诊疗。在社区宣传栏、居民楼等一些居民经常出入的地方的醒目位置张贴和悬挂统一的、通俗易懂的宣传标语，让居民在日常生活中接触到该项政策。在社区卫生服务中心和医院等重要场所，通过宣传栏、橱窗、LED显示屏等载体在门诊部、住院部、医保结算中心等显眼位置，张贴或播放分级诊疗制度的政策解读，使患者和患者的家属了解分级诊疗的含义、好处、基层医疗机构能力、医保报销政策以及分级诊疗的转诊流程等信息。特别是让居民了解社区医疗的功能和作用，体会常见病、多发病及慢性病患者留在社区治疗的好处。医疗机构保证医疗服务信息的公开，积极引导居民掌握医疗服务信息，减弱居民对医院的依赖心理，逐步培养"小病在社区，大病去医院"的就医习惯。

（二）加大社区卫生服务机构建设力度，提升服务能力

第一，继续优化卫生资源配置。随着医药卫生体制改革的不断深入，广州市政府近年逐步加大了对公共卫生和基本医疗的投入，基层卫生机构的建设取得了有效的发展。但部分社区卫生服务机构，特别是一些由卫生诊室转型而来的机构，仍然存在仪器设备简陋、检查手段欠缺、基本药物不全等问题，致使其满足居民基本医疗服务需求的能力不足，居民的信任度不高。应在科学预测医疗服务需求的基础上，根据全市各区人口分

布、医院等级、多发病种、地埋特点等因素合理有效地分配医疗资源，特别是对现有基层医疗资源进行有效整合，确保落实区域卫生规划。

第二，确立全科医生"守门人"地位。全科医生在提供以人为中心的综合性医疗卫生服务、重视预防保健、合理利用卫生资源、开展慢性病管理、控制卫生费用等方面的作用，已得到了社会各界的广泛认同。全科医生的出现填补了高度专科化生物医学模式的不足，是基层医疗卫生人员的重要组成部分。在英国、澳大利亚等主要发达国家，全科医生被赋予了医疗卫生服务和医疗保险两个系统的"守门人"职责。而我国当前全科医生数量严重不足，在很大程度上降低了基本医疗卫生服务的可得性，同时，现有全科医生普遍存在学历低、职称低、知识结构老化、临床经验欠缺等问题，其业务水平在整体上不能获得居民的信任。因此，其一，要加强对全科医生的培养力度。特别是当前全科医生培养在短时期内难以全面到位的情况下，应积极开展全科医生的转岗培训和规范化培训，切实提高全科医生的业务水平和专业素养。其二，要提高全科医生的社会地位和收入水平。重视用人机制的创新和建设，通过制定全科医生首诊制、签约制等政策，明确全科医生在医疗卫生服务体系中的地位和作用。建立有效的激励机制，在全科医生薪酬、社会保障、职称评定、岗位编制等方面制定优惠政策，提高全科医生的社会地位、收入水平和岗位吸引力，如保证全科医生收入水平不低于大医院专科医生、将基层全科医生岗位纳入事业编制等，以吸引更多优秀人才到基层全科医生岗位上来。

第三，加强社区卫生服务机构的内涵建设。目前，广州市社区卫生服务的发展已经到了从外延式发展向内涵式发展转变的关键阶段，应注重规划长远，以引导为主，稳步发展。通过转变技术服务模式、改革机构运行模式、完善行政管理模式加强其服务能力建设、机构运行能力建设以及行政管理能力建设。通过研究推广技术规范、适宜技术提高社区卫生服务机构的服务能力，通过组织各种培训、交流、研讨提高社区卫生服务的管理能力。加强社区卫生品牌专家、品牌项目建设，特别是要加强知名的全科医师专家、社区卫生专家、社区护理专家队伍建设。

（三）逐步推行社区首诊、双向转诊制度

社区首诊制为居民提供便捷的社区卫生服务、对患者进行合理分流、充分利用有限的卫生资源及控制医疗费用，对医疗保险基金起着"守门人"的作用。广州市居民较高的社区首诊意愿表明实施社区首诊制度具备良好的群众基础，但居民长期养成的就医观念和就医习惯需要逐步改变，因此社区首诊制度的实施不能操之过急。

第一，居民和社区建立契约式服务关系。政府可以将有条件的社区卫生服务机构作为医保定点机构，并以此为契约平台实施社区首诊制，使居民与社区卫生服务机构形成契约式服务关系，居民就医时到社区定点机构首诊才能享受医保报销政策。同时要求社区医疗机构直接向居民提供诊治和病情跟踪服务，需要转诊时由社区医疗机构逐级上转。如有居民自行到社区就医点以外的医疗机构就医，或未经门诊办理转诊手续而产生的住院医疗费用，医保基金不予报销支付。

第二，建立转诊标准和程序，规范双向转诊的实施。没有统一的转诊标准和程序是造成当前双向转诊运行障碍的主要原因。建立规范的双向转诊体系，建立切实可行的向上转诊和向下转诊的标准和程序，明确转诊流程，在具体转诊过程中，建议医疗机构双方均安排专职部门和人员负责对转诊患者的引导与协调工作。同时可以通过双向转诊协议或合同来调整转出及转入医院的经济利益，协议除了规定医疗费用的分配方法外，应明确患者的检查结果在协议医院之间相互承认，并为转诊患者开辟双向转诊绿色通道，减少转诊手续办理环节，畅通患者的转入转出渠道。为解决"转上容易转下难"的问题，转诊体系中的上级医院对同体系内的社区医疗机构可进行技术嫁接、技术托管等帮扶活动，定期指派专家到基层坐诊、巡诊，开展技术指导和培训，增强康复患者转回社区治疗的信心。

第三，建立有效的监督和奖惩机制。卫生局、人社局等有关部门应成立双向转诊工作领导小组，对双向转诊工作进行监督管理。建议规定上级医院向社区下转患者的人数应占转入患者的一定比例，并严格控制上转患者的平均住院时间。对转诊患者未达标准或未按规定程序办理转诊的，医保经办机构可依据医疗服务协议，不予报销或降低报销标准。上级医院不按规定比例下转患者，卫生行政部门对责任单位和责任人进行通报批评，达标的机构和人员，应给予表彰和奖励。

（四）强化医保政策引导，合理有效分流病人

通过改革医保支付方式，利用经济杠杆引导居民合理就诊是推进分级诊疗制度实施的有效手段之一。从广东省各地实践情况来看，广州市在通过医保支付方式改革引导患者流向基层医疗机构方面落后于深圳市和东莞市，应加大医保政策的引导，推动"小病在社区，大病进医院，康复回社区"就医格局的形成。

第一，调整医保报销比例，进一步向社区卫生服务机构倾斜。目前广州市医保政策在报销比例上对基层医疗机构的就医患者有一定程度的倾斜，但由于大医院与基层医疗机构之间的医保报销比例的差距不明显，因此从效果上看并没有真正起到分流患者的作用。为了改变居民就诊流向，应大幅度提高在基层医疗机构就医患者的医保报销比例，同时可适当降低在较高级别医院就诊的报销比例，将医疗机构之间的报销差距明显拉开，促使居民选择社区卫生服务机构就医。此外，对于经过社区卫生服务机构转诊到医院的患者，其报销比例应明显高于直接到大医院就诊的患者，鼓励患者到社区卫生服务机构就医，接受全科医生的诊治。

第二，逐步拉开医院和社区之间药物报销比例的差距，推动居民流向基层医疗机构就医。当前社区卫生服务机构的药品目录相较于医院而言是较窄的。由于基层医疗机构药品目录明显少于大医院，且在基层医疗机构就诊的药物报销比例与医院相比没有优惠，患者没有动力到基层医疗机构就诊。建议在医保目录内适当扩大基层医疗机构用药范围，并定期对其进行调整，真正将价格实惠、疗效显著的药品纳入基本药物目录，使基层医疗机构能够满足居民用药需求。在此基础上，可以适当拉开不同层级医疗机构药物报销比例的差距，推动患者到基层就医。

（五）以信息化建设为基础，试点构建区域医疗联合体

调查发现，居民担心重复检查、转诊麻烦、医疗机构间的恶性竞争是阻碍分级诊疗制度推行的原因。针对以上的问题，可通过组建区域医疗联合体（以下简称"医联体"）的方式进行解决。2013年的全国卫生工作会议正式提出医联体的概念，医联体是按照区域划分，将区域内的基层医疗机构整体划入较高级别的医疗机构（如三级医院），由高级别的医疗机构对其进行业务指导或人财物的管理。组建医联体可以利用大型医疗机构所拥有的资源对区域内的基层医疗机构进行技术、人力、物力、管理上的帮扶，实现信息共享，形成利益共同体，谋求共同发展。而医联体的建设应当以信息化建设为基础。正如上海制度中的医疗信息资源共享，其非常注重信息化建设，医联体内部的医疗机构间开展检查检验结果共享互认，避免患者重复检查，同时，上海医联体制度通过统一网上平台即可预约医联体内部所有医学专家诊疗，为分级诊疗实施打下良好的基础。组建医联体有利于促进医疗机构彼此间的密切合作，实现优势互补，促使大型医疗机构的资源下沉到社区，解决社区医疗条件差的问题。

广州市公共卫生服务体系建设研究基地成果

作者：姚卫光　杨　阳

郑雅婷　崔琪琪

建设健康社区卫生服务中心的对策探讨：基于广州市越秀区社区卫生服务中心建设现状与居民满意度调研分析

一　调查背景

工业化、城市化给许多国家，特别是发展中国家带来了空前的健康危机。为了应对这些已经或可能出现的城市健康问题，健康城市、健康社区作为一个策略，于20世纪80年代中期应运而生。而健康生态社区是一种可持续的人类聚居模式。它是以生态学基本原理为指导，以人与自然和谐相处、资源与能源高效使用为核心，利用现代生态技术手段，营造的一种自然、和谐、健康、舒适的人类聚居环境。社区卫生服务是城市公共卫生和基本医疗服务体系的基础，大力发展社区卫生服务对优化卫生资源，方便群众就医，缓解群众看病难、看病贵问题具有重要作用。加强社区卫生服务建设，建立以社区卫生服务中心和医院为基础的两级卫生服务体系，既是我国医疗改革的重要内容，也是健康生态社区建设的必经之路。

调研团队于2013年对广州市越秀区社区卫生服务中心建设现状及居民满意度进行调研，现将调研结果报告如下。

二　调查目的

为了贯彻落实国务院城市社区卫生服务工作会议精神和《国务院关于发展城市社区卫生服务的指导意见》，更好地了解和发展健康生态社区，了解社区卫生服务中心是否以"生态社区是一个以生态为目的的社区，生态意味着节约土地资源与能源，坚持合理布局的原则，以保护宝贵的土地资源"为发展理念，通过对社区卫生服务政策目标落实情况、组织机构发展情况、资金筹措情况、人力资源配置与开发情况等几个方面深入调研健康生态社区建设的现状，分析社区卫生服务与健康的关系，从而针对存在的问题提出建议对策，为政府卫生部门相关政策制定和调整提供参考。

三 调查对象与调查方法

（一）卫生局访谈对象与方法

1. 访谈对象

越秀区卫生局主要负责人和洪桥街社区卫生服务中心主要负责人。

2. 访谈方法

面对面问答形式。

3. 访谈内容

第一，社区卫生服务政策目标落实情况。

第二，组织机构发展情况。

第三，资金筹措情况。

第四，人力资源配置与开发情况。

（二）问卷调查对象与调查方法

1. 调查对象

越秀区下属的三个社区卫生服务中心所服务的居民。最近一年内接受过本社区卫生服务中心的服务；年龄在 16~70 岁；三个月内未接受过同类型访问。

2. 调查方法

问卷定量调查。经指导老师培训的调研小组成员作为调查员，调查员指导调查对象填写调查问卷。样本量确定：根据简单随机抽样估计总体概率的样本量估计公式计算样本量。公式如下：

$$n = \frac{Z_{\alpha/2}^2 \hat{P}(1 - \hat{P}) \times N}{\delta^2(N - 1) + Z_{\alpha/2}^2 \hat{P}(1 - \hat{P})}$$

其中，n 为所估计的样本数量；α 为检验水平，取 0.05；$Z_{\alpha/2}$ 表示检验水平为 α 时的正态离差，取 1.96；δ 为最大容许误差，取 0.1；$\hat{P}$ 为总体比例的估计值，取 0.8；N 为社区服务人口数。样本量计算公式为：

$$n = \frac{1.96^2 \times 0.8 \times 0.2 \times N}{0.1^2(N - 1) + 1.96^2 \times 0.8 \times 0.2}$$

若社区服务人口为 10000 人，则样本量为 61。越秀区下辖 22 条行政街道，人口总数为 115.84 万人，则所调查东风、洪桥、北京街三个社区卫生服务中心服务人口大约为 16 万人，则样本量为 1000。

3. 调查内容

调查问卷分为三大部分。第一部分为甄别问卷，用于甄别符合条件的调查对象；第二部分为分模块满意度调查；第三部分为总体满意度调查。模块分四个方面评价：可及性、经济性、舒适性、安全性。核心问题共 10 个。A 代表 5 分；B 代表 4 分；C 代表 3

分；D 代表 2 分；E 代表 1 分；满意度调查采用 5 分制量表测量，即评分由 1～5 分构成，分值越高，表示满意度越高，分值越低，表示对该指标越不满意。每一模块平均分为 4 分及以上记为满意，3 分及以下记为不满意。具体如下。

第一，可及性（A1～A3）：指社区卫生服务中心（站）是社区居民伸手可及的基层医疗卫生服务机构，能够方便周围社区居民到达；提供的服务能够解决社区居民基本健康需求；通过社区卫生服务中心（站），社区居民能够方便、及时地获取服务和相关健康资讯。

第二，经济性（B1～B2）：指社区卫生服务中心（站）提供的大多数服务是免费的，药品、诊疗的价格是优惠的，是所有社区居民都能承担的。

第三，舒适性（C1～C2）：指社区卫生服务中心（站）环境整洁、舒适，服务人员态度良好，社区居民在社区卫生服务中心（站）接受服务能感到舒适、舒心。

第四，安全性（D1～D2）：指社区卫生服务中心（站）提供的服务是安全、可靠的，不会危及社区居民及其他人员的健康；社区卫生服务中心（站）服务人员技术水平值得信赖，提供的服务是安全有效的，能解决社区居民基本的健康需求。

第五，总体满意度调查问卷：只包含一个问题。

4. 分析方法

对所有调查问卷进行逻辑检查，剔除其中无效和填写不规范的问卷；应用 Excel 录入数据，进行描述性分析，用 SPSS13.0 对数据做 Logistic 回归分析。检验水准 P = 0.05。

四 调查结果

（一）越秀区卫生局访谈结果

1. 社区卫生服务政策目标落实情况

第一，社区卫生服务工作依据广州市卫生局文件《广州市基本公共卫生服务包（2012 年版）》（穗卫〔2011〕37 号）开展，并依据此文件中的有关标准规范对组织和人员进行绩效考核，考核的结果与政府下拨卫生服务中心的经费挂钩。

第二，医疗设备的配备基本齐全，设备的配置标准见《广州市基本公共卫生服务包（2012 年版）》（穗卫〔2011〕37 号），设备的资金来源于政府全额拨款。

第三，医患关系和谐，医生耐心对待病人、看诊时间长、问诊仔细，无医闹事件发生。

2. 组织机构发展情况

第一，社区卫生服务中心的建设，以越秀区为例。全区共有 18 个街道，每个街道设有 18 个卫生服务中心（无卫生服务站）、22 个卫生服务点。其中北京街与广卫街卫生服务中心合并为北京街卫生服务中心、光塔街与诗书街卫生服务中心合并为光塔街卫生服务中心、六榕街与东风街卫生服务中心合并为六榕街卫生服务中心、人民街和大新街卫生服务中心合并为人民街卫生服务中心。18 个卫生服务中心里有 3 个为非区属医院办，15 个由原地段医院和街道卫生院转型而来，基层医院转型率为 100%。

第二，居民健康档案的建立，据 2012 年的数据，越秀区居民健康档案的建档率为 73.95%。

3. 资金筹措情况

第一，社区卫生服务中心属于公益医类事业单位，收入来源主要为政府拨款，收入以越秀区卫生局为例，主要来自五个部分。

其一，公共卫生：按常住人口计算，政府每人每年补助 40 元，不包括户籍在本地但不在本地常住的人口。

其二，人员编制：政府补助。

其三，基本药物补助：政府拨款。

其四，专项经费。

其五，门诊收入。

第二，卫生服务过程中的基本医疗药物实行零差率补助，即药品按原价卖给患者，故药价普遍低廉，社区居民易于接受，不存在过去医疗服务中的"以药补医"现象。

第三，社区卫生服务中心业务用房解决情况，如表 1 所示。

表 1　广州市越秀区社区卫生服务中心业务用房面积

单位：平方米

	诊疗	医技	预防保健	管理保障
平均数	1099.2	274.0	169.0	228.3
中位数	962.9	258.7	158.2	240.0

业务用房面积数据完整的中心有 105 个，业务用房面积中位数为 1130 平方米，平均数为 1907 平方米，符合广州市城市社区卫生服务中心建设标准（面积≥2000 平方米）的有 34 所，占 32.4%。以越秀区为例，仍有 3 个区政府办卫生服务中心面积未达标（面积≥2000 平方米），2 个社会力量办的卫生服务中心未得到房源、未确定选址。其中社区卫生服务中心的预防保健业务用房面积的平均数是 169.0 平方米，远低于广州市 600 平方米的标准。

4. 人力资源配置与开发情况

第一，编制内人员全部签订雇用合同，但也存在大量"临时工"，而这些"临时工"的工资支出政府不负担，由社区医院自行承担，且"临时工"的人员数量偏多。

第二，全科医师的培训。除 2013 年委托广州医学院实施的全科医生转岗培训外，未进行其他的全科医师能力培训。番禺区已开展 2014 年全科医师培训，广州市的老城区如越秀区则尚未落实。

第三，卫生服务人员结构比例。社区卫生服务中心共有卫生人员 1805 人，平均 82 人。共有卫技人员 1227 人，其中医生有 340 人，护士有 238 人，医护比为 1∶0.44。在卫生人员中，大专及以下有 1307 人，占 72.40%；副高及以上有 75 人，占 4.20%。越秀区社区卫生服务中心卫生人员学历、职称情况如表2所示。

表2 广州市越秀区社区卫生服务中心卫生人员学历、职称情况

单位：人，%

	学历			职称				
	本科以上	大专	中专以下	副高以上	中级	师级	士级	无
人数	498	554	753	75	355	610	418	347
比例	27.60	30.70	41.70	4.20	19.70	33.80	23.10	19.20

从表2中可以看出，本科及以上学历的人员和高级职称的人员比例远低于北京市，这势必会影响社区卫生服务中心职能的发挥，影响社区卫生服务中心服务的开展。其中医护人员比例为1:0.44，这个数据远低于世界银行提出的1:2~1:4，这就说明护理人员不足，会影响护理质量，增加安全隐患，甚至会制约护理事业的发展。

（二）居民对社区卫生服务中心满意度调查及影响因素分析

1. 调查区分度

本次调查面向越秀区下属的六个社区卫生服务中心，做随机调查问卷，越秀区下辖18个社区卫生服务中心，本次调查抽取其中的6个发放问卷，共派发了1200份问卷，其中无效问卷114份，以下是本次调查问卷的结果汇总。

第一，在1086份有效问卷中，调查对象选取的是最近一年内在本社区卫生服务中心接受过服务的社区居民。

第二，在选取的调查对象中，在本社区居住时间在半年以内的有204人，占18.8%；居住半年以上的有882人，占81.2%。将不在本社区居住的调查对象问卷，视为无效问卷。

第三，在收回的有效问卷中，调查对象年龄分布情况如图1所示。其中16~24岁的受访者有66人，占6.1%；25~34岁的受访者有264人，占24.3%；35~44岁的受访

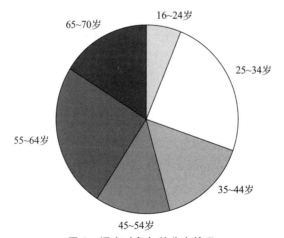

图1 调查对象年龄分布情况

者有 168 人，占 15.5%；45～54 岁的受访者有 144 人，占 13.3%；55～64 岁的受访者有 270 人，占 24.9%；65～70 岁的受访者有 174 人，占 16%。将调查结果中 15 岁及以下和 71 岁及以上受访者的问卷视为无效问卷。

2. 社区卫生服务中心居民总体满意度结果

对于社区卫生服务中心提供服务总体满意程度的调查（见图2）显示，有 252 人认为很满意，占 23.2%；有 690 人觉得还可以，占 63.5%；有 138 人认为一般，占 12.7%；有 0 人认为不太满意；有 6 人认为不满意，占 0.6%。

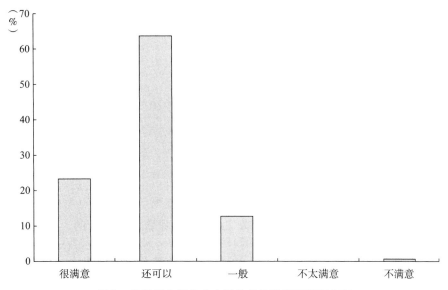

图 2　社区卫生服务中心居民总体满意度频率分布

从图 2 可以看到，有 86.7% 的调查者，认为社区卫生服务是令人满意的，只有 13.3% 的调查者认为社区卫生服务一般或者对其不满意。

3. 从不同方面分析满意度调查结果

（1）可及性

第一，对社区卫生服务中心方便程度的调查中（见图3），有 24 人认为非常不方便，占 2.2%；有 72 人认为一般，占 6.6%；有 662 人认为还可以，占 61.0%；有 328 人认为非常方便，占 30.2%。

第二，对社区卫生服务中心所提供基础健康服务是否齐全的调查中（见图3），有 5 人认为非常少、基本不能解决健康问题，占 0.5%；有 48 人认为比较困难，经常需要等待，占 4.4%；有 264 人认为一般，能解决一些小问题，占 24.3%；有 601 人认为还可以，小病痛基本可以解决，占 55.3%；有 168 人认为非常齐全，基本的健康问题完全可以解决，占 15.5%。

第三，对社区卫生服务中心获取服务信息方便程度的调查中（见图3），有 204 人认为获取非常方便，占 18.8%；有 426 人认为获取程度还可以，占 39.2%；有 432 人认为获取程度一般，占39.8%；有11人认为获取比较困难，占1.0%；有13人认为获取非常困难，占1.2%。

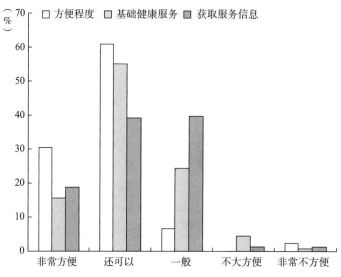

图3 社区卫生服务可及性受访者频率分布

从图3可以看到，将近91.2%的受访者认为，住所到本社区卫生服务中心是方便的。有70.8%的受访者认为社区卫生服务中心基础健康服务是齐全的，一般小病痛都可以解决。有58%的受访者可以快速获取社区卫生服务相关的信息。在社区卫生服务可及性这一块，社区卫生服务相关信息的快速获取是相对薄弱的环节，在今后相关服务信息的发布等方面还需要有所改变。

（2）经济性

第一，关于社区卫生服务中心的服务以及药品价格（见图4），有186人认为完全可以接受，占17.1%；有607人认为还可以，能接受，占55.9%；有246人认为一般，没什么感觉，占22.7%；有47人认为有点贵，但还能接受，占4.3%；有0人认为完全不能接受。

第二，在社区卫生服务中心医疗服务价格与其他医疗机构的对比上（见图4），有311人认为很便宜，占28.6%；有547人认为还可以，价格比较便宜，占50.4%；有222人认为一般，没什么感觉，占20.4%；有6人认为不怎么便宜，价格比较高，占0.6%；有0人认为价格很贵。

从图4可以看到，有73%的受访者认为社区卫生服务中心的服务和药品价格是可以接受的，有79%的受访者认为社区卫生服务中心是一个价格便宜、经济实惠的医疗机构，因此在社区卫生服务经济性方面，绝大多数受访者是可以接受的。

（3）舒适性

第一，在受访者对于社区卫生服务中心环境舒适性的调查中（见图5），有123人认为环境非常舒适，占11.3%；有627人认为还可以，比较舒适，占57.7%；有252人认

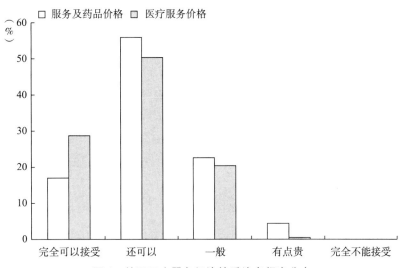

图 4　社区卫生服务经济性受访者频率分布

为一般，没什么感觉，占 23.2%；有 78 人认为比较差，不大舒服，占 7.2%；有 6 人认为非常差，不能忍受，占 0.6%。

第二，关于社区卫生服务中心服务人员的服务态度（见图 5），有 272 人认为服务态度非常好，占 25.0%；有 532 人认为服务态度还可以，比较好，占 49.0%；有 246 人认为服务态度一般，没什么感觉，占 22.7%；有 30 人认为比较差，不大舒服，占 2.8%；有 6 人认为非常差，不能忍受，占 0.6%。

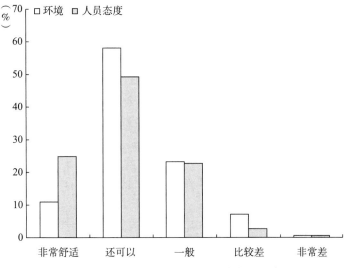

图 5　社区卫生服务舒适性受访者频率分布

从图 5 可以看到，有 69% 的受访者认为社区卫生服务中心的环境还可以，是舒适的，有 74.0% 的受访者认为社区卫生服务中心服务人员的态度还可以，是比较好的。

（4）安全性

第一，对社区卫生服务中心提供的医疗设施服务安全性的调查中（见图6），有163人觉得很安全，很让人放心，占15.0%；有731人觉得还可以，比较放心，占67.3%；有132人觉得一般，没什么感觉，占12.2%；有48人觉得不大安全，不怎么让人放心，占4.4%；有12人觉得很不安全，完全不让人放心，占1.1%。

第二，对社区卫生服务中心医护人员的专业水平是否值得信赖的调查中（见图6），有134人觉得水平很高，值得信赖，占12.3%；有646人觉得还可以，水平比较高，占59.5%；有288人觉得一般，没什么感觉，占26.5%；有11人觉得水平比较差，不怎么值得信赖，占1.0%；有7人觉得水平很差，完全不值得信赖，占0.7%。

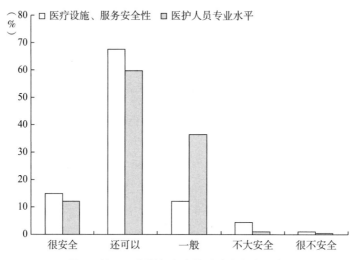

图6　社区卫生服务安全性受访者频率分布

从图6可以看到，有82.3%的受访者对社区卫生服务中心提供的医疗设施、服务是感到安全的，只有5.5%的受访者感到社区卫生服务中心提供的医疗设施、服务是不安全的；有71.8%的受访者认为社区卫生服务中心医护人员的专业技术水平是值得信赖的。因此从总体上讲，绝大多数的受访者认为社区卫生服务中心所提供的服务是安全和值得信赖的。

4. 社区卫生服务满意度影响因素 Logistic 回归分析结果

将总体满意度作为因变量、A1～D2作为自变量，建立 Logistic 回归分析模型。模型检验结果显示，$X^2 = 69.158$，$P = 0.000$，模型有统计学意义。参数估计与检验结果见表3，从表3可以看到，在社区卫生服务满意度影响因素中，涉及可及性的三个问题的 $P < 0.05$，因此住所到社区卫生服务中心的方便程度、社区卫生中心提供基础健康服务是否齐全、能否快速获取相关服务信息，都是影响社区卫生服务满意度的重要因素。涉及经济性的两个问题的 $P > 0.05$，但不是说经济性不是社区卫生服务满意度的影响因素，回归分析结果恰好说明现阶段，在国家大力推进医疗机构、药品生产流通体制、城镇职工基本医疗保险制度三项改革的背景下，社区卫生服务医疗费用自费部分大幅下降，已不再是影响满意度的主要因素。在舒适性方面，社区卫生服务中心的环境是影响舒适的主要因素。在涉及安全性的问题中，医护人员专业水平的 P < 0.05，且 B = −0.626，可见受访者认为，目前社区卫生服务中心医护人员专业水平的可信赖度不是很高，因此在今后社区卫生服务中心建设过程中，应在医护人员技术培训方面加大投入。

表 3　社区卫生服务满意度调查 Logistic 回归分析结果

		B	SE	Wald	df	sig	Exp（B）	
Step 1（a）	A1	− 1.780	.447	15.878	1	.000	.169	
	A2	.802	.193	17.275	1	.000	2.229	
	A3	.399	.174	5.281	1	.022	1.491	
	B1	.005	.204	.001	1	.980	1.005	
	B2	.395	.217	3.311	1	.069	1.485	
	C1	.567	.190	8.951	1	.003	1.763	
	C2	.187	.195	.915	1	.339	1.205	
	D1	.306	.219	1.952	1	.162	1.358	
	D2	− .626	.219	8.146	1	.004	.535	
	Constant	− 2.362	.599	15.565	1	.000	.094	

五　越秀区健康生态社区建设现状分析

1. 社区卫生服务中心布局不合理

访谈发现，部分社区卫生服务中心实际服务人口数达 7 万人，远超《城市社区卫生服务机构设置和编制标准指导意见》的要求，过度负荷导致社区卫生服务中心服务质量下降，经济性、满意度均有不同程度的下降，不利于区域内卫生服务水平的发展。另外，虽然社区卫生服务中心的理论定位已经清晰，但是在实际操作中的角色定位依然非常模糊甚至与理论定位相矛盾。这导致了社区卫生服务中心与二三级医院的机构设置和人员救治存在冲突，甚至社区卫生服务中心已然成为医院的简化版，而社区卫生服务中心自身的预防、医疗、保健、康复、健康管理、计划生育的职能不能落实全面，作为医疗的基础性没有发挥出来。

2. 缺乏有效的信息管理系统

健康档案的缺失、预约系统的失灵等一系列不和谐因素导致社区卫生服务中心工作不透明。社区卫生服务中心和社区居民间由于缺少有效的沟通渠道，常出现沟通滞后或误差，极大地影响了社区居民对社区卫生服务中心的信任度和满意度，不利于健康生态社区的建设。

3. 资金来源匮乏

数据表明，越秀区现有的社区卫生服务机构，在公共卫生和医疗服务方面都存在亏损，只能依靠药品收入来弥补，以药养医、以药养防的局面一时难以改变。由于缺乏资金，许多基层社区卫生服务机构不愿在基本建设上投资，缺乏应有的设备或许多设备简陋老化，与其应承担的功能极不适应，不仅影响公共卫生服务功能的充分发挥，而且使社区居民对社区卫生服务机构缺乏信任感和安全感。

4. 激励机制不充分

其一，对于机构而言，鼓励社区卫生服务机构拓展服务内容、提高服务质量、控制医疗成本的激励机制不够完善，导致公共卫生服务项目开展得越多，垫支越多、亏损越大，服务质量好坏一个样。其二，对于医务人员而言，医疗供给方的激励不足也导致了社区医疗服务中双向转诊的实施不顺畅。一般情况下，为了追求经济利益，社区卫生服务机构在保证病人不出大的医疗事故的情况下会选择死扛硬撑，不会及时将病人上转，而上级医院更不会主动将康复病人转回社区。此外，对患者进行的相关调查也显示，当患者需要转诊的时候，人们更愿意选择上级医院作为转出医院，同时社区卫生服务机构的人才素质与居民期待有较大的差距，双向转诊和会诊制也未能落实，很多情况下"上转容易下转难"这是当前双向转诊中普遍存在的问题。

5. 人才素质不高

社区卫生服务是一项综合性的医疗保健服务，从事社区卫生服务的工作人员应具备相应的观念、知识、技能、态度，应具备良好的思想素质、较高的道德修养、广博的知识、丰富的临床实验经验，有较强的处理社区常见健康问题和组织管理、人际沟通、宣传说服的能力，还要掌握健康教育、心理咨询、心理治疗等技术。而当前越秀区从事社区卫生服务的人员一般是原有的企业职工医院、街道卫生院和私人诊所的工作人员或由聘用人员转型而来，年龄普遍偏大，学历较低，知识结构老化。并且，社区卫生服务机构由于工资待遇不高、成长环境局限等，在人才的引进上缺乏竞争力和吸引力，许多高层次的人才和大学毕业生都不愿到社区卫生服务机构工作，这就导致社区卫生服务机构提供的服务与患者的需要还有很大差距，人员队伍结构不科学，素质也不够高，今后随着社区卫生服务工作的深入开展，将无法满足形势的需要。

六 建设健康生态社区卫生服务中心的对策

1. 完善合理布局

为社区居民提供方便、快捷、经济的健康服务是社区卫生服务的目的之一，社区卫生服务可及性是衡量社区卫生服务中心服务好坏的一个重要指标。省时、快捷、便利、高效是对社区卫生服务中心的最基本要求。《城市社区卫生服务机构设置和编制标准指导意见》规定，每个社区卫生服务中心服务人口数为 3 万 ~5 万人。而本次调查显示，许多社区卫生服务中心的服务人口数已超过上限，布局不合理的问题比较严重。社区卫生服务要提供基本的医疗保障与基本的公共卫生，这其中要以预防为导向，以医疗服务为基础。因此社区卫生服务中心应在区域卫生规划的指导下，充分考虑当地的实际需求，合理设置卫生服务中心。合理配置卫生资源，科学规划医疗服务机构分布，建立分级医疗制度与社区首诊制度，形成医疗服务机构的网状分布：在有条件的社区，以三级医院为中心，社区卫生服务中心围绕这些中心成网状分布。这种网状分布一方面可以使卫生服务覆盖面积扩大，另一方面可以完善双向转诊制度。国外卫生发展的经验告诉我们：如果医院在提高医疗技术水平的同时，忽视预防保健和社区卫生服务，后果将是医疗费用急剧上涨和健康水平提升不明显。由此可见，社会越进步，经济越发展，社区卫生服务就显得越重要。近年来，许多社区卫生服务中心的经验提示：基层医院实现功能转变，成为社区卫生服务中心，不仅是社会发展和满足社区居民卫生需求的要求，而且是卫生事业改革和发展的必然趋势。

2. 建立现代化信息社区健康管理网络平台

随着科技不断发展，互联网和无线通信技术日新月异，网络、移动、户外媒体一系列新的通信技术如雨后春笋般迅速发展起来，信息沟通也更加多元化。可以通过系统，对服务对象的个人情况、自身存在的危险因素、目前所能就医的现状、对疾病的控制情况等进行收集然后量化评估，以卫生部门的健康服务为保障，运用网络手段对信息进行整合，推动多个环节相结合，确保健康综合管理基本保障得以实现。社区健康管理网络平台，架起医务工作者和社区居民之间沟通与交流的桥梁，它可以与互联网和手机连接，可以共享健康信息，在任何时间、任何地点及时查询健康档案。计算机管理的趋势是发展社区卫生服务，其目的是共享健康档案资源，社区居民可以通过密码在线关注自己的健康。这样既有利于提高社区居民的自我健康意识，又能使居民自觉地改变坏习惯，提高参与健康活动的积极性和热情，有利于个人医疗信息随着自身的活动而更新，为工作生活在不同地方的居民提供可以享受政府提供基本公共卫生服务的便利条件。网络健康管理使社区居民享受动态、及时、系统的基本公共卫生服务不再是梦想。

3. 建立多层次的筹资机制

（1）政府层面，保证社区卫生服务拥有合理的预算

对落实投入确有困难的县区，可以采用税收减免等措施，以免代补。用购买公共卫生服务的方式来落实投入，不仅可以降低行政管理成本，而且可以提高人们对公共服务的满意度。建立基本公共卫生服务包，根据当地人口结构、患病情况和经济状况等进行成本测算，然后制定适宜的投入标准，并结合考核评比投入，提高其成本－效益，防止出现人浮于事、效率低下等问题。

（2）社区层面，应充分利用现有资源，多方吸纳资金

在社区卫生服务机构的举办主体上，可以大胆地引入股份制和私有制，规范准入标准，加大政策扶持，加强监督管理，营造公平竞争的环境等。此外，医疗保险基金也应当成为社区卫生服务中心的重要筹资来源。因此，可尽量将符合条件的社区卫生服务机构纳入基本医疗保险定点范围。

4. 全力建设基层医疗卫生运行的体制与机制

（1）建设满足居民需要的服务机制

在发展基本医疗的同时，要加强社区基本公共卫生服务的建设，提高基本公共卫生服务在社区卫生服务中的比重，提高基本公共卫生服务人员的意识和技能，加强考核，加大奖励幅度，调整人力结构。要做好社区公共卫生服务规划，形成控制组和对照组，

并做好基础资料的收集工作，对干预前后进行对照。要通过考核公共卫生服务的有效性指标，如社区居民健康知识的知晓率、不良行为改变率、慢性病控制率、健康状况改善率、并发症发生率、生活质量改善率等，提高公共卫生服务的有效性，同时，要根据系统的数据说明政府投入的必要性，为国家出台相关的政策提供科学依据。

（2）建立长效性责任分明的多渠道补偿机制

社区卫生服务提供主体的多元化，有利于多渠道地筹资，有利于引进竞争机制，提高服务的质量和效率。可以将社区卫生服务与医疗保险制度紧密结合，有利于社区卫生服务与医疗保险制度的共同发展；加速卫生资源向社区转移，优化现有的卫生资源配置；加大政府公共财政扶持力度；将社区卫生服务纳入城镇职工基本医疗保险；允许非营利性社区服务机构在政府规定的指导价服务项目之外开展相关的延伸性服务，价格可予放开；新建或扩建居民小区时需预留社区卫生服务用房；制定政府定额补偿与筹资参考标准；制定和完善社区卫生服务收费标准和价格管理体制。建立和完善社区卫生服务补偿机制是一项复杂的社会卫生工程，社区卫生服务应随着社会的发展和居民健康需求的变化而变化。

（3）稳定人员队伍的工资水平，建立有效的分配激励机制

社区卫生服务中心通过机构业务收入、财政补助经费等保障人员工资水平和机构正常运转。要使机构具有很好的活力与服务能力，就必须对卫生服务人员进行很好的激励以及建立有效的分配激励机制。可以在任务核定基础上，制定社区卫生服务机构绩效考核细则；社区卫生服务机构可以制定人员岗位绩效考核细则和绩效工资实施方案。将绩效工资分为基础性和激励性两部分，以此带动卫生服务人员的服务积极性。部分社区卫生服务中心可根据现实条件实行风险管理，设立风险管理资金，实行二次分配，调动工作人员的积极性。

（4）建立竞争性的有利于人才发展的用人机制

按照深化医药卫生体制改革的相关要求，严格人员准入，实行岗位管理制度和全员聘用制度，以提高卫生服务质量和工作效率为核心，建立竞争性的用人制度。要建立有利于人才发展的用人制度，就需要科学地设置岗位，制定岗位职责，对岗位建立有效的监督约束机制，充分发挥竞争性，从而建立有利于人才发展的岗位晋升机制。

（5）构建公益性的适应市场的管理运营体制

对于社区卫生服务中心来说，基层的医疗与基层公共卫生服务的提供是重中之重，而社区卫生服务中心作为公益性的基层医疗机构，它的运营需要适应市场，因此要建立一套适应市场的管理运营机制。这就需要社区卫生服务中心继续积极推动社区卫生服务改革，改革是发展的必经之路；变革社区卫生服务站的经营模式，针对目前社区卫生服务站点经营管理模式不够规范的问题，可以积极开展变革，引入市场机制，争取社会的广泛支持，这种支持不仅体现在资金上，而且体现在信任度上，社区卫生服务站点要在经营管理模式上下大功夫，通过鼓励投资主体的多元化来筹集资金，通过规范化的管理来解决社区卫生服务站点管理混乱的问题，进而摆脱资金来源少、管理机制僵化的困

境，搞活社区卫生服务站点，充分发挥其利国利民的作用。

5. 加大人员的培训力度

提高社区卫生服务机构人员的素质，是社区卫生服务可持续发展的客观要求。要加大人员培训力度，提高社区卫生服务的规范化程度，基本医疗服务要优质化、规范化、精品化，公共卫生服务要专业化、团队化、有效化。要花大力气培养专门的人才，提高人员的素质和能力，吸引高素质的人才进社区，形成精品团队。要发展社区卫生服务，就要努力抓好各类人员的在职教育培训。尤其要加强中层干部的培训和培养，提高中层干部的综合素质和管理能力。其中全科医师规范化培训是卫生部普通专科医师培养模式之一，属于毕业后医学教育，是临床医学人才培养过程中极为重要和关键的步骤。因此，需要加强在职人员全科医学知识技能的培训，在目前急需人才的情况下，应以社区居民的需求为导向进行培训。同时要注重医务人员的主观需求，充分调动医务人员的积极性，取得理想的培训效果。

广州市公共卫生服务体系建设研究基地成果

作者：王丽芝　陈立明　帅心怡　李　倩

王游龙　张晓亮　李佳玲

新农合条件下农民医疗负担改善
及医疗服务现状调研报告

一 广州市参合农民医疗费用负担的缓减情况

（一）"小病拖、大病杠"的现象不断减少

根据对参合患者样本的调查，按病种病情的不同，将其大致分为患一般普通病、大重病和疑难杂病三种情况，这些情况相对应的患者数分别占样本总数的69.5%、23.2%和7.3%。一方面，患者及时就医的认识得到了增强，特别是为避免小病拖成大病，他们会就近利用新农合所提供的相关医疗服务来控制、治疗疾病；另一方面，2014年大重病或疑难杂病得到及时、有效诊治的患者人数，分别比2013年增长了32.3%和43.7%，且得到医疗救助的特重病人数也有所增加。

（二）各级医疗机构滥收费的现象得到一定遏制

从各级医疗机构滥收费的情况看，有91.3%的患者认为村卫生室基本上没有大处方现象，其次是乡镇卫生院，而县定点医院，特别是市定点医院药价虚高、医生开大处方的现象仍较严重。这说明，当前在市、县定点医院，以药补医、医生诱导患者过度消费的现象依然存在。参合患者对各级医疗机构在遏制滥收费方面的认同情况如表1所示。

表1 参合患者对各级医疗机构在遏制滥收费方面的认同情况

单位：%

	村卫生室	乡镇卫生院	县定点医院	省市定点医院		
				知名三甲	普通三甲	三甲以下
认同比	91.3	85.6	67.3	56.2	47.5	31.1
主要疾病	简单小病	普通病	较大重病	疑难杂症	大重病	大重病

（三）预防、保健意识开始增强

在调查中还发现，随着新农合的完善，参合患者在增加利用定点医疗服务的同时，其预防疾病、增进自我保健的意识也得到了加强。从调查中得知，有近90.2%的参合患者开始关注主要流行病、多发病及常见病的防范及康复知识，有近67.3%的参合患者能常年坚

持体育锻炼，还有92.1%的参合患者开始注意个人卫生及改正自身的不良嗜好和习惯，毫无疑问，这些变化对参合患者增强体质、保持健康、不断提升生活质量是极其重要的。

二 广州市参合农民生活状况的改善情况

（一）参合农民有效需求的释放

根据样本近三年可支配收入同比增加的调查资料，现按低、中、高的顺序，将其可支配收入的增幅大致分为小于500元、500～1000元及大于1000元三个递增段，2013年，各段相对应的患者数分别占样本总数的17.6%、57.8%和24.6%。此外，从低、中、高各段患者消费支出的同比增长看，2014年，各段患者的消费支出分别增加了78.5%、81.7%、91.3%，其中，低段患者因大多体弱多病，其物质生活消费支出较多，其消费选择的范围也相对较窄；而其他两段的患者，特别是高段患者因青壮年居多，其用于自我发展的生产、生活消费支出较多，且消费选择的范围也更广。样本在近三年消费支出同比的增长情况如表2所示。

表2 近三年样本消费支出同比的增长情况

单位：元、%

递增段	2012年（1）	2013年（2）	2014年（3）	（2）－（1）	（3）－（2）
<500	53.2	64.3	78.5	+11.1	+14.2
［500，1000］	57.2	69.5	81.7	+12.3	+12.2
>1000	68.6	83.3	91.3	+14.7	+8.0

（二）参合农民生活消费的改善情况

将参合农民的生活消费按服务对象的不同大致分为基本物质需求、享受物质需求、精神物质需求、精神享受需求及精神发展需求五个层级。从患者所购买消费的商品、服务来看，加工类食品、其他家庭日用品及餐饮服务这三项约占样本消费支出总额的63.5%，在这当中，参合农民对市场商品的消费除了日常生活资料需求外，还包含一部分享受型物质需求；此外，属于休闲、文化、保健等精神发展层面的消费需求占到了19.5%。相关主要消费项所占的比重依次为：食品类占36.2%，居住和家庭设备类占26.4%，服务类占17.3%，交通通信工具以及娱乐、教育与文化用品类占12%。样本对市场商品、服务的需求消费情况具体如表3所示。

表3 参合农民对市场商品、服务的主要需求情况

单位：%

	食品	居住	服务	衣着	家庭设备	交通通信工具	娱乐、教育与文化用品
百分比	36.2	19.3	17.3	8.1	7.1	5.9	6.1
需求层级	基本	基本	享受	基本	基本、享受	发展、享受	享受、发展
主要服务	零售	零售	餐饮	零售	零售	交通、通信	娱乐、教育

此外，从样本消费需求各层级近年来的增长情况看，主要以街道、集市及旅游景区等消费场所为依托，加工食品零售、餐饮住宿、休闲娱乐服务的消费增长较快；文化、教育、交通通信及物流配送等服务的消费也得到了一定程度的增长，这些服务主要分布于市（县）中心城区，并逐步向城郊、乡镇及村社周边扩展。总的来看，样本在生活消费方面的改善是明显的，特别是食品、餐饮等物质类生活消费增长较快。表4反映了当前及近两年参合患者样本在生活消费增长方面的情况。

表4　当前及近两年参合患者生活消费增长的情况

单位：%

需求层级	占比	2014 年比 2013 年增加的百分比
基本物质	48	190.5
享受物质	18	130.2
精神物质	16	118.7
精神享受	11	87.3
精神发展	7	56.2

三　存在的问题与不足

（一）村镇医生的执业水平低是影响基层初诊、导致小病拖成大病的根源

基层医生的执业水平低，一些小病，包括许多普通病、常见病及多发病就难以在第一时间得到有效控制，参合患者的小病就有可能拖成大病，并进一步增加其医疗费用负担。根据对基层医生受过的专业教育调查，有近2/3的村医是通过学徒制、培训制等非学历教育走上行医之路的，其中难免有部分人的执业水平还满足不了分级诊疗的要求，特别是专业素质低、技术单一、临床经验欠缺、知识疏于更新、收入没有保障等诸多因素严重地制约着他们执业水平的提升，并使其难以在新农合一线岗位上发挥应有的作用。

（二）县定点医院处理大病的能力有待提高

由于一直以来县定点医院对人才缺乏吸引力，加之名优医生少、主要医疗设施陈旧老化、新添置的大型设备难以跟原有设备整合配套，这就不可避免地会对县定点医院提高处理大重病的能力造成不利影响。具体来讲，一是县定点医院医生的技术不能满足其处理大重病的要求，技术精良、经验丰富的专科医生成为县定点医院的人才短板；二是高水准的专业设备不配套，疾病的检查结果缺乏准确性、可靠性，临床指导意义不明显，难以跟踪反映当前疾病谱变化的新趋势。

（三）省市定点医院去除以药补医的配套改革亟待深化完善

第一，医生的薪酬与多开药、大检查逐步脱钩后，新的以患者满意度为导向的薪酬激励制度未能有效建立起来，医生难以集中精力为患者专心看病、对症下药。第二，定

点医院的法人主体地位没有得到真正落实，定点医院也没有按照法人治理结构的要求进行营运管理，特别是一些现代科学管理方法还没有在定点医院有效推行，机构职能重叠、岗位权责不清、库存积压严重、日常管理缺乏精打细算等现象仍然存在。第三，以药补医取消后，财政的补偿投入未能及时跟进，财政投入还不能满足医院及医生的合理要求，医生的积极性没有真正调动起来，以药补医的现象还时有发生。第四，医师多点执业"雷声大、雨点小"，尤其是涉及医师身份、岗位及权责利等方面的改革创新措施还没有到位，出现了院内的医师出不去、院外的医师进不来、医师多点执业的责任不明确、医师的收入得不到保障、患者满意度低等问题。

（四）社会办医的档次低、业务杂、知名度小

一是针对外资，尤其是国外著名医药企业来穗办医的政策、法律及税务、工商等管理条规不健全，对发达国家先进医疗技术的引进、吸收及消化创新工作做得还不够；二是涉足公立医院相对薄弱的高端医疗、特种病医疗、家庭全科护理及医养结合经营等新兴领域的服务有待深入拓展；三是服务营销手段落后，特别是患者认可度低，社会办医的市场占有率低、经济效益不明显，进一步导致人才流失严重、大量医疗设备闲置、办医水平难以得到质的提升。

此外，基本药物制度的推广普及还有待加强，特别是在县以上的定点医院，基本药物短缺、脱销、供应不济、交货不及时等现象时有发生，使医生难以按照基本药物的使用规范来选药择药，并引起患者的抱怨和不满。

四　主要对策与建议

（一）切实保证村、乡镇定点医疗机构对医疗卫生资源的需求

第一，按照基层首诊的要求，让参合患者充分知晓各级定点医疗机构服务的职责划分情况。要以村卫生室承担40%左右的基本公共卫生服务任务为指导，将各级定点医疗机构的职责范围及相关服务情况以就医指南的形式发放给参合农民，让其熟知指南内容，并在看病就医时，切实按照自己的患病状况，在村镇定点医疗机构的正确指导下，合理、有序就医，避免因盲目择医而产生费用损失。

第二，加强乡镇卫生院和村卫生室的建设。要根据乡镇人口增长对医疗机构数量的需求规模来确定合理比例、拟定发展标准、实施优化布局，要积极推进乡镇卫生院和村卫生室的一体化建设，包括规范化、制度化及信息化建设，不断提升其设备、设施的配备水平，尤其要在有效增加村卫生室的基本诊疗器件、用材的同时，重点解决好村卫生室服务场所不足的问题。

第三，做好市定点医院对口支援乡镇卫生院人才队伍建设的工作。市定点医院要定期选派作风踏实、技术过硬的中青年骨干医生深入基层一线，通过导师制、师徒制、协作制或带头人制度等多种形式，与当地卫生院一起全面构建人才指导及帮扶、成长机制；此外，乡镇卫生院也要从实际出发，结合当地多发病、流行病的统计情况，有针对性地选派医务人员前往市定点医院学习、进修，在不断提升个人业务的同时，尤其要注意增强其处理、转诊大重病的技能技巧，逐步形成支援医院与受援卫生院合作双赢的运行新模式。

第四，大力提高村医的执业水平。要通过引进、培养和开展合作交流等形式提高村医的执业水平，并形成县、乡镇定点医疗机构对村卫生室进行定期业务指导、检查的规章制度，使村医的专业结构、学历水平和医疗技术都能得到大幅改进和提高；此外，还要出台相关的政策、措施，积极探索村医的工资、职称及养老等人事制度改革，鼓励医学毕业生到基层就业，通过改善村医的技能、待遇不断调动其积极性、增强村卫生室"零距离"的服务能力，进一步筑牢参合患者小病拖成大病的防控底线。

（二）大力支持县定点医院的发展、不断增强其服务功能

第一，加强县定点医院的硬件建设。要按照政府主导的原则，根据县定点医院的功能定位，在保证政府将新增加的医疗资源不断投向县定点医院的同时，鼓励县定点医院通过自身积累增强其发展能力，特别是要优先满足其对主要设备、设施等瓶颈资源的需求，着力解决好县定点医院在排查大重病方面的专业装备及配套设施问题，通过大力提升县定点医院的硬件水平，不断增强疾病诊断结果的准确性、可靠性，为绝大多数疾病能在县域内得到较好解决创造物质条件。

第二，建立市三级定点医院多方参与县定点医院发展的长效机制。市定点医院要针对县定点医院亟须改进、增加或强化的医疗项目，通过与县定点医院结成多元化的同盟、伙伴及战略协作关系，积极延伸、拓展县定点医院的服务功能，不断提升其社会的认可度和知名度；与此同时，市定点医院还要根据自身的特长、优势，采取分片区、分层级、分科室的形式，通过明确目标、职责与任务，并结合开展主要病种治疗、拔尖人才培养及科研项目带动等专项活动，确保县定点医院在处理大重病及部分疑难杂症的能力方面有质的提升；此外，还要加强远程信息网络平台建设，不断优化县定点医院与市定点医院的远程会诊效果，使县定点医院在应对重大突发疾病或危急重症时，能及时得到市定点医院优质医疗技术的有力支持。

（三）以破除以药补医为关键、积极推进市定点医院改革

第一，不断凝练办医方向。要彻底改变市定点医院贪大求全的状况，特别是要整合资源、找准方向，提高办医档次、凸显医院特色。普通病、常见病及多发病的医治长期占用着市定点医院大量的人力、物力及财力，致使其无法有效集中力量去从事重大疾病及疑难重症的攻关治疗，只能通过增加以药补医所得来维持自身庞大的费用开支，因此，避免低水平重复投入，重点加强特色科室、名优科室、重点科室建设，是市定点医院在落实政府责任、回归公益的过程中更好地发挥自身服务功能的有效途径。

第二，建立完善市定点医院的现代管理制度。要将次均费用、总费用增长率及药占比等控制指标纳入市定点医院绩效考核和目标管理，坚决查处为片面追求经济利益的不合理用药、用材及检查或重复检查等行为；要按照法人治理结构的要求，通过明晰产权、厘清权责关系，注重运用精益管理、供应链管理等现代管理方法，积极引入激励、竞争及社会评价反馈等机制，在去除医生多开药多获益利益导向的同时，不断加大医生保障性财政工资投入，并进一步提高医生的服务诊金，重塑市定点医院科学管理、服务至上、患者满意的新形象。

第三，对医师从事多点执业的资格进行严格把关。市定点医院对医师从事多点执业要做到在微观上放开、搞活，在宏观总量上实行限额控制，以保证医师价值通过多点执业得到合理体现，特别是使医师收入在多点执业中有所提高。一方面，要将医师的工作表现与其收入所得直接挂钩，通过增加绩效工资的权重及构建执业医师工作考评机制，对业绩突出、特别是患者满意度高的医师，医院应加大奖励力度，并积极支持其从事多点执业；另一方面，要合理确定医师从事多点执业的时间、签约医院及其享有权、责、利的情况，对不信守时间、随意变更执业医院甚至因变相逐利而给医院声誉带来负面影响的医师，医院应根据医师执业内部管理条例严加处罚，直至撤销其执业资格。

第四，加大财政的建设投入。要把财政投入作为市定点医院去除以药补医、回归公益的一项重要举措来抓。为此，政府可把社会评医，特别是患者满意度作为向市定点医院增加投入、购买服务或授予特许服务权的重要依据，对那些表现突出、能切实发挥定点医疗服务作用的市定点医院，政府应着力帮其克服发展瓶颈上的资源需求困难，包括落实公立医院投入的政府责任、资助市定点医院开展重大科技攻关及简化其与社会资本联合办医的政策审批等。

（四）激发社会资本活力、不断提高资源配置效率

第一，努力学习借鉴发达国家的办医技术及经验。要采取高层次人才引进、核心技术转让、成套设备购买、合资合作及重大技术联合创新等多种形式学习借鉴发达国家的办医技术和经验，尤其要在私人保健、家庭门诊、产学研一体化运营及专利技术保护等方面加强相关薄弱环节的建设；此外，还要在深度和广度上放开外资办医的准入条件，包括给予用地、征税、评审及用工等方面的倾斜优惠，为外资办医腾出土地空间、对营利性外资办医合理征税，对非营利性外资办医要实行税收及费用减免，并在审批程序、时间及报建等方面为其广开绿灯。

第二，积极实施垂直差异化战略。要积极运用社会资本办医，包括发挥发达国家、中国港澳台地区在先进技术、尖端设备、创新药、保健药等方面的巨大优势，通过实施品牌战略、质量战略、名特优战略，努力吸引国际知名医疗机构、著名大学医学院等来穗办医，并以此为依托积极打造国外知名专家和学者来穗坐诊、执业的高端医疗服务平台；与此同时，社会资本还可借用联合、重组、兼并的形式积极组建大型医疗集团，走集团化发展之路，特别是通过资本的积聚集中，使社会资本办医能及时跟踪、瞄准国际医疗服务前沿，并通过引进国内最紧缺、最急需的医疗器械及新药专利，努力改变社会资本办医边缘化、低水平、小而散的状况。

此外，要进一步搞好农村药物的"两网"建设，通过发挥现有设施的作用，积极整合财政新投入的资源，将基本药物制度的推行与农村"两网"建设结合起来，在进一步

强化药物配送、监督的基础上，积极探索基本药物生产招标、供应及延伸外包管理，不断提高其可及性、可靠性和安全性。与此同时，还要加强农村零售药店的监督、管理，使农村零售药店在药物供给系统中发挥更大的作用。

广州市公共卫生服务体系建设研究基地成果

作者：林　政

广州市外来人口聚居区社会风险
及其治理模式研究

广州市外来流动人口的发展趋势是不断迅猛增长。截止到 2013 年年底，已达到 686.7 万人。由于这么多年大量人口的涌入，广州市已经固定成型地分布着大量外来人口的聚居区。这些聚居区逐渐形成了外来人口在城市当中的区域特征，参与塑造城市的文化性格，发挥特别的社会功能，同时也作为一种不稳定的存在物，时刻给城市带来各种各样的社会风险危机，并且客观上已经超越了处于松散状态的外来人口所带来的社会风险。

一 广州市外来人口聚居区的基本状况

（一）外来人口聚居区的分布状况

为了描述上的方便性，我们根据最新的广州城市区划，把广州分为三个圈层：第一圈层为内城核心区（包括越秀、荔湾两区），第二圈层为内城外围区（包括海珠、天河、白云、黄埔四区），第三圈层为近远郊区（包括番禺、花都、从化、增城、南沙五区）。当然，这种划分只是为了分析问题的方便。

按照这样的圈层划分，根据 2010 年人口普查的数据，流动人口最多的区主要是第二圈层。其中白云区流动人口达到 149 万人，是广州市聚集流动人口最多的区。天河区为 82 万人，海珠区为 79 万人，黄埔区（包括现已合并了的萝岗区）为 50 万人。整个第二圈层占广州市流动人口总量的 58.58%。此外，位于第三圈层的番禺区也吸引了大量的流动人口，数量约为 86 万人。流动人口聚集第二多的是第一圈层，其中荔湾区达到 40 万人，越秀区达到 35 万人，占广州市流动人口总量的 12.32%。除番禺区以外的第三圈层占有广州市多数的土地面积，但是流动人口总量只约为 93 万人。从街道的层面来看，全市流动人口超过 10 万人的街道有海珠的凤阳街（12 万人），天河的棠下街（12 万人），白云的永平街（10 万人）、新市街（12 万人）、太和镇（13 万人）、石井街（14 万人），花都的新华街（13 万人）、狮岭镇（13 万人），增城的新塘镇（18 万人）等。

总体来说，第一圈层属于典型的城市都会区，代表着现代城市的吸引力，第二圈层有大量的城乡结合部，是现代都市向传统农村的过渡地带，兼具着都市的魅力与乡镇的经济性，第三圈层则以集镇、乡村为主。流动人口流入的总体趋势是向城市核心不断集中。另外，在外圈层，流动人口向经济发展较好的建制镇集中的趋势十分明显，例如白云区的太和镇（流动人口 13 万人）、钟落潭镇（8 万人）、江高镇（6 万人）、人和镇（5 万人）、番禺区的东涌镇（8 万人）、南村镇（8 万人）、石基镇（5 万人）、沙湾镇（4 万人），花都区的新华街道（13 万人）、狮岭镇（13 万人），增城的新塘镇（18 万人），从化区的江埔（4 万人）、街口（2.5 万人）、太平镇（2 万人）等。从总的流动人口流入分布来看，形成了以城乡结合部为主要聚居区的围绕城市核心地带的流动人口分布带，同时在外围又形成了以卫星城及经济发展水平较高的建制镇为聚居区的点状分布区。

由此可见，外来人口聚居区的分布具有一些基本的规律。其一，通常周边都是经济较为发达，经济活力较高，工厂较为密集，就业机会较多的地区；其二，在老城区，由于居住成本的问题，外来人口聚居区基本都位于城中村较为密集的地区，例如白云区的同和，海珠区的凤阳、瑞宝，天河区的棠下等。因此，总体上讲，就业机会和居住成本是影响流动人口区域分布的最主要因素。

（二）外来人口聚居区的基本人口与社会特征

1. 外来人口聚居区中的人口成份特征

从外来人口的来源上讲，根据 2010 年的人口普查数据，在广州市流动的本省其他县市区的人约为 242 万人，省外的约为 300 万人。从外省人口来穗的情况看，数量较多的几个省份是湖南（80 万人）、广西（41 万人）、湖北（35 万人）、四川（30 万人）、江西（27 万人）、河南（23 万人）等。这几个省份的来穗流动人口占所有外省来穗流动人口总量的 78.3%。在广州的许多外来人口聚居区中，来自各省份以及广东省内其他各县市区的外来人口都有，人员较为复杂。

从职业上来讲，聚居区中多充斥着从事各行各业的外来流动人口，主要有：附近工厂、酒楼、商铺及其他单位的外来工（雇工）；在聚居区中开各种小商铺、饭馆、夜市摊档的小生意人；从事广告、保险、营销等的从业人员；发廊从业人员；司机、艺人、自由职业者等个体性质从业者；部分市内三资企业或私营企业白领阶层；附近高校大学生或进修生；建筑工和装修人员等；无固定职业，靠打散工度日的人等。此外还有部分流浪乞讨人员。

2. 外来人口聚居区中的社会关系

外来人口流入广州大体上分为三种类型：第一种是通过用工单位上门招工和流出地当地集体组织流动的情形，此类可以称为组织型的流动；第二种是通过广州的亲友或已经流动到广州的亲友、同村老乡等的介绍，此类可以称为经人介绍型的流动；第三种是没人介绍也没人组织自己直接流动到广州的，此类可以称为自发流动型的流动。

其中，经人介绍型的流动是主流。因此，正如人们所想象的，在广州的外来人口聚居区中，有不少同乡的流动人口在流入广州后会以地缘关系迅速建立起社会关系网络，租住和生活在一起，形成地缘同质型的聚居区。但是，我们从调研中发现，广州外来人口聚居区中，更多的是外来人口以工种为纽带的聚居区，即聚居在一起与所从事的工种有关，并不严格区分来自哪个省份。我们可以将其称为职业同质型聚居区。此外，还有不少地理位置优越的聚居区，如天河区的石牌村等，杂居了各个地区、从事各种职业、有着不同学历的外来人口，我们可以称其为异质型聚居区。

一般情况下，聚居区中外来人口数量显著多于本地人口。本地人口多是出租屋主。两类人口之间除了收房租以外，很少有更多的交往。外来人口群体内部的社会交往程度远高于其与本地人口的社会交往程度。聚居区中的外来人口间基本形成独立的社会关系体系。

3. 聚居区中外来人口的生活状态

从居住情况来看，外来人口在城市中主要有三种居住形态，第一种是散租民房的形式，主要以装修工、小商贩、收废品、私营及小型企业打工者为主。散租民房多数分布在城乡结合部，以及老城区的城中村当中。第二种是一些公司、工厂为打工人员集体租的宿舍、公寓等，也有部分是工厂内的闲置用房。第三种主要是一些做小生意的人租住的营业、居住混用房，主要分布在城中村的一些小型商业街上，通常一楼营业、二楼住人，面积多数都不足 10 平方米。此外还有少数外来人口在广州有自己购置的住房。总的来讲，企业提供的宿舍相对来讲，各种设施要相对齐备一些。而散租民房的住房质量通常较差。聚居区中一般公共卫生、防火防盗等基础管理工作都做得较差。

从文化娱乐生活来看，许多外来人口都是举家流动，一般在聚居区中租住一室一厅或两室一厅生活。男人和女人都要外出打工，许多人将子女留在老家，所以一般来讲，出租屋只是一个休息的地方，平时很少有人在，他们只有晚上下班后才回来。由于经济收入的限制，聚居区中的文化娱乐生活非常单调。一般的娱乐项目是看电视、打麻将，有些则在一起喝酒聊天。一般都主要关注自己的工作和收入问题，以及在家乡盖房子和小孩子将来的出路问题。

外来人口中也有少量将子女带来广州同住的。部分聚居区有私人开办的幼儿园、小学或者中学。通常他们要出赞助费才能上学。据反映，这类学校的质量较差，老师也不太负责任。但他们大多认为小孩能有个上学的地方就不错了。

二 广州市外来人口聚居区的社会风险分析

广州大规模外来人口的存在，包括各种外来人口聚居区的形成（主要是城乡结合部及城中村），无疑具有较大的积极意义。但是，巨大规模的流动人口，尤其是聚居区内大量同质或异质的外来人口群体的聚集，必然会产生不容忽视的风险和危机。

具体来讲，外来人口聚居区主要存在以下几个方面的风险：第一是现实风险，这一类风险主要是显性的、表征性的风险；第二是制度风险，这一类风险主要是制度导致的风险；第三是文化风险，主要是文化冲突和亚文化的风险。

现实风险是最易感知、最易发现的风险，往往也被认为是外来人口聚居区的主要风险，但这是一个错误的认知。尽管现实风险是最表面、最明显的风险，但其存在的原因则在于制度风险和文化风险，这正如叶和根的关系，尽管能一眼看到叶子的大小、颜色、形状，但是决定的因素不在于叶子本身，而在于叶子背后根的功能，根深叶才能更茂。然而，表征的现实风险同样不容忽视，需要积极加以限制。

（一）现实风险

1. 违法犯罪

在广州市外来人口聚居区内，农民工占绝大多数，区内犯罪多与外来务工人员的具体情况有关。

第一，与聚居区内外来人口务工方式密切相关的侵财型违法犯罪频发。主要形式是以外来务工人员的工作为掩护或以工作领域为内容的违法犯罪行为。例如，不少人以捡破烂、收购废旧生活用品为掩护，白天走街串巷"踩道"，夜晚疯狂进行偷盗活动。还有从事个体生意的人以假乱真、强买强卖、以次充好等侵财诈骗类行为。

第二，与聚居区内外来人口生活方式密切相关的违法犯罪多发。由于一些外来人口思想观念、文化背景、生活习惯等差异，各聚居群体之间易产生较为剧烈的文化冲突，甚至形成以地缘关系、亲缘关系或业缘关系为边界的缘聚型违法犯罪群体。

第三，与外来人口"特殊经济"密切相关的违法犯罪问题较多。外来人口聚居区内的"特殊经济"主要指在聚居区内由外来人口经营、管理并主要向外来人口提供服务的各种经营活动，包括小诊所、小饭馆、小浴室、小发廊、小按摩店、小游乐休闲馆等。这类"特殊经济"诱发了外来人口的各种不良行为，如聚众赌博、卖淫嫖娼、吸毒贩毒等。

2. 公共安全事故风险

外来人口聚居区多分布在城乡结合部以及城中村，空间密集、杂乱、规范不足。城中村和城乡结合部的土地大多属于宅基地，村民拥有对宅基地的处置权，为了实现收益的最大化，通过加建的方式挤占公共空间，于是出现了大量的"一线天""握手楼""贴面楼"。

第一，这种情况造成了救护车、消防车等车辆无法进入，造成应急救险能力降低。第二，由于公共基础设施不足，大多数外来人口使用煤气炉、酒精炉、电炉等作为主要的生活用火，使用随意性大，管理混乱，极易发生火灾。第三，由于片面追求空间的最大化，建筑规范、建筑材料、建筑配置等均被忽视或者说基本不被考虑，建筑质量较差，若发生地震等情况，损失将是巨大的。第四，聚居区内的房屋往往是住商合一，大量易燃、可燃材料的存放导致发生爆炸事故的隐患非常大。

3. 公共卫生事故风险

由于外来人口聚居区的人员流动性人，并且容易出现如不注重卫生习惯、不注意生活条件、不懂各类基本疾病的基本防护等情况，"黄、赌、毒"现象也较为严重，居住环境脏乱差，公共基础设施缺乏。因此，一方面聚居区内发生原发性公共卫生事故的可能性比较大，"土壤环境"易于引起这类卫生事故；另一方面一旦有继发性的卫生事故，聚居区内失去控制的风险非常高，控制的难度很大。如2003年SARS爆发期间，聚集区的人员流动为疾病的控制提出了非常大的挑战。

4. "土客"冲突风险

快速城市化导致人口快速从乡村向城市迁移，这一过程中形成了外来人口聚居区中本地人口与外来人口之间的"土客"关系。近年来，"土客"冲突日益显现，冲突的危害凸显，仅2011年就发生了潮州市潮安县古巷镇"6·6"事件、广州增城大敦村"6·11"事件，2012年6月25日又发生了中山沙溪事件。

当前"土客"冲突有几个突出的特点：一是冲突的燃点降低了，当地人与外地人之间鸡毛蒜皮的小事均可能引发大规模的"土客"冲突；二是频率变高，事件发生速度变快；三是"土客"冲突规模增大，"客"的数量庞大，只要部分参与便形成了大规模的聚集；四是危害加剧，"土客"冲突的危害不仅体现在对当下正常工作生活秩序的冲击，而且损害了当地人与外地人之间的关系，形成了事实上的当地人社会与外地人社会共存于同一地理空间但相互割裂的奇特现象。

5. 劳资纠纷的易结伙性

欠薪问题，尤其是农民工被欠薪的问题尤为严重，而且被欠薪酬往往难以讨获。在访谈中，我们发现被欠薪的农民工现在尽管也不愿意利用法律的武器，通过起诉的形式去维权，但会通过法律保护自我的形式实行"群体性维权"。即农民工一旦被欠薪，常会召集一批同乡、工友或其他亲戚朋友，不打砸、不打人、不损坏东西，而是到现场以影响老板业务或造成影响的形式讨薪。受访的农民工表示，这种维权方式经过多次的使用，效果比较好，能讨到全部或部分被欠薪酬，而且能保证不被公安机关拘留，因为他们严守法律的底线：不损坏东西、不伤人。这种群体性维权的形式，从积极的方面看，较之以前暴力维权具有很大的进步，但从另一层面看，结伙维权的界限或度的把握存在很大的难度，维权群体的行为在一定程度或规模上会突破召集人的控制。

（二）制度风险

1. 户籍及相关制度隐含的风险

中国户籍制度是计划经济时代为推行重工业优先发展的赶超战略而建立起来的一套社会经济管理制度，它通过在城乡之间实行严格的迁徙和流动限制，为支持工业化发展、稳定城市秩序、保障城市供给、控制城市规模发挥了重要的作用。由于几十年的二元化户籍制度及附着在户籍制度上的二元公共服务，城市和农村已经被分裂为两个部分。而当前我国快速的城市化发展使得城市外来人口处于极度尴尬的地位。工作在城里，甚至生长在城里，却没有城市户口，接受了城市的文化，却没有城市物质和服务的支撑。这其中隐藏的困难、风险和冲突是十分严重的。

2. 社会福利与社会保障制度隐含的风险

外来人口既缺乏城市的社会福利和社会保障，又脱离了农村的土地保障，游离于城市与农村之间，既非城市也非农村，成为"夹生层"。但这数以亿计的"夹生层"同样需要社会福利和社会保障，而现实却很残酷，易产生相对剥夺感、不公平感等，积累到一定程度可能会通过行为表现出来，而这一冲突的风险是不可忽视的巨大风险。

3. 收入分配制度隐含的风险

大量外来人口从事的工作劳动强度高，工作时间长，工作环境恶劣，劳动保障措施不到位。但是，在城市居民工资刚性增长的同时，外来人口的工资几乎没有提高，甚至有下降的趋势。不仅超时劳动得不到应有的报酬，而且还面临工资迟发、拖欠的问题。在广州市海珠桥的各种"跳桥秀"中，不乏讨薪的。因而，流动人员不仅无望在再次分配时得到特殊照顾，连初次分配时发展的果实也没有进入流动人口的账户。这一矛盾和张力也形成了巨大的风险隐患。

（三）文化风险

城市外来人口是农村人员临时流动到城市，定期回到农村，很难成为城市成员。但是这两种文化群体成员也有不少交集，在不同的层面上有不同程度的冲突。

改革开放引进了新的视野和价值观，时代发展形成了新的观点和价值选择。而乡村的风俗观念和城市的旧有道德体系在逐渐瓦解，这就产生了新旧文化的冲突问题。因此，在很多人心中，传统的价值体系无法信服，而新的价值体系多元混乱。作为进入城市寻求财富的外来人口，在各种冲击传统价值观的思想和行为的冲击下，他们特别关注迅速获取财富的手段，于是"高风险、高回报""捞一把就走""打一枪换一个地方"等投机、违法犯罪行为发生的概率在增加。

三　当前外来人口及其聚居区社会治理的几种思维模式探讨

（一）外来人口聚居区社会治理的基本思路

对于外来人口聚居区的治理，本质上是从居住和群聚的角度对外来人口进行治理，以规避其由于群聚而形成的各种社会风险。因此，关键的问题仍然是如何掌握外来人口的基本状况并对进行治理。

在外来人口聚居区的治理方面，国内外有着以下四种基本的思维模式可供我们参考。

1. 对立—同化

所谓"对立—同化"，是指城市秩序与乡村秩序是两种截然不同的秩序，外来人口流入城市的过程就是城市秩序同化乡村秩序的过程。从本质上讲，这种思维模式否认两种秩序并存的可能性。因此，对于外来人口的管理通常持有防范的心态，外来人口聚居区通常被看作城市治安混乱的根源。治理的基本思路则是整顿外来人口聚居区，使其城市化；加强对流动人口的管理和控制，以减少社会犯罪。

2. 对立—联结

"对立—联结"的思维同样认可城市秩序与乡村秩序的对立性，在我国这种"城乡二元对立"的格局中尤其明显。但与"对立—同化"那种把外来人口聚居区看作外来人口解组自身文化、接纳城市文化的观点不同，其将外来人口聚居区看作城乡之间的联结纽带、城市和农村的联结点以及农村人口城市化的一个跳板。这种思维观点对于管理的最大启示是必须关注外来人口聚居区中的社会关系网络。

3. 对立—共存

"对立—共存"模式来源于人们对国家及其管理理念的现代转型的深刻思考。国家开始由利益不对称、权利不对称、义务不对称的统治工具，演变为全民参与、共同管理、共同负责、共同享有的政治共同体。国家机构的设置和职能也由"以统治为主"转变为"以提供和维护共存、共同发展秩序"为主，国家建立的基础、国家的组织和运作方式、社会成员之间的基本关系由对立走向了共存。外来人口与本地人口之间不应当是对立的关系，而是一种共存的关系。因而，在外来人口及其聚居区的管理方面，必须掌握这样两条最基本的原则：一是认可外来人口的社会主体地位，使其不受歧视、不被憎恨；二是更多地考虑弱势群体的利益，以实现政策上的公平。

4. 对立—嵌入

表面上看来与城市有对立特征的外来人口其实已经构成了城市的一个部分，已经深深地嵌入城市生活。虽然能够从户口、住所、收入、习性、社会保障甚至衣着等方面对本地人和外来人口加以区分，但日常生活的各个领域完全离不开外来人口。同样地，由于外来人口嵌入城市，城市的各个方面也都对其产生巨大的影响。可以说，外来人口与城市的各个领域以及人口之间形成了一种独特的社会网络，无论是城市还是外来人口都受到这个网络的巨大影响。

（二）模式评价及相关启示

"对立—同化"的模式重在强调外来人口与本地人口的不同，以及由此可能带来的风险，例如最重要的就是对当地治安的威胁。而解决这一问题的办法则是要采取强制措施，例如使用严管的办法来迫使外来人口尽快放弃他们原有的习性而接纳城市的文化。这种模式是当前使用率最高的模式。但由于欠缺人文关怀，人们已经逐渐开始反思这种模式。

"对立—联结"的模式重在强调外来人口群体内部的社会关系网络在外来人口进入城市中的重要作用。因此，必须发挥这种社会关系网络的作用，通过适度的引导使外来人口形成自我管理的机制，促进其与城市居民增进交流，增强责任感。其巨大的改进就是认识到必须将"以人为本"作为外来人口治理的基本原则，改变"对立—同化"的治理模式。尽管如此，这种模式仍然是将外来人口看作外人，只是城乡结合的一个中介。

"对立—共存"模式，重在强调外来人口的主体地位。无论他们来自哪里，以往是什么身份，只要流入城市，参与城市的建设和城市的生活，就应当与城市人一样具有主体地位。因此，对待外来人口的态度必须有所转变，应当考虑到他们的弱势地位，采取各种措施实现利益的均衡分配以及公共服务的均等化。通过体制机制创新，营造一种城市人口和外来人口和谐相处、互惠互利的共荣局面。

"对立—嵌入"模式强调外来人口在城市发展和城市生活中的必要性和现实性。他们不但是到城市里来"搵食"的，更重要的是他们与城市互为被需要者。城市改变了他们的人生，他们也成为城市稳定的日常生活的服务者。因此，对于外来人口不应该采取排斥的态度。

总体来看，"对立—同化"模式代表着一种传统的且人们习以为常的管理思维，它主要着眼于治理外来人口聚居区中的现实风险，并将这些现实风险归因于外来人口的"同化度"不足。而"对立—联结""对立—共存""对立—嵌入"虽然侧重点各不相同，但都强调和关注更深层次的制度风险和文化风险，从某一个角度提出了改善外来人口及其聚居区管理的思路。

四　当前广州外来人口聚居区治理存在的问题及解决思路

（一）广州外来人口管理模式及存在的问题

广州的流动人口治理工作经历了长期的探索和实践过程，也出台了许多相应的管理法规。并且随着对流动人口认识的不断深化，这些措施与法规也处在不断变动之中。例如在流动人口户籍管理方面，逐渐从早期的以防范违法犯罪人员、控制外地人员规模转移为主的目的转换到以保障流动人员权益、加强政府综合管理与服务为主上来，即从"对立—同化"向"对立—共存"转变。2010 年开始实行居住证管理制度以及积分入户制度，在打破户籍的城乡二元体制方面进行了大胆的尝试。在流动人口的治安管理方面，重心逐步从管理非本市户籍人员转移到加强出租屋管理方面，基本确立了"管好出租屋，就管好了广州治安"的认识，对外来人口聚居区给予了相当的重视。广州市在流动人口就业管理方面更是充分体现了流动人口管理观念由限制到开放的转变。概言之，就是从对流动人口就业以及用工单位招工设定门槛转变到就业管理市场化、规范化。在计生管理方面，管理思想也开始从单纯强调管理，转变为在加强管理的同时，重视对流动人口的权益保护和提供服务。

总体上看，已经从"对立—同化"向"对立—共存"转变，并吸取了"对立—联结""对立—嵌入"模式的许多经验，正在逐步形成较为完善、合理的治理体系。但目前仍然存在各种问题。

第一，从客观方面来讲，广州外来人口规模庞大，聚居区遍布各地，这本身就导致了社会风险的普遍化。而广州在管理上又存在流动人口登记滞后、信息不足、底数不清以及对外来人口导向调控手段不足等问题。

第二，在管理与服务体制上仍然未能打破城乡二元分割的局面，制度风险难以消除。一方面，优质服务基本无法延伸到外来人口，使得外来人口聚居区明显地与周边现代化城市形成强烈的反差。另一方面，城中村管理往往自成体系，管理权限与城市其他地区不同，有些地方拒绝外来干涉的态度甚至非常明确。这导致了各方面管理的不到位。

第三，尽管人们都已经意识到"对立—同化"模式的局限性，但长期以来形成的思维定势，以及其中存在的各种个人利益、小团体利益等问题，使得现实的外来人口聚居区的管理仍然停留在"对立—同化"模式之中。

（二）外来人口聚居区管理的"对立—融合"之道

外来人口聚居区中各种风险的来源主要是聚居区内存在的城乡对立、内外有别的问题，解决这一问题的关键当然就是尽可能使两类人和两类区域能够相互融合、成为完整的一体，实现无差别对待，才能实现社会整合。

融合的思路在"对立—共存""对立—联结""对立—嵌入"这些模式中已经有所体现。但是它们的着重点均不在"融合"上，而是强调在"对立"的现实情况下的"共存""联结""嵌入"，即在不解决"对立"的状况下的一种改善。为此，在吸收"对立—共存""对立—联结""对立—嵌入"等模式思路的基础上，我们提出"对立—融合"的治理思路，即促使城乡之间、本地人与外地人之间由对立走向融合，直到消除对立。我们在考虑各种社会风险治理措施的时候，必须充分贯彻"对立—融合"的这一治理思路，以促进外来人口与城市的融合为基本目标和风险化解的治本之策。

五　广州市外来人口聚居区社会风险治理的对策建议

在"对立—融合"思路引导下，广州市外来人口聚居区社会风险治理应遵循如下途径。

（一）坚持新型城市化发展，引导外来人口聚居区的合理布局

第一，合理控制外来人口的规模。外来人口聚居区的社会风险最直接的原因就是人口数量过多。近年来广州人口规模急剧膨胀，对城市人口承载环境，包括公共服务、社会治安等造成巨大压力。2014 年出台的广州市人口调控和入户政策"1 + 3"文件已经明确提出了人口调控的工作目标，"到 2015 年，全市户籍人口控制在 860 万以内，常住人口控制在 1500 万以内。到 2020 年，全市户籍人口控制在 1050 万以内，常住人口控制在 1800 万以内"。根据这一目标，我们要通过产业调整升级、调节居住成本等途径，将外来人口规模尽可能控制在一个可接受的水平。

第二，在新型城市化发展战略指引下，合理调整外来人口聚居区的分布。目前外来人口聚居区大多是城乡结合部以及城市核心区域中的城中村，矛盾突出，风险影响较大。应当利用新型城市化发展的契机，合理调整外来人口聚居区的分布。其一，通过加强就业的导向性进行调整。根据产业结构调整的需要，让社会公共资源优先向职业技能型和稳定就业型劳动力倾斜，更多地将伴随经济发展而增加的城市功能型流动人口留下来。其二，通过加强区域空间的导向性进行调整。按照广州市"优化提升一个都会区、创新发展两个新城区、扩容提质三个副中心"的城市空间发展战略，对不同功能城区进行分类设置，引导满足不同功能区就业需要的外来人口分区域稳定下来，形成合理的空间布局。

（二）启动外来人口聚居区的生活设施改造

外来人口聚居区的公共基础设施与居住环境等通常较差，不但有各种风险隐患，而且也成为城市体中阶层划分、群体划分的一个印痕，造成人们思想意识上的等级、优劣、内外之分，十分不利于外来人口的融入和本地人口的接纳。

第一，探讨建设外来人口公租房制度。应当积极探索政府保障住房，或者在外来人口聚居区内由政府引导、市场运作，把当地居民组织起来入股经营，或由企业、个人投资，建设符合外来人口居住特点、满足基本生活需要、符合经济承受能力的住房供给

形式。

第二，加大外来人口聚居区公共资源的投入，改善相应的设施与服务。在公共资源的投入与配置方面，必须转变现有管理思路，要把外来人口当作城市主体，在采取措施稳定人员流动的基础上，考虑公共资源的实有人口配置问题。在聚居区的公共卫生、绿化、消防等方面加强改善，特别是在基本的用水、用电、用气等生活服务和设施方面做到与城市人口同质同价。

（三）创造良好生存环境，提升外来人口的自我发展能力

政府应当帮助外来人口，为其提供较为完善的生存和发展条件，提升其自我发展能力。

第一，建立完善的公平就业机制。应当进一步强化外来人口的就业与失业登记制度，尽可能完善相应的服务，强化劳动用工备案和社会保险的协同管理。为保障城乡统筹就业管理制度的贯彻落实，应进一步建立相应的外来人口公平就业监督机制。

第二，建立安全的社会保障机制。制定细则，加强贯彻落实中央和本省有关流动人口的社会保障政策。提高流动人口参保率，扩大社会保障的覆盖面，逐步实现城乡社会保障的一体化。

第三，建立良好的教育和培训机制。应尽快将外来人口的教育和培训纳入议事日程，加强探讨相关的机制。逐步建立一个以政府为主导，以企事业单位为基础，以街道和社区为纽带，农民工积极参与的社会支持系统。

第四，构筑高效的权益保障机制。外来人口在城市务工，合法权益受到忽视与侵害的问题较为普遍。特别是劳资纠纷的问题，外来人口大多是受害者，而这也是目前最普遍、最基本的社会风险源。为此，必须建立高效可行的维权体系。

第五，加强社会治安，构筑外来人口聚居区社会治安防控体系。外来人口既是违法犯罪的主体，又是受违法犯罪迫害最严重的人群。必须针对外来人口聚居区制定相应的社会治安防控系统。

（四）加强服务，创新管理，实现城乡社会管理一体化

第一，城乡社会管理一体化。在外来人口聚居区中实现实有人口的一体化管理，建立一种没有户籍身份限制、公共服务均等化、政府依法行政、公民依法自治的社会治理模式是必然的。为此，应重点研究打破城乡管理体制的差别，探索城乡政府合体的模式，进行资源和管理上的整体设置，并逐步取消个体居民的农村户口和非农户口的区分。

第二，创新公共服务体系。逐步探索打破传统以地域、户籍为基础的财政转移支付方式，实现以人为核心、以居住证和社保卡为载体的财政转移方式，建立事权与财权匹配、权责利相统一的公共服务均等化财政保障机制。同时，应当细化当前外来人口与出租屋管理工作，改变外来人口与出租屋管理工作全市统一布局的做法，逐步下放管理权限与资金等公共资源，充分发挥社区及相关社会组织的作用。

第三，提高外来人口组织化程度，建立合理的利益表达渠道。通过建立农民工协会等方式，不断提高外来人口的组织化程度，从而不断提高他们在社区管理中的参与程度，获得合理合法的利益表达渠道。

（五）促进外来人口聚居区中多元文化的融合与共存

外来人口真正地融入城市，其标志就在于从思想上消除了与城市以及城市人之间的隔膜，并且对城市产生了强烈的归属感和认同感，即文化上的融合。

文化融合的基本前提是双方对彼此文化的包容与接纳。为此，需要有关部门做好三个方面的工作，即宣传、教育、整顿工作。

在宣传方面，应有意识地为外来人口腾挪出宣传渠道与宣传空间，一方面宣扬外来人口融入城市的必要性，增进城市居民的包容性和接纳性；另一方面也必须使民众认识到，随着国家经济社会的发展和广州定位为国家中心城市，广州已不仅是广州人的广州，而且是中国的广州、世界的广州。

在教育方面，特别应当开办专门性的外来人口融入性的教育活动。其核心内容可以分为三个层次：一是提升受教育者文化水平和职业技能素质；二是普及城市生活常识和融入性知识；三是道德和法制观念教育。

在整顿方面，主要是指应当开展全市性的大检查，筛选出对外来人口带有歧视性的规章制度以及措施做法，加以整顿改进。其最重要的目的是彻底改变管理者对待外来人口的歧视态度。

总体而言，广州必须探索改革，最终实现外来人口"来穗有工作，上岗有培训，劳动有合同，报酬有标准，管理有参与，维权有渠道，住宿有改善，子女有教育，生活有尊严，养老有保障"，使外来人口逐步融入广州城市社会。

广州市公共安全研究基地成果

作者：吴兴民　潘荣坤

国光电器公司探索"双促三融合"党建工作模式的实践与思考

国光电器股份公司（以下简称"国光电器"）总部位于广州市花都区，是一家以电声研发、生产、销售为主业的知名民营上市企业（股票代码：002045）。从一个名不见经传的国有小厂转制为行业内有竞争力的现代电声制造商，国光电器品尝了由国有企业转制为民营企业的酸甜苦辣，见证了中国自改革开放以来民营企业依靠创新勇闯市场的喜怒哀乐。围绕企业转制转型发展的全过程，党组织充分发挥政治引领和政治核心作用，实现了企业发展和党的建设的双强共赢。2011 年 10 月，国务院总理温家宝同志、广东省委书记汪洋同志专程到国光电器考察，对国光电器转型发展和加强党建工作的做法给予了充分肯定。作为广东省首批"两新"组织百强党组织，国光电器党委成为省内外非公企业党建工作者观摩学习的先进典型。为了深入研究国光电器党建工作的创新实践，课题组深入国光电器，通过召开座谈会、实地考察、现场观摩、查阅材料等方式掌握了大量的一手材料。在深入调研的基础上形成研究报告。本报告对国光电器党建工作的逻辑思路、主要做法、经验启示进行了分析，为提升国光电器党建工作水平、在花都区非公企业推广国光经验提出了建议。

一 逻辑前提

改革开放以来，国光电器从一个名不见经传的国有小厂转制为行业内有竞争力的现代电声制造商，历经中外合资、股份制改造、国有股转让、企业上市、增资扩股，品尝了国有企业转制过程中的酸甜苦辣，见证了民营企业依靠创新勇闯市场的喜怒哀乐。党建工作在非公企业中如何定位？在非公企业中如何开展党建工作？如何发挥党建工作政治引领和政治核心作用？对于这些疑问，国光电器党委认为，党的领导是企业转制转型发展的根本保障，坚持党的领导必须理直气壮；党的建设是党的事业兴旺发达的基本经验，加强党的建设必须毫不动摇。在非公企业中成立党组织，发挥党组织的作用，既是坚持党对非公企业的领导的必然要求，也是非公企业健康发展的客观需要。非公企业在产权关系、企业决策、员工选聘等方面具有独立性，党组织作为政治组织，只有发挥服务企业发展的有效作用，才能得到企业投资者的认同和支持。基于上述认识，国光电器党委明确了这样的逻辑前提：只有立足于以政治优势促进企业健康发展，立足于以科学机制保障企业持续发展，立足于以凝聚人心激发企业创新活力，立足于以组织协调营造企业和谐环境，才能跳出传统思维方式的羁绊，找到企业发展与党建工作的最佳结合点，实现党的政治意图和非公企业自主发展的良性互动。

（一）立足于以政治优势促进企业健康发展

在非公企业发展的初期，法律法规是从外部对非公企业从业进行规范，健全的党组织则是从内部规范非公企业的诚信经营。非公企业通过党组织能够更好地理解党的政策走向，党组织的政治优势能够转化为非公企业的发展优势。非公企业党组织把上级的指示精神同组织的具体情况结合起来，以实现党的政治路线和党的任务体现自身的组织优势，以促进发展体现党组织的战斗堡垒作用和党员的先锋模范作用，党组织把为企业服务、提高经济效益作为企业开展工作的目标，使党建工作与企业发展目标同向、思想同心、工作同步，使党组织的政治优势转化为非公企业的发展优势。国光电器党委认为，只有非公企业认识到党组织的重要性，党的建设才能具有坚实的基础。搞好生产经营管理，提高经济社会效益，是非公企业发展的目标，也是党组织与业主合作共事的最佳结合点。党组织发挥作用的着力点，应该放在支持和促进非公企业经营发展上。只有找准了与经济工作的结合点、在结合上下功夫，才能有活力，才能有发展，党组织在企业中的战斗力、感召力和凝聚力才能在实践中体现出来。

（二）立足于以科学机制保障企业持续发展

非公企业要谋求持续发展，职工与企业双方不应当是商品交换关系而应当是合作伙伴关系。这种合作伙伴关系的成功保持，必须以相互理解、信任、依靠为坚实的基础。只有加强民主政治建设，建立稳定协调的劳动关系，维护广大职工的根本利益，才能调动职工的劳动积极性，促进企业发展。实行民主管理是非公企业健康发展的内在需要，是维护职工合法权益的有效制度，也是实现共建共享目标的机制保障。国光电器党委认为，依靠党组织对工会等群团组织的领导，建立健全职工的民主诉求机制，通过构筑平等意识、增强相互沟通达成共识、形成合力，促进非公企业的发展。党组织依靠非公企业法人的支持，领导工会、共青团、妇联等群团组织，使职工参与民主决策、民主管理和民主监督，协调企业劳动关系，保障职工民主权利的实现，保证企业员工合法地位不受损害；通过制定组织目标、规范群体行为、优化组织环境等一系列活动，使党员和一般群众之间产生较稳定、持久的向心力和亲和力，使他们团结在党组织周围；党组织以党内民主推进企业民主管理，引导非公企业由家族式经营向民主和现代经营管理转型，不仅能够直接推动非公企业的持续发展，而且能够更好地巩固党执政的群众基础。

（三）立足于以凝聚人心激发企业创新活力

非公企业不仅是由现代技术和现代管理支撑的经济实体，而且是由具有现代素质的员工组成的组织。组织模式、行为规范、价值理念、管理科学、创新能力、团队文化、品牌战略、社会公信度、内外部环境和谐指数等被称为"软实力"。国光电器党委认为，建立党组织，使党员有了"家"的归属，通过党组织对员工的真诚关怀和尊重，把员工凝聚在党组织的周围，逐步建立起员工对组织的归属感，这是在无法变更资产和劳动关系的前提下缓和劳资关系、凝聚人心的最佳途径。在物质技术和人的业务技能素质既定的前提下，通过提高思想道德素质调动员工的积极性和创造性，恰好是党组织发挥作用的空间。从提高员工素质角度来认识党组织的传统优势，它是非公企业竞争力的重要组成部分，也是非公企业增强市场竞争力和社会竞争力的重要环节。发挥党组织开展思想政治工作的优势，就是在员工基本业务技能素质既定的前提下，提高人的政治觉悟、精神境界和认识事物的能力；在物质待遇有限的前提下，通过满足人的精神需求、心理需求以抑制物欲，这种激励对发挥人才的积极性和创造性具有更加长久和深刻的作用。企业党建工作只要紧紧抓住这个立足点，就能够为企业创新发展增添动力。

（四）立足于以组织协调营造企业和谐环境

非公企业党组织不是以某方利益的代表者身份，而是以利益协调者的身份出现，通过理顺各种关系促进非公企业内部和谐。党组织通过营造组织内部和谐互助的人际关系和积极向上的奋斗精神，通过深入细致的思想政治工作来提高人们认识和分析问题的能力。党组织能够释疑解惑、防患于未然、化消极因素为积极因素，可以成为非公企业和谐发展的稳定剂和解压阀。国光电器党委认为，非公企业党组织要经常将改革的正确认识告诉不同利益关系方，沟通不同利益方的利益要求，带动员工有序参与企业内部的建设活动以及所在地区的社会活动。承担一定的社会责任，是非公企业塑造自身形象、做大做强的基本要求。实践表明，非公企业发展在步入健康轨道后，不仅要发展自己，而且要回报社会，要自觉承担各种社会责任和义务，在社会公众中树立良好的组织形象，从而为非公企业在竞争中提供强大的"形象优势"。

二 主要做法

在企业转型发展的每一个关键时期，国光电器党委始终坚持把党建的政治优势转化为推动企业转制转型的强大动力，把服务和推动企业发展作为做好党建工作的主题主线，通过党委的领导与法人治理结构、党组织建设与企业创新发展、党组织功能与企业形象建设的深度融合，实现了企业发展与党的建设的同频共振、双强共赢（简称党建工作与企业发展的"双促三融合"，见图1），成功探索出民营企业党建工作的新路。党建工作与企业发展的"双促三融合"，不仅使国光电器成为国有企业转制成功的案例，而且使国光电器党建工作模式成为非公企业党建工作的典范。

（一）实现党委的领导与法人治理结构的深度融合

习近平总书记指出，党的领导是中国特色社会主义最本质的特征。党对非公有制经济组织的领导，只能加强，不能削弱。坚持党的领导既是确保企业转型发展取得成功的根本保障，又是深化企业内部制度改革顺利开展的基本动力，也是国光电器转制转型发展的基本经验。国光电器的改革发展实践表明，只有把党建工作内化为企业治理的主体力量，通过解放思想与转制改革的同步、双向进入与交叉任职的统一、党委有为与企业有位的互动，才能实现党委的领导与法人治理结构的深度融合。

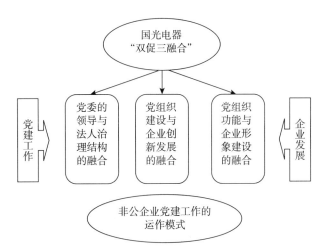

图 1 国光电器党建工作"双促三融合"运作模式

1. 解放思想与转制改革的同步

改革开放以来，伴随着国光电器的发展过程，党委始终站在改革开放的最前沿，及时捕捉党的决策部署所释放出来的市场机遇，不失时机地在企业党员员工队伍中开展思想解放，善于在解放思想中统一思想，在统一思想中推动企业发展转型。1993年以来，国光电器历经中外合资、股份制改造、国有股转让、企业上市、增资扩股，先后开展内部用工分配、福利劳资、医疗住房、后勤保障制度改革，实现外向出口带动、产品升级换代、技术引进创新、研发生产销售全链条整合。在企业改革发展的每个关键时期，面对企业制度创新对员工队伍的思想观念、利益关系、行为方式带来的前所未有的冲击，历届党委进行精心策划、周密组织、谨慎推进，通过"走出去，引进来"，举办政策宣讲会、交流讨论会，摆思想、看现实、望长远，最大限度地凝聚发展共识。针对党员群众的思想疑虑，林述强、周海昌、郝旭明书记等历任党政主要负责人，总是晓之以理、动之以情，最大限度地回应利益诉求。针对投资者对企业组织功能定位的担心，企业党委明确"到位不越位，有所为有所不为"的原则思路，通过充分发挥党组织的政治引领和政治核心作用，及时把党组织的政治优势转化为推动企业转制转型发展的动力，最大限度地实现党建工作与企业发展的互动双赢。

2. 双向进入与交叉任职的统一

党委要发挥在企业发展中的政治引领作用，必须实行党委会成员与法人治理结构的"双向进入、交叉任职"。双向进入与交叉任职的统一，使党委集体决策意图能够贯穿到企业决策执行和监督的各个环节，从而确保企业发展的政治方向和企业管理民主科学。公司董事会中方四位董事中有三位党员，而且都是党委委员。国光电器现任党委书记由郝旭明董事长兼任，党委副书记由企业工会主席肖叶萍同志兼任，名誉董事长、副总裁、国光管理学院常务副院长、总裁办主任、项目总监兼任党委委员。党委的日常工作由党委副书记主持，按照党群一体化的思路，专职管理群团工作。党委下属的9个党支部书记都有行政职务，同时担任着公司部门经理或者中层管理骨干，确保了党委在企业中的政治核心作用和政治引领作用。为更好地使企业行政班子理解支持党委的工作，党委还邀请非党员的总裁参加组织活动。按照中国共产党发展党员工作实施细则的要求，将总裁吸收为入党积极分子，列为发展对象。通过这样的组织架构（见图2），在组织体系上实现党委会成员与经营管理班子的交叉任职，既使党委会成员懂经营、会管理，又使经营管理班子讲政治、懂党务，从而确保党委对企业的政治引领作用得到发挥。

3. 党委有为与企业有位的互动

《关于加强和改进非公有制企业党的建设工作的意见（试行）》明确要求，党组织要在职工群众中发挥政治核心作用，在企业发展中发挥政治引领作用，把贯彻党的路线方针政策、维护职工群众合法权益、引领建设先进企业文化、创先争优推动企业发展贯穿党组织活动始终。在国光电器，企业党委不是脱离企业主业的附加组织，而是企业法人治理结构中的重要组成部分，是参与企业治理的平等主体。企业党委在抓好党建工作的同时，还被赋予领导群团工作职能，带领工会、团委组织开展工作，承担企业文化建设工作、党员员工精神文明建设、评先评优工作、团队建设、构建健康和谐的劳企关系等重任。在企业干部述职评委会中为党委的专职委员设置专门席位。可以说，这些既有为又有位的制度设计，为党组织参与企业重大决策，在职工群众中发挥党组织政治核心作用提供了可靠的保障。

（二）实现党组织建设与企业创新发展的深度融合

创新是一种精神、一种能力，更是企业可持续发展的一种动力。国光电器高度重视自主创新，善于依靠科技创新促进企业转型升级，投入大量的资源建设了多个国家级和省级科研平台，成为国内同行以创新促发展的标杆。国光电器1956年成立党小组，1993年成立党委。现拥有9个支部，共146名党员，党员在员工总数中的占比为2.4%（见图3）。国光电器党委认为，党员作为企业最宝贵的人力资本，必须在企业创新发展中发挥保值增值作用。只有与时俱进地加强党组织建设，才能充分发挥党组织和共产党员在企业创新发展中的作用。在党建工作实践中，党委通过理想信念教育、优化组织设置、建设国光党校等方式，实施创新驱动发展战略，引领企业贯彻落实"四个全面"战略布局、五大发展理念，促进企业转型升级和创新发展，实现党建工作创新与企业转型升级的深度融合。

1. 以理想信念教育凝聚企业科技报国梦

理想信念高于天。坚定的理念信念是共产党员精神之钙。国光电器党委始终坚持党建工作与企业发展经营、员工个人追求目标相结合，把对党员的理想信念教育扩展到对全体员工的理想信念教育，引导员工在工作中勤奋敬业，勇于追求和创新，个人价值得到企业的认可和提升，实现自身对幸福生活的追求目标；引导企业党员员工自觉把个人的追求融入把企业建设成为亚洲最大的电子音箱制造商的发展目标，为实现"打造持续创新、充满活力的百年老店"的"国光梦"尽心尽力；引导企业党员员工立足岗位，扎实工作，建一流团队，创民族品牌，以科技报国的企业精神为实现中华民族伟大复兴的

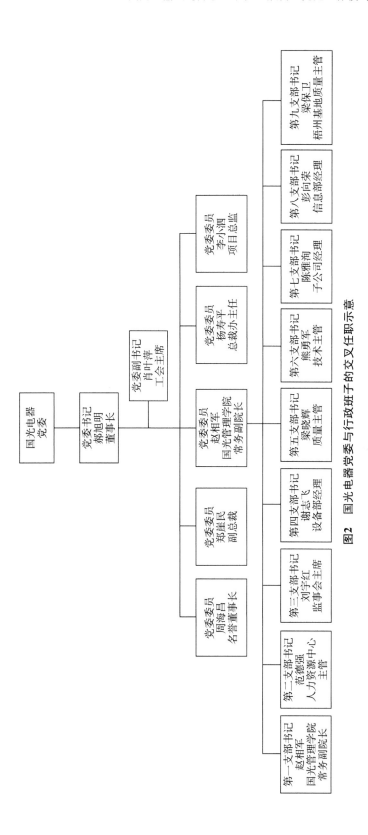

图2 国光电器党委与行政班子的交叉任职示意

中国梦添砖加瓦。近年来，经常性的理想信念教育内化为企业创新发展的精神动力，制度化的党员教育计分考核引领企业员工团结友爱、和谐进取、敢于创新的团队精神。国光电器建设了多个国家级和省级科研平台，成功组建了博士后科技工作站，成为国家同行业公认的高新技术企业。六十年的沉淀与积累，国光电器具有稳固的发展基础，稳定的营业收入，良好的经营、盈利能力和资产状况。尽管面临经济下行的压力，但国光电器在转型升级中取得了良好效果，在发展规划、产品研发、市场开拓、品质控制、制造水平等方面走在行业前列，对行业发展起到了良好的辐射作用。

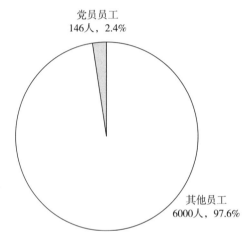

图3　国光电器党员员工与其他员工的结构比例

2. 以优化组织设置推动企业团队建设

针对大多数企业的党组织不参与生产经营管理的实际情况。国光电器党委根据工作流程划分党支部，将2～3个工作联系比较密切的部门、车间的党员组成一个支部，方便沟通与合作。一方面，党支部横跨几个行政部门、几个车间，定期主持召开所管辖经营"连队"的跨部门工作沟通会，起到鼓舞"连队"成员工作干劲、疏通"连队"成员之间的工作障碍、解决"连队"成员思想问题的作用。通过支部组织的定期"连队"工作沟通会，打破部门与部门、部门与车间、车间与车间的壁垒和界限，引导团队成员互相关心、互相帮助，鼓励团队成员互相支持和帮助，自觉以"连队"的整体声誉约束自己的行为，增加自身的工作干劲，从而使团队精神成为公司发展的动力。另一方面，坚持党支部建设与培养团队精神相结合。党支部定期召开"三欣会"（欣赏自己、欣赏他人、欣赏团队），倡导相互欣赏，给予同事多些肯定、鼓励和希望，少点批评、指责和忽视，培养"连队"成员之间的亲切感和凝聚力。党支部通过定期召开"连队"欣赏会，把每个"连队"成员的工作积极性、主动性调动起来，倡导同事的友爱和互助精神，减少员工之间无谓的摩擦和内耗。国光党委把党支部建在经营"连队"上，充分发挥企业党组织在企业中的战斗堡垒作用，凝聚、团结各部门、车间员工，把企业党组织工作与企业生产经营紧密结合在一起，建立团结友爱、和谐进取的党员群众大团队，为国光做大做强、建设高水平的国际音响产业基地提供强大有力的组织队伍和战斗队伍。

3. 以建设国光党校实施两个培养工程

建设学习型组织是企业创新发展的重要保障。国光电器党委坚持把建设学习型党组织作为建设学习型组织的先导,把建设国光党校作为国光管理学院的特色,充分发挥党组织建设在培养企业骨干、培养党员干部中的带动引领作用。2012 年,国光电器党委在公司董事会支持下创办国光管理学院,企业党委书记亲自担任学院院长,选聘一名党委委员担任学院常务副院长。党委把我们党建设党校的经验和企业内部培训的需要结合起来,提出要把国光管理学院建设成为员工思想锻造的熔炉和能力提升的培训基地。近年来,国光电器党委加强党员、员工的素质教育和业务能力培训,倡导创建学习教导型支部,创新支部组织学习方式,通过灵活多样的学习活动,不断创新学习载体,拓宽学习渠道,提升党员干部的自我学习和自我增值能力。带头创建学习型组织,以国光管理学院为教育平台,针对不同的岗位、不同的层次需求,对党员群众讲授企业发展战策、人力资源、财务管理、生产管理等实用型知识和技能。在此基础上,党委明确要求支部建设必须与实际生产经营相结合,与公司人才梯队建设相结合,把党员培养成工作骨干,把工作骨干培养成党员,为企业的经济建设增添风采。党支部要引导团支部成员、有工作能力、有激情的骨干分子向党组织靠拢,吸收"新鲜血液"加入党组织,让企业党组织队伍更加生机蓬勃。1982 年以来,先后有 116 名管理骨干和业务精英被发展为党员(见图 4)。这些党员目前被培养成为企业的高管、中层管理干部、高级技术专家,已经成长为企业的核心经营管理人员和专业技术骨干。

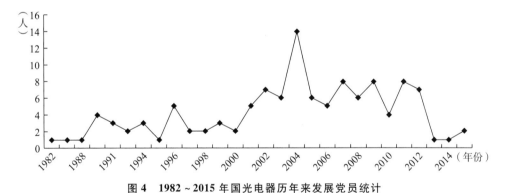

图 4　1982~2015 年国光电器历年来发展党员统计

(三)实现党组织功能与企业形象建设的深度融合

基层党组织处在工作的第一线,只有找准基层党组织的功能定位,实现基层党组织整体功能,才能真正使基层党组织发挥作用、履行职责,推动发展。作为高新技术企业,国光电器注重企业形象建设,树立了以"创新驱动、奉献社会、诚信经营"为核心价值的企业形象。近年来,国光电器党委把抓好党建作为最大政绩,坚持把党组织的政治引领与支持创新驱动相结合、党组织的服务功能与参与社会治理相结合、党组织的文化支撑与企业诚信经营相结合,推动党建工作与企业经营发展同步谋划、同步部署、同步考核,实现了党组织整体功能与企业形象建设的深度融合。

1. 坚持党组织的政治引领与支持创新驱动相结合

党组织是政治组织，必须发挥政治功能。非公企业党组织在企业中发挥政治引领作用，在职工群众中发挥政治核心作用。坚持党的领导，毫不动摇地贯彻落实党的路线方针政策，引导企业遵纪守法，维护各方合法权益，是党组织在非公企业中的重要政治功能。在经济新常态下，支持企业实施创新驱动发展战略，打造持续创新、诚信负责的百年老店，既是国光电器的企业发展目标，也是国光电器党委开展党建工作的价值追求。党委从规范党的组织生活入手，通过履行全面从严治党主体责任，坚持把创新作为党建工作的灵魂，以创新精神支持企业实施创新驱动发展战略，取得了很好的效果。近年来，国光电器党委根据企业党员的岗位分工、兴趣爱好、年龄结构、能力水平，结合企业经营管理、团队建设、文化活动，创建了5种类型的党组织生活（见图5）。组织党员开展红色之旅、重走长征路、重温入党誓词等活动，发挥党的组织生活在净化思想、陶冶情操中的功能。聚焦企业发展的主题，组织党员参加国光论坛，为企业经营管理献计献策，发挥党的组织生活在服务中心、热爱企业、民主参与中的功能。针对新技术的日新月异、新知识的快速更新，组织党员参加各种高层论坛、专业培训、能力培训，在党员中开展头脑风暴，发挥党的组织生活在提升能力、提高素质、扩大视野中的功能。根据支部所在部门管理的需求，召开党员议事会，由党员提出管理中的难题、讨论解决难题的思路，为优化企业管理提出个性化解决方案，发挥党的组织生活在服务企业、服务发展中的功能。结合企业团队建设，组织党员参加扩展训练、文化活动，发挥党的组织生活在弘扬团队精神、增强内部团结中的功能。这些功能各异、形式多样的组织生活，既为扩大党员参与党内事务提供了新途径，又为党员参与企业经营管理、践行企业核心价值观探索了新方法，还练就了党员善于创新、敢于创新的政治品质，为企业实施创新驱动发展战略集聚了丰富的政治资源和组织资源。作为广东省创新型高新技术企业，国光电器自主开发的专利技术获得数十项全国和省市科技进步奖，位居全国同行前列。

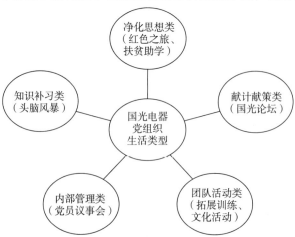

图5　国光电器党组织生活类型示意

2. 坚持党组织的服务功能与参与社会治理相结合

持续发展与壮大是每一个企业的奋斗目标,"做百年老店"是国光电器的企业使命。国光电器在为员工创造就业机会和提供薪酬福利的同时,不忘"以人为本,为员工创造机会,为股东创造效益,为社会承担责任"的企业宗旨,积极履行企业社会责任,回馈社会。加强基层党组织建设,要坚持服务改革、服务发展、服务民生、服务群众、服务党员,充分发挥党组织的服务功能。党委作为履行社会责任、维护形象的责任主体,在为企业发展保驾护航的同时,主动把企业党建融入区域化党建工作的大局,成立党员团员志愿服务组织,与周边村、社区党组织开展结对共建,搭建信息互通、优势互补、资源共享、人才共育、发展互助的基层党建工作新格局。把回馈社会、服务社群作为践行党的群众路线的重要载体,主动承担社会责任,引导企业党员职工参加自愿献血、爱心助学等社会活动,近年来向地震受灾地区、花都教育基金等捐款近千万元。主动参与创建文明城市、创建幸福社区、建设美丽乡村等工作,在投身基层组织建设的过程中,彰显企业党员的先进性。作为广东省"两新"组织百强党组织的负责人,党委书记郝旭明的工作成绩得到上级组织和企业党员职工的高度认可,被评为省市优秀共产党员、广东省优秀职业经理人、花都区优秀党务工作者。

3. 坚持党组织的文化支撑与企业诚信经营相结合

文化融合是企业管理与党建工作联姻的媒介。将党的先进性的红色基因与企业文化建设进行嫁接融合,从文化融合上找到企业党建工作的切入点,在推广企业文化中融入党建文化,在建设党建文化中引领企业文化,是国光电器党建工作的鲜明特点。国光电器党委积极开展社会主义核心价值体系学习宣传教育,树立"打造持续创新,充满活力的百年老店"的企业文化精神,以党建带群建为抓手,维护职工合法权益,引导青年职工发挥聪明才智,组织开展职工体育比赛、联欢晚会和拓展培训等活动,营造浓厚的企业文化建设氛围,增强党组织的凝聚力和向心力,充分发挥了党建工作的文化支撑功能。国光电器党委非常注重文化载体创新,每年推出一个文化活动主题,每月定期组织出版《国光电器报》,每天开设有线广播,开放企业文化室、职工书屋、员工电脑室、舞蹈形体室、文化体育馆等,建设"企业文化长廊",构建了"10+5"的文化载体(见图6),

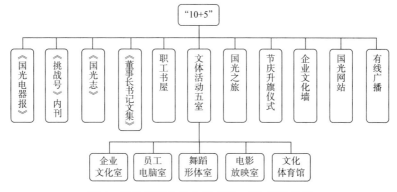

图6 国光电器企业文化"10+5"载体示意

将企业文化具象化、符号化、常态化。通过发挥这些载体的传播沟通和潜移默化作用，弘扬企业精神，增强员工热爱企业，建设好企业的信念，提升企业的向心力和凝聚力。在此基础上，党委始终坚持"客户至上，诚信为先"的理念，坚持打造诚信文化，让企业以高质量的产品和诚信经营赢得客户信赖，实现了创先争优红色文化与诚信经营企业文化的有效嫁接，在全社会维护了国光电器的诚信经营、文化强企的良好形象。

三 成效启示

国光电器党建工作"双促三融合"实践表明，只要推动现代企业制度与党建工作的深度融合，现代企业文化与党建文化的相互渗透，企业转型发展与党建创新的同频共振，就能够实现党建工作与企业发展的双强共赢。近年来，国光电器获得国家、省市授予的"信用企业""重点企业""创新型企业""诚信企业""百强企业"等数十项荣誉。国光电器党委先后被评为广东省"两新"组织百强党组织、广州市非公企业党建工作示范党委、广州市企业文化示范基地。国光电器党建工作创新实践启示我们，加强非公企业党建工作，必须坚持正确的政治方向，必须坚持党组织自主发展，必须坚持服务企业长远发展，必须坚持党政联动融合推进，必须坚持创新工作方式方法。

（一）必须坚持正确的政治方向

非公企业党组织是法律法规规定必须成立的组织，其地位和作用在法律法规及党的各类文件中已经有了明确规定。应当理直气壮地在非公企业中建立党组织，发挥其应有的作用。在非公企业规模及职工队伍不断壮大、领域不断拓展、非公经济对国家贡献份额日益加大的今天，非公企业不建立党组织，不发挥党组织作用是不可想象的；非公企业发展也离不开党的政策，离不开党组织作用的发挥，离不开各级党委、政府提供的良好环境。加强非公企业党组织建设，必须立足于服务这个基本功能。因此，否定非公企业党组织功能、模糊党组织功能、弱化党组织的领导都是错误的。这是事关党的建设的重大政治问题，也是事关非公企业健康发展的现实问题。

（二）必须坚持党组织自主发展

非公企业党组织不等同于其他制度性安排、行政化安排成立的党组织，要把党组织自身发展作为完善服务功能的出发点。一是在功能确立上要有独立性，不能变成企业的附庸。党组织自身工作要突出党的政治特色，遵循党的建设规律，把握党的活动特点。二是功能要具备非公企业党组织的独特性，探索具有非公企业特色的党建工作新思路，形成自身的存在方式和特点。三是在功能实施中要防止党的思想观念被"弱化"，甚至被"同化""异化"。党组织所处的环境要求党组织要有清醒的头脑，在功能实施方面要更多地着眼于党的自身建设，着眼于党组织的力量和影响力不断强大。

（三）必须坚持服务企业长远发展

非公企业在产权关系、组织结构以及运作方式等方面已经不同于传统国有企业，再像国有企业那样发挥党组织自身在企业中的作用，显然已经不符合非公企业的实际，难以取得企业法人或企业主的理解和支持。即使建立党组织，其功能作用也难以发挥，因此党组织必须在获得企业和职工支持的条件下开展工作。非公企业本身包含着多种类型的企业，从企业来源看，有外资企业、内地民资企业、国有改制企业等；从企业投资方式看，有独资企业、合资企业、股份制企业等；从企业成熟度看，有规范化的产权明晰企业、家族式企业、个人手工作坊式企业等。无论如何，要立足于服务企业长远发展的需要，增强非公企业党组织建设的科学性和有效性。

（四）必须坚持党政联动融合推进

推进非公企业党组织建设，要考虑整合各类资源。要借助上级党组织力量，树立党群工作一盘棋的整体观念，建立以党的建设带群团建设的联动工作机制，形成统一规划部署、统一开展活动、相互协调配合、整体合力推进局面。企业党组织要善于整合和利用资源，为党组织功能实现提供条件，依靠上级党委、上级政府以及与企业管理有关的部门和企业自身，推动党委、政府、企业联动融合开展工作，以个性化解决方案服务企业，建立与企业出资人的紧密合作关系，让企业出资人切身感受到党委、政府服务企业发展的真诚态度，切身感受到企业发展与党建工作的相互促进。

（五）必须坚持创新工作方式方法

创新非公企业党建工作离不开科学的方法。在推进非公企业党组织建设中，要尊重基层首创精神，实行党政联动、上下结合、统筹推进、重点突破的工作方法，探索以建为主、以联覆盖、以挂补充的党组织组建方法，尝试运用互联网开展组织生活和党建工作方法。既要创造性地运用马克思主义哲学的基本方法，又要善于运用有效解决实际问题的具体方法；既要继承发展传统方法，又要学习借鉴现代管理方法，逐步形成内容丰富、结构完整、相互协调、务实管用的科学方法体系。

四 创新举措

党的十八届三中全会指出，必须毫不动摇地鼓励、支持、引导非公有制经济发展，激发非公有制经济的活力和创造力。中共中央办公厅印发的《关于加强和改进非公有制企业党的建设工作的意见（试行）》《关于加强基层服务型党组织建设的实施意见》，为推动国光电器党建工作创新提供了基本遵循和工作指南。课题组建议，深入总结国光电器的创新实践，坚持"外部推、组织引、党员动"三结合（见图7），深入推进国光电器党组织建设，为企业健康发展提供强大的动力支持，为新雅街乃至花都区非公企业党建工作提供可复制的经验。

（一）党政融合"外部推"

推动国光电器党建工作创新，要坚持党政融合，整合各类资源，采取三种模式，借助外力推动。一是"区非公党工委＋企业党支部"模式。区非公企业党工委要加强对非公企业党建工作的指导，从政策、组织、舆论、经费等方面为企业党组织生活、发展党员、开展党建活动提供便利，支持有条件的街道成立园区党委，努力探索园区党建工作新思路，通过思路创新、模式创新、机制创新开创特色鲜明、内涵丰富的园区外商投资企业党建工作新局面。二是"街道综合党委＋企业党支部"模式。建议新雅街道成立综

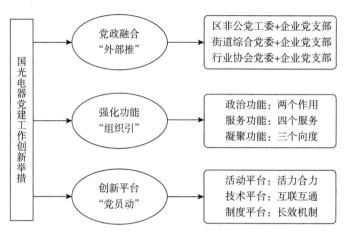

图7 国光电器党建工作"三结合"创新举措

合党委或者园区党委，对辖区非公企业实施区域化管理，通过建立街道党工委、社区党委有效整合街道、社区内的各类资源，构建起有效覆盖的区域性（包括街道党组织、居民区党组织、"两新"组织党组织、社区单位党组织、各类党建载体等）党建工作网络，将非公企业党组织纳入党建网格化的体系。三是"行业协会党委＋企业党支部"模式。街道党工委可以以国光电器为龙头，牵头成立区域非公企业或行业协会联合党委，把组织平台搭建起来，让流动党员"回家"。这样有利于区域企业的党员找到组织，找到归宿，也有利于把党的路线、方针、政策传达到非公企业，较好地解决在不具备建立党组织条件的非公企业中开展党的建设问题，有力地促进区域非公企业党组织建立和扩大党的工作覆盖面。

（二）强化功能"组织引"

党的十八大指出，要以服务群众、做好群众工作为主要任务，加强基层服务型党组织建设。党的十八届五中全会强调，要发挥基层党组织的整体功能。这就要求国光电器党建工作突出政治功能、服务功能和凝聚功能。一是提高组织生活质量，强化党员的党性。既可以通过破解企业发展难题，提升组织生活的针对性，也可以通过和工会活动相结合，增强组织生活的多样性，还可以通过组织生活"业余化"，提高组织生活的灵活性。二是聚焦文化建设，强化对企业的认同。党建文化是先进文化的总代表，应充分发挥政治文化建设在思想政治教育中的作用。既可以通过文化搭桥，实现党建文化和企业文化融合发展，也可以通过文化凝聚，营造创新团结向上的企业文化氛围，还可以通过人文关怀，丰富企业员工的业余生活。三是依托服务行动，赢得员工拥护。引导企业党组织抓好群团组织配套建设，当好企业与员工之间的"桥梁"，以党建带群团，以群团促党建，形成企业、职工、社会和谐相处、共同发展的良好局面。

（三）创新平台"党员动"

推动国光电器党建工作创新，搭建工作平台，最大限度地调动党员参与的积极性。一是活动平台。积极开展"党员示范岗""党员责任区""党员亮身份、作表率"等主题实践活动,引导党员在企业生产中,特别是在遇到急难险重任务和困难时挺身而出,发挥先锋模范作用。引导企业党组织和党员主动融入企业发展进程,营造同舟共济、团结奋斗的良好氛围。引导党员员工切实履行社会责任,参与地方扶贫、灾害救助、员工互助等各项社会公益事业,实现回馈社会、服务大众与提升自身形象、创造更高价值的双赢。组织党员参加志愿服务、"在职党员进社区"等活动,利用业余时间到社区开展诸如便民服务、环保护绿等志愿服务,形成社区和企业志愿服务共享之势,使企业党员的作用进一步延伸。二是技术平台。充分发挥网站、论坛、QQ群、微信等平台作用,完善"网上党支部",开通"网络视频课堂"等平台,引导党员在业余时间开展组织生活,实现"线上与线下"联动,扩大党组织活动的影响力。三是制度平台。要健全政治学习、组织生活、民主评议、党内关爱制度,确保党的组织生活顺利进行。认真落实"三会一课"制度,及时向党员传达党的路线方针政策。定期召开组织生活会议,交流思想、工作、学习和生活等情况,开展批评和自我批评,提高党组织和党员解决自身问题的能力。加强民主评议工作力度,通过对党员的正面教育、自我教育和党内外群众的评议,以及党组织的考核,对党员的表现和作用做出客观评价,激励党员更好地发挥作用。落实党内激励、关怀、帮扶制度,引导党组织切实做好关心、爱护党务干部工作,帮助他们解决工作、学习和生活中遇到的实际困难,做到感情留人、事业留人、待遇留人,使他们真正感受到组织的关怀和温暖。

五 推广建议

党的十八大以来,以习近平为总书记的党中央树立大抓基层的导向,努力扩大组织覆盖、建强骨干队伍、强化基础保障,推动基层组织全面进步、全面过硬。加强非公企业党建工作,既是贯彻落实"四个全面"战略布局的需要,又是以五大发展理念引领经济社会转型的需要。建议在花都全区推广国光电器党建工作的有效做法,并把非公企业党建工作纳入花都区基层社会治理创新的格局进行整体谋划。为更好地推广国光电器党建工作的经验,建议围绕"三个保障"规范非公有制企业的行为,围绕"六个好"创新党组织发挥作用的途径,围绕"五个机制"解决党建工作面临的难题,逐步形成花都区加强非公企业党建工作"365推进路径"。

(一)围绕"三个保障"规范非公有制企业的行为

一要改进领导方式,为非公有制企业发展提供政治保障。坚持改革开放的社会主义方向,正确处理政府与企业、政府与社会、效率与公平的关系,改进党对非公有制经济组织的领导方式。要充分调动党的各项工作的积极性,通过把握方向、谋划全局、提出战略、制定政策、推动立法、营造良好环境,规范非公有制企业发展,最大限度地减少社会不和谐因素,最大限度地协调社会矛盾,最大限度地激发社会活力。要加强非公有制企业党组织建设,使党组织能够发挥在非公有制企业健康发展中的政治引领作用和在员工中的政治核心作用,调动非公有制企业利益相关方自觉参与到基层社会治理中来。

二要依法依规管理,为规范非公有制企业提供法律保障。严格执行《企业法》《工会法》《劳动法》《劳动合同法》等相关法律，确保非公有制企业与公有制企业在法律中的平等地位，明确非公有制企业在社会管理中应承担的法律责任、社会责任；加强普法教育，并强化依法行政、公正司法，提升非公有制企业主、管理者和员工的法律意识，从根本上改变"强制镇压"或"以闹来解决矛盾纠纷"的惯性做法，将社会管理纳入法治化轨道；加大对非公有制企业违法犯罪行为和侵害非公有制企业合法权益行为的打击力度，破除不公平竞争，为非公有制企业发展营造公平正义的法治环境。

三要建立诚信平台，为企业诚信经营提供技术保障。建议以行业为类别，以网络为依托，统一规划、统一标准，搭建全区通用的非公有制企业产品诚信评价网络平台。具体操作方法是：每个产品规定唯一的"身份信息"；产品一进入市场领域，就由生产企业将该产品的"身份信息"录入诚信评价网络平台；消费者购买产品后在一定期限内，依据该产品的"身份信息"，通过诚信评价网络平台对相应产品的质量给出评价。评价结果公开、透明，社会各界可随时查询。这既可以引导企业自觉践行企业诚信，履行社会责任，又可以为地方政府有关部门、行业协会加强监管提供依据，推动建立分类监管、优胜劣汰的长效机制，塑造本地区、本行业诚信公正的竞争环境。

（二）围绕"六个好"创新党组织发挥作用的途径

一是围绕"企业发展推动好"发挥作用。非公有制企业党组织要根据企业生产、经营、发展特点，找准党建工作的科学定位，建立与管理层定期沟通、平等协商、相互支持的双向互动机制。注重在企业中高层管理人员中发展党员，提倡以党组织领导班子"双向进入、交叉任职"的方式，积极主动地参与企业重大问题决策，增强企业决策的民主性和科学性。积极为企业发展当好参谋，努力解决企业发展中遇到的困难和问题，以党组织的特有优势推动企业又好又快发展。

二是围绕"思想政治工作好"发挥作用。党组织要通过多种有利于大家参与和接受、有利于真正达成共识的方式，加大思想教育和政治引领工作力度，不仅要引导业主和企业经营管理人员遵纪守法，自觉贯彻落实党的路线、方针、政策，而且要教育广大员工爱岗敬业，立足于岗位帮助非公有制企业实施科学管理，在增强党组织的亲和力与凝聚力的同时，为实现非公有制企业的科学发展凝心聚力。

三是围绕"人才资源开发好"发挥作用。党组织帮助企业制定人才政策，积极参与企业干部的考核、任免，公正推荐，提出建议；制定实施"素质提升计划"，提高党员、员工的思想素质和业务水平，努力把优秀员工发展成为党员，把党员培养成为优秀员工；深入开展党员责任区、党员先锋岗、党员承诺制、党员义工等活动，努力使党员做到党的路线方针政策先学习、先进科技管理知识先掌握、生产经营任务先完成，充分发挥党员在本职工作中的示范带动作用。

四是围绕"企业文化建设好"发挥作用。非公企业党组织必须履行"尽心尽力地建设社会主义核心价值体系"的职责，在非公有制企业中起到灵魂"净化员"的作用，推动非公有制企业先进文化建设，发扬企业优良传统，树立先进经营理念，培育企业团队精神，提高员工主人翁意识，形成上下同心、团结奋进的强大动力。积极开展群众性精神文明创建活动，尊重人、理解人、关心人、激励人，提升企业文明程度，增强企业社会责任感，塑造良好公众形象。

五是围绕"各方利益协调好"发挥作用。坚持以人为本，协调各方关系，体现业主、党员、员工、社会等方面共同的价值期待，构建活力和谐企业。党组织要充分利用自身工作优势，关心和维护党员、员工合法权益，畅通党员、员工意见反馈渠道，协调好劳资矛盾、企业决策层和管理层的各种矛盾、企业与外部的关系，争取各方的理解和支持。引导企业主动承担社会责任，热心公益事业，回报社会，在社会公众中树立良好的形象和信誉，构建企业与社会的和谐关系。

六是围绕"群团力量整合好"发挥作用。加强对群团组织的领导，指导它们按各自的章程开展工作，使群团组织真正成为党组织联系员工的桥梁和纽带，成为党组织开展工作的参谋和助手。大力提高党组织统揽群团工作的能力，坚持把创建"五好"党组织与创建文明单位、模范职工之家、青年文明号等活动结合起来，把党员评先与评选劳动模范、优秀共青团员、巾帼英雄等活动结合起来，增强党建工作创新活力和整体功效。

（三）围绕"五个机制"解决党建工作面临的难题

一要完善非公企业党建工作的管理体制。建议上级部门协调各地，建立自上而下、职能相统一的非公企业党建工作管理体制，确保工作有序衔接。同时明确非公有制经济组织党工委的工作职责，根据实际建立健全相应的工作机构，合理配置人员编制，提供必要的办公场所和工作经费，做到有章办事、有人管事、有钱办事、有场所议事。同时把非公有制企业党建工作纳入本地区经济社会发展全局，纳入党的建设总体部署。将工商局等负责非公企业登记注册、管理服务的部门纳入非公有制经济组织党工委成员，切实担负起非公企业党建指导监督职能。不断完善党委统一领导、组织部门牵头抓总、专门工作机构具体负责、有关部门和单位参加的非公企业党建工作体系，统筹、整合组织资源，形成上下联动、左右协调、相互支持、齐抓共管非公企业党建工作的领导体制，使非公企业党建工作与其他类型基层党的建设协调发展、整体推进。

二要探索采用项目化操作方式推动工作机制。要在非公企业推行党建工作项目制度，项目定下来后，要围绕强化服务功能这个目标设计好清晰的路线图和流程图。要紧扣强化党组织服务能力、服务实力选项目做方案，力求做到上一个项目解决一个或几个实际问题，做几件让党员和群众看得见、摸得着的实事和好事，形成一套简便易行、有效管用的方式、方法，带动一批服务组织和服务队伍，搭建一个能让党员发挥先锋模范作用的平台，树立先进典型和典型案例，最终强化党组织服务功能。

三要完善非公企业党务骨干培养选拔管理机制。实施人才"双培双推"工程，打通党务与业务融合的渠道。应深入开展以"把生产经营的骨干和管理能手培养成党员、把党员培养成技术和管理能手，把经营管理层中的党员骨干推选为党务工作者、把优秀党务工作者推介到经营管理层"为主要内容的"双培双推"活动，更好地发挥党员的先锋模范作用，进一步促进党建与企业的融合发展。通过拓宽选拔渠道、加强业务培训、加大党建指导员联系指导力度等方式，逐步建立党务工作者储备和输送机制。要保护好党务工作者的合法权益，保障其工作、生活待遇，并适当地给予有效激励，调动他们的积极性。党组织班子成员因履行职责、坚持原则受到不公正对待时，上级党组织和有关部门应及时与企业主交涉，维护其合法权益。政府有关部门在政策制度方面，对于在非公企业中工作出色的党务干部和党员，应在入户、住房保障、子女入学等方面给予适当政策倾斜；对于特别优秀的党务干部和党员，授予一定的政治荣誉，通过组织上的精神和物质激励，让其安心工作。

四要健全对非公企业主的宣传引导机制。要通过做好企业主的思想工作，让他们打消顾虑，增强信心，培养对党的深厚感情，使他们积极支持在企业中开展党建工作。要通过举办培训班、学习会、观看电教片、召开座谈会、举行报告会、撰写交流学习心得等多种形式对企业主、企业党组织书记、党员和员工四支队伍进行重点宣传教育，增强其"红色"意识，让他们认识到加强党建工作是确保非公有制企业健康发展的需要，消除其"害怕"心理和"无用论"等偏见，增强非公企业党建工作的责任感和紧迫感。在日常工作中，要加强沟通，增进了解，让非公企业主了解"党企互促，双赢发展"的工作思路，确立围绕经济建设开展党建工作的原则，将着力点放在支持和促进非公企业经营发展上，寓党建工作于经营、管理和文化建设，使企业主切实感受到党建工作的好处，从而自觉地接受并支持党建工作。

五要完善非公企业党建工作的经费保障机制。落实非公企业党建工作经费财政保障机制，实行非公企业党费全额返还制度。明确非公企业党组织所收缴的党费全额返还，并由各级财政支付一定比例的党组织活动经费。通过争取上级党组织拨款、业主支持、基层党组织互帮互助、联谊单位帮扶捐助等形式多渠道筹集党建工作经费。构建区域联合、功能互补的党建活动阵地群。发挥镇（街）机关党组织、村（社区）党组织、驻区单位（重点企业）党组织资源多、党建工作基础好的优势，建立机关、村（社区）党组织与非公企业党组织互帮互助工作机制，统筹利用镇（街）、村（社区）、居民小区和驻区单位（重点企业）的办公场所、会议场所、活动场所等，打造区域内党组织共享共用的学习阵地、教育阵地、宣传阵地、活动阵地，保障非公企业党组织和党员能够就近开展活动。

广州市党建研究基地成果

作者：尹德慈

广州市园区党建工作研究报告：
以花都区秀全街为例

园区是新时期花都区产业发展的主要载体、重要的经济增长极、高端人才的集聚地和产城融合的重要引擎。加强和改进园区党的建设工作，对引领园区产业持续健康发展、促进劳动关系和谐、吸引凝聚人才、巩固党的执政地位具有十分重要的现实意义。近年来，随着花都区工业化、城市化的快速推进及企业向园区集聚的现状，花都区委认为加强园区党建工作对推进园区发展乃至花都发展具有重要意义，并始终把创新园区党建作为花都区转型升级的重要战略任务加以推动。秀全街作为花都区主要经济园区的集聚地，涵盖了花都汽车城产业基地、珠宝产业园区、保利城商贸圈、风神商贸聚集圈、雅居乐锦城商圈等重要园区，其园区经济体量大、非公企业数量多、辐射带动能力强，在花都区具有举足轻重的地位。如何把党的组织和党的工作有效覆盖到工业园区，将党的政治优势、组织优势转化为推进企业发展的强大动力，实现党建工作与园区发展良性互动以及与群众需求紧密对接，构建起以"园区党建"为组织核心的街道公民治理模式，让党的领导成为基层经济发展和社会事业发展"双轮驱动"的核心力量和政治保障，是秀全街创新园区党建工作必须深入研究和解决的现实课题。

一 现实基础

秀全街辖区总面积为54.19平方公里，现有基层组织69个，其中街机关党组织4个，农村党组织31个，社区党组织2个，汽车城机关党组织12个，非公企业党组织20个。按照"属地管理"原则，这些非公企业的党组织建设和党员管理已经成为秀全街党建工作的重要组成部分。近年来，秀全街创新基层党组织建设的重要成果之一就是辖区的非公企业党建，经过实践探索，初步形成了"条块结合、以块为主"的非公企业党建新体制，在传统的属地管理基础上，增加行业力量，依托龙头企业形成的产业集聚效应充分整合党建资源，通过划片布点连线，推行网格化管理，灵活设置联合型、园区型和行业型党组织，实现了组织全覆盖。

（一）有一套统一的党组织体系

近年来，秀全街着力构建"条块结合、资源共享、优势互补、共驻共建"区域化党建工作新格局，在区委组织部的指导、关心和帮助下，初步形成了党建引领、经济发展、社会服务"三位一体"的园区组织建制体系。

第一，创新组织架构。目前，秀全街按照行政组织、辖区企业、居民村社三条线，已经形成"花瓣式"的偏平组织架构（见图1）。"花瓣"中央是街道党工委和汽车城党委，其特点是"分工不分家"，即街道党工委书记兼任汽车城管委会主任，汽车城管委会副主任兼任汽车城党委书记，政企分工十分清晰，但在党的统一领导下又不分家，在具体措施上实行办公地点统一但不合署、党政企工作整体推进但各有侧重。"花瓣"边缘集聚的是驻区企业、村社、部队、商圈等各种类型的基层党组织。"花瓣式"组织架构充分发挥了党组织凝聚整合各类资源的核心和枢纽作用，增强了党组织整合社会资源的能力。第二，创新领导体制。对于非公企业党组织领导体制，秀全街突破了传统的"垂直科层"领导模式，形成了"辅助协作式"领导体制模式，即街道党工委和业务部门党组织不再负有领导责任，主要发挥其职能优势和区域资源优势，加强关系协调和服务指导，着力促进村社等党组织及辖区外有关党组织与非公企业党组织的协作，例如，风神集团党组织由上级企业党组织直接领导，而汽车城党委发挥职能优势和资源优势，发挥"辅助协作式"协调功能，这种组织领导体制最大的优势是减少了层级和分支机构，运转快捷和高效，有利于企业发展和地方社会服务相融合，保证了企业党建工作的相对主体性和独立性。第三，推行网格管理。秀全街根据园区产业的集聚效应，创造性地形成了"就近、就行、好管、管好"的"二就二好"非公企业党建管理思路，以网格为载体形成汽车城产业基地、珠宝产业园区、保利城商贸圈、风神商贸聚集圈、雅居乐锦城商圈等区域性和行业性的非公企业党建管理模式。同时推动非公企业党组织的设置与区相关行政职能部门隶属关系保持一致，还要求广州市相关职能部门向汽车城派驻专员，有利地促进了党建工作和业务工作的有效融合，增强了对非公企业党建工作的认同感。

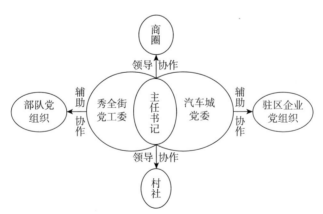

图1　秀全街党组织"花瓣式"架构

（二）有相对成熟的非公企业党建经验

近年来，秀全街紧紧围绕党建工作的总体要求和经济工作的总体目标，坚持继承与创新相结合，党建工作与企业发展同步，确立以"融入、服务"为宗旨的非公企业党建指导理念，突出党组织的核心地位，以群团组织建设为依托，以整合资源、形成合力、共同建设为着力点，不断创新非公企业党建工作的方式方法，积极推进党建工作"全覆盖、凝聚力、组织化"的进程，积累了相对成熟的非公企业党建经验。

一是采取平台化组建方式。大致从两个维度展开。在工作理念上，建立党组织不求"所有"但求"所在"，抓住抓实规模以上龙头企业的党建工作，利用产业的集聚效应和龙头企业党建工作的示范效应"培强扶弱"，辐射产业链上的其他企业组建党组织，带动条件尚欠的企业组建党组织，鼓励尚在观望的企业组建党组织，引导已有党组织但功能发挥不理想的企业共同发展。在工作方式上，突破以企业为单元组建党组织的模式，积极探索向商圈党建、园区党建、楼宇党建、生活区党建等多种设置方式，通过党组织设置方式的转型开辟更广阔的党组织活动和功能发挥空间。二是明确社会化功能定位。秀全街强调非公企业党组织在实现和维护企业员工利益方面的作用，建立关爱机制，通过汽车城党代表工作室坐诊服务，倾听职工群众心声，了解意见和要求，力所能及地帮助职工解决思想、生活、工作方面的困难，成立关爱小组，及时掌握员工思想动态，定期进行沟通交流，化解利益纠纷。三是倡导合作化活动方式。秀全街党工委和汽车城党委坚持"实际、实用、实效"的原则，开展机关党支部与村、企业党支部结对共建活动，让机关党支部和村支部、企业党支部在活动中共同达到"一帮一、一对红"，实现"企业需要、党员欢迎、员工拥护、老板支持"的良好效果。秀全街在加强非公企业党建过程中体会较深的是"三个必须"，即非公企业党建工作必须与经济转型发展要求相结合，非公企业党建工作必须与企业自身发展相结合，非公企业党建工作必须与社会事业发展相结合。

（三）有亟待整合的丰富党建资源

要加强非公企业党建工作，必须发掘、整合、利用各方资源，必须通过整合资源建立资源的支撑体系。秀全街辖区拥有丰富的村社党建资源、部队党建资源、企业党建资源，周边还有院校党建资源等，政府资源的广泛调动、社会资源的有效整合、组织资源的综合利用，使党的经济资源、组织资源、政策资源、文化资源和人才资源等在非公企业优化整合，有效地推动了企业的科学发展。

一是政府资源。秀全街强化党建与服务发展齐抓共促的工作理念，推动区委、区政府及街道办事处各工作部门充分发挥各自服务、联系、管理的职能优势，不断融入非公企业党建工作格局。例如，风神公司以结合区纪委加强廉政建设为切入口，加快推进惩防体系建设，强化了廉洁风险防控工作，开展效能监察，连续四年获得总部优秀效能监察项目一等奖；同时，推进廉洁文化建设，进一步增强党员干部和"三管"人员廉洁从业意识，推动东风自主乘用车事业又好又快发展。二是企业资源。秀全街党工委努力构建优化共享的企业党建资源整合平台，推进汽车城园区内两家公司实现了信息统筹共享、文化统筹交流、活动统筹安排等。三是部队资源。秀全街辖区驻扎着17支部队，拥有丰富的部队党建资源。军地合作一直是部队工作和地方工作的重要内容。部队党建资源最大的优势是标准化水平高，在党员教育、作风建设、理论学习、党务标准化等方面具有丰富的经验和资源，这是目前非公企业党建工作所欠缺的。同时，部队在老兵退伍就业、党组织接转等方面需要企业、街道等有关方面的帮助，这为资源的整合提供了极好的契机。四是村社资源。秀全街着力开展村企互助、社企共建活动，可以有效解决村企、社企矛盾，既为非公有制企业投身公益事业、谋求和谐发展环境搭建了平台，有利于为企业解决厂房选址、招工、店里设施等方面的难题，又为改善村（社区）人居环境、提高农民（居民）生活水平、促进新农村（社区）建设提供了坚实保障。

（四）有开展党建工作的现实需求

企业向园区集聚，形成产业联盟已成为必然趋势。秀全街敏锐地察觉到，引领园区成为全街创新驱动、转型发展的示范区和先行区，进一步拓宽非公企业党建工作的新空间，必须始终把党的建设放在突出位置，着力加强园区党建工作。

首先，从宏观层面看，保障辖区和谐稳定，需要党组织发挥"稳定器"作用。近几年来，随着园区经济的飞速发展，国内外大量的人才集聚在园区，各种思潮、理念相互影响、相互碰撞，人们的思想观念和价值取向日益多样化、复杂化。在全街形成健康向上的发展生态，为企业发展营造良好的外部环境，成为街道凝聚企业党建共识的外部动力。同时，在企业内部形成"互帮、互助、互敬、互谅、互让、互爱"的良好风气，营造"大家手拉手、同心谋发展"的和谐发展环境，成为企业响应街道开展党建工作的内部动力。其次，从中观层面看，促进企业健康发展，需要党组织发挥"助推器"作用。如何使党组织迅速转化为加快产业发展、引领企业壮大的核心力量，是企业发展所期盼的现实需要。通过党组织将党员培养成人才，让其在生产经营中当主力，广大党员政治上求"红"，技术上求"精"，工作上求"进"，贡献上求"多"，成为企业认同党建工作的关键。此外，围绕促进企业发展开展活动，加强党组织与企业之间、企业与企业之间的沟通和联系，相互提供生产经营信息，集中组织技术攻关，加强行业自律，实行人才资源共享，遏制恶性竞争，维护行业整体利益，也是企业对加强园区党建工作的期待。最后，从微观层面看，加强党员教育管理，需要党组织发挥"孵化器"作用。非公企业中聚集的大量党员也存在对组织的需求。加强党员活动与企业发展的契合，围绕生产经营集中开展文娱活动、劳动技能竞赛活动等，提高员工素质，丰富员工生活，实现党员在企业中的价值，扩大党组织在员工中的凝聚力和感召力，是党员对党建工作的期待。

二 主要问题

目前，秀全街对园区党建和非公企业党建工作进行了一些有益的探索和尝试，取得了宝贵的经验。但同时也应看到园区党建和非公企业党建工作还存在不同程度的限制性因素和一些薄弱环节，在过去的园区党建实践中，抓经济松党务、重发展轻党建的现象非常普遍，园区基层组织基础薄弱，组织组建难、党员管理难、作用发挥难等问题比较突出，党建工作普通存在"五失"现象。

（一）党员"失控"

一是党员数量相对较少。相比从业人员的总量，非公有制企业中的党员数量比较少，调研了解到，辖区中日资企业和台资企业党建工作的开展难度较大，"隐性""口袋"党员较多，一般都不愿暴露党员身份，给党员队伍的教育管理带来较大挑战。仅就汽车产业基地园区来讲，截至 2014 年年底，在园区 204 家非公企业中，汽车城党委成立了 8 个非公企业支部（包括联合党支部），约 40000 名从业人员中，共有党员 198 人，党员在员工中所占比例不足 0.5%，在 200 个员工中只有不到 1 个党员（见图 2）。

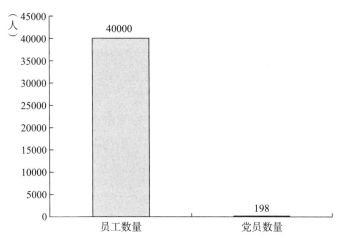

图 2　秀全街汽车产业基地园区党员数量与员工数量对照

二是党员流动性大。非公有企业职工的流动性比较大，由此导致部分企业党员流动频繁、党员队伍不稳定。

三是党员意识不够。部分党员存在"单纯雇用思想"，只求不被"炒鱿鱼"，自动放弃了党员权利，更谈不上发挥先锋模范作用。有的党员淡化了党的宗旨意识，认为"党龄不如工龄"。对辖区非公企业党员关于"您对党员身份的感受是什么？"的问卷调查数据显示，39.6% 的受访者不认为做党员很光荣、很自豪（见图 3）。

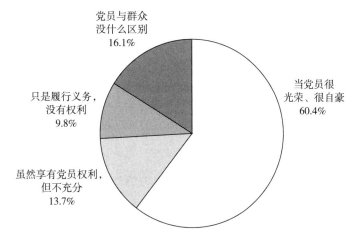

图 3　您对党员身份的感受是什么？

注：受访者样本量为 205。

（二）组织"失位"

一是党员作用发挥不明显。一些党员不愿意发挥作用，理由是，在主观层面，非公企业党员思想复杂多变、价值取向多元化，有的认为"在按劳取酬的企业中党组织提倡党员吃苦在前、积极奉献的依据何在"，有的认为"在实际的利益计算中，高远的理想和现实生活不能有效对接"。现实中党员无私奉献的道理不能让人信服。在客观层面，非公企业党员流动性强、工作稳定性差的特点，导致党员教育管理工作不系统，甚至无法开展活动。党员员工要么业务跨度大、出差时间长，要么缺少固定机构和活动场所。在这种情况下，党组织与党员取得联系都很困难，更别提教育管理了。从关于"您对参与党内生活的态度是怎样的？"的问卷调查中发现，56.1%受访者的态度是积极主动、热情很高，其余的要么是被动参与，要么是躲避参与，要么是拒绝参与（见图4）。二是部分非公企业党组织仍存在教育管理内容陈旧、手段方式缺乏创新、制度不够健全等问题，导致组织生活无法正常顺利开展，不能完全适应形势发展的需要。

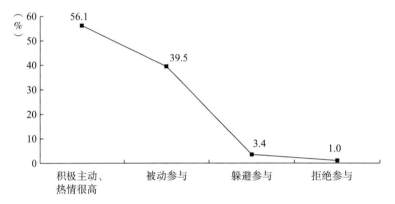

图 4　您对参与党内生活的态度是怎样的？

注：受访者样本量为205。

（三）活动"失效"

非公企业党员素质参差不齐，不同企业的党员存在差异，就是同一企业的党员异质性也非常明显。从当前党组织的服务水平和能力来看，非公企业党组织根本无法照顾到这些异质性，非公企业党员的诉求得不到有效满足。这可以从对"您对机关联系和服务群众的满意程度是什么？"的调查中得到印证，有28.8%的受访者表示很满意，34.6%的受访者表示比较满意，31.7%的受访者表示一般，3.9%的受访者表示不太满意，1%的受访者表示不满意（见图5）。从更深层次分析，第一，当前党组织的领导无法跟踪党员的诉求趋势，比如，在座谈时，非公企业党员对环保、公共设施、公共文化与教育、社区发展、园区建设等不同领域的公益性诉求，党组织对此的掌握明显滞后。第二，党建资源固化封闭导致园区党组织建设聚合能力不足。当前，园区党建还缺乏有效的统一机构和健全的制度保障，各企业和辖区各类组织之间缺乏横向的交流和资源的整合，不能实现资源的有效共享。辖区各类基层党组织之间的横向闭合使园区党建表面上在一个

"社会生活共同体"中，但实际上呈现"离散化"趋势。

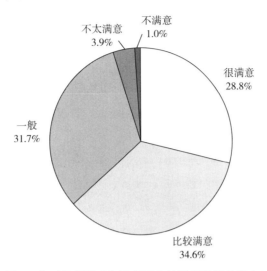

图5 您对机关联系和服务群众的满意程度是什么？

注：受访者样本量为205。

（四）地位"失缺"

一是对非公企业党建仍存在不少认识误区。业主对党建心态较为复杂。一些业主希望通过主动支持的方式赚取"印象分"，借企业党组织的正面影响扩大知名度，利用党员的模范带头作用推动企业营利。与此同时，一些业主又担心党组织的存在会干扰其"自由"经营，担心开展党组织活动会过度占用员工时间、消耗员工的精力进而影响正常经营活动。二是传统方式不适应非公企业党建需要。在关于"您对所在党组织发挥作用的评价是什么？"的问卷调查中，机关农村社区党员对党组织发挥作用的认同度（85.1%）明显高于非公企业党员的认同度（78.0%）（见图6）。三是党务工作者素质有待提高。从座谈中了解到，有的党务工作者思想观念落后，明显缺乏党务管理、企业管理等经验，工作上处于被动应付状态；有的党务工作者工作方式生硬，缺乏奉献精神和服务意识，对党务工作缺乏耐心、恒心；有的党务工作者对党建工作思路创新、机制创新、内容创新、形式创新和组织网络设置创新的办法不多，缺乏吸引党员积极参与的有效办法。

（五）体制"失衡"

一是党建工作制度与企业制度融合度低。非公企业党建方式的行政化、工作领域的狭隘化，严重地制约了非公企业党组织作用的发挥，导致党组织"悬浮化"。从关于"您能否在党内生活中做到讲真话、讲心里话？"的问卷调查中发现，"基本能说真话，但有所保留"的受访者占32.1%；"不敢说真话，怕打击报复"的受访者占2.8%；"什么都不说，说了没用"的受访者占4.4%（见图7）。二是领导体制有待完善。目前，非公企业党建工作尚无明确领导体制的规范，在一定程度上出现了领导无序、管理混乱的现象。比如，虽然已经设立非公企业党工委，并由其主管非公企业党建工作，但由于体制缺陷，主管党建工作的部门对非公企业自身活动和经营情况缺少了解渠道，而了解这一情况的工商部门、税务部门和工商联等登记注册机构和监管机构又不参与企业的党建工作和管理活动，非公企业党工委无法有效履行管理职能。

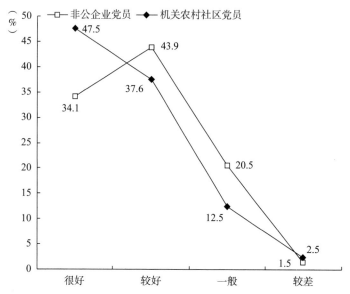

图6 您对所在党组织发挥作用的评价是什么？

注：受访者样本量为894。

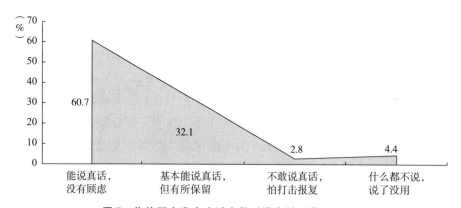

图7 您能否在党内生活中做到讲真话、讲心里话？

注：受访者样本量为989。

三 解决思路

园区党建是兼具区域化党建属性和非公企业党建特点的一种新型党建形态。抓好园区党建必须充分调动和运用区域化党建和非公企业党建的有利条件，运用主动营销的新理念，采取"一统二联三进入"的新策略，实施"组织引导、服务凝聚、文化搭台、活动带动"的新方法，充分发挥园区党委、企业党组织、党员的作用，实现党建工作与企业发展的融合，党建工作与园区治理的互动。

（一）新理念

立足于对经济社会发展趋势的科学研判，主动、适时调整党建理念，积极引导党建实践走向，是中国共产党的党建自觉。园区党建之所为被认为是党建工作的新领域，关键原因是其实质上属体制外的党的工作方式，与传统的体制内的党的工作方式的差别很大，使园区党组织在加强渗透力、凝聚力以及促进园区经济发展方面面临挑战。这在客观上要求园区提升和创新党建理念，以适应社会主义市场经济发展规律，将更多企业联系起来，实现共同发展。经过几年探索实践和总结提炼，秀全街基本形成或正在探索一些基层党建新理念。

一是营销党建理念。这是在风神公司的党建实践中总结出来的一种新的党建理念。所谓营销党建理念，就是把营销理念运用到基层党组织的建设过程中，把"拥抱客户""以顾客为关注焦点"等营销理念作为党的建设理念，在主动理解职工群众当前及未来需求的基础上，满足群众需求并争取超越职工群众的期望，使党组织的服务水平处于领先地位，并且创造平台让职工群众参与到服务过程中，从而实现党建理念由"自身导向"向"群众导向"的转变、党建思维由"封闭式"向"开放式"的转变、党建模式由"单一主体"向"多元参与"的转变。从实践层面上看，风神公司探索营销党建理念的创新做法，在很大程度上激发了广大党员群众的参与热情和智慧能力，改变了群众对党组织的传统认识，真正体现了职工党员在企业发展中的先进性，发挥了政治核心作用。

二是人文党建理念。这是在对秀全街各个企业进行调研的过程中能够充分感受到的一种党建理念。所谓人文党建理念，就是在基层党组织的建设工作中充分体现以人为本，关注党员群众的生存和发展需求，关注党员干部群众的思想与情感，关注党员群众正当的权益和需要，在做好组织管理工作的同时，加强关怀帮助扶助，实现对党员群众的人文关怀、人文服务、人文管理，促进社会和谐。人文党建理念在外来务工人员较多的企业中效果明显，因为这种理念不仅体现了中国传统文化精神，而且体现了党的政治优势和组织优势，发扬了同志间互相尊重、互相关心、互相帮助的优良传统，适时地把党组织的温暖和关怀送到了外来务工人员、困难党员群众、年老体弱党员群众等心坎上，及时满足了党员和群众的心理需求和对党组织的期望，从而密切了党内同志关系和党群鱼水关系，大大增强了党组织的凝聚力、战斗力和创造力。

三是协作党建理念。新时期园区党建工作，必须在经济社会的一体化和企业的集成创新发展趋势下注入协作党建理念。所谓协作党建理念，就是以系统方法和治理思维创造性地将不同党建主体的资源、载体、平台、队伍、场地等各要素进行有效综合并主动寻求最佳要素组合，通过协作、整合、协商和共享信息推动党建工作的整体功能发生质的跃升，形成独特的党建集成优势，进而推动企业集成创新发展。

(二) 新策略

非公企业集中的各类园区，不仅是经济发展最具活力的地方，而且是科技进步和全面开放的前沿。因此，园区党建工作比其他领域的党建工作更复杂、更困难。加强园区党建，努力把握园区党建规律，积极探索与经济社会发展相协调的园区党的基层组织形式和工作方式，必须着眼于从机制和制度层面研究解决问题。但是，目前党建工作机制难以兼顾园区内各类企业多元化特点的客观现实，又迫切需要采用新策略扩宽园区党建空间。针对秀全街所辖工业园区的基本特点和现有园区党建实践，"一统二联三进入"的党建新策略已现雏形。

所谓"一统"，就是要成立园区综合党委，同时加挂园区党群服务中心牌子，作为街道党工委的派出机构。其基本定位是集企业服务、党员服务、人才服务、群团功能于一体的综合性、开放性、区域性的党群服务平台，主要发挥园区政务服务平台、党组织孵化中心和党群组织生活圈的作用（见图8）。其下设三大机构，具体为政务服务区，设立发改、环保、工商、税务等多个服务窗口，为企业提供"一条龙、一站式"服务，优化园区企业政务环境；党务服务区，设立综合党务办公室、党群连心室、党建孵化室、群团工作室、成果展览室、人才工作站的"五室一站"，提供党员发展、转接组织关系、政策咨询、推荐就业等服务；党群活动区，设立多功能会议室、图书室、文化活动室等，为园区企业、党员和职工无偿提供组织生活、教育培训、文体活动等，解决小微企业活动无阵地、党员群众无去处的难题。其人员配置，采取"街道派驻、社会招聘、义务服务、兼职委员"的模式，由街道派驻第一书记，社会招聘工作人员、发动园区企业党员组成义工队，由园区各党组织书记兼任综合党委委员。

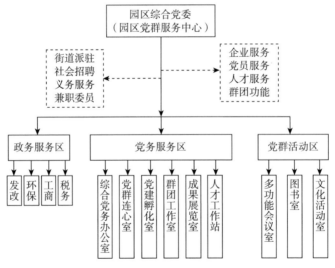

图8 秀全街园区综合党委（园区党群服务中心）示意

所谓"二联"，就是在"一统"格局下，实现园区党建组织资源的联合和组织活动的联合。其关键点就是创新构建两个机制。一是信任机制。园区内各个参与主体之间不存在隶属关系，缺少相应的约束，必须建立信任机制，贯穿园区党建组织资源联合和组织活动联合的开始和结束的每一个环节，这既是"二联"的前提，也是良好运行的保障。二是协调机制。"二联"的核心是在园区党建过程中平衡企业个体利益与公共利益。由于组织资源和组织活动的联合已不再是单一的供给主体，而各个供给主体在考虑园区党建公共利益的同时，也要考虑企业自身利益，这两者在现有实践中往往是相互影响的，甚至是相互冲突的，这就需要建立良好的协调机制，鼓励企业个体在资源利用、活动组织、信息共享中减少自利行为，增加公益行为，实现园区党建的目标协调、信息协调、权利协调。

所谓"三进入"，就是通过"一统二联"的实现，根据党的政策要求、企业发展实际和党建现实需求，做好政策法规进企业、党务政务进园区、教育培训进支部等相关服务保障工作。"三进入"的关键是园区党建工作与企业发展的融合。具体来讲，政策法规进企业不仅体现了党组织对企业开展的政策宣传、法规解读等活动，而且体现了在政策法规下党建制度与企业经营制度的融合，使党建工作的切入点和着力点更加明确地定位在促进企业经营发展上，从党建工作流程、管理体系、文化建设、效果评估等方面，着力解决企业党建做什么、谁来做、怎么做等问题，做到党建工作围绕企业经营目标体系、目标明确、职责清晰、服务有力，使党建工作与企业经营发展目标同向、思想同心、工作同步。党务政务进园区既是通过园区党建为园区职工排忧解难，也是党建工作与企业经营管理工作同步开展的融合。园区党群服务中心平台的建设，可以充分发挥党组织和党员的先锋模范作用，园区党员义工队伍一方面带领党员职工在"党员责任区""党员示范区""党员先锋岗""党员示范岗"方面实施"党建示范引领"，另一方面带领党员职工在自主创新、产业升级、市场开发、节能降耗、安全生产等方面创先争优，让企业感受到党组织和党员的作用和能量。教育培训进支部体现了党务人才与经营管理人才培养的融合，通过教育培训可以实施"业主和员工政治素养提升工程"，从思想上提高企业主和员工对党的认识，推动他们主动支持企业建立党组织并积极参与党组织开展活动，可以实施"企业党务工作者人才库工程"，努力建设一支素质优良、结构合理、数量充足、专兼职结合的非公企业党务工作者队伍，真正实现把党员培养成骨干、把骨干发展成党员的目标。

（三）新方法

习近平总书记在总结群众路线教育实践活动中要求"落实管党治党责任""把每条战线、每个领域、每个环节的党建工作抓具体、抓深入"。从各地实践来看，抓好园区党建工作必须立足于党组织的实际情况与行业特点，充分考虑区域性质，在工作方法上实现创新，以有效开展工作。以工作方法的创新促进园区党建工作创新，这也是落实习近平总书记关于管党治党要"抓具体、抓深入"思想的举措。在总结提炼各地实践的基础上，秀全街根据实际情况可以从四个视角来实现工作方法创新，为园区党建工作的成功开展创造保障条件。

一是组织引导。在街道层面，形成"一主两辅"的组织引导架构，即建立以街道党工委为主，以业务部门和行业部门为辅的"一主两辅"引导模式，在纵向上按照"小园区、大党建"的党建思路形成"两委一中心"，即"街道党工委—园区综合党委—党群服务中心"两级组织引导体制；在横向上按照"区域统筹、条融于块"的理念形成"汽车城工业制造园区—珠宝文化产业园区—雅居乐锦城商圈—保利城综合商圈"等多边组织延伸体制，打造实体性党建服务阵地，通过破解园区党建活动开展难、作用发挥难等问题实现组织有效引导。在企业内部层面，从组织体制上确立党组织在非公有制企业中的政治核心和政治引领地位，构建党组织与现代企业制度相互融合的组织架构，将党组织与董事会、监事会、管理层融为一体，从而在组织引导职能上实现企业党组织从有形覆盖到有效覆盖，形成生产经营管理与党组织管理工作两不误、双促进的新格局。同时，为保证组织引导的有效性，需要进一步完善三种机制。

二是服务凝聚。园区党建要始终坚持以服务为先，拓展服务内容，创新服务方式，努力为职工群众提供多样化、个性化、专业化服务。第一，党建服务聚民心。一方面，深化园区党群共建，定期组织园区党员志愿者走进社区，为社区居民服务，鼓励结对活动；另一方面，把园区党建要求与园区各项建设结合起来，使党建工作渗透、融合到园区企业发展的各个层面，增强对企业发展的推动力和贡献度。第二，集约服务解民难。园区党组织要通过工作覆盖、活动推进、资源整合、创先争优、考评激励等多种方式，充分利用园区内外丰富的政治资源、组织资源和人力资源，整合依托工会、共青团、妇联、社会组织、志愿团体、义工队伍等群众组织和群众力量，及时帮助困难职工，开展慈善救济、疾病救治、扶贫开发、社会福利等活动。第三，创新服务护民权。园区党组织和各企业党组织要深入一线、直面员工、坦诚交流，听取基层心声，做基层员工的知心人、贴心人、暖心人、舒心人，探索改进完善"三会一课"制度，实行支部党员大会与"政治理论学习会"相结合、支部委员会与"党企沟通协调会"相结合、党小组会与"献计献策会"相结合、支部党课与"技术创新会"相结合，更好地维护职工党员的合法权益。

三是文化搭台。打造"三园三工程"品牌。所谓"三园"：第一，营造"温馨家园"，为员工构建和谐企业环境；第二，创建"成长校园"，为员工构筑职业发展平台；第三，打造"工作乐园"，为员工创设快乐工作氛围，使一线员工体面工作、开心生活。所谓"三工程"：第一，实施心理疏导工程，缓解员工精神压力，及时进行心理疏导，解疑释惑，消除隔阂，为员工身心健康树立"防火墙"；第二，实施温暖工程，让员工在岗如在家，建立员工生活区，并设阅览室、网吧、运动场、餐厅等配套设施，为员工营造舒适便利的"家"；第三，实施道德培养工程，满足员工精神需求。

四是活动带动。第一，开展"大学圆梦"活动。支持一线员工在做好本职工作的同时，通过自学实现"大学梦"。关注员工的学业情况和学习需求，并尽力为他们创造学习条件。第二，开展岗位练兵成才活动。在企业党组织领导下通过工会、共青团等群团组织广泛开展"工人先锋号"、"青年文明号"、"巾帼文明岗"以及"劳动竞赛"等活动，引导一线员工"干中比""比中学""学中干"，在本职岗位上练就一身绝活。第三，开展"阳光生活，阳光工作"主题教育活动。通过开展"每季一片、每季一课、每季一互动"活动，帮助员工树立正确的人生观和价值观，践行阳光工作理念。第四，开展"三亮三比"活动。以创先争优活动为载体，大力开展"三亮（亮标准、亮身份、亮承诺）三比（比技能、比作风、比业绩）"活动。

四 创新举措

很显然，在现代社会治理模式下，加强园区党建工作，已不是在一个封闭的区域内开展党建活动，而是要走出党建工作的内部小循环，要考虑园区所在的由一定规模社会成员组成的社会生活共同体。如何通过党建引领区域联动发展，应充分考虑社会生活共同体中各类党组织在地域上的相近性、优势上的互补性、资源上的共享性和职能上的带动性等因素，充分利用党执政的优势，集合政府部门、社会组织、村社组织、企事业单位等主体各自的优势，自觉参与到园区的党建工作中。在这一发展趋势下，加强园区党建工作需要通盘规划、充公考虑，把党建放在整个街道辖区社会建设和治理创新的整体中去谋划推进、去探索园区党建新模式，在具体举措上关键要创新三个体系，健全三类组织，搭建三个载体，实施三种管理，建立三个机制。

（一）创新三个体系

创新"三个体系"，即以"大党建"思维完善统筹体系，以"大服务"思维构建保障体系，以"大培训"思维形成教管体系。

一是完善"大党建"统筹体系。第一，建立街道"大工委"制。建议秀全街推行街道"大工委"制，吸引辖区各主体包括园区综合党委、规模以上企业等党组织负责人、居民代表、社会贤达等进入街道"大工委"领导班子，形成全方位、广覆盖的区域性管理格局，实现党建工作与园区建设、社会治理、民众服务相辅相成。第二，健全党建"一揽子"政策体系。在"大党建"思维下，秀全街需要加紧制定健全一系列配套政策，如制定"秀全街加强园区党建工作实施指导意见""秀全街园区党建标准化建设实施方案"等，通过创新组织设置、规范运行体系、明确考核标准等提升园区党建的精细化、专业化水准。第三，建立区域"社协会"制。所谓"社协会"制，即社会生活共同体建设协商会议制度。建议秀全街挂牌成立"社协委员会"，统筹考虑辖区各主体的规模、层次、性质、资源、能力等不同因素，分配不同比例的名额，组成社协主任委员代表、副主任委员代表、社协正式代表、社协候补代表、社协监督代表，分别赋予不同职权，以定期例会或不定期会议形式，对辖区内社会建设、企业发展、民众要求等事务、事项、事情进行民主协商，督办落实。

二是构建"大服务"保障体系。第一，构建人员、场地、经费"三位一体"保障体系。对服务人员，建立专兼结合队伍，通过社会公开形式招聘。对场地，可以以市场运作和无偿提供方式，通过租赁、整合、借用、置换、合用等实现活动场所辖区共享。对经费，全额返还非公企业党员党费；区街可以以教育培训、政策咨询、沟通联谊、文体活动及志愿服务等形式，下拨辖区社会治理建设专项经费；鼓励有条件的企业及其他主体捐助扶持。第二，构建党务、政务、社务"三位一体"的服务体系。首先，党务进园区。在园区各主要道路口、路边等醒目位置设立专门党务广告宣传区、展示区，在有条件的且党务工作较好的企业设立党建体验区，宣传党的政策、党的光辉历史、党员事迹，使园区成为独具秀全特色的"红色一带一路一园"。其次，政务进园区。依托党群服务中心平台，协调工商、税务、劳动、卫生、环保、公安等本地政府和务工人员原籍地政府职能部门将服务项目移至园区。最后，社务进园区。在园区开展包括提供咨询、组织培训、助学助困助残等各类慈善服务活动；依托秀全街汽车峰会，搭建"老板沙龙"和企业家论坛等平台，实现辖区内外企业横向联系，互动合作，双向服务，共享资源，互惠互利，共同推动秀全街社会建设。

三是形成"大培训"教管体系。第一，建设秀全街园区党员教育培训基地。依托市委党校、区委党校、企业政工干部师资力量，建立基层组织党员活动室、企业文化展示厅、多媒体电教室以及阅览室等硬件设施，在全园区不同企业、不同项目上打造设施完善、功能齐全、教学质量先进的党员教育培训主阵地，从而切实提高党员教育培训的质量和效率，有效提升基层党员的综合素质和岗位任职能力，更好地发挥一线党员在服务基层、服务群众、服务企业过程中的先锋模范作用，彰显基层党员的先进性，保证园区党建工作能够更好地深入基层、深入一线员工。第二，推出党员培训精品课程。结合行业的特点，在广泛征求意见和深入调研的基础上，以"公共课程＋特色课程"为主题，精心制作一系列实用管用的党员教育培训课程。第三，完善党员教育培训制度。建立党员教育培训管理制度、教育培训考核制度、实行"党员教育培训学分登记卡"，提升培训教育质量。第四，抓好不同党员对象教育培训。抓好新党员的培训，着眼于增强党员意识，发挥先锋模范作用。抓好党务工作者培训，着眼于建设一支熟悉基层党建工作、善于做群众思想工作、促进企业和谐的党务工作者队伍。抓好党员领导干部培训，致力于造就一支思想素质高、服务意识强、作用发挥好的领导干部队伍。

（二）健全三类组织

一是建立秀全街道党建工作"新两会"。所谓"新两会"（见图9），即秀全街党建联席会和驻街组织党建研究会，两会"一实一虚"，相得益彰。一方面，党建联席会是秀全街"大工委"制的载体，"大工委"委员所在单位为主要成员，这种组织形式的突出特点是没有隶属关系的平等协商合作，具有去行政化的社会特征，其主要目的是在社会中形成示范效应，以党组织的平等协商合作，带动街道辖区各主体组织的平等协商合作，不是看党组织自己为群众办多少事情，而是由党组织号召大家办事情。另一方面，驻街组织党建研究会是秀全街"大工委"制的智囊，实行"会员制"，"大工委"委员所在单位自动成为党建研究会的团体会员，街道组织办人员、各级党校行政学院、社会科学院、高校学者教授专家、政工干部、有关主体组织的负责人等组成党建研究会外聘专家智囊团，其主要职能就是围绕街道中长期党建规划、年度党建项目落实、党员教育培训、基层社会治理、上级政策解读咨询、民意表达等内容开展广泛的调查研究活动、党建社建创新项目跟踪指导活动、政策宣讲解读活动，形成党建研究报告，提交党建联席会研究完善，由街道"大工委"和"社协会"做出决定，将项目任务分解到各主体组织落实。

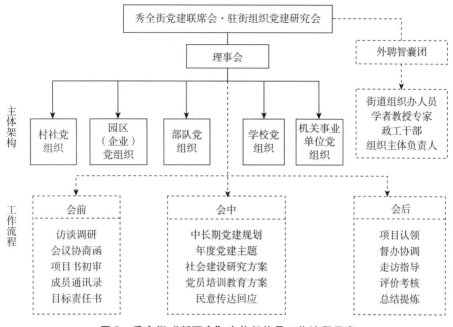

图9　秀全街"新两会"主体架构及工作流程示意

　　二是构建秀全街党员管理"新两网"。所谓"新两网"，即构建秀全街党员管理"实体网格"和"智能网络"双平台，两网"一实一虚"，相互衔接。第一，依托街道"党工委—园区综合党委—企业党组织"和"党建联席会·社协会—园区党群服务中心—服务区"的组织架构，按照"便于联系、便于服务、便于管理"的原则，以"定格—划片—分组"的思路，针对园区党建实际情况，科学划分网格，对原有的网格进行细分调整，可以将园区等"大网格"划分为若干片区，并在片区范围内细分若干单元"小网格"。第二，积极打造党员管理智能网络平台，努力形成党员动态管理新机制。其主要目的是通过物联感知、互联互通、智能分析、辅助决策，实现党建资源的全面公开、开放共享，实现对党组织和党员活动及思想的动态实时感知，实现党组织和党员之间互联互享、互促互进，实现党组织对党员的精细管理和高效动员，实现党组织对党员群众的便捷长效服务，从而构建起精细化、动态化的党员管理服务智能工作模式。

　　三是建强秀全街园区党建"三支队伍"。这"三支队伍"主要是指专职党建工作指导队伍、支部书记队伍、党员志愿服务队伍。其中支部书记队伍关键要选优配强，强调这支队伍的相对稳定性和胜任度；专职党建工作指导队伍可以从党政机关和事业单位选派，也可以由退休党务工作者和社区党员志愿者担任；党员志愿服务队伍主要是整合辖区内党政机关、企业事业单位、社会组织、村社的党员组成街道统一管理的党员志愿者服务总队，在各单位设立分队，形成志愿服务制度，共同参与辖区社会管理和服务工作，同时建立党员志愿表现反馈制度。

（三）搭建三个载体

一是搭建共建载体，实现资源共享。依托政务服务区、党务服务区、党群活动区"三区"平台，整合政府资源、企业资源、党群组织资源。首先，强化党建与服务企业发展齐抓共促的工作理念，优化园区资源配置，推动区和街道机关与企业、社区、农村、部队、高校等基层党组织结对共建，实现区委、区政府和街道工作部门充分发挥各自服务、联系、管理的职能优势，不断融入园区发展、社会治理、党建工作的大格局中来。其次，实现党建资源按需统筹、合理分配、优化共享，综合运用政治、经济、法律、行政和社会化手段，采取多向型领导协调方式，为园区内企业提供主动式的按需服务，努力构建优化共享的园区党建资源整合平台，可以在区委组织部和街道党工委牵头指导下，向区内外国有企业延伸，搭建非公企业与国有企业的共建渠道；向区内外非公企业延伸，依托现有平台实现相关业务的资源共享、信息交流；向省市内外高校科研院所延伸，签订共建协议，开展产学研合作，促进科技成果转化。最后，完善党群共建机制，构建党建与群团组织建设相互促进的新格局，采取党群活动共同开展、工作骨干联合培养、活动阵地一起建设、工作经费相互补充的措施，以服务实现关怀、以关怀实现凝聚、以凝聚实现和谐。

二是搭建活动载体，实现服务统筹。首先，建设园区党群服务中心，设立功能齐全的服务大厅，搭建园区企业党组织和党员服务的平台。其次，积极开展"送服务"活动，开展政策法规进企业、党务政务进园区、教育培训进支部的"三进入"活动，实施全程"一站式"便捷服务。配套建立代理服务制、限时办结制等服务制度，强化园区党组织和党员常态化服务的便捷工作机制。在此，积极优化服务力量，组建区域服务团队，建立党员志愿服务站，通过"服务月""服务日""服务群众奉献岗"等形式，积极推行服务积分制和党员义务制，使党组织和党员作用的发挥从幕后走向前台，赢得园区职工群众的认可。最后，建立健全服务园区的长效机制，开展公开承诺，把服务企业、服务职工作为一种自觉行为，变静态服务为动态服务，扎实推进履诺，使园区职工能够切身感受到党组织和党员的存在和服务，真正得到实惠；开展满意度测评，对园区党组织和党员的服务工作进行满意度测评，强化党组织和党员的服务意识，加强典型培育和宣传，着力培育服务型党组织示范园区、服务品牌、服务先锋等先进典型，扩大园区党组织服务工作的影响力。

三是搭建文化载体，实现价值一致。一方面，利用重大纪念日和纪念活动，宣传和执行党的路线方针政策，宣传和执行党中央、上级党组织和本级党组织的决议，保证党的各项决策部署在园区得到贯彻执行，保证园区建设的社会主义发展方向，加强园区思想政治工作和精神文明建设，提高员工的思想文化素质，保证社会主义核心价值观在园区占主导地位，团结、组织党员群众，努力完成园区建设各项任务。另一方面，依托"社协会"，采取年度主题文化艺术节的形式，充分动员和团结园区党组织、党员、职工群众积极参与到园区建设中，切实做大"大家的事大家议，大家的事大家办"，增强园区的认同感和归属感。此外，还要借助汽车峰会等平台，通过生意往来、日常交流、外出谈判等形式，积极鼓励辖区外企业参与到园区的建设活动中。

（四）实施三种管理

一是党建标准化管理。第一，总体思路。以党章及有关组织法律法规为依据，开展党建标准化体系建设的实践与创新，对园区党建工作的全部内容进行系统梳理、优化和规范，形成一套标准化的党建工作管理体系，全面提升企业和园区党建工作科学化水平。第二，组织设置标准化。按照健全组织架构、扩大组织覆盖、党的组织与企业行政机构同步建设的原则，全面规范园区党组织设置，提高园区和企业党组织在推进企业中心工作中的政治保证作用。第三，工作制度标准化。公开党工委工作制度、园区组织机构图、党群服务制度，明示各级各类党组织书记岗位职责、"新两会"、"社协会"等岗位职责。第四，规章制度标准化。规范议事制度，对党工委、党建联席会等的议事内容、运作程序、决策步骤、责任要求进行规范，提高科学化决策、民主化决策水平。规范管理制度，对园区各级各类组织的工作内容及其要求进行建章立制并规范完善，使党组织在企业的各项管理工作制度化和具体化。规范评价标准，按照分类管理、分级考核、注重业绩、突出实效的原则，对园区各党组织工作情况的考核评价进行系统设计和规范完善，实现闭环管理和持续改进。第五，资料档案标准化。规范党建资料档案，对党组织开展活动的各种文件、资料、记录和党员信息档案等基础性资料进行规范、整理和归档，适应党建档案管理标准化的要求（见图10）。

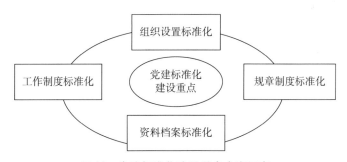

图 10 党建标准化建设重点内容示意

二是党建项目化管理。第一，完善项目党组织设置，使党组织负责人与项目行政领导同步配备，党建工作与项目管理同步部署。第二，把党建按项目来抓，树立"效益党建"理念，看到党建工作既有"投入"又有"产出"，要把党建工作细化为若干小项目，注重成本—效益核算，关注党建工作对企业生产经营中心工作效率大幅提升的推动作用，追求企业党建工作的政治效益、经济效益和社会效益的最大化，并把党建效益作为检验党组织作用发挥情况的重要标准。第三，实施党建工作项目化管理，探索把支部当企业来管，在党组织管理中引入企业管理办法，要明确目标计划，细化工作任务，量化考评标准，进一步提升党支部战斗力。第四，把党建作为一种特殊的生产力，与企业发展拧成一股绳，将政策研究、文化建设、人才开发、社会形象打造等"软环境"纳入项目，在企业生产经营中注重运用党建资源，着力挖掘、提炼、打造企业品牌，提高客户满意度、社会美誉度和员工幸福感。

三是党建精细化管理。第一，精确定位，让党建工作更加贴近生产经营实际。第二，打造精品，让经常性工作更加精益求精。把提高党员思想政治素质和业务技能、竞争能力、创新精神、奉献意识结合起来。第三，融入生产，让党建工作贴近生产取得实效。细化完善工作方案与制度。建立并完善涵盖党建工作目标措施、工作内容、主要过程的党建目标管理体系。

（五）建立三个机制

一是建立党工委定期研判通报机制。建立健全民意调查摸排机制，不断完善民情档案、民情日记、"手绘民情地图"、固定民情沟通日等制度，总结推广民情微博群等做法，及时收集掌握园区民意，找准服务方向和重点。建立健全民情分析研判机制，大力推行民主听证会、民主恳谈会和党员议事会等基层民主协商制度，广泛听取和采纳职工群众的合理意见，推动职工群众有序参与和监督。建立健全民意快速响应机制，充分发挥民生服务热线、社区共建理事会等作用，采取定岗定责定人、逐层包干的方式，上下联动为职工群众提供全覆盖、全方位、全过程的动态管理服务，及时回应职工群众的关切和期待。建立健全民事办结通报反馈制度，考业绩、晒结果、抓奖惩，切实做到对职工群众反映的问题事事有回音，向职工群众承诺的事情件件有着落。

二是建立企业人才的三个培养机制。第一，建立竞争择优的人才选拔机制。企业党组织根据企业用人情况，打造公开、平等、竞争、择优的用人制度，构建能上能下、能进能出、充满活力的长效用人机制。第二，建立符合企业需要和各类人才特点的人才培养机制。在培养目标和重点上，应区别不同类别、不同层次人才的特点，确定不同方向，采取不同方式。不断探索创新，把理论培训和实践锻炼、短期培训与职业教育等有机结合起来，建立多层次、开放式的人才培养体系。第三，建立与人才贡献相适应的人才激励机制。要把按劳分配与生产要素分配结合起来，采取多种分配方式，鼓励知识、技术、管理参与收益分配，建立符合经济规律的人才激励机制；建立企业内部的专业带头人（专家）制度，给予企业内部带头人（专家）适当的补贴，同时，成立专业性活动组织（各专业学会），给予各专业性活动组织一定的活动经费，研究解决企业内部专业领域前沿技术问题和管理创新课题，促进企业科技和管理不断创新，充满活力。

三是建立企业党组织经费保障机制。第一，制定经费安排标准。明确非公有制企业党组织活动经费比例标准，按照党委建制、党总支建制、党支部建制等不同建制安排非公有制企业每年党组织活动经费。第二，明确经费来源。非公企业党组织活动经费分别列入各级年度经费安排，予以保证；非公企业自身安排的党组织活动经费，要求企业党组织根据工作需要，编制年度预算，纳入企业财务计划，在企业管理费中列支。第三，建立党费回拨机制。按照非公企业上缴党费大部分返还的规定，建立党费回拨制度，作为非公企业党组织活动补助经费。剩余的返还党费由街道党工委统筹用于党组织活动经费，以及活动室规范化建设等方面。第四，对辖区内的非公企业党组织每年进行考核，按照年度考核等级，实行"考核排名、以奖代补"的原则，通过以奖代补的形式分别给予500～1500元的工作津贴，不断激发非公企业党组织工作积极性。第五，规范经费使用管理。党组织工作经费每年年初由非公企业党组织根据工作需要和节约的原则，编制年度预算列入非公企业财务计划，非公企业在财务账目中设置党建工作经费专门科目，将各类党建活动经费纳入其中，不得挪作他用，提出党建工作经费使用、审批、监督方案，纳入党务公开内容，每年向全体党员公布一次，接受党员监督。

广州市党建研究基地成果

作者：王　超

广州市民间外宣工作调研报告

近年来，随着我国改革开放的不断深入，对外宣传在塑造中国良好形象、促进中国国际化等方面发挥了重要作用，对外宣传的内涵更加丰富，领域日益拓展，形式日趋多样。其中，由民间组织机构或个人推动的民间外宣活动的能量和效果日益凸显。

中央领导同志高度重视民间外宣的作用。早在 2004 年 6 月，中宣部部长刘云山同志在中央外宣工作领导小组第一次会议上就指出，要充分调动各部门、各地区和文化企业、民间团体的积极性，把政府交流与民间交流、调动组织国内力量与借助国外著名媒体和公关公司等外部力量结合起来。目前，中央较为一致的认识是，做好新时期、新阶段的外宣工作，既要充分发挥中央各部门、各单位的作用，又要深入发掘各地资源，把官方渠道和民间渠道结合起来，充分发挥民间外宣的作用，积极推动政治、经济、文化、科技、国防、体育等各个领域的外宣形成合力，进一步构建全国大外宣格局。

根据中央指示，为进一步提升广州民间外宣的水平，暨南大学新闻与传播学院课题组受广州市委外宣办委托，经过调研和问卷调查，力求摸清广州民间外宣资源，掌握民间外宣渠道的利用现状，并在此基础上探索广州民间外宣的整合机制。

一 民间外宣发展趋势

民间外宣是相对于政府有计划、有组织的官方外宣而言的，它既是官方外宣必要的、有益的补充，也是我国大外宣格局建设的有机组成部分。与官方外宣"刚性""脸谱化"的刻板印象相比，民间外宣更多地被视为"柔性""生动化"的代名词，其春风化雨、滴水石穿的积极效果与国家软实力建设的终极目标不谋而合、相得益彰。随着我国对外开放的扩大和国际交往的增多，民间蕴含的外宣资源越来越受到重视。

城市是未来外交发展的重要单元，民间外宣在地方政府主导下推动城市国际化，不仅在初期为城市走向世界搭建平台，而且为城市国际化的各个阶段提供服务，及时修正城市国际化的定位和方向。因此，民间外宣对城市来说不仅具有推动国际交流和招商引资的作用，而且包含塑造并维护城市形象、传播城市理念、协助对外投资和政策研究等功能。近年来，随着我国国际交流的不断扩大、社会改革的不断深入，城市对外宣传在向国际社会展示中国形象、促进国际社会全方位了解中国、引导国际舆论议题、为我国经济建设创造良好的国际环境等方面发挥了重要作用。现今，我国对外宣传的内容明显增加，领域明显扩展，队伍明显扩大，形式更加多样。新闻外宣、活动外宣、网络外宣、文化外宣、经济外宣的影响力越来越大，大外宣的意识不断得到加强。民间外宣是政府外宣工作的重要组成部分，作为一种外宣新资源、新手段、新途径，它丰富了我国外宣工作的特点，强化了外宣开放包容的内涵。

党的十八大召开以来，十八大会议精神要求我国的外宣工作要多层次、多角度地介绍中国特色社会主义道路取得的成果，让世界了解各族人民在党中央的领导下成功推进中国特色社会主义的巨大成就；不断推动新闻发言人队伍建设，继续为全面建成小康社会营造良好的国际舆论环境；紧紧围绕网络建设和网络管理的两大战略任务，进一步加强网络社会管理，推进网络规范有序运行；推进与国外媒体的交流合作，充分发挥中外媒体对口交流机制的作用，举办好各种媒体论坛；牢固树立以中国特色社会主义的成功实践为基础道路自信、理论自信、制度自信的中国特色的外宣话语体系，不为捧杀所扰、不为唱衰所惧。

党的十八大提出的新外宣理念与要求，使民间外宣呈现新的特点，迎来新的发展契机，推动我国民间外宣工作上了一个新的台阶。对当下我国城市外宣工作开展情况进行分析可知，目前我国城市民间外宣工作呈现互联网化的大外宣理念、国际化的外宣议题、现代化的传播能力和多元化的外宣资源整合等变革趋势。

（一）民间外宣理念互联网化

以外交部门和各大外宣媒体为主体进行国际传播是我国现有的对外宣传体系，该外宣体系的层次、新闻素养较高，但它也存在相应的盲点和缺陷。

中国需要更多地了解世界，世界也需要更多地了解中国，但由于中西方文化差异以及西方对中国的刻板印象，西方社会民众对我国官方外宣媒体单方面传递的一些在国内客观存在的新闻事实，不会轻易接受。为改变这种"官方不可信"刻板印象的长期存在，加强西方对我国国内社会的好感度，充分利用民间社会资源、开发多样化的传播渠道、传递多角度的信息诉求迫在眉睫，"全时、全效、全方位"的民间外宣思想理念比所有信息资源统一化地从官方渠道向外输送更为可信、更易被国际社会接受。

互联网时代信息传播的一个显著特征就是众声喧哗，在传统的渠道单一的新闻传播体系中没有话语表达权的普通民众，借助新媒体平台拥有了话语表达权，他们通过对一系列的新闻事件自由地表达个人见解与立场，越来越多地参与信息传播的链条。随着中国国际竞争力的提升和国际交往的增多，这些迅速崛起的民众传播行为日益进入对外传播格局，相应地引起了官方渠道的重视，并出现调整民间外宣策略和思维的措施。

民间外宣新思维改变了我国外宣工作只有中国官方媒体对外发布统一化新闻信息这一种方式的现状，改变了较为封闭传统的传播通道格局。强化民间外宣内化感染的作用，发挥民间外宣在国际社会共融中的作用，在短时间内吸引多元且活跃的对外传播主体，激发多层次、多角度的对外传播网络，使大外宣工作总体呈现"信息源广泛、内容丰富"的格局。众多民间草根外宣智慧的融入，增强了新闻事实的现场感，提升了官方信息的可信度。

民间外宣新思维让民间交流深入每一个言论可到达的角落，也使国际社会对中国社会事件理性认识的声音逐渐增多，对中国刻板印象式的无端指责逐渐减少，这是国际社会对中国形象逐步认同的一个趋势。

（二）民间外宣议题多元化

城市小窗口是展现国家大形象的一张名片。民间外宣的着眼点和落脚点也是通过宣传城市小窗口对外展示国家大形象，城市的经济资源、文化符号、旅游景点、人情风俗、历史遗迹等都会成为民间外宣传播者大书特书的话题资源。

民间外宣传播主体的多样性决定了民间外宣议题的丰富性和多元化，这就要求决策者"去粗取精"，对民间传播议题筛选分析，提炼出对美化城市名片有利的议题。通过对民间议题的管理实现"四两拨千斤"的传播效果，而不是在一些进展不大的议题上花费大量的人力和物力。

新媒体平台容纳了多元化的社会群体，为社会各个阶层和拥有不同职业背景的民众提供了表达个人对城市形象的观点的公共平台，其中不乏一些专业意见。很多对城市建设的意见形象生动、观点独到，还有些观点是来自民众个人的国际生活经验，具有原创性，也容易被国际社会接受。吸收借鉴这些颇具专业性的"民间智库"见解，可以弥补决策者在制定对外传播城市形象宣传策略中一些咨询盲点。

其中，公关公司和广告公司是"民间智库"的核心智慧所在，他们在国家形象管理和城市形象塑造方面为政府提供了可靠的人力支持和智力保障，为国内城市融入国际社会议题做出了一定的贡献。"民间智库"对国内城市的国际化城市建设议题的引入，增加了国内大都市尽早实现与发达国家平行的可能性。

近年来，政府大胆地将宣传大国形象、建设城市形象等话题的实施权放到民间。众所周知，2011年，由国务院新闻办公室启动，委托某全球知名广告公司拍摄的30秒国家形象短片亮相纽约时代广场，该形象宣传片的投放备受舆论关注，引发了国内外对中国国家形象的大讨论。然而，与以往外宣工作不同的是，该宣传片并非"命题作文"式的政府管控。在国家形象宣传片的制作和投放上，国家只是对形象片的拍摄和制作进行财务补贴，投放地点、内容选择、视频制作等环节均采用商业运作的模式，由专业广告公司操作。随后，广东、上海、成都等大都市的地方政府也借助公关公司、广告公司等民间外宣资源开展形象设计，塑造城市品牌形象，获得了较好的效果。

采纳"民间智库"关于城市建设的智慧，借助民间外宣资源管理城市形象议题的做法符合国际惯例，拉近了国内城市建设与国际城市建设的距离。从世界范围看，可以说，目前各国已经认识到了过去传统单一的由政府主导国家形象塑造和城市建设的局限性，利用民间力量传播城市形象的突破性动作是寻求政府主导、各方协调、多方参与、重视民间外宣的表现。

（三）民间外宣话语现代化

自20世纪80年代中期开始，国际传媒业掀起了一股声势浩大的媒体并购浪潮，诞生了如美国在线、新闻集团等一大批传媒"巨无霸"，同时也诞生了如BBC、CNN、纽约时报、泰晤士报、华尔街日报等强势媒体品牌。强势的媒体影响力使他们长期掌握着国家话语体系的舆论主导权。

随着我国国际地位的提升，中国日益成为国际舆论关注的焦点，但在重大突发社会事件面前，由于国内媒体的角色定位等因素的限制，我国媒体的竞争力、影响力和权威性均不敌西方品牌媒体，甚至还遭受国际受众"凡遇大事，不看中国媒体"的话语语境偏见。

这种偏见的形成与我国传统的对外传播的宗旨和目的分不开。过去，我国媒体的国际传播话语体系是以"我"为主，以传播者意图的实现为出发点。提升国家形象，实现国家利益，是我国对外传播活动的最大目的，使我国国际传播形成了重国别差异、轻文化差异、重内容传播、轻形式表达、重目的达成、轻手段有效、重"我"、轻"他"的特点。这直接导致了我国低效率的国际传播效果，而这种"国家利益最大化"的传播目的也引起了国际社会的异议。

因此，随着对国际社会有效传播途径认识的提高，为走出国际传播的困境，提高我国对外传播影响力，我国在跨越国际传播的差异维度、加强民间外宣参与度、提升外宣话语体系融入度方面做出了巨大努力。近年来的对外传播工作从新闻理念、国家意识形态、国际传播内容、民间话语体系、多媒介渠道运营机制五个方面入手，实现传播形式和传播手段的有效对接，这是我国外宣工作既重视国别差异也重视文化差异的表现。

民间外宣是一个系统性的工程，被我国政府纳入了更为广泛的大传播领域中。以往向世界介绍中国，向世界传播中国国家形象的工作，仅仅是中国政府和官方媒体的职责，民众缺乏公共外交意识。北京奥运会、广州亚运会、上海世博会等国际化的民间交流活动为国人提供了一次实践"民间外宣公共外交"的机会。

大型体育、文化交流会的志愿者们、出租车司机、观众等以不同的话语表达方式多角度传播了国家的形象，对政府的外宣工作起到了相辅相成的作用。民众也逐渐意识到外宣工作不仅是政府和媒体的责任，而且是每一个社会人的责任，开启了公共外交的时代。当非政府组织，如 NGO 机构、大学、媒体、宗教组织，以及国内外有影响力的人士或普通民众面对外国的非政府组织、广大公众，甚至政府机构时，都可以借助各自的国际交往舞台用各自熟悉的话语表达方式从不同的表达角度传达国家形象。

丰富的民间外交话语体系可以为当前实现我国外交传播能力现代化添砖加瓦。最大化地发挥民间力量在传递我国大国形象中的话语主动权，是开放的大外宣工作思维的体现；民间外宣多样化的话语表达体系为我国外宣工作开辟了广阔的视野。我国开始以更加开放和宽容的心态和"有则改之无则加勉"的包容之心面对外界的褒奖和批评；高举和平、发展、合作、共赢的旗帜，坚持外宣"三贴近"原则，积极推动构建中国话语体系，维护和提升中国的国际话语权，架起中外沟通的友好桥梁，以树立当代中国良好的国家形象。

（四）民间外宣资源整合化

随着我国对外开放资源和国际交往频率的增多，民间外宣资源也越来越丰富，各地方政府部门开始重视整合开发利用这些散落在民间的外宣资源，凝聚民间外宣力量，发挥民间外宣渠道的特殊作用，使其成为促进我国大外宣工作的重要组成部分。

民间外宣中的人际流动、外宣名片交换和话题所产生的直接或间接经济效益和社会效益已经被国际社会广泛认可。民间外宣的传播主体呈现多元化的特点，目前除外宣媒体、驻外使领馆、国有企业外，以留学生团体、海外华人华侨、国外人士、公关公司、广告公司、行业协会、民间艺术团等为主要组成部分的民间资源在对外宣传中发挥了生力军的作用。中央政府出台相关文件，高度重视统筹协调民间外宣的核心力量，积极利用和整合民间外宣资源，拓展民间外宣的渠道，完善民间外宣的手段，提升民间外宣的效果。

民间外宣的传播内容呈现多样化的趋势，在众多民间外宣资源和传播内容中，凝聚民间互联网媒体外宣资源的力量对发挥民间外宣的补充作用最为关键。当国内发生突发性社会事件时，相比政府和官方媒体呈现的信息，在视频网站、交友网站等民间自媒体平台呈现的外宣资源具有直观真实、简短易懂、方便观看和下载便捷的特点。这类民间外宣传播主体自制的新闻内容灵活多样、发布迅速及时，可以称作新媒体版的"杂文"。着力加强对新媒体版"杂文"的网上舆论引导，壮大网上积极健康的主流舆论，是未来形成规范有序的民间外宣网络秩序的必然选择。

整合民间外宣资源、有效提高民间外宣传播主体传播信息的主动性、加强对自媒体平台的建设，势必会大大提高"走出去"的工程效益性，而真正从外宣效果的角度考虑如何利用民间外宣资源，需要形成一套明确的民间团体信息传播工作机制，在策划、指导、培训、实施、检查、验收等方面有效地给民间团体提供指导。民间外宣工作除了能够丰富民间外宣传播主体多样性和推动传播内容集合化之外，还充分发挥了外交、外联、商务、科技、教育、文化、旅游等各有关团体的民间外宣作用，它们在重大对外宣传活动和各领域对外交流合作中积极开展外宣工作，增强我国的国际影响力。同时，可充分发挥驻外使领馆和在外留学生等在外人员的外宣前沿作用，协助国内外宣部门和地方城市在国外一线开展外宣的工作。

整合民间外宣团体资源，发挥自媒体平台民间外宣资源优势，提升驻外工作人员的民间外宣意识，开创了我国民间外宣工作全面开花的局面，充分发挥了民间外宣"走出去"的独特外宣作用。通过民间的力量进一步扩大中华文化传播的范围，增强当代中国文化在世界上的吸引力和影响力。以文化交流为载体，利用重大双边活动、周年纪念等契机，组织好"感知中国"等国家形象推广活动，增进各国人民对中华文化的了解和认同。

对外宣传的主体多元化、传播内容和形式的多样化是民间外宣工作的显著特点，这就要求政府和官媒在引导民间外宣主体开展对外传播活动中容纳更多的社会资源，在增强非政府组织和公民的外宣意识层面积极动员和组织各方面社会力量开展对外宣传。国家给予民间外宣更大的关注，投入更多的精力，不断对其开发利用，使其为我国的对外宣传创造更好的成绩，这也是民间外宣工作的大势所趋。

二 广州民间外宣工作现状

(一) 广州民间外宣资源丰富

民间外宣资源主要是指可用于外宣的内容。广州民间外宣资源丰富，包括文化资源、艺术资源、媒体资源、人力资源、体育资源、经济资源。

1. 文化资源

广州是一座有着十分丰富的民间民俗风情资源的南粤名城。广州具有两千多年的文明史，是国务院最早公布的历史文化名城之一。近年来广州在欢度春节、元旦、五一节、国庆节等传统节日的基础上，开展了每年一度的颇具广州特色的八大节庆活动，如春节期间的迎春花市和元宵节，农历二月的波罗庙诞会，端午龙舟节，番禺荷花节，从化、增城的荔枝节等。

另外，"食在广府"源远流长，广州美食品牌驰名海内外。自 1987 年起，广州每年举办一届国际美食节，随着政府持续推动及社会参与，逐渐形成以"食"为主，集饮食、文化、商贸、旅游于一体，既具有鲜明广州本土特色，又具有国际性、广泛性、群众性、专业性的美食盛事，美食节已成为一大地方特色产业和展示广州城市形象的响亮"招牌"。据统计，2013 年广州国际美食节举办 10 天，仅仅番禺大道主会场接待入场消费者超过 120 万人次，消费总额超过 1.5 亿元。其中国际美食区入驻了德国、西班牙、挪威、比利时等 20 多个国家和地区的餐饮企业。

2. 艺术资源

广州是一个文化艺术资源十分丰厚的城市，艺术门类众多，特色鲜明，有些甚至达到国内同行业先进水平，其中以"广府三秀"和飘色、舞狮、舞龙最富特色，民间工艺以玉雕、牙雕、石雕和木雕最具盛名。

粤剧是广州最有代表性的地方剧，随着粤语华人的移民及其对粤剧的喜爱和传唱，被传播到世界各地，并于 2009 年 9 月 30 日获联合国教科文组织肯定，被列入人类非物质文化遗产名录；广府音乐吸纳了中原古乐、江南小调和昆曲等的精华，并与本地民歌、民谣相结合，是具有鲜明地方色彩和独特风格的汉族音乐乐种；岭南画派是现代中国画派之一，它和粤剧、广府音乐并称为"广府三秀"。广州民间工艺品品种繁多，其中以广州的三雕一彩一绣（象牙雕、玉雕、木雕、广彩、广绣）为代表，素享盛名，产品远销世界各地。

在这些丰富多彩的文化艺术资源中，广府音乐、岭南古琴艺术、广东醒狮－沙坑醒狮、粤剧、岭南木偶戏表演艺术、粤曲、广绣、象牙雕刻、广州灰塑、广州榄雕、广州玉雕、凉茶制作技艺、广彩瓷烧制技艺、广式硬木家具制作技艺已被列入国家级非物质文化遗产。

3. 媒体资源

媒体是外宣中的重要渠道，因其丰富的内容也是重要的外宣资源。作为传媒产业领先全国的城市，广州拥有丰富的媒体资源，逐步构建了一个平面媒体、广播电视、网络媒体全覆盖，外宣平台与驻穗机构相互合作的媒体资源网络，并建立了与中央、省、市及海外主流媒体的战略合作机制，积极"走出去"开展"广州宣传周"和各类互访活动，提高了城市知名度和影响力。

广州生活英文网、《广州英文早报》和《广州华声》侨刊等外宣阵地，连同外国驻穗的9家新闻媒体（日本经济新闻社、新加坡《联合早报》、日本广播协会、日本朝日新闻、英国路透社、美国《塑料新闻》、日本共同通讯社、日本《读卖新闻》、波兰通讯社）是外宣媒体资源中的主力军，在提高外宣节目落地率、加大外宣产品投放力度的同时，进一步形成了与广州城市发展相适应的对外传播媒介体系，共同打造了一批优质高效的媒体服务品牌，形成了区域整体对外宣传合力。

4. 人力资源

民间外宣中的人力资源既是重要的宣传内容，也是重要的宣传主体。广州作为全国著名的华侨之乡，是全国华侨最多的大城市。据统计，2007年广州有华侨华人、港澳同胞和归侨、侨港澳眷 352.35 万人。其中海外华侨华人有 106.08 万人，港澳同胞有 87.72 万人，分布在世界众多国家和地区；市内归侨有 1.68 万人，侨港澳眷属有 156.87 万人。广大华侨、外籍华人、港澳同胞一向热心支持祖国和家乡建设，特别是改革开放以来，华侨、外籍华人、港澳同胞更是积极发挥桥梁和媒介作用，为广州开拓国际市场、发展远洋贸易、推进与世界各地的经济和文化交流做出了贡献。华侨、外籍华人、港澳同胞热心参与广州经济社会建设，帮助祖国家乡兴办公益事业，投资建成了一批大型项目和企业，兴建了一批学校、医院、敬老院、托儿所、幼儿园等，为广州的社会经济发展做出了突出贡献。

广州是中国最主要的对外开放城市之一，作为对外贸易的窗口，来自北美、日韩、欧洲、中东、非洲等地区的外籍人士众多，被称为"第三世界首都"，外籍人士主要聚居于广州市环市东路秀山楼、淘金路、花园酒店、建设六马路、建设马路等地方，推动广州在经贸往来、文化交流和科技合作中成为国内外人才的流通中枢，发展为东南亚乃至全球重要的高端人才集聚辐射中心。

5. 体育资源

从自然体育资源来看，广州气候温暖湿润，适于开展除冰雪项目以外的各种体育旅游活动，各种类型的地形地貌齐全，为开展登山、沙滩运动等体育活动提供了场所。

在人文体育资源方面，广州的历史悠久，古迹名胜众多，具有深厚的体育文化底蕴。游泳、武术、划龙舟、舞狮、舞龙、登高、踢毽子、抢花炮、放风筝、抽陀螺、跳绳、打波子、掷石子等民间传统体育活动在古代的广州地区颇为流行。中华人民共和国成立后，传统体育项目得到保留和发展，赛龙舟、醒狮、武术、游泳、舞龙、踢毽子等项目较为兴盛。在当今经济文化全球一体化的趋势下，赛龙舟、武术等传统体育项目已走出国门，被全世界接受并喜爱。广州市有关部门每年组织龙舟比赛和表演，吸引了许多外国人、华侨、港澳同胞前来观看，成为广州地区体育对外交往的一项重要活动，1985 年就开始举办龙舟赛，现已成为一项国际性体育活动。

完备的体育场馆设施也使广州具备了举办大型体育盛会的实力。广州曾多次举办国内、国际大型赛事，在国内外享有盛誉，体育场馆设施位于先进之列，除天河体育中心、越秀山体育场、省人民体育场、二沙体育训练基地、中国大学生体育训练基地等场馆外，还增加了很多新的大型体育场馆如大学城体育场馆、广州新体育馆、广东奥林匹克体育中心等，这些高水准标志性建筑为广州举办各种水平的国际比赛提供了基础。仅在2013年，广州就举办国际、国内单项比赛127余次。

在社会组织和政府部门的联手推动下，广州打造了一批出色的体育品牌项目，拥有覆盖足球、篮球、排球、棒球等项目的8个职业运动俱乐部，形成了一城拥有广州恒大、广州富力、广东日之泉三支球队格局，城市影响力更是引起国际豪门足球俱乐部的关注。

6. 经济资源

广州自秦汉至明清，一直是中国对外贸易的重要港口城市。汉武帝时期，即有中国船队从广州出发，远航至东南亚和南亚诸国进行通商贸易。到明清时期，广州更是特殊开放的口岸，较长时间内曾是全国唯一的对外贸易港口城市。自1957年起每年举办春、秋两届中国出口商品交易会，即"广交会"，与世界200多个国家和地区建立经贸联系，吸引了来自全球各地逾20万名客商及投资者，是中国规模最大、时间最长、最成功的国际展会。随着琶洲展馆三期的建设，广州展会能力跃居世界第一。

在商业发展上，广州号称"千年商埠"，历史上一直是中国最重要的商业中心之一，商业网点多、行业齐全、辐射面广、信息灵、流通渠道通顺。广州拥有商业网点10万多个，为中国十大城市之冠。大型购物商场、大型货仓式批发零售自选商场、灯光夜市、集贸市场等构成了多元化的市场网络。国家级电子商务示范企业有5家，省级示范企业有32家。A级、5A级物流企业总数分别达80家、7家，位居全国城市前列。电子商务方面，黄埔国家电子商务示范基地集聚亚马逊（中国）广州营运中心、苏宁易购、广州腾讯等知名企业，唯品会、梦芭莎、绿瘦等电子商务企业也落户花地河电子商务园区。2010~2012年，广州连续三年被评为福布斯中国大陆最佳商业城市。

面对如此丰富的外宣资源，从目前的利用情况来看，广州在民间外宣资源的传播上，主要存在的问题是重点不明晰，具体有两个表现。

（1）传播内容重点不明晰。在当今注意力稀缺的时代，一个城市必须有明确的定位，以鲜明的特色，形成对受众认知的冲击。但从目前情况来看，广州虽然一直试图定位为"商都""花城"，但由于缺乏整体协调一致的规划，所以与北京、上海、西安等城市相比，广州的城市定位一直不太明确，这在一定程度上影响了广州民间外宣的传播重点。这一点也为本文的实证研究所证明，通过问卷调查发现，外籍人士对广州地方特色的认知较为分散。例如，在对广州最感兴趣的事物调查中，外籍人士的选择较为分散，选择最多的是"粤菜"，但也只占总体的21.9%，紧随其后的是"时尚购物"，占21.2%，"历史遗迹风景名胜"和"早茶文化"相对较少，分别占18.7%和15.1%。而喜欢"夜市"（8.8%）、"博物馆"（4.8%）和"花市"（4.6%）的人都不多，选择最少的是"粤剧",仅有 2.2% 的受访者选择。而在对广州地方特色的认知调查中,数据表明,"粤语"是在穗外国人对广州印象最为深刻的方面,27.1% 的受访者选择了此项,紧随其后的是"民风民俗",有 25.3% 的受访者表示印象最深。其次是"岭南地区的传统建筑"和"广式早茶",分别占 12.5% 和 12.3%。受访者选择"粤剧""象牙雕刻"的较少,特别是"广绣",仅有 1.1% 的人选择。在广州的外国人最喜欢的旅游景点调查中,选择同样分散,选择最多的是"珠江",但占比仅为 25%,其次是"北京路商业街"和"白云山",分别占 20.5% 和 14.9%。而选择"花城广场—海心沙"(8.5%)、"沙面"(7.3%)、"中山纪念堂"(5.8%)的不多,最少的是"长隆欢乐世界",占 2.1%。

(2)传播受众重点不明晰。民间外宣长期处于自发状态,缺乏有效引导,因而与官方外宣存在明显的不对称性,导致传播受众重点不明晰。民众对某些国际问题的持久关注以及绝大多数民间组织的发展往往是在其自身利益和爱国热情的驱动下出现的,而官方外宣则是一种理性的带有全局观的安排,这是二者发展方向与布局不对称的根源。从我国整体情况来看,民间外宣存在将大多数资源集中于欧美日等发达国家而忽视发展中国家与周边国家的问题。这种倾向在广州的民间外宣中同样存在。以 2013 年为例,广州在外事、旅游、文化等领域与海外开展了广泛的交流合作。市旅游局等部门赴意大利米兰、澳大利亚墨尔本、法国巴黎等 11 个城市和地区,参加国际知名旅游展会及境外推介等活动;支持许鸿飞"肥女人"系列雕塑走进奥、英、法、意等多个国家。从上述活动地区可以看出,广州的海外合作主要针对发达国家和地区。另外,从广东和广州的经贸重点对象来看,除了欧美发达国家外,还有中东和非洲的许多国家和地区。这些地方完全应该成为广州民间外宣发展的重点。

(二)广州民间外宣主体多元

民间外宣主体主要是指事实上发挥外宣作用的重要的非官方组织、机构与个人。从民间宣传的主体来看,目前除各外宣媒体、国有企业之外,以留学生、海外华人华侨、国外人士、公关公司、广告公司、咨询公司、影视机构、行业协会、商会组织、文艺院团、民间艺术团等为主要组成部分的民间资源在对外宣传中发挥了生力军的作用。从广州情况来看,发挥重要民间外宣作用主要的民间组织机构与个人如下。

1. 综合性民间涉外团体

这些团体的成立集中在新中国成立以后和"文革"以后,20 世纪八九十年代,城市与海外的联系逐步加深,市一级的对外交流机构开始设立,一对一的友好城市交流组织也不断增多。广州市目前影响力较大的综合性民间涉外团体主要有广州市人民对外友好协会、广州世界大都市交流协会、广州国际交流协会、广州太平洋经济合作委员会、广州国际公共关系协会和广州城市外交协会。

2. 友城协会

自 20 世纪八九十年代开始,广州先后与 6 大洲 43 个国家 59 个城市建立友好城市关系或友好合作交流城市关系。随着友城关系的深入发展和对外交往的日益频繁,广州与当地官方或民间组织和机构逐步建立了良好的长效沟通机制。

3. 跨国企业及其行业协会

随着广州成为越来越多海外大企业心仪的投资地，跨国巨头组织的"俱乐部"应运而生。2004 年由广州市政府批准授权，以广州开发区管委会为业务主管部门，由广州市民政局批准成立了非营利性社团组织——广州跨国公司联谊会，借助跨国企业在经济、文化、教育、体育、科技等多个领域广泛开展对外交流活动。

行业协会多是由企事业单位发起并自愿组成的具有法人资格的行业性、非营利性社会团体，自发组织行业国际交流和合作，从而不断深化对外民间友好交流。近年来，德国国际发展基金会、巴西巴中工商会、加拿大渥太华高科技联会代表团、德国豪赫蒂夫机场有限公司、孟加拉订货代理商协会代表团、巴基斯坦出口促进会副主席、土耳其青年商人协会代表团、法兰克福机场会展业经贸代表团、德国 BTA 生物技术垃圾处理公司代表团、法国阿尔萨斯省经济发展局理事会、迪拜环球港务集团、美国企业家访华考察团、泰国信息技术产业部经贸代表团、美国九五亚洲商业长城访华团、海地企业家友好代表团、日中经济协会访华团等一批经贸代表团先后来穗进行合作交流。

4. 国际专业协会的城市分会

随着全球化进程的加快和城市交往的扩大，越来越多的世界性专业协会纷纷在世界各地建立地方分会，以扩大协会的活动规模和全球影响力。随着城市国际化的发展和对外交流的深入，广州也在经济、文化、体育、艺术等各行各业都积极建立了城市分会，参与全球的经济文化往来，成为国际体系中的积极行动者和竞争者。如成立于 1968 年 7 月的国际魔术师协会（International Magicians Society – IMS）在 2011 年建立了广州分会，此外还有国际专业教练协会广州分会（IAC Guangzhou Chapter）、国际摄影协会（IPA）、澳大利亚公共会计师协会（IPAAU）广东分会等。

5. 校园社团

广州的高校数量众多，国际交流社团、留学生社团、国际教育交流社团等也很活跃。另外，中学的国际交流活动开展频繁，通过国际化的视野把国外优质教育资源提供给学生，并鼓励他们自主组织与外来专家、学者、名人的交流活动。此外，国际学校不断发展壮大，随着城市高速发展和国际化进程的加快，其招生数量呈现爆发的趋势。

6. 民间外宣名人

在民间外宣中，除了社会组织，还有一批民间人士身体力行，通过组织或参与各种形式的对外交流活动，在自己的领域行业中积极向国际社会推介宣传广州的城市形象，在促进广州对外交流与合作、推动发展国际友好城市关系、提升广州国际形象方面做出了突出贡献。他们中既有港澳台同胞、华人华侨，也有来自不同国家的对华友好人士，在世界各国人民的友好交往中充分发挥了纽带和桥梁作用，成为"让世界了解广州和让广州走向世界"的民间使者。

7. 存在的问题

不过在广州的民间外宣工作中，也存在对留学生、体育社团、NGO 组织等的培育重视程度不够、利用不充分等问题。

（1）高校留学生群体重视程度不够

近年来广州各大高校招收的外国留学生人数猛增。如中山大学每学期新增300多名留学生，而暨南大学华文学院每学期都有400多名留学生新生入学。在穗的学生踏足广州，真切感受广州的城市生活气息，不少学生结合自己在广州的生活旅游体验，运用自己的母语，以自己国家受众喜闻乐见的方式，在个人网页记录在广州的所见所闻、所思所感。这种方式成为他们身边的亲朋好友认识和了解广州的重要渠道和信源之一。

但目前广州的民间外宣工作未能充分重视高校留学生向外界传播和介绍广州的作用，有计划地组织高校留学生开展的相关活动较少。如果能在高校中找到一些熟谙广州本土文化的"广州通"，通过采访报道、资助出版留学日记、开展有关广州主题摄影及影片展等方式，将"广州印象"从这些留学生的口中传播出去，潜移默化地塑造海外受众的"广州观"，在某种意义上，在穗留学生扮演了向外界传播和介绍广州的使者角色。

（2）恒大足球等年轻人喜欢的品牌利用不充分

针对近两年崛起的广州恒大足球，广州外宣也未能充分将城市品牌巧妙植入恒大足球的比赛赛事，间接转为城市对外的传播力和影响力。2013年广州恒大夺得中超联赛、亚冠联赛"双冠"的战绩，据不完全统计，夺冠比赛受到国内外近千家媒体的高度关注，央视一套、央视五套、广东电视台体育频道以及国内其他省份电视台对比赛进行直播，覆盖国内近3亿户家庭超过8亿人口和国际20亿人口。在一定意义上，广州恒大足球队代表了一种"敢为人先"的广州人精神，广州立志打造国际体育名城，需高度重视与恒大合作联姻的机会。

（3）NGO组织积极作用尚待发掘

NGO组织在民间外宣中的作用举足轻重。与国内其他城市相比，广州在2011年率先在全省和全国出台一系列社会组织登记改革的制度创新，社会组织培育较为充分。这些社会组织与国际组织和国内相关组织联系密切，涉及社会生活的方方面面，可以说是非常重要的民间外宣资源。然而面对数量如此庞大的民间组织，目前因为相关问题较为敏感，在政府层面缺乏一个有效的整体布局结构规划，进而也无法发挥强有力的协调作用，这些NGO组织在民间外宣中的积极作用也未得到充分发挥。不仅如此，2014年10月，新出台的《广州市社会组织管理办法》引起了舆论的广泛关注。因为按照其中规定，只要"资金主要来源于境外组织的"社会组织，都将被撤销登记。而"被撤销登记的社会组织继续以社会组织名义进行活动的"，将被视为"非法社会组织"。

民间外宣作为一项基础广泛的外宣形式，应该利用外宣主体活动领域的广泛性，深入社会基层的方方面面，开拓广泛的交流领域。然而当前广州民间外宣虽然各领域都有所涉及，但是其主要力量仍集中在经济、文化、教育等有限的领域，而宗教、民族、思想等领域还有待进一步开拓。领域的狭窄也限制了民间外宣作用的发挥，并影响了外宣全局的整合。

（三）广州民间外宣形式多样

近年来，广州借助各类国际盛事竞相开展对外传播推广活动，文化走出去及各项外宣平台建设得到新发展。这些民间外宣活动，内容丰富，形式多样，取得了明显成效，刻下了"广州印记"。

1. 举办国际性体育赛事传播广州形象

大型体育赛事的举办是每座城市对外宣传的大好机遇，重大国际性体育赛事的申办、筹办、承办不仅是城市经济实力、现代化设施等"硬件"的集中体现，而且是申办城市的城市功能、城市文化氛围、城市形象等"软实力"对外展示的契机。举办体育赛事，尤其是综合性国际体育赛事，在彰显城市"软实力"的同时，为优化、推进城市形象传播搭建了有效宣传渠道。体育赛事为城市形象的展示提供了平台，为凝聚、擦亮城市文化品牌提供了难得的契机。举办大型的体育赛事能够吸引世界更多的人认识举办地所在的城市，丰富城市形象和空间内涵。

根据广州市体育局官网最新数据统计，2014年广州市举办国际级体育赛事多达14项，其中备受世界瞩目的国际性体育赛事有广州国际龙舟邀请赛、广州国际女子网球公开赛和广州马拉松赛。目前在广州举办的体育赛事，既有永久落户、每年一度的传统体育赛事，如龙舟赛、广网、广马，也有连续几年在广州举办的体育赛事，还有连续3年举办的橄榄球系列赛、连续2年举办的皇家杯高尔夫球对抗赛、连续5年举办的美式九球国际公开赛等。那些永久落户或连续几年在广州举办的体育赛事，延续性强，有利于打造品牌体育赛事，以赛事品牌促进广州形象的传播，进而提升广州城市的国际影响力。

2. 借助经贸展会推介广州

从1957年起，在广州每年举办两届中国进出口商品交易会，以规模最大、时间最久、档次最高、成交量最多而荣膺"中国第一展"的称号。近年，新建成的广交会场馆广州国际会展中心投入使用，把"中国第一展"提升到世界级博览会的层次，在开展对外经贸交往和宣传活动中发挥了十分重要的作用。

据广州外经贸官网数据统计，2014年春季第115届广交会境外采购商与会人数为188119人，来自214个国家（地区），累计出口成交1911.84亿元人民币（折合310.51亿美元）。秋季第116届广交会采购商与会人数为186104人，来自211个国家和地区。出口成交金额为1792.03亿元人民币（折合291.6亿美元）。每年的广交会都会通过广告、网络、路演、参展等多种方式拓展宣传渠道，在境外多达30个国家和地区的109家媒体投放，在国内外引起很大的反响。

3. 利用特色节庆活动吸引多方参与

举办具有当地特色的节庆活动，能够有效地为城市形象宣传搭建一个立体传播平台和超级聚焦看台，以提高城市的凝聚力、吸引力和辐射力，使目标群体对城市形象产生特定偏好。例如，从1987年起，广州旅游部门每年在秋交会前后组织一次"广州国际美食节"活动。"广州国际美食节"十分注重突出文化内涵，开辟了饮食文化展示馆，通过文字、图片、实物展示以及现场的示范解说，向游客展示了岭南饮食文化的独特一面；举办专题研讨会，邀专家学者对弘扬广州美食文化进行理论上的研究探讨，进一步提升了美食节的文化品位。历年来"广州国际美食节"通过举办一系列相关活动，如厨艺大赛、餐饮业高峰论坛等专业活动吸引海内外旅客积极参与，同时，通过将美食与游览、购物相结合，吸引广大群众参与，实现全民美食节。

4. 以艺术文化交流打响广州名气

举办国际舞蹈选拔赛、国际小剧场戏剧展演暨学术研讨会、广州国际艺术博览会、羊城国际粤剧节等一系列活动，已经形成一定的规模。每年一届的广州国际艺术博览会已经成为美术界的盛事，吸引了海外和港澳地区的大批艺术家、画廊、经销商参加。先后举办了三届羊城国际粤剧节，来自美国、英国、加拿大等 20 多个海外和港澳台地区的粤剧社团共聚一堂。这些文化活动通过民间社团和演出机构的运作，引进了一批高水平的外国文化艺术团体如歌剧、芭蕾舞、交响乐团等来穗交流演出。

广州市各专业艺术团体立足本地、面向国内外，积极开拓演出市场，推出"纪念堂之夜""广州之夜""假日文化"等文化活动，打造广州市的文化品牌。以丰富多彩的文艺演出为外宣渠道，广州市各艺术团体先后赴韩国、日本、西班牙、美国、法国、比利时、德国、秘鲁等 20 多个国家和地区进行对外文化交流活动，近 5 年共有 597 批5674 人次到境外演出、交流，有 321 批 3472 人次的国外文化团体和个人来穗演出和访问。广州市木偶艺术剧院有限公司赴西雅图参加国际儿童艺术节演出并到加拿大演出，很受当地欢迎。广州交响乐团赴新加坡演出获得成功，新加坡总理出席观看演出，评价较高。广州大剧院自正式开幕以来，迎来全世界高水准及国内外演出达 600 台，包括开幕演出的《图兰朵》，世界经典歌剧《托斯卡》，世界经典音乐剧《妈妈咪呀》中文版，世界三大男高音之一卡雷拉斯、世界著名大提琴家马友友、二度来穗的世界指挥大师洛林·马泽尔等的演出。此外，市旅游局等部门赴意大利米兰、澳大利亚墨尔本、法国巴黎等 11 个城市和地区，参加国际知名旅游展会及境外推介等活动，宣传广州城市形象和节庆活动。支持许鸿飞"肥女人"系列雕塑走进澳、英、法、意等多个国家，用艺术展示中华文化，反响热烈。

5. 用华侨资源助推广府文化

通过举办"海外华文媒体广州行"活动，协助《广州日报》赴海外采访，鼓励海外侨社文化团体来广州考察和巡演，向海外侨社团赠送广雕、广彩、广绣纪念品，介绍广州历史人文等方面的文化书籍，推动广府文化在海外的传播，促进中外文化的交流和合作。

借助丰富的侨胞民间人力资源，广州自 1986 年开始举行"广州市荣誉市民"称号授荣仪式活动，截至 2014 年，分 14 批共授予 422 位海外侨胞、港澳台同胞和外籍人士"广州市荣誉市民"称号，这是广州给予境外友好人士的最高荣誉。荣誉市民工作逐渐走向成熟，成为广州市对外交往工作中的一个品牌。广州市侨办以第 14 批荣誉市民授荣活动为主线，借助授荣活动 28 周年的契机，开展一系列联谊、交流和宣传活动，擦亮广州市荣誉市民工作的品牌。

另外，由广州侨办指导的《广州华声》等 8 家侨刊乡讯，每年出版期刊 26 期，7 万多册；报纸 21 万份，发行至海外 70 多个国家和地区。广州侨网（www.gzqw.gov.cn）年访问量高达 150 万人次，这些平台都成为宣传广州文化、推介广州的重要阵地。

6. 发挥高校力量提升广州国际形象

高校蕴藏的人才资源和文化力量，不仅对城市经济有贡献，而且是塑造城市形象的重要渠道。广州市内高校历年来重视国际交流合作，借助高校资源积极推进广州外宣工作。2014 年 11 月 19 日由中国国务院侨办主办，暨南大学、中国世界华文文学学会承办的首届世界华文文学大会在广州开幕，来自 30 个国家和地区的 400 余名嘉宾与会。首届世界华文文学大会以"语言寻根、文学铸魂"为宗旨，以"华文文学的文化传承与时代担当"为主题，旨在广泛团结联谊五大洲华文文学学界人士，促进全球华文文学团体间的交流与合作，凝聚全球华文文学界力量，更好地推进中华优秀文化的全球性传播。另外，有着明显侨办特色的暨南大学，其国际学院不断拓展与境内外知名大学的交流与合作，已与美国、英国、法国、俄罗斯、菲律宾、文莱、南非等国家的一些知名大学互派交换生，与美国友邦保险公司、美国甄文达（MartinYan）厨艺中心、印度萨拉斯瓦第教育公司等境外单位签订了人才实习培养基地协议，这些平台将高校作为广州对外宣传的一个窗口。

2009 年广州大学与意大利帕多瓦大学合作建立"广州大学意大利研究中心"，并合作创建了孔子学院。2011 年继续开拓创新宣传平台，与美国华人教授科学家学社合作成立"广州大学 – 美华学社跨学科研究中心"。2013 年作为广州国际教育的启动年，广州投入 350 万元支持全市包括高校以及基础教育等在内的各级门类的国际交流和合作活动。

高校所具有的独特魅力和辐射功能影响着城市文明形象的树立，一所名牌大学就是一个城市的品牌，它的存在能够提高整个城市的声誉。从城市形象的传播角度来看，大学是城市的一项重要资源，它传播了城市先进文化，带动了城市经济发展，提高了整个城市社会的精神文明水平，促进了城市间的文化交流，塑造了城市的人文特色。

7. 联动海外媒体宣传广州

受众对一座城市形象的认识在很大程度上来自传媒，而传媒自身的强大功能则极大地影响着城市形象的传播。要让广州的城市品牌传播出去，可以借助境外媒体，依托对外媒体进入国际主流社会。广州凭借自身拥有的沿海对外开放优势，一直以来努力与海外诸多媒体建立友好合作关系，完善多层次外宣体系。

① 与海外电视媒体的合作，交换节目

广州电视台先后对日本福冈 RKB、韩国光州 KBC 和越南胡志明市电视台进行访问，并与韩国光州 KBC 签署了节目对等交换的《友好合作备忘录》，同时派出代表团访问俄罗斯叶卡捷琳堡市，考察了该市 41 电视台，并在该台举办了"中国广州电视节目周"展播，介绍广州经济社会生活和城市面貌，扩大广州的国际影响。

为实现对外交流中电视的远程录播，广州电视台还在北欧、西欧尝试开发网络传输，借助设备升级和海外媒体的传播渠道，让世界各国和广州节目实现双向传递。此外，广州电视台还与法国、德国、瑞典、菲律宾、中国台湾、中国澳门等国家和地区的有关电视机构进行节目交换的合作。

② 与海外平面媒体的合作，开设海外专版

《广州日报》近几年来通过与海外有影响力的中文报纸合作，先后在澳大利亚的《星岛日报》和北美地区影响较大的华文报纸《明报》上开设海外专版，羊城晚报报业集团与侨鑫集团联手打造了《澳洲新快报》，利用海外现有的平面媒体平台发布来自广东、广州的新闻，通过媒介向海外华人宣传广州，营造了良好的外部舆论环境，让广州更快融入世界，为世人所知。

③ 建立境外宣传阵地，合作制作节目

广州市广播电视台收购北美地区华语电视天下卫视，并开设了天下卫视粤语频道，截至目前共输出粤语节目 2000 多小时，成为广州在境外的传播窗口和外宣阵地。正式推出 "@ Guangzhou-china" 英文微博，加强对海外人群和在国内的外国人群的城市形象传播。与中央电视台国际频道合作，拍摄专题片介绍广州的民俗文化风情，在美洲、欧洲、亚洲等国连续播放。联合凤凰卫视以 "商文化" 和 "侨文化" 为切入点，拍摄系列纪实片，并通过凤凰美洲台、欧洲台向全球播出。

8. 以友城结好为窗口，积极推动友城民间交流

加强对国际友好城市的宣传工作，通过友好城市这一友谊桥梁，使世界了解广州，让广州走向世界。具体包括以下两点。第一，推动文化 "走出去"。策划了历时一年半的 "亚运亚洲行" "向友城出发" 大型活动，向友城宣传广州社会发展和日臻完善的软硬环境，宣传广州蓬勃富有生机的城市形象。2011 年以来，赴国内外多个城市举办 "新广州、新商机" 大型推介活动，组织广州优秀剧目全国巡演，在北京、上海、重庆等 29 个城市进行了百场演出活动。第二，抓好 "请进来"。由外宣、外事、文化、旅游、侨办等部门共同合作，通过举办广州国际友好城市大会、"相约广州" 等活动，多次邀请友城市民到广州访问，与广州市民比拼棋艺、切磋插花，开展多种文化交流活动。

9. 以重大活动为契机，强化广州城市品牌影响力

近几年来，充分利用中国进出口商品交易会、第九届中国艺术节、中国留学人员广州交流会、中国（广州）汽车展览会、广州博览会、中国（广州）国际纪录片大会、广东（广州）台湾名品博览会等大型活动，选好宣传主题，从多个侧面反映广州经济社会发展成就。2012 年，以 "创新成就未来" 为主题举办首届广州国际城市创新奖（简称 "广州奖"）活动，汇聚全球城市创新发展范例，全球 56 个国家和地区 153 个城市的 255 个创新项目的参评，62 个国家和地区 149 个城市的 600 多名管理者、专家学者和企业家参加颁奖典礼。2014 年 11 月，广州又举行第二届国际城市创新奖，规模更是远超首届。来自世界大都市协会、城地组织、UCLG、世界大都市协会的会员城市代表，广州国际友好城市、中国国内城市、外国驻穗领团、外国驻穗主要企业、商务机构代表和社会各界代表 1600 余人出席颁奖典礼。"广州奖" 引起了海内外媒体的高度关注，全球 300 多家海外媒体对 "广州奖" 进行了广泛报道，有力地提升了广州自身的对外传播能力。

不过，在现代传播业界，有"渠道为王"的说法。意即在这种注意力稀缺的时代，酒香也怕巷子深，因此要高度重视传播渠道的开发建设。但在大众传播渠道和组织传播渠道的开发利用上，广州还存在以下问题。

（1）与境外主流媒体关系有待加强。主流媒体是关注社会发展的主流问题，成为社会主流人群所倚重的资讯来源和思想来源的高级媒体。要想进一步提升广州的国际影响力，改善并强化与境外主流媒体的关系是关键。目前与广州联系密切的中央电视台国际频道、凤凰卫视等媒体主要在海外华人中拥有较大影响力，但还不属于西方主流媒体。而要提升在西文主要国家和周边交往密切国家中的影响力，需要强化与国际主流媒体以及周边交往密切国家中的主流媒体的关系。

（2）自办外宣媒体传播力有待提升。外宣媒体既以多元视角展现本地时事、经济和文化，又为观众提供具有国际视野的电视节目，可以成为广州与世界的双向沟通平台。但从目前来看，广州所办外宣媒体距离这一目标还有一定距离。对广州外籍人士的调查也可以发现这一问题。在"了解广州的渠道"调查中，统计发现，来广州之前，近39.1%的外籍人士通过"朋友家人介绍"来了解广州有关信息，其次是"互联网"，占26.0%。而在媒体使用方面，所占比重依次为"本国媒体报道"（9.9%）、"港澳台媒体报道"（6.8%）、"中国大陆媒体"（5.1%）。以上数据表明，人际传播以及互联网等新媒体是国外受访者来广之前了解广州的主要信息获取渠道。但比较而言，本国媒体以及港澳台媒体比中国大陆媒体具有更强的传播力和更好的传播效果。

（3）节庆活动品牌影响力偏弱。在广州的民间外宣中，不乏一些有创意、有个性的外宣项目，如每年春秋季的广交会和"广州国际美食节"等。但目前存在的主要问题在于品牌影响力提升难。其中根源主要在于表面内容太多，项目的亮点没有放大，往往被一大堆附带的内容所淹没。比如，每年一度的美食节为了追求经济效益，招商引资拉赞助，各种商机"鱼龙混杂"，难以提升质量，而且模糊了美食节原本要宣扬"食在广府"的主题，品牌效应大打折扣。

（4）受众定位欠精准。广州民间外宣工作在面对不同的渠道时，未能做到精准定位受众市场。不同的传播渠道会有不同的受众群体，例如，在旅游推介活动中，传播的受众多是潜在的旅游消费者；在招商引资活动中，受众则是潜在的投资者和创业者；在大型集体活动中，传播的对象则多是国内外参与者、各类媒体以及这些媒体所拥有的受众群体。

广州的对外宣传依托于一定渠道，它如同企业行为，在国际交往中要事先认清市场形势和受众需求，如果对方对提供的东西没有兴趣，那么花再大的精力也事与愿违，相反，如果外宣活动能抓住外国人对广州感兴趣的方面，使之在内容上呈现广州特色印记，在形式上兼具浓郁的广州味，充满个性化，就容易吸引人，并形成自己的品牌。

（四）多元合作机制初步奠定

通过多年来各项活动的举办，民间外宣带动了广州各相关党政机构的整体参与，在市委外宣办的整体协调下，外事、侨务、外经贸、文化科技、出版广电、教育、旅游、体育等有关机构协调互动，积极开展外宣活动，各部门"大外宣"的意识不断得到提升。从内部来看，民间外宣利用地方政府强大的行政权力，坚持政府主导，将战略意图透过行政组织架构层层向下传导，驱动各级各部门积极、主动服务于民间外宣。在这个过程中，党政部门合作、政企合作、官民合作、中外合作的机制已经初步形成。

第一，党政部门合作。民间外宣虽然以民间组织和机构为主体，但党政部门仍然在其中起着基础性的主导作用。"集中力量办大事"是体现社会主义制度优越性的一个方面。在民间外宣发展中，广州集中不同部门的资源，使之产生横向协作的联系，通过全方位的努力，将民间外宣的任务做到精益求精。

第二，政企合作。企业在民间外宣中具有不可替代的作用。广州民企发达，民资兴旺，在与国外、境外的交流中扮演着中坚角色。经过多年来的合作，广州民间外宣中的政企合作模式也已经相当成熟。例如，广交会就是政府搭台、企业唱戏的典型。

第三，官民合作。官民合作是民间外宣顺利开展的基础。广州举行的各项民间交流活动，更是把"接地气"放在重要位置，激发公众的参与热情，使官民合作的范围更广、力度更大、黏性更强。例如，在第二届"广州奖"评选过程中，专门增设网络人气城市、媒体关注城市和公众推荐城市的三个公众嘉奖城市项目，旨在鼓励市民了解和参与优秀城市的创新实践，使"广州奖"获得更多关注并更"接地气"。

第四，中外合作。民间外宣离不开中外民间组织机构的通力合作。例如，参与创办支持癌症研究的泰瑞·福克斯慈善慢跑公益活动，得到社会各类团体和市民的大力支持，并获评为"2011年度广东扶贫济困优秀项目"。该活动始于2003年，已连续举办十多届。其连续成功举办，对充分展示广州经济发展、社会进步的良好形象和广州人民与外国友人和谐进步的精神风貌具有积极作用。

一般在民间外宣活动中，需要上述多种机制共同作用。例如，为了宣传2010年广州亚运会，作为广东著名旅游企业的广之旅成功联手亚组委青年志愿者部，精心策划了"广州亚运志愿信使团"项目，政府、企业、公众与众多国际组织和国家携手合作，取得了完美的效果。活动自2009年6月30日始，历时一年半，共组织了1036个亚运信使团，发动近10万人次的广州市民担任亚运信使，走访了以亚洲为主的20多个国家和地区，共121个国内外城市，在发挥旅游的特点与优势、动员民间力量参与大型体育赛事的宣传推广方面开创了先河。亚运信使团的模式及做法，很好地体现了这一精神：每名信使既是活动的参与者，又是活动的主角，通过民间对民间的渠道，开展了单对单、单对多的沟通、交流活动。正因为来自民间，这样的宣传在国际舞台上更有针对性，也更有说服力。该项活动也因此入选CCTV2010年度十大体育营销经典案例。

总而言之，合作、互惠、互利是民间外宣中部门关系、政企关系、官民关系与中外关系的精髓。而产生这种良性关系的前提，就是需要党委、政府强大的整合力。只有以强大的整合力、向心力为保证，配合协作的力量才能到位。不过，广州在外宣工作中"重渠道，轻整合"的问题仍有待进一步解决。

1. 渠道与渠道之间的联通有待进一步提升

未能有效整合电视、报纸、网络、杂志、展会、推介会等多种传播渠道；传播内容分散，以"点传播"为主，未能根据不同的渠道特点，分析受众对城市形象的认知与评价；未能结合本城市自身的现状、优势、特色等因素全面构建城市形象传播的整合营销传播战略规划。

立足广州，城市形象广告作为形象宣传的一种方式，是以树立城市品牌形象为总目标的。但一个城市品牌形象的树立不是一两次广告传播活动就能够完成的，而是一个时间相对较长的过程。没有延续性的单个广告"秀"，很难实现树立城市品牌形象的目标。在广州繁华的天河或越秀地段，不少的户外 LED 大屏、地铁和公交站宣传栏都投放了广州城市形象的宣传品，但是，无论是视频广告还是海报，一来其更新频率都很低，容易让受众产生审美疲劳，二来广州城市的形象宣传片都只在电视媒介上播放，报纸、杂志等其他平面媒介没有相应配合，媒体渠道组合方面做得很不够，也缺少新闻发布会、城市形象代表等公关活动的整合，传播方式单一，缺乏阶段性目标和延续性的长期的传播策略，不利于广州城市形象的长远传播。

2. 线上与线下之间的整合有待进一步强化

目前众多传统部门对线上与线下渠道仍然存在一些片面认识：或认为线上渠道是平行渠道的一种，与线下渠道相对独立而共存；或认为线上渠道也是垂直渠道，同样存在展示、宣传、营销等环节；或认为线上渠道与线下渠道是相互替代的关系，线上渠道优于或劣于线下渠道。而实际上，外宣工作中的线上渠道和线下渠道是互补关系。梳理并建立对线上渠道和线下渠道关系的正确认识后，方能更好地开展外宣工作，不会顾此失彼。

广州不少的外宣项目和活动，在线下进行得红红火火，收效甚佳，但线上推广无人问津。最简单的例子，多数活动宣传稿在纸媒刊登报道以后，几乎是一字不改地被转载到官网和微博微信平台上，没有充分考虑线上渠道的传播特点，将线上渠道和线下渠道的作用等同化。在一些大型活动举办之前，最好先在网络社交进行前期预热，利用微博大号、各界专家学者或相关领域的名人转发造势，这时活动版面的展示模式、内容、推广文案都应该注意契合网络新媒体的传播特点和规律，到了活动举办之际，就会大大扩宽线下实体活动宣传之路。

3. 部门及官民之间的协同有待进一步推进

在民间外宣各项活动开展过程中，各部门之间、官民之间的合作基础虽然已经较为扎实，但距离协同创新的目标还有一定距离。所谓"协同创新"是指创新资源和要素有效汇聚，通过突破创新主体间的壁垒，充分释放彼此间"人才、资本、信息、技术"等创新要素的活力而实现深度合作。从整体上看，民间外宣机制在政府的有力推动下高效运转，但协作部门仍然存在貌合神离的尴尬。首先，就大项目中的协同来说，单对一个部门而言，存在业务工作与服务民间外宣工作能否协调统一的困境。其次，就日常活动来看，目前民间外宣活动多由一个单位或部门组织开展，人力、物力等资源得不到有效整合，活动开展效果往往有限。最后，不得不承认民间对外交流多数仍只限于自发的民间交往，虽然民间外宣组织繁多，但没有做到积极地整合民间力量、扩大民众支持，大多数民众对各种民间外宣组织更是知之甚少。

（五）社交媒体外宣挑战凸显

随着移动互联网的加速普及，"城市形象"的传播形式变得越来越多元化，已经从传统领域延伸至新媒体，即从线下延伸至线上，甚至衍生出了"城市网络形象"的概念。微信、微博等社交媒体日益普及，其影响力不可小觑，只需几秒钟在互联网或手机、ipad 等移动互联网终端上进行点击，一个城市的网络形象便会全方位地呈现。

对城市外宣而言，新媒体复合型的传播特点使一个平台可以同时实现文字、图片、视频、声音等多种传播形式的立体传播。此外，超链接方式的存在，可以将所有相关信息以相互链接的方式提供给受众层层浏览阅读，这无疑可以使城市外宣的信息更加丰富全面，极大地拓展宣传的深度和广度。然而，目前广州的外宣工作偏重大众媒介渠道的传播，对新媒体渠道的挖掘和利用仍然不够，具体主要有以下表现。

1. 外宣社交媒体账号传播力偏弱

广州英文微博"@ Guangzhou-China"于 2013 年 12 月正式上线，初期微博定位分为对外交流、千年商都、羊城风物、政务动态、专题报道和网络互动六大栏目，分类发布，发布内容包括广州的外事、经济、文化、教育、出入境等各方面的政策和活动。此平台上线的目的是契合广州外宣工作需求，但从目前来看，品牌影响力有待提升。据统计，此微博账号每日只更新 3 条博文，博文的转发量和评论量多为 0，外宣窗口成了自说自话的空间，零星的一两条博文的转发量为 10～20 次。另外，该微博粉丝量也较少，目前约 3 万人。

传播力弱的原因主要在于缺乏新媒体运营方面的专才。由于不熟悉新媒体的传播特点和规律，也没有针对新媒体使用的受众偏好，加上缺乏新媒体思维，广州目前具有外宣功能的一些社交媒体账号还没能很好地适应新媒体的要求，未能形成良好的互动性，仍然停留在"我传你看"的单向传播上。传播力较微弱，品牌效应自然无法输出。

2. 各民间外宣主体社交媒体账号未有效整合

当前微博集群化的发展趋势突出。在经历了各自为政的微博发展初期之后，各类组织纷纷将微博集群建设提上议事日程，通过建立"微博方阵"共享信息、互通有无，实现优势互补。另外，在微博集群中确立能够带动本部门、本系统形成合力的核心微博，有助于建立微博及背后各组织的一体联动机制。

随着各类社交媒体的快速普及，各民间外宣主体，如 NGO 组织，以及对外交流频繁的各旅游、体育、经贸等单位也纷纷在社交媒体上安营扎寨。但这些民间组织机构在社交媒体上展开的各项对外交流活动，目前仍处于各自为战的状态，缺乏有力的整合。

3. 世界主流社交媒体平台还未开拓

世界主流的 Facebook、Twitter、Instagram 等社交平台用户总量超过数 10 亿人，然而在这些热门的网站和社交平台上，未看到广州的相关传播账户。如果城市想影响和吸引年轻一代，就必须学会利用网络媒体与新媒体（包括微博、微信、游戏、APP 等）。

根据调查，即便身处广州，在穗外国人获取信息的渠道也集中在 Twitter、Facebook 等 "国际社交媒体"，约占 30.4%，其次是 "中国社交媒体" 和 "官方媒体"，分别占 22.3% 和 14%。这表明国际社交网络影响力最大，本国媒体在外国人驻留广州期间仍具有一定的影响力。因此，要高度重视社交媒体平台的利用。

三 广州民间外宣提升策略

（一）统筹规划，制定广州民间外宣规划

广州的民间外宣发展战略需要与广州的国际化战略统一起来协调思考。在充分评估城市发展基础和发展环境的前提下，思考如何进一步提升广州民间外宣工作的水平，制定发展规划，从而加强民间外宣的全局性、战略性、前瞻性政策研究和整体规划，增强民间外宣工作科学决策、科学管理能力。其中，规划中应注意以下几点。

1. 提升政府主导性

民间外宣虽然是相对于官方外宣提出的，但是它并不是独立于官方外宣发挥作用的。它需要党和政府从全局和战略的高度，统筹谋划城市国际化的发展模式，需要外宣主管机关的正确指导，需要各级业务部门为其提供外宣资源和口径。所以，应该有计划地把指导民间外宣，把有效利用民间外宣资源纳入外宣规划的日程。

2. 加强对民间外宣的指导和扶持力度

第一，尽早设立专门的协调机构，整合和指导民间外宣，协调群众和不同民间外宣组织的各项行为，使其在面对各种不同的国际事件的时候能够形成一股合力，从而产生更大的作用与影响。第二，整合各方面资源，设立民间外宣基金，为其发展提供各种支持。

3. 矫正民间外宣与官方外宣发展战略布局的不对称性

要解决民间外宣与官方外宣发展战略布局的不对称性问题，必须加强对民间外宣的调节力度。加大对重点国家的宣传力度，加深民众对重点国家的认识与交流，并扶持双方的交流组织的发展，以增进了解，进而解决民众的关注与民间组织的发展侧重于欧美日等发达国家而忽视经贸重点国家的问题，实现民间外宣与官方外宣战略布局合理对称以及两者的良性互动。

（二）分类构建，打造广州民间外宣体系

完善广州民间外宣体系，需要高度重视统筹协调民间外宣力量，使各部门、各单位积极利用和整合民间外宣资源，从而拓展对外宣传的渠道，完善对外宣传的手段，以形成多维度、多层次的交流架构。同时在发展领域上，需要推动经济、文化、教育、科技、学术、民族、环境等众多领域、形式多样的民间外宣，与官方外宣一起构成上下一体、内外连通的多维外宣体系，并建立起以政府为主导、以民间交流为主体、以市场机制为杠杆的对外文化交流格局。

1. 激发党政机构主动作为，为民间外宣提供有力支撑

民间外宣强调运用综合性的措施，采取经济、行政、工程等多种手段，在城市内部

建立开放布局与资源条件相匹配、开放规模与行政效率相协调、激励措施与责任追究措施相结合的具有地方特色的民间外宣体系。其着力点在于加强政府驱动、部门驱动、个人驱动等措施的综合运用，强化城市国际化的无所不包和兼容并蓄，并以此作为民间外宣可持续发展的有力支撑，创新规范化的民间外宣管理体制，健全政府对外服务和城市国际化的推广体系。这使得民间外宣不仅是与国际社会接触频繁的部门的工作，而且渗入城市的肌理，唤起各方的参与热情。

2. 积极培育民间外宣主体

要重视培育民间外宣主体，提高其对民间外宣的思想认识，明确民间外宣作为广州外宣一个重要组成部分的地位，消除各级党政官员对非政府组织的歧视观念。对政府而言，就是要放开对民间外宣的垄断，第一，在行政审批及融资渠道上鼓励和支持民间团体的成立和发展。第二，在官方所不能及的交流对象上，寻求与民间团体的合作。第三，明确民间外宣的利益取向。民间外宣主体开展活动时，应避免将外宣活动的目的仅局限于本组织、本行业利益，应该注重国家利益与组织利益的兼顾与协调，树立民间外宣主体的大局观、全局观。只有这样，民间外宣活动果才能实现真正意义上的最大化。第四，增强民间组织的群众基础。民间组织要积极地走向民间大众，充分关注人民群众的利益和呼声，扩大自己在群众中的影响力，建立与群众联系密切的基层组织。第五，扩展民间外宣的领域。注重各领域均衡发展，加快民间外宣向发展不足的领域发展，更加关注深层次如文化、思想等方面的交流，利用广州悠久的历史、博大精深的文化来提高民间外宣的层次和水平，开创民间外宣发展的新境界。第六，完善民间外宣组织自身机制。完善自身的机制、学习国际上同类型组织处理相关事务的经验、实现工作程序方法等与国际接轨尤为重要。这样才能使民间外宣组织在进行国际沟通与合作时掌握平等的话语权。

（三）突出重点，盘活广州民间外宣资源

充分利用政府公信力，整合各方资源促进民间外宣。通过政府搭台、民间唱戏的方式，着力挖掘、整合民间外宣资源，充分调动社会各方力量，不断拓展对外文化交流的新渠道、新载体，通过对外文化交流平台、外国人文化参与系列活动等官民并举的外宣品牌项目，增强民间外宣工作的力度，进一步提升广州的国际知名度和影响力。

1. 城市形象塑造

在地方形象宣传片的制作与投放上，地方政府只是在形象片的拍摄和制作上进行补贴，投放等环节完全以商业运作为主体，由专业公司进行操作，开展城市形象设计，塑造城市品牌形象。这种做法是符合国际惯例的。从世界范围看，西方国家早就认识到了由政府单一主导国家形象塑造的局限，往往依赖政府主导、各方协调、多方参与的路径。在具体操作层面上，有些国家是政府主导并直接参与，有些国家是由民间团体出面，政府只起协调和指导作用。比如，韩国的国家形象委员会，由总理直接负责，由财政经济、教育人力资源、外交通商、行政、产业资源、文化观光等部门长官，以及来自学术、媒体和文化方面的10名顾问委员组成；日本则由外务省统筹协调，海外青年协会、经济团体联合会、观光振兴会等具有文化交流功能的民间机构参与国家形象的塑造与推广工作。

2. 对外文化交流

在对外文化交流方面，广州对民间资源要重点做好三个"借助"。一是借助民间资本的力量，积极鼓励民间资本搞外宣，在政策、人才、资源等方面给予大力支持，利用民间资本打造外宣精品、创立外宣品牌，为文化产品"走出去"提供资金支持。二是借助民间艺术的力量，将民间艺术的传承与发展结合起来，将民间艺术的内向发展（满足人民群众的精神文化需求）和外向传播（激发并满足世界人民了解广州的愿望）结合起来，积极打造对外文化传播的精品力作，推出具有地方特色的外宣品牌。三是对民间实体加以包装、扶持、推介，将其打造成为外向型文化企业，并鼓励这些文化企业通过多种方式到境外兴办实体，开拓海外市场，力争使文化产品在规模、影响、水平和收益上实现突破，增加广州的影响力。

3. 利用外力介绍广州

国外友好人士是对外宣传介绍广州的重要的积极力量。熟悉广州情况的编辑、记者、作家、学者、留学生、游客、商人、务工人员等，是国外受众认识和了解广州的主要渠道和主要信源，这一特殊群体结合自己的人生经历和在广州的生活体验，运用自己的母语，以自己国家受众喜闻乐见的方式，讲述其在广州的所见所闻、所思所感，理所当然地成为向外界传播和介绍广州的使者。而那些熟谙中国基本国情、价值理念、发展道路和内外政策的"中国通"和"舆论领袖"，则常常通过接受采访、撰写文章、出版书籍、拍摄影片等方式，阐述事实、表达观点、引导舆论，潜移默化地塑造海外受众的"中国观"。例如，美国知名作家、未来学家约翰·奈斯比特与夫人多丽斯·奈斯比特近年来撰写的《中国大趋势》和《成都调查》等书，均被誉为把握中国改革创新、启示中国未来发展的力作，在国际上产生了较大的影响。

（四）整合传播，优化广州民间外宣渠道

渠道制胜是媒体融合发展过程中达成的共识。随着新媒体的不断涌现，全媒体整合传播自然成为外宣工作中控制渠道、拓展影响力的普遍性战略选择。在商业品牌的塑造中，整合传播早已成为一个潮流。所谓整合传播，是指为实现既定传播目标，运用各式传播工具，如广告、公关、包装、新闻媒体等，通过任务分工集体达成传播目标的信息传播运用方式，以产生明确的、连续一致的和最大的传播影响力。

在城市形象品牌的传播中，面对新媒体时代空前丰富的传播方式，更需要使用整合传播策略。根据整合传播理论，广州要在民间外宣中更好地塑造形象，首先需要遵循两个基本原则。

第一，战略的连续性。战略的连续性是指在所有传播中的创意要素要有一贯性。比如，可以使用相同的口号、说明以及在所有广告和其他形式的形象传播中表现相同的城市特点等。第二，战略的导向性。战略的导向性是设计完成战略性的城市发展目标，这对城市长远发展具有全局性的指导作用。以这两条原则为基础，根据广州民间外宣中的

渠道开发现状进行渠道整合，需要在以下两个方面努力。

1. 积极布局新媒体

民间对外交流更加倚重利用新媒体技术，如微电影、微公益、动漫、美食视频等简单生动的形式。尽管个人在新媒体上的信息传递范围可能微小，但影响力不容小觑，给城市之外的受众带来的是面对面交流的直观感受，是人与人直接交流的社交满足，而不是官方语言的模式化套路。因此，民间外宣需要借鉴吸收新媒体人际化传播的特点及优势，除设立媒体网站外，需要积极布局新媒体，或者"造船出海"，打造外宣类新媒体客户端；或者"借船出海"，在社交平台上安营扎寨，打造较为齐备的全媒体传播渠道。

2. 推动民间外宣各类传播方式的整合传播

整合传播理论早已证明，只有多渠道共同发挥作用，才能实现最大的传播影响力。因此，广州市民间外宣在积极布局新媒体的同时，还应站在媒介融合的高度，统筹新媒体渠道与传统媒体渠道的整合传播，遵循新闻传播规律和新兴媒体发展规律，强化互联网思维，坚持民间外宣中传统媒体和新兴媒体优势互补、统筹利用。

在这方面可供学习借鉴的城市是韩国首尔。首尔在打入中国市场之前先做足中国受众最熟悉哪些新媒体平台的摸底工作，然后才有针对性地开展有效外宣。首尔开设了新浪博客，详细介绍首尔的风景、美食、生活、旅游攻略等，获得了极高的人气，70% 的博文被推荐，点击逾百万次，粉丝逾万人。此外还制作了"新浪名博共赴韩国之旅"活动页，集中展现新浪站内全部首尔博文。据统计，通过这次网络活动，新浪网上有关首尔的博文点击逾 900 万次，高居新浪站内专题前三甲。首尔在中国的热门视频网站优酷上搭建官网，投放了视频贴片广告并多次举办首尔迷你活动，进行站内软硬推广。首尔迷你活动是三次迷你投票活动，请网民选出"最喜欢的广告片""最喜欢的韩国巨星""最浪漫的首尔约会地"，这一营销项目也取得了巨大成功，官网和贴片广告共得到了两千多万次的浏览量，迷你活动参与人数达 90 万人，"首尔歌""情侣就该这样玩""林心如的 Seoulis"等视频的点击量都突破了 60 万次。在与新浪、优酷合作产生一定数量的首尔话题内容后，首尔市趁热打铁，结合当地的"首尔文化节""2010 滑雪板大会"等大型活动，在新闻网站、网络检索工具、SNS 网站和 BBS 上进行了全方位的"病毒营销"策略：在新浪、人民、凤凰等新闻网站，进行首尔热点扩散；在百度问答、百科、贴吧，进行首尔话题扩散；通过开心、人人、QQ 群上的站内短信、好友转帖、投票、官方粉丝，保证首尔内容"病毒"式扩散；在猫扑、天涯社区上炒作首尔话题。层层递进、不断深入的网络传播手段使首尔成了热门话题，有力地提升了首尔在中国的形象。

（五）完善制度，健全民间外宣协作机制

民间外宣机制不仅是项目式的，而且普遍存在于日常工作的思路中，强调城市与城市、中央、媒体、商会、智库等多方面的合作，以实现突出特色、合作共赢与全面推进。

1. 探索建立"大外事"的工作协作机制

其主要工作涵盖三个方面：一是为扩大开放而开展的综合环境整治工作；二是调动

各种积极因素扩大对外开放；三是全力办好各种国际活动。在调动各种积极因素方面，对广州而言，一方面是争取中央部委的支持，包括与中央外办、外交部、中联部、国务院侨办、国务院港澳办、全国友协等建立指导合作机制；另一方面是充分调动城市中的社会力量参与推进城市对外交流。这里所指的全社会力量实际是政府主导，多部门协作的开放机制，包括各个区市、市内外向型企事业单位、高校和科研院所等与对外经济文化交流紧密相关的各个部门围绕开放紧密合作等。

2. 积极推动外宣工作的双轨制

新媒体技术和网络化的社交方式，挑战了地方政府主导的外宣，过去单纯官方渠道的外宣不足以获得国际社会的全面信任。如果说地方政府主导的外宣是城市国际化初期的特殊产物，那么在城市国际化的平台期就需要在政府主导的基础上，降低 NGO 门槛，加大对民间对外交流的扶持及投入，建立与官方外宣并行的另一条轨道。

为了从根本上解决这一问题，实现民间外宣与政府意向的完全一致，广州应从政策层面出台相关开放战略作为指导思想，同时建立资助相关民间外宣机构和活动的机制，以此减少和消除民间外宣与政府意向的分歧，强化党政领导的控制力，弱化不同意识形态和社会制度对本地区的影响，并将国内外民众的"思想"与"心灵"纳入可控的民间外宣战略轨道。

广州市舆情与社会管理研究基地成果

作者：汤景泰

地方政务微博的传播效果与优化策略研究：以"中国广州发布"为例

"中国广州发布"微博账号于 2011 年 12 月 19 日开通，在广州市委、市政府的领导下，由市委宣传部统筹，广州市互联网新闻信息中心负责运营，依托新浪、腾讯等网站，采用微博集群形式上线。在统一的平台上，聚合广州市民生有关部门账号，分批次进行建设，实行团队化运营。

一 "中国广州发布"样本分析

（一）样本抽样与分类

本文对新浪微博"中国广州发布"的内容进行抽样分析。2013 年 11 月 11 日至 2014 年 11 月 5 日，每隔 8 天进行一次等距抽样，抽样内容为当天全部微博，在持续一年的时间里抽取样本天数为 42 天，抽取微博样本量 1056 条。通过梳理发现，"中国广州发布"的传播内容突出表现在公关形象塑造上，而且主要体现在政府形象、城市形象两个方面（见表1）。

表 1 "中国广州发布"微博内容类目

一级类目	二级类目	三级类目
政府形象	政务决策形象	会议预告
		会议直播
		制度与政策指示
	政务执行形象	政府创新行为
		发动群众
		结果通报
	政民沟通形象	便民信息服务
		活动举办参与信息
		业余科普娱乐信息
		领导答疑
城市形象	地域文化	饮食文化
		历史文化

一级类目	二级类目	三级类目
城市形象	地域文化	语言文化
		其他文化
	市民生活	城市规划蓝图
		城市发展

（二）样本分析

通过对"中国广州发布"样本分类，发现全部样本中，涉及政府形象的占81%；涉及城市形象的占19%。从政府公关的角度来看，政务微博以政府形象为主，以城市形象为辅，同时尤其突出对政民沟通形象的塑造和经营。

1. 渊博亲切的服务型政府——"中国广州发布"中的政民沟通形象

"中国广州发布"的政务微博突出展现的是政民沟通形象，而政民沟通的主要方式是科普娱乐信息和便民信息。在"中国广州发布"的内容当中，业余科普娱乐信息和便民信息服务内容最多，占有突出位置。

2. 突出决策结果——"中国广州发布"中的政府决策形象

"中国广州发布"的政务微博体现了政府的决策过程注重宣传制度与政策的最新指示以及突出决策结果等，而促进网民参政议政、引导网民参与政府决策讨论、增强政府决策过程的透明度还有进一步提升的空间。

3. 重视群众配合——"中国广州发布"中的政府执行形象

"中国广州发布"的政务微博内容对政府执行的宣传总体上比较少，政府执行形象并未作为主要形象突出展示；在执行形象方面，正面描述政府创新行为、政府作为的内容较少；而发动群众配合政府工作的微博内容较多；执行结果的比例适中，突出通报信息，尤其是对当下食品安全热点、医疗卫生事件的正面回应。

4. 有文化的吃货——地域文化形象

"中国广州发布"塑造的地域文化形象基本固定在饮食文化、历史文化和语言文化三个方面。

5. 欣欣向荣、幸福广州——市民生活印象

在"中国广州发布"的微博内容中，市民生活印象在城市形象中占了半壁江山，其中，城市规划蓝图占了47.5%的比例，而城市发展占了52.5%的比例。

二 粉丝调查研究

（一）研究设计

本次调研旨在了解以下三个方面的信息："中国广州发布"粉丝阅读和使用微博的习惯；"中国广州发布"粉丝对该微博的公众印象调查；影响"中国广州发布"粉丝关注政务微博的因素调查。对应研究目的，问卷的设计考虑了相关指标。实际发放问卷

270 份，回收 242 份，剔除无效问卷，最终回收有效网络问卷 219 份，问卷有效率达到 90.5%。

（二）研究发现

1. 粉丝对政务微博现状总体上持肯定态度

从内容上看，以政府形象为主、城市形象为辅的内容倾向基本得到了网民的认可和支持；从形式上看，粉丝对于"中国广州发布"的内容发布形式基本呈认同态度；从语言风格来看，网民认可"中国广州发布"的语言风格特点；从对网民的回复来看，"中国广州发布"的拥护度较低；从实用性来看，多数人认为该微博对自己的工作和生活的帮助一般；从对满足广州日常新闻的需求来看，"中国广州发布"对城市的新闻信息发布具有推广作用；从观点支持度侧面来看"中国广州发布"的政务威信，发现"中国广州发布"的公信力处于中等以上；从反应速度来看，粉丝对"中国广州发布"的反应速度比较满意，比较认可政务微博在突发应急事件中的表现。

2. 影响粉丝对政务微博关注的激励因素

网民阅读微博的习惯影响关注效率，网民的阅读时间、网民对政务微博的关注原因以及粉丝个人的微博使用习惯影响政务微博的传播效果。适度的线下活动会吸引粉丝对政务微博的关注；媒体曝光并不会对政府微博产生特别明显的影响，网民不容易受到传统宣传媒体的影响；重要议题会刺激网民关注政务微博，实用性较强的政务微博信息更容易吸引粉丝，扩大影响，刺激传播效果。

三 政务微博发布主体对传播效果的影响

（一）研究设计

课题组通过电话、QQ、邮件等多种方式与广州市及区政府及职能部门政务微博管理的工作人员取得联系，共有 9 名工作人员参与了问卷调查与访谈。通过了解当前地方政务微博运营主体的实际情况和组织情况，对当前政务微博的发布主体有一个基本清晰的认识和分析，了解这些现实因素可能对实际传播效果产生的影响。

（二）研究发现

发布主体的培训制度、管理制度、领导意识、行政体制、内部沟通协调制度都会对政务微博的传播效果产生影响。

第一，对微博经营管理的人才选拔没有统一的标准，负责微博运营的工作人员的专业背景差异比较大，有部分工作人员临时聘用，年龄偏大，用传统的宣传模式来做政务微博，不利于政务微博的长期发展。

第二，工作人员的学习背景和培训情况影响后期的微博工作展开，缺少相关培训，培训交流未形成固定制度，不利于微博经营人才的长期发展。

第三，组织管理制度不完善。当前地方政务微博工作部门对政务微博的工作重视力度参差不齐，多名工作人员发布微博缺乏规划意识，没有读者意识，没有明显的议题设置，工作比较被动，沿袭传统的宣传思维；网络互动相对少；话语体系难以跟网民的话语体系融合。

第四，考核机制不够完善。考核机制只有对数量的要求，缺乏对质量的管控，考核机制的建立处于比较尴尬的境地。有的采取政府支持和鼓励的方式进行引导，对政务微博进行评比和奖励。

第五，组织内部的沟通协调制度需要进一步完善。地方政务微博发布主体均与媒体建立了相关联系，但与对口部门、与网民的对接沟通比较少，这直接影响了政务微博务实的作用，影响了网民对政务微博实际解决问题能力的信心。

第六，在日常运营中，各地都沿用传统的垂直式管理，内容生产重宣传、轻引导，内容来源多原创，话题制造比较难，尤其在敏感话题引导方面，发布审核流程较多，一线工作人员权限小，加上网友参与度不高，直接影响传播效果。

四　建议

（一）改进组织管理制度，提高工作人员素质

建立地方政务微博督办制度，赋予微博管理人员更多的处理权限；建立微博值班制度，做好交接工作，值班责任到人，创新工作模式；在政务微博上开展工作人员实名制处理问题，提高微博的亲和力，同时增强工作人员的责任感；建立地方宣传部门的新媒体人才选拔和培养制度；建立地方政务微博组织内部的沟通协调制度，切实为网民解决问题，改变"坏事人人管不了"的踢皮球作风。

（二）建立激励机制，鼓励优秀政务微博发展

一是建立本地微博考核制度。利用考核制度引导政务微博的发展方向，使政务微博的管理和使用朝着实用性、服务型发展；打造地方政务微博品牌，强化地方政府职能部门的品牌意识；定期举办政务微博评选活动，对脱颖而出的优秀政务微博重点培养，加大奖励力度，发挥示范作用。

二是发挥集群作用。以政务微博的运营管理为标杆，鼓励其他社会组织和企业的官方微博配合政务微博的发展，起到以点带面的作用，强化示范效应，营造服务型组织平台的和谐氛围。鼓励意见领袖类微博的发展，逐步形成政务微博、企业微博和社会组织、知名个人微博互相配合、互相呼应、互相商讨的网上讨论氛围。

（三）设计线下活动与线上话题扩大微博影响

线下定期举办网友面对面活动，扩大地方政务微博的影响力。线下活动配合线上话题设置，引导网民关注社会问题、公共话题。借助网民的力量改进政务工作，疏通官方和民间的话语体系，扩大政府和网民的共识，增强信任度。

（四）从粉丝需求出发，打造地方政务微博品牌

一是重视粉丝需求，强化服务意识。发布时间和发布重点要符合粉丝阅读习惯。从粉丝的角度出发，加强与粉丝的沟通、交流，提高粉丝的参与热情，建立和粉丝的固定联系，提高粉丝的忠诚度和关注度。从粉丝的需求出发，内容坚持以实用性为主，兼顾趣味性。

二是强化细节管理，打造地方政务微博品牌。以品牌塑造为核心，在品牌定位、标志设计、发布内容、发布形式、语言风格、意见反馈等方面逐步完善，形成完整的品牌制造链条，形成独特的风格；在话题组织上，借鉴优秀地方政务微博的成功经验，每条微博都做相应的话题标注，设置议题，形成良好的议题辨识标志；在话语特点上，融入网民的话语体系，减少地方行政意志主导的官方话语体系。

（五）提高网民媒体和信息素养

政府要利用网络行政的机会对网民进行引导，与网民正面沟通交流，形成互动、开放、敢问敢答、直面问题的舆论氛围；定期举办文明上网、理性问政等相关讨论会，加大宣传力度，利用报纸、广播、电视、门户网站、自媒体平台等多种媒体渠道，倡导网民提升素养，合理利用媒体，正确维权，理性参政；关注网民的诉求；加快推进建立网络实名制，为构建网络文明社会提供制度保障；邀请网友代表旁听不涉密的政府工作会议，培育网络公民权利和义务的意识，形成线上、线下都自律的行为意识。

（六）吸引地方企业及社会团体关注，打造微博矩阵

第一，要完善地方政府各个职能部门的微博经营，发挥引导和示范作用。第二，地方政府宣传部门与本地知名企业及社会团体定期交流，举办活动，吸引地方知名企业及社会团体官方微博与政务微博的互动交流，扩大活动影响力。同时，微博运营商作为地方政务微博运营平台，对微博的监测、管理、疏通、引导有着重要作用。要鼓励开展政务微博最新技术的研究，对政务微博的优化和改进提出进一步的完善策略。

广州市新媒体与文化创意产业研究基地成果

作者：张学波

不良媒介信息对广州地区青少年的影响及教育对策

一 广州地区青少年媒介使用现状

本文对广州市（10 区 2 市）全日制在校中小学生（包括职校学生）进行分层抽样调查，回收问卷 3790 份，其中有效问卷为 3740 份，有效率达到 98.68%。样本中男性占 51.79%，女性占 48.21%，受访者中男女比例相当；其中小学生占 21.98%，初中生占 43.77%，高中生占 21.79%，职中生占 12.46%。

1. 青少年日常接触最频繁的三种媒体——电脑（包括平板电脑）、电视与手机

广州地区青少年接触最频繁的三种媒体分别为电脑（包括平板电脑）、电视和手机。调查结果显示，从样本总体上看，广州地区青少年日常接触最为频繁的前三种媒体分别是：电脑（包括平板电脑）占有效个案总量的 80.9%；电视占 74.2%；手机占 62.9%。可见，新媒体已逐渐取代报纸、图书杂志、广播等传统媒体，成为广州地区青少年日常接触和获取信息的主要渠道。在通信方式的选择上，调查显示，广州青少年微信拥有率为 55.1%，73.8% 的青少年每天使用 QQ 进行交流。

随着台式电脑、平板电脑、手机的普及和影响，现在青少年学生较以往相对减少了看电视、报纸、杂志，甚至和同伴、家长外出活动的时间，而且这种情况随年龄的增长表现得越明显。不同性别和年龄的青少年在媒介选择和接触时间上各不相同，男生比较偏爱电子产品，如电视、电脑、手机、平板电脑，而女生则更喜欢纸质媒介，如课外书和报纸。不同阶段的青少年在最重要媒体选择分布上呈现出以下特点：第一，随着年龄增长，选择"报纸""图书杂志""电视"为"最重要媒体"的比例下降；第二，选择"电脑""手机"作为"最重要媒体"的比例则呈上升趋势；第三，"广播"在传统媒体中的受重视程度是最低的。

2. 青少年对各媒体的使用时间

在媒体使用时间的分布上，广州地区青少年平均每天接触媒体按时长排序依次是：电脑（包括平板电脑）、电视、手机、图书杂志、移动视听设备、报纸和广播，且各阶段青少年在媒体使用时间上呈现出显著差异。

青少年平均每天接触图书杂志、电视、网络和手机四种媒体的时间约合 154 分钟，并且随着年龄的增长，青少年每天接触媒体的总时长呈递增趋势。从使用时长来看，广州地区青少年平均每天使用电脑进行上网和娱乐的时间最长。小学、初中、高中和职中阶段的青少年在媒介使用时间的分布上，报纸、图书杂志以及广播等传统媒体的使用时间随着年龄的增长呈现递减趋势，电视和电脑的使用时间随着年龄的增长呈"低—高—低—高"的变化趋势，手机和移动视听设备的使用时间则随着年龄的增长而总体呈现递增趋势。

3. 青少年媒体接触与使用行为特征

基于问卷调查的数据分析发现，青少年媒体接触与使用行为的特征。一是电脑与手机等新媒体已成青少年最重要的信息获取渠道。电脑与手机等新媒体已经逐渐取代传统媒体，成为青少年群体最重要的信息获取及娱乐渠道，随着年龄的增长，在"重要程度"和"使用时间"上呈不断上升趋势。二是报纸与广播等传统媒体在青少年群体中的使用频率与重要性下降。尽管电视和图书杂志仍然是广州地区青少年日常频繁接触的最重要的媒体，但传统媒体中的报纸、广播在青少年群体中的使用率和重要程度则呈现不断下滑的趋势，这其中既有青少年使用新媒体时间过长挤占传统媒体使用时间的因素，也有传统媒体逐步与互联网进行"互动"，使互联网成为其另一个平台的因素。

二 媒体不良信息对青少年的不良影响

通过本调查及相关资料研究发现，媒体不良信息对青少年的生理、心理、态度、行为、诚信与社会责任感、学习、人际关系等都产生负面影响。

（一）生理健康影响

青少年受不良信息吸引，过长时间接触与使用媒体将导致视力下降、骨骼变形以及身体机能与免疫力下降。广州 5～15 岁中小学生中高达 78.4% 的学生患近视，且青少年近视有深度化、低龄化趋势，其中有 10% 近视度数在 600 度以上，5～6 岁孩子中发现近视的也不少，青少年近视率的增长与电脑手机普及率、接触频率有着正相关的关系。过度暴露于暴力信息之下可能使青少年出现血压升高、心率加快和激素分泌异常状况。经常接触色情信息则可使青少年出现过度手淫或不当性行为，进而造成性生理的损害。

（二）心理影响

相关研究发现，青少年学生上网成瘾的比例达 14.8%，其中初中生达 11.8%，高中生达 15.97%。青少年处于人生发展的关键时期，好奇心强，自制力薄弱，容易受不良媒体信息的诱惑，并出现青少年网络成瘾综合症，造成青少年人格与自我认同感的缺陷，并进一步诱发其他心理疾病，进而造成青少年道德观的扭曲和价值观的不良影响。不良媒体信息增加了青少年情绪的不稳定性，导致易怒、烦躁、焦虑、自卑等负面情绪频繁出现。不良媒体信息还进一步加深青少年的性困惑，并通过色情信息中不当性观念的传播造成青少年不健康的性心理。

（三）态度影响

调查显示，在暴力信息影响方面，青少年受其涵化作用更倾向于相信媒体中所描绘的暴力现实并产生恐慌心理，随着年龄的增长，对暴力信息持无所谓态度的青少年所占比例递增，而持强烈拒绝的态度比例则递减，同时具有对暴力行为进行模仿的倾向。在色情信息影响方面，总体上青少年对色情信息持批判与否定态度，但这种比例随着年龄增长而降低，反之对色情持中立和认同的比例则上升。在伪科学信息影响方面，广州地区青少年对算命术和占星术等伪科学信息的好奇程度不高，对算命术、占星术、末日论等伪科学信息多持不相信态度。在虚假诈骗信息影响方面，青少年对其主要持否定与批判态度，并在行为层面上具有回避或向相关部门举报的倾向，少数被虚假诈骗信息侵犯利益的青少年则可能对此类信息形成消极心理或模仿倾向。

（四）行为影响

调查显示，在暴力信息影响方面，大部分青少年并未模仿做出攻击行为但出现语言暴力现象，并且上述两种比例随着年龄增长而上升，由此可能诱发校园暴力等不良后果。在色情信息影响方面，青少年受性生理的影响频繁接触色情信息，并在其影响下促成不当性行为和性犯罪；在伪科学信息影响方面，青少年逐渐将之作为日常消遣的信息类型，并可能根据伪科学的观点做出行为响应。在虚假诈骗信息的影响方面，青少年会做出对虚假诈骗信息的二次转发并可能模仿虚假诈骗信息的操作手段实行诈骗。

（五）诚信与社会责任感影响

调查显示，媒体不良信息导致青少年诚信认知偏差和诚信行为失当，而在社会责任感上，则可能造成青少年对个人和社会责任感的弱化和缺失。

（六）学习影响

调查显示，不良信息带来学习方面的负面作用包括：挤占青少年的学习时间导致学习效率和质量下降，促成青少年的厌学态度导致学习动力缺乏，进而造成学习成绩下降导致青少年对不良信息持续沉迷。

（七）人际交往

青少年学生沉迷网络，在网络中虽然可以激扬文字、指点江山，与各式各样的媒介信息打交道，但是媒介信息的"良莠不齐"让青少年在现实交往中出现了"社交白痴"的现象。调查显示，媒体不良信息的接触容易导致青少年现实人际交往的退化以及交际圈的相对窄化，进而影响青少年健全人格的形成。

三 媒体不良信息对青少年的影响程度

调查分析发现，从总体影响程度得分上看，不良信息对青少年心理影响程度最大；从年龄阶段上看，各阶段青少年在选择上存在显著差异，随着年龄增长不良信息对各维度影响程度呈上升趋势；从性别上看，不同性别青少年除在"言行举止"和"人际关系"两个维度上不存在显著差异外，其他维度程度调查结果都呈现显著差异，女性青少年认为不良信息对其各维度影响程度高于男性。八个维度影响程度的得分情况如表1所示。

表 1　八个维度影响程度的得分情况

维度	生理	心理	认知	态度 （情感层面）	行为	诚信与社 会责任感	学习	人际 关系
得分	1.34	1.49	1.36	1.30	1.40	1.29	1.37	1.18

不同类型不良信息影响程度表现为：从影响程度得分上看，以媒体暴力信息对青少年影响程度最大；从年龄阶段上看，各阶段青少年选择结果存在显著差异，随着年龄增长，不同类型不良信息影响程度呈曲线上升或变化；从性别上看，女性青少年认为多类媒体不良信息对其影响程度要大于男性。

四　对策建议

青少年学生正处于关键性的成长阶段，媒体不良信息对青少年的影响涉及青少年的方方面面，因此需要在法规条例落实、技术应用、学校教育、媒体管理、社会教育等层面提出预防、控制不良媒体信息对青少年产生负面影响的一些措施，为青少年的健康成长创造一个良好的环境。

（一）制定不良媒体信息管理的地方性法规条例为青少年提供保障

第一，广州市率先制定地方性媒体不良信息监管条例，明确公安、司法、文广、教育等机构各自的法律职责，主管部门在法规条例规定的范围内承担媒体不良信息监管的责任，有力监督并防止不良媒介信息对青少年身心的荼毒，在一定程度上为青少年学生提供一个净化的媒介环境。

第二，率先制定地方性的针对媒体不良信息的过滤标准与审查分级制度，根据受众的年龄和特征形成分级指导意见，在院线、电视台、音像制品出版、互联网平台上予以实施。

（二）推广不良信息过滤技术为青少年建好网络安全闸

第一，通过政府引导，网络运营商为青少年网络用户免费安装过滤软件，对进入的信息严格"过滤"，严密监控入口，通过技术防范措施优化网络环境。

第二，在技术推广普及上，将网络过滤技术渗透到学校各个网络节点，教育引导青少年正确使用媒体、文明上网；向家长普及网络过滤技术，帮助家长指导青少年正确使用媒介，实现从"堵"到"疏"的转变。

（三）加强媒体管理以改善媒体信息传播环境

第一，政府引导建立媒体行业的自律组织和联盟，制定涵盖遵纪守法、信息制造与传播、受众引导与保护行为等在内的媒体行业自律规范。

第二，重视媒体行业队伍建设，严格考察媒介工作者的入职资格，定期对媒介工作者进行职业伦理道德的考核，对违反相应规定的单位和个人依法严惩。

第三，政府委托相关专业机构加大运用大数据、云计算等新技术手段的监测力度，特别是对微博、微信、客户端等自媒体，准确监控并处理对青少年学生有害的不良信息，规范青少年使用社交媒体、自媒体时的传播秩序。

（四）推广学校媒介素养教育以提高青少年信息识别能力和表达能力

第一，推进媒介素养校本课程开发。根据广州地区学校的办学理念、师生资源的实际情况，鼓励开发适合本学校师生共同发展的媒介素养课校本课程，或将媒介素养教育融入学科课程，将有关新媒体的知识和信息融入课堂教学内容，提升青少年学生使用、分析、评估和交流媒体信息的能力。

第二，开展媒介素养师资培训。将教师媒介素养教育培训纳入职前教师培养与在职教师培训程序，作为现行教师专业发展中的一部分，培训方式包括提供咨询、工作室、指导、合作、研讨班和暑期班等。

第三，开展学生媒介素养培养。以"批判意识、解构媒体、表达自我"为媒介素养开展的目标，以青少年日常接触的新闻、广告、电视节目、电影内容为分析案例，引导青少年学生"亲身体验"媒介作品的创作，发展青少年学生的批判意识与信息识别力，提升信息表达能力。

（五）引导社会机构形成合力推进青少年媒介素养的提升

第一，推进社会公共教育机构建设。政府引导成立媒介素养公共教育组织和社团，确立青少年媒介素养教育的目标，拟定青少年媒介素养教育规划和操作细则，并鼓励广州市各类社会组织加入媒介素养教育推广队伍，建立由政府引导、教育部门牵头、公共教育组织等多方协作的实施机制，多方面合力增强媒介素养教育实践的组织和推动力量。

第二，将青少年媒介素养纳入社区教育议程。政府引导社区定点教育基地建设，依托社区教育中心、社区文化中心等平台主导媒介素养教育的组织培训，在社区进行媒介素养调研，通过定期举办知识讲座、论坛、文化节、游戏竞赛等形式，向青少年宣传和普及媒介素养教育内容。

第三，开展家长媒介素养教育。倡导公共教育机构、社区组织开展各项文体设施与活动，为青少年家长提供媒介素养教育服务，包括开通咨询热线、举办家长交流会、媒介技能培训等，帮助家长科学地认识和使用媒介，协助家长掌握青少年媒介素养教育的教育策略，使家长发挥在青少年媒介素养培养过程中的辅导支持作用，促进媒介素养家庭教育与社会教育、学校教育的有机结合。

广州市新媒体与文化创意产业研究基地成果

作者：张学波　陈晓煊　温凤鸣

侯晓慧　钟　晓

广州市"蚁族"社交媒体使用
与社会融合研究

广州市统计局公布的数据显示，2014 年年末广州市常住人口为 1308.05 万人，户籍人口为 842.42 万人。事实上，由广州市来穗人员服务管理局登记在册的来穗人员已有 772 万人，"按 78% 左右的登记率估算，广州来穗人员总数近千万，已超过户籍人口"。广州市庞大的移民群体数量给整个城市的管理带来巨大挑战，推动城市新移民的社会融合是实现广州这座现代化都市和谐发展的必经之路。本文希望通过对广州城市新移民中"蚁族"群体的调查研究，系统地呈现"蚁族"的社交媒体使用状况与社会认同程度，以期为广州的城市管理和以"蚁族"为代表的城市新移民群体的社会发展提供有益的参考。

一　基本概念界定

移民群体初到迁入地时，由于文化背景的差异、生活方式的转变、社会沟通网络缺乏，一般会经历一个由排斥到适应，由冲突到整合的过程，即社会融合（Social Integration），社会学中的经典定义认为，这是一种相互同化和文化认同的过程。美国芝加哥学派社会学家帕克（R. E. Park）提出，在这个过程中，移民和当地居民之间相互渗透、交往，相互分享各自的文化记忆，并和所在的城市相互适应，汇入一种共同的文化生活。国内也有不少学者关注城市移民群体的社会融合，并对其给出了定义，其中被引用最多的概念是，社会融合是不同的个体之间、群体之间、文化之间、民族之间相互接触、相互竞争、相互配合、相互适应的过程。

长期以来，移民群体的社会融合问题一直是社会学界持续关注的焦点，但随着大众传播与新媒体的影响因素不断被强调，基于传播学的视角，探讨城市新移民的研究也逐渐增多。西方的传播基础结构论（Communication Infrastructure Theory）直接指出，不同地区独特的传播基础结构会对人们的社区归属感产生不同的影响，而个人与不同媒体或传播网络的联结性则会影响其自身的归属感和身份意识，为媒体对移民的身份认同与社会归属的影响做了注脚。本文据此着重探讨社交媒体对广州城市新移民中"穗蚁"群体的社会融合的影响。

二 研究体系与设计

（一）测量维度界定

1. 社交媒体使用的测量界定

本文所涉及的社交媒体主要以微信、新浪微博和QQ为代表，因为这三类社交媒体目前为国内用户量最大、活跃度最高的社交媒体，同时也是认知度最广泛的社交媒体。关于社交媒体使用状况的调查主要分为使用习惯和社交关系构成两个方面。其中社交媒体的使用习惯进一步被细化为使用频率、依赖程度和使用功能（信息获取功能、群内互动功能、群外社交功能）等方面；社交关系构成则体现在社交媒体好友类别和互动程度方面。

2. 社会融合的测量维度

综合国内外对社会融合的表述，本文将城市新移民的社会融合界定为三个方面：一是对自我市民身份的归属与认同；二是对所在的新城市的认同度（包括认知、情感和行为）；三是在本地的社会关系网络及互动。

（二）研究取样

为深入了解"穗蚁"的社交媒体使用状况与社会融合程度，具体考察"穗蚁"多元、复杂的想法，更清晰具体地呈现社交媒体使用对"穗蚁"社会融入度的影响，本文采用问卷调查与深度访谈相结合的方法。问卷调查最终得到268份有效样本，使用SPSS进行数据分析呈现基本概貌与相关程度；深度访谈则选取了共12位访谈对象，通过实证考察与分析，探究具体情景与内在原因。

三 "穗蚁"社交媒体使用状况与社会融合概貌

（一）"穗蚁"的社交媒体使用状况

问卷数据显示，"穗蚁"在社交媒体使用方面，使用微信的频率最高，其次是QQ，微博及其他社交媒体使用得相对较少；访谈发现，"穗蚁"主要使用微信进行私人的通信和交流，使用QQ进行工作上的沟通及资料传输，偶尔会用微博看一下当前的新闻热点或是关注名人的动态。"穗蚁"平均每天使用社交媒体的时间较长，多在4小时以上；社交媒体总体依赖程度较高，使用社交媒体几乎已成为"穗蚁"的日常生活习惯；在社交媒体使用功能方面，使用即时通信和获取新闻信息的信息获取功能的频率最高，使用关注好友动态、评论好友消息等群内互动功能的频率较高，但使用结识新朋友、发起线上活动的群外社交功能的频率偏低。

（二）"穗蚁"的社会融合程度

1. 市民身份认同

问卷数据显示，"穗蚁"对自我的广州市民认同度偏低，归属感一般；访谈发现，有11位受访者不认同自己是广州人，仅有一半受访者表示在广州"有归属感"，有三位受访者表示，语言问题是将自己排除在广州人之外的重要原因。总体而言，访谈者对自己作为广州市民的身份认同度较低。

2. 城市认同

问卷调查显示，近七成受访者表示"喜欢广州这个城市""当我离开广州时我会想念这个城市"。访谈的发现同问卷结果相吻合——"穗蚁"在认知上对广州总体印象较好，以"包容""时尚""国际化""人情味""文化性"等正面积极的评价为主；在情感上对广州比较喜欢，有依恋感，这也源于对广州的正面印象；在行为上会关注广州的动态，留在广州的定居意愿较强，但参与广州地区社会活动的活跃度较低，主动性不足。总体而言，"穗蚁"对广州的城市认同度较高。

3. 社会关系网络

社会关系网络作为一个社会个体在社会中生活的无形资本，对于城市新移民而言，可以为其提供情感的支持，从而增加其在新城市的归属感与融入度。问卷显示，"穗蚁"的社会关系网络广泛性偏低，但有六成的受访者认为其在广州的社会关系能够为其提供实际的帮助与支持，同时"穗蚁"在广州的社会关系网络是其对广州产生归属感的主要来源。另外，"穗蚁"在广州的社会关系网络较为固定，仍然是以以前所建立的同学、老乡关系链和工作期间建立的同事关系链为主，扩大趋势不明显，在其关系网络中，广州本地人相对较少，平时与广州本地人的互动也不多。

四 "穗蚁"社交媒体使用对社会融合的影响

（一）"穗蚁"社交媒体使用状况对其市民身份认同影响小

多元线性回归分析结果显示。使用社交媒体的群内互动功能对身份认同具有较显著的正向影响，即群内互动功能使用得越多，"穗蚁"对个人市民身份的认同度越高，而社交媒体使用的其他指标对身份认同没有表现出显著的影响。总体而言，社交媒体的使用状况对个人身份认同度影响较小。

（二）"穗蚁"社交媒体使用状况对其城市认同有影响

多元线性回归分析结果显示，使用社交媒体的群内互动功能、信息获取功能，社交媒体使用时长，社交媒体使用依赖性对城市认同具有较显著和正向影响，即群内互动功能和信息获取功能使用得越多，"穗蚁"城市认同度越高；社交媒体每日平均使用时间越长，"穗蚁"城市认同感越强；社交媒体使用依赖性越大，"穗蚁"社会认同感越强。也即社交媒体为"穗蚁"提供了更多渠道了解广州，同时也呈现了一个更加多样立体的广州城市形象，因而使"穗蚁"在使用社交媒体的一些功能的同时，加强了对广州的认知和了解，融入感随之增强。总体而言，社交媒体的使用对"穗蚁"在广州的城市认同有显著影响。

（三）"穗蚁"社交媒体使用状况对其社会关系网络有影响

使用社交媒体的群内互动功能、群外社交功能和信息获取功能，微信使用频率，QQ使用频率对社会关系网络具有较显著的正向影响，即群内互动功能、群外社交功能和信息获取功能使用得越多，"穗蚁"在广州获得的社会关系网络支持越多；微信使用频率越高,"穗蚁"在广州获得的社会关系网络支持越多;QQ 使用频率越高,"穗蚁"在广州获得的社会关系网络支持越少。访谈发现,对于社交媒体在社会关系网络中的影响,有 5 位受访者认为微信等社交媒体在一定程度上扩大了自己的交际圈。几乎所有的受访者都肯定了使用社交媒体对自己现实中的人际交往所起到的促进作用。也即,社交媒体在社会关系网络内核部分起到了基础性的沟通作用,在社会关系网络外围环节也起到了巩固和增进作用。总体而言,社交媒体使用对"穗蚁"在广州所获得的社会关系网络支持有显著影响。

五 提升"穗蚁"社会融合的策略

作为广州城市新移民中的重要组成部分,"穗蚁"在广州的社会融合程度总体而言还有待改进,尤其是对自我市民身份的认同,即"市民化内化"的程度较低,要进一步提升城市化水平,变人口城市化为真正意义上的城市化,必须推动城市新移民的"市民化"之路,具体而言,就是要在多个维度上增进城市新移民在广州的社会融入度。

(一) 社交媒体层面

由于社交媒体的使用,尤其是群内互动功能和信息获取功能的应用在一定程度上增进了"穗蚁"在广州的城市认同度与融入感,拓展并巩固了"穗蚁"在广州的社会关系网络,因此可以从社交媒体层面进一步改善"穗蚁"的社会融合。

访谈发现,"广州地铁""广州吃喝玩乐"等生活服务类微信公众号在"穗蚁"中的受关注度较高,一方面是因为与其息息相关,即信息接近性的原则,另一方面则是因为有趣、"可增长见识",即信息趣味性的原则。据此提出两点社交媒体传播的策略。

一是打破群体壁垒,即在社交媒体上打破广州本地人与城市新移民之间的城市壁垒,尽量消除不同群体间的沟通障碍。社会心理学者认为,人具有强烈的群体意识,总会自然地将自己归入各种类别,并以群体的方式来描述你是谁——如你的种族、性别、所学专业等——也意味着在描述你不是谁,由此形成了包含"我们"(内群体)的圈子,自然排除了"他们"(外群体),就可能形成群体间的"偏见",增加群体间矛盾甚至冲突的风险。

二是城市形象传播,在传统媒体环境下,城市的形象传播通常由政府部门主导发动主流媒体,依托新闻报道、新闻发布会、宣传广告、展会等渠道,对城市的形象进行推广传播。而社交媒体的兴起大大释放了城市形象塑造与传播的话语权,带来了更多样化的城市形象传播模式,尤其是互动式的传播形态。因此,可以通过社交媒体为"穗蚁"等城市新移民群体提供与其生活息息相关的信息服务,开辟更多社交媒体服务平台;利用社交媒体,推出与广州城市文化相关的真实、有趣、接地气的内容,同时注重与受众的互动,做好城市形象的传播,加深城市新移民群体对广州的经济形象、文化形象、旅游形象、政府形象的了解与认同。

(二) 城市管理服务层面

尽管社交媒体的使用在一定程度上能够促进"穗蚁"的社会融合,但所起的作用仍然有限，尤其在"穗蚁"自身市民身份认同方面预测效果不明显。另外，"穗蚁"的社会关系网络也主要是由原来的亲戚朋友、同学同乡及现在的同事构成，仍以传统的教育背景、职业、地域等因素维系，且整体的社会关系相对固化，在新城市的扩大趋势较小。这也说明在当前的户籍制度之下，非广州户籍的"穗蚁"常常难以体会到作为"市民"的身份。

因而要增强"穗蚁"的社会融合，除了要推动户籍制度的进一步变革，还要在城市管理与服务等层面采取措施。

一是构建完善的城市服务体系，使非广州户籍的城市新移民能够享受到无差别化的行政管理与服务。"帮助移民群体融入新的社区、新的城市，最重要的是让他们感受到被当地人接纳，让他们受到和当地人一样的对待与服务，从而逐渐消除他们作为外来者的不安全感和对新城市的不信任感。"国际移民组织总部国际合作和伙伴关系部主任海尔克在接受笔者采访时表示。[①]

二是鼓励参与社会活动，将城市新移民纳入广州社会活动的参与者，包括体育赛事、文艺活动、志愿服务等。"体育比赛这类集体活动最能增强人与人之间的联系与信任，当外来的移民群体与本地人一同参加集体活动时，他们很容易建立一种新的纽带（bond），使他们的关系更加紧密，从而增强了移民群体在新城市的融入。"海尔克说。

广州市新媒体与文化创意产业研究基地成果

作者：彭　柳　李　霄

---

① 2016 年 3 月 17 日，《世界移民报告 2015》中文版在广州发布，当日，研究者就移民群体的社会融合问题与国际移民组织（IOM）总部国际合作和伙伴关系部主任海尔克进行了探讨。

广州建设 21 世纪海上丝绸之路推进人文合作与交流战略规划研究

一 21 世纪海上丝绸之路与广州推进人文合作的总体思路

(一) 21 世纪海上丝绸之路国家战略与人文合作的重要意义

建设"一带一路"战略的重要内容之一就是进一步深化与沿线国家的文化交流，促进区域合作，实现共同发展。加强人文合作，促进交流对话，对于继续扩大改革开放、提高对外合作水平和质量，对于提升国家文化软实力、推动中华文化走向世界都有着重要意义。

1. 推动民心相通的集中体现

在建设 21 世纪海上丝绸之路的进程中，经贸合作是基础，民心相通是助推剂。文化具有潜移默化、润物无声的重要作用，人文合作是民心工程、未来工程。只有进一步深化与沿线国家的文化交流与合作，加强人民友好往来，增进相互了解和传统友谊，才能加深同沿线各国人民的友好感情，夯实我国同沿线国家合作的民意基础和社会基础。只有让命运共同体意识在沿线国家落地生根，才能实现民心相通，促进区域合作与共同发展繁荣。

2. 扩大对外开放交流的重要内容

对外开放交流的内容丰富，意义重大，改革开放三十多年来，经济的开放已经取得了举世瞩目的成就，未来文化在对外开放交流中的重要地位将不断强化。加强人文合作，推动更多富有民族风格、浓缩历史传统、蕴含思想精粹的文化精品走向世界，使更多国家和地区的人民体会到中华文化的精彩，让世界感受到中国富有亲和力的文化特征和文化形象，同时学习和引进国外优秀的文化资源，可以增进彼此的互信，也更有助于推动对外开放交流的不断深化。

3. 密切经贸合作的有力支撑

大力开展人文合作，积极推动文化交流与文化贸易，尤其是以创造为核心的创意产业，有助于经济发展方式的转变和产业结构的转型升级。文化产业正日益成为国民经济发展的重要产业，文化产业的价值链条长、带动力强，是与整个三次产业发展密切相关的产业，文化产业的对外合作本身就是经贸合作的重要内容。推进人文合作能够为进一步密切经贸合作提供有力支撑，通过统筹国际国内两个市场、两种资源，统筹对外文化交流与贸易，实现社会效益与经济效益的双丰收。

（二）广州在对外人文合作中的新使命

1. 继承开放优秀传统，开创对外交流合作崭新局面

广州自古以来就是对外开放的窗口，在海上丝绸之路历史上有着辉煌的地位，发挥着无可比拟的作用。传统必须继承，未来更要创造。在建设 21 世纪海上丝绸之路的新历史时期，广州要看到全方位开放格局中百舸争流、千帆竞渡的新格局，根据全球文化发展的新形势、新变化、新特点，充分结合广州自身的优势，把握战略机遇，发扬优秀传统，开创中国文化与世界文化交流合作的全新局面。

2. 担当文化交流门户，引进优秀文化对内推介辐射

历史上广州一直是中国与世界文化交流的门户，外国人在广州购买来自全国各地的商品，也在广州认识中国文化；经由广州进口的商品销往全国，更重要的是外来的思想、观念和时尚经由广州向全国传播。人文合作更加注重"走出去"与"引进来"的平衡，文化的交流与合作是双向的，只有学习、吸收和借鉴世界各地更多优秀的文化资源，才能创作出更加精彩的文化作品，才能生产出更多符合人民实际需要的文化产品。在 21 世纪海上丝绸之路建设中，广州将进一步加大开放力度，继续充当文化交流与合作的新门户，积极引进 21 世纪海上丝绸之路沿线国家和地区乃至全球的文化产品、文化人才、文化机构和文化资本，并向全国推介，在交流与合作中实现中华文化的大繁荣大发展。

3. 提升中心辐射能力，向世界展示中华文化魅力

中国的崛起吸引着世界的目光，也激发了世界对中国文化的热情。21 世纪海上丝绸之路的建设将进一步提升我国的国际影响力，进一步增强中华文化的吸引力，也是中国文化"走出去"的最佳历史机遇。广州一直是中华文化向外传播的重要平台，广州不仅仅是岭南的广州，更是全国的广州。广州要立足本土，提升传播和带动能力，积极拓展腹地，搭建对外交流合作平台，在辐射华南、影响东南亚的基础上，向辐射全国、影响亚太迈进，让全国各地的文化精品经过广州能够更容易地"走出去"，形成中华文化百花齐放、共同走向世界的局面。广州作为 21 世纪海上丝绸之路上具有国际影响的文化中心城市，代表中国展示中华文化的独特魅力。

4. 培育世界文化名城，发扬岭南风格引领融合创新

文化总是在交流、碰撞中融合创新，岭南文化以农业文化和海洋文化为源头，在其发展过程中不断吸取和融汇中原文化和西方文化，逐渐形成海纳百川、有容乃大的胸襟和博采众长、兼收并蓄的传统。21 世纪海上丝绸之路是中国文化走向世界之路，中华文化与世界文化交流碰撞为文化创新提供了难得的机遇，岭南文化兼容并蓄的优秀特质将再次使广州站在更高的平台上，以建设世界文化名城为目标，以更广阔的视野、更多元的渠道整合国外国内文化资源，走出一条独具特色的文化发展之路，在文化交流、传播与合作中，塑造新时代的岭南风格，在中国文化创新发展的历史上承担起伟大使命，谱写精彩篇章。

（三）广州建设 21 世纪海上丝绸之路推进人文合作的愿景定位

总体定位：21 世纪海上丝绸之路人文合作新枢纽。

广州作为国家中心城市，发扬优秀传统，把握历史机遇，以加快文化体制改革为动力，以完善人文合作机制为保障，以重大文化交流项目为抓手，在文化保护、文化交流、文化生产、文化服务、文化贸易等领域，发挥联络中外、互通有无的作用，形成独特优势，成为我国建设 21 世纪海上丝绸之路人文合作新枢纽，力推中国文化走向世界，引进外国优秀文化辐射全国，在此基础上吸收世界多元文化的精华，融汇创新、塑造特色、自成风格，从而提升中国文化在世界的影响力。

定位一：以"融"为标，打造沿线国家人文合作融合创新中心。

积极推动文化体制改革创新，争取中央文化领域的对外开放政策试点，完善区域文化创新支持体系，开展与 21 世纪海上丝绸之路沿线国家的文化开放与融合，并以此为基础，鼓励文化业态、文化内容、文化传播等领域不断创新。积极推动文化与科技、金融、商贸、旅游等领域的融合与创新，在新的经济、技术、商业条件下探索文化新业态的发展。积极尝试新风格、新内涵、新形式，鼓励创作具有时代特征、岭南风格的中华文化精品。充分利用新媒体、新渠道、新平台，探索文化对外开放与合作的新模式，不断提升文化对外开放与合作的水平和效益。

定位二：以"商"为核，打造沿线国家文化产品与文化要素交易中心。

把握文化商品、文化资源、文化要素跨国流动日益频繁的趋势，充分发挥千年商都积淀的基础，将传统商品贸易中的优势延伸到文化产业领域，在对外文化贸易中积极抢占有利地位，打造对外文化贸易中心。积极搭建文化产品的对外交易平台，扶持文化贸易中介机构，助推中国优秀的文化商品走向世界。在文化商品交易的基础上向文化生产要素拓展，大力发展专业的文化贸易中介机构，创新交易方式，拓展图书影视内容版权、创意设计理念，以及文化产权股权等交易对象，打造国际文化资源进入中国、中国文化资源走向世界的重要基地。不断提升在世界城市体系中的辐射能力和对全球文化资源的配置能力，在文化生产要素的国际化配置中发挥更加积极的作用，以优质的服务吸引各国文化要素以广州为基地进行交流和配置，为推动国际间文化交流与合作做出积极贡献。

定位三：以"侨"为桥，打造世界华文文化传输与回流中心。

华侨华人遍布全世界，尤其是 21 世纪海上丝绸之路沿线国家华侨华人众多，他们具备海内海外两种视角、连接海内海外两种文化，其文化需求也具有双重特性。针对华侨华人的文化交流与合作，既是实现人文合作的便利渠道，也是凝聚华侨华人的有力支撑。广州是国内大城市中华侨特色最浓郁的，又是传统侨乡中辐射能力最大的，在建设 21 世纪海上丝绸之路中要注重发挥特色，充分利用华侨华人文化资源，将适宜的文化产品推向世界各国。进而策划开发针对各地华侨华人需求的文化精品，打造以 21 世纪海上丝绸之路沿线国家华人为主要对象的华文媒体，积极举办全球性华侨华人文化奖项与活动，引导华侨华人学习并传承中华文化，积极引介世界各地华文文化精品回国，成为华侨华人与中国文化连接的纽带。

二　人文合作的辐射圈层与合作策略

21世纪海上丝绸之路建设的深入推进，为广州加强对外人文合作创造了十分重要的战略机遇。围绕建设人文合作新枢纽的目标，以文化产品交易、文化资源配置、文化融合创新等领域为重点，积极开展人文合作工作。要积极配合国家对外战略，围绕广州现实的集聚和辐射能力，适当划分合作的辐射圈层并选择重点国家地区，集中资源采取针对措施争取突破。根据区域特征和地缘优势，将21世纪海上丝绸之路沿线国家初步划分为核心合作、紧密合作、拓展合作、延伸合作四个圈层，并在各个圈层中根据国家间的关系、城市友好往来等因素，选择重点国家和城市。针对不同圈层与合作国家的特征和条件，采取相应的策略。

（一）全面深化核心圈层人文合作

东南亚地区是我国的近邻，与我国的交往历史悠久，人员和经贸往来密切，中国—东盟自贸区建设不断深化，也与多个国家建立了全面战略合作伙伴关系。东南亚地区粤籍华人华侨众多，广州与该地区的经贸和文化交流密切，除缅甸、文莱和东帝汶以外，其他国家都在广州设立了领事馆，同时还有多个城市与广州结为友好城市或友好合作城市。

将东南亚地区作为推进人文合作的核心圈层，以泰国、越南、柬埔寨、新加坡等国家为重点合作对象（见表1）。发挥地缘优势、人文优势和文化亲缘性优势，以人文交流为先导，以文化产品服务贸易为引擎，以文化创意和创新为动力，以友好城市为依托，全面深化人文合作。根据城市文化功能互补、产业互补和资源互补的客观现实，加强与圈层内重点国家和城市的各项文化交流活动，加快文化资源要素聚集与辐射，推动与核心合作圈层的文化贸易，以及华侨华人的文化推广活动，全面提升广州人文合作新枢纽的功能与地位。

表1　核心圈层重点国家

国家	国家关系	驻穗领馆	城市合作	
			友好城市	友好合作城市
泰国	全面战略合作伙伴	有（1989）	曼谷	—
越南	全面战略合作伙伴	有（1993）	—	胡志明市，平阳（省）
柬埔寨	全面战略合作伙伴	有（1998）	—	金边
新加坡	合作伙伴	有（2006）	—	—
印度尼西亚	战略伙伴	有（2002）	泗水	—
马来西亚	全面战略合作伙伴	有（1993）	—	—

注：括号内为驻穗领馆设立年份。全文同。

（二）重点加强紧密圈层人文合作

南亚和西亚地区与我国的地理距离相对较近，资源丰富，经济发展程度相对较高，与我国的经贸往来比较密切，宗教信仰复杂多样，有较多传统友好国家，其中部分国家建立了驻穗领馆，并有一批城市与广州结为友好城市。

将南亚、西亚地区作为人文合作紧密圈层，以印度、斯里兰卡、土耳其、阿联酋、科威特等国家为重点合作对象（见表2）。充分了解和尊重不同国家的文化差异，构思创作符合合作国家需求的文化精品，以友好城市为依托，逐步加大文化交流活动的力度。争取开辟更多直航航线，积极吸引合作国家公民将广州作为门户来华旅游。

表2　紧密圈层重点国家

国家	国家关系	驻穗领馆	城市合作	
			友好城市	友好合作城市
印度	战略伙伴	有（2007）	艾哈迈达巴德	—
斯里兰卡	全面合作伙伴	有（2012）	汉班托塔	—
土耳其	战略伙伴	有（2012）	伊斯坦布尔	—
阿联酋	战略伙伴	—	迪拜	—
科威特	—	有（2008）	科威特城	—
巴基斯坦	全面战略合作伙伴	有（2008）	—	—

（三）巩固扩张拓展圈层人文合作

非洲距离我国较远，大部分国家经济发达程度相对较低，在我国的经贸合作中所占比重较小，但是近年来发展非常迅速。尤其近年来入境广州的非洲人数迅速增长，并在广州大量采购商品，广州成为非洲人进入中国的门户。在穗非洲人聚集现象非常明显，近年来在广州新设立领事馆的非洲国家较多，人文合作的潜力有待进一步挖掘。

将非洲作为拓展合作圈层，侧重东部沿海国家，以南非、埃及等国家为重点合作对象（见表3）。以友好往来、人员互动为先导，吸引来穗非洲商务游客体验岭南文化。充分利用广州作为与非洲国家贸易门户的优势，依托国际商贸中心的优势地位，将其积极延伸到文化领域，以服务广州对外开放合作需求为目标，在经贸合作的基础上构思与开展文化交流合作项目，在商品贸易的同时努力拓展文化贸易。逐步扩展人文合作广度和深度，树立广州在非洲地区的良好城市形象，构筑以广州为基础的对非人文合作门户。

表3　拓展圈层重点国家

国家	国家关系	驻穗领馆	城市合作	
			友好城市	友好合作城市
南非	全面战略合作伙伴	—	德班	
埃及	战略伙伴	—	—	亚历山大

国家	国家关系	驻穗领馆	城市合作	
			友好城市	友好合作城市
埃塞俄比亚	全面合作伙伴	有（2009）	—	—
尼日利亚	战略伙伴	有（2014）	—	—

（四）积极开发延伸圈层人文合作

欧洲距离我国遥远，但是经济发达，文化遗产丰富，文艺创作表演水平较高，很多国家都与我国关系良好，并在广州设立了领事馆，也是我国重要的国际旅游客源地。广州的友好城市也较多分布在欧洲地区，与部分重点城市开展文化交流合作活动比较频繁。

将欧洲地区作为延伸圈层，以西班牙、德国、意大利等国家为重点合作对象（见表4）。利用欧洲国家较为密集的特点，以重点合作国家和城市为依托，以点带面积极开展与周边国家和城市的交流合作活动，力争取得更大效益。积极开展交流互访活动，提升交流与合作的水平与档次，推动代表国家水平的院团出访巡演，邀请高水平的演出团体来广州访问。学习合作对象国家在文化遗产保护、文艺作品创作与推广、版权保护等方面的先进经验。大力开展旅游形象宣传，争取更多欧洲游客将广州纳入访华旅游的目的地。

表4 延伸圈层重点国家

国家	国家关系	驻穗领馆	城市合作	
			友好城市	友好合作城市
西班牙	全面战略合作伙伴	有（2009）	巴伦西亚	巴塞罗那
德国	战略伙伴	有（1995）	法兰克福	杜塞尔多夫
意大利	全面战略合作伙伴	有（1998）	巴里	米兰
法国	全面战略合作伙伴	有（1997）	里昂	—
英国	全面战略合作伙伴	有（1997）	布里斯托尔、伯明翰	—

三 重点领域

（一）文化遗产

1. 联合沿线国家合作申报世界文化遗产

借鉴陆上丝绸之路申遗的成果经验，积极探索与21世纪海上丝绸之路沿线国家文化部门和文化机构建立合作申遗机制。根据申遗标准对沿线国家和城市的重要文物、遗迹、景点共同开展规划编制、本体保护和环境整治等工作。发挥申报世界文化遗产的主导作用，继续扎实推进已被国家文物局正式列入申报世界文化遗产预备名录的文化遗产等的申报工作，有力推动加快向联合国教科文组织世界遗产中心提交申遗报告的进程，争取尽早申遗成功。

2. 推动与沿线国家和城市文博单位的联网合作

依托广州各种对外交往面广点多的优势，与21世纪海上丝绸之路沿线国家的各类文化遗产、遗址、博物馆等文博单位建立友好关系和合作机制。重点推动开展21世纪海上丝绸之路沿线国家博物馆间的信息沟通、学术交流、陈列策划、文物保护、博物馆营销、社会服务和展览互助等工作。加强博物馆之间的互换展览、合作办展、合作研究、人员互访，精心设计策划21世纪海上丝绸之路相关主题的展览，根据实际条件准备不同层次的展品，为沿线国家的人民奉献丰富精美的展览，增进与沿线各国人民之间的了解和情谊。

3. 加强与沿线国家非物质文化遗产的活化传承

充分发挥广州在非物质文化遗产传承保护和开发利用领域的优势，加强与沿线国家的合作，促进非遗领域的交流互访，通过经常开展双向的推介、展览、研讨、培训和交易活动，推动共享各国在非遗保护领域取得的突出成果与先进经验，进而推动非遗项目更好地活化传承。重点推出一批历史上在海上丝绸之路沿线国家深受欢迎的、中国特色鲜明的非遗项目，如瓷器、丝绸、茶叶、"三雕一彩一绣"等，与创意设计行业融合发展，通过设立非遗工艺研发、设计、创意基地等，挖掘21世纪海上丝绸之路丰富的文化内涵，提升产品附加值，增强市场竞争力，打造一批具有广泛影响力的品牌，带动广州乃至全国非遗工艺产业的国际化发展。

（二）演艺娱乐

1. 联合沿线国家策划组织主题巡演

积极与沿线国家文化部门和文化机构建立合作交流联系与机制，与沿线国家共同策划举办"海上丝绸之路文化艺术巡演"等文化交流活动。依托广州文化艺术资源优势，发挥已形成的木偶、杂技、粤剧、广东音乐等特色演艺品牌的辐射效应，加快"21世纪海上丝绸之路"主题原创性演出产品的生产，并作为巡演的重点内容。通过这些巡演活动向沿线国家居民推广宣传广州，为广州的城市形象深入人心奠定基础。

2. 鼓励与沿线国家的民间文化艺术交流与合作

鼓励广州国有转企文化艺术院团和民营文化艺术企业开展对外交流合作，支持推动广州文化艺术机构、文化艺术工作者与沿线国家和城市的文化艺术机构、文化艺术工作者建立长期稳定的合作交流机制，共同创作具有吸引力和生命力的精品力作，打造深受沿线国家人民喜爱、经久不衰的精品剧目。大力发展文化艺术经纪机构，通过信息发布、活动合作、活动策划、项目营销、贴身服务等方式，为沿线国家和城市人民带来更多的文化盛宴。

3. 推动文艺展演相关产业在沿线国家扩大发展空间

鼓励具有自主知识产权的新型音响、灯光和舞台技术装备等文化展演相关产业的重点企业在沿线国家拓展销售市场、扩大品牌影响力。促进演艺产业与娱乐业的融合健康发展，积极在沿线国家推广具有中国特色、健康向上和技术先进的娱乐方式和娱乐业态，鼓励广州娱乐企业在沿线国家连锁经营，增强中国娱乐业在沿线国家市场的吸引力，扩大娱乐业发展空间。加快演艺与旅游休闲、工艺美术、创意设计等相关产业的融合，丰富旅游演艺产品，在沿线国家培育旅游演艺市场，设计开发演艺衍生产品。

（三）影视出版

1. 打造辐射沿线国家的版权贸易中心

利用国家版权局批准成立的广州市越秀区国家版权贸易基地建设全国最大的版权作品登记中心、版权综合交易市场和版权资本运作平台的契机，大力吸引沿线国家知名文化艺术企业和机构进驻和参与，创新版权服务模式，衍生版权产业新业态。积极开拓面向沿线国家的版权贸易业务，将基地打造成为在沿线国家颇具影响力的版权产业集聚区，引领拉动图书、动漫、影视影像制品和数字出版产业加速发展，将广州建设成为中国针对沿线国家的版权贸易中心。

2. 支持推动图书影视出版作品出口沿线国家

认真研究沿线国家公众对图书影视出版作品的需求和喜好，大力推进相关中介机构和经纪公司的建立，开展图书影视出版作品海外推广过程中的规划、咨询、协调和评估等实际工作。支持畅销的图书影视出版作品针对沿线不同国家采用不同策略进行有针对性的销售推广。积极支持广州优秀图书影视出版企业参加海外知名展会，自行组建、收购设立专业的海外发行公司，将粤版乃至国内优秀的图书影视出版作品有计划、有规模地向沿线国家市场推广。积极支持广州优秀图书影视出版企业和发行企业，依托相近行业有实力的跨国公司已经建立起来的国际销售网络，进行图书影视作品销售推广，为广州乃至中华优秀文化走向世界拓展空间。

3. 与沿线国家合作推进图书影视作品数字化

与沿线国家合作推动数字等高新技术在图书影视领域的广泛应用，促进沿线国家文化内容以及产品数字化转化和开发，加快文化产品生产、传播、消费的数字化进程，加快以文化内容与数字技术结合方式培育新兴文化业态。培育一批以信息化服务、数字化生产、网络化传播为特点的高科技文化企业，鼓励与沿线国家文化机构开展合作，对沿线国家传统剧目、舞台表演、音乐、美术、文物、非物质文化遗产和文献资源进行数字转化和开发。

（四）文化创意

1. 联合沿线国家合作设立文化创意产业园区和孵化器

选择沿线重点城市合作建设若干文化创意产业园区，让广州文化创意企业及人才能够与沿线国家的文化创意企业及人才相互借鉴、吸收和消化各自掌握的先进经验，提高自身的创新能力。依托园区开展文创企业孵化、项目对接、投融资服务及物业租赁等业务，通过经常开展双向的推介、展览、研讨、培训和交易活动，搭建21世纪海上丝绸之路国家文创企业交流合作的国际化服务平台，促进沿线国家文化创意产业市场与文化创意原创的对接，助推21世纪海上丝绸之路沿线国家和城市间文化创意企业跨国合作，加速企业和产业的成长。同时以这些文化创意园产业区和孵化器建设为平台和契机，充分展现中国文化的特色和亮点，使文化创意产业园区和孵化器成为展示中国当代文化的橱窗。

2. 与沿线国家合作进行传统工艺的融合创新

鼓励广州的传统工艺企业和从业者与沿线国家的同行交流合作，充分发掘文化元素和地域特色，在传承传统技艺的同时，相互融合相互借鉴，不断开发新技术、新工艺、新产品，促使保护传承与创新发展密切结合，发展现代工艺。支持广州的传统工艺企业和从业者与沿线国家的同行合作推进传统工艺产品与创意设计、现代科技和时代元素融合，通过文化创意增加工艺品的文化含量和科技含量，提高工艺品的附加值。鼓励沿线国家的工艺企业和从业者互访流动、聚集发展，在广州和其他沿线城市选择一些有历史有传承的区域，发现和还原其中的吸引力要素，扶持打造特色鲜明的工艺产业集聚街区，让废弃的遗迹和社区因为文化创意而重焕光彩，保留与活化作为共同财富的文化内核。

3. 与沿线国家开展以文化创意营造生活美学空间的合作

鼓励广州文化创意企业和文化创意从业者与沿线国家同行增加合作交流的广度和深度，相互学习借鉴，将文化创意向生活的各个方面泛化与渗透。将富有岭南文化特征的文化元素与沿线国家的文化精髓进行合作交融与创新，既汲取沿线各国博大精深的文化养分，又融入前沿的时尚元素和审美趣味，在促进产业新业态、商业新模式诞生的同时，以文化创意的方式丰富生活样式、营造轻松和谐的生活生态空间、提升生活品质。

（五）动漫网游

1. 开发 21 世纪海上丝绸之路文化主题的动漫游戏网络文化产品

加强创作培育，鼓励企业以 21 世纪海上丝绸之路文化为主题、突出民族风格和时代特点，走技术创新与市场开发相结合的产业发展道路，开发具有深厚文化内涵、深受沿线国家群众喜爱的动漫游戏精品。加快以 21 世纪海上丝绸之路为背景的网络音乐娱乐、网络艺术品、网络动漫、网络演出、网络文学等网络文化产品的创作，在提升原创能力和文化品位的基础上，针对沿线国家不同的文化民俗心理特征，适当增加和体现多元文化的要素，提升广州网络文化产品的国际竞争力。

2. 支持国内动漫游戏作品对沿线国家的传播推广

通过细分市场把握 21 世纪海上丝绸之路沿线不同国家的文化消费需求和特点，实施原创动漫游戏网络文化产品海外推广计划。支持畅销的动漫游戏网络文化产品针对沿线不同国家的不同市场机制、文化背景和用户喜好，包装制作不同版本，并实施本地化销售推广策略。积极支持广州优秀动漫游戏企业参加海外知名展会，将代表广州最高创作水平的原创动漫游戏产品和企业有计划、成系列地集中向海外市场推广，为动漫游戏企业寻找新的盈利模式与空间，推动国内动漫游戏产品与国际接轨。

3. 鼓励广州动漫游戏企业进军沿线国家开展研发运营

鼓励广州动漫游戏企业联合或收购沿线国家动漫游戏企业，整合国际间的动漫游戏设计、生产、运营、IP 等资源，构建国际化产业链条，以国际化研发方式进行海外拓展。对这些海外企业或机构实行完全的本地化发展，使它们不仅能服务于广州母公司的产品研发和运营，而且能在本地进行适合本土的新产品研发，研发出的产品不仅能够在当地销售，而且能吸引海外研发产品到国内上市，形成广州与沿线国家动漫游戏企业"你中有我"、互惠互利的产业链格局。推动广州动漫游戏企业最大限度地利用沿线国家的人才和技术资源，开发出有广阔市场前景的精品大作，促使广州动漫游戏企业出效益、上台阶。

（六）文化会展

1. 提升现有文化会展活动辐射沿线国家的水平

转变政府出资办文化会展的运作模式，选择有实力的文化会展企业和机构承办现有依靠财政投入发展的文化会展品牌，明确要求将品牌影响辐射至沿线国家。通过完善健全会展评估和反馈机制检验承办成效，成效不达要求取消后续承办资格。促进文化会展与旅游、城市建设、商贸合作的融合，切实提升文化会展活动的交易功能和作用，提高办会效益。

2. 加强与沿线国家文化会展产业的交流与合作

鼓励广州的会展企业和机构与沿线国家的会展企业和机构开展定期交流和相互推广，探寻双方乃至多方合作机会与模式。借助国际文化会展业的交流与合作，加强信息沟通，共同研讨文化会展业新趋势和新问题，不断创新文化会展合作模式，开展资源共享、互相支持的重要会展项目，交流和培养人才，推动广州文化会展业走向高端化、品牌化和专业化。

3. 大力发展体验型 21 世纪海上丝绸之路文化节庆活动

加强对文化节庆活动的规范引导，把 21 世纪海上丝绸之路文化作为核心符号加以挖掘、包装，发掘节庆文化内涵，提升节庆文化品质，培育若干参与度高、对沿线国家吸引力大的节庆活动品牌。重视借助各种现代传播手段展示多元文化，通过欢乐轻松的节庆氛围，逐渐消除沿线国家因文化差异而存在的隔阂，促进沿线国家文化交流与融合。

（七）文化旅游

1. 积极利用广州 72 小时过境免签开发推广 21 世纪海上丝绸之路精品文化旅游线路

精心设计若干条 72 小时过境免签推荐文化旅游精品线路，如"海丝史迹之旅""岭南文化之旅""千年商都之旅""多元宗教之旅""海洋港口之旅""美食体验之旅"等，力求向外国游客提供更加丰富优质的文化旅游消费选择，并以此吸引更多的高端商务旅客、外国游客、海外华人把广州作为旅行目的地，来广州旅游观光。完善相关配套服务，深入开展对导游 21 世纪海上丝绸之路文化的深度培训，提升 21 世纪海上丝绸之路文化旅游精品线路的体验。鼓励旅行社对与 21 世纪海上丝绸之路文化有关的景点进行有效推介，在开通免签的沿线国家中遴选重点客源地，对这些国家进行专门的文化旅游宣传推广。

2. 联合沿线国家策划开发跨境"21 世纪海上丝绸之路"系列旅游

以沿线国家文化历史为素材，共同规划、联合建设、共同经营、共同盈利，创新开发环海游轮、陆海联运等跨境文化旅游产品。在沿线国家的共同推动下，共商 21 世纪海上丝绸之路国家合作发展新机制，推进旅游合作向更高水平拓展，早日实现 21 世纪海上丝绸之路沿线省际、区际、国家间无障碍旅游，让国内外游客更加便捷地感受到丝路旅游的魅力。精心策划系列特色鲜明的省际、国际文化旅游线路，如"海上丝绸之路城市文化精品游""广州－东南亚佛教文化精品游"等。完善文化旅游基础设施，使各国游客深入了解掌握一些当地的地理、文化、语言等旅游相关知识，以旅游扩大文化的传播和消费，争取在世界区域旅游市场中，打造自己独特的、有魅力的、跨境合作的、世界级的旅游品牌。

3. 在沿线国家加大国际旅游形象宣传推广

促进文化与旅游相结合，以文化提升旅游的内涵，打造文化旅游系列活动品牌，扶持具有广泛传播力和国际影响力的特色文化旅游项目，并有针对性地向21世纪海上丝绸之路沿线国家进行旅游形象宣传推广。认真策划设计广州的城市名片和城市对外宣传素材，讲好广州的故事，用文化的力量提高广州的影响力、辐射力和美誉度。积极参加文化部、国家旅游局每4年推出一个中国文化旅游主题年、每两年举办一届中国国际文化旅游周活动，争取进入地方文化旅游节庆活动扶持名录，充分利用国家层面平台加大对广州国际文化旅游形象的传播推广力度。

（八）学术研究

1. 鼓励沿线国家学者以广州为对象开展学术研究

鼓励资助21世纪海上丝绸之路沿线国家学术机构和各学科学者以广州为对象的历史文化研究、以广州为案例的城市发展研究等多视角综合研究，鼓励资助沿线国家学术机构和个人出版广州研究丛书，增加沿线国家学界对广州历史和现实问题的关注度，扩大广州在沿线国家中的知名度，为广州经济社会发展和城市建设管理中出现的问题提供多角度的解决思路。

2. 联络沿线国家研究机构建设广州研究资讯网络

鼓励广州地区的高校或社科研究机构与沿线国家的高校或社科研究机构开展以广州历史、文化、艺术为重点研究对象的中长期战略合作，各方在已有的数据、图像、案例、文献等研究成果的基础上，设计构建调研采集数据、共建共享数据库、合作开展社会服务与咨询等战略合作体系，为广州乃至中国城市研究与决策提供第一手的数据、信息与资料方面的支持与服务。

3. 举办沿线国家城市智库论坛

联合沿线国家发起设立21世纪海上丝绸之路沿线城市智库论坛，组织邀请沿线城市从事经济、社会、环境、文化等多学科研究的专家学者，通过组织年会、讲座、研讨会、调研和学术交流等活动，研究沿线城市发展中共同面临的重大问题，分享发展的经验，密切城市之间的交流。

四 重点项目与重大平台

广州建设21世纪海上丝绸之路推进人文合作要依靠涵盖政府层面的文化交流合作活动、民间文化交流融合创新、学术文化深度合作三个维度的重点项目及重大平台来实现。深入挖掘广州现有文化交流重大品牌项目潜力，将广州艺术节暨中国广州国际演艺交易会、中国音乐金钟奖、广州国际艺术博览会、中国（广州）国际纪录片节、中国国际漫画节等重大项目的有关活动进行有效串联、资源整合，通过增加专场、资源联动、统一宣传、定向邀请等方式，借势借力打造一个超大型、跨文化领域、具有丰富表现手法、跨越季节的 21 世纪海上丝绸之路文化展示平台，在此平台上与 21 世纪海上丝绸之路沿线国家和城市开展丰富多彩的文化交流合作与融合创新，从而助推广州建设 21 世纪海上丝绸之路人文合作新枢纽。同时，根据广州 21 世纪海上丝绸之路人文合作交流的定位，发挥既有优势，积极创建新的 21 世纪海上丝绸之路文化交流合作重大项目，以项目的实施推进提升平台，推动其覆盖人文合作的各个重点领域。

（一）重点项目

1. 中国广州国际演艺交易会

中国广州国际演艺交易会是亚洲最大的"演交会"之一，集展览展示、现场演出、剧目交易、高峰论坛于一体，邀请来自数十个国家和地区的国外演艺机构、上百家国内演艺机构参展。2011～2014 年，广州已连续举办了四届中国广州国际演艺交易会（以下简称"演交会"），已成为拉动我国文化产业发展、促进优秀中华文化走出国门、引进世界优秀文化的重要平台。强化市场运作机制，促进国际合作尤其是与 21 世纪海上丝绸之路沿线国家合作，将演交会打造成为国际知名的演艺市场"全产业"交易营销平台。策划设立"21 世纪海上丝绸之路"专场，吸引围绕"21 世纪海上丝绸之路"主题创作的演艺节目借助演交会平台走向更多国家，同时定向邀请沿线重点国家和城市的相关单位参与，积极促成更多交易。每届交易会邀请一个国家作为主宾国，并设立 3～4 个以"海上丝绸之路＋城市名"命名的专用区域，集中展示主宾国和重点城市的历史文化和演艺成果，参考世博会的模式，提供场所，搭建舞台，鼓励主宾国和城市在演交会上全方位介绍当地的文化传统和演艺精品，重点推介其剧目作品，凸显广州在 21 世纪海上丝绸之路人文合作中文化交易中心的重要功能。

2. 中国音乐金钟奖

中国音乐金钟奖创办于 2001 年，是中国共产党中央委员会宣传部批准设立、由中国文学艺术界联合会和中国音乐家协会共同主办的中国音乐界综合性专家大奖，自 2003 年开始，金钟奖永久落户广州。中国音乐金钟奖自 2011 年第十届开始，经港澳办和台办的批准，港澳台音乐人可以参与金钟奖。在建设 21 世纪海上丝绸之路人文合作的进程中，积极提升金钟奖的国际化水平，推动奖项设置、选拔范围、比赛形式等领域创新，推动金钟奖从国家级评奖活动发展成为有世界影响力的专业性艺术奖项。适当扩大音乐人参选范围，在声乐、器乐等比赛中针对华侨华人和外国友人设立特别奖项，重点鼓励 21 世纪海上丝绸之路沿线国家的华人华侨和外国友人参与，吸引更多人通过金钟奖关注和学习中国音乐。以特邀表演等灵活形式邀请 21 世纪海上丝绸之路沿线国家的音乐人参与表演，促进沿线国家高层次音乐人才在广州的合作交流。

3. 广州国际艺术博览会

广州国际艺术博览会（以下简称"艺博会"）是经国家文化部批准，由中国美术家协会、广州市人民政府主办，广州市文化广电新闻出版局承办的中国三大国际艺术博览会之一，是一个综合艺术的展示交易平台。在艺博会中增设"21世纪海上丝绸之路"博览专场，邀请21世纪海上丝绸之路沿线重要国家的艺术机构、艺术人才参与艺博会，展示优秀作品，促进各国艺术机构和艺术人才交流和创新。充分借助艺博会活动举办期间的宣传效应，利用广州成熟的文化设施，在博物馆、文化馆等地举办以21世纪海上丝绸之路为主题的文博展览、非遗培训、人文讲座等活动，宣传和推广21世纪海上丝绸之路相关文化主题内容，展示广州文化吸引力。

4. 中国（广州）国际纪录片节

中国（广州）国际纪录片节（GZDOC），于2003年在广州国际纪录片学术研讨会的基础上发展而来，已经成为中国唯一的国家级、具有交易功能的纪录片盛会，有力地推动了中国纪录片产业的进步与发展。加大与国际知名纪录片节合作力度，进一步提升国际知名度和吸引力，尤其是在21世纪海上丝绸之路沿线国家中的知名度。设立"21世纪海上丝绸之路"主题纪录片单元，鼓励21世纪海上丝绸之路沿线国家艺术家关注21世纪海上丝绸之路的非遗文化、城市文化、民俗文化，并通过纪录片节进行交流。在每届纪录片节上，邀请一个人文合作重点国家担任主宾国，举行优秀纪录片回顾展演，集中介绍该国的纪录片成就，同时展演不同国家和地区尤其是我国围绕主宾国主题拍摄的纪录片，展示国际合作成果，并全方位介绍主宾国的文化。通过纪录片的版权预售、纪录片交易、展演形式，使广州成为国际人文纪录片创作中心、交易中心。

5. 中国国际漫画节

中国国际漫画节由国家新闻出版广电总局和广东省人民政府联合主办，搭建起以创意成果交易和人才推介为主要内容的动漫产业平台，有力推动了我国动漫产业的繁荣与发展，并且在国际上拥有巨大的影响力。设立以"21世纪海上丝绸之路"为主题的特别专题奖项，吸引作者和读者通过动漫关注21世纪海上丝绸之路，鼓励国内和国际创作者围绕主题创作作品，同时开展以"21世纪海上丝绸之路"为主题的设计、展示、Cosplay活动等，定向邀请21世纪海上丝绸之路沿线国家参与比赛、展览、交易。积极与21世纪海上丝绸之路沿线国家的漫画出版集团开展合作，翻译出版优秀中国动漫作品，优化漫画节动漫游戏展的展示发布、交流、贸易洽谈和专业服务功能，推动中国动漫文化和沿线国家的交流与合作。

6. 21世纪海上丝绸之路广州文化周

打包广州文化精品，整合广州文博系统、艺术院团、非物质文化遗产以及民间文化创意行业的文化资源，形成丰富的文化展演作品库，通过文博展示、文艺展演、文化作品展示、非遗文化体验培训等立体组合方式，形成广州文化周的活动内容，按计划在"21世纪海上丝绸之路"沿线重要节点城市开展巡回展演展示。

一是打包广州文化精品，形成广州"21世纪海上丝绸之路"文化展演精品剧目单。

广州的木偶剧团、杂技团等国有艺术院团，在多年的创新发展中，产出众多的优秀精品，常年保持高频率的海外展演，拥有丰富的展演经验。对现有精品剧目的精心挑选，打包一批展现岭南文化精髓、广州城市发展风貌的文艺作品、剧目；梳理、包装广州民间创意系统的文化精品、非遗传承作品，构成丰富的巡回展演内容。

二是创作"21世纪海上丝绸之路"精品剧目、文化作品。组建优秀主创团队，深入挖掘"21世纪海上丝绸之路"文化内涵，精心打造以"21世纪海上丝绸之路"为主题的精品剧目；策划千年商都——对外交往中的广州、沧海帆影——中斯或中印古代海上丝绸之路文物展、从哥德堡到广州——18世纪和19世纪中瑞贸易之路等文博精品展，扩大充实21世纪海上丝绸之路广州文化周的展演内容。

三是形成立体组合的展演形式。广州文化周是一个整合资源的项目，需要整合广州市文博系统、艺术院团、非物质文化遗产以及民间文化创意行业的文化资源，并实现与巡回城市的系统对接。广州文化周的展演形式包括静态展示、动态舞台表演与现场体验三大形式，文博系统主要通过21世纪海上丝绸之路国家博物馆联网进行对接展示，非物质文化遗产以及民间文化创意行业主要依靠当地华侨资源和友好城市资源，在当地公共艺术场所、公共空间、学校等地方展开合作；艺术院团则与21世纪海上丝绸之路沿线国际的高端剧团、高端演艺场所进行对接，最终在广州文化周展演期间，实现对展演城市从高端到民间的全面接触。

7. 广州21世纪海上丝绸之路文化节

整合已有资源，策划组织一个以"21世纪海上丝绸之路"为核心主题的综合文化国际交流项目，每年定期在广州举行，并将其打造为具有国际吸引力的文化品牌。呈现21世纪海上丝绸之路沿线城市精品剧目作品；举办21世纪海上丝绸之路沿线国家城市文博系统的有关文博展和讲座等；加强与沿线国家城市民间创意系统合作，举办非遗传承的展览会、体验会、推介会等。通过这样的形式搭建广州21世纪海上丝绸之路文化节的大舞台，让21世纪海上丝绸之路上的文化在广州充分融合，形成一张广州文化的独特名片。

广州21世纪海上丝绸之路文化节既是一个文化展演项目，也是一个文化旅游项目，更是一个促进21世纪海上丝绸之路民间文化在广州充分交融的项目。可以在每一年的活动中设定一个主宾国，邀请主宾国的城市联合在文化节上充分展示自己的文化风采，让文化节的参与者逐步了解21世纪海上丝绸之路沿线各国的多彩文化。文化节还可设立主宾城市，与广州文化周的巡演计划相呼应，同时可以充分向参加文化节的国外游客预先展示广州文化周的精彩内容，为广州文化周在当地建立民心基础，借此加强广州与主宾国及主宾城市的文化交流活动。

（二）重大平台

1. 广州21世纪海上丝绸之路文化交流中心

广州21世纪海上丝绸之路文化交流中心是一个由社会组织或非营利组织运营的有关广州21世纪海上丝绸之路文化交流融合的实体平台。由社会非营利组织通过托管、承包、承租的方式拥有地域实体建筑或建筑联合体，组织管委会，组建团队，引入社会资本，整合政府和社会各种有效资源，精心构建广州21世纪海上丝绸之路文化交流中心，作为广州日常开展21世纪海上丝绸之路文化交流场所和平台，承担沿线各国各城市优秀文化"引进来"的重要功能。

广州21世纪海上丝绸之路文化交流中心通过引进沿线各国各城市优秀文化作品和优秀文化人才，开展文化创作展示、文化项目展览、文化培训、文化论坛、文化版权交易等活动，开展文化的交流、融合、创新活动，从而体现广州作为21世纪海上丝绸之路人文合作新枢纽的地位。在广州21世纪海上丝绸之路文化交流中心，将具体实施以下子项目。

一是21世纪海上丝绸之路人文合作高端研讨会，定期举行海上丝绸之路人文合作高端研讨会，邀请21世纪海上丝绸之路沿线重点国家城市政府部门文化官员、学术界权威人士、人文合作领域意见领袖与重要文化企业人参与，针对既定主题举办研讨会，交流21世纪海上丝绸之路人文合作经验，探索人文合作建设方向，制定现阶段人文合作领域计划等，使广州在21世纪海上丝绸之路人文合作建设中处于意见主导地位、提前预知发展方向，输出广州人文合作理念。

二是21世纪海上丝绸之路国家"非遗"创意推广项目，在交流中心设立21世纪海上丝绸之路"非遗"创意中心，着力于21世纪海上丝绸之路沿线各地域"非遗"传承的展示与研究，重点进行"非遗"传承的现代发展与创意开发、展示，使广州成为21世纪海上丝绸之路"非遗"传承的研究中心、创意中心与版权交易中心。

三是21世纪海上丝绸之路文化艺术人才交流合作项目，21世纪海上丝绸之路文化艺术人才的交流，基础在于民间艺术人才的充分交流，在交流中心设立21世纪海上丝绸之路文化艺术人才合作专区，鼓励跨地域人文合作，鼓励跨地域、跨国际、跨界文化艺术人才合作，并定期举办21世纪海上丝绸之路文化艺术人才合作项目推介会，为21世纪海上丝绸之路跨域、跨际、跨界人文合作、项目进行版权预售、项目资金招募、项目预演预展等服务，将广州建设成为21世纪海上丝绸之路文化艺术人才合作项目创作中心和交易中心。

四是建设广州21世纪海上丝绸之路文化交流中心城市代表处，在21世纪海上丝绸之路沿线国家重点城市设立广州21世纪海上丝绸之路文化交流中心代表处，定期发布中心信息，征集项目，招募人才，并收集当地人文领域人才、活动、政府政策等信息，以中心代表处为基础，为其他广州21世纪海上丝绸之路人文合作重点项目的海外实施提供本地化资源支持。

2. 广州21世纪海上丝绸之路文化信息平台

由广州市文广新局牵头，市外办、市侨办、市港澳办、市台办、市贸促会、市协作办、市侨联等部门参与，依托广州高校和研究机构，建立广州21世纪海上丝绸之路文化信息平台。通过对21世纪海上丝绸之路的各类文化信息进行收集、整理、发布和相关的咨询策划服务，有效推进广州乃至全国的政府部门、企业和机构甚至个人与沿线国家各种文化资源信息对接，巩固广州 21 世纪海上丝绸之路人文合作枢纽城市的地位。

广州 21 世纪海上丝绸之路文化信息平台由广州 21 世纪海上丝绸之路文化数据平台和广州 21 世纪海上丝绸之路文化服务平台两大模块组成。文化数据平台定期收集 21 世纪海上丝绸之路沿线人文合作重点国家和城市，以及国内 21 世纪海上丝绸之路代表城市文化发展动态、文化人才和文化活动信息、文化产业数据、文化贸易及投资政策等，经过整理，通过网络、刊物、出版、座谈、论坛等方式发布。文化服务平台则依托数据中心的资源优势，对广州以及国内外各类型社会文化组织、文化企业、文化工作者提供信息定向查询、方案优化、外域本地化策略咨询、文化项目对接等服务。

3. 广州 21 世纪海上丝绸之路创意产业研究发展基地

21 世纪海上丝绸之路在人文合作的现代发展进程中，本地化的创意产业发展起到重要的起承转合作用，广州的创意产业已经有多年的发展管理历史，以创意园区为代表的创意产业集群发展模式取得了一定的经验。

依托大学院校、社科研究机构设立广州 21 世纪海上丝绸之路创意产业研究发展基地，目的是通过基地总结研究广州创意产业发展的经验，向 21 世纪海上丝绸之路沿线的重点城市分享研究成果和发展经验，搭建平台，牵线搭桥，鼓励广州成功的创意企业通过试点合营、托管经营、承包经营等方式到 21 世纪海上丝绸之路沿线城市设立海外办事处、创意园区海外分园、独立办园。将广州创意产业研究经验与中国创意资源、人文资源与 21 世纪海上丝绸之路沿线国家和城市的当地资源有机结合，转化人文合作成果，形成从完整的人文合作到创意产业再到最终输出优秀文化产品的生态链条。

4. 广州 21 世纪海上丝绸之路人文学术合作发展基金

人文学术研究是跨国界、跨城际的广泛合作行为，优秀的人文学术研究成果的产出建立在长期深入的人文合作活动基础上，长期深入的人文合作活动能有效地提供对沿线国家和重要节点城市当地政治经济文化深层信息的解读，通过自上而下的方式和学术、团体、民间路径，推进广州与沿线国家开展人文合作的进程。

设立广州 21 世纪海上丝绸之路人文学术合作发展基金，鼓励扶持广州和沿线国家学者共同开展有关广州在 21 世纪海上丝绸之路的地位，在推进 21 世纪海上丝绸之路中的作用，以及 21 世纪海上丝绸之路相关文化遗产的保护、传承与合作等重要课题的研究，吸取优秀人文合作成果，将其转化为广州文化输出的作品。广州 21 世纪海上丝绸之路人文学术合作发展基金下设优秀人文合作课题立项基金、优秀人文合作课题实践基金和优秀人文合作成果基金。邀请国内以及沿线国家大学、社科研究机构、社会组织、民间人文工作者参与，鼓励其在文化艺术创新、宗教与民俗、文化融合、城市文化发展、非物质遗产保护与传承等重点文化领域开展合作研究。鼓励沿线国家和城市研究机构与广州的研究机构进行合作，充分利用双方资源，扩大研究成果的影响并积极推进合作成果的社会化转化，与广州现有成熟文化品牌如中国广州国际演艺交易会、中国音乐金钟奖、广州国际艺术博览会、中国（广州）国际纪录片节、中国国际漫画节等实现对接。

五 保障措施

（一）调整健全机构、强化组织实施

各级文化行政部门要在市委、市政府的领导下，统一思想，提高认识，认真抓好广州建设21世纪海上丝绸之路人文合作项目和工作的组织实施，加强对计划落实情况的监督检查。参照省文化厅和深圳市文广新局关于对外交流合作专门处室的设置，对市文广新局的处室进行内部职能合并与调整，成立对外交流合作专业职能处室，指导和管理全市文化、广播电影电视、新闻出版和文物的对外（含港澳台）交流工作；组织实施重大对外（含港澳台）交流与合作项目。认真履行职责，确保各项政策措施落到实处，推动21世纪海上丝绸之路人文合作工作有序开展。

（二）建立跨部门沟通协调工作机制

为加强领导、统筹协调，建立广州推进21世纪海上丝绸之路人文合作交流联席会议制度，统筹研究全市推进21世纪海上丝绸之路人文合作与交流工作发展的目标和任务，各部门认真履行职责，文化行政部门主动加强与发展改革、财政、外事、侨务、科技、商务、教育、体育、金融等部门的沟通协调，积极推动对外文化交流合作研究机构、社会组织和民间社团的建立和发展，充分发挥它们在文化对外交流合作过程中特有的沟通、协调与互律作用，切实发挥其优势，承担起在市场调查、信息交流、行业自律、知识产权保护、政策研究等方面的责任，努力营造有利于广州对外文化交流合作发展的氛围。

（三）进一步深化文化体制机制改革

广州文化体制改革虽然一直领先于全国不少城市，但与当前文化建设繁荣发展的趋势和速度仍然不匹配。通过深化文化体制改革，构建有利于广州文化繁荣发展的体制机制，就必须在取得国家层面支持的基础上开展探索，尝试破除一些制约文化发展的有形或无形的壁垒，如所有制壁垒、部门壁垒、行业壁垒、地域壁垒等。全面借鉴、移植和运用在经济领域中改革的成功经验，特别是高新技术企业在管理体制、管理理念、管理水平、经济运作方式、现代企业制度、先进技术应用等方面被改革实践证明行之有效的方法，并将经济、管理领域各个环节的大量人才全方位地引进文化建设领域，建立起适应社会主义市场经济体制与新技术环境的新型体制、机制，解放和发展文化生产力，释放文化创造活力，让文化领域人才的创意自由迸发、能力全面施展，为广州建设21世纪海上丝绸之路推进人文合作提供有力的体制保障。

（四）加大政府对21世纪海上丝绸之路人文合作项目的投入力度

将21世纪海上丝绸之路人文合作项目作为广州文化建设的发展重点，在增加公共财政对文化建设支出占财政支出比例和支出总额的情况下，优先投入21世纪海上丝绸之路人文合作平台和项目，充分发挥财政资金杠杆作用，推动21世纪海上丝绸

之路人文合作跨越式发展。创新政府投入方式，通过政府购买服务、项目补贴、以奖代补等方式，鼓励和引导社会力量投向 21 世纪海上丝绸之路人文合作的文化产品和服务，努力探索以政府投入为引导、动员社会参与的新型对外人文交流合作建设投入模式。积极争取中央和省的财政资金和国有文化企业加大对 21 世纪海上丝绸之路人文合作的扶持力度，支持和培育特色文化市场主体，支持具有战略性、先导性、带动性的 21 世纪海上丝绸之路人文合作项目和平台建设，提高广州文化企业高新科技的运用和创新水平，支持相关科技成果在 21 世纪海上丝绸之路人文合作项目和平台中的应用。

（五）加强外向型文化人才培训与交流合作

重点鼓励支持广州的文化企业、高等院校与沿线国家文化企业、高等院校联合建设文化人才培养基地，加快培养适应建设 21 世纪海上丝绸之路建设战略需要的外向型复合型文化人才。建立以创意训练模式和国际合作教学为基础的国际文化人才培养模式，引导国际专业师资、研究机构、业内人士提供国际最新资讯与研究内容，丰富受训对象在策略、管理、协作、沟通、传播等方面的培训内容。鼓励文化企业和文化人才提升符合国际需要的外向型能力，推动国内外优秀文化人才的交流、对话与合作，在深入了解国际动态的基础上，提高文化产品的国际化开发设计水平，实现对国际需求和水平的对接，创作更多优秀文化精品走向世界。

（六）完善涉外文化交流贸易方面的政策

广州要率先通过建立完善的文化贸易扶持体系，加大资金补助、税收减免、出口奖励力度，支持有条件的文化企业到境外开展入股、并购等业务，鼓励人民团体、民间组织、民营企业和个人从事对外文化交流，对在促进人文合作过程中取得突出成就、做出突出贡献的组织和个人给予重奖。结合广州实际情况，在广州城区选定某个或数个地价不高、周边各种生活服务设施较为完善、最好拥有一些旧工业厂房的区域，将其作为文化产业用地纳入城乡发展规划、土地利用总体规划，将之作为文化产业集聚发展用地开放吸纳国内外的文化企业和文化创意人士聚集广州。通过加强对一系列针对涉外文化交流和文化贸易进出口相关立法和政策的补充完善，尽可能发挥广州作为历史上一直引以为傲的对外文化门户窗口的作用，进一步推动广州对外人文合作的快速发展。

（七）塑造广州 21 世纪海上丝绸之路人文合作枢纽的城市形象

抓好广州作为 21 世纪海上丝绸之路文化交流枢纽和国家对外文化门户城市的宣传工作，有计划地组织开展系列的宣传活动。制作系列的宣传品，如多媒体音像资料、印刷品综合推介资料、21 世纪海上丝绸之路文化活动年刊和简报、文化交流与文化贸易相关信息资料等，编辑出版广州 21 世纪海上丝绸之路历史文化的系列通俗读物，通过中外文字版本向国内外有针对性地派发宣传。推动国内外新闻媒体对广州与 21 世纪海上丝绸之路有关的历史文化和文化活动大力宣传推广，形成对广州 21 世纪海上丝绸之路文化的持续影响。创新文化宣传工作方式，丰富手段载体，建设好各级文化部门的政府网站和信息网站，利用好互联网、手机等新兴媒体，使之成为传播人文合作进展、加强文化交流的重要载体。提高普通市民对广州在海上丝路的历史地位和现实意义的认知度，提高普通市民在广州对外人文合作中的主动性和参与度，为广州建设21世纪海上丝绸之路推进人文合作营造良好的社会氛围。

广州世界文化名城建设和文化产业研究基地成果

作者：尹　涛　柳立子　伍　庆

莫京武　彭小群　于　洁

经济新常态下加强文化建设，推进融合带动都市发展研究

我国经济发展进入新常态，是党的十八大以来以习近平同志为总书记的党中央在科学分析国内外经济发展形势、准确把握我国基本国情的基础上，针对我国经济发展的阶段性特征所做出的重大战略判断，是对我国迈向更高级发展阶段的明确宣示。近年来，特别是我国经济超越日本成为全球第二大经济体之后，经济增速持续下滑，过去 30 多年高速增长积累的矛盾和风险逐步凸显，经济社会发展正处于增速换挡期、转型阵痛期和改革攻坚期三期相互叠加阶段，中国经济增长潜力下降，明显出现了不同于过去 30 年的特征：一是从高速增长转为中高速增长；二是经济结构不断优化升级，第三产业消费需求逐步成为主体，发展成果惠及更广大民众；三是从要素驱动、投资驱动转向创新驱动。

新常态是对我国经济发展阶段性特征的高度概括，是对我国经济转型升级的规律性认识，是制定当前及未来一个时期我国经济发展战略和政策的重要依据。十八届五中全会发布的公报中提到，在未来"十三五"时期，要坚持发展是第一要务，以提高发展质量和效益为中心，加快形成引领经济发展新常态的体制机制和发展方式。新常态下中国经济仍然面临着新机遇，如果顺利完成增长驱动力的转换，增速虽然下滑，但经济增长的质量、经济总体的含金量都会高于过去三十多年的高速增长。因此要以不断改革的勇气和决心，瞄准新的制度条件，找出新的战略方针、新的思想方法、新的工作理念，切实完成转方式、调结构的历史任务。

一　经济新常态下文化发展对中心城市的重要意义

在经济增长和技术进步的推动下，当代文化蓬勃发展，文化形态、文化生产、文化消费、文化传播、文化辐射等方面呈现出新的态势。自 20 世纪 60 年代以来，文化与发展之间的内在联系已经广为人知。2013 年 5 月，联合国教科文组织"文化：可持续发展的关键"国际会议在杭州举办，探讨了 2015 年后可持续发展议程中的文化议题。国务院副总理刘延东在致辞时指出，当今世界正处在大发展大变革大调整时期，文化在国家发展和人类进步中的作用日益凸显，迫切需要从文化的高度审视传统发展理论和发展道路；文化与经济、政治、社会关系更加紧密，迫切需要文化成为经济社会发展和人的全

面发展的支撑力量。可以说，从"文化作为可持续发展的推动者和驱动力"主题可以看出，文化已经在经济社会发展的各个方面产生广泛的影响，这已成为人们的共识。

在我国经济转型升级的关键时期，在作为曾经经济高速发展领头羊的中心城市，经济新常态带来的影响可能更加突出。同时，当代文化的发展与都市密不可分，都市既是文化发展的区域，也是文化的特征，文化与都市的关系日益密切。因此，在经济新常态下，文化对中心城市转型升级的作用更加明显，意义也更加重要。

（一）文化消费对经济发展的拉动效果不断增强

我国经济发展进入新常态，外贸出口和投资拉动对经济发展的作用相对减弱，消费特别是内需将是拉动经济发展最重要的引擎。消费市场从以前主要依靠外需向内需和外需综合平衡的方向发展，而在内需中，城乡居民的消费结构模式从物质产品消费向物质消费和文化消费并举转变。文化消费的内容十分广泛，不仅包括专门的精神、理论和其他文化产品的消费，而且包括文化消费工具和手段的消费；既包括对文化产品的直接消费，如对电影电视节目、电子游戏软件、书籍、杂志的消费，也包括为了消费文化产品对各种物质消费品的消费，如电视机、照相机、计算机等，此外也需要各种各样的文化设施，如图书馆、展览馆、影剧院等。

近年来，我国居民的物质生活水平不断提高，温饱问题已基本解决，精神生活方面的消费需求也在不断增长。2014年，我国人均GDP已超过7000美元，这意味着我国居民消费结构将从商品性消费逐渐转向精神和文化消费。国家统计局对全国城镇居民抽样调查结果显示，随着收入和消费水平的不断提高，居民用于教育文化娱乐服务方面的支出不断攀升。2013年城镇居民人均文化教育娱乐服务支出达到2294元，将1990年与2013年进行比较，城镇居民八大类消费性支出的结构发生了巨大变化。其中食品支出比重由54.3%下降到35%，降幅达19.3个百分点；衣着比重下降2.8个百分点；居住支出比重提高4.9个百分点；家庭设备用品及服务支出比重下降1.8个百分点；交通通信支出比重提高12个百分点；文化教育娱乐服务支出比重提高3.9个百分点；医疗保健支出比重上升4.2个百分点。这充分显示基本生活消费的扩张有限，甚至占比呈下降趋势，而对文化、通信、医疗等新兴服务的消费要求日益增加。

随着文化消费市场呈现出个性化、多元化趋势，文化产品和服务的生产方式和文化资源的配置方式也有了很大变化，在市场的作用下，推动文化产业快速发展与文化需求迅猛增长相结合，在满足群众多元化消费需求的同时，成为引领市场结构调整、推动产业转型和国民经济升级换代的重要动力。尤其是中心城市具有良好的文化基础设施、场馆以及集聚文化企业的重要条件，将成为文化消费爆发式增长的突破口。

（二）文化业态创新发展成为创新驱动的重要内容

文化消费具有由供给创造需求的特点，作为人的精神文化需求，文化消费不同于物质需求对象的即时性、明确性，往往处于无意识的潜在模糊状态，需要通过创意、生产形成新产品来激活人们的需求欲望。人民群众的文化需求日益旺盛，为文化产业的发展提供了广阔的空间，反过来，文化产业的创新发展也是推动文化消费的重要手段。在这种相互作用下，文化产业成为我国经济结构战略性调整和产业升级的一个重要选择方向，成为促进经济发展、调整产业结构、提高消费水平的重要手段。近年来，文化产业的增幅超过同期 GDP 的增幅，对经济增长的贡献率不断提升。

随着信息与网络等新技术的快速发展，文化传播进入全新的数字媒介时代，传播速度快、容量大、覆盖面广。同时，微电影、微文学、微博、微信等新型文化产品以及数字出版、动漫、网络游戏等新兴业态成为文化产业的新增长点，实时互动的特点超越了时空限制，使原本处于传统传播范围之外的国家和地区成为可以开拓的市场。文化新业态的特征归纳为：高新技术是支撑，内容创新是关键，技术和内容的融合是根本。中心城市可以充分把握文化新业态蓬勃发展的机遇，推动文化与科技的结合，发展信息技术，开发数字传媒、创新文化产品、占领文化制高点，实现文化产业的创新超越。

（三）文化产业对其他产业的融合带动作用明显增强

我国正处于经济社会发展转型的关键时期，从经济发展的现状和经济增长的内生规律来看，要重点解决资源环境约束、产业结构优化和经济社会发展的协调可持续问题，而发展文化创意产业，加快推进文化创意和其他产业的融合，是调整产业结构、转变经济发展方式的重要手段。

产业融合，是指由于技术进步、规制放松、管理创新及需求拉动等原因，不同产业之间相互渗透、彼此交叉，进而演化为产业之间产品、业务与市场的融合，从而使产业边界模糊化甚至被重新划定的动态发展过程。产业融合作为一种产业创新，正日益成为提升产业竞争力乃至一国竞争优势的重要因素。文化产业是一个综合性、渗透性、关联性比较突出的产业，与多个产业存在天然的耦合关系，具有融合的深厚基础和广阔空间，在产业融合发展潮流中的作用尤为突出。

推动文化产业与相关产业融合发展对于文化产业自身发展和其他产业的发展都有着积极作用。一方面，推动文化产业与相关产业融合发展是文化产业发展的强大引擎。旅游、体育、信息、物流、建筑等相关产业可以为文化的交流和传播提供平台，为文化资源的开发提供载体，实现文化产业的市场化和规模化。推动文化资源在更大范围内合理配置，进而促进文化产业跨越式发展。另一方面，推动文化产业与相关产业融合发展是推动相关产业升级的重要路径。产业升级是产业由低技术水平、低附加值状态向高技术水平、高附加值状态发展的过程。人们对精神文化的需求越来越强烈，在注重产品功能性价值的同时，更加关注产品的文化价值。这就要求在继续坚持依靠技术创新、提高产品技术附加值的产业升级路径的同时，开辟提高产品文化附加值的新路径。这就需要推动文化产业与相关产业融合，使文化产业的文化符号价值、文化理念、创意等向相关产业渗透，嵌入相关产业的研发、设计与品牌营销等高端价值链环节，提升传统制造业产品以及相关产业的文化附加值，以拓展制造业的发展空间，提高传统产业的经济效益和竞争力。推动相关产业升级，国家中心城市是文化产业聚集的区域，同时对其他产业的融合带动作用也更加明显地体现出来，在以创新为驱动力的中国产业和城市双转型过程中，中心城市可以发挥更加积极的作用。推进文化与其他领域的融合发展，是促进产业转型升级、加强城市经济发展活力的重要举措。

二 文化融合发展的要求与广州存在的不足

在经济新常态下，加快文化产业自身的创新发展，并积极推动其与其他产业融合发展，共同拉动文化消费，是加强创新驱动、转型升级的重要内容。

（一）国家推进文化融合发展的总体要求与各地做法

国家对文化产业的融合带动作用早就有深刻的认识，党的十七届六中全会提出："推动文化产业与旅游、体育、信息、物流、建筑等产业融合发展，增加相关产业文化含量，延伸文化产业链，提高附加值。"深入贯彻落实这一要求，推动文化产业与相关产业融合发展，既是加快发展文化产业、推动文化产业成为国民经济支柱性产业的必然要求，也是转变经济发展方式、实现相关产业升级的迫切需要。2014年，国务院印发《国务院关于推进文化创意和设计服务与相关产业融合发展的若干意见》（以下简称《意见》），这是我国第一次就文化创意和设计服务与相关产业融合发展出台的系统性文件，是新中国成立以来，第一个有关文化产业的国务院文件，针对性强，是一个重要的指导性文件。

1. 推进文化创意融合发展的内容与方向

根据《意见》提出的目标要求，到2020年，我国文化创意和设计服务的先导产业作用更加强化，与相关产业全方位、深层次、宽领域的融合发展格局基本建立，相关产业文化含量显著提升，培养一批高素质人才，培育一批具有核心竞争力的企业，形成一批拥有自主知识产权的产品，打造一批具有国际影响力的品牌，建设一批特色鲜明的融合发展城市、集聚区和新型城镇。

文化产业涉及的内容众多，依据国家统计局《文化及相关产业分类（2012）》，《意见》把所涉及的"文化创意和设计服务"内容界定为文化产业大概念下的一部分，包括文化软件服务、建筑设计服务、专业设计服务和广告服务四个方面，大体涵盖了国民经济涉及的文化创意和设计服务活动。

提升文化产业的创意水平和整体实力是推进文化创意和设计服务与相关产业融合的基础。《意见》着眼于创意设计、动漫游戏、演艺娱乐、艺术品、工艺美术等重点领域，明确了各个领域的发展举措，着重提升其创意水平和原创能力。在此基础上，《意见》进一步细化了发挥文化创意和设计服务对制造业、建筑业、信息产业、旅游业、农业、体育产业等领域支持作用的具体措施，提出要加强文化创意和设计服务与装备制造业、消费品工业对接、注重文化建设与人居环境相协调、加快文化与科技融合、促进文化旅游融合发展、推动文化与特色农业有机结合、促进文化与体育产业融合发展，着重以文化提升相关产业产品和服务的附加值，以融合发展拓展文化产业发展空间，实现文化产业与相关产业相互促进、共同发展。

本着突出重点的原则，结合转型升级、发展服务业等工作部署，《意见》提到了下列重点行业，包括装备制造业、消费品工业、建筑业、信息业、旅游业、农业和体育产业。主要基于以下几点考虑：一是上述行业提供的产品和服务直接面对居民日常生活需求的终端消费，随着科技发展，新业态、新产品不断涌现，融合发展的需求拉动效应明显；二是文化创意和设计服务与上述行业融合潜力巨大，推进融合发展有利于提升产品质量、性能和附加值，培育自主品牌，占领产业链高端，加快实现产业结构调整和优化升级；三是近年来多个部门陆续出台了一系列部门文件，具备一定工作基础，需从更高层面进一步系统集成强化，提高政策效应。

大力发展文化创意产业，不仅能够提升区域化制造业和产品附加值，在全球产业分工体系中占据优势地位，而且能够输出国家文化品牌，形成持续的区域竞争优势，是实现由"中国制造"向"中国创造"的转变、打造"中国经济升级版"的重要步骤，这也是《意见》出台的根本意义所在。

2. 各地积极推进文化融合发展的做法

许多重点城市积极响应国家层面推进文化产业融合发展的意见，纷纷出台了相关的政策文件（见表1）。有的以实施意见的形式下发，如上海、重庆、杭州，有的在国家政策的指导下，制定了更加详细而具体的行动计划，如北京、天津、成都。

表1 重点城市推进文化产业融合发展的目标与任务

各地贯彻文件	发展目标	重点任务
《北京市推进文化创意和设计服务与相关产业融合发展行动计划（2015—2020年）》	到2020年，基本形成文化创意和设计服务与相关产业高水平、深层次、宽领域的融合发展格局，文化创意和设计服务的先导产业作用更加突出，对全市经济发展的贡献率显著提升，对实施创新驱动发展战略、促进经济提质增效升级发挥重要作用	（一）文化创意产业提质行动，（二）数字内容产业提速行动，（三）旅游文化内涵开发发行动，（四）教育服务业态培育行动，（五）体育产业空间拓展行动，（六）城市文化品位提升行动，（七）文化金融服务创新行动，（八）商务服务业态优化行动，（九）制造业产业链升级行动，（十）现代农业创意增效行动
《上海市政府关于贯彻〈国务院关于推进文化创意和设计服务与相关产业融合发展的若干意见〉的实施意见》	—	（一）提升制造业能级和比较优势，（二）加快数字内容产业和信息服务业发展，（三）提高设计领域产业化水平，（四）优化人居环境质量，（五）丰富都市旅游文化内涵，（六）拓展体育产业发展空间，（七）挖掘都市农业发展潜力，（八）增强文化产业竞争力和活力
《天津市推进文化创意和设计服务与相关产业融合发展行动计划（2015—2020年）》	到2020年，创意产业增加值占全市生产总值比重力争达到8%，建成优秀文化创意成果的转化应用中心，优质文化创意资源的汇聚中心，独具特色的文化强市、北方创意之都	（一）加强与制造业融合发展，（二）加强与科技融合发展，（三）加强与旅游融合发展，（四）加强与特色农业融合发展，（五）加强与体育产业融合发展，（六）提升文化产业整体实力
《重庆市人民政府关于推进文化创意和设计服务与相关产业融合发展的实施意见》	力争到2020年，把文化创意和设计服务产业培育成重庆市先导产业，文化创意和设计服务产业年产值突破1000亿元，对相关产业发展贡献度达30%，打造成为长江经济带文化创意和设计服务的重要基地，争取进入联合国教科文组织"创意城市网络"	（一）提升文化创意和设计服务产业发展水平，（二）引领制造业转型升级，（三）加快数字内容产业发展，（四）提升人居环境质量，（五）挖掘特色效益农业发展潜力，（六）促进商贸服务业提档升级，（七）丰富旅游产业文化内涵，（八）拓展体育产业发展空间

续表

各地贯彻文件	发展目标	重点任务
《杭州市人民政府办公厅关于深入推进文化创意产业与相关产业融合发展的实施意见》	到 2020 年，文化创意产业作为全市支柱性产业的地位与作用进一步巩固，文创产业与相关产业全方位、深层次、宽领域的融合发展格局基本建立，相关产业的文创附加值显著提升，为杭州经济转型升级和经济社会持续健康发展发挥重要作用	（一）加强文创产业和制造业融合，（二）加强文创产业和信息科技融合，（三）加强文创产业和城镇建设融合，（四）加强文创产业和休闲旅游融合，（五）加强文创产业和现代农业融合，（六）加强文创产业和健康产业融合，（七）加强文创产业和品质生活融合
《成都市文化创意和设计服务与相关产业融合发展行动计划（2014—2020）》	到 2020 年，初步建成面向西部民族历史文化的发掘创新传播中心、面向国际市场跨国合作的西部文化贸易中心、面向三次产业融合发展的西部创意设计中心	（一）推动创意设计与制造业融合创新，（二）推动创意设计与城乡建设融合创新，（三）推动创意设计与科技融合创新，（四）推动创意设计与金融融合创新，（五）推动创意设计与信息化融合创新，（六）推动创意设计与旅游会展体育融合创新，（七）推动创意设计与商务融合创新，（八）推动文化创意与农业融合创新

总的来看，各地都非常重视文化的融合发展，结合各自实际提出了建设的目标。例如，成都突出西部特色，提出了"三个中心"的目标定位，即文化发掘创新中心、文化贸易中心和创意设计中心。很多地方还针对文化创意的产值提出了具体的目标，如重庆提出到 2020 年文化创意和设计服务产业年产值达到 1000 亿元，天津提出创意产业增加值比重达到 8%。

在推进文化融合发展内容方面，大部分地方是按照国务院文件的方向，在重点发展文化产业自身之外，主要以制造业、旅游业、信息、建筑、体育、农业等为方向。有的根据自身实际情况有所调整，如北京增加了文化与金融、商务服务业，成都将科技与信息化分拆，同时增加了金融和商务服务业，杭州增加了与健康产业的融合，充分展现了重点城市发挥城市集聚作用、大力推动文化产业融合发展的决心。

（二）广州推进文化融合带动发展存在的不足

对比国家提出的文化产业融合发展的要求，以及兄弟城市积极出台贯彻政策推动文化产业融合发展，广州文化以及文化产业发展中存在的一些不足，导致文化产业融合带动的资源相对有限，融合带动的能力相对不强。

1. 历史文化资源并不丰富

广州在历史上地处岭南，与中原相比开发较晚，文化资源的积淀相比国内一些古都而言不够丰厚。从广州的历史发展进程来看，文化发展的政治推动力严重不足，与各个著名的古都相比，没有显赫的王朝在此定都，即使是一些地方性政权如南越、南汉等，由于政治势力所及的范围相对狭小不出岭南一隅，能够动员的资源也相对有限，因此，广州缺少宏伟的宫殿、陵寝、寺庙等文化遗迹。广州与一些著名的古都相比，在历史文化资源的知名度、影响力和吸引力方面存在较大差距。内陆很多二线和三线城市尽管整体经济实力和城市地位已经衰落，但是曾经有过辉煌的历史，也遗留了较多的历史文物资源，因此可以与旅游较好地融合，形成旅游开发的重要资源。

广州历史文化资源的数量相对较少，吸引力不大，旅游开发的潜力相对有限，对旅游业的融合带动不足。以全国重点文物保护单位为例，广州共有 28 处全国文物保护单位（加上虎门炮台在广州部分，共有 29 处），在全国城市中排第 31 位。远远少于山西的运城、晋城，河北的保定、张家口，内蒙古的赤峰，山东的济宁等二线和三线城市。进一步看，在广州的重点文物保护单位中，有 16 处是与近现代革命相关的遗址，政治意味较浓，对游客的吸引力相对有限。因此，广州尽管接待游客人数较多，但是商务型的游客较多，历史文化资源所吸引的游客相对较少。

2. 文化内容生产相对不足

尽管广州的文化产业发展态势良好，产业增加值也在地区生产总值中占有一定的比例。但是，文化产业的产值主要来自文化类商品的制造，而核心文化内容的生产还不够丰富。以电视剧这种最为大众化的文化产品为例，在 20 世纪八九十年代，广州作为改革开放的前沿阵地，在电视剧领域也创新争先，推出了《公关小姐》《外来妹》《情满珠江》《英雄无悔》《和平年代》等一大批脍炙人口的经典名作，不仅轰动全国，而且在电视圈内形成京、沪、粤三足鼎立之势，粤派电视剧辉煌一时。但是后来由于各种原因，如人才流失、缺少新的资本投入等，粤派电视剧从辉煌走向衰落，在新的竞争格局中逐渐被甩下。

近年来随着网络的普及、视频网站的推广，电视剧在原有的电视频道之外可以全天候播放，成为最具影响力的文化内容产品。大量热播电视剧在全国产生巨大的影响，甚至走出国门被国外观众追捧，同时也带动了周边产业的发展。但是，仔细来看，在近年来热播的电视剧中却看不到广州的身影，在北京、上海这些传统电视剧制作中心之外，江苏、浙江、湖南等地的制作机构迅速崛起，推出了很多影响广泛的作品。从 2013 年的电视剧产量来看，南方电视台勉强能够挤入前 10，但是没有真正具有全国影响力、引发收视热潮的现象级作品（见表 2）。

表 2　2013 年获得发行许可证电视剧的产量分布

排名	制作机构	获得发行许可证	
		产量（集）	占比（%）
1	长城影视股份有限公司	496	3.15
2	海润影视制作有限公司	406	2.57
3	浙江华策影视股份有限公司	290	1.84
4	欢瑞世纪影视传媒股份有限公司	283	1.79
5	上海尚世影业有限公司	270	1.71
6	上海新文化传媒集团股份有限公司	242	1.53
7	北京华录百纳影视股份有限公司	222	1.41
8	湖南广播电视台	205	1.30

排名	制作机构	获得发行许可证	
		产量（集）	占比（%）
9	广东南方电视台	204	1.29
10	山东电影电视剧制作中心	199	1.26
全国		15770	100.00

从制作数量排名来看，南方电视台勉强可以挤进前10，但从影响力排名来看，广州甚至整个广东地区没有一家电视剧制作公司在2014～2015年电视剧制作公司影响力排名中进入前30（见表3）。在全国的电视剧制作领域，曾经引领一时风潮的"粤派"彻底衰落了。

表3　2014～2015年电视剧制作公司影响力排名

排名	制作公司	排名	制作公司
1	新丽影视	16	安徽广播电视台
2	浙江华策影视	17	DMG娱乐
3	上海剧酷	18	上海新文化
4	北京唐德	19	华视影视
5	慈文影视	20	大唐辉煌
6	欢瑞世纪	21	泓霆影业
7	上海辛迪加	22	上海唐人
8	上海耀客	23	山东影视传媒
9	山东卫视传媒	24	东阳欢娱
10	本山传媒	25	浙江金溪影视
11	梦幻星生园	26	南京军区电视剧艺术中心
12	北京华录百纳	27	上海华萍
13	海润影视	28	上海尚世影业
14	北京世纪伙伴	29	四川星空影视
15	东阳长城	30	北京鑫宝源

3. 重点文化龙头企业较少

文化市场活动的主体是文化企业，如果缺乏有实力的文化大企业，就不可能充分地利用好各种文化资源，形成强大的融合引领能力。要充分发挥文化产业对其他产业的融合带动作用，就必须建设一批有强大融合带动能力的文化企业。尽管广州文化产业已初具规模，但企业业务单一、抗风险能力弱、行业集中度低等问题仍然突出，文化企事业单位总体实力还不够强，"小、散、乱、弱"局面依然存在，真正具有实力的文化龙头企业较少。

以中国沪深股市的上市公司为例，在中国证监会对上市公司的分类中，文化、体育和娱乐业（门类号 R）门类包括新闻和出版业（大类号 85），广播、电视、电影和影视录音制作业（大类号 86），文化艺术业（大类号 87），体育（大类号 88），娱乐业（大类号 89）。根据 2015 年第 2 季度的文化行业上市公司分类结果，文化、体育和娱乐业门类下共有上市公司 34 家，其中没有一家公司是广州的（见表 4）。

表 4　2015 年第 2 季度文化行业上市公司分类

行业大类名称及代码	上市公司简称及股票代码
85 新闻和出版业	000504 南华生物 000607 华媒控股 000719 大地传媒 000793 华闻传媒 300148 天舟文化 300364 中文在线 600373 中文传媒 600551 时代出版 600633 浙报传媒 600757 长江传媒 600825 新华传媒 600880 博瑞传播 601098 中南传媒 601801 皖新传媒 601928 凤凰传媒 601999 出版传媒
86 广播、电视、电影和 影视录音制作业	000156 华数传媒 000665 湖北广电 000802 北京文化 002071 长城影视 002624 金磊股份 002739 万达院线 300027 华谊兄弟 300133 华策影视 300251 光线传媒 300291 华录百纳 300336 新文化 300426 唐德影视 600088 中视传媒 600136 道博股份
87 文化艺术业	000673 当代东方 000681 视觉中国 002699 美盛文化 300144 宋城演艺

资料来源：中国证监会《2015 年 2 季度上市公司行业分类结果》，www.csts.gov.cn。

广州本地的几家文化类上市公司，粤传媒和省广股份在分类中属于第 72 大类商业服务业，珠江钢琴和奥飞动漫属于第 24 大类文教、工美、体育和娱乐用品制造业。根据中国证监会《上市公司行业分类指引》，行业分类以上市公司营业收入等财务数据为主要分类标准和依据，若上市公司某类业务的营业收入比重大于或等于 50%，则将其划入该业务相对应的行业类别。若上市公司没有一类业务的营业收入比重大于或等于 50%，但某类业务的收入和利润在所有业务中均最高，而且均占到公司总收入和总利润的 30% 以上（包含 30%），则该公司归属于该业务对应的行业类别。很多人在概念上想当然地认为粤传媒、奥飞动漫属于文化类上市公司，但是证监会分类结果显示，它们的主营业务并不是文化服务。

因此，广州在文化产业领域的重点龙头企业太少，企业的自主创新能力不够，尚未形成比较强大的带动其他产业的策划创新能力、市场拓展能力，缺乏可以将丰富文化资源和内容融合带动其他产业发展的创意者、生产者和资源整合者。特别是与北京、上海、深圳等先进城市相比，龙头企业的缺乏更加明显，严重影响了融合带动其他行业的能力。

4. 文化产业的辐射能力不够

广州文化产业在全国的影响力和知名度相对较弱，近年来缺少具有影响力的优秀作品。在城市间的竞争中，其他城市的一些机构，如湖南、江苏、浙江的地方电视台，近年来凭借一些优秀的节目、精彩的电视剧等红遍大江南北，在全国的影响力迅速提升。在全国电视台的收视排名中，中央电视台占据了半壁江山，很多地方卫视展开了激励的竞争。位于广州的省级卫视广东卫视仅仅排在第 27 位（见表 5），即便是在地方电视台的竞争中也排在十名之后。

表 5 GSM 全国网 2014 年全国电视台收视排名

单位：%

排名	频道	份额	排名	频道	份额
1	CCTV - 1	5.17	16	四川卫视	1.24
2	湖南卫视	4.65	17	北京卫视	1.08
3	CCTV - 14	4.12	18	辽宁卫视	1.05
4	CCTV - 6	3.46	19	CCTV - 10	1.01
5	CCTV - 3	2.90	20	东方卫视	1.00
6	CCTV - 8	2.90	21	CCTV - 7	0.93
7	CCTV - 13	2.84	22	CCTV - 11	0.91
8	山东卫视	2.72	23	CCTV - 2	0.90
9	江苏卫视	2.61	24	黑龙江卫视	0.82
10	CCTV - 4	2.16	25	天津卫视	0.81
11	金鹰卡通	1.87	26	湖北卫视	0.75
12	浙江卫视	1.59	27	广东卫视	0.75
13	安徽卫视	1.52	28	深圳卫视	0.74
14	CCTV - 5	1.49	29	江西卫视	0.74
15	CCTV - 12	1.24	30	CCTV - 15	0.73

总的来看，广州历史传统文化资源不够丰富，在文化领域又缺少龙头企业，具有较强影响力、体现广州原创能力的文化内容产品生产不足，导致文化产业对周边关联产业的辐射带动效应不强，还不足以有力地推动产业转型升级，因此还不能在经济社会发展中体现出核心影响力。

三 广州发挥文化融合带动作用的总体思路

在经济新常态的背景下，广州作为国家中心城市，要充分把握经济新常态带来的危机与机遇，贯彻全面深化改革的总体方针，利用文化产业所具备的良好基础，进一步做强做大，提升自身水平，主动融合，积极引领，推动广州城市发展迈上新的台阶，进一步提升国家中心城市的能力和地位。

（一）推动全面融合实现引领带动

要更加充分地认识经济新常态下，文化发展在经济社会发展中的积极作用，更加全面主动地推动文化实现融合。同时，还要进一步认识到，文化与其他领域的融合并不是简单的合作，还有主次作用之分。在全面融合的基础之上，要更好地发挥文化的引领带动作用。在推动全面融合发展的过程中，要根据实际情况，选择重点行业和重点领域，采取有力措施，力争取得明显效果。推动文化融合发展，其目的并不是单纯地加快文化产业发展，而是充分发挥文化产业的优势，带动产业结构升级。因此要充分发挥文化产业上下游价值链长、辐射面广的优点，以文化产业走出去为杠杆，撬动文化产业的快速发展，并以此推动广州产业结构的转型升级。在此基础上，促进文化产业与城市发展的联动，促进文化软实力与城市实力的融合，推动广州巩固国家中心城市地位，进一步提升在全国乃至国际的影响力。

（二）发挥市场作用形成产业优势

要积极发挥市场的作用，文化与其他产业融合的目的是实现文化产业和其他产业的共赢，在融合发展中创造更多的市场效益，而不是在政府推动下为了融合而融合。例如在流行的文商旅融合中，要通过融合提升旅游的文化内涵与商业效益，以文化提升旅游内涵，同时要注重旅游策划，将文化魅力充分地展现出来，更重要的是要与商业相结合，提升文化旅游的商业效益，增强可持续发展的动力。在发挥市场作用中，要注重引入民间资本的力量。从历史经验来看，在影视制作领域，一大批民营影视制作公司成长起来，成为文化产业的重要力量，当前北京、上海、浙江、江苏一大批民营企业都在这个浪潮中投入文化产业并抓住机遇做强做大，很可惜的是广州错过了这个历史机遇期，民营文化企业还不够壮大。因此，在未来推动文化融合引领发展的过程中，一定要在市场的作用下，积极吸引民营资本进入文化产业，让资本之手发挥作用，积极实现融合发展。

（三）提升辐射能力带动周边地区

文化产业的融合带动作用，不仅体现在区域内的产业之间，而且体现在区域之间，文化融合引领作用的重要内容是发挥广州中心城市的辐射作用，带动周边珠三角地区的转型升级。珠三角区域经济一体化的核心是区域市场一体化和区域产业分工体系合理化，珠三角区域经济一体化发展的步伐加快，为广州与周边地区的分工与协作提供了良好的基础。珠三角地区面临着率先转型升级的任务，但是也面临缺少核心要素价值链的重要瓶颈，如果没有中心城市形成自己的文化产业价值链，聚集一大批文化内容生产、设计、广告、展示、传播等产业和人才，而要求周边地区传统的生产制造型企业独立实现升级将具有非常高的难度。广州加快发展文化产业、增强融合发展的能力，有利于带动和辐射珠三角乃至周边更广阔地区的相关产业升级，这也是广州建设国家中心城市的重要功能和必要抓手。广州应发挥中心城市的优势，打造成为文化创新融合中心，加快文化产业核心生产环节的发展，同时增强对珠三角及周边地区的辐射能力，与周边地区的制造基地形成良性互动和分工，带动和支撑珠三角地区相关产业的持久发展。

四　广州加快文化建设融合带动都市发展的重点任务

经济新常态对广州未来的发展形成挑战，广州要充分发挥大都市的优势，把当代都市文化作为建设世界文化名城的核心内容，更加积极地应对新常态带来的深刻变化。可以根据广州实际和文化产业发展的规律，选择部分重点行业与领域作为融合带动发展的重点任务。

（一）健全文化主体发展，提升自身带动能力

增强文化产业自身的实力，是推动文化产业与其他行业融合发展的基础。从广州文化产业发展的现实来看，最重要的任务就是培育一批具有创新活力的主体，承担起引领发展的重任。

1. 打造跨领域泛文化龙头企业

广州文化产业已初具规模，大部分文化企业属于中小或小微企业，但企业业务单一、抗风险能力弱、行业集中度低等问题仍然比较突出。只有大幅度提高行业集中度，才有可能提升行业整体实力，孕育出可以在跨产业领域布局的大型传媒集团，这需要资金的整合，更需要政策的扶持。尤其是当前文化产业发展出现产业延伸的趋势，围绕同一 IP 开发影视、游戏、文学、动漫等作品的延伸产业链正成为发展趋势。因此，鼓励有实力的文化企业适度拓展跨界泛娱乐概念布局，增强文化企业在多个领域的协同性，有利于加快产业融合，进行跨地区、跨行业、跨所有制兼并重组。积极培育国有骨干文化单位，以资产为纽带加快资源整合，围绕做强做大目标，引入市场机制，通过多元融资、资产重组、产权交易等方式，积极培育一批实力雄厚、具有较强竞争力和影响力的龙头企业，增强对其他行业与区域的带动力和辐射力。

2. 积极扶持文化企业利用资本市场做强做大

在政策支持和市场环境不断向好的背景下，文化传媒类上市公司近年来的业绩继续保持快速增长态势，文化产业在未来很可能掀起上市的热潮，特别是新兴文化业态发展迅速，互联网等企业积极进入文化传媒产业进行跨界融合，电影、游戏、动漫和互联网新媒体等公司的业绩增幅位居前列，未来发展潜力仍然很大。充分发挥资本市场的放大器作用，鼓励广州本地企业做强做大。充分利用国家推进文化金融合作的政策，在巩固广州新华出版发行集团、广州影视传媒有限公司改革成果的基础上，加大资本运作力度，推进上市准备工作，为尽快上市创造条件。借鉴中外演艺集团运作的先进经验，探索推进组建广州市文化演艺集团有限责任公司。鼓励社会资本积极投向文化产业，大力推动民营文化企业做强做大。建设文化金融服务中心，搭建文化金融中介服务平台，促进文化与金融对接，鼓励文化企业和金融机构加强沟通与合作，争取在未来五年再推动5~10 家民营文化企业利用多层次的资本市场上市。

3. 激发民营和小微文化企业以及文化创客的创新活力

在文化创意产业领域，由于产业特征，大量的民营和小微企业具有充分的生机和活力。这充分体现了民营机构在资本运作、市场触觉、操作机制方面的优越性。广州及珠三角地区民间资本丰富，应将这一资本优势转化为产业优势，出台相关激励政策，引导民间资本积极投向文化产业领域。要给市场主体松绑，为民营和小微文化企业发展创造良好的环境，简化创办手续，降低市场准入门槛。由主管部门共同编制，

定期发布广州市文化产业投资指导目录和文化项目投资指引，既向社会完整传达政府关于开放文化产业投资领域的最新政策意向，也吸引和推动各种社会资本进入文化产业领域。规范完善市场秩序，在文化产业领域营造公平竞争的市场环境与氛围，使民营和小微企业能与国有单位在优胜劣汰的市场竞争中不断提升竞争力。深化与银行机构的合作机制，通过文化产业发展专项资金，对符合条件的民营和小微文化企业项目给予扶持。

（二）引领时尚文化潮流，融合带动制造业

广州及珠三角地区的纺织服装、皮具、玩具、珠宝、化妆品等消费品制造比较发达，需要通过打造时尚品牌实现转型升级。时尚商品有着丰富的文化内涵，在时尚商品制造的转型升级中需要时尚文化全方位的带动支撑。只有得到强大的时尚符号价值链，包括时尚创意设计、品牌推广、传播展示等高端服务的支持，才能实现时尚制造业的发展。

1. 推动时尚文化与消费品制造业的横向融合

推动文化创意与其他产业的横向服务链融合，在时尚产品的质地和工艺日益同质化的背景下，大力发展设计和营销，以打造品牌、提高质量、提升附加值为重点，有效地提升时尚产业和其他工业品的附加值。广州的优势产业在消费品制造领域，扩展到珠三角地区来看，服装、皮具、珠宝等时尚商品的制造已经具有良好的产业基础，也是发展时尚产业的重要内容，但也不能只要时尚服务而把时尚商品制造全然抛弃，尤其是具有较高技术含量的商品制造环节。因此，要聚焦高端要素、高端领域、高端环节，增强集聚带动、融合引领、辐射服务功能，积极推动时尚文化与制造业的融合互动。

2. 推动时尚文化产业链的纵向延伸

以核心的创意设计，带动后端的产品制造、配套服务、衍生产品、品牌服务、专卖商店等的联动。在原有纺织服装、皮具、珠宝等传统时尚商品制造业的基础上，大力推进技术改造和升级，依靠品牌和科技，提高产品附加值，实现制造业质的转变。按照"强化上下游、拉长产业链、提高附加值"的思路，支持和鼓励有一定规模、品牌效应和市场的企业利用高新技术改造和提升产品，增加产品附加值，变单纯加工为品牌生产、创新增效。

3. 打造时尚之都，带动珠三角地区的制造业升级

广州要以打造时尚之都为目标，积极主动地为周边地区企业输出服务，切实为企业解决设计、传播、营销等方面的难题。大力建设研发中心、检测中心、信息中心等公共技术创新服务平台，努力营造鼓励自主创新和自主设计的环境，争创一批国家和省市驰名商标。鼓励企业通过购并、兼并、买壳、注资等间接或直接上市等方式做强做大，促进优势资源向名牌企业集中，通过大集团的吸引、带动和辐射，提升产业整体竞争力。鼓励企业做大之后，逐步将生产制造环节向生产成本较低的珠三角其他地区转移，将广州变为时尚产业的总部基地，以及品牌运营、创意设计、产品研发、市场推广等总部性

职能中心的聚集地。同时，吸引企业在当地保留生产基地的同时，将设计、运营中心转移到广州，利用广州的优势服务，提升企业的竞争实力。

（三）优化提升会展贸易，融合带动商贸业

充分发挥广州商贸业的优势，推动提升广州的商贸中心功能，增强文化商贸展示的功能，打造文化贸易中心。

1. 完善文化展示交流设施

整体规划包装花城广场、广州新图书馆、海心沙、广州大剧院等建筑集群，充实建筑的岭南文化内涵，综合展示广州岭南文化历史、发展、未来，打造展示现代文化风貌的新中轴线城市文化客厅。高标准建设"一园四馆"，即岭南文化大观园、广州新博物馆、广州美术馆、广州文化馆（广州现代艺术馆）、广州科学馆，打造全面展示岭南文化的综合性城市文化展厅。建设特色鲜明、功能完善、品位高雅的文化基础设施项目，打造极具岭南地域特色的文化设施，强化区域文化中心枢纽地位。启动广州博物馆之城建设，着重推进一批公共博物馆建设项目。启动广州图书馆之城建设，加快原广州图书馆改造和广州新图书馆设立"广州市国际纪录片研究展示中心"项目，落实街镇和社区图书馆建设。

2. 优化文化产业商贸交易功能

充分利用广州"千年商都"的品牌和发挥商贸业发达的优势，加快建设文化产品和要素的交易平台。广州的文化会展商贸的影响与广州文化产业的发展现状以及广州在国家城市中的地位严重不匹配，需要进一步整合相关资源，利用会展产业优势，推出自己的文化创意产业博览会，可在原有"艺博会"基础上进一步扩大规模，增加展馆面积，加大招商力度，打造广州文博会的品牌。积极探索"文化兴商、旅游促商"新实践；在春季、秋季"广交会"期间，在全市范围，重点是"广交会"展馆附近区域，举办凸显岭南风格、广州特色的系列文化活动，同时重点推介广州文化产品、旅游线路和休闲娱乐项目。利用"广交会"展会和展馆，推动文商结合，搭建广州文化产品和知识产权展示交易平台，建设国际知名的文化产品交易集散地。举办凸显岭南风格、广州特色的系列文化活动，推介文化旅游景区、线路和休闲娱乐项目，打造富有文化内涵的世界商贸会。

3. 提升文化重大节庆活动的交易平台品牌

广州作为千年商都，商贸服务业一直是广州的优势产业，建设国际商贸中心要求进一步增强城市商业活力，聚集众多国际性商贸活动，在世界范围形成较大的凝聚力和辐射力。采取国际化、市场化、社会化办节模式，重点办好广州国际艺术博览会、广州国际星海合唱节、中国音乐金钟奖、中国（广州）国际纪录片节、羊城国际粤剧节、中国国际漫画节、中国（广州）优秀舞台艺术演出交易会、广州艺术节、广州岭南书画艺术节等大型文化活动，根据实际情况适当增加展贸内容，增强市场的持续运作能力，促进文商结合，将节庆活动的交易平台功能充分发挥出来，不断增加商业效益，以保持活动的长久生命力，并在此基础上不断扩大影响力和知名度，形成文化产品交易平台的制度化机制，积极打造一批具有长久生命力和国际影响力的文化节庆会展品牌，提高广州文化在海内外的知名度，将广州打造成为国际知名的文化新商都。

（四）策划文化内涵主题，融合带动旅游业发展

从大旅游发展的格局出发，积极策划文化内涵和主题，引领带动旅游业发展，提升旅游的内涵和品位。结合广州实际，以珠江"两岸三带"建设为契机，重点发掘珠江沿岸文化景点，打造沿江旅游黄金带。

1. 以文化串联旅游主题和资源

广州旅游资源比较分散，一直以来被称为"只有星星没有月亮"。广州文化资源的亮点和特色就在于珠江，珠江在广州历史发展中有着重要的作用，广州因水而兴，凭江而富，依靠通江达海的地理优势，成为两千年长盛不衰的对外通商港口，因此，珠江与广州城市的关系可以概括为"商传千年，港通万里"。积极策划以珠江贯通广州丰富的文化资源，并串联沿珠江两岸分布的旅游景点和景观，形成"以水读城"的旅游格局。珠江作为广州城市的母亲河，也是阅读了解广州历史文化的一条重要线索。借鉴世界名河的案例经验，打造珠江景观带中段黄金岸线地区，将珠江两岸的文化遗迹遗址和现代商贸设施进行有序串联，通过珠江能够清晰地品读广州不同历史时期的岸线变化和城市发展，能够领略广州两千多年的商都历史和文化风貌。一手抓两岸历史建筑、历史街区和文化遗产的保育活化，另一手抓现当代都市文化和时尚文化的创新展示，将珠江两岸打造成广州以商贸为特色的历史文化实景立体博物馆。注意水陆并进，水上通道与陆地景点相互连通。珠江文化旅游的开发和建设不仅包括水上及岸边的景观及景区的开发，而且包括通过珠江把陆上的文化遗产、景观甚至商业网点连通起来，形成便捷的旅游网络。市民和游客可以通过水上通道，在欣赏珠江景观的同时，深入城市的重要景区景点，进行更加丰富的体验。

2. 选定重点分区实施开发

珠江沿线拥有数量众多的景点，但大部分规模较小、等级不高、精品化不足，不适宜单独进行旅游开发。要通过文化主题的统合，将分散的文化旅游景点聚合起来，发挥规模效应。以珠江沿岸原有的历史文化遗产和景点为基本元素，选取部分片区作为珠江文化旅游的开发建设重点。各片区应具有相对深厚的文化内涵，尤其是与广州的文化底蕴有密切的关联，并且能够展现广州的悠久历史和丰富的文化形象。同时，每个片区应具有相对的独立特色和完整性，可以形成完整的步行旅游径或骑行旅游径，使游客在半天时间获得充分的游览体验。深入挖掘每个片区的文化内涵，包装策划丰满的文化形象，甚至提出独具特色的口号。各个重点片区还可以通过与水路连通向内陆延伸，将各个片区有效连接起来。同时，每个片区也可以与周边地区的陆上设施连接，既可以逐个片区游览，也可以经每个片区深入城市内部。根据以上要求，初步设计 10 个重点片区（见表6）。珠江就像项链串起了十颗明珠（见图1），通过这些明珠可以欣赏珠江景观，品读广州两千年的历史和文化。

表6　珠江景观带中段重点片区内容

序号	名称	内容
1	左岸创意仓	将珠江后航道荔湾区沿江路段的仓库群连片开发，与周边文化遗产相结合，形成文化创意产业集聚区，包装策划为广州的"左岸"
2	西关人家屋	改造荔湾区旧城区珠江北岸地区的工厂码头和市场，并与荔湾湖、荔枝湾涌以及旧城区形成有效连接，塑造展现西关人家岭南独特风貌的景观带
3	欧陆风情岛	在保护沙面历史建筑群的基础上，改善交通条件，增加文化旅游设施和服务，便利步行游览，形成具有异国风情的文化旅游街区
4	魅力广府路	以沿江西路为基础适当延伸，结合民间金融街建设改造历史建筑，并与北京路形成连接，打造广府商贸历史文化典型景观带
5	典雅艺术岛	以星海音乐厅、广东美术馆以及筹建中音乐博物馆园区为核心，丰富艺术内涵，策划更多艺术活动，打造艺术之岛
6	活力都市轴	以新中轴线为依托，展示广州大都市的活力，与珠江形成黄金交叉，水陆相互转化
7	江上明珠环	连通海珠环岛路，形成步行与骑行的便利通道，串联沿岸文化景点和设施
8	海上丝绸之路始发港	以黄埔古港和古村为核心，发掘黄埔古港作为海上丝绸之路始发港的深厚文化内涵
9	风云英雄校	继续提升黄埔军校品牌，整合长洲岛丰富文化资源，进行统筹策划，形成合力
10	千年海神庙	以南海神为核心，围绕海上丝绸之路主题建设南海神庙文化旅游景区

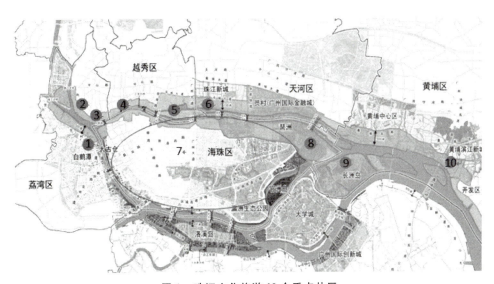

图1　珠江文化旅游10个重点片区

3. 策划文化旅游相关活动

在开发建设各个重点片区的基础上，积极设计文化旅游线路。根据珠江景观带的重点片区分布，设计相应的文化旅游线路，充分利用水上巴士、珠江游游船和码头，结合《珠江游深度开发总体规划》，合理编排运行航线，适当增加旅游景点之间的轮渡。根据条件建设和改造客运码头，升级改造大沙头游船码头，挖掘乐士文飞机、羊城三石、海印阁等元素，提升珠江两岸景观的文化品位，逐步实现水岸联动经营；升级改造电视塔亚运巡游临时码头，改善游船停靠设施，与大沙头、海心沙等码头水陆联运经营。发行一日内多次搭乘的通票，鼓励游客搭乘水上巴士前往珠江沿岸各文化旅游景点。在部分景点，如在白鹅潭芳村珠江西岸、海珠珠江东岸以及荔湾珠江北岸之间设置小环线，方便游客利用水路串联珠江沿岸的重要文化景点。

4. 围绕文化旅游打造文化活动品牌

围绕珠江沿岸文化场所积极策划组织文化活动，扶持已有文化活动，做大规模、扩大影响，形成珠江景观带的文化活动品牌。由广东团省委、省青联等单位主办的"亲青创意沙面街"广东青年文化创意市集定期在沙面大街举行，成为广州乃至珠三角文化创意爱好者的聚集地，可邀请更多知名文创业者参与，进一步提升沙面创意市集的档次。"二沙岛户外音乐季"已成为二沙岛上与音乐密切联系的文化活动，要继续秉承文化惠民、雅俗同乐的精神理念，根据场地条件适当扩大规模，拓宽受惠民众辐射面，鼓励各种不同风格和特色的音乐团体进行表演。波罗诞庙会与广州民俗文化节、岭南民俗文化节联合举行，受到越来多年轻人的欢迎，继续发扬民俗文化特色，丰富庙会活动内容，尤其是增强时代特色，吸引更多年轻人关注民俗文化和非物质文化遗产。每两年一届的广州国际城市创新奖是广州向境外推介城市文化形象的重大活动，活动举办期间以主题推荐会、展览宣传和案例分析等多种多样的形式，向参会的城市及地区、国际组织、使领馆大力宣传"珠江两岸三带"的文化旅游发展建设情况，对广州城市文化形象的国际知名度提升意义重大。

五 推进文化融合带动作用的保障措施

（一）加强组织领导和宏观统筹规划

文化发展在经济社会发展中的融合带动作用越来越明显，推动文化及文化产业发展不仅仅是宣传文化部门内部的工作，也有必要从组织领导层面加强对文化以及文化与其他领域融合发展工作的统筹协调。国内重点城市纷纷成立文化产业领域的领导小组和产业促进中心，如北京2006年就成立了文化创意产业领导小组，由市委书记担任组长，市长担任常务副组长，领导小组办公室日常工作由市委宣传部负责，下设文化创意产业促进中心，作为从事推动北京市文化创意产业发展的常设机构，同时还外设专家指导委员会。广州也应从文化发展的宏观大局出发，借鉴兄弟城市的经验，成立统筹协调文化及产业发展的工作领导小组，以宣传文化、发改、商务、旅游等部门为成员，共同会商决定文化融合引领发展中的重大事项，并设立产业促进中心具体承担促进文化产业与其他产业融合引领发展的具体工作。

（二）制定政策切实鼓励和引导

继续加强政策引导，建议以市委、市政府的名义召开全市文化产业发展工作会议，出台加快发展文化产业的决定，协调有关部门切实支持文化产业发展。积极贯彻国家的指导意见，学习兄弟城市的实践经验，研究出台广州推动文化产业与相关产业融合发展的实施意见，并围绕发展中的问题制定具体的配套实施办法及行动计划，切实将推动文化融合引领发展的政策意见贯彻落实到各项具体工作中。

（三）建设文化融合带动发展的公共服务平台

鉴于文化融合引领发展涉及的领域众多，从职能部门来看，需要跨部门的配合与协作，从产业领域来看，需要跨行业的沟通与协调，因此建设文化产业融合引领的公共服务平台显得很有必要。在这方面国内有的城市已经开展了良好的实践，如南京文化产业协会主办的"创意南京文化产业融合公共服务平台"，以"面向企业、需求导向；系统设计，模块组合；政府引导，主体多元；专业运营，融合开放"为原则，服务于全市1.7万多家文化企业，提供了一个专业、公共的平台，向各个行业提供信息资讯、企业资源、公共技术、创意研发、金融服务、项目对接、人力资源、行业协作、资金申报、产权交易、展会交流、产业咨询等方面服务。广州目前还没有专门的文化产业网，应当学习借鉴各地经验，以服务广大企业为目的，整合文化部门和其他职能部门的相关服务，建设专业性的公共服务平台，争取实现用户"一门式进入，一站式服务"，为促进文化融合引领发展提供重要的支撑。

（四）鼓励文化智库提供决策咨询服务

在当前加强新型智库建设、完善决策科学化的大背景下，一个城市文化领域的智库数量以及智库对实际工作发挥的作用，也从一个侧面反映了这个城市文化发展的水平。例如，北京利用高校科研机构众多的优势，在多所高校内部成立了专门的机构进行文化创意产业的研究，如北京大学文化产业研究所、中国传媒大学文化创意产业发展研究中心和北京工业大学首都文化创意产业研究中心等。广州要加强文化领域的研究工作，鼓励高校和科研机构建立文化及产业的智库，形成文化智库网络，为文化产业发展提供决策咨询服务。持续开展中央文化体制改革导向、各地文化体制改革经验和广州文化体制改革进程的研究，既对广州文化体制改革的纵向发展成果进行跟踪研究，也对其他重点城市的文化体制改革发展情况进行横向比较，发现问题、寻找差距、借鉴经验、研究对策，为市委、市政府及主管部门全面客观及时把握改革发展现状和趋势，做出科学决策提供参考意见。

广州世界文化名城建设和文化产业研究基地成果

作者：柳立子　伍　庆　贾云平

梁礼宏　陶乃韩

广州加快培育文化产业新业态的对策研究

一　广州文化产业新业态发展现状

近年来，广州制定《关于促进广州市服务业新业态发展的若干措施》（穗府办〔2014〕7号）等各类政策扶持新业态发展，同时，充分借助信息技术，推动文化与科技及其他产业融合发展，使文化产业新业态和高端文化产业发展加快。

（一）　文化产业新业态门类不断增多，产业体系逐步完善

广州作为历史文化名城、国家中心城市、广东省会和岭南文化中心，是一个具有包容性的城市，这给文化产业新业态的发展提供了足够的成长空间和机会。文化产业的许多新业态首先在这里出现，如微信、手机门户网站等。目前，广州文化产业新业态体系日趋完善，已经聚集了数字出版、移动互联网、网游、动漫、新媒体、创意设计等众多门类的企业，并且在不少领域取得了全国领先的成绩。

（二）　文化产业新业态占比优势明显，对文化产业发展贡献增大

据统计，在文化产业十大行业中，文化创意和设计服务、文化信息传输服务、文化休闲娱乐服务等新业态在法人单位数、从业人数、固定资产投资等在全部文化产业中的比重指标上具有较大优势。

从法人单位数来看，2013年，文化创意和设计服务业的企业数占全部文化产业的41.6%，位居十大行业首位；远高于同居第2位的文化用品的生产和文化产品生产的辅助生产两大行业的法人单位数占比（15.5%）（见图1）。

从从业人员数来看，2013年，文化创意和设计服务业从业人员数占全部文化产业的24.2%，仅次于文化用品的生产，居第2位。如果加上文化信息传输服务、文化休闲娱乐服务等新业态，占比将达到32.6%，这意味着文化产业新业态的从业人员数已占整个文化产业的1/3（见图2）。

从固定资产投资来看，2013年，文化创意和设计服务、文化休闲娱乐服务、文化信息传输服务三大文化产业新业态的固定资产投资占全部文化产业的比重之和为54.8%，其中，文化创意和设计服务固定资产投资完成46.87亿元，占全部文化产业比重为24.8%，文化休闲娱乐服务完成41.19亿元，占21.8%，文化信息传输服务完成15.49亿元，占8.2%（见图3）。文化产业新业态成为文化产业投资中最具有吸引力的领域。

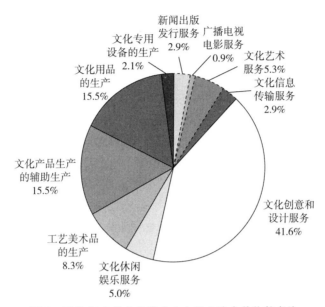

图 1 2013 年广州文化产业十大行业法人单位数占比

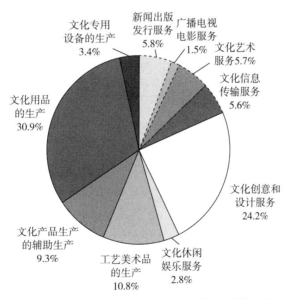

图 2 2013 年广州文化产业十大行业从业人员数占比

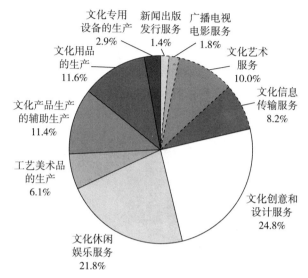

图 3　2013 年广州文化产业十大行业固定资产投资占比

（三）互联网和电子商务服务优势明显，位居全国前列

统计显示，2004 ~ 2013 年，广州移动电话年末用户从 1092.65 万户增加到 3176.12 万户，增幅为 190.7%；互联网使用时长从 538.1 亿分钟增加到 5659.6 亿分钟，增长了 9.5 倍。2014 年，广州互联网普及率已达 78.4%，广州网民平均每周上网近 20 小时，在五大国家中心城市中位居首位。阿里研究院发布的《新生态·新网商·新价值——2015 年网商发展研究报告》显示，在 "2015 年网商创业活跃度地区排行榜" 中，截至 2015 年上半年，广州网商创业活跃度在全国各大城市中排第 1 位（见表 1）。

表 1　2015 年网商创业活跃度排名前 10 的城市

排名	城市	是否为国家电子商务示范城市
1	广州	是
2	金华	否
3	深圳	是
4	杭州	是
5	莆田	是
6	中山	否
7	台州	是
8	泉州	是
9	嘉兴	否
10	东莞	是

注：本研究衡量各地网商创业活跃度的指标是网商密度（网商密度 = 网商数量/常住人口数量），即 "平均每万人的网商数量"。

资料来源：阿里研究院《新生态·新网商·新价值——2015 年网商发展研究报告》，2015 年 8 月。

（四） 网游动漫涌现出一批颇具影响力的企业，知名品牌多

在动漫领域，2014 年广州原创动画片数量在全国城市中排名第 2。广州漫友文化发展有限公司出版的《漫友》，已是全球发行量最大的华语动漫期刊。奥飞动漫把传统产业与文化创意相结合，利用科技手段和内容创意为传统产业注入活力，构建了集上游制作、出版动漫影音、图书、网游、手机内容和下游生产、销售玩具于一体的完整且可持续发展的动漫产业链，成为国内第一家动漫上市企业。

在原创网络游戏方面，广州的网易和多益网络两家网游企业的关注度位居全国同行业前 10 名；网易、光通、世纪龙等知名企业的网络游戏产值已在全国占相当大的份额；网易在线游戏营收连续多年位居全国前列。

（五） 新媒体产业蓬勃发展，信息通信媒介引领行业发展走势

在新媒体领域，UC（优视科技）始终以卓越的市场前瞻力和技术创新力推动着中国移动互联网领域的发展进程。截至 2014 年，UC 浏览器全球下载量突破 15 亿次，用户月使用量（PV）超过 1600 亿次，拥有超过 4 亿名用户，在 Android 平台的活跃用户数突破 1 亿人，成为 Android 平台上全球首个用户过亿的第三方浏览器。腾讯公司广州研发部开发的即时通信工具微信，其一对一的沟通方式，填补了微博一对多传播的沟通空白，前景非常广阔。2015 年 3 月底，全球微信使用客户突破 10 亿人，其中，海外用户数量接近 3 亿人，中国用户突破 7 亿人。海外 App 应用分析机构 App Annie 的数据显示，微信在多个国家的激活用户数量排行和收入排行中取得了好名次：在 Android 系统中，微信曾在 21 个国家取得排行榜前十名的名次；在 IOS 系统中，微信在 114 个国家获得了此成绩。超级课程表、口袋兼职、兼职猫等一批"90 后"新生代创办的文化企业代表了广州文化产业的前景。

二 广州文化产业新业态发展中存在的问题

综上所述，广州文化产业新业态在一些领域取得了较好的成绩，但从整体实力来看，仍存在不少问题：一是根据实地调研和业内研究，广州与北京、上海、深圳等先进城市相比，文化产业新业态整体规模较小，竞争力有待提升；二是创新能力不足，与科技融合的程度有待进一步提高；三是与传统文化产业融合的广度和深度不够，有待进一步加强；四是促进文化产业新业态各类资源有效整合的力度不够，产业集聚区建设、产业链打造等有待提升，文化产业新业态的产业集聚效应未能充分发挥；五是文化产业投资市场活力不够，后续融资支撑乏力，小微文化企业发展资金缺乏；六是文化科技人才队伍建设滞后，必须加快文化产业人才政策创新；七是多部门管理的统筹协调性不够，管理体制有待理顺；八是文化产业新业态的市场环境仍未成熟，知识产权保护工作亟须加强。

三 推动新业态发展、实现广州文化产业新突破的对策建议

经济、社会、政治及文化环境等因素影响着文化产业新业态的发展，要使这些因素

起到积极作用，实现文化产业的突破性发展，必须在政策支持、拓宽融资渠道、激活市场主体、搭建发展载体、夯实人才队伍、优化发展环境等方面采取有力措施大力扶持文化产业新业态。

（一）完善领导组织，构筑文化产业新业态发展新体制

一是要针对文化产业新业态边界模糊、跨界发展且增长速度超乎预期的特点，在全社会，特别是在领导干部中提高对文化产业新业态的认识，要以包容心态对待文化产业新业态的发展。二是要强化广州文化体制改革与文化产业发展领导小组的文化产业发展管理职能，建立起党委统一领导、政府组织实施、党委宣传部门协调指导、行政主管部门具体落实、有关部门密切配合的职能明确、职责清晰、权责一致的文化产业管理体制机制。三是要构建职责清晰、分工明确的跨部门协作机制，建立完善文化产业新业态发展督查推进制度，规范文化产业新业态的内涵、分类等基础问题。四是要进一步深化改革，加大简政放权力度，创新文化产业新业态行业准入制度，鼓励各类资本投资新业态，形成激励文化产业新业态发展的体制机制。

（二）加大资金、税收等支持力度，出台文化产业新业态发展新政策

加大对文化产业新业态的财政扶持，在市战略性主导产业发展资金中，放宽申报市专项资金项目的固定资产投资比例，支持企业"软投入"，为文化产业新业态企业拓宽资金支持渠道。鼓励和支持符合条件的文化企业争取中央、省、市各类专项产业资金。参考国内先进城市做法，市财政每年安排不少于1亿元成立文化产业发展专项资金，在资金中列出文化产业新业态专项，采用贴息、补助、奖励等方式支持文化产业新业态发展。加大政府对文化产业新业态产品和服务的采购力度。将文化科技纳入相关科技发展规划和计划。

认真落实国家营业税改征增值税的有关规定，对符合条件的文化产业环节征收增值税，对文化贸易出口实行零税率或免税制度。文化企业属增值税小规模纳税人的，可按照简易计税方法和3%的征收率计算缴纳增值税。鼓励文化企业积极申请认定高新技术企业，在文化产业领域开展高新技术企业认定管理办法试点，将文化制造和服务内容纳入文化产业支撑技术等领域，对被认定为高新技术企业的文化企业，减按15%的税率征收企业所得税。

（三）大力扶持文化创客，培育壮大文化产业新主体

积极落实国家、省、市有关扶持中小微型企业的优惠政策，鼓励中小文化企业向"专、精、特、新"方向发展。建立完善技术、信用、融资、市场等各类信息服务平台，培育一批具有发展潜力的中小微文化企业，协助中小文化企业与大品牌、大企业对接配套发展。

鼓励现有文化产业园区优化空间布局，引进孵化服务平台，搭建行业研发设计中心、检验检测平台、中试基地等技术研发和服务平台，建设便利化、全要素、开放式的文化产业众创空间和中小微文化创意企业孵化器。引导创业投资机构、社会组织等社会力量按市场化机制创办众创空间，为创新创业者提供良好的工作空间、网络空间、社交空间和资源共享空间。鼓励和支持青年及大学生、科技人员、留学归国人员等各类创业者在广州文化产业领域创新创业。探索高校、科研院所等事业单位专业技术人员在职创业、离岗创业有关政策。对于离岗创业的，经原单位同意，可在 3 年内保留人事关系，与原单位其他在岗人员在参加职称评聘、岗位等级晋升和社会保险等方面享有同等的权利。

（四）拓宽业态发展领域，实施文化产业新业态培育新行动

制定实施文化产业新业态培育计划，加强行业跟踪研究，加大对新业态代表企业的政务服务和招商力度。加强对与文化产业新业态密切相关的数字技术、数字内容、网络技术等高新技术的研发，提升文化产品多媒体、多终端传播的制作能力。鼓励网络企业、IT 企业和通信企业参与网络文化内容产品的生产和经营。大力发展移动互联网、新媒体、流媒体、网络视频、移动电视、动漫网游、网络社区、在线音乐、无线音乐、数字出版、文化 O2O、文化微商、文化电商等文化产业新业态。

（五）加快推动金融创新，拓宽文化产业新业态投融资渠道

一是改变对政府划拨资金、银行贷款等融资观念的依赖心理，拓宽融资渠道，改善融资政策环境。支持设立社会性文化产业新业态发展投资基金，引导社会资本投入文化产业业态和模式创新型企业。二是推动企业多渠道融资，如发行企业债券、短期融资券、集合债等融资工具以满足文化产业发展多元化的融资需求。三是开辟融资租赁新形式。四是鼓励筹客参与投资文化产业新业态，如鼓励 P2P、众筹、互联网金融等新金融业态进入文化产业发展领域，引导风险投资基金、股权投资基金与文化企业对接，促进广州产业转型升级，引导基金联合社会资本探索设立文化产业投资子基金。

（六）大力推动"文化＋"，形成与其他产业融合发展新格局

一是大力发展"文化＋制造"，推动文化与现代制造业融合发展，提升现代制造业的文化内涵，支持基于新技术、新工艺、新装备、新材料的设计应用研究。二是大力发展"文化＋互联网"，加快文化与互联网融合发展，发展文化微商、文化电商，鼓励通过微信、O2O 等工具和形式开展文化产品和服务交易。三是大力发展"文化＋旅游"，加快文化与旅游融合发展，用文化元素提升旅游业整体素质，大力发展历史文化旅游、绿色生态旅游、岭南民俗风情旅游、都市休闲旅游、工业观光旅游以及乡村旅游等。四是大力发展"文化＋商贸"，推动文化与商业融合，大力发展时尚文化产业，打造"时尚创意之都"。五是大力发展"文化＋体育"，推动文化与体育产业融合发展，把文化要素融入体育产业发展，打造文化附加值高的体育产品品牌和相关衍生品。六是大力发展"文化＋农业"，推动文化与农业融合发展，建设集农耕体验、田园观光、教育展示、文化传承于一体的创意农业园。七是大力发展"文化＋健康产业"，深度挖掘中医药文化，充分发挥中医医疗预防保健特色优势，推广科学有效的中医药医疗、养生、保健服务，开展运动休闲、健身培训、健身指导咨询等服务，鼓励、引导企业开发移动终端、穿戴式智能设备等时尚健康终端产品。

（七）加强公共服务体系建设，搭建适应文化产业新业态发展的新载体

一是推动文化新业态公共载体改造升级，重点加强文化和科技融合示范基地规划建设。二是充分发挥"广交会"的龙头辐射作用，逐步推动中国进出口商品交易会等重大展会开设文化产业新业态专场。办好中国国际漫画节、中国（广州）国际纪录片节、中国音乐金钟奖、广州国际艺术博览会、广州国际设计周等文化展会及节庆活动。三是支持文化科技领域产学研协作体系建设，打造专业研究院、产业技术创新战略联盟等专业平台，加强与文化新业态密切相关的关键共性技术攻关，强化科技对文化新业态的引领功能。四是建立健全政府－协会－企业三方联席会议制度，由行业主管部门牵头，定期组织会议研究、交流，推动文化企业、协会、研究机构及相关部门的专项合作。

（八）加强舆论宣传，树立文化消费新观念

一是引导及培养新型文化消费观念。引导消费者转变文化消费观念，鼓励消费者接受新的文化产品。二是加强文化市场需求和消费趋势预测研究，适应城乡居民消费结构变化的趋势，引导文化企业开发适销对路的文化产品和服务，培育新的文化消费增长点。三是大力发展个性化、多样化文化消费，鼓励和培育互联网文化等消费新模式。培育网上书店、网络视频点播、网络购物、网络阅读、网络付费下载等互联网文化消费新模式。

（九）加快人才培养与引进，打造文化产业新业态发展新队伍

一是构建从高等院校专业培养到在职技能培训的完整教育体系。加强广州地区高等院校、职业教育学校与市场的对接，结合文化新业态发展需要设置专业与课程，确保文化人才在各个阶段都能够得到提升，为市场输送大量文化产业新业态人才。二是完善文化新业态人才激励机制，组建文化新业态人才库，支持文化新业态企业实施创意创新骨干人才持股、参股、配股等政策，探索建立文化新业态人才职称评定和职业资格认证机制。三是引进高层次文化科技复合人才，鼓励海内外各类文化产业新业态高级人才来穗创业和工作，在入户、职称评定、社会保险、医疗卫生及子女就学等方面落实优惠政策。

（十）优化发展环境，重塑文化产业新业态营造新氛围

充分认识文化产业新业态对促进广州经济发展的重要意义，邀请新闻媒体加大对文化产业新业态发展的宣传报道，组织新业态骨干企业开展专题推介活动。健全知识产权保护体系，加强文化产业新业态知识产权登记管理与评估，加强产权交易市场监管与服务，完善网络、信息技术环境下产权保护的有效手段，加大对文化领域知识产权侵权行为的惩治力度。

广州世界文化名城建设和文化产业研究基地成果

作者：杨代友　李明充

郭贵民　付　瑶

广州市建立长期护理保险制度研究

　　建立长期护理保险制度，是应对人口老龄化、促进社会经济发展的战略举措，是实现共享发展改革成果的重大民生工程，是健全社会保障体系的重要制度安排。2015 年 10 月，中共十八届五中全会关于制定"十三五"规划的建议中明确提出了"探索建立长期护理保险制度"的建议。广州市委、市政府为贯彻国家"十三五"规划关于"探索建立长期护理保险制度"的精神，在广州市十六届人大六次会议将"关于建立长期护理保险制度解决我市失能半失能老人养老难题的建议"纳入了人大建议。2016 年 6 月，国家人力资源和社会保障部正式将广州市列入国家首批长期护理保险制度试点城市，拉开了广州市构建长期护理保险制度的序幕。

　　国内外学者从不同角度对"长期护理保险"进行了定义。本报告认为，长期护理保险是指当被保险人因年老、疾病或者意外伤害而部分或全部丧失生活自理能力时，保险人为其提供长期护理服务或者对其支付长期护理服务费用的保险保障。从需求和供给来看，所谓长期护理需求是各等级失能老人在一定时期内，在一定价格水平下，愿意并且能够购买的护理服务量；长期护理供给是各护理服务模式的供给者在一定时期内，在一定价格水平下，愿意并且能够提供的护理服务量。从筹资来看，长期护理保险费用是在一定时期内，护理保险法定缴费人群按照一定的费率所缴纳的护理保险费总额。从资金流向来看，长期护理保险费用是在一定时期内，在不同护理模式下，各等级失能老人所需的长期护理总费用。因此，在长期护理保险制度探索过程中，要了解和掌握区域失能人口规模、长期护理保险的需求总量以及长期护理保险的供给现状和能力，特别是在制度中长期目标的确定中，需要对长期护理保险需求与供给发展趋势有足够的把握。为此，广州市人力资源与社会保障局联合广州医科大学课题组以建立长期护理保险制度为对象，对长期护理保险需求与供给状况进行调研与分析，形成了本调研报告（简要版）。

　　本报告分为三个部分。

　　第一，广州市老年人口失能规模及长期护理保险的费用测算。

　　第二，广州市长期护理保险供给现状与能力分析。

　　第三，广州市建立长期护理保险制度的若干建议。

一　广州市老年人口失能规模及长期护理保险的费用测算

当前，广州市人口老龄化正处于快速发展时期，截至2015年年底，60岁及以上老年人口已经达1475313人，占户籍人口总量的17.27%，2012～2015年60岁及以上老年人口数量每年以净增7万人的速度增长，老年人口数量和高龄人口比例也继续增加，这表明广州市人口老龄化的速度加快，老龄化程度将进一步提高。受年老、疾病、伤残和功能衰退等因素的影响，失能老年人群成为失能人群中最主要的部分。随着老龄化程度的提高，失能老年人群的长期护理需求必将快速增长。从宏观角度对老年人口数量及失能规模进行测算，对老年长期护理服务需求趋势、总费用开支等情况进行分析，是建立体现广州市情的长期护理保险制度必不可少的基础工作。

（一）未来五年60岁及以上老年人口规模预测

根据2012～2015年的老年人口平均增长率（见表1），以2015年的老年人口数据为基数，按自然增长率法估算未来五年广州市老年人口规模，结果如表2所示。

表1　2012～2015年60岁及以上老年人口人数及各年龄组所占比重

单位：人，%

年份	60～69岁	70～79岁	80岁及以上	合计
2012	663575（52.48）	405370（32.06）	195368（15.45）	1264313
2013	715392（53.77）	402705（30.27）	212315（15.96）	1330412
2014	772946（54.96）	407011（28.94）	226532（16.11）	1406489
2015	826464（56.02）	410709（27.84）	238140（16.14）	1475313

注：括号内数据为各年龄组所占比重。

资料来源：2013年、2014年《广州市老年人口与老龄事业数据手册》；广州市老龄办，《广州市人口年龄构成》[穗统函（2015）208号文]。

表2　2016～2020年广州市老年人口规模

单位：人

年份	老年人口数
2016	1549079
2017	1626533
2018	1707859
2019	1793252
2020	1882915

（二）目前老年人口失能、半失能情况

失能老人的人口规模取决于老年人口总量和失能率两个因素。关于失能率的测算，课题组以广州第六次人口普查结果为依据，把握老年人口的基本情况，把关于老年人健

康状况抽样调查结果中的"不健康，但生活能自理"人群类同于"半失能"人群；把"生活不能自理"人群类同于"全失能"人群（以下简称"失能"），计算失能半失能老年人占老年人总量的比例，即失能率。

表 3 数据显示，老年人口失能率随年龄上升，60～69 岁老年人口全失能率只有 0.44%，70～79 岁老年人口全失能率上升到 1.77%，80 岁及以上老年人口全失能率达到 7.06%，表明失能率随年龄增加而快速增长。

表 3   2010 年广州市 60 岁及以上老年人口失能率

单位：人，%

分组	60 岁及以上人口数	不健康，但生活能自理	生活不能自理	半失能率	全失能率
60～69 岁	63150	1519	279	2.41	0.44
70～79 岁	39661	2849	703	7.18	1.77
80 岁及以上	16099	2451	1137	15.22	7.06
合计	118910	6819	2119	5.73	1.78

注：表中数据是 2010 年第六次人口普查中对广州市老年人口进行抽样调查的数据。2010 年 60 岁以上老年人口为 1204223。

资料来源：http://www.gzstats.gov.cn/pchb/rkpc6/。

（三）根据广州市人口老龄化增长速度调整失能率，测算未来五年老年人口失能规模

根据相关文献，失能率的增长与人口老龄化速度的增长密切相关，人口老龄化也会导致失能老人总量不断增加。如湖北省失能老人长期照护问题调查报告预测，在未来 50 年人口老龄化快速发展进程中，失能老人数量将伴随人口老化速度同步较快增长。在 1994～2004 年的抽样调查中，中国老年人生活不能自理的比例由 7.5% 上升到 8.9%，其中高龄老人（80 岁及以上）失能率增长最快，从 33.7% 上升至 35.3%，老年人预期寿命的提高伴随着生活自理预期寿命的下降。换言之，老年人年龄越大，失能的概率就越大，高龄老年人成为失能老人的主要来源。所以，要根据 2012～2015 年广州市人口老龄化增长幅度（见表 4）对 2010 年老年人口失能、半失能率数据进行调整。经过测算（过程略），得出广州市未来五年的失能人口规模（见表 5），到 2020 年广州市 60 岁及以上的失能老年人口将达 209568 人。

表 4   2012～2015 年广州市户籍老年人口占总户籍人口的比重

单位：%

年份	2012	2013	2014	2015
所占比重	15.42	16.03	16.75	17.27

资料来源：2013 年、2014 年《广州市老年人口与老龄事业数据手册》；广州市老龄办，《广州市人口年龄构成》[穗统函（2015）208 号文]。

表 5　2016～2020 年广州市 60 岁及以上失能人口规模

单位：人，%

年份	老年人口数	失能率			失能人口规模		
		半失能率	失能率	合计	半失能	失能	合计
2016	1549079	7.26	2.25	9.51	112463	34854	147317
2017	1626533	7.55	2.35	9.90	122803	38224	161027
2018	1707859	7.85	2.44	10.29	134067	41672	175739
2019	1793252	8.16	2.54	10.70	146329	45549	191878
2020	1882915	8.49	2.64	11.13	159859	49709	209568

（四）估算不同护理模式下不同护理级别所占的比重

1. 不同护理模式的比重估算

根据课题组对广州市海珠区 60 岁及以上老年人口进行的失能、半失能情况调研，居家护理、社区卫生服务中心以及社区日托的人口数占七成；选择养老机构、医院护理、专业护理院等机构护理的人口数占三成。据此，广州市失能人口利用居家社区护理和机构护理的比例可以确定为 7:3。

2. 失能、半失能人员不同护理级别比例的估算

根据课题组对广州市 13 家养老机构/医院进行的实地调查，在机构护理中接受一级护理、二级护理、三级护理的人口比例约为 7:1:2；根据海珠区 60 岁及以上老年人口失能情况调查，在居家社区护理中一级护理、二级护理、三级护理的人口比例约为 3.5:3:3.5。按照这一比例，估算 2016 年及 2020 年广州市不同护理服务模式及其不同护理级别的需求量，结果见表 6。

表 6　广州市不同护理服务模式下不同护理级别的需求量

单位：人

年份	护理模式	一级及以上护理	二级护理	三级护理	合计
2016	居家社区护理	36093	30937	36093	1031223
	机构护理	30937	4420	8839	44196
2020	居家社区护理	51344	44009	51344	146697
	机构护理	44009	6287	12574	62870

（五）不同护理服务模式下不同护理级别的长期护理成本估算

利用广州市社会福利协会提供的 94 家养老机构的护理费用标准估算机构护理的基础数据；根据对护工公司和养老、护理机构访谈调研结果，测算目前广州市居家社区护理的基础数据。在机构进行长期护理的费用包括护理费、床位费、耗材费（一级及以上护理考虑耗材费，其他护理等级不考虑）；而居家社区护理的费用包括护工费、耗材费（一级护理及以上考虑耗材费，其他护理等级不考虑），得到不同护理模式下不同护理等

级的单位护理成本。比照课题组实地调研结果，所选取的费用标准与实际情况相符合，均为合理的最低保障性的护理费用。根据线性预测，到 2020 年，广州市的居民服务价格水平比 2016 年上涨 5.2%，以该增长率测算 2020 年的护理成本，具体见表 7。

表 7 不同护理模式下不同护理级别每人每月护理成本

单位：元

年份	护理模式	护理费用		
		一级及以上护理	二级护理	三级护理
2016	居家社区护理	2700	1200	450
	机构护理	2300	1550	1200
2020	居家社区护理	3307	1470	551
	机构护理	2817	1898	1470

（六）总费用估算

根据表 6 与表 7 数据，计算长期护理总费用。2016 年，居家社区护理和机构护理的总费用达到 28.72 亿元。预计到 2020 年长期护理总费用将达到 50.06 亿元（见表 8）。

表 8 不同护理模式下不同护理级别的年护理费用

单位：亿元

年份	护理模式	一级及以上护理	二级护理	三级护理	合计
2016	居家社区护理	11.69	4.45	1.95	18.09
	机构护理	8.54	0.82	1.27	10.63
2020	居家社区护理	20.38	7.76	3.39	31.53
	机构养老	14.88	1.43	2.22	18.53

假设长期护理保险基金只负担社区居家护理和机构护理中的一级及以上护理，按 70% 比例估算，2016 年长期护理保险基金需负担的总费用将达到 14.17 亿元，2020 年将达到 24.67 亿元。

（七）长期护理负担

1. 个人负担

从收入情况来看，广州市 2015 年全年城市常住居民人均可支配收入为 46735 元，月平均为 3894 元；农村常住居民人均可支配收入为 19323.10 元，月平均为 1610 元。2015 年广州市企业退休人员人均养老金为 3200 元/月。从支出情况来看，养老机构收费大部分在 2500~4800 元；居家养老每月花费 1500~3000 元不等，失能、半失能老人的护理费用更高，根据调研，37 位居家重度失能老人月均支出费用为 2885~6724 元，重度失能老人入住老人院，每月至少需要花费 3674 元。通过收支对比，失能、半失能老人若以个人养老金支付护理费用，无论接受的是机构护理还是居家社区护理，都显得捉襟见肘。

2. 医保基金负担

2014 年广州市城镇职工医疗保险统筹基金收入为 196.41 亿元，支出为 108.55 亿元，当期结余为 87.86 亿元，滚存结余为 570.29 亿元。一级以上护理年护理总费用为 14.17 亿元，占城镇职工医疗保险统筹基金收入的 7.2％，占当期结余的 16.13％，占滚存结余的 2.48％，可以确定，如果没有稳定的筹资渠道、合理的筹资方式和科学的费用分担机制，由医保统筹基金支付所有失能老人的长期护理费用不具可持续性，也有失公平。

（八）小结

基于以上测算和分析，广州市老年长期护理服务的需求及总费用现状、趋势可概括为以下几点。

第一，广州市老年长期护理需求大。2016 年，失能人口为 34854 人，半失能人口为 112463 人，共计 147317 人；预计到 2020 年，失能人口将达到 49709 人，半失能人口为 159859 人，共计 209568 人。

第二，广州市老年长期护理负担重。2016 年广州市居家社区护理和机构护理的一级及以上护理费用分别为 2700 元、2300 元，这些费用尚未包括伙食费，仅靠个人养老金承担长期护理费用，难以为继。

第三，广州市老年长期护理费用总额巨大。2016 年，居家社区护理和机构护理的总费用达到 28.72 亿元。预计到 2020 年长期护理总费用将达到 50.06 亿元。面对如此高昂的护理费用，不管是家庭或个人还是政府都无法单独承担。因此，长期护理制度的建立需要探索一种多方共同负担的费用分担机制。

第四，1994 年，德国通过了长期护理保险立法，彼时 65 岁及以上人口的比例已占到人口总数的 15.8％。日本通过类似立法的时间是 1997 年，彼时其 65 岁及以上人口的比例为 15.7％。2016 年广州市 65 岁及以上人口的比例为 11.72％，探索长期护理制度的建立正当其时。

第五，居家护理与社区护理成为全球绝大多数国家倡导的养老服务主流模式。它既满足了老年人家庭照顾的情感、心理需求，也避免了医院和机构护理的高昂费用问题。如前分析，2016 年广州市失能人群利用居家社区护理和机构护理的比例为 7:3，居家社区一级护理和机构一级护理需求总量的比例是 1.17:1，故与目前养老模式相适应，居家社区护理应成为长期护理服务体系的主体。

二 广州市长期护理保险供给现状与能力分析

广州市长期护理供给能力主要依靠养老机构、医疗机构以及医养结合机构的供给能力，包括床位数、护理员数、区域分布、人均占有数多项具体指标的现有供给能力和潜在供给能力。

（一）养老机构供给能力分析

养老机构是机构养老的主力军，主要包括以生活护理为主的养老机构，以医疗护理、康复治疗为主的老年护理院。2012～2015 年广州市养老机构情况如表 9 所示。2016 年广州市拥有 183 家养老机构（含 7 所在建养老院），养老床位有 4.8 万张，每千名老人拥有养老床位 34 张。养老护理员有 8872 人，失能老人与养老护理员的比例约为 3.6∶1（不含正常养老需求人数）。民办养老机构有 112 家，占比为 61.2%；市本级养老机构有 4 家，占比为 2.19%。

表 9 2012～2015 年广州市养老机构情况

年份	2012	2013	2014	2015
养老机构数（个）	158	167	170	177
养老机构床位数（张）	34036	38949	43242	48511
每千名老人拥有养老院床位数（张）	27	29	31	33
护理员数（人）	3667	3343	4028	4472
床护比	9.3∶1	11.7∶1	10.7∶1	10.8∶1

注：数据来源于 2013 年、2014 年《广州市老年人口和老龄事业数据手册》，2015 年数据来源于广州市老龄办，《广州市人口年龄构成》[穗统函（2015）208 号文]。

（二）医疗机构供给能力分析

广州市医疗机构的供给能力主要体现在以下四个层级：一是以社区卫生中心为主体的家庭病床；二是以二级医疗机构为主体的老年护理医疗专区；三是以三级医院和专科医院为主体的临终关怀科室；四是以三级医院和专科医院为主体的老年病科室。通过机构数、机构床位数、医护人员数、床护比等相关指标，评估以上四个层级的供给能力。

1. 家庭病床统计

2013～2015 年广州市各区各级医疗机构建家庭病床约 13485 张，其中 2013 年建家庭病床约 3780 张，2014 年建有约 4806 张，2015 年建约 4899 张；家庭病床主要集中在花都区和番禺区，两区建床数占家庭病床总数的 61.7%，剩余 38.3% 大部分集中在中心六区。

2. 老年护理医疗专区统计

广州市开设老年护理医疗专区的医疗机构共计 17 家，其中医保定点机构 6 家，非医保定点机构 11 家。医保定点机构提供老年护理医疗专区床位共计 986 张，平均 164 张/家；非医保定点机构提供老年护理医疗专区床位共计 5251 张，平均 477 张/家。

3. 临终关怀科室统计

广州市开设临终关怀科室的医疗机构共计 66 家，其中中心六区有 38 家，新兴六区有 28 家。从提供床位数来看，中心六区提供了约 3838 张床位，而新兴六区则仅提供了约 490 张床位；从护理人员数来看，中心六区提供了约 603 名人员，新兴六区提供了约 79 名护理人员；从床护比来看，各区差异显著，其中最高为天河区的 11∶1，最低为荔湾区的 3.5∶1。

4. 老年病科室统计

广州市开设老年病科室的医疗机构共计 35 家，其中中心六区有 24 家，新兴六区有 11 家。从提供床位数来看，中心六区提供了约 5508 张床位，而新兴六区则仅提供了约 685 张床位；从护理人员数来看，中心六区提供了约 1239 名护理人员，新兴六区提供了约 118 名护理人员，差距较大；从床护比来看，各区差异显著，其中最高为花都区的 7：1，最低为天河区的 2.6：1。

（三）医养结合机构供给能力分析

广州市定点医养结合机构总数为 20 家，白云区最多，有 7 家，越秀区、花都区、南沙区、从化区和增城区尚无定点医养结合机构，其中公立定点医养结合机构有 10 家，民营养老机构有 10 家。广州市定点医疗机构中"医养"结合的养老院床位数共计 4098 张，其中公立养老院床位数为 2059 张，民营养老院床位数为 2039 张；白云区养老院床位数最多，为 2800 张，黄埔区有 800 张，天河区有 439 张。另外，广州市 12 个区中有 6 个区尚没有设置"医养"结合的床位。广州市定点医养结合机构共有医护人员 1832 名，其中公立定点医养结合机构有 1154 名，民营定点医养结合机构有 678 名，公立定点医养结合机构的医护人员远远高于民营定点医养结合机构；白云区医护人员数量最多，有 667 人，越秀区、花都区、南沙区、从化区和增城区最低，均为零。

（四）长期护理供给能力的基本态势

1. 已形成多层次和网格化的长期护理供给体系

从机构提供长期护理服务的角度来看，广州市已经形成了养老机构、医疗机构和医养结合机构均衡供给的体系。这种供给体系较好地契合了机构养老和居家养老的需求。一方面，养老机构是机构养老的主力军，近年来民营养老机构发展态势迅猛，并在广州地区占有 60% 的市场份额；另一方面，在广州，能够为失能人群提供长期护理相关服务的医疗机构约有 268 家，不同级别类型的医疗机构根据自身不同的优势提供相应的护理服务，包括老年病科室、临终关怀科室、老年护理医疗专区和家庭病床。广州市长期护理机构供给体系如图 1 所示。

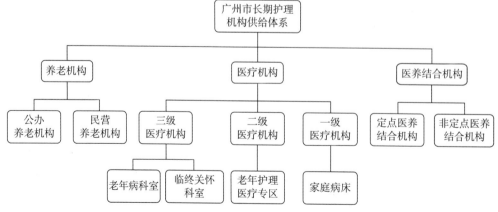

图 1　广州市长期护理机构供给体系

2. 养老机构的供给能力逐年增长，"医养护"一体化护理服务初显雏形

广州市养老机构的供给能力可以通过养老机构数、床位数和护工数等具体指标进行判断。2012~2016年广州市老年人口、养老机构、养老机构床位数和每千名老人拥有养老床位数均呈现逐年增长趋势，其中养老机构数年增长率大于每千名老人拥有养老床位数年增长率，每千名老人拥有养老床位数年增长率大于养老机构数年增长率，三者年增长率整体趋势比较一致。

"医养护"一体化护理服务成为广州养老机构致力发展的方向，它既弥补了单纯养老院的医护缺陷，又将医疗服务和住院护理服务相融合，使养老人员的医疗服务和养老护理得到提升；可以有效解决养老人员的住院治疗问题，使长期卧床老人、植物人、独居高龄多病老人、康复病人等的医疗和护理得到有效保障；更有利于推动养老产业迅速发展，相互促进，养老机构老年人的医疗需求可以促进社区医院、护理院的业务增长，相关专业服务如临终关怀、老年病、康复护理等科目的开展，医疗保障的加强，使更多老年人的养老没有了后顾之忧。

3. 医疗机构开展的老年护理医疗专区助推医疗护理服务互补式发展

广州市自2014年开始，在医疗机构开展老年护理医疗专区服务，为老年患者提供基础、系统、持续、专业护理医疗服务，以提升医疗机构长期护理的供给能力。广州市以社会保险定点一级（含社区卫生医疗机构）、二级综合（含中医）医疗机构为依托，设置相对固定的老年护理医疗专区，专区床位数为30~60张。

广州市老年护理医疗专区拓展了医疗机构提供长期护理服务的范围。专区为需临终关怀的，慢性疾病长期卧床不起需治疗的，留置尿管、胃管等各种插管，或施行气管切开术后未愈、需定期换药、接受长期护理治疗的患者提供医疗护理服务。此外，一些需要长期医疗护理的病种也纳入老年护理医疗专区，包括慢性心功能衰竭、严重慢性肺部疾病、脑血管意外。

4. 养老护理员队伍逐步壮大，民营养老机构建立创新管理激励机制

广州市近三年养老护理员数量稳定增长，2015年增长率最高可达120.3%。在养老护理员普遍短缺的时代背景下，广州市民营养老机构通过改进管理机制和制定激励机制，缓解了人员短缺给养老机构带来的困境。其一，护理员不外包，建立稳定的护理员队伍；其二，注重专业培训和继续教育，调查中民营养老机构护理员的持证比例达到八成以上；其三，注重人文关怀和人性化照顾，对护理人员的子女和家属予以照顾，稳定护理员队伍。以上措施对缓解护理员短缺的状况具有积极的借鉴意义。

5. 长期护理总体供给能力存在的问题

（1）公办养老机构比重偏低

截至2015年，广州市共有177家养老机构，其中公办养老机构有65家，占比36.7%。相比民营养老机构63.3%的市场份额，公立养老机构所占的市场份额偏低。尽管近三年来，广州市养老机构的增长率保持在3%左右，公立养老机构应该承担更多的社会责任，提供更多的保障性供给。

（2）民办养老机构纳入医保比例偏低

相比公办养老机构69.9%纳入医保的比例，民办养老机构29.3%的比例偏低。建议政府加大对民营资本办养和办医的支持力度和财政投入力度，研究解决民营资本办医养结合机构用地难的问题，提高民营机构积极性，为其健康可持续发展提供有力保障。

（3）相比医疗机构，养老机构的整体数量偏少

提升养老机构的供给能力可以从以下两条路径展开，一方面，通过构筑医联体打通"就医绿色通道"，医疗机构派出专家提供技术支持，为向养老机构的患者提供足不出户的康复护理提供医疗保障；另一方面，拓展养老服务领域，向居家养老服务领域扩展，同时提升院内的硬件水平和健康管理。建议人社部门加大支持医养结合工作模式力度，研究制定适用于护理院和社区医院等机构的长期护理保险制度，将符合条件的医养结合机构纳入基本医疗保险、公费医疗和长期护理的定点范围，让康复护理进社区，方便为老年病人提供长期护理治疗和照顾。

（4）养老机构对意识障碍和精神障碍人群服务的供给能力有限

长期护理机构，指的是那些以接受失能老年人口长期入住为主，并提供医疗和生活多方面照顾的机构。但是，实际调研中很多养老机构不能为意识障碍和精神障碍人群提供所需要的医疗照顾。患有这类疾病的老年人，失去了部分生活自理的能力，而对这类疾病的老年人的护理，往往是居家护理最难以承担的。建议养老机构设立专区、引进专门人才，或由相应医疗机构派出专业人员提供医疗护理服务，以满足上述特殊人群的长期护理需求。

（5）长期护理服务的供给应进一步兼顾医疗护理和生活护理

广州市长期护理服务的机构供给大多不能兼顾医疗护理和生活护理。也就是说，能提供医疗护理服务的养老机构，以及能提供且愿意积极提供生活护理服务的医疗机构都偏少。失能群体的康复和护理问题，以及很多手术后处于康复期的老人患者以及需要临终关怀的群体，他们都面临"住院难"或无"院"可住的问题。一方面，在医院住院可以享受医保报销，但会降低医院的床位周转次数，医院以治病为主的环境也不适合休养。另一方面，这些群体在养老院面临缺少医学专业人员治疗的问题。广州市目前开展的老年护理医疗专区和养老机构的"医养护"结合是很好的尝试，应该循序渐进地扩大试点。

（6）养老机构护理员规模不够

尽管近三年来，护理员数量逐步增加。综合2013～2015年全市养老护理员数量的增长率，统计结果显示，养老护理员数量不稳定、波动大，易受外部因素的影响。养老护理员工作劳动强度大，工作性质特殊，很难吸引年轻人就业，现有的养老护理员流动性大，具有很大的不稳定性。政府应加强护理员的人才培养、提供配套福利措施，改善护理员的福利待遇。

三 广州市建立长期护理保险制度的若干建议

在全面把握当前广州市长期护理保险需求、供给状况及发展态势的基础上，课题组

提出如下建议。

（一）广州市长期护理保险制度的构建目标

广州市长期护理保险制度的构建目标应关注因身心功能蜕化、老年慢性疾病等而迫切需要长期护理服务的失能与半失能老年人，解决其因经济社会条件等现实原因而无法享受长期护理服务或无力承担长期护理服务费用的社会问题。广州市长期护理保险制度的构建目标应包括以下几个方面。其一，短期目标，通过医保经费的专项调拨以及其他筹资方式，以职工医保覆盖人群为对象，针对完全失能人员实施长期护理保险，逐步完善经费筹集方式，将覆盖人群扩展到居民医保和新农合医保人群；其二，中期目标，实现长期护理保险制度的独立构建，健全政府、企业、个人和社会多方筹资方式，实现责任共担，以覆盖所有户籍和常住人口，保障对象扩展到失能、半失能人员；其三，远期目标，采用社会保险与商业保险相结合的模式，以社会保险为主体，以商业保险为补充，健全并完善保基本、全覆盖、多层次的长期护理保险体系，以满足群众的多元化需求。

（二）建立健全组织管理体系

长期护理保险制度的管理体系包括基金管理、服务管理、经办管理。借鉴国外经验，广州市长期护理保险应成立相应的经办机构，与医疗保险管理机构并列，负责保费征收、基金运营、护理等级审核评估等职责，但在制度实施最初阶段可由医疗保险管理机构履行其管理职责，在逐步发展和完善过程中成立长期护理保险管理机构。同时，广州市应建立对护理服务机构和从业人员的质量监管和资格审查等制度，明确服务内涵、服务标准以及质量评价等技术管理规范，建立长期护理需求认定和等级评定标准体系，制定不同等级护理给付标准，以及申请程序、等级变更等管理办法。从中远期来看，广州市要尽快单独建立长期护理保险经办机构，规范机构职能和设置，配备相关专门人力，并加快信息系统建设和平台建设。

（三）明确长期护理保险制度的覆盖范围

1. 参保范围

基于长期护理保险制度正处于试点阶段，其起步的保险经费是通过优化职工医保统账结构，划转职工医保统筹基金结余、调剂职工医保费率等途径筹集的，因此，广州市长期护理保险制度的覆盖范围应从以职工基本医疗保险参保人群为参保对象起步，在长期护理保险独立缴费制度逐步建立后，将覆盖范围逐步扩大到所有广州市户籍人口和常住人口。依据当前我国医疗保险制度的发展趋势，职工医保、居民医保和新农合医保逐步合并是大势所趋。广州市长期护理保险制度的覆盖范围也需要跟从医保制度的变革而不断扩大其覆盖人群，最终实现全面覆盖。

2. 受益对象（人群）

借鉴发达国家的经验和国内先行城市的做法，广州市长期护理保险制度的受益对象应在全面平衡资金统筹的前提下，起步时建议以城镇职工参保人群中的重度失能人员为受益对象，根据失能的具体情况给予基本护理服务包及医疗护理项目。随着制度的逐步推进与完善，在全面统筹的基础上，受益对象应逐步扩大，最终扩展到所有失能、半失能参保人员（残疾人人群的失能、半失能人员可以参照韩国的做法，仍由残疾人福利保障制度来保障其权利）。

3. 确立护理等级和护理内容

护理等级是服务提供和待遇给付的重要依据。国内试点城市主要是根据国际通用的Barthel 指数量表对失能程度进行评估，同时将护理等级进行对应，以核准其是否有资格享受以及享受何种护理项目，广州可借鉴试行。对重度失能人员提供的生活护理服务包及医疗护理服务项目包如下。

（1）广州市重度失能人员基本生活护理服务包

向年老、疾病、伤残及失智等导致重度失能，生活无法自理，完全依赖他人照护的失能人员，提供房间清洁、个人卫生、饮食营养、排泄照料、助行和更换体位、睡眠护理、预防压疮、心理慰藉等基本生活照料服务项目，向其提供身心整体护理，使其保持身体清洁、心理舒适，减轻或消除疼痛等不适，改善自理能力，提高生活质量；对于临终的重度失能人员，保证其无痛、无压力、有尊严、安宁地走完生命历程。

（2）广州市重度失能人员医疗护理服务项目包

重度失能人员大多罹患各种慢性疾病，需要给予基础医疗护理、专科护理和特殊护理，包括注册护士定期巡诊，对失能人员进行护理评估，进行相应的治疗护理、心理护理、康复治疗等。指导照顾者（家属）及养老护理员做好病情观察与记录、基础护理、心理安慰等工作。指导并实施口腔护理、压疮防治、造瘘护理、吸痰护理、换药等医疗护理；对病情发生重大变化的失能人员及时协助转诊；对终末期失能人员进行临终关怀，减轻疼痛等不适。

（四）建立多渠道筹资机制

广州市长期护理保险制度应按照以收定支、收支平衡、略有结余的原则筹集和使用其资金，实行单独核算，专款专用。在长期护理保险制度启动试点阶段，可依据人社部的指导意见，从职工医保统筹基金结余中划拨一定数量资金构成广州市长期护理保险基金，同时，通过整合民政资金、慈善基金和财政补贴充实该基金账户，确保基金平衡。根据相关机构的测算，2019 年广州职工医保统筹基金可能会出现拐点，2027 年会出现赤字，2034 年会出现大赤字，借鉴台湾的经验教训，广州市应尽快单独建立长期护理保险制度，向个人和企业征缴长期护理保险费用，实现长期护理保险资金筹集的合理化和制度化。

从国外长期护理保险实施较好国家的发展情况看，其保险费的筹集渠道很广泛，筹资主体一般由个人、政府、雇主等构成。我国长期护理保险的发展尚且处于最初创立阶段，如何筹集足够的资金是制约长期护理保险建立的最现实的瓶颈，根据广州市经济发展水平以及社保现状，长期护理保险资金应按照"多方筹资、责任分担、逐步完善"的原则，逐步建立完善医保基金划拨、个人和单位缴费、财政补助等长期护理保险基金多渠道筹资机制。

（五）选择适当的保险给付方式和给付比例

其他国家和地区长期护理保险的给付方式主要有实物支付、现金支付和混合支付。实物支付是指直接为受益人提供护理服务，现金支付是指为受益人支付现金，混合支付是指提供护理服务和支付现金相结合。为了确保受益人能够合理使用护理服务，大多数国家不倾向于直接向受益人支付现金，而是采用由护理机构或个人提供服务，由护理保险向提供服务的机构或个人支付报酬的做法。广州市长期护理保险给付可借鉴大多数国家的做法，以服务给付为主。同时，为了扩大护理服务的供给，节约护理资源，可鼓励非正式的家庭护理服务，对这类服务采用现金支付。对于既使用正式护理服务又使用非正式护理服务的受益人，可采用混合支付。

根据人社部指导意见的要求，长期护理保险基金按比例向护理服务机构和护理人员支付其为参保人提供的符合规定的护理服务所发生的费用。根据护理等级、服务提供方式等制定差别化的待遇保障政策，对符合规定的长期护理费用，基金支付水平总体上控制在70%左右。

（六）大力发展家庭和社区健康护理

广州市建立和实施长期护理保险制度，应规避德国、日本制度实施早期出现的过度机构化现象，以免给机构养老造成过大的压力。积极探索居家护理与社区护理的有效路径，这不仅有助于满足老年人家庭照顾中的情感、心理需求，也有助于避免医院和机构护理的高昂费用问题。根据国际发展趋势和市情，家庭护理和社区护理应是广州市长期护理的主体。因此，广州市首先应大力发展家庭健康护理。家庭健康护理和家政护理应纳入长期护理保险支付范围，家庭生活护理服务可由家庭成员提供，也可由专业机构的专业人员上门提供。

（七）健全护理机构，加强长期护理人员专业培训

面对老龄群体日益增长的长期照料服务需求，政府要发挥其主导作用，通过财政筹资兴建公营的护理机构和无障碍设施等措施，重点解决最弱势群体——"三无"以及低保失能、病残老龄人群的护理问题；引入社会力量，支持和鼓励民间企业和非营利组织参与其中，引导私立护理机构的市场运营模式与公营资源力量有机整合，共同建立和完善配套服务设施体系。

在老龄群体的长期护理工作中，基础护理及康复护理比医疗护理更加重要。一要强化对医护人员的专业培养、加大培训力度，建设适应长期护理工作需求的专业化服务团队，鼓励和培养多层次的护理专业人员投身到长期护理服务的行业中。二要充分发挥社区志愿者的力量，对志愿者进行专业的护理服务知识和技巧培训，鼓励其参与到长期护理服务中。三要调动家庭成员的积极性，尤其是"4050"人员，他们能使被护理者在情感上产生共鸣。四要充分重视低龄健康老人的作用，实现"以老助老"。目前，由于健康水平的提高，有大批低龄健康老人，他们既是长期护理服务的需求者，也是长期护理服务潜在的提供者。老年人之间的互助行为，可减轻社会的养老负担，为低龄老人提供发挥余热的机会。

（八）加强信息化平台建设

长期护理保险制度是一项复杂的系统工程，它由多个子系统构成，同时又跟其他社会保险系统紧密相关。而"碎片化"问题是我国社会保障制度建设的一大弊端，建立有效的信息化综合平台，是广州市构建长期护理保险制度过程中破解"碎片化"问题的有效措施。国内城市的调研发现，信息系统的相互分割，致使信息不能共享，出现受益人重复补助的情况。残联、民政部门、人社部门和卫生部门的信息不能共享，没有共享的接口，使得各自信息无法共享。课题组在广州市各部门的实际调研过程中也发现，不同的部门的同一相关数据各自为政情况比较严重，统计口径出现偏差。例如，护理等级的划分，民政部门和卫生行政部门的标准截然相反。为此，广州市在构建长期护理保险制度之初，就应强化该制度的信息化综合平台建设，解决各自为政，各自系统独立不能对接的突出问题，充分发挥现代信息技术的优点，高水平、高层次地构建其信息平台，逐步实现大数据管理，提升该制度运行的整体效率。

广州市医学伦理学研究基地成果

作者：刘俊荣　白丽萍　刘树奎　阮红莲

吴九占　范阳东　周　英　韩　丹

执笔人：白丽萍

图书在版编目（CIP）数据

建设国家中心城市的战略构想 : 广州智库研究报告 /
广州市社会科学规划领导小组办公室编. -- 北京 : 社会
科学文献出版社，2017.10
　　ISBN 978 - 7 - 5201 - 1356 - 4

　　Ⅰ.①建… 　Ⅱ.①广… 　Ⅲ.①区域经济发展 - 研究报
告 - 广州②社会发展 - 研究报告 - 广州 　Ⅳ.
①F127.651

　　中国版本图书馆 CIP 数据核字（2017）第 222060 号

建设国家中心城市的战略构想
——广州智库研究报告

编　　者 / 广州市社会科学规划领导小组办公室

出 版 人 / 谢寿光
项目统筹 / 王　绯　周　琼
责任编辑 / 周　琼　周晓静

出　　版 / 社会科学文献出版社·社会政法分社（010）59367156
　　　　　　地址：北京市北三环中路甲 29 号院华龙大厦　邮编：100029
　　　　　　网址：www. ssap. com. cn
发　　行 / 市场营销中心（010）59367081　59367018
印　　装 / 北京季蜂印刷有限公司

规　　格 / 开　本：787mm × 1092mm　1/16
　　　　　　印　张：25.75　字　数：575 千字
版　　次 / 2017 年 10 月第 1 版　2017 年 10 月第 1 次印刷
书　　号 / ISBN 978 - 7 - 5201 - 1356 - 4
定　　价 / 126.00 元

本书如有印装质量问题，请与读者服务中心（010 - 59367028）联系